Zu diesem Buch

Dieses Nachschlagewerk für alle Fragen der Musik behandelt im ersten Band Musiklehre und Musikleben in knapp gefaßten, im Zusammenhang dargestellten Kapiteln, begrifflich und chronologisch geordnet. Der zweite Band unterrichtet in zwei alphabetisch angeordneten Abschnitten über die Komponisten und die Musikinterpreten. Auf diese Weise kann sich der Benutzer einerseits über Fragen aus Theorie und Praxis der Musik in Zusammenhängen informieren, andererseits findet er schnell alle Angaben über die Künstlerpersönlichkeiten, ihre Werke und ihr Wirken.

Das umfangreiche Register erschließt darüber hinaus alle Stellen des rororo Musikhandbuches, an denen Namen und Begriffe, Werktitel und weitere Sachangaben behandelt und erläutert werden.

rororo Musikhandbuch

in 2 Bänden

Herausgegeben und bearbeitet
von Heinrich Lindlar
in Zusammenarbeit mit der
Fachredaktion Musik
des Bibliographischen Instituts

Band 2

rororo
Rowohlt

Titel der Originalausgabe:
«Meyers Handbuch über die Musik»

Umschlagentwurf Werner Rebhuhn
(Foto: Ullstein)

101.–104. Tausend Juli 1990

Veröffentlicht im Rowohlt Taschenbuch Verlag GmbH,
Reinbek bei Hamburg, August 1973

Satz Fotosatz Otto Gutfreund, Darmstadt
Gesamtherstellung Clausen & Bosse, Leck
Printed in Germany
1480-ISBN 3 499 16168 0

Inhalt

Lexikon der Komponisten

Abaco, Evaristo Felice dall', * Verona 12. Juli 1675, † München 12. Juli 1742, Italiener, Komponist und Violoncellist; kam über Modena nach München, wo er 1704 Hofkonzertmeister bei Kurfürst Max Emanuel wurde, den er auch ins Brüsseler Exil begleitete; schrieb ausschließlich instrumentale Kirchen- und Kammermusik, vornehmlich im harmonisch erweiterten spätbarocken Stile francese; sein Sohn Joseph Clemens dall' Abaco († 1805) war vorübergehend Violoncellist am kurkölnischen Hof in Bonn. Solo- und Triosonaten, Konzertwerke im mozartnahen Mannheimer Stil.

Abbatini, Antonio Maria, * Tiferno 1597 oder 1598, † ebenda 1679, Italiener, Laterankapellmeister in Rom; entwickelte einen vielchörig gesteigerten Vokalsatz, besorgte unter Papst Urban VIII. eine Neuausgabe der Gregorianischen Gesänge (1644); befreundet mit dem nach Rom ausgewichenen deutschen Jesuiten, Naturwissenschaftler und Musiktheoretiker Athanasius Kircher (*Musurgia universalis,* 1650). Messen, Psalmen; Oper *Dal male il bene,* Text von dem späteren Papst Clemens IX.

Abel, Carl Friedrich, * Köthen 22. Dez. 1723, † London 20. Juni 1787, Gambist und Komponist; Thomaner unter J. S. Bach in Leipzig, seit 1759 in London im Dienst der Königin Sophie Charlotte, veranstaltete 1765 bis 1782 mit Johann Christian Bach im Londoner Hanover-Square erstmals öffentliche Abonnementskammerkonzerte, Gamben-, Duo- und Triosonaten, Solokonzerte.

Abraham, Paul, * Apatin 2. Nov. 1892, † Hamburg 6. Mai 1960, Ungar, studierte in Budapest, lebte in Berlin, begann mit Orchester- und Kammermusikwerken, ging zur Operette und zum Film über, emigrierte 1933 nach Paris, 1938 in die Vereinigten Staaten; lebte seit 1956 in einem Hamburger Nervensanatorium. Schrieb 13 Operetten und Musicals, über 30 Filmmusiken. Erfolgsoperetten: *Victoria und ihr Husar* (1930), *Die Blume von Hawaii* (1931), *Ball im Savoy* (1932).

Absil, Jean, * Péruwelz 23. Okt. 1893, † Brüssel 2. Febr. 1974, Belgier, Schüler von Gilson, Konservatoriumsprofessor in Brüssel, schrieb Sinfonien, Chorepisoden über Peter Breughel (mit Orchester), Violin- und Klavierkonzerte, Kammermusik, Opern.

Abt, Franz. * Eilenburg 12. Dez. 1819, † Wiesbaden 31. März 1885, Thomasschüler, wirkte in Bernburg, Zürich und 1852–1882 als Hofkapellmeister in Braunschweig; schrieb zahlreiche Lieder und Männerquartette.

Adam, Adolphe Charles, * Paris 24. Juli 1803, † ebenda 3. Mai 1856, Franzose, Sohn eines Klavierpädagogen deutscher Abstammung, Schüler von A. Reicha in Paris. Vertreter der französischen Spieloper. Bekannteste seiner 53 Bühnenwerke: *Der Postillon von Longjumeau* (1836), *Wenn ich König wär* (1852) und das Ballett *Giselle* (1841, nach Heine und Gautier).

Adam de la Ha[l]le, * Arras um 1237, † Neapel (Palermo?) um 1287, französischer Troubadour, trat in Arras in die Dienste derer von Artois, in Neapel in die des Königs von Sizilien, Karl von Anjou; Minnelieder, mehrstimmige Rondeaux und volkstümliche Liederspiele *(Le jeu de Robin et de Marion).*

Adam von Fulda, * Fulda um 1445, † Wittenberg 1505, Komponist und Musiktheoretiker; in Diensten des Kurfürsten Friedrich des Weisen in Torgau, 1502 Lehrer an der Universität Wittenberg. Mit Kirchenkompositionen im spätburgundischen Stil nicht ohne Einfluß auf Luther; Traktat *De musica,* 1490.

Adlgasser, Anton Cajetan, * Inzell b. Traunstein 1. Okt. 1729, † Salzburg 22. Dez. 1777, Domorganist in Salzburg, Musikreisen nach Italien, neben Michael Haydn und dem 11jährigen Mozart 1767 Beitrag zu der Schuloper *Die Schuldigkeit des 1. Gebotes.*

Agricola, Alexander (eigentl. Ackermann, häufig auch nur mit dem Vornamen zitiert), * um 1446, † Valladolid 1506. Deutscher, als Kapellsänger lebte er in Mailand, Cambrai und am Hofe Philipps des Schönen von Burgund. Chansons auf italienische, französische, deutsche Texte, Motetten,

Messen, Magnificats. Stilistisch zwischen Dufay und Ockeghem stehend.

Agricola, Johann Friedrich, * Dobitschen b. Altenburg 4. Jan. 1720, † Berlin 2. Dez. 1774, Schüler von J. S. Bach, später in Berlin von Quantz, seit 1759 Dirigent der Königl. Kapelle in Berlin (als Nachfolger von Graun). Schrieb kaum noch bekannte Opern, Psalmen, Oden, Sonaten; war auch als Musikschriftsteller unter dem Pseudonym «Olibrio» tätig.

Ahrens, Joseph, * Sommersell (Kreis Höxter), 17. April 1904, Organist und Kirchenkomponist; studierte in Münster (Westf.) und Berlin, 1934 Domorganist an St. Hedwig, seit 1945 Ordinarius für katholische Kirchenmusik und stellvertretender Direktor an der Musikhochschule Berlin; 1955 Kunstpreis der Stadt Berlin. Orgelzyklus *Das heilige Jahr* (1948 bis 1950), Orgelkonzert mit Bläsern (1954), Matthäuspassion, Messen, Deutsche Motetten.

Akatugawa, Jasuschi, * Tokio 12. Juli 1925, Japaner, Musikologe und Komponist; Studien in Tokio, Reisen durch Asien und Europa, Präsident der japan. Sektion der Internationalen Gesellschaft für Neue Musik, schrieb eurasische Tanzsuiten, gab Papuasongs heraus.

Akses, Necil Kâzim, * Istanbul 6. Mai 1908, türkischer Musikerzieher und Komponist; studierte in Wien und Prag (Hába), reorganisierte in den 30er Jahren mit Hindemith das Musikschulwesen in Ankara; 1955 war er Kulturattaché in Bonn, 1958 Opernintendant in Ankara; schrieb freitonale Bühnenmusiken und Kammeropern, auch historisch-programmatische Sinfonik *(Ankara Kalesi)*.

Alain, Jehan, * Saint-Germain-en-Laye 3. Febr. 1911, gefallen bei Saumur 20. Juni 1940, Franzose, Organist und Komponist, bis 1939 am Pariser Conservatoire ausgebildet (Orgel bei Dupré, Komposition bei Dukas), hinterließ unorthodox polyphone Orgel- und Klaviermusik, auch eine *Messe de requiem* (1938).

Albéniz, Isaac, * Camprodón 29. Mai 1860, † Cambo-les-Bains 18. Mai 1909, Spanier, Pianist und Komponist, ausgebildet in Paris, Brüssel und Rom (Liszt), schon als «Wunderkind» auf Weltreisen; in seinen Klavierkompositionen erstrebte er eine Vereinigung folkloristischer und virtuoser Elemente, neben dem weniger salonhaften Andalusier Manuel de Falla wurde er zum Mitbegründer des neueren nationalspanischen Musikstils; Auswirkungen auf Ravel und Debussy; Klavierzyklen *Iberia, España* (darin der berühmte Tango), *Piezas características*. In Spanien hielt sich sein Singspiel *Pepita Jiménez* (1905) im Repertoire.

Albert, Eugen d', * Glasgow 10. April 1864, † Riga 3. März 1932, Deutscher, Pianist und Komponist, Sohn eines deutschen Ballettkomponisten französisch-italienischer Herkunft und einer englischen Mutter; als Wunderkind ausgebildet bei Pauer in London, Richter in Wien, Liszt in Weimar, als Konzertpianist Spätromantiker, auch in seiner pathetischen Bach- und Beethoven-Interpretation, als Opernkomponist vielaufgeführter effektsicherer Verist: *Tiefland* (1903), *Die toten Augen* (1916), *Der Golem* (1926), *Mister Wu* (nachgelassen, abgeschlossen durch Leo Blech), außerdem Orchestergesänge und Konzertwerke, Betreuer einer Liszt-Ausgabe.

Albert, Heinrich, * Lobenstein (Thür.) 8. Juli 1604, † Königsberg (Pr.) 6. Okt. 1651, Organist und Komponist, ausgebildet bei seinem Vetter Heinrich Schütz in Dresden und bei J. H. Schein in Leipzig, seit 1630 Domorganist in Königsberg (Pr); Wegbereiter des deutschen barocken Sololiedes auf eigene Texte und Dichtungen Simon Dachs: *Musicalische Kürbshütte* (1641, Neuausgabe 1932).

Alberti (de Albertis), Domenico, * Venedig um 1717, † Rom um 1740, Italiener, schrieb Opern und Motetten, Sonaten für Cembalo (Klavier), deren fortlaufend gleichartige Akkordbrechungen in der linken Hand den homophonen Klaviersatz vorbereiteten (Albertische Bässe, auch Harfenbässe genannt) und auf die Wiener Frühklassik einwirkten (Mozart).

Albinoni, Tommaso, * Venedig 8. Juni 1671, † ebenda 17. Jan 1750, Italiener,

Schule Legrenzi, Auftragsopern für Venedig, Florenz, München; übertrug die dreiteilige Opernouvertüre auf das seither dreisätzige Solokonzert. Bach schätzte seine Kammermusik und benutzte Themen von ihm.

Albrechtsberger, Johann Georg, * Klosterneuburg 3. Febr. 1736, † Wien 7. März 1809, Österreicher, Theoretiker und Komponist; Stiftsorganist in Melk, seit 1772 Hoforganist, seit 1792 Domkapellmeister in Wien, vorübergehend (1794) Kontrapunktlehrer Beethovens; suchte Vokal- und Instrumentalpolyphonie zu koordinieren. *Kurzgefaßte Methoden, den Generalbaß zu erlernen* (1792), *Gründliche Anweisung zur Composition* (1790 und 1818); *Klavierschule für Anfänger* (1808); Messen, Oratorien, Sinfonien, Quartettfugen.

Alfano, Franco, * Posilipo b. Neapel 8. März 1876, † San Remo 27. Okt. 1954, Italiener, studierte u. a. in Leipzig, war Konservatoriumsdirektor in Bologna und Turin. Schrieb Sinfonien, Kammermusik, vor allem Opern, darunter *Auferstehung* (1904, nach L. Tolstoi), *Der Schatten Don Juans* (1914, neubearbeitet 1941 als *Don Juan de Mañara*), *Madonna Imperia* (1927), *Sakuntala* (1921, Neufassung 1952), *Cyrano von Bergerac* (1936), *Dr. Antonio* (1950). Er fügte Puccinis *Turandot* 1925 die Schlußszene hinzu.

Alfvén, Hugo, * Stockholm 1. Mai 1872, † ebenda 8. Mai 1960, Schwede, eigenwüchsiger Nachromantiker, schrieb u. a. Sinfonien, sinfonische Dichtungen, drei *Schwedische Rhapsodien*, Orchesterfantasie *Midsommarvaka* (1949), Kammer- und Klaviermusik, Ballett *Der verlorene Sohn* (1957), Chorwerke, Lieder.

Allegri, Gregorio, * Rom 1582, † ebenda 17. Febr. 1652, Italiener, seit 1629 Päpstl. Kapellsänger an der Sixtina in Rom. Sein neunstimmiges *Miserere* war der Sixtinischen Karfreitagsliturgie vorbehalten und wurde bis 1870 von Kastraten als Hauptstimmträgern gesungen; lange vor unbefugtem Abschreiben gehütet, ist es 1770 vom durchreisenden 14jährigen Mozart nach dem Gedächtnis aufgeschrieben worden.

Allende-Blin, Juan, * Santiago de Chile 24. Febr. 1928, Chilene, lebt seit 1957 in Hamburg (seit 1962 Mitarbeiter beim NDR); schrieb Ballettmusiken für Jean Cébron (*Sequence*, 1962; *Recueil*, 1965), Chansons nach Brecht, Schlagzeugmusik u. a.

Alnar, Hassan Ferid, * Istanbul 11. März 1906, Türke, Dirigent und Komponist; bis 1930 Studien in Wien bei J. Marx und Kabasta, seit 1937 Dozent und Opernleiter (mit Carl Ebert), seit 1946 Chefdirigent in Ankara. Folkloristisch getönte Opern-, Orchester- und Filmmusiken.

Alonso, Carmelo, * Ochandiano 16. Juli 1929, Spanier, Schüler von Petrassi in Rom und Maderna in Darmstadt; Vertreter serieller Musik in Spanien; schrieb Lieder auf Texte von J. R. Jiménez, M. de Unamuno u. a., auch Kammermusik.

Alpaerts, Flor, * Antwerpen 12. Sept. 1876, † ebenda 5. Okt. 1954, Belgier, kultivierte eine flämische Variante des Debussysmus. Frühoper *Shylock* (1912), Bühnenmusik zu G. Hauptmanns *Versunkener Glocke* und Sophokles' *Ödipus auf Kolonos*; sinfonische Dichtungen nach Timmermans und James Ensor.

Altnikol, Johann Christoph, * Berna, getauft 1. Jan. 1720, beerdigt Naumburg 25. Juli 1759, Schüler, Schwiegersohn und Erbwalter von J. S. Bach, der ihm als Erblindeter seine letzten Werke diktierte.

Ambrosius, Hermann, * Hamburg 25. Juli 1897, war 1921–1924 Pfitzner-Schüler in Berlin, bis 1945 Konservatoriumslehrer in Leipzig, lebt seither freischaffend in Engen/Hegau. Schrieb nachromantische Chor-, Konzert- und Opernkompositionen, schrieb auch für elektronische Instrumente (Trautonium) sowie Akkordeon und Zupfinstrumente.

Amy, Gilbert, * Paris 29. August 1930, Franzose, Schüler von Messiaen und Boulez, dessen Leitung der Domaine musicale er 1967 übernahm; experimentelle Orch.- und Kammermusik.

Anders, Erich, eigtl. Freiherr Wolff von Gudenberg, * bei Halle 29. August 1883,

Reger-Schüler; schrieb ein Oboenkonzert, Kammermusik, Bühnenwerke, Klaviermusik, Chöre, Lieder.

André, Johann, * Offenbach am Main 28. März 1741, † ebenda 18. Juni 1799, Singspielkomponist und Musikverleger, Jugendfreund Goethes, dessen *Erwin und Elmire* er 1775 vertonte; mit dem Rheinweinlied *Bekränzt mit Laub* (M. Claudius) blieb er bekannt. Sein Sohn Johann Anton André (1775–1842) erwarb den Handschriftennachlaß Mozarts.

Andreae, Volkmar, * Bern 5. Juli 1879, † Zürich 19. Juni 1962, Schweizer, bekannt vor allem als Dirigent, ging von Richard Strauss aus, schrieb u. a. eine Sinfonie in C-Dur, Suiten (z. T. mit Chor), Violin- und Oboenkonzerte, Kammer- und Klaviermusik, Chorwerke, Bühnenmusik, Lieder, Opern (*Ratcliff*, 1915; vier Einakter *Abenteuer des Casanova*, 1924).

Andriesen, Hendrik, * Haarlem 17. Sept. 1892, Niederländer, schrieb Orgelmessen und -kantaten nach Claudel und Thomas van Kempen, auch eine Oper *Philomela* nach Ovid (als Auftragswerk des Holland Festival 1950), legte eine Monographie über César Franck vor (Amsterdam o. J.).

Andriessen, Jurriaan, * Utrecht 15. Nov. 1925, Sohn von Hendrik Andriessen, ausgebildet in Utrecht, Paris und Tanglewood/USA; trat mit Bühnen-, Ballett- und (Trick-)Filmmusiken hervor, schrieb ferner eine Berkshire-Sinfonie, eine Tanglewood-Ouvertüre und eine Sinfonietta concertante.

Anerio, Giovanni Francesco, * Rom um 1567, beerdigt Graz 12. Juni 1630, Italiener, Bruder von Felice Anerio; Chorknabe unter Palestrina an der Peterskirche in Rom, seit 1600 Kapellmeister in Rom, Verona, Krakau (in Diensten König Sigismunds III. von Polen), 1616 zum Priester geweiht; bedeutsam für die Vorgeschichte des Oratoriums und die Überlieferung des Palestrinastils (Bearbeitung der *Missa Papae Marcelli* Palestrinas zum vierstimmigen Kompositionsmodell, 1619).

Anfossi, Pasquale, * Taggia 25. April 1727, † Rom Febr. 1797, Italiener, Schüler Piccinis, Impresario an den Hauptbühnen seiner Zeit (Neapel, Rom, Paris, London, Prag, Berlin), seit 1791 Kirchenkapellmeister am Lateran; wirkte als Buffakomponist auch auf Mozart ein, der ihm mehrfach Arieneinlagen schrieb.

Angerer, Paul, * Wien 16. Mai 1927, Österreicher, zunächst Solobratschist der Wiener Symphoniker, seit 1956 Leiter des Wiener Kammerorchesters, seit 1964 Opernkapellmeister in Bonn, seit 1967 in Salzburg. 1956 Österreichischer Staatspreis. Bühnen- und Ballettkompositionen, Fernsehoper *Paßkontrolle* (Salzburg 1959), Musical *Hotel Comédie* (Salzburg 1970).

Anna Amalia, Prinzessin von Preußen, * Berlin 9. Nov. 1723, † ebd. 30. Sept. 1787, Lieblingsschwester Friedrichs II. von Preußen und wie dieser musikalisch begabt, studierte bei dem Bach-Schüler Kirnberger, schrieb Choräle, Oratorien, Cembalokonzerte, Kammermusik. Legte eine Sammlung von Bach-Manuskripten an (Berliner Staatsbibliothek).

Antheil, George, * Trenton (N. Y.) 8. Juli 1900, † New York 12. Febr. 1959, Amerikaner polnischer Herkunft; Studien in Philadelphia (Ernest Bloch), konzertierte als exzentrischer Pianist 1922 und öfter in Europa; schrieb nach bruitistischen Anfängen seit 1935 Gebrauchsmusiken für Ballett (Balanchine) und Film, zuletzt unter dem Einfluß Schostakowitschs und Chatschaturians. *Ballet mécanique* (1927), *Airplane sonata* für Klavier (1923), *Transatlantic* (Oper, 1930). Autobiographie: *Bad boy of music* (1945, dt. 1960 als *Enfant terrible der Musik*).

Antoniou, Theodore, * Athen, 10. Febr. 1935, Grieche, studierte in Athen und München (Bialas), schreibt Konzert- und Kammermusik, Oratorium *Kontakion* (1965), *Conducter's Improvisation* (1974).

ApIvor, Denis, * Collinstown (Irland) 14. April 1916, Engländer, Musik- und Medizinstudium in London, nach dem Krieg Kompositionsunterricht bei dem Schönberg-Schüler E. Clark, seit 1952 Bühnen-

und Ballettkomponist bei der Sadler's Wells Company. *A mirror for witches* (1952), *Bloodwedding* (Pantomime nach García Lorca, 1953), *Yerma* (Oper nach García Lorca), Lorca-Songs.

Apostel, Hans Erich, * Karlsruhe 22. Jan. 1901, † Wien 30. Nov. 1972, Österreicher, 18jährig in Karlsruhe Kapellmeister, seit 1921 Schönberg- und Berg-Schüler in Wien, 1946 Präsident der Sektion der Internationalen Gesellschaft für Neue Musik, mehrfacher Staatspreisträger; Verfechter einer abgewandelten Dodekaphonie. Chor- und Orchesterlieder nach Trakl, Johst, Felmayer u. a., Klavierzyklen nach Kokoschka- und Kubin-Zeichnungen.

Arcadelt, Jakob, * Lüttich um 1504, † Paris zwischen 1562 und 1572, frankoflämischer Kapellsänger in Rom, 1555 Regius musicus in Paris; Frühmeister des italienischen Madrigals und des französischen Chansons, Petrarca-Texte; mit Michelangelo befreundet.

Arenski, Anton Stepanowitsch, * Nowgorod 11. Aug. 1861, † Terijoki (Finnland) 25. Febr. 1906, Russe, Schüler Rimski-Korsakows in Petersburg, seit 1895 Leiter der Hofsängerkapelle, schrieb Ballette im Stil Tschaikowskis sowie romantisch harmonisierte Kirchenmusik; Verfasser einer Harmonielehre (dt. 1900 von P. Juon).

Ariosti, Attilo, * Bologna 5. Nov. 1660, † Spanien um 1740, Italiener, Geistlicher; Opern- und Oratorienkomponist, um 1700 am Hof der Königin Sophie Charlotte in Berlin, um 1720 mit Bononcini in London Operngegner Händels.

Arma, Paul, * Budapest 22. Okt. 1904, Ungar, Folklorist und Komponist; Bartók-Schüler in Budapest, seti 1936 in Frankreich, sammelte während des Krieges «Lieder des Widerstands», lehrt seit 1949 Ethnographie an der Sorbonne, arbeitete im Studio für «Musique concrète» bei Radio Paris (*Musique métaphonique*, 1956).

Arne, Thomas Augustin, * London 12. März 1710, † ebenda 5. März 1778, Engländer, Bühnenkomponist (Shakespeare), von Händel beeinflußt, schrieb die Melodie des *Rule Britannia* (aus *The masque of Alfred*, 1740).

Arnold von Bruck, * um 1490 (in einem östr. Ort Bruck), † Linz 6. Febr. 1554, Liederkomponist, seit 1527 in Diensten Kaiser Ferdinands I. in Wien, starb als Dechant von Laibach, sympathisierte mit Luther; Meister des mehrstimmigen geistl. und weltl. Liedes des Humanismus.

Ascher, Leo, * Wien 17. Aug. 1880, † New York 25. Febr. 1942, Österreicher, ursprünglich Jurist, hatte Erfolg mit volkstümlichen Operetten wie *Hoheit tanzt Walzer* (Wien 1912, Neufassung als *Hochzeitswalzer*, Zürich 1937).

Aspelmayr (Appelmeyer), Franz, * Linz um 1728, † Wien 29. Juli 1786, Österreicher, Singspielkomponist (u. a. *Die Kinder der Natur*, 1780; *Der Sturm*, 1782), als Vertoner von Rousseaus Melodrama *Pygmalion* (1772), Komponist dramatischer (im Sinne Glucks) Ballette (u. a. *Agamemnon*, *Iphigenie*, zehn Jahre vor Mozart bereits *Les petits riens*, 1768) Vorbereiter von Haydns Instrumentalmusik (Sinfonien, Divertimenti, Trios, Streichquartette).

Asuar, José Vicente, * Santiago de Chile 20. Juli 1933, Chilene, richtete 1958 das erste Studio für elektronische Musik Lateinamerikas in Santiago de Chile ein und ist seit 1962 Professor für Akustik an der Universität de Chile. Schrieb experimentelle Multimedien-Musik (*Imágen de Caracas).*

Atterberg, Kurt Magnus, * Göteborg 12. Dez. 1887, † Stockholm 15. Febr. 1974, Schwede, studierte Musik in Stockholm und Berlin; Vorsitzender des schwedischen Tonsetzerverbandes, trat als Reisedirigent für schwedische Musik ein; schrieb, von Sibelius und Strauss ausgehend, polytonal geweitete sinfonische Dichtungen und Opern (sämtlich schwedisch und deutsch textiert, u. a. nach Shakespeares *Sturm*, 1948). Autobiographische Skizze: *Med notpenna och taktpinne* (1946).

Auber, François, * Caen 29. Jan. 1782, † Paris 12. oder 13. Mai 1871, Franzose, bei Cherubini in Paris ausgebildet und dessen Nachfolger als Leiter des Konservatoriums (1842), wurde 1857 Hofkapellmeister Napoleons III.; seine Oper *Die Stumme von Portici* hatte bei ihrer Brüsseler Aufführung von 1830 den Abfall Belgiens von den Niederlanden ausgelöst; blieb lange beliebt mit Tänzen und Liedern aus den Spielopern *Fra Diavolo* und *Schwarzer Domino*.

Aubert, Louis, * Paramé 19. Febr. 1877, † Paris 9. Jan. 1968, Franzose, studierte in Paris bei Lavignac, Vidal und Fauré, Vorbereiter des französischen musikalischen Impressionismus mit Orchester- und Gesangszyklen (*Crépuscules d'automne*, 1910).

Auric, Georges, * Lodève 15. Febr. 1899, Franzose, studierte an der Pariser Schola Cantorum unter d'Indy, war ursprünglich Musikkritiker der «Nouvelles Littéraires», gehörte der antiromantischen Nachkriegsgruppe der «Six» an (mit Poulenc, Milhaud, Honegger u. a.). Schrieb Ballettmusiken für Leonid Mjassine (*Les matelots*), Heinz Rosen (*Der Weg zum Licht*, München 1952) sowie Filmpartituren (*Moulin rouge*, *Rififi*, *Lohn der Angst*, *Die ehrbare Dirne*, für Jean Cocteau *La belle et la bête* und *Orphée*).
LITERATUR: Eine autobiographische Skizze findet sich in J. Bruyr: L'écran des musiciens (1930).

Baaren, Kees van, * Enschede 22. Okt. 1906, † Oegstgeest 2. Sept. 1970, holländischer Komponist, studierte in Berlin und Rotterdam (W. Pijper), zu seinen Schülern zählt die holländische Avantgarde, u. a. Peter Schat und Louis Audriessen; schrieb die erste holländische Komposition in der reihentechnischen Zwölftonmethode Schönbergs (Sinfonia, 1957), weitere Werke: Orchestervariationen (1959), Klavierkonzert (1964), Musica per Orchestra (1966), Chorwerke nach T. S. Eliot, Kammermusik.

Babbitt, Milton Byron, * Philadelphia 10. Mai 1916, amerikanischer Komponist und Mathematiker, seit 1952 Professor an der Princeton University, Gründer des Electronic Music Center an der Princeton und der Columbia University, seit 1965 Mitglied des National Institute of Arts and Letters. Hauptwerke: reihentechnische und elektronische Kompositionen in vornehmlich kleinen Besetzungskombinationen.

Bacewicz, Grazyna, * Lodz 5. Febr. 1913, † Warschau 17. Jan. 1969, Polin, Violinistin und Komponistin, ausgebildet in Lodz, Warschau und Paris (Violine bei Carl Flesch, Komposition bei Nadia Boulanger), mehrfache Staatspreisträgerin; schrieb neoklassisch-folkloristische Konzert- und Kammermusik, auch Unterrichtswerke, erhielt 1960 den UNESCO-Preis für ihre *Musik für Streicher, Trompeten und Schlagzeug*.

Bach, Carl Philipp Emanuel, * Weimar 8. März 1714, † Hamburg 14. Dez. 1788, zweiter Sohn von Johann Sebastian Bach, studierte zuerst Jura, ging aber zur Musik über. 1740–1767 Kammercembalist Friedrichs des Großen in Berlin (daher zuweilen der «Berliner Bach» genannt), 1768–1788 als Nachfolger Telemanns Kirchenmusikdirektor in Hamburg (daher auch als «Hamburger Bach» bezeichnet). Entwicklungsgeschichtlich bedeutsam als einer der Neuformer des Sonatensatzes, schrieb über 250 Klavierwerke, besonders wichtig die *Preußischen Sonaten* (1742), die *Württembergischen Sonaten* (1744) und die Sonaten, Rondos und Fantasien «für Kenner und Liebhaber» aus seinem letzten Lebensjahrzehnt; in diesem Zusammenhang ist seine Schrift *Versuch über die wahre Art, das Clavier zu spielen* (noch in Berlin entstanden) hervorzuheben (2 Teile: 1753 und 1762; Faksimileneudruck 1957). Auch viele Vokalwerke (u. a. mehr als 22 Passionen), von denen die Vertonung geistlicher Lieder und Oden im Rahmen der sogenannten ersten Berliner Liederschule vorübergehend eine große Rolle gespielt hat.

Bach, Johann Christian, * Leipzig 5. Sept. 1735, † London 1. Jan. 1782, jüngster Sohn von Johann Sebastian Bach, Schüler seines Vaters und seines Bruders Carl Philipp Emanuel. 1756 bis 1762 in Italien, trat zum Katholizismus über, wurde Mailänder Domorganist (daher «Mailänder Bach» genannt). 1762–1782 in London (daher auch «Londoner» oder

«Englischer Bach») als Musikmeister der Königin, leitete zusammen mit Carl F. Abel seit 1765 die berühmten Bach-Abel-Konzerte. Schrieb Chöre, Kantaten, Oratorien, 20 Opern, zahlreiche Instrumentalwerke (Sinfonien, Konzerte für verschiedene Instrumente, Kammermusik, Klavierstücke, auch für 4 Hände und für 2 Klaviere). Sein «singendes Allegro» hat Mozart weitergeführt. Stilistisch vereinigt er italienische Melodiensüße mit Mannheimer Satztechnik («galanter Stil»).

Bach, Johann Christoph Friedrich, * Leipzig 21. Juni 1732, † Bückeburg 26. Jan. 1795, zweitjüngster Sohn und Schüler von Johann Sebastian Bach, Altersgenosse Haydns, studierte anfangs Jura, dann Musik. 1750 trat er in die Bückeburger Hofkapelle ein, war seit etwa 1758 deren Leiter (daher der «Bükkeburger Bach» genannt). Beachtliche Oratorien, Kantaten, Quartette für verschiedene Instrumente, Klavierwerke und anderes.

Bach, Johann Michael, * Arnstadt (Thür.) 9. Aug. 1648, † Gehren bei Arnstadt 17. Mai 1694, Onkel und Schwiegervater von Johann Sebastian Bach (Vater von Maria Barbara), Organist, bedeutend als Komponist von Choralvorspielen.

Bach, Johann Sebastian, * Eisenach 21. März 1685, † Leipzig 28. Juli 1750, Organist und Komponist, bedeutendster Sproß der mitteldeutschen Musikerfamilie (s. Stammbaum), Haupt des deutschen und Vollender des europäischen Musikbarock. Als Sohn eines thüringischen Stadtpfeifers geboren, unter 6 Geschwistern herangewachsen, nach dem frühen Tod der Eltern bei seinem Bruder in Ohrdruf aufgenommen und zum Organisten vorgebildet, 1700 als Klosteralumnus nach Lüneburg zu Georg Böhm empfohlen (Orgelausflüge bis zu Reinken nach Hamburg; am Celler Hof mit französischen Musikern bekannt geworden), trat Johann Sebastian Bach 1703 in die Dienste des Herzogs von Weimar, zunächst als Violinist, später – nach Organistenstellen in Arnstadt und Mühlhausen (Thür.), wo er 1707 seine Kusine Maria Barbara Bach heiratete – als Kammermusiker und Organist, seit 1714 als Konzertmeister (Zusammenarbeit auch mit dem Weimarer Stadtorganisten, seinem Vetter Johann Gottfried Walther); nach Zerwürfnissen mit dem Weimarer Herzog wechselte Bach 1717 an den Hof des Fürsten zu Anhalt-Köthen, wo er, ein Jahr nach dem Tode seiner ersten Frau, 1721 Anna Magdalena, Tochter des Zeitzer Hoftrompeters Wilcken, heiratete; 1723 entschloß sich Bach, die Wahl zum Thomaskantor in Leipzig anzunehmen (Nachfolger Kuhnaus), obwohl das Schul- und Kirchenamt in der musikalischen und gesellschaftlichen Rangordnung geringer galt, die wirtschaftliche Sicherung allerdings gefestigter schien; in die Schulkämpfe zwischen Lateinern und Aufklärern geraten, suchte und fand Bach die Gunst und Anerkennung des katholischen Hofs zu Dresden, was sich in der 1736 für die h-Moll-Messe verliehenen und erstrebten Titulatur eines «Königlich polnischen und kursächsischen Hofkomponisten und Kapellmeisters» niederschlug, auch in der Vermittlung eines Besuchs bei Friedrich dem Großen in Potsdam; weltliche und kirchliche Aufträge traten für die letzten Jahre des schließlich erblindeten Altmeisters zurück, zugunsten teils didaktischer, teils absolut-musikalischer Kompositionszyklen, harmonikal-kontrapunktischer «Rätsel»-Werke der musikalischen Weltliteratur.
Nach seinem Tode, im Übergang vom Spätbarock zur Frühklassik und im Schatten seiner Söhne rasch vergessen, erlebte Bach im Historismus des 19. Jahrhunderts eine zum Teil romantisierende Wiederentdeckung, während er für den Konstruktivismus des 20. Jahrhunderts, im Verbund mit der deutschen Orgelbewegung, eine konstitutive Neubelebung erfahren hat; aufführungspraktische und urtextkritische Fragen, zum Beispiel um die Vorrangdatierung weltlicher vor umgeschriebenen geistlichen Werken, dauern weiterhin an (Friedrich Blume). Leipzig richtete ein Bach-Archiv, Eisenach ein Bach-Museum ein; 1946 wurde in Schaffhausen (Schweiz) eine Internationale Bach-Gesellschaft gegründet, deren erster Präsident Albert Schweitzer war. Das

1951 errichtete Johann-Sebastian-Bach-Institut Göttingen bereitet eine neue, quellenkritisch gesicherte Gesamtausgabe der (zur Hälfte wohl verschollenen) Werke des Komponisten vor, die 1954 zu erscheinen begonnen hat.

HAUPTWERKE: A. (bis einschließlich Weimar, 1717): Orgelmusik und geistliche Konzerte älteren Stils, auch das Capriccio für Cembalo auf den Abschied seines Bruders (1704); zwischen 1708 und 1717 Kantaten auf Texte Neumanns und Francks sowie die Choralvariationen des *Orgelbüchleins;* B. (aus der Köthener Zeit von 1717–1723): zu weiteren Kantaten treten vorwiegend kammerkonzertante Instrumentalkompositionen wie die 6 Sonaten und Partiten für Violine, die 6 Suiten für Violoncello, die 6 Brandenburgischen Konzerte, ferner 2- und 3stimmige Inventionen und Sinfonien für Klavier, das *Wohltemperierte Klavier,* I. Teil (24 Präludien und Fugen in den Dur- und Moll-Tonarten), Bauern- und Kaffee-Kantate, *Johannespassion* (Uraufführung Karfreitag 1723 in der Thomaskirche zu Leipzig), *Notenbüchlein für Anna Magdalena und Wilhelm Friedemann Bach;* C. (Leipzig 1723–1735): zyklische Instrumental- und Vokalkompositionen: *Matthäuspassion* (1729), *h-Moll-Messe* (1733), *Weihnachtsoratorium* (1734; 6 Kantaten), 13 Klavierkonzerte (Bearbeitungen eigener und fremder Werke für 1–4 Klaviere mit Orchester), *Klavierübung I und II, Chromatische Phantasie und Fuge für Klavier, Tripelkonzert für Flöte, Violine, Klavier und Orchester,* Ouvertüren (Suiten) für Orchester; D. (Leipzig 1735–1750): 4 Kurzmessen, *Klavierübung III* (1739, für Orgel), *Wohltemperiertes Klavier,* 2. Teil, Goldberg-Variationen für Cembalo (1742), *Das Musikalische Opfer* (1747; Fuge, Kanons, Ricercari auf ein Thema Friedrichs des Großen), *Die Kunst der Fuge* (unvollendet, die Besetzung blieb offen).

VOKALWERKE

Passionen: Von den ursprünglich fünf Bach zugeschriebenen Passionen stammt die nach Lukas nicht von ihm, die nach Markus ist nur bruchstückweise erhalten, eine weitere ist nicht mit Bestimmtheit nachzuweisen. So bleiben nur die folgenden: *Johannespassion* (1723), herb, gerafft und übersichtlich im Aufbau, elf Choralsätze als entscheidende Bauträger, nur wenige Arien. Erzähler (Tenor) schildert die Vorgänge von Christi Gefangennahme bis zum Begräbnis, Einzelpersonen (Jesus, Petrus, Pilatus – Bässe, Magdalena – Sopran) geben nur knappe Einwürfe, die verschiedenen Gruppen (Jünger, Juden, Kriegsknechte usw.) werden durch den Chor dargestellt, das Orchester bald stützend und bald selbständig. Das Ganze ist aufgeteilt in zwei Hauptabschnitte. Die Thematik ist auffallend bildhaft, zuweilen tonmalerisch, beziehungsreich im Zurückgreifen auf früheres Geschehen. Dramatisch die abgestimmten Gegensätze zwischen homophonen und polyphonen Partien. – *Matthäuspassion* (1729), heute das weltbekannte Großwerk Bachs, wurde – wie die *Johannespassion* – zu Lebzeiten des Meisters nur drei- oder viermal aufgeführt, dann erst wieder hundert Jahre später durch Mendelssohn (1829). Dreizehn Choralsätze (Untergrund: *O Haupt voll Blut und Wunden*), je nach Stimmung andersartig harmonisiert und gesetzt, unterbauen eine dramatisch gesehene Bildfolge von einigen zwanzig Szenen. Rezitative, ausgesponnene Sologesänge, Chöre (vielfach Doppelchöre), Choräle und Orchester sind dicht ineinander verwoben, zugleich im einzelnen dramatisch schlagkräftig (Kurzchöre, Kurzrezitative), ja bühnenmäßig anschaulich (Gefangennahme Christi mit dem achtstimmigen Chor *Sind Blitze, sind Donner in Wolken verschwunden?;* Christus vor dem Hohenpriester, falsche Zeugen, Verspottung Christi usw.). Wesentlich auch der «Leitklang», den das Streichorchester jeweils den Worten Christi beigibt. Bei der Uraufführung war das Werk nur spärlich mit Solisten, Chor und Orchester besetzt. – *Weihnachtsoratorium* zusammengestellt aus sechs Kantaten für weltliche Festlichkeiten, dann aber 1734/35 aufgeführt und gedacht für die Sonn- und Feiertage der heiligen zwölf Nächte. Trotz der ursprünglichen Bestimmung «weihnachtlich» wirkend, weil weltliche und kirchliche Musik sich stilistisch noch vielfach glichen. Bach mag, als er die Bezeichnung Ora-

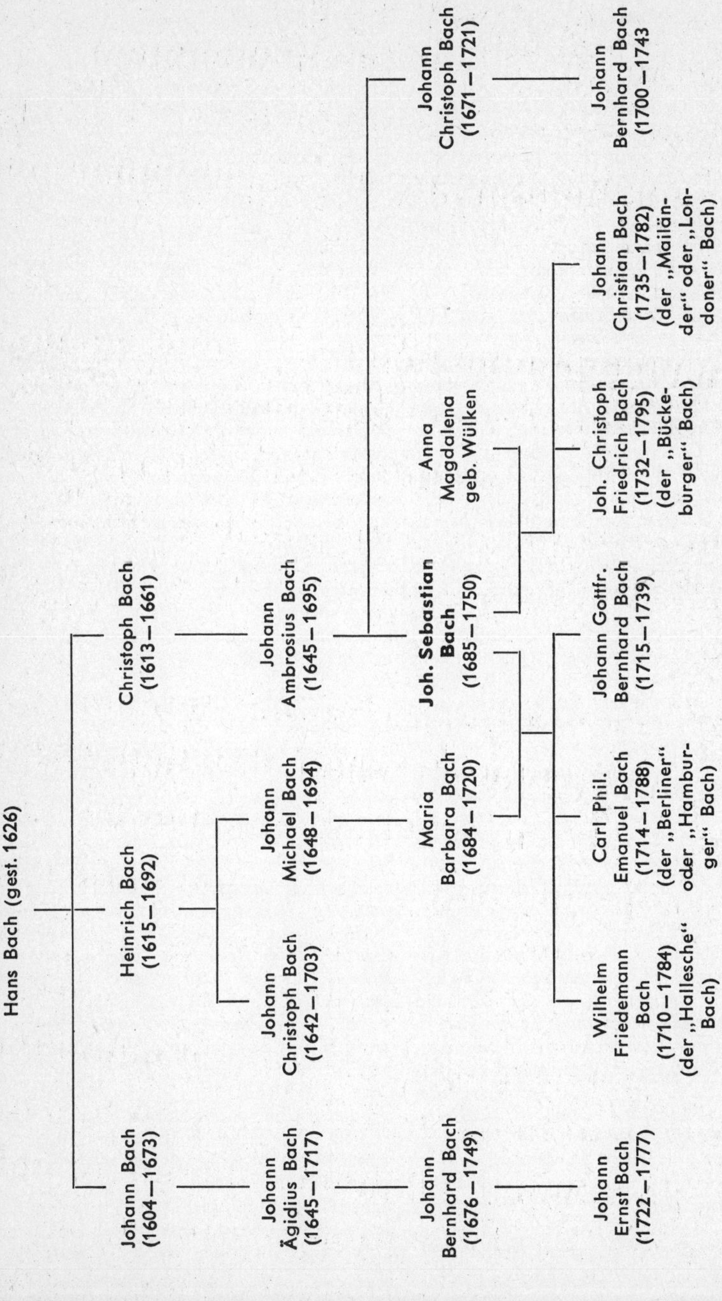

Stammbaum der Musikerfamilie Bach

torium wählte, an eine Gesamtaufführung gedacht haben (die sich freilich bis heute noch nicht so richtig bewährt hat). *Hohe Messe in h-Moll* (entstanden 1733 bis 1738), teilweise aus früheren Werken zusammengestellt, Vertonung eines lateinischen Textes für den katholischen Hof in Dresden durch einen protestantischen Kantor. Barocke Pracht und gotische Vielsträhnigkeit in den vielstimmigen Chören (besonders in den Chorfugen) und dem zuweilen opernhaft glänzenden Orchester; dazu eindringliche Soli, die Gesänge als Zwiesprache des einzelnen mit Gott darstellen. Vier Großabschnitte: im «Kyrie» umrahmen zwei Chorfugen (fünf- bzw. vierstimmig) ein Sopranduett; weitgespannte Stimmungswelt im «Gloria» mit Orchesterglanz, Chormysterium («Qui tollis») und beredten Soli; umfassendes musikalisches Glaubensbekenntnis im «Credo»; bildhaft das «Sanctus» mit bis zur Achtstimmigkeit gesteigerten Chören.

KIRCHLICHE KANTATEN: Bach soll fünf vollständige Jahrgänge kirchlicher Kantaten geschrieben haben. Mehr als ein Drittel davon ist verloren, rund zweihundert sind erhalten. Die meisten davon sind Chor-, die übrigen Solokantaten. In der Gestalt schließen sie sich vielfach an Erdmann Neumeisters (1671 bis 1756) Übertragung der weltlichen auf die kirchliche Kantatenform an (bei Neumeister drei Gruppen: nur Rezitativ und Arie / mit gereimten Sprüchen für Chor / Bibeltexte oder Choräle). Bachs Kirchenkantaten sind ursprünglich einteilig, dann zweiteilig (erster Teil vor, zweiter Teil nach der Predigt), endlich überwiegend Choralkantaten. Besetzung: Soli, Chöre, Orchester, Orgel. Berühmte Kirchenkantaten: die dramatischen Choralkantaten *Ein feste Burg* (1730) und *Wachet auf, ruft uns die Stimme* (1731), die während des Polnischen Erbfolgekrieges entstandene Kantate *Gott der Herr ist Sonn und Schild* (1735), *Christ lag in Todesbanden, Nun ist das Heil und die Macht und die Kraft* (Doppelchor mit Orchester). Diese und andere Werke könnten Teile eines szenischen Oratoriums sein.

WELTLICHE KANTATEN: Zahlreiche Werke zu allen möglichen Gelegenheiten (Geburtstage, Ratswechsel, neue Gutsherrschaft, Überhandnehmen des Kaffeetrinkens usw.), vielfach kleine Singspiele mit einfachen Besetzungen in einfacher Sprache, humorvoll. Etwa: *Jagdkantate* (1716), *Der zufriedengestellte Aeolus* (Müller-Kantate, 1725), *Schweigt stille, plaudert nicht* (Kaffeekantate, 1732), besonders *Der Streit zwischen Phöbus und Pan* (1731), der wie ein Vorläufer von Beckmessers Preisliedplattheiten aus Wagners «Meistersingern» anmutet.

MOTETTEN: Mit Sicherheit stammen von J. S. Bach nur sechs. Ihr polyphoner, zuweilen mehr instrumentaler als vokaler Stil sowie besondere Einzelheiten lassen vermuten, daß sie mit stützender (also nicht selbständiger) Instrumentalbegleitung aufgeführt wurden. Von nicht zu kleinen, geschulten Chören werden sie heute a cappella gesungen. Textlich bestehen sie aus Chorälen und Bibelworten, im Wechsel oder verschränkt. Musikalisch reichen sie von Drei- bis Achtstimmigkeit (dann meist doppelchörig). Formbeispiel die Motette *Jesu meine Freude:* sechs variierte Choralstrophen jeweils getrennt durch einen Motettensatz. (Sämtlich nicht für den Gottesdienst geschrieben.)

GEISTLICHE LIEDER: In dem 1736 erschienenen, von dem Zeitzer Schloßkantor Georg Christian Schemelli herausgegebenen «Musikalischen Gesangbuch» stehen 954 Lieder, von denen nach neuerer Forschung einundzwanzig (Max Seiffert) oder vierundzwanzig (Albert Schweitzer) von J. S. Bach vertont sein sollen, choralartige, doch ins Ariose gewandelte Gesänge mit bezifferter Baßstimme. Bekannt u. a. *Vergiß mein nicht, Liebster Herr Jesu, wo bleibst du so lange.* (Dagegen stammt das vielgesungene «Willst du dein Herz mir schenken» – von Paul Graener in seiner Friedemann-Bach-Oper benutzt – nicht von Bach.)

ORGELWERKE

Die neuere Forschung hat festgestellt, daß ein Teil der früher unter dem Urhebernamen J. S. Bach bekannten Orgelkompositionen entweder nicht von Bach stammt oder die Urheberschaft zumindest zweifelhaft ist. Bei der Fülle der Orgelwerke kann es auch nicht verwundern, daß die genaue Entstehungszeit vieler Einzelstücke bis heute unbekannt geblieben ist. Um die verwirrende Vielfalt einigermaßen überschauen zu können, gliedert man bald zeitlich, bald systematisch. Im ersten Fall: spielerisch bewegte Partiten der Frühzeit / das Weimarer Orgelbüchlein und die ebenfalls in Weimar geschriebenen virtuosen Fugen und Präludien / die Werke der Leipziger Jahre. Im zweiten Fall: die Choralbearbeitungen und die freien Orgelwerke.

Zu den Choralbearbeitungen zählen u. a. das *Weimarer Orgelbüchlein* (kleine Vorspiele über Choralmelodien); ursprünglich geplant waren 164 Stücke, ausgeführt und im Autograph vorliegend 46, ferner die Bearbeitungen im 3. Teil der *Klavierübung* (1739 erschienen, aus der Weimarer und Leipziger Zeit zusammengestellt und bearbeitet) mit paarweiser – nämlich pedaliter und manualiter – Anordnung der sogenannten Katechismuschoräle, eine Art «doppelter Liedermesse» (Moser), weiterhin die Sammlung *Achtzehn Choräle* (1747–1749), deren Zusammenstellung und musikalische Fassung auf eine religiöse Grundvorstellung deutet, endlich die kanonischen Veränderungen über *Vom Himmel hoch* (erschienen 1748).

Zu den freien Orgelwerken zählen vor allem die großen Tokkaten der Leipziger Fassung, ursprünglich wohl gedacht als Erprobungs- oder Einweihungsstücke für neue Orgeln, dann Passacaglien, Präludien, Fantasien und andere Stücke, vor allem die späten oder später neugefaßten Präludien und Fugen, deren eingebürgerte Bezeichnung «Zweisätzige Orgelsinfonien» das Wesen dieser Werke recht gut trifft; hervorzuheben aus dieser Gattung: die Rahmensätze aus der *Klavierübung, 3. Teil.*

ORCHESTERWERKE

Vier Ouvertüren (eine weitere stellt nur eine Bearbeitung des *1. Brandenburgischen Konzerts* dar) aus der Köthener Zeit, eigentlich Suiten, also Folgen von Tanzstücken, aber nach den vorangestellten Einleitungssätzen Ouvertüren genannt. Kleiner Streichkörper, dem einzelne Bläser gegenübergestellt werden. Aufgeführt werden zumeist die dritte (D-Dur, Streichorchester, Cembalo, zwei Violinen, Viola, Continuo, zwei Oboen, drei Trompeten, Pauken) und die h-Moll-Ouvertüre (Streichorchester und Soloflöte, also fast ein Flötenkonzert).

Die sechs *Brandenburgischen Konzerte* (um 1721), so genannt, weil sie Markgraf Christian Ludwig von Brandenburg für seine Hofkapelle in Auftrag gab, sind, dem Zweck entsprechend, höfische Unterhaltungsmusik, allerdings von sehr hohem Rang, Konzerte im Sinne des Concerto grosso, dann wieder Kammermusik. Besetzung: 1. F-Dur: Quartgeige, drei Oboen, Fagott, zwei Hörner, Streichorchester; 2. F-Dur: Clarino, Flöte, Oboe, Violine, Streichorchester; 3. G-Dur: je drei Violinen, Bratschen und Celli, dazu Cembalo (dreichörige Konzertsinfonie); 4. G-Dur: Violine, zwei Blockflöten, Streichorchester; 5. D-Dur: Flöte, Violine, Streichorchester, Cembalo; 6. B-Dur: zwei Bratschen, zwei Gamben, Generalbaß. – Die Form ist meist dreiteilig; schnell-langsam-schnell.

INSTRUMENTALKONZERTE

Die Violinkonzerte übernehmen ohne weiteres die (italienische) Art, wie sie insbesondere durch Antonio Vivaldi und Giuseppe Torelli ausgebaut wurde: ein langsamer Satz, umschlossen von Ecksätzen, in denen der Solist seine technischen Kunststücke glänzen läßt; doch tritt die strenge Gegensätzlichkeit zwischen Orchester und Solisten bei Bachs drei Konzerten (a-Moll, E-Dur und d-Moll, letztes für zwei Violinen, sämtlich um 1720) mehr und mehr zurück: Tutti und Soloinstrumente beginnen motivisch-thematisch ineinanderzugreifen: Beginn der späteren großen Instrumentalkonzerte.

Die Klavierkonzerte sind fast ausschließlich Bearbeitungen eigener und fremder Werke für Geige. 1. Konzert d-Moll, wahrscheinlich nach einem deutschen Zeitgenossen; 2. Konzert E-Dur, stammt aus zwei Bach-Kantaten; 3. Konzert D-Dur, Umgestaltung des Violinkonzerts E-Dur; 4. Konzert A-Dur, wahrscheinlich nach einem anderen Werk Bachs; 5. Konzert f-Moll, wohl nach dem Violinkonzert eines Zeitgenossen; 6. Konzert F-Dur, nach dem *5. Brandenburgischen Konzert;* 7. Konzert g-Moll, Umformung des Violinkonzerts a-Moll. Konzerte für zwei Klaviere und Orche-

ster: das erste und das dritte (beide in c-Moll) Bearbeitungen von Konzerten für zwei Violinen, das zweite in C-Dur sogleich für zwei Klaviere geplant.
Weiter zwei Konzerte für drei und ein Konzert für vier Klaviere und Orchester. Das Tripelkonzert (Violine, Flöte, Cembalo und Streichorchester) stammt aus anderen Bach-Werken.

DAS MUSIKALISCHE OPFER

Bei einem Besuch in Potsdam (1747) wurde Bach von Friedrich dem Großen ein Thema gestellt, das er aus dem Stegreif als sechsstimmige Fuge spielen sollte. Bach benutzte jedoch nicht dieses, weil wenig geeignet, sondern ein anderes. Nach der Rückkehr schrieb er dann über das «königliche Thema» das bereits mehrfach erwähnte *Musikalische Opfer* und übersandte es dem König. Es besteht, einschließlich der bereits erwähnten Werke, aus einer Fuge, zwei Ricercari, neun Kanons und einer Triosonate; besonders großartig das sechsstimmige Ricercare.

DIE KUNST DER FUGE

In der Kunst der Fuge fehlt jede Angabe über die instrumentale Ausführung. Man kann darüber streiten, ob man es für Streichorchester (Moser) oder für verschiedene Besetzungen (Wolfgang Gräser) einrichten soll. Wesentlich bleibt, daß hier eine Beispielsammlung vorliegt für die Kunst, Kanons und Fugen aller nur denkbaren Art zu schreiben, und die kaum minder große Kunst, ein einfaches d-Moll-Thema fast unendlich zu variieren. Die polyphone Arbeit scheut auch nicht vor Künstlichkeiten wie Krebs und Spiegelfuge zurück – und doch bleibt das mathematisch strenge Denkwerk stets erfüllt von lebendigem Atem (gedruckt 1751). Am Schluß der 19., nicht ganz beendeten Fuge tritt das Motiv b-a-c-h auf.

KAMMERMUSIK

Bach ändert in seinen Instrumentalwerken kaum etwas an den zu seiner Zeit bestehenden Formgrundrissen, ohne sich jedoch aufkommenden Neuerungen deutscher, englischer, französischer oder italienischer Herkunft zu verschließen. Invention, Präludium, Fuge, Suite (Kernform oder mit Zusätzen), Chaconne, Passacaglia, Kirchensonate sind die von ihm übernommenen Grundformen. Wohl baut er sie nach innen aus, er verdichtet sie harmonisch, thematisch-motivisch, polyphon, rhythmisch, instrumental-technisch (Bach spielte hervorragend Orgel, Klavier und Geige). Manches Werk läßt sich auf verschiedenartigen Instrumenten spielen, andere (Kunst der Fuge) erscheinen losgelöst von jeder instrumentalen Wiedergabe, sind vergeistigtes musikalisches Denkspiel.
Sonaten für Geige allein (um 1720), eigentlich drei Sonaten und drei Suiten. Insbesondere die zweiten Sonatensätze (Fugen) verlangen den alten gewölbten Bogen und den flachen Steg, damit die Polyphonie zur Geltung kommt. Ähnliches gilt vor allem für die berühmte Chaconne aus der d-Moll-Suite.
Suiten für Cello allein (um 1720), das Polyphone tritt zurück, eine für «Cello discordato» (a-Saite nach g herabgestimmt), eine andere für die fünfsaitige Viola pomposa (im Arm gehaltenes «Cello»).
Klavier-Violin-Sonaten, eigentlich sechs Sonaten für Cembalo concertato (ausgeschriebener Cembalopart), Violine und Continuo. Über dem Meinungsstreit, wie das Continuo zu besetzen sei (zweites Cembalo oder Cello), werden die Werke selbst immer unbekannter.
Triosonaten für zwei Geigen (oder Flöten) und Continuo. Aus der Leipziger Zeit, daher reifer, weniger spielerisch als konstruktiv. Eine weitere Triosonate für Geige, Flöte und Cembalo steht am Schluß des *Musikalischen Opfers* (1747), wohl das konzentrierteste Werk der ganzen Gattung; in den vier Sätzen (formal Kirchensonate) wird das aufsteigende Moll-Dreiklangmotiv und die chromatisch absinkende Weiterführung (Thema stammt von Friedrich dem Großen) polyphon durchgeführt und geistig durchleuchtet.
Weitere Kammermusikwerke u. a.: Sonaten für Klavier und Flöte, für Klavier und Gambe, für Geige und bezifferten Baß. Technisch verhältnismäßig leicht zu bewältigen. Ferner Kompositionen für die Laute.

KLAVIERMUSIK

Viele seiner Klavierwerke wollte Bach verstanden wissen als «Gemüths Ergetzung» und als Lehrstücke für das «polyphone» Spiel, für das «cantable» Spiel und für die «Composition». Unter diesen Gesichtspunkten muß man auch heute an die vielfältige Wunderwelt seiner Klavierkompositionen herangehen. Ob sie für Klavichord oder Cembalo oder Spinett bestimmt waren, ist nur aus bestimmten Stil- und Spieleigentümlichkeiten zu erkennen; fest steht, daß Bach dafür war, das Studium der Tasteninstrumente auf dem Klavichord zu beginnen (so auch Händel).

Kleine Präludien und Fugen für Anfänger, zum Teil aus dem *Clavierbüchlein für Wilhelm Friedemann* (um 1720), zum Teil aus Stücken für andere Schüler, ein Lehrgang vom einfachen Menuett-Trio bis zu *Präludium und Fuge* (vierstimmig).

Zwei- und dreistimmige Inventionen, ursprünglich Präambeln und Fantasien genannt, dann (Überarbeitung 1723) als Inventiones (zweistimmige) und Sinfonien (dreistimmige) bezeichnet. Je fünfzehn Stücke durch die Moll- und Dur-Tonarten, gemäß dem Brauch der Zeit nie mehr als vier Vorzeichnungen, gewissermaßen Vorstufe zum vollständigen Tonartenkreis des *Wohltemperierten Klaviers*. Vorwiegend für das Klavichord gedacht. Ständig wachsende polyphone Verdichtung, zugleich Vielfalt von Stimmungen.

Französische und Englische Suiten (aus der Köthener und der ersten Leipziger Zeit), je sechs Folgen nach dem bekannten Muster Frobergers «Allemande / Courante / Sarabande / Gigue», aber vor der Gigue mancherlei Einschübe nach französischem Vorbild (Gavotte, Menuett, Air usw.; daher die – nicht von Bach stammende – Bezeichnung «Französische Suiten»); bei den Englischen Suiten weniger Einschübe, dafür vorangesetzte Präludien, meist weiträumige fugenartige Sätze, die so viel Gewicht bekommen wie die übrigen Sätze zusammen.

Partiten (1726–1731), sechs Werke nach dem Formmuster der Englischen Suiten, von Bach als *Klavierübung* (1. Teil) herausgegeben, aber nicht als Partiten (oder gar «Deutsche Partiten»); für eine Art absolutes Spiel gedacht. «Wer einige Stücke daraus recht gut vortragen lernte, könnte sein Glück in der Welt damit machen.» Diese Worte des ersten Bach-Biographen Forkel gelten noch heute.

Italienisches Konzert und *h-Moll-Partita* (*Klavierübung, 2. Teil*, 1735), beide «vor ein Clavicymbel mit zweyen Manualen» geschrieben. Im *Concerto nach Italiänischem Gusto* (langsamer Mittelsatz, lebhafte Ecksätze) bekunden die Vorzeichnungen f und p das konzertmäßige Absetzen von «Tutti» und «Solo». Die h-Moll-Partita hieß ursprünglich «Ouverture nach Französischer Art», wegen des Kopfsatzes; die Satzanordnung ist anders als bei den Suiten oder Partiten; am Schluß ein Stück «Echo».

Vier Duette (1739, aus *Klavierübung, 3. Teil*), zweistimmige Inventionen von mächtigem Gebärdenreichtum und zugleich strenger musikalischer Fügung (polyphon).

Goldberg-Variationen (1742, *Klavierübung, 4. Teil*), eine «Aria mit verschiedenen Veränderungen vors Clavicimbal mit zwei Manualen», bestellte der russische Gesandte in Dresden, Freiherr von Kaiserling, bei Bach; sein Clavecinist, Johann Gottlieb Goldberg, sollte sie ihm in schlaflosen Nächten vorspielen. Entstanden ist aus diesem Auftrag das großartigste Variationswerk der Klavierliteratur nach genau berechnetem Aufbau (drei folgerichtig durchgeführte Dreierreihen: Kanons / freie Variationen / Spieltechnik), jede der dreißig Variationen ein in sich geschlossenes kompositorisches wie spielerisches Problem. Das gedankenschwere, schwierige Werk schließt mit behäbigem Hausvaterhumor, doch kompositorisch sinnvoll mit einem Quodlibet über zwei Gassenhauser.

Das Wohltemperierte Klavier (erster Teil 1722, zweiter Teil 1744 beendet). Bis zum Anfang des 18. Jahrhunderts wurden die Tasteninstrumente «rein» gestimmt; die Neustimmung der Tonleiter in zwölf annähernd gleiche Halbtöne, 1691 von Andreas Werckmeister zwingend gefordert und begründet («temperierte» Stimmung), beseitigte den alten Nachteil, daß man sich in Klavierkompositionen nicht allzuweit von der angenommenen «Grundtonart C-Dur» entfernen konnte, ohne zu Mißklängen zu gelangen, weshalb die Komponisten meist nur bis zu vier Vorzeichnungen gingen. Mit der temperierten Stimmung wurde auf den Tasteninstrumenten jede Tonart und jede Modulation verwendbar. Sogleich ergründeten Komponisten die vierundzwanzig verfügbaren Dur- und Moll-Tonarten, aber nur Bachs Versuch hat bis heute künstlerischen Bestand gehabt. Sein *Wohltemperiertes Klavier* durchmißt die Tonarten zweimal; nicht jedes Präludium und nicht jede Fuge standen sogleich in der endgültigen Tonart; Bach probierte so lange, bis er diejenige Tonart gefunden hatte, deren Charakter dem jeweiligen Präludium oder der jeweiligen Fuge am besten zu entsprechen schien. Aus dem musikalisch-kompositorischen «Charakterisieren» wurden unter seinen Händen unbewußt geistige Charakterbilder, die alle Stimmungen der menschlichen Seele umfassen und – bei aller Wahrung klavieristischer Spieltechnik und Spielbarkeit – zu vergeistigten Denkvorgängen wurden (insbesondere die Fugen). Die Präludien legen zumeist die harmonische Grundstimmung fest, die Fuge baut polyphon darauf auf. Der erste Teil des *Wohltemperierten Klaviers* ist einheitlicher als der zweite, als Vorbereitung für die Fugen. Der zweite Teil, obwohl großartige, in Einzelheiten noch stärker verdichtete Werke enthaltend, wirkt zufälliger, bunter, ist merkbar «zusammengestellt». Hauptunterschied zum ersten Teil: Die Präludien werden polyphoner, und die Fugen lockern sich im Baugerüst, beide nähern sich formal oft dem Sonatensatz.

Fugen, Capriccios, Fantasien, Tokkaten: Zu verschiedenen Zeiten entstanden. Hervorzuheben sind vier a-Moll-Fugen, zum Teil mit Vorspielen, eine davon später umgearbeitet als Konzert für Klavier, Geige, Flöte und Orchester. Bedeutender als die vier frühen, in ihrer Echtheit bestrittenen Sonaten sind die sieben Tokkaten der Weimarer Zeit. Von den Capriccios ist das in B-Dur «über die Entfernung des geliebtesten Bruders» als programmusikalischer Versuch (nach Kuhnaus Biblischen Historien) zu erwähnen. Bekannter als die Fantasie und Fuge in c-Moll ist die vielgespielte *Chromatische Fantasie und Fuge* (1720) mit den schnellen Läufen und Akkordbrechungen sowie Rezitativen im ersten Satz und der mächtig gesteigerten Fuge über ein Thema, dessen chromatisches Kopfmotiv a b h c aus den Buchstaben des Namens Bach zusammengesetzt ist. Aus dem *Musikalischen Opfer* seien noch das stegreifartige dreistimmige und das kontrapunktisch verdichtete sechsstimmige Ricercar genannt.

LITERATUR: W. Schmieder: Thematisch-systematisches Verzeichnis der Werke Johann Sebastian Bachs (1950); derselbe: Das Bach-Schrifttum. In: Bach-Jahrbuch 1953; K. Geiringer: Die Musikerfamilie Bach (1958); B. Schwendowins und W. Dömling, J. S. Bach. Zeit, Leben, Wirken (1976).

Bach, Wilhelm Friedemann, * Weimar 22. Nov. 1710, † Berlin 1. Juli 1784, ältester Sohn Johann Sebastian Bachs, Schüler seines Vaters und Johann Gottlieb Grauns, bis 1746 Organist in Dresden, bis 1764 in Halle, führte dann ein unstetes Leben und verarmte; galt als genialer Orgelimprovisator und wurde mit Klavierfantasien und Polonaisen zum Vorläufer frühromantischer Charakterstücke. (E. Brachvogels Roman über ihn, 1858 erschienen und oft wieder aufgelegt, ist eine romantisierende Verzeichnung.)

Bäck, Sven Erik, * Stockholm 16. Sept. 1919, Schwede, ursprünglich Geiger, bei Hilding Rosenberg und Goffredo Petrassi (Rom) in Komposition ausgebildet, trat mit Orchester-, Chor- und Kammermusik hervor, u. a. mit einem Violoncellokonzert für G. B. Bengtson.

Badings, Henk, * Bandung (Java) 17. Jan. 1907, Holländer, studierte und lehrte zunächst Paläontologie in Delft, betrieb Kompositionsstudien bei Willem Pijper, leitete während des Krieges das Reijkskonservatorium in Den Haag, lebt seither in Hilversum; er übernahm 1963 eine Kompositionsklasse an der Staatl. Hochschule für Musik in Stuttgart; führte die neuere niederländische Musik aus ihrer französisch orientierten Nachromantik zu moderner polyphoner Stimmigkeit, ohne dabei klangliche Gravitationszentren preiszugeben; er experimentiert überdies mit radiophonischen und elektronischen Werkaufträgen (Philips/Eindhoven). Unter seinen Hauptwerken befinden sich eine *Markus-Passion* für Männerchor (1972), eine *Psalmensinfonie* (1953), eine *Missa brevis* (1946), Oratorien und Kantaten, Orgel- und Glockenmusik, (Carillons), Konzert-, Kammer- und Klaviermusik, ferner die Opern *De Nachtwacht* (1942), *M. Korda, DP* (1960) sowie zahlreiche, zum Teil elektronische Funk-, Fernseh-, Bühnen- und Ballettmusiken. 1951 legte er eine Schrift vor über *Tonaliteitsproblemen in de nieuw Muziek.*

Baird, Tadeusz, * Grodzisk Mazowiecki 26. Juli 1928, Pole, studierte Musik und Musikwissenschaft in Lodz und Warschau; Vertreter der jungpolnischen Avantgarde, Staatspreisträger 1951, auch im Westen gefördert (UNESCO-Preis, Paris 1959, Musikpreis der Stadt Köln 1963); sucht folkloristische Elemente mit seriellen Strukturen zu verbinden; zu seinen Hauptwerken zählen *Vier Essays* für Orchester, *Espressioni varianti* für Violine und Orchester, *Liebeslieder* für Sopran und Orchester, *Epiphanische Musik* für Orchester, Hörspiel- und Bühnenmusiken.

Balakirew, Mili Alexejewitsch, * Nischni Nowgorod 2. Jan. 1837, † Petersburg 29. Mai 1910, Russe, Wortführer der jungrussischen romantischen Nationalschule (mit Borodin, Kjui, Mussorgski, Rimski-Korsakow), Folklorist und Kolorist. Schrieb «sinfonische Dichtungen» (u. a. *Russia,* 1862, zur Tausendjahrfeier Rußlands), ferner Orchestersuiten (*Chopin*) und Klavierfantasien (*Islamay*).

Bantock, Sir Granville, * London 7. Aug. 1868, † ebenda 16. Okt. 1946, Engländer, war – vorwiegend als Dirigent und Musikforscher – in Birmingham tätig, schrieb programmusikalische Chor- und Orchesterwerke, vielfach auf exotische oder keltische Stoffe, so *The great God Pan* (1916, Chorballett), *Celtic symphony* (1940, für 6 Harfen und Streichorchester). Eine Bantock-Society wurde 1947 gegründet.

Barber, Samuel, * West Chester (Penn.) 9. März 1910, † New York 24. Jan. 1981, Amerikaner, Preisträger des Curtis Institute Philadelphia, lebte seit Kriegsende in Capricorn (N.Y.), vertritt eine vitalistische, dabei klassizistisch geglättete «Amerikanische Musik». Hauptwerke: *Capricorn Concerto,* zwei *Essays* für Orchester, Violinkonzert, *Prayers of Kierkegaard* für Sopran, Chor und Orchester, ferner die Oper *Vanessa* (Text von dem italo-amerikanischen Komponisten Gian-Carlo Menotti), *Antony and Cleopatra* (New York, 1966, zur Eröffnung der neuen «Met») und das Ballett *Medea* (für die amerikan. Ausdruckstänzerin Martha Graham). Eine Barber-Biographie veröffentlichte N. Broder (1954).

Barraine, Elsa, * Paris 13. Dez. 1910, Französin, Dukas-Schülerin, Rom-Preisträgerin, Inhaberin einer Kompositions- und Klavierprofessur am Pariser Konservatorium, mit Bühnen-, Ballett- und Filmmusik hervorgetreten, Verfasserin des Klavierschulwerkes *La boîte de Pandore* (1954).

Barraud, Henry, * Bordeaux 23. April 1900, Franzose, Dukas-Schüler, Abteilungsleiter für Musik bei der UNESCO in Paris, schrieb modernistische Bühnen- und Konzertwerke, darunter die Oper *Numance* nach Cervantes (1955); legte auch eine Berlioz-Biographie vor.

Bartók, Béla, * Nagyszentmiklós 25. März 1881, † New York 26. Sept. 1945, Ungar, Komponist, Folklorist und Pianist; musikalisch grundlegend ausgebildet durch seine Mutter, besuchte er nach dem Abitur (Preßburg, 1899) die Meisterklassen für Klavier und Komposition an der Budapester Musikhochschule; bis zum Ersten Weltkrieg trieb er Volksliedforschungen in Ungarn, Rumänien und der Slowakei, in Anatolien und Nordafrika, auch mit seinem Freund und Hochschulkollegen Zoltán Kodály; 1907 bis 1934 hatte er eine Klavierprofessur an der Budapester (Liszt-)Hochschule inne, seit den zwanziger Jahren unternahm er Konzert- und Vortragsreisen, auch durch Westeuropa, 1934–1940 bereitete er die Herausgabe seiner Volksliedsammlung für die Akademie der Wissenschaften in Budapest vor; im Oktober 1940 emigrierte er (freiwillig) über die Schweiz nach New York, von wo aus er mit seiner zweiten Frau, Ditta, geb.

Pasztory, vormals seine Schülerin (heute wieder in Budapest), Duokonzerte eigener Komposition gab, die Columbia University gab ihm einen Forschungsauftrag und verlieh ihm den Ehrendoktor; außerdem Werkaufträge durch Menuhin und Kussewitzki; bei rascher Verschlechterung seines Gesundheitszustandes vereinsamte (und verarmte) er zunehmend und starb am 26. Sept. 1945 in New York an Polycythämie (Umbettung nach Budapest geplant). Bartóks Lebenswerk läßt sich in drei Stil- und Schaffensphasen gliedern: eine neuromantische Frühphase reicht bis zu dem symbolistischen Einakter *Herzog Blaubarts Burg* (1911) und steht den Klang-Farb-Fächerungen der Linie Liszt–Strauss–Debussy nahe; eine expressionistische Hauptphase erstreckt sich von dem *Allegro barbaro* für Klavier (1911) über die Pantomimen *Der holzgeschnitzte Prinz* (1916) und *Der wunderbare Mandarin* (1919) sowie über die mittleren, insgesamt 6 Streichquartette, Klavier- und Violinsonaten bis zum 2. Klavierkonzert (1931) und erbringt Bartóks Durchbruch zu einer emanzipierten, eher pentatonisch als zwölftönig orientierten Harmonik, zu einer an folkloristischen Modellen gebildeten Zellkernmelodik und zu einer an östlichen Metren permutierten, höchst vitalen Rhythmik; mit der Schönberg-Schule und dem Strawinsky der expressionistischen Epoche verbindet Bartók die explosive Wirkung seiner Klangschichtungen, nicht aber die unverwechselbare, hart konturierte Klangtextur; eine dritte Phase setzt für das letzte Lebensjahrzehnt Bartóks mit den Basler Auftragswerken ein (*Musik für Saiteninstrumente*, 1936) und endet mit den amerikanischen Werkbestellungen Kussewitzkis (*Orchesterkonzert*, 1943) und Menuhins (*Violinsonate*, 1944) sowie mit dem 3. Klavierkonzert und dem nachgelassenen Bratschenkonzert; auf die Stilfilterung war eine klassizistische Glättung gefolgt, mit der gewisse Züge der Popularität, aber auch der Serenität neu einbezogen scheinen.

HAUPTWERKE (neben den bereits genannten): zwei Violinkonzerte (1908 und 1938), zwei Orchestersuiten, zwei Orchesterporträts, zwei Rhapsodien für Violine und Orchester (oder Klavier), Tanzsuite, *Contrasts* für Violine, Klarinette und Klavier, ferner *Cantate profana (Die Zauberhirsche)* für Doppelchor, Soli und Orchester (1930), zahlreiche Chorwerke (a cappella oder mit Orchester oder Klavier) sowie Klavierliederzyklen, nicht zuletzt Sonaten, Sonatinen, Bagatellen, Tänze; Suiten, Skizzen, Improvisationen für Klavier, zudem der sechsbändige *Mikrokosmos* für Klavier (153 Stücke in progressiver Schwierigkeit, 1926–1937. Bartóks wissenschaftliche Arbeiten, Volksliedsammlungen, Briefe usw. erscheinen seit 1951 im Ungarischen Staatsverlag. Ein Bartók-Archiv wurde 1962 der Budapester Akademie der Wissenschaften angegliedert (Leitung Denes Dille). Bartók-Wochen fanden 1959 in Basel (Schweiz) und 1964 in Regensburg statt (Paul Sacher; Otto Winkler).

ORCHESTERWERKE

Kossuth-Sinfonie (1903), nationale Tondichtung – stark von R. Strauss beeinflußt.

Burleske für Orchester, Scherzo für Klavier und Orchester (1904).

Zwei Orchestersuiten, op. 3 und 4 (1905 und 1907), auf der Linie Liszt–Strauss.

Zwei Porträts, op. 5 (1907/08), mit impressionistischen Einflüssen (Debussy).

Vier Orchesterstücke, op. 12 (1913), langsames Wachsen neuen Stils. Praeludio – Scherzo – Intermezzo – Marcia funebre.

Tanzsuite (1923), «Zum fünfzigsten Jahrestag der Vereinigung von Ofen und Pest»; wechselnde Rhythmen, ungarische Volksweisen, herber Klang, viel Schlagzeug.

Musik für Saiteninstrumente, Schlagzeug und Celesta (1936), geschrieben für das Baseler Kammerorchester, angeregt durch japanische Musik, auch Schönberg-Einflüsse, ungewohnte Klangfarben.

Divertimento für Streichorchester (1939), kunstvoll gearbeitet: Allegro non troppo – Molto adagio – Allegro assai.

Konzert für Orchester (1943), fünfsätzig: Einleitung / Spiel der Paare – Elegie – Unterbrochenes Intermezzo – Finale. Klanglich aufgelockert, unaufhörliche Bewegungsantriebe.

1. Klavierkonzert (1926), dreisätzig, Sonatenform im 1. und 3. Satz (hier mit Kanon und Fuge), im Mittelsatz Schlagzeugsoli, Melodisches tritt zurück, der Rhythmus herrscht (ständig wechselnd wie der Takt).

2. Klavierkonzert (1931), hoch expressiv.
3. Klavierkonzert (nachgelassenes Werk 1945), als Mittelstück ein Adagio religioso («Choral» im Klavier, umrankt von Streichern).
Sonate für 2 Klaviere und Schlagzeug, auch für 2 Klaviere und Orchester (1937).
Rhapsodie für Klavier und Orchester, op. 1 (1904), farbiges Jugendwerk, neuerdings wieder mehr gespielt.
1. Violinkonzert (1908, uraufgeführt 1959), 1. Satz identisch mit 1. Satz, op. 5.
2. Violinkonzert (1938), als das beste seit Brahms angesehen, formal auf (abgewandelter) klassischer Grundlage, verbindet polyphone Künste, Quartenmotivik, Zwölftonreihe und Tonalität (1. Thema in H-Dur, 2. in F-Dur; beide zusammen ergeben sämtliche 12 Töne bei teilweiser Verdoppelung). Dazu ungarischer Untergrund, virtuose Spieltechnik (auch Kadenz). Sätze: Allegro non troppo – Andante (mit eingeflochtenem Scherzo) – Allegro molto.
Bratschenkonzert (nachgelassenes Werk, von Tibor Serley instrumentiert), in Haltung und Aufteilung ein Zwillingswerk zum 3. Klavierkonzert (1945).
KAMMERMUSIK
Die Kammermusik, insbesondere das (an Beethovens letzte Quartette anknüpfende) Streichquartettschaffen Bartóks, wird vielfach als das kompositorisch Wichtigste des ungarischen Meisters bezeichnet. Auf jeden Fall läßt sich in ihr die Entwicklung Bartóks gut verfolgen.
1. Streichquartett (1908), im wesentlichen auf dem Boden der Überlieferung, doch sind ungarische und persönliche Eigenheiten eingeflochten.
2. Streichquartett (1917), das Thematische tritt zurück, motorische Rhythmen werden als Triebkräfte eingesetzt, neuartige Farbwerte erscheinen, auch das Harmonische ist oft reiner Farbwert.
3. Streichquartett (1927), der Rhythmus wird aus einer nur treibenden zu einer bauenden Kraft, die Thematik wird deutlicher, dementsprechend wächst die lineare (polyphone) Arbeit, klanglich zuweilen das Wesen des Streichquartetts sprengend, «Ungarisches» gleichwohl spürbar.
4. Streichquartett (1928), wiederum konstruktiv, jetzt vor allem in der Form: Es entsprechen einander die Allegroecksätze (1 und 5) und die beiden Scherzi (2 und 4) als Doppelrahmen für das Andantemittelstück (3. Satz), wobei sich von Satz zu Satz motivische Beziehungen spinnen.
5. Streichquartett (1934), abermals fünf Sätze, diesmal jedoch ein heiterer Satz als Mittelteil, ein Scherzo alla bulgarese (3. Satz), innen gerahmt von einem Adagio molto (2) und einem Andante (4), außen (1 und 5) von schnellen Sätzen, das ganze Werk eine Mischung von gelöstem (wenn auch sehr kunstvollem) Spiel und spielerisch gehandhabter Rechenkunst (Dauer der Sätze wird nach Minuten und Sekundenbruchteilen angegeben.
6. Streichquartett (1942), motivische Kleinstarbeit. Im 1. Satz (Vivace) wird das tragende Thema einstimmig, im 2. (Marcia) zwei-, im 3. (Burletta) drei- und im 4. (Finale) vierstimmig gefaßt.
Klavierquintett (1904), noch ganz im Bereich von Beethoven und Brahms.
Contrasts (1942) für Violine, Klarinette und Klavier, also «Gegensätzlichkeiten», eigenwillig in der Klangmischung, tänzerisch und konstruiert in einem (Bartók hat das Werk mit dem Geiger Josef Szigeti und dem Klarinettisten Benny Goodman aufgeführt).
2 Violin-Klavier-Sonaten (1921 und 1922), Übergangswerke.
2 Rhapsodien für Violine und Klavier (1928), auch für Orchester bearbeitet.
44 Duos für zwei Violinen (1931), vorwiegend für Lehrzwecke (technisch und musikalisch), zu dem Violinschulwerk von Elma und Erich Doflein geschrieben, enthalten serbische, ruthenische, arabische und andere volkstümliche Motive.
Sonate für Violine solo (1944/45), von Yehudi Menuhin bestellt, Spätstil, viersätzig: Chaconne – Fuge (dreistimmig) – Melodia – Presto.
KLAVIERWERKE
Bartók war ein hervorragender Pianist, was der Grund dafür sein mag, daß seine kompositorischen Absichten, Ziele und Verwirklichungen am eindeutigsten in seinen Klavierwerken hervortreten. Außer den von Liszt herkommenden

Frühwerken (*Vier Klavierstücke*, 1903; *Rhapsodie*, 1904) sind hervorzuheben: *14 Bagatellen* (1908), von Reger abgelehnt, von Busoni begrüßt, Aufschluß gebend über die anbrechende Herrschaft des Rhythmus, Einflüsse volksmusikalischer Art.
10 leichte Klavierstücke (1908), *2 Elegien* (1909), *85 Klavierstücke für Kinder* (1909, Neubearbeitung 1945), *3 Burlesken* (1908–1911), *Skizzen* (1910), *2 rumänische Tänze* (1910), *4 Klagelieder* (1910); alle verwandt den Bagatellen, doch vielfach weniger herb.
Allegro barbaro (1911), seinerzeit eine Sensation mit den maschinenartig geschlagenen Oktaven und Akkorden der Ecksätze.
Sonatine (1915), durchsichtig, tänzerisch. Volkstänze und -lieder (1914–1917): *Ungarische Bauernlieder, Rumänische Volkstänze aus Ungarn, Rumänische Weihnachtslieder.*
Suite (1916).
3 Etüden (1918).
Improvisationen (1920), freie Variationen über Bauernlieder.
Sonate (1926), dreisätzig, dynamisch-rhythmisch bestimmt.
Spätwerke knapperen Umfangs: *Im Freien* (1926), *9 kleine Klavierstücke* (1926), *Kleine Suite* (1936; = 6 Nummern aus den *44 Violinduos*, 1931). *Mikrokosmos* (1926–1937). 153 Klavierstücke, ansteigend von leichten zu schwierigen Aufgaben, gleichzeitig Einführung in Bartóks kompositorisch-denkerischen Stil, die Rhythmen für westliche Begriffe kompliziert (z. B. wird in Nr. 152 ein 9 Achtel enthaltender Takt nicht mit 9/8 bezeichnet, sondern mit 2+2+2+3, um das Bulgarische zu treffen); es finden sich auch Künstlichkeiten, wie sie die Altklassik liebte: Nr. 145 ist eine Invention, sie läßt sich umkehren, ja, beide Fassungen können (nun auf 2 Klavieren) gleichzeitig erklingen. Zeitdauer nach Sekundenangabe genau. Ein wichtiges pädagogisches Klavierwerk der Gegenwart.
LITERATUR: H. Stevens: B. B. (1953); S. Moreux: B. B. (1949, dt. 1950); W. Reich: B. B., Schriften und Erinnerungen der Freunde (1958); B. B. – Sonderhefte «Musik der Zeit» (Hg.: H. Lindlar, 1953 und 1954); B. Szabolcsi: B. B. (dt. 1957); L. Lesznai: B. B. (dt. 1961); F. Bónis: B. B.-Bildbiographie (dt. 1964); E. Helm: B. B. (1965; rororo); Documenta Bartókiana (bisher 3 Bde., 1964 ff). H. Lindlar, B. Bartok-Festschrift (1981).

Bartolucci, (Monsignore) Domenico, * Florenz 7. Mai 1917, Italiener, Kirchenkomponist, seit 1956 Leiter der Päpstlichen Kapelle in Rom; Messen, Oratorien und Motetten im neopalestrinischen Stil.

Baumann, Max, * Kronach 20. Nov. 1917, Blacher-Schüler in Berlin, Hochschullehrer ebenda (seit 1961 Kompositionslehrer); schrieb vorwiegend geistliche Musik, u. a. A-cappella-Messe, Weihnachtskantate, *Passion* (1959), Orgelwerke, auch Konzert-, Kammer- und Klaviermusiken.

Baur, Jürg, * Düsseldorf 11. Nov. 1918, studierte in Köln (Komposition bei Jarnach, Orgel bei Michael Schneider), ist seit 1947 Kompositionslehrer, 1965–71 Leiter des Robert-Schumann-Konservatoriums in Düsseldorf, war zeitweilig auch Organist an der dortigen Pauluskirche und Dozent an der Evangelischen Landeskirchenmusikschule, erhielt 1958 den Düsseldorfer Schumann-Preis und war 1960 Stipendiat der Deutschen Akademie in Rom (Villa Massimo), seit 1971 Leiter einer Kompositionsklasse an der Musikhochschule Köln. Neben Kirchen- und Chormusik schrieb er eine *Sinfonia Montana*, *Spiegelbilder* für Orchester, ein *Concerto Romano* für Oboe und Orchester, ein *Concerto* für Trautonium und Streichquartett, Klarinettenkonzert (1970), Violinkonzert (1980), ferner Zwölfton-*Aphorismen* für Klavier und Liederzyklen nach García Lorca, Jiménez, Celan u. a.

Baußnern, Waldemar von, * Berlin 29. Nov. 1866, † Potsdam 20. Aug. 1931, war seit 1916 Leiter des Frankfurter Konservatoriums, wurde 1923 zum Sekretär der Berliner Akademie der Künste berufen; Nachromantiker, knüpfte bei Brahms an, entwickelte einen nicht einfach zu durchschauenden polyphonen Stil; schrieb u. a. 5 Opern (heute vergessen), 9 Sinfonien (die 9. eine Kammersinfonie), die sämtlich Namen tragen wie *Jugend* (1.), *Leben* (3.), *Heldensinfonie* (5.), *Himmlische Idyllen* (9.), ferner für Orchester Passacaglia und Fuge, Kammer-, Orgel- und Klaviermusik, Kantaten (*Das hohe Lied vom Leben und Sterben*), Sologesänge mit Orchester, rund 150 Lieder. Baußnern führte die Oper *Gunlöd* von Cornelius zu Ende; pflegte das Volkslied. Mitherausgeber der Cornelius-Gesamtausgabe. – Sein Enkel Dietrich von Baußnern, * 1928, lebt als Komponist und Musikdozent in München.

Bax, Sir Arnold, * London 8. Nov. 1883, † Cork (Irland), 3. Okt. 1953, Engländer irischer Herkunft, keltische Einflüsse in orchestralen Farbwerten und harmonischen Wendungen, schrieb u. a. 7 Sinfonien, 5 sinfonische Dichtungen, Konzerte für Klavier (auch für die linke Hand allein), Cello, Geige, Ballette, Filmmusik, Kammer- und Klaviermusik, Chorwerke, Lieder. Krönungsmarsch für Elisabeth II. (1953). Autobiographie *Farewell my youth* (1943).

Bayer, Joseph, * Wien 6. März 1852, † ebenda 12. März 1913, Österreicher, Hofballettkapellmeister, schrieb zahlreiche Ballette (u. a. *Wiener Walzer*, 1885; *Die Puppenfee*, 1888), einige Operetten wie *Mister Menelaus, Fräulein Hexe* (beide 1896), *Nippes* (1911).

Beck, Conrad, * Lohn (Schaffhausen) 16. Juni 1901, Schweizer, Schüler u. a. von V. Andreae in Zürich, Nadia Boulanger in Paris, wo er auch von Roussel und Honegger angeregt wurde, seit 1939 Leiter der Abteilung Musik bei Radio Beromünster, Studio Basel. Herb-lineare Schreibweise, u. a. 6 Sinfonien (die 6. *Aeneas Silvius*, 1958), *Innominata* für Orchester (1932), Suiten, Orchesterhymne (1952), Orchesterkonzerte mit Geige, Bratsche, Cello, Klavier, Streichquartett, Cembalo, Oboe; ferner Ballettmusik *Der große Bär* (1936), Kammermusik, Chorwerke (Oratorium nach Angelus Silesius 1936, *Der Tod zu Basel*, 1952), Bühnenmusik (Goethes *Pandora*), Klavierwerke, Lieder.

Beck, Franz, * Mannheim 15. Febr. 1723, † Bordeaux 31. Dez. 1809, Stamitz-Schüler und Violinvirtuose am Mannheimer Hof, flüchtete als Duellant nach Venedig; schrieb der Revolutionsregierung eine Hymne und widmete Napoleon I. sein *Stabat mater* (1806).

Becker, Günther, * Forbach (Baden) 1. April 1924; studierte Musik in Karlsruhe und Detmold (W. Fortner, Komposition), war 1956–1968 als Musikerzieher in Griechenland tätig, seit 1962 Leiter des von ihm begründeten Studios für Neue Musik in Athen, seit 1968 in Essen ansässig, Gründer und Leiter der «Gruppe HHZ» (1969; elektronisch gesteuerte und elektrisch modulierte Instrumente). Hauptwerke: Klaviermusik, 2 Streichquartette, Bläsermusik, Solokantaten (altgriechische Texte), *Correspondances I–III*, *Transformationen* für Orchester.

Beethoven, Ludwig van, getauft Bonn 17. Dez. 1770, † Wien 26. März 1827, Vollender der deutschen musikalischen Klassik und «Kronzeuge» der europäischen Musikromantiker; Enkel des gleichnamigen, aus Mecheln zugewanderten Hofkapellmeisters, Sohn des Tenoristen Johann van Beethoven, als Schüler Johann Gottlieb Neefes zum Hofmusiker herangebildet (Orgel, Cembalo, Klavier, Viola), 1786 an der neuerrichteten Universität Bonn immatrikuliert, 1787 auf Studienurlaub nach Wien, abgebrochen wegen des Todes der (schwindsüchtigen) Mutter; nach dem Tod des vorzeitig pensionierten (trunksüchtigen) Vaters 1792 als kurfürstlicher Musikstipendiat erneut nach Wien beurlaubt, hier ungeregelter Kompositionsunterricht bei Haydn, Salieri, Schenk, Albrechtsberger, als Klaviervirtuose und Kammerkomponist rasch berühmt, durch Adelsmäzene gesichert (Leibrente); bei wachsenden Hörbeschwerden (*Heiligenstädter Testament*, 1802) als Konzertpianist und Dirigent stärker zurückgetreten, seit 1818 völlig taub (*Konversationshefte*), menschlich vereinsamt, unverheiratet geblieben (Briefe an eine nicht identifizierte «Unsterbliche Geliebte»; Fürsorgeprozesse um den Neffen Carl van B.), 56jährig einem Leberleiden erlegen, Grabstätte auf dem Wiener Zentralfriedhof. Beethovens kompositorisches Lebenswerk spiegelt den Wandel von zeitstilistisch bestimmter Gebrauchsmusik (Bläser-Divertimenti u. a.) zu personalstilistisch geprägter Bekenntnismusik («Ideensinfonik»). Sein Schaffensprozeß entwickelt sich zunehmend mikrostrukturell («Skizzenbücher»). Klassische und romantische, statische und dynamische Prinzipien durchdringen einander zu Beethovenscher Universalität. Eine Dreistufengliederung in den frühen «konventionellen», den mittleren «titanisch aufbegehrenden» und den späten «phantastischen» Beethoven-Stil bleibt eher werkchronologisch als stilistisch vertretbar. Themendualismus (oder -pluralismus), rhythmische Kontrapunktik, Flächenharmonik, Finalschichtungen, Klangfarbmixturen, Klangraumaufrisse und anderes mehr sind durch alle Werk- und Werdestufen Beethovens erkennbar, Fernwirkungen über Wagners «Opernsinfonik» bis zu Schönbergs «Variationsatomisierung» zu verfolgen. Beethoven war der erste bedeutende deutsche Tonmeister, der nicht musikalischer Angestellter an Höfen, bei Musikinstitutionen oder kirchlichen Einrichtungen gewesen ist. Die Zeit war reif geworden, den schaffenden und ausübenden Musiker aus eigener Kraft frei wirken zu lassen. Dazu kam allerdings Beethovens stark betonte Eigenpersönlichkeit und sein Unabhängigkeitssinn. Er sah in seiner Kunst eine Sendung und war nicht gewillt, sie hinter andere Dinge zurücktreten zu lassen. Wenn er auf einem Kurspaziergang mit Goethe hochgestellten Persönlichkeiten keine Reverenz erwies, wenn er auf dem Wiener Kongreß der Hocharistokratie selbstbewußt gegenübertrat, wenn er die dem Revolutionshelden Bonaparte zugedachte Widmung einer Sinfonie zerriß, als dieser sich zum Kaiser krönte, wenn er sich durch den fürstlichen Jahressold in keiner Weise beeinflussen ließ, wenn er seine Forderungen an Verleger stellte, so geschah dies alles im stolzen Bewußtsein seines Künstlertums. Diese Eigentümlichkeit des Charakters spiegelt sich auch in seinem Werk. Gewiß erschienen seine Zeitgenossen Haydn und Mozart in ihren bedeutenden Schöpfungen als künstlerische Individualitäten, dem Schaffen für bestimmte Kreise, innerhalb bestimmter Schichten und für bestimmte Zwecke mehr und mehr entwachsend. Doch in den großen Kompositionen Beethovens tritt zudem eine besondere Art von Subjektivität zutage. In ihnen *will* Beethoven etwas, will Erlebtes, Erfahrenes, Erfühltes, Gedachtes in Tönen und Klängen ausdrücken – ja, er will davon künden, anderen mitteilen, sie aufrütteln, trösten, beflügeln. Dieses bewußte Kündenwollen einer einzelnen Komponistenpersönlichkeit steht in deutlichem Gegensatz zu der gesellschaftsgebundenen Musik des 18. Jahrhunderts und bahn den Weg zu der das Ich als Ausgangspunkt wählenden Romantik des 19. Jahrhunderts. Das Rüstzeug, solch subjektives Wollen musikalisch zu gestalten, lag um 1800 ausgebildet vor. Bachs kontrapunktische Innenverknüpfung der Stimmen, Händels weltweite Gebärde, C. Ph. E. Bachs Neuformung der Klaviersonate, der «Mannheimer» thematisch-dynamische Kontrastsprache, Haydns Themenaufspaltung und -durchführung, Mozarts melodische Beseelung, Glucks zuchtvolle Dramatik – all diese künstlerischen Möglichkeiten hatten sich einander genähert, sich durchdrungen auf dem Boden einer geistigen Aufklärung. Beethoven brauchte daher nicht wie Haydn lange Jahrzehnte der künstlerischen Entwicklung, er konnte vielmehr sogleich zugreifen, die sich ihm anbietenden kompositorischen Möglichkeiten unmittelbar umsetzen. Freilich war es ihm nicht gegeben, so schnell wie Mozart zu schaffen; bei ihm mußte Großes reifen, mußten Pläne oft lange liegen bleiben, bevor er sie für gestaltungswürdig hielt (ein Vorteil des freischaffenden gegenüber dem Amtspflichten unterliegenden Komponisten). So erklärt sich, daß manches frühere Werk durchaus ebenbürtig neben späteren Vertonungen steht; es erklärt aber auch den – im Vergleich zu den erstaunlich zahlreichen Werken früherer Komponisten – geringen Umfang des Geschaffenen. Eine neue, quellenkritisch revidierte Gesamtausgabe der Werke, Skizzenbücher, Konversationshefte und Briefschaften Beethovens durch das zentrale Bonner Beethoven-Archiv (1927, L. Schiedermair) ist seit

1960 im Erscheinen begriffen (J. Schmidt-Görg). Das mutmaßliche Bonner Geburtshaus Beethovens wurde in den neunziger Jahren des 19. Jahrhunderts als Beethoven-Museum eingerichtet. Seit 1889 fanden, zunächst auf Initiative von Brahms und Joachim, alljährlich Kammermusikfeste zu Ehren Beethovens statt, seit der Zentenarfeier von 1927 volksläufige Beethoven-Feste (Elly Ney), die seit 1959 ausgebaut und in Zweijahresabständen als Internationale Beethoven-Feste der Stadt Bonn veranstaltet werden.

INSTRUMENTALWERKE

Beethoven hat sein Ureigenstes in den verschiedenen Bereichen der Instrumentalmusik gegeben. Sein ganz persönlicher Wille offenbart sich hier am stärksten, und zwar im Sinne der Verdichtung wie der Aufspaltung (geistig wie kompositorisch). Fast jedes der wesentlichen Instrumentalwerke wird verdichtet durch das Wirken eines Themas oder Motivs über sämtliche Sätze hinweg; zugleich werden die Motive (nach Haydns Vorbild) bis ins letzte durchleuchtet, ineinander verwoben, aufeinander bezogen. Das erfordert Raum, und so erweitert Beethoven die Großformen oft zu Riesengebilden, wie er die Kleinglieder (etwa die überkommene achttaktige Periode) durch Vorsätze und Anhänge, Unterbrechungen, Ballungen, Raffungen, Überdehnungen zu neuen Einheiten zusammenfügt. Harmonisch, melodisch und rhythmisch geht er wenig über seine Vorgänger hinaus; auch sein Orchester unterscheidet sich besetzungsmäßig kaum von dem überkommenen.

SINFONIEN: Bei den angegebenen Jahreszahlen ist zu bedenken, daß es sich um die Uraufführungsjahre handelt. Da Beethoven verhältnismäßig langsam arbeitete, liegen die Entwürfe (mitunter zahlreiche) zuweilen um viele Jahre früher. Alle Sinfonien wurden erstmals in Wien aufgeführt.

1. Sinfonie C-Dur, op. 21 (1800). An Haydns Vorbild ausgerichtet, jedoch mit bedeutsamen Eigengedanken: bezeichnende Dreiklangthematik, Entwicklung aus einem knappen Grundmotiv (kleine Sekunde). Sätze: Adagio molto / Allegro con brio – Andante cantabile con moto – Menuett – Adagio / Allegro molto e vivace.

2. Sinfonie D-Dur, op. 36 (1803). Kompositorisch ebenfalls an Haydn angelehnt. Auffallend frisch, obwohl zu der Zeit entstanden, als Beethoven Klarheit über sein Gehörleiden gewann. Sätze: Adagio molto / Allegro con brio – Larghetto – Scherzo – Allegro molto.

3. Sinfoni Es-Dur, op. 55 (1805), *Eroica.* Gewaltige Erweiterung der äußeren Formen, Verdichtung des thematisch-motivischen Geschehens, Sonderepisoden in der Durchführung, rhythmische Eigenwilligkeiten. Sätze: Allegro con brio (mit dem «Dreiklang-Heldenthema» und zwei Seitenmotiven, mächtige Durchführung, erweiterte Koda) – Adagio assai (Trauermarsch in c-Moll) – Scherzo, Allegro vivace (dämonisch im Hauptteil, drei Hörner im Trio) – Allegro molto (Variationen mit Doppelfuge über ein Baßthema, dem ein selbständiges Seitenthema beigefügt ist). Das Ganze ein gewaltiges geistig-musikalisches Ringen. Frühere kriegerische Deutungen der Sätze – «Leben und Tod eines Helden / Leichenbegängnis / Waffenspiele am Grabe / Leichenmahl und Heldenballade» (W. v. Lenz) – werden heute allgemein abgelehnt.

4. Sinfonie B-Dur, op. 60 (1807), von R. Schumann als die «griechisch Schlanke zwischen Nordlandsriesen» bezeichnet; eine Schöpfung des reinen, nicht des philosophierenden Musikers. Abermals Einheit des thematisch-motivischen Materials. Sätze: Adagio / Allegro vivace – Adagio (zwei Themen, von denen das eine richtungsmäßig die Umkehrung des anderen darstellt) – Allegro vivace, Menuett (mit Scherzocharakter) – Allegro non troppo.

5. Sinfonie c-Moll, op. 67 (1808), als «Schicksalssinfonie» bezeichnet, weil Beethofen von dem viertonigen Grundmotiv des Kopfsatzes gesagt haben soll: «So pocht das Schicksal an die Pforte.» Sätze: Allegro con brio (beherrscht von dem Motiv g-g-g-es) – Andante con moto (innig singendes Hauptthema, das ähnlich beginnende zweite Thema endet mit dem Grundmotiv) – Allegro (Scherzo mit Dreiklangsthema, gegen das die Hörner das pochende Motiv stellen) – Al-

legro (ohne Pause zwischen 3. und 4. Satz, überschäumender Triumph, vier verwandte Motive).
6. Sinfonie F-Dur, op. 68 (1808), *Pastorale,* programmatische Überschriften, jedoch keine Programmusik im üblichen Sinne, obwohl zuweilen dem Malen in Tönen angenähert, wie etwa in den durch Flöte (Nachtigall), Klarinette (Kuckuck), und Oboe (Wachtel) wiedergegebenen Vogelrufen. Sätze: Allegro ma non troppo: *Erwachen heiterer Gefühle bei der Ankunft auf dem Lande* – Andante molto mosso: *Szene am Bach* – Allegro: *Lustiges Zusammensein der Landleute* (heiter-derbes Scherzo) mit Überleitungsteil *Gewitter, Sturm* – Allegretto: *Hirtengesang. Frohe, dankbare Gefühle nach dem Sturm* (Variationen über ein Schalmeienthema).
7. Sinfonie A-Dur, op. 92 (1813), wegen der rhythmischen Kraft und Geschmeidigkeit des Werkes von Wagner als «Apotheose des Tanzes» bezeichnet. Sätze: Poco sostenuto / Vivace (langes Thema über den Wachtelschlag) – Allegretto (verhaltener, balladenartiger Marsch, Variationen mit Fugato) – Presto (Scherzo mit Vorschlagsthema, im Trio ruhiges Bläserthema) – Allegro con brio (bacchantischer Überschwang, querköpfig gesetzte Sforzati).
8. Sinfonie F-Dur, op. 93 (1814), in ihrer «reinen Musikalität» der 4. Sinfonie verwandt, allerdings knapper und ganz auf Heiterkeit, ja Scherz gestellt. Sätze: Allegro vivace con brio (zweigeteiltes Hauptthema im Wechsel von Geige und Klarinette) – Allegretto scherzando (also kein langsamer Satz, nur etwa 80 Takte, angeblich ein Metronomscherz) – Menuett (kein Scherzo, ländlerartiges Thema) – Allegro vivace (rondoartig, kunstvolle Kontrapunktik in der wirbelnden Durchführung).
9. Sinfonie d-Moll, op. 125, mit Schlußchor über Schillers Ode «An die Freude» (1817–1823, Uraufführung 1824), ein neues Blatt in der Geschichte der Sinfonie, nicht nur wegen des die menschliche Stimme einbeziehenden Schlußsatzes, sondern vor allem wegen des Ausmaßes eines mit zahllosen Gedanken übersäten musikalischen Titanenkampfes, wegen der aufgebrochenen Form und wegen der Thematik, die in ihrem Entstehen vorgeführt wird. Sätze: Allegro ma non troppo, un poco maestoso (gestaltloser Beginn in leeren Quinten, aus denen Motivblitze auftauchen, die sich dann ff zu einem mächtig gezackten Hauptthema verdichten, dazu neue Gedanken, deren Fülle jeden der drei Hauptabschnitte zu eigenen Durchführungen macht) – Molto vivace (dämonisches Scherzo, wiederum eine Vorankündigung des Hauptthemas) – Adagio molto cantabile, in mehrfachem Wechsel mit Andante moderato (fromm im Adagio der Geigen, synkopiertes Flehen der Bratschen und zweiten Geigen im Andante) – Finale; verschiedene Zeitmaße: dissonantes Orchesterpresto zu Beginn, Rezitative der tiefen Streicher mit Rückgriffen auf die ersten drei Sätze, «Freudenthema» im Allegro assai (mit einem Fugato), kurze Prestounterbrechung, dann Baritonsolo (Freudenthema), aufgenommen von Soloquartett und Chor, marschartige Variierung (Alla marcia) des Freudenthemas, weiter ein Andante maestoso mit neuem Thema *Seid umschlungen, Millionen,* Ergriffenheit im Adagio divoto *Ahnest du den Schöpfer, Welt?,* Freuden- und Ergriffenheitsthema erklingen gleichzeitig in einer Doppelfuge, Schlußallegro zum ekstatischen Prestissimo gesteigert.
Eine 10. Sinfonie hatte Beethoven geplant und teilweise auch entworfen. Die 1910 von Fritz Stein gefundene sogenannte «Jenaer Sinfonie» stammt wahrscheinlich nicht von Beethoven.

INSTRUMENTALKONZERTE

In den wichtigsten Werken dieser Gattung dient das Orchester nicht mehr nur zur Begleitung des Solisten; beide Klangkörper werden gleichberechtigt, durchdringen einander, nehmen an der motivisch-thematischen Arbeit als nebeneinanderstehende Partner teil (Ansätze finden sich schon bei C. Ph. E. Bach und beim späten Mozart).
1. Klavierkonzert C-Dur, op. 15 (1798), dreisätzig mit Allegro con brio – Largo – Allegro (Rondo), im wesentlichen noch in der Gesellschaftsmusik des 18. Jahrhunderts verwurzelt.
2. Klavierkonzert B-Dur, op. 19 (1798), aber vor dem 1. Klavierkonzert ent-

standen), mit den Sätzen Allegro con brio – Adagio – Rondo (Molto allegro; stilistisch dem C-Dur-Konzert verwandt, nur einzelne Züge des späteren Beethoven).
3. Klavierkonzert c-Moll, op. 37 (1803), sinfonisches Gemeinschaftsmusizieren beider Klangträger, dazu entsprechender Themenschnitt, mit den Sätzen Allegro con brio – Largo – Rondo (Allegro).
4. Klavierkonzert G-Dur, op. 58 (1807), verstärkt sinfonisch, in der Haltung lyrisch-idyllisch. Sätze: Allegro moderato (der Solist beginnt ohne Begleitung) – Andante con moto – Rondo (Vivace; Dialoge zwischen Orchester und Klavier, aufgelockerter Klaviersatz in der Durchführung).
5. Klavierkonzert Es-Dur, op. 73 (1811), allem Virtuos-Spielerischen entwachsen, durchgebildete Klaviersinfonie; Sätze: Allegro (nach präludierenden Klavierklängen das sinfonisch geschnittene Hauptthema, weicher Seitensatz in den Hörnern, motivisch verdichtet trotz abgesetzter Klanggruppen) – Adagio un poco moto (ein Wallfahrergesang) – Rondo (Allegro; ohne Pause anschließend, in den letzten Adagiotakten thematisch bereits vorbereitet).
Violinkonzert D-Dur, op. 61 (1806), ebenfalls sinfonisch gestaltet, Gipfelwerk der Gattung. Sätze: Allegro ma non troppo (Violine setzt erst nach der Themenaufstellung ein, Oboen tragen die gesangvollen Themen vor) – Larghetto (thematisch getragen vom Quartett der gedämpften Streicher, überglänzt von der Solovioline) – Rondo (Allegro; hier legt der Solist das Thema fest, Rondoform).
Zwei Romanzen für Violine und Orchester (1802), aus dem Geist des Instruments geboren, doch nicht virtuosenhaft; die in G-Dur, op. 40, ein Andante, die in F-Dur, op. 50, ein Adagio cantabile.
Tripelkonzert C-Dur für Violine, Cello, Klavier und Orchester, op. 56 (1805), Verbindung von Concerto grosso-Anlage mit motivisch-thematischer Sinfonik.

BÜHNENWERKE

Oper: Nur ein Werk, *Fidelio* (op. 72, Urfassung in drei Akten, Wien 1805, Zweit- und Drittfassung in zwei Akten 1806 und 1814, Text nach J. N. Bouilly von J. Sonnleithner und F. Treitschke), eine der nach der Französischen Revolution so beliebten Menschheits-, Rettungs- oder Schreckensopern. Im *Fidelio* finden sich alle drei Bestandteile: Florestan, im Dunkel eines unterirdischen Kerkers unschuldig festgesetzt, wird durch sein Weib Leonore, die sich unter dem Namen Fidelio als Gehilfe bei dem wackeren Kerkermeister Rocco verdingt hat, mutig befreit, und der herbeigeeilte Minister schenkt allen Gefangenen die Freiheit mit den Worten: «Es sucht der Bruder seine Brüder, und kann er helfen, hilft er gern.» Von einigen dem Singspiel nahestehenden Szenen abgesehen, wird das Werk gesanglich von einem ekstatisch-dramatischen Zug bestimmt, auch dort, wo die überkommene Form «Rezitativ und Arie» äußerlich beibehalten ist (Florestans Kerkerarie, Pizarros gewalttätiger Ausbruch *Ha, welch ein Augenblick,* Leonores *Abscheulicher, wo eilst du hin* mit dem verzückten Aufschwung *Ich folg dem innern Triebe).* Entscheidend das Orchester: Aus einem Thema oder Motiv werden ganze Szenen sinfonisch-dramatisch entwickelt. – Das Werk wurde zweimal umgearbeitet (s. o.). Insgesamt vier Ouvertüren; berühmt die 3. *Leonoren-Ouvertüre,* die häufig während der Verwandlung vor dem Finale des 2. Aktes gespielt wird.
Ballett: Die Geschöpfe des Prometheus, op. 43 (1801), heroisch-allegorisches Bühnentanzwerk, nach einem Libretto des in Wien tätigen Erneuerers des dramatischen Balletts (*ballet d'action*), Salvatore Viganò, zwischen der ersten und der zweiten Sinfonie entstanden. Eine Baßmelodie daraus findet sich wieder im Schlußsatz der *Eroica* und in den Klaviervariationen op. 35.

SCHAUSPIELMUSIKEN

Musik zu Goethes «Egmont», op. 84 (1810), teils vokal (Klärchen-Lieder), teils instrumental wie das verhauchende Larghetto zu Klärchens Tod und die Ouvertüre mit ihrem lastenden Beginn (Unterdrückung der Niederländer) und der sich regenden Hoffnung (bis hierher f-Moll), sich steigernd zu jener *Siegessinfonie* (F-Dur), die Goethe selbst verlangt hat.

Musik zu Kotzebues «Ruinen von Athen», op. 113 (1812), bekannt der «türkische Marsch» und die Ouvertüre, eine musikalische Huldigung an Händels weltoffene Art; später umgearbeitet anläßlich der Einweihung des Josephstädter Theaters in Wien (1822) für ein Festspiel «Die Weihe des Hauses» mit einer neuen Ouvertüre (op. 124) und einem hymnischen Schlußchor.

Musik zu dem Trauerspiel «Coriolan» des Österreichers H. J. von Collin (also nicht zu Shakespeares gleichnamigem Werk, wie Wagner irrtümlich annahm). Die Ouvertüre (1807, op. 62) behandelt sinfonisch den tragischen Kampf zwischen selbstherrlichem Mannestrotz und Vaterlandsliebe.

Musik zu Kotzebues «König Stephan», op. 117 (1812).

CHOR-ORCHESTER-WERKE

Sie sprengen vielfach den Rahmen des seinerzeit Geforderten und Gewohnten, sind zuweilen instrumental statt vokal geführt. Einiges zählt zum bedeutendsten, was auf diesem Gebiet geschaffen wurde.

Zu nennen sind:

Christus am Ölberge, op. 85 (1803), Oratorium, später von Beethoven mit einem gewissen Unbehagen betrachtet. Hervorzuheben: Orchestervorspiel, Engelschöre, Marsch der Häscher.

C-Dur-Messe, op. 86 (1807), Soloquartett und vierstimmiger Chor greifen wechselweise ineinander, stehen also nicht mehr scharf getrennt einander gegenüber. Vorstufe zur *Missa solemnis.*

Missa solemnis, D-Dur, op. 123 (1819 bis 1823, geplant zur Inthronisation des Erzherzogs Rudolph von Österreich zum Erzbischof von Olmütz [1820], uraufgeführt 1824 in Petersburg), steht ebenbürtig neben Bachs h-Moll-Messe. Das Ineinander der (gemischten) Chor- und Solostimmen in der C-Dur-Messe wird vertieft, jeder Satz und jedes Wort musikalisch ausgeleuchtet, äußerlich nach der Art der barocken Häufungsworte, innerlich ein seelisch-geistiges Ringen um den letzten Sinn. Wesentlich am Ausdruck beteiligt ist das Orchester. Dreiteilig das andachtsvolle «Kyrie», reich an dramatischen Bildern und Gegensätzen das «Gloria» und das «Credo» (Doppelfuge), im «Sanctus» ein Orchesterzwischenspiel mit Solovioline; im «Agnus Dei» schreibt Beethoven über das «Dona nobis pacem» die Worte «Bitte um innern und äußern Frieden» und steigert die Friedensbitte zu heftiger Forderung. Am Beginn der Partitur stehen die Beethoven-Worte: «Von Herzen – Möge es wieder zu – Herzen gehen.»

Fantasie für Klavier, Orchester und Chor, c-Moll, op. 80 (1808), reizvoll durch die Klangmischung; die zweiteilige Programmkantate *Meeresstille und glückliche Fahrt* (1815); ferner zwei *Kaiserkantaten* (auf den Tod Josephs II. und die Thronbesteigung Leopolds II.) und die Kantate *Der glorreiche Augenblick* (Wiener Kongreß, 1814).

KLAVIERLIEDER

91 Klavierlieder, u. a.: *Adelaide,* op. 46 (1800), mit dem opernartigen Gegensatzpaar Larghetto / Allegro molto. Ähnlich der Aufbau im *Wachtelschlag* (1803). Von den sechs Gellert-Liedern, op. 48 (1803), sind das erste bis fünfte Strophenlieder, das sechste ist durchkomponiert. *An die Hoffnung* ist zweimal vertont worden, und zwar als reines und als verändertes Strophenlied. Viermal vertont ist das Goethesche Mignon-Lied *Nur wer die Sehnsucht kennt;* auch in den sechs Gesängen, op. 75 (1809), ein Mignon-Lied («Kennst du das Land?»), zudem das humorvolle «Flohlied». 1816 schrieb Beethoven den ersten wirklichen Liederkreis: *An die ferne Geliebte,* op. 98, mit ineinandergleitenden Übergängen, motivischer Verklammerung und harmonischer Architektur. Auch schottische, englische, irische und walisische Lieder mit Klavier.

KLAVIERWERKE

Beethovens Klavierstil entwickelte sich vom Anmutigen ins Drängende, Stürmende, Sinnend-Grübelnde, bei wachsender Differenzierung, Fülle und Farbigkeit des Klaviersatzes (unterstützt durch die bedeutenden Neuerungen im Klavierbau), die teilweise so weit gehen, daß man gelegentlich von Beethovens «Sinfonien für Klavier» gesprochen hat.

Sonaten: Hier konnte Beethoven auf vieles aufbauen, was seine Vorgänger erarbeitet hatten: auf den Ausdruck der späten Sonaten von C. Ph. E. Bach, auf

Mozarts Formen- und Gedankenreichtum, auf Haydns thematisch-motivische Aufschließungstechnik, auf Clementis schwungvollen Stil. Wesentlicher jedoch ist das eigentlich Beethovensche in den eigenwüchsigen Sonaten: mächtige Grundthemen, erweiterte Durchführungen, Reprisen und Kodas, Durchführungsteile schon im Thementeil, Einbeziehen von langsamem Satz und Menuett (Scherzo) in den dramatischen Grundplan. Umbilden des «Kehraus-Schlußsatzes» in krönende Kuppeln, wechselnde Zahl der Sätze, Mischen der Satzform.

op. 2, drei Sonaten, Haydn gewidmet (1795), an Haydn erinnernd durch häufige Verwendung von Schlußmotiven. Nr. 1 in f-Moll mit leidenschaftlichem Finale, Nr. 2 in A-Dur mit einem auf den späteren Meister hindeutenden Largo appassionato, Nr. 3 in C-Dur fast konzertmäßig im Wechsel der Klanggruppen.

op. 7, Es-Dur (1796), verhalten bis auf den Schluß, zahlreiche Kleinbilder, wieder ein kennzeichnendes Largo con grave espressione.

op. 10, drei Sonaten (1797), Nr. 1 in c-Moll, knapp, dreisätzig, pathetisch; Nr. 2 in F-Dur, abermals dreisätzig, Bestand aus Rokoko, Klassik und früher Romantik (geschrieben in Schuberts Geburtsjahr); Nr. 3 in D-Dur, vier Sätze, weiträumige Anlage, Vorstufe zu den Großwerken.

op. 13, c-Moll (1798), von Beethoven als *Sonate pathétique* bezeichnet, mit dem schicksalhaften Beginn des Grave, dessen aufsteigende Richtung in den meisten Themen des Werkes wiederkehrt.

op. 14, zwei Sonaten (1798), obwohl im Entstehungsjahr der *Pathétique* geschrieben, schlicht; Nr. 1 in E-Dur, Nr. 2 in G-Dur.

op. 22, B-Dur (1800), im wesentlichen aus einer neuen Spieltechnik, die das reine Laufwerk motivisch (teilweise polyphon) verfestigt; ein aus vier Sechzehnteln bestehendes Auftaktmotiv verklammert alle vier Sätze und sogar das Menuett-Trio.

op. 26, As-Dur (1801), vier Sätze, von denen keiner strenge Sonatenform aufweist: 1. ein Variationenandante im Wechsel verschiedener «Instrumente», 2. ein Scherzo, 3. der berühmte *Trauermarsch auf den Tod eines Helden*, as-Moll, 4. unablässig rollendes, spielerisches Finale.

op. 27, zwei Werke (1801), jedes bezeichnet als *Sonata quasi una fantasia*, wohl weil keiner der Kopfsätze in Sonatenform gehalten ist. Nr. 1 in Es-Dur läßt die Sätze ineinander übergehen, unterbricht das liedhafte Kopf-Andante durch ein Allegro und setzt vor den Schluß des humorvollen Finales noch einmal Takte aus dem Andante; Nr. 2 in cis-Moll, wurde wegen ihrer «romantischen», bald träumerischen und bald leidenschaftlichen Grundhaltung «Mondscheinsonate» (Rellstab) genannt, stilistisch bedeutsam durch Umwandlung der «Albertibässe» in stimmunggebende (Kopfsatz) und dramatische (Finale), ausdruckgeladene Spielfiguren.

op. 28, D-Dur (1801), als «Pastoralsonate» bezeichnet; viersätzig mit motivischer und kontrapunktischer Arbeit, Andante wie eine Ballade.

op. 31, drei Sonaten (1801–1804) in G-Dur, d-Moll, Es-Dur; klavieristische Zusammenfassung des bisher Üblichen und vom Komponisten selbst Erreichten: Erweiterung der Formteile, Beseelung des Spielerisch-Technischen.

op. 49, zwei Kleinwerke in g-Moll und G-Dur (1799 und 1802), Sonatinen.

op. 53, C-Dur (1804), die *Waldstein-Sonate*, gewidmet dem Grafen Waldstein, konzertmäßig ausgestaltet, sinfonisch in Gebärde und Klang, zwei Sätze, jedoch so ausgedehnt, daß ein ursprünglich vorgesehener dritter Satz als «Andante favori» einzeln veröffentlicht wurde.

op. 54, F-Dur (1806), abermals zweisätzig, nicht so weiträumig, obwohl manche Spielfiguren durch die zuvor geschriebenen Konzertsonaten beeinflußt sind.

op. 57, f-Moll (1804), nach der *Pathétique* und der *Waldstein-Sonate* die dritte der bekanntesten Konzertsonaten; die Bezeichnung «Appassionata» stammt nicht von Beethoven, trifft aber das Wesen: Es ist ein «leidenschaftliches» Dichtwerk in Tönen, seelisches Ringen um ein schwer erreichbares Ziel, dargestellt mit rein musikalischen Mitteln. Absinkende und aufsteigende Dreiklangthemen, dumpf dröhnende Kurzmotive, heftige Akkordbrechungen; zweiter Satz ein Variationenandante mit choralartigem Thema; dritter Satz ein unablässiges Treiben, durchsetzt von Akkordschlägen (angeblich angeregt durch ein Nachtgewitter).

op. 78, Fis-Dur (1809), knappes zweisätziges Werk mit Adagioeinleitung.

op. 79, G-Dur (1809), dreisätzige Sonatine, spielerisch und klangfroh.

op. 81a, Es-Dur (1809, Schlußsatz 1810), drei Sätze, mit den programmatischen Überschriften *Das Lebewohl, Die Abwesenheit, Die Heimkehr;* über den ersten Klängen steht «Le-be-wohl»: geschrieben, als Beethovens Gönner Erzherzog Rudolf vor den französischen Truppen Wien verließ, und zu dessen Heimkehr: musikalischer Ausdruck freundschaftlichen Empfindens.

op. 90, e-Moll (1814), lyrisches Werk in zwei Sätzen, romantisch eingefärbt: in der Vortragsbezeichnung («Mit Lebhaftigkeit und durchaus mit Empfindung und Ausdruck») an Schumann, in dem singenden Schlußsatz an Mendelssohn gemahnend.

op. 101, A-Dur (1816), erste der fünf Spätsonaten, vier davon «für das Hammerklavier» (was nur eine Beethovensche Verdeutschung für Pianoforte ist). Spätstil: Kopfsatz phantasieartig mit lyrischem Einschlag, der auch im 2. Satz trotz «alla marcia» erhalten bleibt; längere, ebenfalls phantasieartige Überleitung zum Finale mit sogleich in Engführung auftretendem Thema, das, von jedem überlieferten Schema gelöst, sonatenmäßig und kontrapunktisch durchgeführt wird, in der Koda nochmals Durchführung.

op. 106, B-Dur (1818), *Große Sonate für das Hammerklavier,* mächtiger sinfonischer Bau, Gegensätze, Aufspaltungen nach Zeitmaß, Dynamik, Rhythmik, Harmonik, Kontrapunktik (vor allem in der sonatenartigen Doppelfuge des Finales.

op. 109, E-Dur (1820), Kopfsatz wie phantasierendes Wechselspiel zwischen motivisch klarem Vivace und zuweilen tokkatenhaftem Adagio; unmittelbar anschließend ein e-Moll-Prestissimo; Finale ein Andante mit Variationen. Großform der Sonate preisgegeben.

op. 110, As-Dur (1820–1822). Das Phantastisch-Romantische der zuvor genannten Sonaten wird fortgeführt: akkordischer Klang, zeichnerisches Motiv, geschichtetes Thema, rezitativisches Sprechen, klagendes Arioso, Fuge (auch Fugenumkehr) – jede Einzelheit, jeder Takt, jeder Halbtakt dennoch bezogen auf eine Grundstimmung.

op. 111, c-Moll (1822), ursprünglich zusammen mit den beiden zuvor genannten Sonaten als Gesamtbau gedacht; Rückerinnerung an frühere c-Moll-Werke, zugleich Fortführung des in den Spätsonaten eingeschlagenen Weges. Zwei Sätze: der erste mit einem leidenschaftlichen und kämpferischen Unisonothema, der zweite ein Adagio mit Variationen, die sich ornamental (Trillerketten) und rhythmisch ($^{9}/_{16}$, $^{6}/_{16}$, $^{12}/_{32}$) in feinste Gedanken- und Klanggespinste auflösen.

VARIATIONEN

21 Werke aus den verschiedensten Lebensaltern, meist auf Themen anderer Komponisten; bald Spielvariationen (spielerische Umkleidung des Themas), bald Charaktervariationen (Ausdeutung des Themas). Kurze Themen werden häufiger, lange Themen weniger oft variiert. Zahl der Variationen reicht von 5 bis 33. – In der Hauptsache Spielvariationen sind die über Themen von Dreßler (Arbeit des zehnjährigen Beethoven), Paisiello, Haibel, Grétry, Salieri, Winter, Süßmayr, Dittersdorf, über einige Originalthemen, «God save the King», «Rule Britannia», über den russischen Tanz aus dem Ballett «Das Waldmädchen» von Wranitzky und den *Türkischen Marsch,* op. 76. Die Variationen über eine Ariette von Righini bilden ein Zwischenstück zwischen Spiel- und Charaktervariation. Zu den Charaktervariationen, deren bedeutendste an künstlerischem Wert selbst hinter den Meistersonaten nicht zurückstehen, zählen die in F-Dur: sechs Variationen, in denen sich Zeitmaß, Takt, Rhythmus und Tonart ständig ändern (op. 34, 1802); Es-Dur: fünfzehn Variationen mit Fuge über ein Thema aus dem Ballett *Die Geschöpfe des Prometheus,* eigentlich Doppelvariationen mit je einem musikalischen Gedanken im Baß und in der Oberstimme

(op. 35, 1802); c-Moll: zweiunddreißig Variationen, eigentlich eine Chaconne über ein kraftvoll gezacktes Thema, die Tonart bleibt über c-Moll und C-Dur durchweg erhalten, verschiedentlich Gruppenbildung von je zwei oder drei Variationen (auch Gruppenverwandtschaft über weite Entfernung), daher mehr als eine Kettenreihe, zu einem Großsatz zusammengefaßt (1807).
C-Dur: *33 Veränderungen über einen Walzer* von A. Diabelli, einfältiges Thema, dem variationsmäßig alles abverlangt wird, bald vom Ganzen, bald von einem Motiv, bald von einem winzigen Untermotiv; vielfach polyphon bis zur Fuge, häufig mit humorvoller Gegenüberstellung von «Beethoven und Diabelli» oder heiteren Anspielungen (Leporello-Arie «Keine Ruh bei Tag und Nacht») – insgesamt eines der kompositions- und spieltechnisch schwierigsten, geistig höchststehenden Variationenwerke der Musikgeschichte (op. 120, 1819 bis 1823).
Einzelstücke: Sogenannte «Bagatellen», in den Opuszahlen 33, 119 und 126, teils für den Klavierunterricht bestimmt, teils aber auch ganz vergeistigt (op. 126, 1824). Einige der Rondos, so die der Werkzahl 51, sind jedem Klavierschüler vertraut. Das Rondo a capriccio G-Dur (op. 129, aber aus der ersten Wiener Zeit) nennt Beethoven selbst *Die Wut über den verlorenen Groschen,* polternder Ausdruck unwirschen Grimms. Musikalisch bedeutender noch das F-Dur-Andante ohne Opuszahl, ursprünglich vorgesehen als langsamer Satz der *Waldstein-Sonate,* zwischen Variation und Rondo stehend. – Ferner u. a. die durch verschiedene Tonarten wandernde *Fantasie,* op. 77, eine *Polonäse* in C-Dur, op. 89, die *Zwei Präludien* durch alle Tonarten, op. 39 (für Klavier oder Orgel), Ländler, Menuette, Ekossaisen. Weniger bedeutend und gering an Zahl die Arbeiten für Klavier vierhändig.
KAMMERMUSIK
Streichquartette: Sechzehn Werke, die einzelnen Gruppen entstehungsmäßig meist durch Jahre getrennt, aber stets entstanden an wesentlichen Punkten des Gesamtschaffens; Gipfelwerke des kammermusikalischen Schaffens überhaupt. Als Ausgangslage sind Mozarts spätere Streichquartette, aber auch Haydns Gedanken einer «Unterhaltung von vier gescheiten Leuten» zu betrachten.
op. 18 (1798–1800), sechs Quartette, im allgemeinen auf der Ebene Mozart–Haydn, doch mit manchen Eigenzügen des werdenden Meisters. Nr. 1 F-Dur wegen der Widmung an einen Freund «Amenda-Quartett» genannt; Nr. 2 G-Dur, wegen des bildhaften Anfangs als «Komplimentierquartett» bezeichnet; Nr. 3 D-Dur, angeblich Beethovens erstes Quartett überhaupt, Kopfthema mit Wechsel von ganzen Noten und Achtelnoten; Nr. 4 c-moll, noch kein «Beethovensches c-Moll»; Nr. 5 A-Dur, sehr durchsichtig, besonders in den Variationen des Andante cantabile; Nr. 6 B-Dur enthält das bekannte, nur vierundzwanzig Takte lange Adagio *La malinconia* (Die Schwermut).
op. 59 (1806 vollendet), drei Werke, angeregt durch den Grafen Rasumowski, der Quartette über russische Volksweisen verlangte, daher «Rasumowski-Quartette» genannt. Geschrieben nach der *Eroica,* dem *Fidelio,* gleichzeitig mit dem 4. Klavierkonzert und Violinkonzert erschienen; daher die harmonisch, thematisch, rhythmisch, klanglich und satztechnisch (Verschmelzung von Motivaufschließung und Polyphonie) bedeutende Schreibweise und der gegenüber op. 18 völlig gewandelte Ausdruck. Nr. 1 F-Dur, Nr. 2 e-Moll, Nr. 3 C-Dur (zuweilen als a-Moll bezeichnet).
op. 74 (1809), Es-Dur, wegen einiger Pizzikatostellen als «Harfenquartett» bezeichnet, abermals enge Verbindung von Homo- und Polyphonie; kurze Adagioeinleitung deutet vorweg schon die Hauptmotive an, Variationenallegretto als Schlußsatz.
op. 95 (1810), f-Moll, kompositorisch verdichtet, was der knappe, von allen Instrumenten unisono vorgetragene Kopfgedanke geradezu als unbedingt zu erfüllende Forderung mottoartig betont; dem Schlußsatz schreibt man Verwandtschaft mit den «Jagdstücken» des 18. Jahrhunderts zu.
op. 127 (1822–1825), Es-Dur, das erste der späteren Streichquartette Beethovens, Kopfsatz eine Art vorbereitende

Fantasie über die Variationen des Adagios, nimmt auch Gedankengut des variationsähnlichen Scherzos vorweg.

op. 130 (1825), B-Dur, scheinbar stark aufgespalten, sehr umfangreich, die Satzzahl auf sechs erhöht, sechzehnmaliger Tempowechsel allein im ersten Satz; der vierte Satz, ein «alla danza tedesca» (1826), war ursprünglich für op. 132 bestimmt; die als Abschluß gedachte große B-Dur-Fuge wurde durch ein Rondo-Allegro ersetzt und als selbständiges Opus 133 herausgegeben.

op. 131 (1822–1826), cis-Moll, nach Beethovens Bezeichnung sieben Sätze, davon einige allerdings nur wenige Takte lang; zu gruppieren etwa: Einleitungsadagio und Allegrohauptsatz, Moderatoüberleitung – Andante – Presto / Adagioüberleitung – Allegrofinale.

op. 132 (1825), a-Moll, obwohl dem Stofflichen mehr und mehr entwachsend, mit einem betitelten Adagio versehen: *Heilige Danksagung eines Genesenen an die Gottheit, in der lydischen Tonart*, also F-Dur mit h statt b, fast eine Choralfantasie.

op. 133 (1825), Große Fuge B-Dur, untergeteilt in Overtura – Doppelfuge – Meno mosso – Allegro con brio – Meno mosso – Allegro con brio; Grundgedanken bereits in der Overtura (Thema aus Halbton- und Septimenschritten).

Durch ein Kernmotiv werden die Opera 130 bis 133 zu einem Gesamtbau verbunden.

op. 135 (1824–1826), F-Dur, aufgelichtet, viersätzig, der Schlußsatz ein von einem Grave eingeleitetes und einmal unterbrochenes Allegro mit der Überschrift *Der schwer gefaßte Entschluß;* im Gravezeitmaß drei Noten mit den Worten *Muß es sein?*, im Allegrozeitmaß zweimal *Es muß sein!*

Sonaten für Violine und Klavier: Zehn Werke von rein musikalischer Haltung, nicht vom «Dichter in Tönen». Drei Sonaten, op. 12 (D, A, Es, veröffentlicht 1798), spielfreudig im überlieferten Stil. Opus 23 und 24 (a-Moll und F-Dur, 1801 bis 1802) gehören innerlich zusammen, verklammert durch das fallende Grundmotiv, dramaturgisch als Gegensatz von lastender Schwere und hellem Aufschwung (die in F-Dur «Frühlingssonate» genannt). Opus 30 (A-Dur mit Variationenfinale, c-Moll mit vier Sätzen und polyphonem Einschlag, G-Dur besonders festlich-klangfroh) mutet an wie die Zusammenfassung dreier Sonaten zu einer Großsonate. Als eine Art vierten Satz zu op. 30 hatte Beethoven ursprünglich die A-Dur-Sonate, op. 47, bestimmt, die sogenannte «Kreutzer-Sonate», dem französischen Geiger R. Kreutzer gewidmet, nachdem er sie 1803 schon dem Violinisten G. Bridgetower, einem Mulatten, gewidmet hatte; virtuose Konzertgebärde selbst in den Variationen des langsamen Satzes. In op. 96 (G-Dur) deutet sich eine gewisse Abkehr vom Virtuosen an, die Themen werden weitgehend lyrisch ausgesponnen, das Satzgefüge erscheint rhapsodisch durchbrochen (Spätstil).

Sonaten für Cello und Klavier: Fünf Werke: op. 5, Nr. 1 in F-Dur und Nr. 2 in g-Moll (dem Cello spielenden Friedrich Wilhelm II. gewidmet), op. 69 (A-Dur, mit einem bewußt verkürzten Adagio), op. 102 (a-Moll und D-Dur, bemerkenswert durch eine Entpersönlichung des Ausdrucks, entstanden 1815, also in unmittelbarer Nachbarschaft der späten Klaviersonaten). In allen Sonaten sind beide Instrumente gleichberechtigte Partner.

Streichtrios: Fünf Werke, geschrieben vor der Jahrhundertwende, vielfach der Gesellschaftsmusik des 18. Jahrhunderts verpflichtet. Das Es-Dur-Trio, op. 3, und das Serenadentrio D-Dur, op. 8, bestehen aus je sechs Sätzen nach Suitenart. Die drei Trios, op. 9 (G-Dur, D-Dur, c-Moll), dagegen wachsen besonders in der Themengestaltung bereits den Streichquartetten entgegen.

Klaviertrios: Acht Werke aus verschiedenen Schaffensperioden, vielfach gedacht als reizvolle Erneuerung der alten Triosonate, wobei allen drei Instrumenten selbständigere Aufgaben zugewiesen werden. Von den drei Trios, op. 1 (Es-, G-Dur, c-Moll; die Werkzahl darf nicht dazu verleiten, in den Trios Beethovens erste Kompositionen zu vermuten), ist das in c-Moll (1795) das bedeutendste, weil in dessen erstem Satz zum erstenmal die für den Tondichter so bedeutungsvolle c-Moll-Stimmung auftaucht. Opus 11 ist ein Zwischenwerk (1797), ursprünglich für Klavier, Cello und Klarinette bestimmt, dann statt des Blasinstruments mit Violine. Opus 70 von 1808 enthält zwei spielfreudige Werke: das wegen einer geisterhaften Stelle im langsamen Satz als «Geistertrio» bezeichnete in D-Dur (dreisätzig), das zweite in Es-Dur viersätzig ohne langsamen Satz und ohne Scherzo. Motivisch einheitlich, polyphon durchsetzt, harmonisch und klanglich reich ist das B-Dur-Trio, op. 97 (1811). Letztes Klaviertrio: die *Kakaduvariationen,* op. 121 a, mit einem Liedthema aus Wenzel Müllers Singspiel «Die Schwester von Prag» (1823), zehn Variationen mit glanzvoll gesteigertem Schlußallegretto.

Kammermusik mit Bläsern: Die teilweise schon sehr früh geschriebenen Kompositionen sind heute zumeist in den Hintergrund des musikalischen Bewußtseins getreten. Zu nennen: Bläseroktett (je 2 Oboen, Klarinetten, Fagotte und Hörner), zwar als op. 103 bezeichnet, doch schon Anfang der neunziger Jahre entstanden; noch unausgeglichen. – Es-Dur-Septett für Streichquartett, Klarinette, Fagott und Horn, op. 20 (1800), musizierfreudig mit kräftig geschnittenen Themen. – Es-Dur-Sextett (op. 71, aber schon 1796 geschrieben) für je zwei Klarinetten, Hörner und Fagotte, Divertimentomusik «im Freien zu spielen». – Es-Dur-Quintett, op. 16 (1797), für Oboe, Klarinette, Horn, Fagott und Klavier; alles beherrscht vom Klavier, das Beethoven bei der ersten Aufführung selbst spielte, durchweg konzertmäßige Haltung (später auch für Streichtrio und Klavier bearbeitet).

LITERATUR: G. Kinsky und H. Halm: Das Werk Beethovens (Thematisch-bibliographisches Verzeichnis seiner Kompositionen, 1955); Beethoven-Schrifttum von den Anfängen bis 1950 siehe Artikel «Beethoven» in «Musik in Geschichte und Gegenwart» (Bd. 1, 1951, Suppl.-Bd. 15, 1970).

Bellini, Vincenzo, *Catania (Sizilien) 3. Nov. 1801, †Puteaux bei Paris 24. Sept. 1835, Sizilianer, in Neapel zum Kirchen- und Bühnenkomponisten ausgebildet, mit lyrischen, formsicheren, romantischen Opern im italienischen Repertoire geblieben: *Norma, Sonnambula* (beide Mailand, 1831). Durch Maria Callas zu neuem Ruhm gekommen.

Bellman, Carl Mikael, *Stockholm 4. Febr. 1740, †ebenda 11. Febr. 1795, Schwede, Dichter und Liedersänger deutscher Herkunft, Improvisator zur Laute (Sister). Seine Sammlung *Fredmans epistlar* liegt in einer Neuausgabe vor. Eine Bellman-Oper schrieb Franz von Suppé (1887), eine Bellman-Biographie Carl Zuckmayer («Ulla Winblad oder Musik und Leben des Carl Mikael Bellman», 1953).

Benatzky, Ralph, *Mährisch-Budwitz 5. Juni 1884, †Zürich 17. Okt. 1957, Österreicher, Mottl-Schüler in München, emigrierte 1938 in die USA, weitete die sentimentale zur revueartigen Operette: *Im Weißen Rößl* (1930, mit Charell), *Bezauberndes Fräulein* (1933), schrieb ferner Chansons (für seine Frau, die Diseuse Josma Selim), auch einen autobiographischen Roman *In Dur und Moll* (1954).

Benda, Franz, *Altbenatek 25. Nov. 1709, †Potsdam 7. März 1786, Böhme, Chorknabe in Prag und Dresden, Geiger bei Friedrich dem Großen in Rheinsberg und Potsdam, 1771 Nachfolger des Konzertmeisters Graun; schrieb melodiöse Geigen- und Flötenstücke (Schwiegervater Reichardts).

Benda, Georg, *Benatek 30. Juni 1722, †Köstritz bei Gotha 6. Nov. 1795, Böhme, Bruder Franz Bendas, Jesuitenzögling, seit 1742 Violinist bei Friedrich dem Großen in Berlin und Potsdam, 1750–1788 Hofkapellmeister in Gotha, schrieb Melodramen (*Pygmalion,* nach Rousseau) und Singspiele (*Der Dorfbarbier*), mit denen er auch auf Mozart einwirkte, ferner Kantaten und Cembalokonzerte.

Benevoli, Orazio, *Rom 19. April 1605, †ebenda 17. Juni 1672, Italiener französischer Herkunft, seit 1648 Kapellmeister am Vatikan, schrieb vielstimmige Messen und Motetten im römischen Kolossalstil, u. a. die Festmesse zur Einweihung des Salzburger Doms (1628), Fernwirkung bis auf Berlioz' «Totenmesse», Mahlers «Sinfonie der Tausend» und Schönbergs »Gurrelieder». Neuausgaben in den «Denkmälern der Tonkunst in Österreich».

Ben-Haim (Frankenburger), Paul, * München 5. Juli 1897, Israeli, Komponist und Folkloreforscher, bis 1920 betrieb er Kompositions- und Klavierstudien in München, wo er auch Assistent bei Bruno Walter war, nach kurzer Tätigkeit als Kapellmeister in Augsburg emigrierte er 1933 nach Palästina (Tel Aviv). Unter seinen Kompositionen befindet sich eine sinfonische Trias für Soli und Orchester, *The sweet Psalm Israel,* und eine Violinsolosonate für Menuhin. Als Ergebnis seiner Forschungsarbeiten legte er u. a. eine Sammlung jemenitischer Musikfolklore vor. Ben-Haim (Frankenburger) ist Präsident des Israelischen Komponisten-Verbandes und Träger des Engel-Preises.

Bennett, Robert Russell, * Kansas City 15. Juni 1894, Nordamerikaner, bekannt geworden durch seine Instrumentierung von Operetten, Shows, Tonfilmmusik. Studierte bei Nadia Boulanger in Paris; schrieb u. a. die Oper *Maria Malibran* (1935), Programmsinfonien *(Abraham Lincoln, Die vier Freiheiten), Charlestonrhapsodie,* Orchesteretüden.

Bennett, Sir William Sterndale, * Sheffield 13. April 1816, † London 1. Febr. 1875, studierte in Deutschland, befreundet mit Mendelssohn, Spohr und Robert Schumann, der sich für ihn einsetzte. Die ihm 1853 angebotene Stelle des Gewandhauskapellmeisters in Leipzig lehnte er ab. Wesentlicher Vertreter der «tönenden Landschaften» der englischen Romantik. Orchesterouvertüren, Klavierwerke (darunter eine Sonate *Die Jungfrau von Orleans*), ein Oratorium *Das Weib von Samaria* (1867), eine Kantate *Die Maienkönigin* (1858).

Benoit, Peter, * Harelbeke 17. Aug. 1834, † Antwerpen 8. März 1901, Flame, Förderer der flämischen Musikbewegung, seit 1867 Leiter des Antwerpener Konservatoriums, unter seinen Chorwerken eine Rubens-Kantate sowie Rhein- und Schelde-Oratorien. Gesammelte Schriften erschienen 1942.

Bentzon, Jørgen, * Kopenhagen 14 Febr. 1897, † Hørsholm 9. Juli 1951, Däne, studierte bei Carl Nielsen in Kopenhagen und Karg-Elert in Leipzig, lebte als Jurist in seiner Vaterstadt, wo er 1931 eine Volksmusikschule im Stil und Sinne der deutschen Jugendmusikbewegung gründete. Zu seinen Hauptwerken zählen Volksliedvariationen und Sinfonietten für Jugendorchester, Trios für verschiedene Instrumentalgruppen, Jugendchöre und -lieder, schrieb auch eine Opernposse *Saturnalia* (1944, nach Apuleius).

Bentzon, Niels Viggo, * Kopenhagen 24. Aug. 1919, Däne, wurde bis 1942 in seiner Vaterstadt ausgebildet (Klavier, Orgel, Komposition) und ist hier seit 1949 als Musiklehrer tätig; nach Anfängen im Hindemith-Stil nahm er auf das Bekanntwerden der Zwölftonmusik in Dänemark Einfluß. Neben seinen sinfonisch-konzertanten Werken (vornehmlich mit Klavier) schrieb er Hörspiel- und Filmmusiken sowie eine *Faust*-Oper.

Berg, Alban, * Wien 9. Februar 1885, † ebenda 24. Dez. 1935, Österreicher, erfolgreichster Vertreter der Neuen Wiener Schule; nach der Matura zunächst Rechnungsbeamter, pflegte er seine bis dahin autodidaktisch entwickelte Neigung 1904–1910 in systematischen Kompositionsstudien bei Arnold Schönberg, durch seine Heirat (mit Helene Nahowski) konnte er sich seit 1911 im Sommer auf steiermärkischen und kärntnerischen Landsitzen seinem Schaffen widmen, während er über Winter in Wien Kompositionsunterricht gab und Verlagsarbeiten (Universal Edition) nachging; nach frühen Lied- und Orchesterkompositionen arbeitete er 1914–1921, mit Unterbrechung durch den Kriegsdienst, an der Oper *Wozzeck* (nach Georg Büchners Fragment), die seit ihrer Uraufführung (Staatsoper Berlin, Dez. 1925, unter Erich Kleiber) Bergs Weltruhm begründete; inzwischen entstanden weitere kammerkonzertante Werke, eine zweite Oper,

Lulu (nach Wedekinds «Erdgeist» und «Büchse der Pandora»), die 1929 begonnen, nur im Particell abgeschlossen, 1979 durch F. Cerha ergänzt und orchestriert wurde, ein Violinkonzertauftrag des amerikanischen Geigers Louis Krasner (*Dem Andenken eines Engels,* nämlich der 18jährig verstorbenen Manon Gropius, Tochter der Witwe Gustav Mahlers, späteren Alma Werfel, aus ihrer Ehe mit dem Bauhausarchitekten Walter Gropius); dieses Epitaph wurde zum eigenen «Requiem» des Komponisten, der Heiligabend 1935 in Wien einer Blutvergiftung erlag. Das Lebenswerk Alban Bergs blieb, dem introvertierten Schaffenstyp des Komponisten entsprechend, zahlenmäßig begrenzt; es umfaßt, nach frühen unnumerierten Klavierliedern und Klavierstücken, 7 numerierte und 7 weitere, unnumerierte Titel, außerdem Bearbeitungen und Einführungen zu Werken u. a. von Schönberg und Schreker. Gleichwohl erwies sich die Mehrzahl der Kompositionen Bergs in ihrer musikalischen Substanz und geistig-formalen Dichte von starkem Einfluß auf die Entwicklung eines symbolistisch-expressionistischen, nach der Oper *Wozzeck* auch zwölftönig disziplinierten, panchromatisch farbenreichen, dunkeltönenden Klangstils, der mit dem Bergschen Violinkonzert ins Weltrepertoire eingegangen ist.

Hauptwerke: Klaviersonate, op. 1 (1907/1908; 1920); 5 Orchesterlieder nach Peter Altenberg, op. 4 (1912); 4 Klarinettenstücke mit Klavier, op. 5 (1913); 3 Orchesterstücke, op. 6 (1914); die Oper *Wozzeck* (1914–1921); Kammerkonzert für Violine und Klavier mit 13 Bläsern (1923–1925); *Lyrische Suite* für Streichquartett (1925/26), daraus 3 Sätze für Streichorchester (1928); *Der Wein,* Konzertarie für Sopran und Orchester, nach Baudelaire (1929); Violinkonzert (1935, Uraufführung Barcelona 1936); das Opernfragment *Lulu* (1929 bis 1935, Uraufführung Zürich 1937).

Wozzeck (Musikdrama nach Georg Büchners «Woyzeck», 1925), Bergs wichtigstes Werk nach Gehalt und Form. – Der Soldat Wozzeck, Mischung aus einfältiger Kreatur und verwirrtem Psychopathen, ersticht seine vom Tambourmajor verführte Geliebte Marie, nachdem ihn das Hänseln der Kameraden und der in seiner zwiespältigen Seele herumstochernde Militärarzt gänzlich der Wirklichkeit entführt haben; in dem Teich, an dem der Mord geschah, ertränkt er sich. Nach Haltung, psychologischer Durchdringung und instrumentalem Aufwand (Riesenorchester, dazu mehrere kleinere Orchester auf der Bühne) ein Musikdrama, nach Aufbau eine Oper (3 Akte mit je 15 geschlossenen «Nummern»), nach Formengestalt absolute Musik (2. Akt eine fünfsätzige Sinfonie, ferner Invention, Suite, Passacaglia, Variationen, Fuge usw.), nach Tonmaterial hochromantische «Zwölftönemusik» (ohne der Zwölftontechnik eingeordnet zu sein), nach Klang dramatisch bedingte Ballungen und Reibungen, auch Impressionistisches.

Lulu, Oper (Text von Berg nach Wedekinds «Erdgeist» und «Büchse der Pandora« (1929–1935); *Lulu-Symphonie,* 1934), nur die ersten Akte vollendet, das Übrige in Skizzen (Uraufführung 1937). – Lulu, «das schöne, wilde Tier», richtet sechs Männer zugrunde, ehe sie selbst von «Jack the Ripper» umgebracht wird. – Eine Zwölftonreihe als Leitthema für Lulu, die Variationen als Spiegel der um Lulu kreisenden Einzelpersonen. Wie im *Wozzeck* Rückgriff auf ältere Formen teilweise in der Art von Schönbergs Kammersinfonie, hier psychologisch-dramatisch bedingt als ständiges Hinzufügen neuer Züge zu den Einzelcharakteren.

Violinkonzert (1935, uraufgeführt 1936), *Dem Andenken eines Engels,* trotz absolut-musikalischer Aussage fast «programmatisch» zu verfolgen (Krankheit und Sterben von Manon Gropius); Grundlage für alle Sätze ein Zwölftonthema (s. Notenbeispiel), im Schlußsatz der Bach-Ahlesche Sterbechoral «Es ist genug» aus der Bach-Kantate «O Ewigkeit, du Donnerwort», dazu Anklänge an eine Kärntner Weise. 4 Sätze, von denen je zwei ineinandergehen: Andante – Allegretto scherzando; Allegro – Adagio.

LITERATUR: Eine Sammlung der Schriften Alban Bergs erschien in der Biographie von Willi Reich (1937, 1963); eine Auswahl der Briefe an seine Frau, Helene Berg-Nahowski, legte die Witwe vor (1965); eine Werkmonographie schrieb H. F. Redlich (1957).

Berger, Ludwig, * Berlin 18. April 1777, † ebenda 16. Februar 1839, Klavier- und Liederkomponist, Clementi-Schüler und sein Reisebegleiter (Petersburg, Stockholm, London), seit 1815 in Berlin ansässig, wo Mendelssohn, Rellstab und Fanny Hensel zu seinen Schülern zählten; Mitbegründer der (neuen) Berliner Liedertafel, schrieb (vor Schubert) ein Liederspiel *Die schöne Müllerin.* Eine Biographie Bergers legte Ludwig Rellstab 1846 vor.

Berger, Theodor, * Traismauer 18. Mai 1905, Österreicher, Zögling der Lehrerbildungsanstalt St. Pölten, Musikstudium bei Franz Schmidt in Wien, 1932–1939 in Berlin (von Furtwängler gefördert), seither wieder in Wien (Staatspreis 1951); entwickelte einen rhythmisch-klanglich phantasiereichen, sinfonisch-konzertanten Stil, zu seinen Hauptwerken zählen: *Homerische Sinfonie* (Ballett, 1950; Konzertfassung 1955), *Concerto manuale* für 2 Klaviere, Marimba- und Metallophone, Streicher und Schlagwerk (1951, Neufassung 1953), *La Parola,* 10 Orchester-«Tendenzen» (1955), *Heiratsannoncen* (Ballett, 1958), *Vocalisen für Frauenstimmen im Orchester* (1959), *Jahreszeiten* (Ballett, 1960), Violinkonzert (1965).

Bergese, Hans, * Freiburg im Breisgau 24. Mai 1910, Jugendmusikkomponist, Orff-Schüler, 1932–1940 an den Günter-Schulen in München und Berlin tätig, 1947–1951 an der Sporthochschule Köln, seither an der Musikhochschule in Berlin-Charlottenburg; schrieb Schulopern der Orff-Nachfolge und erstellte Klavierauszüge zu den Bühnenwerken von Orff und Egk.

Berio, Luciano, * Oneglia 24. Okt. 1925, Italiener, Schüler von Ghedini in Mailand und von Dallapiccola in Tanglewood, gründete 1953 das Studio di Fonologia musicale bei Radiotelevisione Italiana, war zwischenzeitlich auch als Kompositionslehrer an der Juilliard School in New York tätig; ist zur italienischen Avantgarde zu zählen, vor allem mit seinen produktionstechnisch abgewogenen seriellen und elektronischen Beiträgen; Hauptwerke: *Magnificat* (1950), *Nones* (nach Auden), *Omaggio a Joyce, Allelujah I und II, Serenata* für Flöte und 14 Instrumente, *Quaderni* (3 Zyklen), *Epifanie* für Frauenstimme und Orchester, *Sequenza I und II, Chemins sur Sequenza II* für Harfe und Orchester (1965), *Sinfonia* für 8 Singstimmen und Orchester (1968), *Elmar la mar,* Kantate (1969). Herausgeber der Zeitschrift «Incontri Musicali» (1956–1960).

Bériot, Charles August de, * Löwen 20. Febr. 1802, † Brüssel 8. April 1870, belgischer Herkunft, berühmter Geigenvirtuose, seit seinem 50. Lebensjahr erblindet und rechtsarmig gelähmt; in erster Ehe mit der Sängerin Maria F. Malibran verheiratet. Studienwerke für Geige.

Berlin, Irving (eigentlich Israel Baline), * Temun (Sibirien) 11. Mai 1888, Russe, seit 1893 in Nordamerika, erfolgreicher Operetten-, Musical-, Tonfilm- und Schlagerkomponist, Vertreter des melodischen Jazz (*Alexander's ragtime band, What does it matter, Holiday Inn* [darin *White Christmas*], *Annie get your gun,* 1946).

Berlioz, Hector, * La Côte-Saint-André (Isère) 11. Dez. 1803, † Paris 8. März 1869, Franzose, Hauptverfechter der romantischen Programmusik («sinfonische Dichtung»); Arztsohn, zum Mediziner bestimmt, wechselte 1826 von der Universität zum Konservatorium Paris (Le Sueur, Reicha) und erhielt 1830 den Rom-Preis; im gleichen Jahr entstand sein genialstes Werk, die *Symphonie phantastique,* in der er autobiographische programmusikalische Einzelbilder der Wahnliebe eines Künstlers zu seiner unerreichbaren Geliebten mit einer leitmotivischen «Idée fixe» formal sinfonisch bindet und mit neuartiger Klangfarbenauswertung der vermehrten Orchesterinstrumente psychologisch belebt; auf Reisen durch Italien, Deutschland, Rußland, Österreich warb er erfolgreich für seine Werke und Ideen, blieb jedoch in Frankreich lange verkannt (1839–1869 Bibliothekar des Pariser Konservatoriums) und wurde erst nach seinem Tode in voller Reichweite entdeckt. Nachwirkungen gehen von ihm über Liszt, Tschaikowski und Strauss bis zu Schostakowitsch.

HAUPTWERKE

Phantastische Symphonie, Grande messe des morts, Harold in Italien, Romeo und Julia, Te Deum (3 Chöre, Orchester, Orgel), die Opern *Benvenuto Cellini, Beatrice und Benedikt, Die Trojaner, Fausts Verdammung, Die Kindheit Christi,* zahlreiche weitere Bühnenmusiken, Ouvertüren, Gelegenheitsmusiken, Chorwerke, Klavierlieder. Außerdem einflußreiche Schriften, Reiseberichte, Memoiren, Kritiken, Studien über Beethoven, Bizet u. a., ferner der vielbeachtete *Traité d'instrumentation* (1844, deutsche Bearbeitung durch Richard Strauss, 1905). Eine Gesamtausgabe der Werke von Berlioz erschien 1900 ff, eine Neuausgabe ist in Vorbereitung (deutsch-französische Koproduktion). Starker Sinn für das Malerische in der Landschaft, Liebe zur Poesie, eine gewisse heftige Religiosität – alles bestimmt durch (französisch-)romantisches Empfinden und zugleich hohe Geistigkeit – sind wesentliche Grundzüge von Berlioz. Sein Traum, solches in Musik umzugießen, nahm greifbare Wirklichkeit an unter dem Eindruck von Gluck («Iphigenie in Tauris»), Beethoven («Pastoralsinfonie») und Weber («Freischütz»), gedanklich weitergesponnen durch seinen Lehrer Lesueur. Der dichterische Sinn oder der Handlungsablauf wurde von Berlioz auf Programmzettel, mindestens jedoch über die einzelnen Werkabschnitte gedruckt. In den überlieferten eigengesetzlichen (absoluten) Formen der Musik ließ sich derartiges nicht aussprechen – daher die Formausweitung bei Berlioz und das Einführen bis dahin unbekannter Klänge und Klangmischungen im Orchester. So wurde Berlioz der eigentliche Begründer der Programmusik neuerer Prägung (weitergeführt durch viele «sinfonische Dichtungen» von Liszt bis R. Strauss) und der Begründer des neuen Orchesterklanges (nicht nur durch Kompositionen, sondern auch durch seine *Große Instrumentationslehre* von 1844 und 1856, später vielfach bearbeitet, u. a. von F. v. Weingartner, R. Strauss, Ch. M. Widor). Neben der durch allerlei Instrumente, Nebeninstrumente und Massenbesetzung (auch der zu Hilfe geholten Chöre) gesteigerten Klangmacht stehen überaus lyrische Versponnenheiten, wie denn Berlioz im Grunde ein Lyriker war, auch wenn er sein lyrisches Empfinden oft heftig entlädt oder bizarr verzerrt. Als musikalischen Ausgleich für die Auflösung oder Ausweitung der klassischen Form führte er Leitklänge und melodisch prägnante Leitmotive ein, die das Ganze zusammenhalten und die Einzelheiten (Personen, Situationen, Empfindungen, Gegenständliches) verständlich machen.

SINFONIEN

Phantastische Sinfonie – Episoden aus dem Leben eines Künstlers (1830), geschrieben in der Enttäuschung über Harriett Smithson; Liebe, Eifersucht, Vergiftung durch Opium, wüste Träume, er habe die Geliebte ermordet, werde hingerichtet, Hexensabbat um den Toten. Immer erscheint dem «jungen Künstler» die Geliebte im Zusammenhang mit einer Melodie (Idée fixe), so daß in allen Sätzen diese Melodie wiederkehrt, je nach Erfordernis abgewandelt. Die Sätze: I. Largo. Allegro agitato ed appassionato assai *Träume. Leidenschaften)* / II. Allegro non troppo *(Ein Ball. Walzer)* / III. Adagio *(Szene auf dem Lande)* / IV. Allegro non troppo *(Gang zum Richtplatz)* / V. Larghetto. Allegro *Traum von einem Hexensabbat).*

Harold in Italien (1834), viersätzige Sinfonie, die die eigenen Empfindungen während seines Aufenthaltes in Italien in der Gestalt von Byrons Harold wiedergeben soll. Das Leitthema (Idée fixe) wird von einer Solobratsche getragen; wiederum Programmüberschriften: I. *Harold in den Bergen* / II. *Zug der Pilger, das Abendgebet singend* / III. *Ständchen eines Abruzzenbewohners an seine Geliebte* / IV. *Gelage der Räuber* (mit Harolds Tod).

Romeo und Julia (1839), eine «dramatische Sinfonie» für Orchester, Chor, Soli, mit Rezitativvorspruch, Szenen nach Shakespeares gleichnamigem Werk. Trotz vieler melodischer und klanglicher Schönheiten als Ganzes kaum aufgeführt. Mischform zwischen Oper, Sinfonie, Kantate. Viel aufgeführt dagegen einzelne Stücke wie das *Ballfest bei Capulet,* die *Liebesszene* (allgemein als Berlioz' schönste Tondichtung anerkannt) und das or-

chestral kaum übertroffene Prestissimo *Fee Mab.*
Trauer- und Triumphsinfonie (1840) für großes Militärorchester.
OUVERTÜREN
Wawerley (1828), nach Scotts gleichnamigem Roman, Berlioz' op. 1.
König Lear (1831), nach Shakespeare, «sinfonische Ouvertüre», finsteres Schuldthema Lears, edles Unschuldsthema (Oboe) Cordelias, dramatische Wahnsinnsszenen.
Benvenuto Cellini (1838), 1. Ouvertüre zur gleichnamigen Oper (s.u.).
Römischer Karneval (1844), 2. Ouvertüre zu *Benvenuto Cellini,* heute als reine Konzertouvertüre gespielt, behandelt witzig nur das Maskentreiben.
Der Korsar (1845, ursprünglich 1831 für ein anderes Werk).
CHORWERKE
Requiem (Grande messe des morts; 1837), ursprünglich zu Ehren der Toten der Französischen Juli-Revolution geplant, im Pariser Invalidendom mit Riesenaufwand aufgeführt: großes Orchester, vier an verschiedenen Stellen postierte Nebenorchester (Trompeten, Posaunen, Tuben), dazu 16 Pauken, Soli, ein Chor mit 600 Ausführenden. Dem entspricht die Überfülle von Melodien, durchwirkt von einer Idée fixe, Klängen, Farben, überraschenden Wirkungen. Aufführungen mit kleinerer Besetzung von Berlioz für zulässig erklärt. Zehn Sätze, davon acht mit Chören.
Te Deum (1855; französischer Text), bei der Uraufführung abermals übergroße Besetzung: Tenorsolo, zwei Chöre von je 80 Sopranen, 60 Tenören und 60 Bässen (keine Altstimmen), Chor von 600 Kindern; das Orchester: 48 Geigen, 18 Bratschen, 18 Celli, 16 Kontrabässe, je 4 Flöten, Oboen, Klarinetten (dazu Englischhorn und Baßklarinette), Fagotte, Hörner, je 2 Trompeten und Pistonkornetts, 6 Posaunen, Ophikleide, Baßtuba, Pauken, große Trommel, 4 Rührtrommeln, Becken, Orgel, Saxhorn, 12 Harfen. Heute vielfach in kleiner, durchschnittlicher Besetzung, Orchesternummer gestrichen, zuweilen nur Schlußsatz allein (insgesamt 6 Abschnitte).
Fausts Verdammung (1846 Endfassung, ursprünglich *Acht Szenen aus Goethes Faust,* 1829), eine «dramatische Legende» in vier Teilen, zehn anschauliche, sehr sorgfältig gearbeitete Bilder; bekannter als die Sologesänge und Chöre sind die Orchesterstücke *Rakoczy-Marsch, Sylphenballett, Tanz der Irrlichter* – meist einzeln aufgeführt.
Die Kindheit Christi (1854), eine «heilige Trilogie», Text vom Komponisten, ein Oratorium, das besonders stark für die religiöse Einstellung des Komponisten zeugt.
Ferner verschiedene Kantaten (darunter der *Sardanapal,* der Berlioz den Rom-Preis einbrachte, *Orpheus' Tod, Cleopatra*) und geistliche wie weltliche Einzelchöre.
OPERN
Benvenuto Cellini (1838, Text von Léon de Vailly und A. Barbier), 2 Akte, 4 Bilder. Benvenuto Cellini, Bildgießer aus Florenz, soll seine Perseusstatue gießen – zum Verdruß seines römischen Konkurrenten Fieramosca; dieser belauscht Cellini zweimal: als er mit der Tochter des Schatzmeisters Balducci fliehen will und als er Balducci lächerlich macht. Doch kommt er selbst nicht minder in Bedrängnis als Cellini, der schließlich triumphiert, weil er die verlangte Probe, die Statue ganz allein sofort zu gießen, glänzend besteht.
Beatrice und Benedikt (1862, Text von Berlioz nach Shakespeares «Viel Lärm um Nichts»; vielfach übersetzt und bearbeitet), 2 Akte. Das sich ständig zankende Paar, Beatrice und Benedikt, wird durch die List seiner Freunde und den Anblick eines anderen Paares (Hero und Claudio), das beglückt zur Hochzeit schreitet, seiner heimlichen Liebe inne und vermählt sich.
Die Trojaner (Gesamtaufführung erstmals 1890, Text von Berlioz, zwei Teile, zusammengefaßt zu einem Aufführungsabend 1930 von J. Kapp), eine «lyrische Tragödie»: 1. *Die Eroberung von Troja,* 2. *Die Trojaner in Carthago.* Trotz Kassandras Warnung holen die Trojaner das von den Griechen zurückgelassene hölzerne Pferd in ihre Stadt und werden in der Nacht von den im Pferd verborgenen Griechen überwältigt; auch Kassandra stirbt, nur Äneas kann sich mit Freunden retten. – In Carthago entbren-

nen Äneas und die verwitwete Königin Dido in Liebe zueinander. Als Äneas sich nach langen, glücklichen Tagen von Dido losreißt und sich nach Italien einschifft, seinem Schwur getreu, ersticht sich Dido.
SONSTIGE WERKE
Chor- und Sologesänge mit Orchester, ebenso mit Klavier, Fugen, Kompositionen zu Schauspielen (besonders von Shakespeare), Rezitativvertonungen zu Webers «Freischütz» u. a.
Neuausgabe der *Memoiren*. München 1979.
LITERATUR: J. G. Prod'homme: H. B. (1904, dt. 1906); G. de Poutalèz: B. et l'Europe romantique (1939, dt. unter dem Titel: Phantastische Symphonie, 1941); H. Barraud: H. B. (1956); W. Dömling, H. B. Die symphonisch-dramatischen Werke, Stuttgart 1980.

Bernart de Ventadour, auch B. von Ventadorn, * Schloß Ventadour (Corrèze) um 1130, † um 1195, provenzalischer Troubadour, zuletzt Mönch, mit Natur- und Liebeslyrik *(Lerchenlied)* lange und weit verbreitet, mit Einzelmelodien auch von deutschen Minnesängern übernommen.

Bernstein, Leonard, * Lawrence (Mass.) 25. Aug. 1918, Amerikaner, Komponist, Dirigent, Pianist und Musikschriftsteller, studierte an der Harvard University, Komposition bei Walter Piston, Klavier bei Helen Coates sowie am Curtis Institute zu Philadelphia, Dirigieren bei Fritz Reiner, Orchestration bei Virgil Thomsen, er assistierte zunächst bei Sergei Kussewitzki als Kapellmeister und kam 1943 an die New Yorker Philharmonie, deren Chefdirigent er 1958 bis 1967 war; erfolgreich als Dirigent und vielfach gleichzeitig Pianist klassischer und eigener Konzertwerke, die meist neoklassische und jazzoide Formelemente verbinden; zu den vielgespielten Werken Bernsteins zählen die 3. («Boston»-)Sinfonie, die Klaviersinfonie «The age of anxiety» (Nach Auden), die Satire «Trouble in Tahiti», das Ballett «Fancy Free» sowie die Musicals «Candide» (nach Voltaire) und «West Side Story» (auch verfilmt). Von seinen Fernsehsendungen zur Einführung in die Musik der Klassiker stellte er die Manuskripte zu einem Bestseller zusammen: *Freude an der Musik,* dt. 1961; *Von der unendlichen Vielfalt der Musik,* dt. 1968.

Berté, Heinrich, * Galgócz 8. Mai 1857, † Wien 25. Aug. 1924, Ungar, Operettenkomponist mit zeitweiligem (und zweifelhaftem) Ruhm aus seinem *Dreimäderlhaus* (Liebesgeschichten um Franz Schubert, nach Melodien aus dessen Werken).

Berwald, Franz Adolf, * Stockholm 23. Juli 1796, † ebenda 3. April 1868, Schwede, Violinschüler von du Puy, Reisevirtuose (Berlin, Wien), seit 1849 Universitätsmusikdirektor und Hofkapellmeister, seit 1867 Kompositionsprofessor in Stockholm, Hauptvertreter der schwedischen Musikromantik mit Sinfonien (*Singulière,* 1845; *Sérieuse, Capricieuse*), Violinkonzerten, Kammermusik und Bühnenwerken (*Estrella de Soria,* 1862; *Königin von Golconda,* postum Uraufführung Stockholm 1968); Gesamtausgabe (25 Bde.) seit 1965 im Erscheinen.

Beyer, Frank Michael, * Berlin 8. März 1928, Schüler von J. Ahrens und E. Pepping (Kirchenmusik, Komposition), seit 1960 (1968 Prof.) an der Musikhochschule Berlin; schrieb Orgelwerke, Kantaten, Kammermusik.

Bialas, Günter, * Bielschowitz (Oberschlesien) 19. Juli 1907, studierte in Breslau und Berlin (Max Trapp), war bis 1939 in der Schul- und Jugendmusik tätig und wirkte – nach dem Kriegsdienst – seit 1947 als Kompositionsprofessor an der Detmolder Akademie, seit 1959 an der Münchner Hochschule; er verbindet in seinen Kompositionen elementarische mit zeitgenössischen Stilelementen und Satztechniken, vom Jugendmusikwerk und Solokonzert bis zur Kantate und Oper. Zu seinen charaktervollsten Werken zählen: *Indianische Kantate* für Bariton, Kammerchor und 8 Instrumente; *Oraculum,* Kantate für Soli, Chor, Orchester; *Im Anfang,* Schöpfungsoratorium nach Martin Buber, für 3 Echostimmen, 6stimmigen gemischten Chor und Orgel; *Invokationen* für Orchester, *Jazzpromenade* für Klavier und Orchester; Solokonzerte für Klavier, Violine, Viola, Flöte; Rilke-Lieder, García-Lorca-Balladen; die Opern *Hero und Leander* (nach Grillparzer, Mannheim 1966), *Aucassin et Nicolette* (Neutextierung Tankred Dorst, München 1969), *Der gestiefelte Kater* (nach Tieck, München 1975). Erhielt 1954 den Großen Kunstpreis von NRW, 1962 den Musikpreis der Stadt München, 1963 den Stamitz-Preis.

Bibalo, Antonio, * Triest 18. Jan. 1922, Italiener, studierte bis 1942 Klavier und Komposition in Triest, siedelte 1946 nach London über, wo er bei Elizabeth Lutyens Zwölftontechnik studierte; mehrfacher Preisträger (1956 Warschau, 1957 Bloomington/USA, 1957 Rom), lebt seit 1952 in Larvik/Norwegen. Dem deutschen Musikpublikum wurde er schlagartig bekannt durch die Uraufführung seiner Artistenoper *Das Lächeln am Fuße der Leiter* (nach Henry Miller), Hamburg 1965; Ballett *Pinocchio* (1969), Oper *Fräulein Julie* (nach Strindberg, 1975), außerdem Konzerte für Violine und Klavier sowie *Kinderstücke für Klavier.*

Biber, Heinrich Ignaz Franz [von], * Wartenberg (Böhmen), 12. Aug. 1644, † Salzburg 3. Mai 1704, Österreicher, Violinist und Komponist, studierte in Wien, stand zunächst in Olmütz, seit 1670 in Salzburg in Hofdiensten (1684 Kapellmeister, 1690 geadelt); vielgereister, bedeutendster Violinist des 17. Jahrhunderts, erweiterte er die Spieltechnik seines Instrumentes um Doppelgrifftechnik, höheres Lagenspiel und Skordatur; von starker Ausdrucks- und Gestaltkraft erwiesen sich seine Passionssonaten, er schrieb auch Messen, Vespern und Litaneien sowie Schulopern.

Biermann, Wolf, * Hamburg 15. Nov. 1936, Liedermacher, siedelte 1953 nach Berlin (Ost) über, wurde 1976 aus der DDR ausgebürgert und wirkt seither wieder in der Bundesrepublik Deutschland; veröffentlichte *Chausseestraße 131, Neue Lieder* u.a.

Binchois, Gilles, * Mons (Hennegau) um 1400, † Lille 1460, frankoflämischer Komponist, neben Dufay Hauptvertreter der musikalischen Spätgotik, schrieb als Kanonikus vorwiegend geistliche Werke, meist 3stimmig (wie seine weltlichen Chansons).

Birtwistle, Harrison, * Accrington 15. Juni 1934, Engländer, studierte an der Royal Academy of Music in London, wo er 1967 die Pierrot Players gründete, ein Kammermusik-Ensemble für zeitgenössische Musik, für das er selber auch Werke komponiert hat, die sich durch lyrische Qualitäten auszeichnen; schrieb auch die Oper *Punch and Judy* (1968) und die dramatische Pastorale *Down by the Greenwood Side* (1969).

Bittner, Julius, * Wien 9. April 1874, † ebenda 10. Jan. 1939, Österreicher, ursprünglich Jurist, schrieb selbstgetextete Bühnenwerke in der Nachfolge Kienzls: *Der Musikant* (Wien 1910), *Das höllische Gold* (Dresden 1916).

Bizet, Alexandre César Léopold, genannt Georges, * Paris 25. Okt. 1838, † Bougival bei Paris 3. Juni 1875, Franzose, studierte am Pariser Konservatorium Klavier bei Marmontel, Theorie und Tonsatz bei Zimmermann und Gounod, Komposition bei Halévy, gewann 1857 den großen Rom-Preis (*Briefe aus Rom,* dt. 1949), war späterhin als Privatmusiklehrer, Korrepetitor und freischaffender Bühnenkomponist tätig, letzteres meist mit Mißerfolg bei der Pariser Tageskritik; bald nach der Uraufführung seines Hauptwerkes, *Carmen* (Paris, 3. März 1875), verstarb er an einem chronischen Hals- und Herzleiden; er wurde auf dem Friedhof Père Lachaise beigesetzt. Hervorragendster Vertreter der französischen frühveristischen, formknappen, antiwagnerischen Oper, erzielte Bizets *Carmen* als Formtyp (s. Nietzsches «Randglossen zu ‹Carmen›», hg. 1912 durch H. Daffner) Auswirkungen bis zu Ravel *(Spanische Stunde),* Busoni und Strawinski. Außer Carmen werden von Bizets Opern heute noch (oder wieder) aufgeführt: *Die Perlenfischer, Das schöne Mädchen von Perth, Ivan der Schreckliche, Djamileh,* seine Schauspielmusiken zu *L'Arlésienne* blieben als Konzertsuiten bekannt, eine C-Dur-Sinfonie des 17jährigen erlebte in einer Choreographie Balanchines über das New York City

Ballet ihre Wiederbelebung, Klavierlieder wurden von prominenten Sängern wieder ins Repertoire aufgenommen.
Der Erfolg von *Carmen* (es ist die meistaufgeführte Oper der Welt) hat das übrige, sehr umfangreiche Werk Bizets unverdientermaßen in den Hintergrund gedrängt; nur einige Suiten, eine Sinfonie, einzelne Arien aus anderen Opern sind heute häufiger zu hören. Dabei zeigen die übrigen Werke, daß *Carmen* keineswegs ein Glücksfall, sondern das Ergebnis vieler Vorarbeiten ist (manches aus früheren Bühnenkompositionen wurde sogar in diese Oper aufgenommen). Immer wieder finden sich Stellen, deren Besonderheit eng mit der *Carmen*-Musik verwandt ist, so die Fähigkeit, durch Instrumentation, Rhythmen und Melodienführung eine exotische Färbung in das Klangbild zu bringen; so das irrtümlich als «Wagnerismus» gegeißelte Verfahren, durch bestimmte musikalische Wendungen Personen und Situationen zu charakterisieren (dramatische Leitmelodien, nicht sinfonisch verarbeitete Leitmotive wie bei Wagner); so vor allem die Begabung des Komponisten, aus einem natürlich sprudelnden Einfallsreichtum das für den jeweiligen Zweck am besten Geeignete mit künstlerisch sicherem Instinkt herauszugreifen und – trotz aller Farbenexotik – mit echt französischem Esprit darzureichen.
BÜHNENWERKE
Carmen (1875, Text nach Mérimée und H. Meilhac und L. Halévy; die ursprünglich gesprochenen Dialoge wurden später von Bizets Freund E. Guiraud vertont). Dramatisch-psychologischer Mittelpunkt der Handlung ist der brave, doch haltlose Sergeant José: Seine leidenschaftliche Verliebtheit in die sinnenhaft in den Tag lebende Carmen macht ihn zum Meuterer, Deserteur, Schmuggler und Mörder der Geliebten. In ihm vollziehen sich ständig Wandlungen, während Carmen wie der auch Frauen gegenüber stets «siegesbewußte» Torero und Micaela, die Verlobte Don Josés (diese beiden nicht in Mérimées Novelle), in jedem Augenblick bleiben, wie sie immer waren. Das kommt vor allem in der Musik zum Ausdruck. Sie wandelt sich mit den Wandlungen Josés, während jede Einzelnummer bei Carmen (etwa die Habanera, übrigens eine Umformung eines Liedes des lateinamerikanischen Komponisten Yradier), bei Micaela (etwa *Ich sprach, daß ich furchtlos mich fühle*), bei Escamillo *(Auf in den Kampf, Torero)* jeweils die unveränderte Wesensart dieser Menschen widerspiegelt. Ähnlich die musikalische Charakterisierung der äußeren Umstände (Arena-Zirkus-Musik) oder des unabänderlichen Schicksals (chromatisches Schicksalsmotiv). Durch die Fülle der Melodien, die rhythmisch-klangliche Einfärbung französischer Grundhaltung durch «spanische» Tönung, die glanzvolle und zugleich biegsame Instrumentierung schimmert überall eine unbestechliche Objektivität, ein natürlicher Sinn für menschliche Wirklichkeit.
INSTRUMENTALWERKE
Wirklich bekannt – und sogar ausgesprochen populär – sind nur zwei Suiten aus der Bühnenmusik zu Alfons Daudets *L'Arlésienne* (ursprünglich 27 Einzelnummern, jede knapp und scharf charakterisierend, auch Kurzchöre, im Orchester u.a. 7 Geigen, 1 Bratsche, 5 Celli, 2 Kontrabässe, 1 Klavier, 1 Altsaxophon). Die Suiten (die zweite von E. Guiraud zusammengestellt) wirken nicht wie Musik zu einem bestimmten Schauspiel, sondern wie klingende Darstellung südfranzösischen Volkslebens. Erste Suite: Allegro (variierter Marsch und Klage des Einzelmenschen) – Menuett (frohes, vorübergehend abgedunkeltes ländliches Fest) – Adagietto (wehmütige Betrachtungen eines älteren Paares) – Carillon (musikalische Szene über einem festgehaltenen Glockenmotiv). Zweite Suite: Pastorale – Intermezzo – Menuett – Farandole (die Patorale und die tänzerische Farandole werden als Ballettmusik im 4. Akt von *Carmen* gespielt).
Sinfonie C-Dur (1855 geschrieben, 1935 uraufgeführt).

Blacher, Boris * Newchwang (China) 6. Jan. 1903, † Berlin 30. Jan. 1975, deutscher Komponist baltischer Herkunft, studierte in Berlin zunächst Architektur, 1922 bis 1926 Komposition (bei Fr. E. Koch) und Musikwissenschaft, war 1938 Kompositionsprofessor an der Staatlichen Hochschule für Musik in Berlin-Charlottenburg, deren Direktor er seit 1953 ist (als Nachfolger von Werner Egk). Formsinn und rhythmische Stärke führten Blacher früh zu einer ausgesparten Satztechnik vornehmlich konzertanter und ballettistischer Musik, die ihn eine Methode mit «variablen Metren» entwickeln ließ. Auch für seine zahlreichen Bühnenwerke strebt er eher die konzertante Musizieroper als das Musikdrama an. Die wichtigsten seiner Werke sind: *Fürstin Tarakanowa* (1941, Text von K. O. Koch), *Die Flut* (1947, Text nach Maupassant von H. von Cramer, Rundfunkfassung 1946), *Die Nachtschwalbe* (1947, Text von F. Wolf), *Romeo und Julia* (1950, Szenen aus Shakespeares gleichnamigem Bühnenwerk), *Preußisches Märchen oder Herrliche Zeiten* (1950, Text von H. v. Cramer, eine Ballettoper), *Abstrakte Oper Nr. 1* (1953, Text von W. Egk), *Rosamunde Floris* (1960, Text G. Kaiser), *Zwischenfälle bei einer Notlandung* (1966, Text H. v. Cramer), *200000 Taler* (1969, Text nach Scholem Alejchem); ferner ein szenisches Oratorium *Der Großinquisitor* (1947, nach Dostojewski von L. Borschard); dramatische Ballette, meist nach literarischen Vorlagen: *Chiarina* (1950, Libretto von P. Strecker), *Lysistrata* (1951, mit Chor, Libretto von B. Blacher), *Hamlet* (1950, mit Chor, von Tatjana Gsovsky), *Der Mohr von Venedig* (1955, nach Shakespeare von E. Hanka), *Quadriga* (1958), *Demeter* (1964), *Tristan* (1965); ein Requiem (1963), eine Sinfonie (1939), *Musica Giocosa* (1959), sinfonische Dichtung *Hamlet* (1940), Orchestervariationen (Paganini-Thema, 1948), Orchesterfantasie (1958), *Studie im Pianissimo* (1956), Konzerte für Klavier, Geige, Violoncello, eines für Bläser und Harfe mit Streichorchester, Kammer- und Klaviermusik, Lieder u. a. nach Arp-Texten; Elektronisches und Jazzstudien. – Blacher war auch Mitarbeiter an den Texten zu Einems Opern «Dantons Tod» und «Der Prozeß». Auch G. Klebe ging aus der Schule Blachers hervor. 1953 legte er ein Lehrbuch *Einführung in den strengen Satz* vor. Eine Blacher-Monographie schrieb H. H. Stuckenschmidt 1963 zum 60. Geburtstag des Komponisten.

Blech, Leo, * Aachen 21. April 1871, † Berlin 25. Aug. 1958, Schüler von Rudorff und Bargiel, später von Humperdinck, dessen Stil er modernisierend weiterführte; international gefeierter Kapellmeister in Aachen, Prag, Berlin, Riga, Stockholm und schließlich wieder in Berlin. Schrieb u. a. die Oper *Alpenkönig und Menschenfeind* (1903, nach Raimund, 1918 als *Rappelkopf* neu bearbeitet).

Bliss, Sir Arthur, * London 2. Aug. 1891, † ebd. 27. März 1975, Engländer, Sohn eines Amerikaners, studierte und wirkte zumeist in London (mehrfach in Nordamerika); ursprünglich Anhänger der Pariser «Gruppe der Sechs», aus dieser Zeit skurrile Kompositionen wie *Die Ausschußsitzung, Der Löwenzahn,* später mehr und mehr dem Zusammenklang von Farbe und Musik nachstrebend (z. B. *A colour symphony,* 1922, umgearbeitet 1932, die vier Sätze: Purpur, Rot, Blau, Grün), wandte sich dann einem surrealistischen Romantizismus zu. Schrieb Streichquartette, Quintette mit je einem Blasinstrument, Duosonaten, Klavierwerke, Lieder (z. T. mit 12 Soloinstrumenten), Bühnen- und Filmmusik, die Oper *Die Olympier* (1949, Text von Priestley), Orchesterkonzerte, eine «Heldensinfonie» mit Sprecher und Chor (1930), Orchestervariationen, Introduktion und Allegro für Orchester, Ballette (*Checkmate,* 1937; *Adam Zero,* 1946 u. a.). 1953 wurde er zum «Master of the Queen's Music» ernannt. Zur Eröffnung der Queen Elizabeth Hall, London 1967, schrieb er das Oratorium *The River.* Autobiographie *As I remember,* London 1970.

Blitzstein, Marc, * Philadelphia 2. März 1905, † Fort-de-France (Martinique) 22. Jan. 1964, Amerikaner, studierte u. a. bei Nadia Boulanger und Arnold Schönberg; Komponist, Musikschriftsteller, Dozent, strebt nach Allverständlichkeit mit zeitgenössischen Mitteln, sicher zupackend beim (vielfach witzigen) Charakterisieren von Personen und Situationen auf der Bühne. Zu seinen Opern (eigentlich Musicals) schreibt er sich die Texte selbst: *Triple sec* (1930), *Die Harpyen* (1931), *Die Wiege wird schaukeln* (1937), *Die Verdammten* (1940; Choroper), *Nein als Antwort* (1941), *Die kleinen Füchse;* ferner Schauspielmusik, Filmmusik, Ballette, Funkmusik, Orchester- und Kammermusik, kleinere Chor- und Klavierwerke. 1946 erregte er Aufsehen mit einem Piloten-Oratorium, *Airborne.*

Bloch, Ernest, * Genf 24. Juli 1880, † Portland (Oregon) 15. Juli 1959, Schweizer, lebte nach dem Ersten Weltkrieg in den Vereinigten Staaten als Komponist, Dirigent und einflußreicher Lehrer. Die Frühwerke (etwa bis 1912) erinnern an Strauss, Debussy, Mahler; dann komponierte er bewußt aus dem tiefsten Sinngehalt des Alten Testaments («neujüdische Musikkultur»). Schrieb u. a. Opern (*Macbeth,* 1910; *Jézabel,* 1918), cis-Moll-Sinfonie (1901), die Sinfonie *Israel* mit 5 Solostimmen (1916), Orchesterrhapsodie mit Cello, *Schelomo* (1916), Orchesterrhapsodie *Amerika* (1926), ähnlich *Helvetia* (1928), sinfonische Suiten, Violinkonzert, Kammermusik, Klavierwerke, Lieder, ein jüdisch-liturgisches Chorwerk *Sacred service* (1933).

Blomdahl, Karl-Birger, * Växjö 19. Okt. 1916, † Stockholm 14. Juni 1968, Schwede, studierte in Stockholm bei Hildung Rosenberg Komposition und bei Tor Man Dirigieren, war als Stipendiat in Frankreich und der Schweiz, wirkte in Schweden auch organisatorisch für konstruktivistische, elektronische u. a. Bestrebungen («Montagsgruppe») und gelangte mit der surrealistischen Suite *Im Saale der Spiegel* (für Soli, Chor, Orchester; nach 9 Sonetten von E. Lindegren) 1953 in Oslo beim Jahresmusikfest der Internationalen Gesellschaft für Neue Musik zum Durchbruch. Zu seinen bedeutenderen Werken zählen eine Kantate nach Saint-John Perse, *Anabase;* die Weltraumoper *Aniara,* die Komische Oper *Herr von Hancken* (1965), *Die Geschichte des großen Computer* (1968); die Ballette *Minotauros* und *Sisyfos.* Er schrieb auch Filmmusiken sowie Instrumentalkonzerte, Sinfonien und Orchestervariationen.

Boccherini, Luigi, * Lucca 19. Febr. 1743, † Madrid 28. Mai 1805, Italiener, Komponist und Violoncellist, studierte in Lucca und Rom Violoncello, bereiste als Wunderkind Italien, Frankreich, Österreich, ließ sich 1769 in Madrid nieder, komponierte zeitweilig für den Preußenkönig Friedrich Wilhelm II., starb in Armut, wurde 1927 nach Lucca überge-führt (S. Francesco); er schrieb vor allem Kompositionen für und mit Violoncello (Konzerte, Quintette, Quartette, Streichtrios) sowie in Violinsonaten und Duos. Eines seiner Menuette ist als «das» Boccherini-Menuett in aller Welt populär.

Bodart, Eugen, * Kassel 8. Okt. 1905, studierte bei Pfitzner und Rezniček, war Opernkapellmeister in Köln, Mannheim und seit 1956 an der Pfalzoper in Kaiserslautern, gründete 1951 das Kurpfälzische Kammerorchester zur besonderen Pflege der frühklassischen Mannheimer Schule; er schrieb außer Instrumentalmusiken knapp gefaßte, meist selbstgetextete Bühnenwerke, u. a. *Hirtenlegende* (1930, später umgearbeitet), *Der abtrünnige Zar* (1935), *Spanische Nacht* (1937), *Der leichtsinnige Herr Bandolin, Sarabande* (beide 1942), *Kleiner Irrtum* (1949), *Mara* (1951).

Boehm, Theobald, * München 9. April 1794, † ebenda 25. Nov. 1881, Flötenvirtuose und Instrumentenbauer, Erfinder und Hersteller der «Boehm-Flöte», schrieb zahlreiche Kompositionen für Flöte allein, mit Klavier oder mit Orchester (vom Konzert bis zum Salonstück), die einst sehr beliebt waren.

Böhm, Georg, * Hohenkirchen (Thüringen) 2. Sept. 1661, † Lüneburg 18. Mai 1733, Kirchenkomponist, Meister des deutschen Hochbarock, studierte in Jena, arbeitete in Hamburg an den «Geistreichen Liedern» von Elmenhorst, war seit 1698 Organist an St. Johannis in Lüneburg, wo er auch auf J. S. Bach Einfluß nahm (Orgelchoräle); seine Hauptwerke erschienen seit 1927 in Neuausgaben (Choralpartiten für Orgel, Kantaten, Klaviersuiten u. a.).

Boieldieu, François-Adrien, * Rouen 16. Dez. 1775, † Jarcy b. Paris 8. Okt. 1834, Franzose, hervorragender Vertreter der lyrisch-romantischen Opéra comique, bildete sich vorwiegend autodidaktisch aus, kam 1795 nach Paris (Érard, Méhul, Cherubini), wo er bis 1803 als Klavierlehrer am Konservatorium wirkte, ging bis 1812 als Hofopernkomponist nach St. Petersburg, erhielt 1817 die Kompositionsprofessur am Pariser Konservatorium als Nachfolger Méhuls, starb an Kehlkopfschwindsucht; zu seinen bedeutendsten Schülern zählen Adam, Fétis, Zimmermann (s. Bizet); mit seiner Oper *Die weiße Dame* hatte er 1825 Welterfolg; weitere Bühnenwerke: *Der Kalif von Bagdad, Rotkäppchen, Der Feenhof* (mit Cherubini, Kreutzer u.a.); er schrieb auch vielgespielte Harfen- und Klavierkompositionen.

Boismortier, Joseph Bodin de, * Thionville 23. Dez. 1689, † Roissy-en-Brie 28. Okt. 1755, Franzose, Repräsentant des galanten Stils, schrieb Opern-Ballette und zahlreiche Kammermusik für oder mit Flöten.

Boito, Arrigo, *Padua 24. Febr. 1842, † Mailand 10. Juni 1918, Italiener, Opernlibrettist und -komponist, studierte in Mailand, bereiste Frankreich, Polen (das Herkunftsland seiner Mutter) und Deutschland, wo Beethovens und Wagners Werke nachhaltig auf ihn wirkten; außer mit seinem in Italien vielaufgeführten *Mefistofele* (nach Goethes «Faust» I und II) und einem durch Toscanini abgeschlossenen *Nerone* blieb er theaterwirksam mit seinen Textbüchern für Verdi («Othello», «Falstaff»), auch für Ponchielli («La Gioconda»). Sein Briefwechsel mit Verdi (1913) ist aufschlußreich für die Zusammenarbeit des Komponisten mit dem Librettisten Boito, seine Übersetzungen der Wagnerischen Textbücher zu «Tristan» und «Rienzi» machten die Musikdramen in Italien populär.

Bononcini, Giovanni Battista, * Modena 18. Juli 1670, † Wien 9. Juli 1747, Italiener, lebte und wirkte als Bühnenkomponist in Bologna, Rom, Wien (1698 bis 1711) und London (1720–1732), wo er als Rivale Händels einer Plagiataffäre wegen unterlegen war; erhalten blieben über 30 Opernmanuskripte, am erfolgreichsten blieb er mit *Astarto* sowie *Ciro und Griselda,* er schrieb auch Oratorien und Psalmgesänge *(Anthems),* sein Vater Giovanni Maria Bononcini war Kirchenkomponist in Modena (1642–1678).

Bonporti (Buonporti), Francesco Antonio, getauft Trient 11. Juni 1672, † Padua 19. Dez. 1748, Italiener, studierte in Rom Theologie und Musik (bei Corelli), war um 1700 Kapellist Kaiser Josephs I.; hinterließ vornehmlich Violinkompositionen, aus seinen *Inventioni a Violino solo* (Bologna 1712) stammen 4 Nummern, die irrtümlicherweise in die Gesamtausgabe der Werke von J. S. Bach gerieten, der sie sich aus Studien- und Verehrungsgründen abgeschrieben hatte.

Borck, Edmund von, * Breslau 22. Febr. 1906, gefallen bei Nettuno 16. Febr. 1944, studierte Musik und Musikwissenschaft in Breslau und Berlin, war Opernkapellmeister in Frankfurt (Oder) und Theorielehrer in Berlin, schrieb Orchesterkompositionen *(Orphika)* und eine Oper *Napoleon* (nach Grabbe).

Borgmann, Hans-Otto, * Hannover 20. Okt. 1901, † Berlin 26. Juli 1977, war 1928–1945 Komponist und Kapellmeister der Ufa, schrieb Filmmusik (*Tango notturno,* 1937; *Verwehte Spuren,* 1938; *Die goldene Stadt,* 1942; *Der Stärkere,* 1953), auch Unterhaltungsmusik.

Bořkovec, Pavel, * Prag 10. Juni 1894, Tscheche, Schüler von J. B. Foerster und J. Suk in Prag, seit 1946 Kompositionsprofessor an der neuerrichteten Musikakademie daselbst. Hauptwerke: Bühnen- und Konzertwerke, Kammeroper *Satyr* (nach Goethes Jugenddrama), *Paleček* (tschech. Bilderoper), *Rattenfänger* (Ballett).

Bornefeld, Helmut, * Stuttgart-Untertürkheim 14. Dez. 1906, Kirchenkomponist, ausgebildet in Stuttgart (Roth, Keller), wirkte seit 1937 als Kantor und Organist in Heidenheim an der Brenz, wo er seit 1946 Arbeitstage für neue Kirchenmusik veranstaltet und seit 1952 Kirchenmusikdirektor ist; schrieb Choralpartiten für Orgel, Choralmotetten und -kantaten, Singekanons, den Chorzyklus *Stern und Blume* (Brentano), *Siona* (Klopstock); schrieb auch über Orgelbau und neue Orgelmusik (1952).

Borodin, Alexandr Porfirjewitsch, * Petersburg 12. Nov. 1833, † ebenda 27. Febr. 1887, Russe, Sohn des Fürsten

Imerentinsky (Gedeanow), musikalische Frühbegabung, studierte Medizin und war seit 1864 Professor der Chemie an der Petersburger Medico-chirurgischen Akademie, betrieb seit 1862 Harmonielehre bei Balakirew, schloß 1877 in Weimar Freundschaft mit Liszt, bereiste mit Kjui Westeuropa, wo er mit seinen beiden Sinfonien und den *Steppenskizzen aus Mittelasien* Erfolg hatte; hinterließ die unvollendete Oper *Knjas Igor,* die von Rimski-Korsakow und Glasunow beendet wurde (Uraufführung 1890), Fragment blieb auch die Ballettoper *Mlada;* in dem *Mächtigen Häuflein* der jungrussischen Schule vertrat er den konservativeren Platz, ohne programmusikalische Weiterungen (trotz seiner *Steppenskizzen, Polowetzer Tänze* u.a.); 4 Bände Borodin-Briefe (1927–1950).

Borris, Siegfried, * Berlin 4. Juni 1906, studierte Komposition bei Hindemith, Musikwissenschaft bei Schering in Berlin (Diss. über Kirnberger, 1933); 1933 bis 1945 Lehrverbot, seither Professor und Senator der Charlottenburger Hochschule (Seminarleiter); schrieb Jugend- und Funkopern *(Frühlingsgesellen, Hans im Glück),* Ballettmusiken, Sinfonien, Konzerte, Kantaten, eine Friedensmesse, Orgelwerke; Bücher: *Harmonielehre*(¹⁰1956); *Der Schlüssel zur Musik von heute* (1967); *Grundlagen einer musikalischen Umweltkunde* (1975).

Bortnjanski, Dmitri Stepanowitsch, * Gluchow (Ukraine) 1751, † Petersburg 7. Okt. 1825, Russe, bis 1779 Stipendiat Katharinas II. bei Galuppi in Venedig, 1796 Leiter der Hofsängerkapelle in Petersburg, für die er Sätze im Palestrinastil seiner Zeit lieferte *(Ich bete an die Macht der Liebe)*; schrieb auch Kammermusik und komische Opern.

Bose, Hans-Jürgen von, * München 21. Dez. 1953, studierte seit 1972 Komposition bei H. U. Engelmann, ab 1975 bei W. Fortner, schrieb Operneinakter, Konzert- und Kammermusik im Sinne einer «Neuen Einfachheit».

Bossi, Marco Enrico, * Salò (Gardasee) 25. April 1861, † auf Überfahrt von New York nach Le Havre 20. Febr. 1925, Italiener, Komponist und Organist; Organistensohn, ausgebildet in Bologna und Rom, bis 1890 Domorganist in Como, seither Orgellehrer in Neapel und Leiter der Musikschulen in Venedig, Bologna, Rom (Santa Cecilia); Konzertreisen durch Europa und Amerika, näherte sich dem Orgelstil der deutschen Spätromantik (Brahms, Reger); schrieb Orgelkonzerte, Suiten, Etüden, auch Oratorien und Frühopern; mit Tebaldini Verfasser eines *Metodo moderno per il studio dell' organo,* 1893. Sein Sohn Renzo Bossi, * Como 9. April 1883, Komponist, war als Kapellmeister in Deutschland tätig.

Böttcher, Martin, * Berlin 17. Juni 1926, war Hauskomponist und Arrangeur beim NDR, schrieb unter dem Pseudonym Michael Thomas Film- und Schlagermusik (*Auf Engel schießt man nicht,* 1960; *Old Shatterhand,* 1965).

Boulanger, Nadia Juliette, * Paris 16. Sept. 1887, † ebenda 10. Okt. 1979, Französin, Komponistin und Musikerzieherin; studierte Orgel, Klavier und Komposition in Paris, war 1921 bis 1950 Lehrerin (seither Leiterin) des Conservatoire Américain in Fontainebleau und als solche Tonsatzlehrerin zahlreicher namhafter amerikanischer Komponisten der Strawinsky-Nachfolge; von ihren eigenen Kompositionen ließ sie außer Kammer- und Liedmusik eine Oper drucken (*La ville morte,* nach d'Annunzios «Città morte»). Ihre Schwester, Lilli Boulanger, Paris 1893–1918, war der erste weibliche Rom-Preisträger des Conservatoire; sie hinterließ Lieder nach Texten von Jammes und Maeterlinck.

Boulez, Pierre, Montbrison 25. März 1925, Franzose, Komponist, Pianist und Dirigent, Haupt der Musikavantgarde in Frankreich; studierte in Paris bei Messiaen und Leibowitz, war bis 1958 musikalischer Leiter beim Marigny Theater daselbst, gründete 1953 das experimentelle Konzertforum «Domaine Musical», wirkte 1960–1963 an der Basler Musikschule und wählte als ständiger Mitarbeiter des Südwestfunks bis 1969 Baden-Baden zum zweiten Wohnsitz; als Pianist und Dirigent trat er, ausgehend von den

Darmstädter Ferienkursen für Neue Musik, an den ersten europäischen Konzert- und Opernplätzen auf. Seit 1969 ist er als Nachfolger Bernsteins Chefdirigent der New Yorker Philharmoniker. Boulez adaptierte im Lauf seiner bisherigen Entwicklung alle Teilströmungen der Musica Novissima, wie Dodekaphonie, Aleatorik, Elektronik, Musique concrète, und versucht, mit zunehmender Verdichtung, eine stiltechnische Synthese zu erreichen, bei vorwiegenden seriellen Verfahrensweisen und besonderer – der französischen Tradierung entsprechenden – Betonung der Klangfarbenkomponenten. Er fordert (nach seinen eigenen Worten) «einen wechselnden Zeitbegriff aufgrund von Strukturen, die einander durchdringen... einen Ablauf, für den der geschlossene Kreis nicht die einzige zu erstrebende Lösung bildet... Einige von Debussys letzten Werken wären... fast noch stärker richtungweisend als sogar Weberns letzte Schöpfungen.» Besonders ausgefeilt erweisen sich unter seinen wichtigsten Werken: *Poésie pour pauvoir* (1958, für Sprecher, zwei Orchester, elektronisches Band), Orchester und Elektronik bald gegensätzlich, bald verschmolzen, auch Sprechstimme «denaturiert», *Doubles* für Orchester (1958), *Polyphonie X* für siebzehn Soloinstrumente (1951), *Le marteau sans maître* für Altstimme, Flöte, Bratsche, Gitarre, Schlagzeug, Vibraphon (1955, Text R. Char), *Le soleil des eaux* für Sopran, Tenor, Baß (1958), *Le visage nuptial* für zwei Frauenstimmen, Frauenchor, Orchester 1958 (Text R. Char), *Portrait de Mallarmé,* 5 Sätze für Sopran und Orchester (1962), athematische *Strukturen* für 2 Klaviere, Klaviersonaten, *Improvisation sur Mallarmé* für Gesangsstimme, Harfe, Glocken, Vibraphon, Schlagzeug (1958), *Figures-Doubles-Prismes* (1968) für Orchester; *Domaines pour clarinette et quelques instruments* (1968). Schriften: Werkstatt-Texte, dt. 1972.

Boyce, William, getauft London 11. Sept. 1711, †ebenda 7. Febr. 1779, Engländer, Komponist und Organist; studierte bei Greene und Pepusch, Komponist der King's Chapel und King's Band; schrieb Bühnenmusiken (u. a. zu Shakespeares «Sturm»), Anthems, Oratorien, Kammersinfonien; förderte durch Herausgabe des Greeneschen Sammelwerkes «Cathedral music» (3 Bde., 1760–1772) die Anfänge der musikhistorischen Bewegung in England.

Boydell, Brian, *Dublin 17. März 1917, irischer Komponist; studierte in Heidelberg, London, Dublin, wo er seit 1941 lehrt. Schrieb: *Gandhi-Memorial, Poems by James Joyce,* Violinkonzert (irisch. Rundfunkpreis 1954), Ritualtänze; Vertreter Irlands beim Musikrat der UNESCO.

Brahms, Johannes, *Hamburg 7. Mai 1833, †Wien 3. April 1897, Haupt der musikalischen deutsch-klassizistischen Hochromantik; Sohn eines Stadtmusikanten (Geburtshaus – Gängeviertel der Hamburger Altstadt – im Zweiten Weltkrieg zerstört), weitgehend Autodidakt, durch Cosel und Marxsen in Klavier und Theorie unterwiesen, mit dem ungarischen Geiger Reményi auf Konzertreise durch Joseph Joachim entdeckt, an Robert Schumann empfohlen und von diesem 1853 der Fachwelt prophetisch als kommender Großer vorgestellt («Neue Bahnen», Zeitschrift für Musik); nach vorübergehender Dirigententätigkeit in Detmold und Hamburg war er seit 1862 (mit Unterbrechungen) in Wien ansässig, wo er seit 1863 die Singakademie und 1872–1875 die Konzerte der Musikgesellschaft leitete und die Donaumetropole außer zu Konzertreisen nur noch zu Erholungsreisen nach Kärnten, in die Steiermark oder nach Italien verließ; starb an Leberkrebs, Grabstätte auf dem Zentralfriedhof zu Wien, nahe den Gräbern Beethovens und Schuberts.
Altklassische Formzucht und neuhumanistisch-protestantische Grundhaltung im Verein mit urtümlich-folkloristischen Tendenzen ließen Brahms – über die von dem einflußreichen Kritiker und Universitätsmusikhistoriker Eduard Hanslick gestützten großbürgerlichen Parteigänger – unfreiwillig zum Antipoden der neudeutsch-literarischen und programmusikalisch fortschrittlichen Wagnerianer und Brucknerianer werden. Brahms' Mittlerstellung zu Max Reger und den Neobarocken des 20. Jahrhunderts ist inzwischen deutlich geworden. Aufschlußreiche

Selbst- und Zeitzeugnisse bieten ausgedehnte, durch die im Jahre 1906 gegründete Brahms-Gesellschaft herausgegebene Briefwechsel des Komponisten (23 Bde., bis 1956). Baden-Baden begeht seit 1968 Brahms-Feste.
Das kompositorische Lebenswerk von Brahms gliedert sich gattungsgeschichtlich in: 4 Sinfonien, Haydnvariationen und Konzertouvertüren für großes Orchester, 2 Senaden für Kammerorchester; 2 Klavierkonzerte, ein Violinkonzert, ein Doppelkonzert für Violine und Violoncello; Kammermusik mit Klavier (Quintett, Quartette, Trios, Duosonaten mit Violine, Violoncello, Klarinette; für Klavier: Sonaten, Variationen, Rhapsodien, Intermezzi, Walzer (vierhändig); für Streicher: Sextette, Quintette, Quartette, dazu ein Klarinettenquintett; Chorwerke: *Ein deutsches Requiem, Schicksalslied* (Hölderlin), *Rhapsodie* (Goethes «Harzreise»), *Gesang der Parzen* (Goethe), *Nänie* (Schiller), Weltliche und Geistliche a-cappella-Chöre; Quartettlieder (*Zigeunerlieder, Liebesliederwalzer,* beide Zyklen mit Klavier); zahlreiche Klavierlieder (Daumer, Goethe, Eichendorff, Keller u. a.), Klavierliederzyklen *Die schöne Magelone* (Tieck), *Vier ernste Gesänge* (Bibeltexte), Volksliederhefte; Jugend- und Nachlaßstücke für Orgel.

ORCHESTERWERKE

D-Dur-Serenade, op. 11 (komponiert 1857), für Streichorchester, Holzbläser und Hörner, eine suitenartige «Abendmusik»: Allegro molto – Scherzo (Allegro non troppo) – 2 Menuette – Scherzo (Allegro) – Rondo (Allegro).
A-Dur-Serenade, op. 16 (komponiert 1858–1860, revidiert 1875), für Streichorchester ohne Violine, Holzbläser und Hörner: Allegro moderato – Scherzo (Vivace) – Adagio non troppo – Quasi Menuetto – Rondo. Allegro.
Beide Serenaden Vorstufen zu sinfonischer Gestaltung (Durchführung im Kopfsatz der D-Dur-Serenade, nach Passacaglienart im 3. Satz der A-Dur-Serenade usw.).
Variationen über ein Thema von Joseph Haydn, op. 56 (komponiert 1873), in B-Dur. Wiederum Studie für sinfonisches Gestalten, aber in sich geschlossen. Meistervariationen (8 Variationen und ein passacaglienartiges Finale).
1. Sinfonie c-Moll, op. 68 (komponiert 1854–1876!), wegen ihrer Gedankentiefe und formalen Anlage von Bülow als «Zehnte Beethoven-Sinfonie» bezeichnet, zumal das große Finalthema an das Freuden-Thema der Neunten erinnert (dazu Brahms: «Merkwürdig genug, daß jeder Esel das gleich hört»). Wegen des chromatisch sich emporwindenden Kernthemas auch die «Chromatische» genannt. Sätze: Un poco sostenuto. Allegro – Andante sostenuto – Un poco allegretto e grazioso – Adagio. Piu andante. Allegro non troppo, ma con brio.
2. Sinfonie D-Dur, op. 73 (komponiert 1877), geschrieben in wenigen Monaten, angeregt durch Ferienaufenthalt am Wörthersee, naturnah, heiter, lieblich (als sei sie «extra für ein jungvermähltes Paar geschrieben», sagt Brahms). In den Untermotiven des Hauptthemas (nacheinander tiefe Streicher, Hörner, Holzbläser) kündigt sich sogleich im Kopfsatz der Baustoff für das ganze Werk an. Sätze: Allegro non troppo – Adagio non troppo – Allegretto grazioso – Allegro con spirito.
3. Sinfonie F-Dur, op. 90 (komponiert 1883), eine Art «Synthese» der beiden vorausgehenden Sinfonien: wuchtig-ernst und zugleich voll Sehnsucht nach unbeschwertem Heitersein. Entscheidender fast als die Durchführungsarbeit ist dieses Mal der Themenschnitt (F-as-f als stürmendes Kopfmotiv, die schmiegsame Unschuldsweise der Klarinette im 2. Satz, Triolenthema der Hörner im Finale usw.). Sätze: Allegro con brio – Andante – Poco allegretto – Allegro.
4. Sinfonie e-Moll, op. 98 (komponiert 1884/85), verhalten, männlich, zuweilen die «elegische» Sinfonie genannt, scheinbar starke Gegensätzlichkeit der Sätze, in Wahrheit von lückenloser Geschlossenheit, in der sich die Ausdrucksweise vergangener Jahrhunderte genial und sinnfällig mit dem Zeitgeist verbindet. Grundmotiv der an zweiter Stelle des Kopfsatzes in den Bläsern auftretende, triolendurchsetzte Gedanke (nach dem neunzehntaktigen, durch ständige Pausen unterbrochenen ersten Thema). Schlußsatz eine mächtige Chaconne mit 31 Va-

riationen. Sätze: Allegro non troppo – Andante moderato – Allegro giocoso – Allegro energico e passionato. Für Brahms ungewöhnlich die «laute Instrumentierung» des 3. Satzes mit Triangel, Pikkolo, drei Pauken, Kontrafagott.

Akademische Festouvertüre, c-Moll, op. 80 (1880), ein Dank für die Verleihung des Ehrendoktorats durch die Universität Breslau. Kunstvoll gearbeitetes, frohes Werk mit zahlreichen Studentenliedern («große Instrumentierung»).

Tragische Ouvertüre, d-Moll, op. 81 (komponiert 1880), herbes Werk, nicht eine Ouvertüre zu einer Tragödie, sondern tragisch in der allgemeinen Grundstimmung.

KONZERTE

Alle Brahms-Konzerte sind durchgebildete «Sinfonien mit Soloinstrumenten», nicht Solistenkonzerte mit Orchesterbegleitung. Vorbild: die späten Beethoven-Konzerte, nur eigenwilliger, leidenschaftlicher.

1. Klavierkonzert d-Moll, op. 15 (komponiert 1853–1859), immer wieder umgeformt: geplant als Sinfonie, umgearbeitet als Sonate für zwei Klaviere, dann für Klavier und Orchester, ständig gefeilt (beraten u. a. von J. Joachim). Die Uraufführung in Hannover war Generalprobe für die fünf Tage später stattfindende (von Brahms selbst gespielte) Aufführung im Gewandhaus. Das Werk fiel zunächst durch, weil es nicht säuberlich nach der Regel «erstes Thema – zweites Thema» usw. geschrieben war, sondern sogleich eine Fülle von überwältigenden Gedanken ausgegossen wurde (schon das wuchtig ausschreitende, von fiebernden Trillern durchsetzte Kopfthema, angeblich niedergeschrieben unter dem Eindruck der Nachricht von Robert Schumanns Selbstmordversuch, versetzte die Zuhörer in Schrecken). Als Ganzes eine sinfonische Dichtung ohne Programm. Sätze: Maestoso – Adagio – Rondo (Allegro non troppo).

2. Klavierkonzert B-Dur, op. 83 (komponiert 1878–1881), zuchtvoller und abgeklärter als das 1. Konzert. Zwar von Brahms als «ein ganz ein kleines Klavierkonzert» angekündigt, in Wirklichkeit eine mächtige Sinfonie, sogar mit vier statt der üblichen drei Konzertsätze. Das Klavier nun völlig unartistisch (gleichwohl sehr schwierig zu spielen) eingegliedert als ein Orchesterinstrument unter den anderen. Grundgedanke: Dreitonmotiv (zu Beginn im Horn drei Viertel und eine Achteltriole, Triolen im zweiten Takt sogleich vom Klavier übernommen). Im 3. Satz Anklänge an Brahms-Lieder, im 4. (jetzt auf weite Strecken konzertierenden) Satz ein ungarisches Seitenthema (Uraufführung fand in Budapest statt). Sätze: Allegro non troppo – Allegro appassionato – Andante – Allegretto grazioso.

Violinkonzert D-Dur, op. 77 (komponiert 1877–1879), obwohl vor der Drucklegung von J. Joachim durchgesehen (Brahms spielte wenig Geige), von der Kritik zunächst als «Konzert gegen die Geige» bezeichnet. Ausgedehnter Kopfsatz, zu Beginn der 2. Sinfonie stimmungsverwandt, straffe thematische Durchführung (zu diesem Satz gibt es mindestens 16 Solokadenzen von verschiedenen Komponisten), lange Holzbläsereinleitung im 2. Satz, «ungarisches» Doppelgriffthema im Finale. Sätze: Allegro non troppo – Adagio – Allegro giocoso, ma non troppo vivace.

Konzert für Violine und Cello, a-Moll, op. 102 (komponiert 1887), meist als «Doppelkonzert» bezeichnet, verhältnismäßig selten zu hören: Allegro – Andante – Vivace non troppo.

KAMMERMUSIK

Kammermusikalisches Schaffen findet sich in allen Abschnitten von Brahms' Leben, so daß neben Spiel- und Klangfreudigem auch meisterliche Gedankenarbeit steht, Konzertgebärde neben hausmusikalischer Schlichtheit, romantischer Schwung neben gebändigter Klassizität.

Das Klavierquintett in f-Moll, op. 34a (1861–1864), war ursprünglich ein Streichquintett, wurde dann als Sonate für zwei Klaviere umgearbeitet (in dieser Fassung als op. 34b) und schließlich in seine jetzige Form gebracht. Von verschiedenartigen Stimmungen durchzogen, daher auch (besonders im Kopfsatz) vielthematisch und wechselnd im Zeitmaß (Finale). Sätze: Allegro non troppo – Andante, un poco adagio – Allegro – Scherzo – Poco sostenuto – Allegro non troppo – Presto non troppo.

Ausgegangen ist Brahms vom Klavierquartett, dagegen vernichtete er etwa zwanzig angefangene Streichquartette, bevor er sein Werk in dieser Gattung als zur Veröffentlichung reif betrachtete.
Klavierquartett g-Moll, op. 25 (komponiert 1861), jugendlich-romantisch schwärmend, Schluß «ungarisch» eingefärbt: Allegro – Intermezzo – Andante con moto – Presto-Rondo alla Zingarese.
Klavierquartett A-Dur, op. 26 (ebenfalls 1861), dem vorangehenden in der Stimmung verwandt, nicht so glanzvoll. Allegro non troppo – Poco adagio – Scherzo – Allegro.
Klavierquartett c-Moll, op. 60 (komponiert 1859–1875), wohl ein Bekenntniswerk; denn Brahms sagt von ihm: «Stellen Sie sich einen Menschen vor, der sich eben totschießen will und dem gar nichts anderes übrigbleibt.» Allegro non troppo – Scherzo-Allegro – Andante – Allegro commodo.
Klaviertrios: Durchweg klangfrohe, zuweilen in Klang schwelgende Werke, geschrieben in verschiedenen Lebensabschnitten, alle mit Klavier. 1. Trio in H-Dur, op. 8 (mit Violine und Cello; komponiert 1854, umgearbeitet 1891). Zu beachten die in () angegebenen Zeitmaße der Umarbeitung: Allegro con moto (Allegro con brio) – Scherzo (Allegro molto) – Adagio non troppo (Adagio) – Allegro molto agitato (Allegro). – 2. Trio (mit Violine und Cello) in C-Dur, op. 87 (komponiert 1880): Allegro – Andante con moto (Variationen) – Scherzo-Presto – Allegro giocoso. – 3. Trio in c-Moll, op. 101 (mit Violine und Cello; komponiert nach 1880), häufiger Taktwechsel im 3. Satz: Allegro energico. – Scherzo. Presto non assai – Andante grazioso – Allegro molto. – 4. Trio in Es-Dur, op. 40 (komponiert 1865), «Horntrio» genannt (statt Cello Horn): Andante – Scherzo-Allegro – Adagio mesto – Allegro con brio. – 5. Trio in a-Moll, «Klarinettentrio», op. 114 (Klarinette statt Geige; komponiert 1891): Allegro – Adagio – Andantino grazioso – Allegro.
Violinsonaten mit Klavier: Die Sonate in G-Dur, op. 78 (komponiert 1878), heißt auch *Regensonate* nach der Thematik, die an Brahms' Lied *Walle, Regen, walle nieder* erinnert. Sätze: Vivace – Adagio – Allegro molto moderato. Die Sonate in A-Dur, op. 100 (komponiert 1886), ähnlich in der Haltung, wird wegen eines leichten Anklangs an Walthers Preislied zuweilen «Meistersingersonate» genannt; im Schlußteil taucht die Liedmelodie *Meine Liebe ist grün wie der Fliederbusch* auf. Sätze: Allegro amabile – Andante tranquillo mit Vivaceteilen – Andante grazioso quasi allegretto. Die Sonate in d-Moll, op. 108 (komponiert 1887), Hans von Bülow gewidmet, stark auf Konzertwirkung gestellt: Sätze: Allegro – Adagio – Un poco presto e con sentimento – Presto agitato.
Cellosonaten mit Klavier: Aus verschiedenen Lebensabschnitten, männlich-leidenschaftlich, doch durch straffen Satz gebunden. Die Sonate in e-Moll, op. 38 (komponiert 1865), mit den Sätzen Allegro non troppo – Allegretto quasi Menuetto – Allegro. Die Sonate in F-Dur, op. 99 (komponiert 1886), mit den Sätzen Allegro vivace – Adagio affettuoso (mit der romantischen Fis-Dur-Tonart) – Allegro passionato – Allegro molto.
Klarinettensonaten mit Klavier, zuweilen mit Bratsche statt Klarinette, klangschön, selten aufgeführt. Fünfsätzig. Zwei Sonaten, op. 120 (komponiert 1894), die erste in f-Moll mit Allegro appassionato – Sostenuto ed espressivo – Andante un poco adagio – Allegretto grazioso – Vivace. Die zweite in Es-Dur mit Allegro amabile – Allegro appassionato – Sostenuto – Andante con moto – Allegro.
KLAVIERWERKE
Vom Klavier geht Brahms aus, zu ihm kehrt er immer wieder zurück. Eindeutig die Handschrift: Thematik der schnellen Sätze scharf geschnitten, der langsamen Sätze liedhaft, klanggebettete, kontrapunktisch geführte Mittelstimmen, weitgriffig (akkordisch und gebrochen), oft ungewöhnliche Sprünge, polyrhythmische Bildungen, Ausnutzung der ganzen Klaviatur («Brummbässe»), schnelle Modulationen in weite harmonische Räume.
Sonaten: Überschäumende, doch auch träumende Werke der Frühzeit. Trotz Leidenschaftlichkeit und verströmender Stimmung sehr sicherer Satz. Im Mittelpunkt (und Mittelteil) ein Lied oder Liedgedanke. Opuszahlen stimmen nicht mit der Entstehungszeit überein.

Die 1. Sonate in C-Dur, op. 1 (1853), mit dem an Beethovens Waldstein-Sonate erinnernden Beginn stellt in die Mitte ein Lied von Zuccalmaglio, aufgeteilt in «Vorsänger» und «Chor». Sätze: Allegro – Andante – Scherzo. Allegro molto e con fuoco – Allegro con fuoco.
Die 2. Sonate in fis-Moll, der «romantischen Tonart», op. 2 (1852), ist Clara Schumann gewidmet. Balladenhafter Kopfsatz, im Andante das Lied des Toggenburgers: «Mir ist leide, daß der winter beide wald und auch die haide hat gemachet fahl.» Sätze: Allegro non troppo ma energico – Andante con espressione – Scherzo. Allegro – Introduzione und Allegro non troppo e rubato.
Die 3. Sonate in f-Moll, op. 5 (1853), mit der wuchtigen, sich ständig über die ganze Klaviatur verschlingenden Anfangsgebärde und dem Balladensang ist die bekannteste. Sätze: Allegro maestoso – Andante espressivo – Scherzo. Allegro energico – Intermezzo (Rückblick; nämlich auf das Andante) – Allegro moderato, ma rubato.
Variationen: Das Sonatenschaffen von Brahms endet bereits mit seinem 21. Lebensjahr. Die fünf großen Klaviervariationen sind mit seinem 30. Lebensjahr abgeschlossen. Sie zählen zu den bedeutendsten ihrer Gattung. In der Art des Variierens unterscheiden sie sich stark voneinander.
Variationen über ein ungarisches Lied von Robert Schumann, op. 9 (1853), teilweise altklassische, teilweise romantische Art des Variierens (16 Veränderungen).
Variationen über ein eigenes Thema in D-Dur, op. 21, Nr. 1 (1857), elf Teile und Schlußstück, Thema aus 4+5 Takten zusammengesetzt, altklassische, klassische und romantische Veränderungsweisen.
Variationen über ein ungarisches Lied in D-Dur, op. 21, Nr. 2 (um 1855), 13 Veränderungen, dazu ein eigener Schlußteil mit einer Gruppe von Variationen, «klassische» Art des Variierens, Thema in D-Dur, die ersten 6 Variationen bereits in Moll.
Variationen und Fuge über ein Thema von Händel in B-Dur, op. 24 (komponiert 1861), 25 Charaktervariationen, die Fuge aus dem Thema entwickelt, harmonisch nur die Grundtonart und verwandte Tonarten betretend, folgerichtiges Hineinwachsen aus Händel-Stil in Brahms-Stil.
Variationen über ein Thema von Paganini, Studien für Pianoforte, op. 35 (1862/63), zwei Hefte mit je 14 Charaktervariationen in virtuosem Gewand, pianistische Spieltechnik und Ausschöpfen aller Klangmöglichkeiten des Instruments verdichtet in poesievollen und dramatischen Kleinbildern.
Kleinere Klavierwerke: Scherzo es-Moll, op. 4 (1851), Verarbeitung von Einflüssen (Chopin, Marschner, Beethoven, Schumann). – 4 Balladen, op. 10 (1854), die erste in d-Moll «nach der schottischen Ballade Edward in Herders Stimmen der Völker» wirkt in den anderen nach. – 2 Rhapsodien, op. 79 (1879), h-Moll und g-Moll, inhaltlich eher als Balladen zu bezeichnen. – 8 Klavierstücke, op. 76 (1879), je 4 Capricci und Intermezzi, wobei die erste Bezeichnung mehr nach außen, die zweite mehr nach innen weist. – 7 Fantasien, op. 116 (abgeschlossen 1892), wiederum Capricci und Intermezzi. – 3. Intermezzi, op. 117 (1892), darunter das erste in Es-Dur das bekannte schottische Wiegenlied *Schlaf sanft, mein Kind.* – 6 Klavierstücke, op. 118 (1892), vier Intermezzi, eine Ballade und eine Romanze, sehr verinnerlicht. – 4 Klavierstücke, op. 119 (1892), drei verschieden getönte Intermezzi und eine mächtige Es-Dur-Rhapsodie. – Ferner ohne Opuszahlen (zwischen 1869 und 1879) eine Reihe von Bearbeitungen, so die von Chopins f-Moll-Etüde aus dessen op. 25, Webers «Perpetuum mobile», Bachs Violinchaconne (für die linke Hand allein: «Die ähnliche Schwierigkeit, die Art der Technik, das Arpeggieren, alles kommt zusammen, mich wie einen Geiger zu fühlen»), und die ursprünglich vierhändigen *Ungarischen Tänze.*
Klavier vierhändig: Variationen über ein Thema von Robert Schumann in Es-Dur, op. 23 (1861). – 16 Walzer, op. 39 (1865), *Liebeslieder-Walzer,* op. 52a (1869), *Neue Liebeslieder-Walzer,* op. 65 a (1877), 21 *Ungarische Tänze* ohne Werkzahl (1869 und 1880), allbekannt und von späteren Bearbeitern mannigfach instrumentiert.

KAMMERMUSIK FÜR STREICHER

Zwei Streichsextette (je 2 Geigen, Bratschen, Celli). Das in B-Dur, op. 18 (komponiert 1860), klangschön, sechs fein abgesetzte Variationen im 2. Satz. Sätze: Allegro ma non troppo – Poco più moderato – Andante, ma moderato – Scherzo (Allegro molto und Animato) – Rondo (Poco allegretto e grazioso). Das in G-Dur, op. 36 (komponiert 1864), enthält einige der in der Romantik so beliebten (auch bei Reger zu findenden) Anspielungen in Buchstaben; so im Kopfthema die Noten G Es B (Göttingen / Siebold / Brahms; der Tondichter liebte die Tochter des Göttinger Professors Siebold), im zweiten Themenkreis sogar der Vorname der geliebten Agathe: a/g/a/h/e (in der zweiten Geige noch ein eingeschobenes d). Sätze: Allegro non troppo – Un poco sostenuto – Scherzo – Poco adagio (Variationen) – Poco allegro.

Zwei Streichquintette; das in F-Dur, op. 88 (komponiert 1882), vorwiegend liedhaft, zuweilen fugiert in den Durchführungen, Innensätze zusammengezogen. Sätze: Allegro non troppo, ma con brio – Grave ed appassionato – Allegretto vivace (Siciliano) – Tempo primo – Allegro energico. – Das in G-Dur, op. 111 (komponiert 1890), stimmungsmäßig ein «Landschaftsbild mit erkennbaren Einzelbildern» (Wiener Prater, Ungarn mit einem Frisca). Sätze: Allegro non troppo, ma con brio – Adagio – Un poco allegretto – Vivace, ma non troppo presto.

Klarinettenquintett in h-Moll, op. 115 (komponiert 1891), für Klarinette und Streichquartett, die Innenteile mit verschleierten, das Finale mit fünf regelrechten Variationen. Sätze: Allegro – Adagio – Andantino – Presto non assai, ma con sentimento – Con moto – Un poco meno mosso.

Zwei Streichquartette, op. 51 (komponiert 1865–1873), beide motivisch sehr dicht gearbeitet. Das in c-Moll herb und verschlossen, Kopf- und Schlußsatz mit gleicher thematischer Gebärde. Allegro – Romanze – Poco adagio – Allegretto molto moderato e commodo – Allegro. Das in a-Moll offener, abgeklärt, Kopfsatz teilweise polyrhythmisch (Triolen!), Schlußsatz polymelodisch (ungarischer Tanz und Ländler); Sätze: Allegro non troppo – Andante moderato – Quasi Menuetto, moderato, mit lebhaftem Allegrettoseitensatz – Allegro non assai.

Streichquartett B-Dur, op. 67 (komponiert 1875), beherrschend ein Fanfarenthema nach Art klassischer Jagdstücke, das sich auch in den Schlußvariationen durchsetzt. Vivace – Andante – Agitato (Allegro non troppo) – Poco allegretto con variazioni. Doppio movimento.

CHORWERKE

Robert Schumann schrieb 1853 in einem berühmt gewordenen Aufsatz über den jungen Brahms: «Wenn er seinen Zauberstab dahin senken wird, wo ihm die Mächte der Massen, im Chor und Orchester, ihre Kräfte leihen, so stehen uns noch wunderbare Blicke in die Geisterwelt bevor.» Die Prophezeiung hat sich bewahrheitet; Brahms hat die bedeutendsten Werke für Chor und Orchester im 19. Jahrhundert geschaffen. Das bedeutet beim Chorsatz, daß dieser nicht – wie häufig bei anderen Komponisten – von «instrumentalen» Linien durchzogen ist, sondern ganz und gar aus dem Singen, aus den Bedingungen der menschlichen Stimme aufgebaut wird und menschliche Gefühlswärme atmet.

Ein deutsches Requiem, op. 45 (1869), für vierstimmigen gemischten Chor, Sopran- und Baßbaritonsolo, Orchester, wahlweise Orgel. Nicht eine Übersetzung des alten lateinischen Textes des katholischen Totenamts, sondern Vertonung nach eigener Anschauung zusammengestellter biblischer Sinnsprüche, als Kantate geplant, dann ein sich selbst die Form gebendes Werk geworden. Stilistische – aber eigenverarbeitete – Rückgriffe auf Gesangsweisen der Reformationszeit und der Altklassik. Abstufung von Tonarten, Besetzung, Klangfarben und Formen (vgl. etwa das Unisonothema des Totenzuges im 2. mit der Fuge des 6. Satzes). Einteilung: 1. Selig sind, die da Leid tragen, 2. Denn alles Fleisch, es ist wie Gras, 3. Herr, lehre doch mich, daß ein Ende mit mir haben muß, 4. Wie lieblich sind deine Wohnungen, 5. Ihr habt nun Traurigkeit, 6. Denn wir haben hie keine bleibende Statt, 7. Selig sind die Toten.

Schicksalslied, op. 54 (1871), nach Hölderlin, für vierstimmigen Chor und Orchester *(Ihr wandelt droben im Licht auf weichem Boden, selige Genien)*, Gegensätzlichkeiten zwischen der lichten Götterwelt und den «von Klippe zu Klippe geworfenen» Menschen tonmalerisch (Rhythmen!) scharf herausgearbeitet, brückenhaft gebunden durch Orchestereinleitung und -schluß.

Triumphlied, op. 55 (1872), für achtstimmigen gemischten Chor und Orchester, eines der wenigen betont vaterländischen Werke von Brahms (nach dem Sieg von 1870 geschrieben).

Rinaldo, op. 50 (1869), Kantate nach Goethe für Männerchor, Tenorsolo und Orchester, 7 Sätzchen.

Rhapsodie, op. 53 (1869), nach Goethes «Harzreise im Winter» («Aber abseits, wer ist's») für Altsolo, Männerchor und Orchester, viel aufgeführt, obwohl vom Text her nur zu verstehen, wenn man Goethes Werk kennt.

Nänie, op. 82 (1881), nach Schiller («Auch das Schöne muß sterben») für Chor und Orchester, geschrieben auf den Tod des Malers Anselm von Feuerbach (*Nänie* ist ein altgriechischer Klagegesang).

Gesang der Parzen, op. 89 (1882), aus Goethes «Iphigenie» («Es fürchte die Götter das Menschengeschlecht») für sechsstimmigen Chor und Orchester, in der Haltung dem *Schicksalslied* verwandt.

Dazu kommen zahlreiche geistliche und weltliche Chorgesänge a cappella oder mit stützender Instrumentalbegleitung. So: der 13. Psalm, op. 27, für Frauenchor, bedeutende vier-, fünf-, sechs- und achtstimmige Motetten (op. 29, 74, 110), *Deutsche Fest- und Gedenksprüche* für Doppelchor, op. 109, zahlreiche Lieder und Romanzen, die *Liebeslieder*, op. 52 und 65, Frauen- und Männerchöre, *Deutsche Volkslieder* u. a.

KLAVIERLIEDER

Stilistische Eigentümlichkeiten: gegenseitiges Bezogensein von Gesangsstimme und Klavierbaß; reiche, niemals verschwimmende Harmonik; verschränkte Rhythmen; motivische, auch polyphone Arbeit; Bevorzugen des Strophenliedes.

Sechs Gesänge, op. 3 (1852/53), Texte von Reinick, Hoffmann von Fallersleben, Bodenstedt, Eichendorff, darunter schon das bedeutende *O versenk dein Leid.*

Sechs Gesänge, op. 6 (1852/53), Texte nach Heyse, J. B. Rousseau, Meißner, Reinick, Hoffmann von Fallersleben. Darunter *In dem Schatten meiner Lokken* mit dem Wechsel von a-Moll und E-Dur (vgl. die Vertonungen von H. Wolf und Jensen).

Sechs Gesänge, op. 7 (1851–1853), Texte nach Volksliedern, Ferrand, Eichendorff, Uhland.

Acht Lieder und Romanzen, op. 14 (1858), wiederum Volksliedertexte oder volksliederartige Gedichte.

Fünf Gedichte, op. 19 (1858/59), nach Hölty, Uhland, Mörike, darunter auch «Ich-Lieder» (geschrieben im Gedenken an seine geliebte Agathe von Siebold), bekannt blieb *An eine Aeolsharfe.*

Neun Lieder und Gesänge, op. 32 (1864), Texte von Platen und Daumer, darunter *Nicht mehr zu dir zu gehen* und *Wie bist du, meine Königin* mit dem Doppelrhythmus von Gesang und Klavier.

Die schöne Magelone, op. 33 (1861 bis 1868), fünfzehn Romanzen aus Tiecks «Wundersamer Liebesgeschichte der schönen Magelone und des Grafen Peter aus der Provence», ein Liederkreis mit ungewöhnlich langen Einzelstücken, wichtig der Tonartenkreis Es/c/As/Des/F/A/Ges/As/c/f/g/E/G/Es.

Vier Gesänge, op. 43 (1857–1864), darunter Höltys *Mainacht (Wann der silberne Mond).*

Vier Gesänge, op. 46 (1864), Texte von Hölty und Daumer.

Fünf Lieder, op. 47 (1858–1868), Texte u. a. von Daumer und Goethe.

Sieben Lieder, op. 48 (1855–1868), Texte nach Volksliedern (von Heyse und Schack).

Fünf Lieder, op. 49 (1868), Texte nach Volksliedern von Hölty, Goethe und Schack, darunter *Guten Abend, gute Nacht.*

Acht Lieder und Gesänge, op. 57 (1871), nach Daumer, ein kleiner Liederkreis von unglücklicher Liebe (Frauenstimme).

Acht Lieder und Gesänge, op. 58 (1871), Texte von Kopisch, Grohe, Candidus, Schack, Hebbel.

Acht Lieder und Gesänge, op. 59

(1871–1873), Texte nach Goethe, Simrock, Groth, Mörike, Daumer, darunter *Dämmerung senkte sich von oben; Walle, Regen.*
Neun Lieder und Gesänge, op. 63 (1873/74), Texte nach Schenkendorf, Felix Schumann (Sohn von Robert Schumann), Groth, darunter *O wüßt ich doch den Weg zurück.*
Neun Gesänge, op. 69 (1877), Texte aus dem Tschechischen, Slowakischen, Serbischen, Spanischen, nach Candidus, Lemcke, Keller.
Vier Gesänge, op. 70 (1875–1877), darunter der *Lerchengesang* (Candidus).
Fünf Gesänge, op. 71 (1876/77), darunter *Geheimnis* (Candidus), *Holder klingt der Vogelsang* (Hölty).
Fünf Gesänge, op. 72 (1876/77), darunter *Alte Liebe* (Candidus).
Fünf Romanzen und Lieder, op. 84 (vermutlich 1881), «für eine oder zwei Stimmen», also als Wechselgesänge aufführbar, nach Hans Schmidt und niederrheinischen Volksliedern, darunter *Vergebliches Ständchen (Guten Abend, mein Schatz).*
Sechs Lieder, op. 85 (1877–1882), nach Heine, Lemcke, Geibel, tschechischen und serbischen Texten.
Sechs Lieder, op. 86 (1877/78), Texte nach Keller, Allmers, Kalbeck, Storm, Schumann, Schenkendorf. *Du milchjunger Knabe, Feldeinsamkeit.*
Fünf Lieder, op. 94 (1884), darunter Rückerts *Mit vierzig Jahren*, Hans Schmidts *Sapphische Ode (Rosen brach ich nachts).*
Sieben Lieder, op. 95 (um 1884), aus dem Serbischen, Italienischen, von Halm, Heyse und Daumer.
Vier Lieder, op. 96 (1884), Texte von Heine und Daumer. *Der Tod, das ist die kühle Nacht, Wir wandelten.*
Sechs Lieder, op. 97 (1884), Texte Reinhold, Alexis, Groth.
Fünf Lieder, op. 105 (1886), nach Groth, Lingg *(Immer leiser wird mein Schlummer)*, Liliencron *(Der Tag ging regenschwer)*, niederrheinisches Volkslied.
Fünf Lieder, op. 106 (1886), daraus Kuglers «Ständchen» *(Der Mond steht über dem Berge).*
Fünf Lieder, op. 107 (1886), darunter Heyses *Mädchenlied.*
Vier ernste Gesänge, op. 121 (1896), Textstellen aus dem Prediger Salomo, Jesus Sirach und dem 1. Korintherbrief, in der Stimmung an das *Deutsche Requiem* erinnernd (ein Jahr vor dem Tode geschrieben).
Zu nennen noch die 14 Volkslieder (1854–1856) und die 49 Deutschen Volkslieder (1894) sowie mehrere Hefte mit Duetten für Sopran und Alt (op. 20, 61, 66) und Alt und Bariton (op. 28).
LITERATUR: Eine 26bändige Gesamtausgabe der musikalischen Werke, durch Mandyczewski begonnen, wurde 1928 abgeschlossen. Grundlegend blieb die 4bändige Brahms-Biographie von Max Kalbeck (1904–1914); weitere Biographien von J. Müller-Blattau (1933), K. Geiringer ([3]1961), H. Gal (1961, rororo), H. A. Neunzig (1976). J. Brahms, Briefwechsel mit Clara Schumann (1927, Hg. B. Litzmann). Eine Brahms-Bibliographie legt L. Koch vor (1943).

Brand, Max, * Lemberg 26. April 1896, österreichisch-amerikanischer Komponist, studierte bei Franz Schreker in Wien und Berlin, war in Wien Gründer eines «Mimo-plastischen Theaters» (Ballett), emigrierte 1938 nach Übersee, siedelte sich 1940 in den USA an, wo er auch als Vizepräsident der «American League of Authors and Composers from Austria» tätig wurde; hatte mit seiner frühen Zeitoper *Maschinist Hopkins* (Duisburg, 1929) Erfolg und setzte seine szenisch-oratorischen Experimente in Amerika fort, gefördert u. a. durch Villa-Lobos, der 1940 ein Zwölfton-*Kyrie* von Brand uraufführte.

Brandts Buys, Jan, * Zutphen 12 Sept. 1868, † Salzburg 8. Dez. 1933, Holländer, studierte in Frankfurt am Main, lebte freischaffend in Istrien und Österreich, schrieb komische Opern, u. a. *Die Schneider von Schönau* (Dresden, 1916), im Nachlaß fand sich eine Oper *Ulysses.*

Brant, Henry Dreyfus, * Montreal 15. Sept. 1913, Amerikaner, bei George Antheil in New York ausgebildet, als Arrangeur beim American Ballet und bei Paramount Pictures tätig, auch als Lehrer für Orchestrierungsfragen an der Columbia

University; schrieb u. a. Ballette, Filmmusiken und für Benny Goodman ein Klarinettenkonzert sowie die Orchestration von *Mr. Bach goes to town.*

Brassart, Johannes, * Lüttich um 1410, † Tongern um 1445, frankoflämischer Komponist, als Kapellsänger in Rom, als Kanonikus in Tongern nachweisbar; schrieb 3stimmige Messesätze und 4stimmige Motetten sowie weitverbreitete deutsche geistliche Liedweisen *(Christ ist erstanden).*

Braunfels, Walter, * Frankfurt am Main 19. Dez. 1882, † Köln 19. März 1954, studierte in Frankfurt am Main bei James Kwast, in Wien bei Leschetitzky und Nawratil sowie in München bei Thuille, wirkte 1925–1950 (mit zwangsweiser Unterbrechung von 1933–1945) als Hochschuldirektor in Köln; ausgehend von der Spätromantik kultivierte er einen feingliedrigen, klanglich opalisierenden Stil für fast alle Werkgattungen. Opern: *Die Vögel* (nach Aristophanes, 1909 und 1931), *Don Gil* (Molina), *Prinzessin Brambilla* (E. T. A. Hoffmann), *Verkündigung* (Claudel); Chorwerke: *Offenbarung Johannis, Te Deum,* Messen, Kantaten; Orchestergesänge und Klavierlieder; Orchestervariationen (*Don Juan, Phantasmagorie* nach einem Berlioz-Thema) und Klavierkonzerte; Orgel- und Klaviermusik; Streichquartette; Fernsehballett *Der Zauberlehrling* (nach Goethe). – Sein Sohn Michael Braunfels, * München 3. April 1917, Konzertpianist und Hochschullehrer, auch Komponist, lebt in Köln.

Bräutigam, Helmut, * Crimmitschau 16. Febr. 1914, gefallen am Ilmensee 17. Jan. 1942; studierte in Leipzig (J. N. David), war in der Jugend- und Volksmusik tätig, schrieb Gebrauchsmusiken für Spiel- und Singekreise.

Brehme, Hans, * Potsdam 10. März 1904, † Stuttgart 10. Nov. 1957, Schüler von Wilhelm Kempff in Berlin, seit 1928 Klavier- und Kompositionslehrer in Stuttgart (auch in Trossingen); schrieb Klavierkonzerte, eine B-A-C-H-Sinfonie (1950, dodekaphonal), die Oper *Der Uhrmacher von Straßburg* (1941), Gebrauchsmusiken u. a. für Saxophon und Akkordeon.

Bresgen, Cesar, * Florenz 16. Okt. 1913, Österreicher, studierte in München bei Joseph Haas, wirkt seit 1939 am Mozarteum in Salzburg; Freundschaft mit Anton Webern, nicht unbeeinflußt von Strawinsky; schrieb vielaufgeführte Jugend- und Märchenopern (*Der Igel als Bräutigam* u. a.), Schuloratorien, Fernsehspiele, Kammerkonzerte, Liederzyklen (Trakl, Weinheber u. a.), Kinderlieder zum Singen und Spielen, Brauchtumskantaten und Bläsermusiken, Gitarrenkonzert; Verfasser eines Lehrwerkes *Die Improvisation* (1960), auch einer *Alpenländischen Blockflöten-Fibel.* Träger des Österreichischen Staatspreises und des Salzburger Kulturpreises.

Bridge, Frank, * Brighton 26. Febr. 1879, † Eastbourne 10. Jan. 1941, Engländer, Studium in London, u. a. bei Stanford, wirkte vor dem Ersten Weltkrieg auf die Erneuerung der Kammermusikpflege in England ein, hatte mit naturpoetischen Orchesterimpressionen *The sea, Enter spring)* nachhaltigen Einfluß auf seinen bedeutendsten Schüler, Benjamin Britten, der ihn mit den humorvollen «Frank-Bridge-Variationen» für Streicher ehrte.

Britten, Benjamin, * Lowestoft 22. Nov. 1913, † Aldeburgh 4. Dez. 1976, Engländer, musikalisch-kompositorisch die universalste Begabung seines Landes seit Henry Purcell; studierte in London bei Frank Bridge und John Ireland, hatte frühe Erfolge auf den Jahresmusikfesten der Intern. Gesellschaft für Neue Musik (ISCM) in Florenz, Barcelona, London, schöpferische Freundschaften mit dem Dichter W. H. Auden und dem Sänger Peter Pears; als Kriegsgegner zunächst in den USA, seit 1942 wieder in England (Aldeburgh), Mitbegründer des Aldeburgh Festival für Kammermusik und der English Opera Company für Kammeropernreisen, international erfolgreich auch als Liedbegleiter und als Dirigent eigener Opern und Orchesterwerke; bedeutend für die Erneuerung des englischen Liedes, für die Konstituierung eines englischen Opernstils sowie für eine evolutionäre Umsetzung illustrativer in strukturelle Klanglichkeit.

HAUPTWERKE

Die Opern *Peter Grimes* (1945), *The rape of Lucretia* (1946), *Albert Herring* (1947), *Billy Budd* (1951 und 1962), *Gloriana* (1953, zur Krönung von Elisabeth II.), *The turn of the screw* (1954), *A midsummernight's dream* (1960), ferner die Schulopern *The little sweep* und *Noye's fludde,* eine Neufassung der *Beggar's opera* von Gay und Pepusch (1628/1948) sowie eine Bearbeitung von Purcells *Dido and Aeneas* (1689/1951); *Der Pagodenprinz* (Ballett, 1956); Orchestervariationen über ein Thema von Purcell *(The young person's guide to the orchestra)* für großes Orchester, *Simple symphony* für Streichorchester, *Spring symphony* für Soli, Chor und Orchester. *Les illuminations* (Rimbaud) für hohe Stimme und Streicher. *Serenade* für Tenor, Horn und Streicher. *A ceremony of carols* für Knabenstimmen und Harfe, Klavierliederzyklen (Michelangelo-Sonette u. a.); Solokonzerte für Violine, für Klavier, für Violoncello (1964, für Rostropowitsch); *War requiem* für Sopran, Tenor, Bariton; Knabenchor und gemischten Chor, Orchester und Orgel (Coventry 1962/Ottobeuren 1964); 3 geistliche Spiele (*Der Fluß der Möwen,* 1964; *Die Jünglinge im Feuerofen,* 1966; *Der verlorene Sohn,* 1968; *The golden Vanity* (Singspiel für die Wiener Sängerknaben, 1967), *Geistergeschichte* (Fernsehoper nach Henry James, 1968).

BÜHNENWERKE

Den größten Erfolg erzielte Britten bisher mit seinen Bühnenwerken, so verschieden sie auch geartet sein mögen; er ist verhältnismäßig spät zur Oper gekommen, schrieb dann aber in rascher Folge Werk auf Werk.

Paul Bunyan (1941, Text von W. H. Auden), Operette.

Peter Grimes (1945, Text von M. Slater), eine Milieuoper (der Kampf des Individuums gegen die Massen), symmetrisch gebaut: sieben Szenen, verbunden durch orchestrale Zwischenspiele, Hauptantriebskraft der Rhythmus, tragende Chorszenen, sparsam bedachte Einzelrollen, großer instrumentaler Aufwand (auch Jazzbühnenorchester), tonal mit aufgesetzten atonalen Lichtern. – Der einsam lebende Fischer Peter Grimes wird beschuldigt, seinen Schiffsjungen umgebracht zu haben, und wird, obwohl seine Unschuld erwiesen ist, von der Dorfbevölkerung so lange gehetzt, bis er den Tod im Meer sucht.

The rape of Lucretia (1964, Text von R. Duncan), sinnvoller zu übersetzen «Die Schändung der Lukrezia», denn Lukrezia wird nicht geraubt, sondern geschändet und gibt sich den Tod. Eine Kammeroper: 8 Gesangssolisten, kleiner Chor, 5 Solostreicher, 5 Bläser, Klavier, Harfe, Schlagzeug (aus der kleinen Uraufführungstruppe entstand die später bekannt gewordene «English Opera Group»). Straff, zuweilen starr im Aufbau der formalen Strenge (u. a. Passacaglia) und sparsam im Ausdruck (z. B. Klavierbegleitung der Rezitative).

Albert Herring (1947, Text nach Maupassant von Eric Crozier), den Mitteln nach eine (komische) Kammeroper wie *Lucretia,* witzig bis zur Clownerie. – Da eine tugendsame Maienkönigin nicht zu finden ist, wird der etwas trottelige Albert Herring zum König bestimmt und erhält den Tugendpreis, ein Fehlgriff, wie seine Alkoholfreude erweist.

Billy Budd (1951, Text nach H. Melvilles gleichnamiger Novelle von E. M. Forster und E. Crozier), vieraktige Oper mit großem Orchester, schlagkräftige, zuweilen bewußt derbe, sangbare Vertonung. – Der Vortoppmatrose Billy Budd tötet den Waffenmeister Claggart, der ihn haßt und fälschlich des Verrats bezichtigt. Nach dem Gesetz der Disziplin muß er gehängt werden, obwohl er menschlich nicht zu verurteilen ist.

The turn of the screw (1954, Text nach H. James von Myfanwy Piper), abermals Kammeroper in der *Lucretia*-Besetzung, die Kunst, mit wenigen instrumentalen Mitteln Seelenstimmungen und Unterbewußtes Klang werden zu lassen, aufs höchste entwickelt (Vorbild wohl Debussys «Pelléas et Mélisande»). 16 Szenen mit 16 Zwischenmusiken, in denen ein einziges Thema immer wieder variiert, genauer: weiterentwickelt wird. – Die Geister von zwei verstorbenen (ermordeten?) gräflichen Angestellten wir-

ken unheilvoll auf zwei verwaiste Kinder ein; die neue Erzieherin richtet nichts dagegen aus: die «Schraube ist bereits überdreht», und zum geistigen kommt der leibliche Tod.
Nove's fludde (1958), eine Schuloper nach dem Chester miracle play.
A midsummernight's dream (1960, nach Shakespeare), Zauber- und Rüpeloper.
Death in Venice (1973, nach Th. Mann).
LITERATUR: Eine erste Britten-Monographie schrieb E. W. White (dt. 1948, [2]1954), zwei Britten-Sonderhefte erschienen in der Schriftenreihe «Musik der Zeit»; Heft VII (1954) beschäftigt sich mit dem Instrumental- und Liedkomponisten, Heft IX (1955) mit dem Opernkomponisten.

Brown, Earle, *Lunenburg (Mass.) 26. Dez. 1926, Amerikaner, studierte in Boston Mathematik an der Northeastern University, Theorie an der Schillinger School of Music, lehrte die Schillinger-Technik in Denver (Col.), war Mitarbeiter an J. Cage's New Yorker «Project for Music for Magnetic Tape», Toningenieur bei Capitol Records und ist seit 1960 Produktionsleiter für zeitgenössische Musik bei Time Records; er sucht Schillingers «totale Organisation» des Tonmaterials mit Calders «offenen» Formierungen zu vereinen: *Folio 52/53, Octet I* für 8 Lautsprecher, *Twentyfive Pages* für 1–25 Klaviere, *Times five* für 4kanaliges Tonband und 5 Instrumente, *Available forms, Calder piece* für 4 Schlagzeuger und 1 Mobile (als Dirigent), Streichquartett (*people performing*, Donaueschingen 1965).

Bruch, Max, *Köln 6. Jan. 1838, †Berlin 2. Okt. 1920, Grundausbildung durch die Mutter, Stipendiat in Frankfurt am Main und Leipzig, ausgedehnte Tätigkeit als Kapellmeister u.a. in Hamburg, Mannheim, Breslau, Liverpool, Brüssel, Paris, seit 1891 als Kompositionsprofessor an der Berliner Akademie der Künste; vorwiegend mit Chor-Orchester-Werken Vertreter einer formklaren, eingängigen Bürgerromantik: *Lied von der Glocke* (Schiller), *Odysseus, Frithjof;* Violinkonzerte (Nr. 1 g-Moll, 1866); *Kol Nidre* für Violoncello und Orchester; *Loreley* (Oper nach Geibel). – Briefwechsel mit Brahms (1908). Max-Bruch-Archiv in Köln-Longerich.

Bruckner, Anton, *Ansfelden (Oberösterreich) 4. Sept. 1824, †Wien 11. Okt. 1896, Österreicher, Komponist und Organist, Vollender der romantischen Wiener Sinfonik und Kirchenmusik; Singknabe in St. Florian, Präparandist in Linz, 1845 Hilfslehrer, 1850 Stiftsorganist in St. Florian (autodidaktische und aufführungspraktische Fortbildung), 1855 bis 1868 Domorganist in Linz, von hier aus Theorieunterricht bei Sechter in Wien, Bekanntwerden mit Wagners Werk («Tristan», München 1865), Festigung seines Rufs als Orgelimprovisator, erste Messen (d, e, f), erste Sinfonien, 1868 Übersiedlung nach Wien als Professor für Kontrapunkt an der Akademie und Lektor für Theorie an der Universität; zwei Werkgruppen fallen in die Jahre 1871–1876 (2. bis 5. Sinfonie) und 1879 bis 1885 (6. bis 8. Sinfonie, *Te Deum,* Streichquintett), Umarbeitungen und die unvollendete 9. Sinfonie (*Te Deum* als möglicher Finalsatz) füllen das letzte Lebensjahrzehnt, Orgelreisen nach Paris und London, Wagner-Wallfahrten nach Bayreuth, Stiftsbesuch in Klosterneuburg, Kremsmünster, St. Florian, in dessen Stiftskirchenkrypta er beigesetzt wurde.
Ungewollt ins Wiener Kreuzfeuer zwischen «Neudeutsche» (Wagner, Liszt) und «Altdeutsche» (Brahms) geraten, blieb Bruckner lange im Schatten der Musikparteien, obwohl persönlich integer, im tiefsten der österreichischen Katholizität verpflichtet und als genialer Außenseiter respektiert. Erst der «Werbefeldzug» bedeutender Dirigenten wie Nikisch (7. Sinfonie, Leipzig 1884), Richter (8. Sinfonie, Wien 1892), Löwe (9. Sinfonie, Wien 1903) und Schalk, später auch Bruno Walter in München, Furtwängler in Leipzig und Berlin, Eugen Jochum in München und Amsterdam u.a. m. ließen das unverwechselbare sinfonische Riesenwerk Bruckners erkennen, schließlich auch in den Urtextfassungen (Haas, Orel, Nowak). Bruckners Sinfonien knüpfen entwicklungsmotivisch bei Beethovens Neunter, harmonisch bei Wagners «Tristan» an, stehen jedoch in ihrer

Thementektonik (Finalschichtungen) und in ihrer Klangperspektivik (barokkale Terrassierungen, orgelartige Echos usw.) völlig originär da. Sie führten über Gustav Mahlers gigantomachische Sinfonik bis herüber zu K. A. Hartmanns expressivem, sinfonischem Lebenswerk, während Bruckners grandiose Kirchenmusik (*Te Deum*, 150. Psalm, Messen, Motetten) ohne unmittelbare Nachfolge bleiben sollte.

HAUPTWERKE

11 Sinfonien, 4 Orchestermessen, Missa solemnis, Choralmesse, Requiem, Magnificat, Te Deum, Psalmen, Motetten, Hymnen; Männerchorwerke (a cappella und mit Bläsern); Orgelstücke; Streichquintett, Streichquartett (1956 aus dem Nachlaß). Eine auf 22 Bände geplante quellenkritische Gesamtausgabe der Werke von Bruckner ist seit 1930 im Erscheinen (Bruckner-Gesellschaft Wien).

SINFONIEN

Bruckner ist vor allem Sinfoniker. An der äußeren, überkommenen Einteilung der Sinfonie ändert er nichts; sie ist viersätzig wie die Beethovens, der in manchem sein Leitbild gewesen ist. Aber die Einzelsätze werden so stark erweitert und gedehnt, daß man sie früher als deformiert bezeichnet hat, weil das ihnen innewohnende Gesetz nicht erkannt wurde. Bruckner stellt – im ganzen gesehen – nicht fertige Themen auf, sondern läßt sie entstehen; dieses Werden der Thematik mag er an Beethovens Neunter studiert haben. Damit geht Hand in Hand das Einführen eines dritten Themas, nicht willkürlich, sondern organisch: 1. Thema = Entstehung, 2. Thema = Betrachtung des Entstandenen, 3. Thema = stetiges Wachsen. Sinnbilder von Mensch und Welt. Auf solche Weise «gewordene», allmählich geformte Themen sind in sich geschlossen (gerade das bewunderte Bruckner an Wagners Thematik) und kaum wieder zu zerlegen. Daher werden sie bei Bruckner zumeist nicht in Unterabschnitte aufgespalten und motivisch verarbeitet, sondern kontrapunktisch umkleidet (im echten Sinne: die Kontrapunkte erwachsen aus den Themen). Die Freude am Kontrapunktieren geht zuweilen ins Maßlose, wird jedoch gegliedert durch eine reiche, oft kühne Harmonik, bald fließend und bald gestuft. Das wiederum erfordert eine besondere Art der Instrumentierung. Nicht immer hat Bruckner sogleich die Orchestergewandung gefunden, die seiner Thematik, seinem kontrapunktischen Arbeiten und seiner Harmonik entsprach; oft spürt man die Herkunft aus den Orgelregistern; dann hat er umgearbeitet oder umarbeiten, sogar kürzen lassen (durch Franz Schalk und Ferdinand Löwe). Eine weitere Eigentümlichkeit der Brucknerschen Sinfonien: Themen der ersten Sätze tönen im Schlußsatz wieder auf, wollen krönen und überhöhen. Wagner-Zitate sind wohl als erinnernde Huldigungen eines zu Dank verpflichteten Tondichters zu betrachten.

Da heute zumeist die sogenannten Urfassungen aufgeführt werden, sind zum Vergleich die Unterschiede angegeben.

1. Sinfonie c-Moll (1868). Bruckner hat 1890/91 Umarbeitungen vorgenommen bei Baßführung, Figuration, metrischem Ablauf, Instrumentierung. Allegro molto moderato – Adagio – Scherzo – Finale. Bewegt und feurig. «So keck und kühn bin ich nie wieder gewesen» (Bruckner).

Dies war nicht Bruckners erste Sinfonie. Voraus ging eine von ihm nicht veröffentlichte Sinfonie f-Moll (1863) und eine in d-Moll (1863/64), oft als «Nullte Sinfonie» bezeichnet.

2. Sinfonie c-Moll (1873). Drei Fassungen, die letzte 1877 von Bruckner selbst (im Schlußsatz, vor allem Reprise) verändert und gekürzt.

Ausgedehntes Hauptthema erwächst aus Streichertremolo, viele Generalpausen, mehrfach Zitate (im 1. Satz Rienzis Gebet, im 2. und 4. Stellen aus Bruckners f-Moll-Messe). Moderato – Andante. Feierlich bewegt – Scherzo. Mäßig schnell – Finale. Ziemlich schnell.

3. Sinfonie d-Moll (1877). Drei Fassungen, die dritte gemeinsam von Bruckner und Schalk, 4. Satz stark gekürzt.

«Meister Richard Wagner in tiefster Ehrfurcht gewidmet», daher in der ersten Fassung viele Wagner-Zitate. Erster «wirklicher Bruckner», Dreiklangthema der Trompeten, engstufiges Orchesterfortissimo, Choralweisen, überraschendes Absetzen, Zitate aus Wagners Werken, der 2. Sinfonie, der f-Moll-Messe. Mäßig bewegt – Adagio, etwas bewegt, quasi andante – Scherzo. Ziemlich schnell – Finale. Allegro.

4. Sinfonie Es-Dur (1881), die «Romantische», von Bruckner so bezeichnet. Die gestrichenen Stellen im 2. und 4. Satz sollten auf Bruckners Wunsch im Druck stehenbleiben.

Romantisch ist die Sinfonie im doppelten Sinne: romantisches Erleben alles Naturhaften und Rückgriff auf Klangmittel der musikalischen Romantik. Bestimmendes Grundmotiv ist die Quinte, 3. Satz ein hörnerseliges Jagdbild, 4. Satz geboren aus Naturkraft und streitbarem Gottesglauben. Ruhig bewegt – Andante – Scherzo. Bewegt – Finale. Mäßig bewegt.

5. Sinfonie B-Dur (1894, aber schon 1878 beendet). Die Bearbeitung zeigt einige Streichungen im Scherzo, im Finale dagegen fehlen 32 Takte der Doppelfuge und 84 Takte der Reprise, weitere Kürzungsmöglichkeiten durch «Vi . . . de» angezeigt. Die Kürzungen des Finales und die Sonderaufstellung des Bläserchors (Schalk) hat Bruckner gebilligt. Ferner Änderungen bei Instrumentierung, Tempo, Stärkegrad, Stimmführung.

Überwältigende Fülle, prunkhafte thematische Gebärden, kontrapunktisch verdichtet, räumlich weit ausladend, choralartig. Überkuppelung des Ganzen durch Wiederaufnahme früherer Themen in Schlußsatz und Choralfuge, mächtige Klangpracht. Adagio. Allegro – Adagio – Molto vivace – Finale (verschiedene Zeitmaße).

6. Sinfonie A-Dur (1899, beendet 1881, stark gekürzt bei der Uraufführung). Die Urfassung unterscheidet sich nicht allzu sehr von der bearbeiteten.

Ein verhalteneres Werk. Brucknerisches Gegeneinander der Rhythmen (Achteltriolen und punktierte Achtel, Viertel und Halbe gegen Vierteltriolen) im Kopfsatz, «Wallfahrtsbilder» im 2., «Elfenzauber» im 3. (darin das Hauptthema aus der Fünften), Zitate im 4. Satz (aus dem 1. und 2. Satz, aus der 2. Sinfonie, Anklänge an «Tristan und Isolde», siegfriedähnliches Schwertmotiv). Maestoso – Adagio. Sehr feierlich – Scherzo. Ruhig bewegt, gemessen – Finale. Bewegt, doch nicht zu schnell.

7. Sinfonie E-Dur (1884). Gewidmet Ludwig II. von Bayern, von Nikisch für einen Richard-Wagner-Denkmalsfonds uraufgeführt. Das Adagio entstand, als Wagner im Sterben lag. Daher «Wagner-Sinfonie» genannt.

Sehr viel kontrapunktische Arbeit, bestechend durch die Fülle gebärdenhafter Themen (eigentlich Melodien), im Adagio «Nibelungen»-Tuben, das Scherzo wechselnd zwischen Heimlichkeit und Unheimlichem, überbreiter Schlußsatz. Allegro moderato – Adagio. Sehr feierlich und langsam – Scherzo. Sehr schnell – Finale. Bewegt, doch nicht zu schnell.

8. Sinfonie c-Moll (1892), die Neufassung der Durchführung im ersten Satz stammt vom Komponisten.

Eine Schicksalssinfonie im Sinne Beethovens, selbst an Brucknerschen Maßstäben gemessen sehr umfangreich, kaum ein anderes Werk neben sich auf dem Programm duldend. Der Kopfsatz mit dem zuckenden Grundmotiv enthält des Komponisten Meisterdurchführung, das querköpfige, doch auch träumende Scherzo nannte Bruckner «Der deutsche Michel», das Adagio ist von feierlicher Innerlichkeit mit mehreren Steigerungen, in die das Siegfried-Motiv Wagners hineinströmt, der Schlußsatz eine gewaltige Verdichtung und Überkuppelung der wichtigsten Themen des Gesamtwerkes. Gemäßigte Zeitmaße: Allegro moderato – Scherzo. Allegro moderato – Adagio. Feierlich langsam, doch nicht schleppend – Finale. Feierlich, nicht schnell.

9. Sinfonie d-Moll (1903, nur drei Sätze, entstanden 1887–1894). Zahlreiche Änderungen Löwes (v. a. Instrumentierung und Stärkegrade). Im Entwurf auch ein Finalsatz. Mächtiges Kopfthema des 1. Satzes, sich emporkämpfend in langsamen Schritten, pausendurchsetzt, kühn die Harmonien durchmessend, dann niederstürzende Oktaven, endlich stille Verklärung; der Satz endet mit leeren Quinten; im Scherzo geisterhafte Gesichte, gebärdenhaft das in Großschritten beginnende, sich dann in engstufigen Gängen emporwindende Thema des langsamen Satzes. Feierlich – Scherzo. Bewegt, lebhaft – Adagio. Langsam, feierlich.

Tedeum (geschrieben 1881–1884), mit Chor, Soloquartett, Orchester (Erstaufführung 1885 nur mit zwei Klavieren) oder Orgel, thematisch der 7. Sinfonie verwandt. Wird oft im Anschluß an die nur dreisätzige 9. Sinfonie aufgeführt.
1. Messe d-Moll (1863/64 geschrieben).
2. Messe e-Moll (1866 beendet), achtstimmiger Chor und Blasorchester.
3. Messe f-Moll (beendet 1868), die bedeutendste, auch in Konzertaufführungen zu hören.
150. Psalm für Chor, Soli und Orchester (1892).
Antiphonen, Graduale, zwei *Ave Maria,* sechs *Tantum ergo.*
Streichquintett F-Dur (1879), sinfonisch in der Haltung, dabei Selbständigkeit der Einzelstimmen im klaren Satz, überreich an musikalischen Gedanken (daher zunächst von Bearbeitern geändert und gekürzt), Themengruppen, polyphone Verdichtung, klanglich, harmonisch, rhythmisch wirkungsvoll. Sätze: Gemäßigt – Scherzo – Adagio (Ges-Dur!) – Lebhaft bewegt.
LITERATUR: Briefausgaben durch F. Gräflinger und M. Auer (1924) sowie F. Schalk (1935); Werkbiographien u. a. von M. Auer ([6]1949), E. Kurth (1925), R. Haas (1934); Bibliographisches bei F. Blume, Artikel «Bruckner». In: «Musik in Geschichte und Gegenwart» (Bd. 2, 1952).

Bruhns, Nicolaus, * Schwabstedt (Schleswig) Dez. 1665, † Husum 29. März 1697, Komponist, Organist, Violinist; Buxtehude-Schüler in Lübeck, Organist in Kopenhagen und Husum, improvisierte 2stimmige Violinstücke mit Orgelpedalstimme, ausdrucksstarker vorbachischer Kantatenkomponist, Choralvorspiele für Orgel *Nun komm, der Heiden Heiland).*

Brüll, Ignaz, * Proßnitz (Mähren) 7. Nov. 1846, † Wien 17. Sept. 1907, Österreicher, Komponist und Pianist; studierte in Wien, wo er auch als Pianist und Klavierlehrer wirkte, von Brahms geschätzt; schrieb Singspielopern (*Das goldene Kreuz,* 1875), Lieder (*Sechse, sieben oder acht,* op. 85, 2), Klavierkonzerte, Kammer- und Klaviermusik.

Brumel (Brummel, Brunel), Antoine, * um 1460, † zwischen 1520 und 1530, franko-flämischer Komponist, Knabenchormeister in Chartres und Paris, später am Hof zu Lyon und Ferrara, Vertreter der Ockeghem-Schule, hatte mit vierstimmigen Messen und drei- bis fünfstimmigen Motetten sowie mit französischen Chansons einen wesentlichen Einfluß auf seine Zeitgenossen und weiter bis zu Orlando di Lasso.

Brün, Herbert, * Berlin 9. Juli 1918, israel. Komponist; studierte seit 1936 bei St. Wolpe Komposition, bei F. Pelleg Klavier am Konservatorium in Jerusalem, nach dem Kriege auch in New York und Tanglewood/USA. Schrieb zwölftontechnische Kammermusik, *Dedication*-Ouvertüre zu Ehren des ersten Präsidenten von Israel, Chaim Weizmann.

Brunner, Adolf, * Zürich 25. Juni 1901, Schweizer, studierte in Zürich, Berlin, Paris, Rom, war während des Zweiten Weltkrieges führend im christlich-humanistischen Gotthardbund, ist seit 1949 Abteilungsleiter (Politik) bei Radio Beromünster; Verfechter eines neuen evangelischen Kirchenmusikstils: Geistliche Konzerte für Singstimmen und Instrumente, *Pfingstbuch* für Orgel, a-cappella-Messe.

Buchner, Hans, * Ravensburg 26. Okt. 1483, † Konstanz 1538, Komponist und Organist; Hofhaimer-Schüler, 1506 Domorganist in Konstanz, 1526 Münsterorganist in Überlingen, hinterließ in seinem (ältesten) «Fundamentum» 145 Orgelkompositionen sowie Kompositions- und Improvisationsanweisungen. Neuausgaben durch Paesler (1889) und Moser (1930).

Bucht, Gunnar, * bei Uppsala 5. Aug. 1927, schwedischer Komponist, Musikologe und Diplomat; studierte Musikwissenschaft (Dr. phil.) und Komposition in Uppsala und Stockholm, 1947–1951 bei Blomdahl, 1954/55 bei Orff und Petrassi, war 1963–1969 Präsident des schwedischen Komponistenverbandes (IGNM), 1965–1970 Lektor für Musiktheorie an der Universität Stockholm, seither Kulturattaché in Bonn. Hauptwerke: die Opern *Die Kronprätendenten* (nach Ibsen) und *Die Mauern von Jericho* (eigener Text); 6 Sinfonien, Kammer- und Orchestermusik, auch elektronische Musik.

Büchtger, Fritz, *München 14. Febr. 1903, †Starnberg 26. Dez. 1978, studierte in München bei Waltershausen u. a., führte in den zwanziger Jahren Laienchöre und -orchester, im Kriege Soldatenchöre, wirkte seither in München als Gründer eines Studios für zeitgenössische Musik, als Leiter der Jugendmusikschule und der deutschen Sektion der internationalen Vereinigung «Jeunesses musicales» (Weikersheimer Treffen). Schrieb vorwiegend Vokalwerke, eine George-Kantate *Flamme* (1935), *Heitere Weisheit* (Goethe) und *Tierbilder,* beide für gemischten Chor (1937), *Der Spielhansl,* Volksspiel mit Tanz (1945), *Die Auferstehung,* Oratorium nach Matthäus (1955), *Die Verklärung,* Kantate auf Bibeltexte, für Bariton, 4 Frauenstimmen, Streicher (1957), Orchestergesänge und Kammerliederzyklen (Weinheber, Rilke), 2 Streichquartette.

Bull, John, *Somersetshire um 1562, †Antwerpen 12. oder 13. März 1628, Engländer, Kapellist und Organist der Chapel Royal unter Elisabeth I. in Hereford und London, Dr. mus. der Universitäten Oxford und Cambridge, Musikprofessor am Gesham College in London, ausgedehnte Konzertreisen auf dem Kontinent, 1613 Kathedralorganist in Brüssel, 1617 in Antwerpen; Hauptwerke 45 Klavierstücke im «Fitzwilliam Virginal Book», 23 in «Cosyn's Virginal Book», außerdem Anthems und Lamentationen. Neuausgaben seit den zwanziger Jahren im Zuge der Wiederentdekkung der Tudormusik.

Bungert, August, *Mülheim an der Ruhr 14. März 1845, †Leutesdorf bei Neuwied 26. Okt. 1915, studierte in Köln, Paris und Berlin. Schrieb eine antiwagnerisch gemeinte Hellas-Tetralogie *Homerische Welt* (1898–1903), zahlreiche Klavierlieder auf Texte seiner Gönnerin Carmen Sylva (Prinzessin zu Wied, Königin von Rumänien), auch eine *Zeppelin*-Sinfonie.

Burgmüller, Norbert, *Düsseldorf 8. Febr. 1810, †Aachen 7. Mai 1836, studierte in Kassel bei Louis Spohr und Moritz Hauptmann, war befreundet mit Mendelssohn und Grabbe, genialischer Vertreter des lyrisch-romantischen Klavierstückes und -liedes, auch klavieristisch besetzter Kammermusik.

Burian, Emil František, *Pilsen 11. Juni 1904, †Prag 9. Aug. 1959, Tscheche, studierte in Prag bei J. B. Foerster, gründete ebenda eine Experimentierbühne, 1940–1945 interniert, schrieb Bühnen-, Ballett-, Film-, Hörspielmusiken.

Burkhard, Paul, *Zürich 21 Dez. 1911, †Zell bei Zürich 11. Sept. 1977, Schweizer, studierte in Zürich, war Kapellmeister in Bern, Zürich (Schauspiel), bei Radio Beromünster (Studio), lebte seit 1957 freischaffend, höchst erfolgreich mit Musikkomödien: u. a. *Feuerwerk* (1948; Zweitfassung des «Schwarzen Hechtes», 1939), *Spiegel, das Kätzchen* (1956, G. Keller), *Bunbury* (1965, nach O. Wilde von H. Weigel); Weihnachtsoper *Ein Stern geht auf aus Jaakob* (1970).

Burkhard, Willy, *Leubringen bei Biel 17. April 1900, †Zürich 18. Juni 1955, Schweizer, Schüler u. a. von W. Courvoisier, später Theorielehrer in Bern; bestrebt, den pädagogischen Nachwuchs mit der modernen Musik vertraut zu machen; seit 1933 ausschließlich Komponist, polyphon denkend im Sinne Bachs, seinen persönlichen linearen Stil ausbildend an Hindemith, Strawinsky, Bartók. Grundhaltung religiös und naturmystisch. Aus seinem umfangreichen, alle Gattungen umschließenden Werk hervorzuheben: die Oper *Die schwarze Spinne* (1949, 2. Fassung 1954, Text nach J. Gotthelf von R. Faesi und G. Boner), die Oratorien *Das Jahr* (1941) und *Das Gesicht Jesajas* (1938), ein Großwerk der neuzeitlichen Oratorienkomposition, *Die Sintflut* (1956), eine einsätzige Sinfonie, die *Ulenspiegel-Variationen,* die *Fantasia mattutina,* die *Piccola sinfonia giocosa,* verschiedene Konzerte mit Orchester, Kantaten und andere Chorwerke, Gesänge (auch mit Orchester), Kammermusik, Orgel- und Klavierwerke, besonders geprägte Rundfunkmusik. – Burkhard-Biographien von W. Mohr (1957).

Burt, Francis, * London 28. April 1926, Engländer, studierte bei Furgeson in London und bei Blacher in Berlin, wurde auf den Musikfesten der internationalen Avantgarde gefördert: Darmstadt 1953, Streichquartett; Baden-Baden 1955, «Jamben» für Orchester; Köln 1956, *The skull,* Kantate für Tenor und Orchester; Wien 1959, *Espressione Orchestrale;* schrieb eine Oper *Volpone,* nach Ben Jonson (Stuttgart 1960), und ein Ballett *Golem* (Hannover 1962), Kantate *Unter der blanken Hacke des Mondes* für Bariton und Orchester (nach Texten von P. Huchel, 1976).

Bush, Alan Dudley, * London 22. Dez. 1900, Engländer, Pianist, Dirigent, Musikerzieher, Musikpolitiker; ausgebildet bei Ireland in London und bei Schnabel in Berlin, seit 1941 Präsident der Worker's Music Association; als Komponist ein Meister des strengen Satzes, sieht in der Musik ein Mittel politischer Willensbildung (ein Streichquartett von 1929 nennt er «Dialectic»). Schrieb Opern (*Wat Tyler,* 1953; *Die Männer von Blackmoor,* 1956, Texte von Nancy Bush), Schauspielmusik (u.a. zu «Macbeth»), Chorwerke mit verschiedener Besetzung und vielfach politischer Zielrichtung, Sinfonien (u.a. *The Nottingham,* 1949), ein Klavierkonzert (1938, Schlußsatz mit Baritonsolo und Männerchor), weitere Orchesterwerke, Kammer- und Klaviermusik. Lehrwerk: *Strict counterpoint* (1949).

Busnois, Antoine, † Brügge 6. Nov. 1492, franko-flämischer Komponist, Kapellist am burgundischen Hof, hervorragender Vertreter der spätgotischen Parodiemessen (mehrtextig lateinisch und französisch, geistlich und weltlich), Motetten und Chansons, deren Themen bei Josquin, Obrecht und A. Agricola als Messe-Vorlagen wiederkehren.

Busoni, Ferruccio Benvenuto, * Empoli bei Florenz 1. April 1866, † Berlin 27. Juli 1924, Sohn eines italienischen Klarinettenvirtuosen und einer deutschblütigen Pianistin, musikalisches Wunderkind, debütierte achtjährig als Pianist in Triest, 12jährig als Komponist und Dirigent («Stabat Mater») in Graz, wurde 15jährig Mitglied der Reale Accademia Filarmonica in Bologna, wo auch die Uraufführung seines Oratoriums *Il sabato del villaggio* (nach G. Leopardi) stattfand; weitere Wegstationen: Wien (Klavieretüden für Brahms), Leipzig (Begegnungen mit Tschaikowski, Delius, Grieg, Mahler; erste Bach-Bearbeitungen), Helsingfors (Sibelius), Moskau, Boston, New York, Berlin, wo er sich 1894 niederließ und – von Konzerttourneen und dem kriegsbedingten Refugium in der Schweiz abgesehen – bis zu seinem Tode beheimatet fühlte. Frühzeitig forderte er als Komponist und Interpret (Pianist, Dirigent, Schriftsteller) eine «Junge Klassizität» der Moderne (*Entwurf einer neuen Ästhetik der Tonkunst,* 1907, Rilke gewidmet, von Pfitzner als «Futuristengefahr» angegriffen). 1920 übernahm er eine Meisterklasse für Komposition (R. Blum, N. Curtis, Ph. Jarnach, E. Petri u.a.) an der Akademie der Künste. 1922 trat er letztmals als Pianist auf.

Als zukunftwitternder Geist suchte Busoni eine Synthese von differenzierter Klangsinnlichkeit (Dritteltonsystem, Farbtonsymbiose) und elementarer Formstruktur (Kontrapunktik, Motivtechnik), die er in seinen virtuosischen Klavierkompositionen eher erreichte als in seinen spekulativischen, gleichsam auf «Stilbühne» vorweisenden Kammeropern. Unter den schöpferischen Musikern der Jahrhundertwende hat er (und Reger) Bach neben Mozart für die Zukunft neu entdeckt. Neben dem Denker und Komponisten steht der Bearbeiter: einen breiten Raum seines Wirkens nehmen (vielfach scharf kritisierte) Bearbeitungen (etwa Bachscher Orgelwerke für Klavier), Nachdichtungen und Übertragungen altklassischer, klassischer und romantischer Kompositionen ein.

Da Busoni frühere Werke verworfen, mit den Opuszahlen neu begonnen und später überhaupt keine mehr angegeben hat, stehen sie unter den folgenden Hauptwerken nur, wenn sie gleichartige Werke voneinander abheben sollen.

OPERN

Busonis Absicht war es, dem Wagnerschen Musikdrama eine Spieloper zur Seite zu stellen oder entgegenzusetzen, in der das Leben wie «in einem Zauberspiegel oder Lachspiegel reflektiert». Um das zu verwirklichen, schrieb er sich die Texte selbst, abgesehen von seiner Jugendoper.

Sigune oder Das versunkene Dorf (1889, Text von Frida Schanz).

Die Brautwahl (1912, nach E. T. A. Hoffmann).

Arlecchino oder Die Fenster (1917), «ein theatralisches Capriccio», angelehnt an die Commedia dell'arte, Spiel mit den Nummern und dem gesprochenen Dialog der früheren Oper, Einakter.

Turandot (1917, nach Gozzi), ursprünglich eine Schauspielmusik, später zur Oper ausgebaut, formal dem *Arlecchino* entsprechend, Märchenoper über die oft nachgedichtete und vertonte chinesische Fabel.

Doktor Faust (Uraufführung 1925, nicht ganz beendet, von Ph. Jarnach ergänzt), nicht nach Goethe, sondern nach dem alten Puppenspiel: Faust erhält von drei Krakauer Studenten ein Zauberbuch, beschwört die Geister, zaubert am Hof zu Parma und bezaubert die Herzogin, tötet in einer Schenke ihr Kind, läutert sich, stirbt, schreitet aber als schöner Jüngling in das wirkliche Leben. – Musikalisch strenggeschlossene Szenen und Szenenteile, straffe Charakterisierung, Anpassung an die Bilder (Chöre des Blutpaktes, italienische Serenade in Parma, Marsch der Krakauer Studenten, Polyphonie im Streit der Katholiken mit dem Tedeum und der Protestanten mit *Ein feste Burg*), vordergründiges Spiel, doch magischer Klanghintergrund.

ORCHESTERWERKE

Sinfonische Suite, op. 25 (1888).

Sinfonisches Tongedicht, op. 32 a (in mehreren Fassungen, 1889 und 1894).

Orchestersuite *Die Geharnischte*, op. 34 a (zwei Fassungen, 1895 und 1904).

Lustspielouvertüre, op. 38 (zwei Fassungen, 1897 und 1904).

Berceuse élégiaque (1910).

Sinfonisches Nocturno (1914).

Gesang vom Reigen der Geister. Des Indianischen Tagebuches zweites Buch (s. u.; 1916).

Tanzwalzer (1922).

Dazu Suiten aus Busonis Opern.

KONZERTE

Violinkonzert D-Dur (1899).

Concertino für Klarinette und kleines Orchester (1919).

Konzertstück für Klavier (1890).

Klavierkonzert mit Männerchor (1906), fünfsätziges, ausgedehntes Werk, bildhaft, virtuos, nachromantischer Schwung (die Worte des Chorschlußsatzes von Oehlenschläger).

Indianische Fantasie für Klavier, op. 44 (1915), nahtlose Mischung virtuoser und konzertanter Bestandteile, altertümlicher Kirchenmelodik und indianischer Weisen, Anklänge von Bach bis Debussy, von Liszt bis Strawinski (Suiten und Fantasiestück, verhalten und stürmend).

KAMMERMUSIK

2 Streichquartette (C-Dur und d-Moll, 1886 und 1889).

2 Violinsonaten in e-Moll (1890 und 1898).

Dazu verschiedene Stücke für Cello, Flöte, Violine, Klarinette («Elegie»), jeweils mit Klavier.

KLAVIERWERKE

Zahlreiche Werke, die von schwierigsten (kontrapunktischen und pianistischen) Kompositionsstudien bis zu Opernparaphrasen reichen, u. a.

Chopin-Variationen mit Fuge (1885 und 1922).

4 Ballettszenen (1884–1894), die letzte «in Form eines Concertwalzers».

7 Elegien (1908/09), davon die erste *Nach der Wendung;* von den Elegien sagt Busoni selbst: «Mein ganz persönliches Gesicht habe ich ... erst in den Elegien aufgesetzt.»

Fantasia contrappuntistica (1910), kunstvoll in Fugen, Variationen, Choralvorspiel, gilt als Busonis bedeutendste Klavierkomposition; auch in einer konzertmäßigen Fassung für 2 Klaviere.

5 Sonatinen von ungleicher Haltung, Spielart und Stimmung (1910–1919); die fünfte heißt: «Sonatina brevis in freier Nachdichtung von Bachs Kleiner Fantasie und Fuge d-Moll.»

Indianisches Tagebuch (1916), «vier Klavierstudien über Motive der Rothäute Amerikas».

Klavierübung in 5 Teilen (1922), eines der wegweisenden Studienwerke für Klavier im 20. Jahrhundert.
VOKALWERKE
Die Chorwerke (u.a. sechsstimmige a-cappella-Messe, *Die vier Jahreszeiten* für Männerchor, Soli, Orchester, die Kantate *Sabato del villaggio*) stammen aus Busonis Jünglingsjahren, ebenso die meisten Lieder und Gesänge mit Klavier oder Orchester. Unter den Spätwerken sind zu nennen: die Goethe-Vertonungen *Zigeunerlied* (1924) für Bariton und Orchester, *Schlechter Trost* (1924) mit Klavier.
LITERATUR: F. Busoni: Von der Einheit der Musik, 1917; Briefe an seine Frau, 1935; J. Hermann (Hg.): Wesen und Einheit der Musik, Schriften und Aufzeichnungen F. Busonis, 1956; H. H. Stuckenschmidt: F. Busoni, Zeittafel eines Europäers, 1967.

Bussotti, Sylvano, * Florenz 1. Okt. 1931, Italiener, Musiker und Maler, studierte in Florenz (Dallapiccola) und Paris, verficht einen künstlerischen Dadaismus der Linie Cage, Kagel, Stockhausen, komponierte u.a. *Torso* für Stimmen und Orchester (1960), *Fragmentations* für Harfe (1962), *Tableaux vivants avant la passion selon Sade* für 2 Klaviere (1964, 1968 auch für Kammerensemble), *Bergkristall* (Ballett nach A. Stifter, 1973).

Butting, Max, * Berlin 6. Okt. 1888, † ebenda 13. Juli 1976, studierte in Berlin bei Klose, in München bei Courvoisier, war zwischen den beiden Weltkriegen auf den internationalen Musikfestprogrammen vertreten, gab 1955 eine *Musikgeschichte, die ich erlebte* heraus, schrieb Sinfonien, Kammermusik, Kantaten (*Nach dem Kriege,* vierteilig, 1948).

Buxtehude, Dietrich, * vermutlich Oldesloe 1637, † Lübeck 9. Mai 1707, Komponist und Organist, nach Organistenposten in Helsingborg und Helsingör seit 1668 Nachfolger seines Schwiegervaters Tunder an der Lübecker Marienkirche, wurde mit seinen Orgel- und Abendmusiken zum Haupt des norddeutschen Hochbarock; Händel, Bach, Telemann u.a. pilgerten zu ihm. Hauptwerke: Präludien, Fugen, Kanzonen, Tokkaten für Orgel, Variationssuiten für Klavier, Triosonaten, Kantaten. Eine Neuausgabe seiner Orgelwerke legte W. Kraft vor (4 Bde., 1952), eine Ausgabe seiner Vokalwerke erschien seit 1925 (9 Bde., hg. durch H. Trede u. a.).

Byrd, William, * Lincolnshire 1543, † Stondon Massey (Essex) 4. Juli 1623, Engländer; seit 1572 mit Tallis Organist der Chapel Royal in London, Lehrer von Morley; Katholik, trotz des Hoforganistenamtes; Monopolist für Notendruck (Privileg König Elisabeths I.); bedeutendster Komponist der Tudorzeit. Hauptwerke: Katholische und anglikanische Kirchenmusik; Madrigale und Kanons; Virginalmusik, Streicherkompositionen. Eine Neuausgabe seiner Werke (20 Bde.) erschien 1937–1950 (Hg. E. H. Fellowes).

Cabezón, Antonio de, * Castrojeriz bei Burgos 1500, † Madrid 26. März 1566, Spanier, Komponist, Organist und Cembalist; blind geboren, in den Diensten Karls V., Reisebegleiter Philipps II.; von Einfluß auf die Entwicklung der englischen Virginalmusik. Hauptwerke: Orgeltabulaturen, herausgegeben durch seinen Sohn und Nachfolger Hernando Cabezón (1541–1602).

Caccini, Giulio, genannt Giulio Romano, * Tivoli bei Rom um 1550, † Florenz 10. Dez. 1618, Italiener, Komponist und Vokalist, Mitglied der Florentiner Opern-Camerata, steuerte zu den ersten Opernintermezzi von Peri u.a. Madrigale und Monodien bei, deren gesammelte Ausgabe als «Nuove musiche» (1601) dem rezitativischen Sologesang mit begleitender Instrumentalbaßstimme (Generalbaß, Basso continuo) den Weg ins Barock bereitete.

Cadman, Charles Wakefield, * Johnstown (Penn.) 24. Dez. 1881, † Los Angeles 30. Dez. 1946, Amerikaner, Komponist und Organist; Erforscher und Verwerter der indianischen Musikfolklore; Bühnen-, Orchester- und Liederwerke *(From the land of the sky blue water).*

Cage, John, * Los Angeles 5 Sept. 1912, Amerikaner, Avantgardist, aus der Schönberg-Schule hervorgegangen, suchte das traditionelle euroamerikanische Ton- und Klangformbewußtsein durch außermusikalische Geräusch- und Zufallselemente zu provozieren *(Prepared piano)*. Eigenanalysen zu seinen zwischen Dadaismus und Zenbuddhismus pendelnden kompositorischen und theoretischen Beiträgen erschienen u. a. in der Schriftenfolge «die reihe», Wien 1957 ff. Verfasser einer Monographie über Virgil Thomson (1959), ferner *Notations* (1969).

Caldara, Antonio, * Venedig um 1670, † Wien 26. Dez. 1736, Italiener, Schüler von Legrenzi, Violoncellist an San Marco in Venedig, Kapellmeister in Rom, Madrid und als Vizekapellmeister unter J. J. Fux, seit 1716 endgültig in Wien; einer jener Meister, die in ihren Hauptwerken eine Verschmelzung italienischer mit österreichischer Art, sangbarer Melodik mit strenger Satzweise zustande brachten. Schrieb etwa 90 Opern oder opernartige Werke, teilweise zusammen mit anderen Komponisten (darunter *Iphigenie in Aulis*, 1718, und *Daphne*, 1719), auf Texte bekannter Librettisten wie Zeno und Metastasio, ferner 31 Oratorien, viele kleinere Kantaten, Motetten, Madrigale, Arien, Kanons, Solo- und Triosonaten, Quartette, Sinfonien, Konzerte und Klavierwerke; berühmt seine *Missa in contrapuncto canonico* und ein 16stimmiger *Crucifixus*.

Calvisius, Sethus, eigentl. Seth Kal[l]witz, * Gorsleben (Thür.) 21. Febr. 1556, † Leipzig 24. Nov. 1615, Komponist und Theoretiker, studierte in Helmstedt und Leipzig, 1594 Thomaskantor ebenda, schrieb Motetten, Psalmen, Bizinien, Trizinien; war als Theoretiker wichtig im Übergang von der Kontrapunktik zur Akkordik (*Musicae artis praecepta nova*, ³1612). (Neuausgaben.)

Cambert, Robert, * Paris um 1628, † (ermordet) London Februar oder März 1677, Franzose, in seinem Bestreben, eine nationalfranzösische Oper zu schaffen, von Mazarin unterstützt, von dem mächtigeren Konkurrenten Lully beiseite gedrängt. In London als Gründer und Leiter einer Opern- und Musikakademie unter Protektion Karls II. sehr geschätzt (dort unter nicht geklärten Umständen ermordet). Gilt als der eigentliche Schöpfer des französischen Opernrezitativs und somit der französischen Volloper mit Arien, Rezitativen, Dialogen, orchestralen Vor- und Zwischenspielen. Als Lully 1672 die «Académie royale de musique» (die französische Oper) offiziell gründete, vollzog er nur, was Cambert bereits eingeleitet hatte. Die Musik zu den meisten Opern Camberts ist verlorengegangen (darunter die 1659 geschriebene *Ariadne*); die fünfaktige *La pastorale* (1659; Text von seinem ständigen Mitstreiter Pierre Perrin) gilt als erstes franz. Singspiel.

Camerloher, Placidus von, * Murnau 9. Aug. 1718, † Freising 21. Juli 1782, Mitglied einer großen Musikerfamilie, war Priester und Musiker, gleichzeitig Kapellmeister in Freising und Lüttich, viele Reisen. Obwohl von der italienischen Art ausgehend, stark von den «Mannheimern» beeinflußt. Schrieb 78 Sinfonien, 26 Triosonaten, eine Oper (*Melissa tradita*), ferner Jesuitenspiele, 19 Singspiele.

Campagnoli, Bartolommeo, * Cento bei Bologna 10. Sept. 1751, † Neustrelitz 7. Nov. 1827, Italiener, Violinist und Komponist, Schüler von Nardini in Florenz, Hofkonzertmeister in Freising, Dresden, Gewandhauskapellmeister in Leipzig (1797–1816), Hofkapellmeister in Neustrelitz; wichtigere Werke: Violinkonzerte und -sonaten; seine Etüden für Violine (auch Viola) hielten sich ebenso wie seine Violinschule (dt. 1827) bis heute in der Lehrpraxis.

Campo y Zabaleta, Conrado del, * Madrid 28. Okt. 1879, † ebenda 17. März 1953, Spanier, betont spanisch-national, romantisch nach Haltung und Klangsprache, besonders bekannt als Komponist von mehr als 10 Opern (u. a. *Lady Godiva*, *Das Ende des Don Alvaro*), sinfonische Dichtungen (u. a. *La divina comedia*), Kammermusik (darunter ein Streichquartett *Romantische Capricen*), auch Vokalwerke.

Campra, André, getauft Aix-en-Provence 4. Dez. 1660, †Versailles 14. Juni 1744, Franzose italienischer Herkunft, Priester, zunächst Kapellmeister an Notre Dame in Paris, erfolgreich als anonymer Ballettkomponist, bedeutendster französischer Bühnenkomponist zwischen Lully und Rameau; versuchte nach seinen eigenen Worten den «musikalischen Geschmack zu verfeinern» und «die Geschmeidigkeit der französischen mit der Lebhaftigkeit der italienischen Musik zu verschmelzen». Wegweisend sein Bestreben, Harmonie und Klangfarbe ausdrucksmäßig zu nutzen. Schrieb viel Bühnenmusik, u. a. *Iphigenie in Tauris* (1704), Ballette, weltliche Arien, Motetten, Kantaten.

Cannabich, Christian, getauft Mannheim 28. Dez. 1731, †Frankfurt am Main 20. Jan. 1798, Sproß einer Mannheimer Musikerfamilie, Schüler von Stamitz und während eines längeren Italien-Aufenthaltes auch von Jommelli. Schon als Dreizehnjähriger spielte er im Orchester von Stamitz, dessen Nachfolger er später wurde. Seine Leistung als Orchesterleiter wurde von den Zeitgenossen – u. a. von Mozart – bestaunt; er wirkte bahnbrechend auch in Paris. 1778 übersiedelte er mit dem größten Teil seines Orchesters nach München und leitete das «Hoforchester» mit mehr als 80 Mitgliedern. Als Komponist gehörte er zu den ersten, die neben den bishin üblichen Instrumenten insbesondere die Klarinette als Themen- und Motivträger verwendeten. Schrieb etwa 100 Sinfonien, dazu Orchestertrios, Kammermusik in verschiedener Besetzung, Konzerte, zahlreiche aufsehenerregende Ballette, Opern (darunter das Melodrama *Elektra,* 1780).

Caplet, André, *Le Havre 23. Nov 1879, †Neuilly-sur-Seine 22. Apr. 1925, Franzose, frühbegabt, Träger des Rom-Preises, befreundet mit Debussy, bei dem er auch eine Weile studierte, ging durch den Impressionismus hindurch und wandte sich – mit einer schweren Gasvergiftung aus dem Ersten Weltkrieg zurückgekehrt – in seinen späten Werken musikalisch-religiösen Aufgaben zu, wodurch er zu einem Wegbereiter jener französischen Musiker wurde, in deren Mittelpunkt gegenwärtig Olivier Messiaen steht. Schrieb Orchesterwerke (auch den *Douaumont-Marsch* für Militärmusik), Kammermusik in verschiedener Besetzung, Vokalwerke weltlicher und geistlicher Art. Für den Spätstil besonders charakteristisch *Le miroir de Jésus,* Rosenkranzmysterien für Streichquartett und Harfe, Solostimmen und Begleitstimmen (1924), *Messe* für dreistimmigen Frauenchor, *Epiphanie* für Violoncello und Orchester. – Transkriptionen von Werken Debussys.

Capricornus, Samuel Friedrich, eigentlich Samuel Bockshorn, *Scharditz 21. Dez. 1628, †Stuttgart 10. Nov. 1665, Pfarrerssohn, studierte Musik in Wien, war Musikdirektor in Preßburg und seit 1657 Hofkapellmeister in Stuttgart; schrieb geistliche Konzerte, Messen, Orgelpräludien, ferner Tafelmusiken für zwei- bis fünfstimmigen Kammerchor mit Generalbaßbegleitung, auch Opern- und Ballettmusiken. Eine Neuausgabe seiner geistlichen Musik liegt seit 1952 vor.

Cara, Marco, aus Verona, †nach 1525, Italiener, Aufenthalte in Mantua, Venedig und Mailand, Hauptmeister der mehrstimmigen homophon-akkordischen «Frottola» (Liebes- und Naturlieder), schrieb auch vielverbreitete Marienlieder a cappella, die in Frühdrucken bei Petrucci in Venedig erschienen.

Cardew, Cornelius, *Winchcombe 7. Mai 1936, Engländer, studierte in London (bei H. Ferguson) und Köln (elektron. Musik bei G. M. Koenig), wo er auch Assistent bei Stockhausen war. Seit 1967 Prof. für Komposition an der Royal Academy of Music in London; wandte sich seit etwa 1970 von der experimentellen Musik ab.

Carillo (Carrillo), Julián, *Ahualulco 28. Jan. 1875, †Mexiko 9. Sept. 1965, Mexikaner, studierte in Leipzig, war Lehrer am Nationalkonservatorium in Mexiko; Pionier einer Mikrotonalität und der Verwendung oder Neukonstruktion folkloristischer, nicht temperierter Instrumente. Schrieb Konzerte in Viertel-, Achtel- und Sechzehnteltönen zu Begleitung zwölftönig intonierter Orchesterinstrumente; Erfinder des mikrotonalen

Carillophone; verfaßte ein Lehrwerk *Tratado sintético de harmonía* (1913 bis 1915).

Carissimi, Giacomo, getauft Marino bei Rom 18. April 1605, †Rom 12. Jan. 1674, Italiener, seit 1630 Kapellmeister im Collegium Germanicum-Hungaricum zu Rom. Gilt mit L. Rossi als der eigentliche Begründer des Oratoriums und der neueren Kantate. Wieviel und was er geschrieben hat, ist nicht mehr festzustellen, weil vieles von «dem berühmtesten Musiker Italiens» im 18. Jahrhundert während der Jesuitenverfolgung als Altpapier verkauft wurde. Berühmt sein Oratorium *Jephtha,* seine Historie *Hiob;* ferner etwa 100 Kantaten, eine Reihe von Messen und Motetten. Bedeutsam auch Carissimis Lehrtätigkeit (Schüler aus Italien, Frankreich, Deutschland, u. a. Ch. Bernhard, J. J. Kerll, M. A. Charpentier), so daß sich seine Art, die geistliche Musik mit weltlich-musikalischem Stil zu durchsetzen, über ganz Europa verbreitete. Seine *Ars cantandi* erschien 1689 auch in deutscher Sprache. Die ersten barocken Musikenzyklopädien von Kircher, Mattheson u. a. widmen ihm ausführliche Artikel (Neuausgaben).

Carpenter, John Alden, *Ridge (Illinois) 28. Febr. 1876, †Chicago 26. April 1951, Stahlfabrikant und Komponist, Nordamerikaner, leitete eine Periode amerikanischer Programmusik ein, in der versucht wurde, Eindrücke des Alltagslebens musikalisch wiederzugeben. Schrieb u. a. das (durch Diaghilew angeregte) Ballett *Skyscrapers* (1926, auch in Deutschland aufgeführt), auch die Jazzpantomime *Krazy Kat* (1921), die Orchestersuite *Abenteuer in einem Kinderwagen* (1915), die Chorwerke *Sang des Glaubens* und *Freiheitsgesang;* ferner Sinfonien, Kammermusik, Lieder u. a.

Carter, Elliot, *New York 11. Dez. 1908, Amerikaner, studierte an der Harvard University (Master of Arts in Music) und bei Nadia Boulanger in Paris, während des Krieges Marineoffizier, nachher Fellow der Amerikanischen Akademie in Rom; entwickelte einen neoklassizistischen, metrisch «modulatorischen» Stil; schrieb Bühnen-, Ballett- und Konzertwerke (Orchestervariationen; Klavierkonzert 1966).

Casella, Alfredo, *Turin 25. Juli 1883, †Rom 5. März 1947, Italiener, studierte und wirkte 1896–1915 vorwiegend in Paris, wo insbesondere G. Fauré sein Lehrer war. Klavierlehrer, international angesehener Pianist, nebenher auch Dirigent. Seit 1915 – von Reisen abgesehen – ständig in Rom als Lehrer am Liceo musicale di S. Cecilia, gleichzeitig Musikschriftsteller und Musikorganisator (gründete 1917 die Società Nazionale di Musica, aus der später die Italienische Sektion der Internationalen Gesellschaft für Neue Musik wurde). Seit 1930 Pianist des von ihm ins Leben gerufenen Trio Italiano. Bearbeiter, Herausgeber und Kommentator von Vivaldi, D. Scarlatti, Mozart, Beethoven. Casella, der mit einer gewissen Hartnäckigkeit seinen Stil suchte und zugleich der italienischen Musik neue Wege erschließen wollte, ließ sich vorübergehend durch den Einfluß anderer Komponisten bestimmen: in Jugendjahren durch Wagner, als Studierender durch Fauré, als junger Komponist durch R. Strauss und G. Mahler, dann durch Albéniz und Strawinsky. Zutiefst verbunden war er jedoch allezeit der italienischen, insbesondere süditalienischen Volksmusik. Erst als gereifter Mann setzte er sich als endgültiges Ziel, auf der italienischen Musik früherer Zeiten (D. Scarlatti, Frescobaldi) weiterzubauen und einen – die Übermacht der Oper brechenden – neobarocken motorischen Schlagstil zu schaffen. Die starke Betonung der «Italianità» (sein Kampfgenosse war G. F. Malipiero), die Ablehnung des französischen «verunklarenden» Impressionismus und der deutschen «verschwimmenden» Spätromantik führten ihn auf Wege, die nicht nur in Italien abgelehnt wurden. Seine «neue Klassizität» – asketische Melodik, sehr vereinfachte und zugleich mehrtonale Harmonik, auf D. Scarlatti zurückgehende Beweglichkeit, tänzerische Rhythmik, karge, das Wesentliche aussagende Instrumentenbehandlung, spartanisch-herbe Gesamthaltung – erscheint vielfach mehr willensmäßig bedingt als schöpferisch unmittel-

bar erlebt. Dennoch ist er einer der großen Anreger der jungen italienischen Komponistengeneration geworden.
Die früheren Werke Casellas sagen über seine zukunftweisende Bedeutsamkeit wenig aus; erst die seit etwa 1920 entstandenen Kompositionen offenbaren das Wollen Casellas. Vielfache originale Arrangements der eigenen Kompositionen erschweren eine Werkübersicht.
KLAVIERWERKE
A la manière de . . . (1911 und 1913), stilparodistische Stücke, z. T. mit Ravel.
Sonatina (1916).
Pupazetti (1918), also «Karikaturen» (auch für Orchester und Kammerinstrumente bearbeitet).
11 Kinderstücke (1920), das am leichtesten zugängliche Werk des «typischen» Casella, zeichnerisch knapp, mehrtonal.
Sonata für Cembalo (1945).
KAMMERMUSIK
Zwei Sonaten für Cello und Klavier (1907 und 1927).
Triosonate für Klavier, Violine und Cello (1938).
Siciliana und Burleske (1914) für Flöte und Klavier.
5 Stücke für Streichquartett (1920).
Konzert für Streichquartett (1924).
Sinfonia für Klavier, Cello, Klarinette, Trompete (1932).
ORCHESTERWERKE
3 Sinfonien (1906, 1908, 1940).
Italia (1909), Rhapsodie über süditalienische Volksweisen, darunter auch das bekannte *Funiculi.*
Elegia eroica (1916), *Dem Unbekannten Soldaten.*
KONZERTE
Partita für Klavier und Orchester (1925).
Scarlattiana für Klavier und Orchester (1926).
Violinkonzert (1928).
Cellokonzert (1935).
Tripelkonzert für Klavier, Violine und Cello (1933).
Konzert für Streichorchester, Klavier, Pauken und Schlagzeug (1943).
Paganiniana für großes Orchester (1944).
VOKALWERKE
Missa solemnis, ‹Pro pace› (1944) für Soli, Chor und Orchester.
Gesänge mit Klavier oder Orchester, darunter *Notte di maggio* (1913).
OPERN
La donna serpente (Frau Schlange), nach Gozzi, Rom 1932, Mannheim 1934.
La favola d'Orfeo (Orpheus), nach einem Drama aus dem 15. Jahrhundert, Venedig 1932, Stuttgart 1938.
Il deserto tentato, einaktiges Mysterium (1937, Text von C. Pavolini), Spiegelung des Abessinienkrieges.
BALLETTE
Das venezianische Kloster, komponiert 1911/12, Uraufführung Mailand 1925 (Darmstadt 1926).
Der große Krug (La giara, 1924), «eine choreographische Komödie» nach einer heiteren sizilianischen Novelle von Pirandello (Dresden 1926).
Das gestohlene Bilderbuch (La camera dei disegni, 1940), unter Verwendung der *Kinderstücke* für Klavier (Chemnitz 1943).
Bearbeitungen und Arrangements von Werken Frescobaldis, Vivaldis, D. Scarlattis, Bachs, Mozarts, Beethovens, Schuberts, Mahlers u. a. m.

Casimiri, Raffaele Casimiro, * Gualdo Tadino (Umbrien) 3. Nov. 1880, † Rom 15. April 1943, Italiener, Kapellmeister an vielen italienischen Kirchen, seit 1911 an San Giovanni (Laterano) und Kompositionslehrer an der Hochschule für Kirchenmusik in Rom, schrieb bedeutende kirchenmusikalische Werke. Wichtig durch seinen Auftrag, an der Erneuerung der italienischen Kirchenmusik auf der Grundlage von Werken des 15., 16. und 17. Jahrhunderts mitzuarbeiten (gab Palestrina neu heraus).

Castelnuovo-Tedesco, Mario, * Florenz 3. Apr. 1895, † Beverly Hills (Calif.) 16. März 1968, Italiener, lebte seit 1939 in den USA, Pianist, Musikschriftsteller, Komponist gemäßigt moderner Richtung, schrieb vorwiegend dramatische Musik, so 5 Opern (u. a. *La Mandragola,* 1926; *Aucassin und Nicolette,* 1938; *Der Kaufmann von Venedig,* 1959), Ouvertüren zu Shakespeare-Dramen, Bühnen- und Filmmusik, sinfonische Variationen für Klavier und Orchester, Cellokonzert, Kammer- und Klaviermusik, García-Lorca-Lieder.

Castiglioni, Niccolò, * Mailand 1. Juli 1932, Italiener, studierte in Mailand, entwickelte freitonale serielle Techniken, schrieb *Elegia* für Singstimme und 19 Instrumente, *Movimento continuato* für Klavier und 11 Instrumente, *Tropi* für 6 Instrumente, Flötenwerke für Gazzelloni; Traktat *Il linguaggio musicale dal Rinascimento a oggi,* 1959.

Castro, Juan José, * Avellaneda 7. März 1895, † Buenos Aires 3. Sept. 1968, Argentinier; studierte in Paris noch bei d'Indy, begründete in Buenos Aires den Grupo Renovación und dirigierte Opern und Ballette am Teatro Colón. Schrieb Opern nach García Lorca (*Bluthochzeit*), Ballette *(Mekhano),* Orchesterwerke *(Sinfonía bíblica, Sinfonía Argentina, Sinfonía de los campos).*

Castro, Washington, * Buenos Aires 13. Juli 1909, Argentinier, Bruder von J. José und J. María Castro, Violoncellist und Dirigent in Santa Fé; Kompositionsschüler von Siccardi; Hauptwerke *Sinfonische Passionskommentare* für Sprecher und Orchester (1955), *Frühlingssinfonie* (1956), Orchestersuiten, Ouvertüren, Kammermusik.

Cavaliere, Emilio del, * Rom um 1550, † ebenda 11. März 1602, Italiener, Musikintendant der Medici, einer der einflußreichsten frühen Vertreter des generalbaßbegleiteten Rezitativstils für Oratorien und Opern. Hauptwerk, auch heute noch zu Festaufführungen herangezogen, das allegorische Oratorium *Rappresentazione di anima e di corpo* (unter Mitarbeit von Isorelli); schrieb ferner Lamentationen und Responsorien.

Cavalli, Pietro Francesco, eigentlich Caletti-Bruni, * Crema bei Mailand 14. Febr. 1602, † Venedig 17. Jan. 1676, Italiener, in Venedig ausgebildet, 1665 Organist, 1668 Kapellmeister an San Marco; nächst Monteverdi der bedeutendste Opernkomponist (Arienform) der Venezianischen Schule; schrieb über 40 Opern, darunter *Ercole amante,* Festoper zur Vermählung Ludwigs XIV.; auch Messen, Motetten und Vespern.

Cerha, Friedrich, * Wien 17. Febr. 1926, Österreicher, gründete 1958 «die reihe», Ensemble für zeitgenössische Musik, ist seit 1960 Prof. für Komposition an der Musikhochschule Wien; sieht sich als Erbe der Neuen Wiener Schule, schrieb Kammer- und Orchestermusik, die Oper *Baal* (nach Brecht, Salzburg 1981) und legte einen Abschluß des fragmentarischen Finalaktes von A. Bergs Oper *Lulu* vor (Paris 1979).

Černohorský, Bohuslav, * Nimburg (Böhmen) 16. Febr. 1684, † Graz 1. Juli 1742, Franziskaner, um 1715 Organist in Assisi und Lehrer Tartinis, um 1740 Kirchenmusikdirektor in Prag und Lehrer Zachs; «Vater der böhmischen Musik», wirkte in der Orgeltradition über Seeger und Sechter bis auf Bruckner. Neuausgabe seiner Orgelwerke (1948).

Cesti, Pietro Antonio, eigentlich Marc Antonio C., * getauft Arezzo 5. Aug. 1623, † Florenz 14. Okt. 1669, Italiener, Franziskaner, bis 1649 Domkapellmeister in Volterra, 1652 Kapellmeister des Erzherzogs Ferdinand in Innsbruck, 1666 Vizekapellmeister am kaiserlichen Hof in Wien; lyrisch begabter Opernrivale des dramatischer begabten Cavalli. Hauptwerk: die Prunkoper *Il pomo d'oro,* Wien 1666/67, zur Hochzeit Leopolds I. mit Margarita von Spanien (Neuausgabe in den «Denkmälern der Tonkunst in Österreich»).

Chabrier, Alexis Emanuel, * Ambert 18. Jan. 1841, † Paris 13. Sept. 1894, Franzose, als Komponist mehr autodidaktischer Praktiker, befreundet mit Saint-Saëns, d'Indy, Franck, beeinflußt von Wagner, schrieb einen farbigen Stil, der ihn zu einem Vorläufer des französischen Impressionismus machte. Zuweilen derbwitzig, dann wieder weich-empfindsam. Neben Operetten einige erfolgreiche Opern (*Gwendoline,* 1886, Wagner benachbart; *Le roi malgré lui,* auch deutsch als *König wider Willen,* 1887, Buffooper, u. a.), Orchesterwerke (*España-Rhapsodie,* 1883), Klaviermusik, Vokalkompositionen.

Chadwick, George Whitefield, * Lowell (Mass.) 13. Nov. 1854, † Boston 4. April

1931, Nordamerikaner, Schüler von Rheinberger und J. K. Paine, unter dessen Einfluß er zu den «Boston classicists» stieß. Einst einer der meistaufgeführten Komponisten der Vereinigten Staaten, heute durch seine dem 19. Jahrhundert verpflichtete Haltung im musikalischen Bewußtsein zurückgetreten. Schrieb u. a. Klavier- und Kammermusik, über 100 Lieder und Gesänge (mit und ohne Orchester), Chorwerke (eines davon für die Eröffnung der Weltausstellung in Chicago 1892), 3 Sinfonien, Ouvertüren, 4 Opern (u. a. *Judith*, 1901).

Chailley, Jacques, * Paris 24. März 1910, Franzose, studierte u. a. bei Nadia Boulanger, Delvincourt, Busser; wirkt als Musikschriftsteller, Erzieher, Organisator, Dirigent, Komponist; schrieb Bühnenmusik (erster Erfolg die zu den *Persern* des Äschylus, 1936), Opern (*Thyl de Flandre),* die Sinfonien *Johanna vor Reims* (1941) und *Die großen Stunden von Reims* (mit Sprechchor, 1938), Chorwerke, Lieder, Kammermusik. Seit 1953 Professor für Musikgeschichte an der Sorbonne (Herausgeber «Alter Musik»).

Chambonnières, Jacques Champion de, etwa 1602–1672, Franzose, Cembalist Ludwigs XIV., für französische Clavecinmusik wichtig durch seine *Pièces de clavecin* (1670).

Chapí y Lorente, Ruperto, * Villena 27. März 1851, † Madrid 25. März 1909, Spanier, studierte in Madrid und Rom, war eine Zeitlang Militärkapellmeister; Komponist von 155 Zarzuelas (Operettensingspiele), die erfolgreicher waren als seine 6 Opern (darunter *Circe,* 1901; *Margareta la Tornera,* 1909), viel aufgeführt auch ein Oratorium *Los Angeles.*

Charpentier, Gustave, * Dieuze (Moselle) 25. Juni 1860, † Paris 18. Febr. 1956, Franzose, studierte in Lille und Paris (Rom-Preis), als Komponist beeinflußt durch Massenets lyrische Süße, Berlioz' Orchesterglanz und Wagners musikdramatische Motivverarbeitung. Der geschickten Verwendung dieser Elemente und einem starken Einfallsreichtum verdankt vor allem seine Oper *Louise* (1900), ein «musikalischer Roman in 4 Akten und 5 Bildern», den Welterfolg. Die zweite Oper *Julien oder Das Leben des Dichters* (1913, Text wie bei *Louise* vom Komponisten) setzt die bald veristische, bald impressionistische musikalische Schilderung des Milieus symbolbeladen fort. Ferner u. a. die sinfonische Suite *Impressions d'Italie* (1892, fünf programmusikalische Stimmungsbilder), Lieder (meist nach Baudelaire), eine Chorsinfonie *Leben des Dichters* (1889), deutliche Vorwegnahme des *Julien.*

Charpentier, Marc Antoine, * Paris um 1636, † ebenda 24. Febr. 1704, Franzose, Schüler von Carissimi in Rom, Kirchenkapellmeister in Paris; Hauptwerke: Oratorien, Kantaten, Messen, Psalmen (mit Orchester), auch die Opern *Médée, Orphée aux enfers* und *Acis et Galathée.* Eine Neuausgabe des für das französisch-italienische Hochbarock bedeutsamen Komponisten ist seit 1948 im Erscheinen. (Einem *Te Deum* von Charpentier ist die «Europa-Hymne», 1965, entnommen.)

Chatschaturjan, Aram Iljitsch, * Tiflis 6. Juni 1903, † Moskau 2. Mai 1978, Armenien-Russe, studierte bis 1937 in Moskau (Mjaskowski), war seit 1951 Professor für Komposition am Konservatorium ebenda, bereiste als Gastdirigent auch Westeuropa und die USA; er setzt die Musikfolklore seiner Heimat in zahlreiche, vielaufgeführte Bühnen-, Ballett- und Konzertwerke von farbig vitalistischem Stil um. Zu seinen Hauptwerken zählen die Ballette *Gajaneh, Stschastje, Spartakus,* die drei Solokonzerte für Violine, Violoncello, Klavier; er schrieb ferner Bühnenmusik zu Lermontow, Pogodin, Shakespeare, Lope de Vega u. a. m., auch Filmmusiken und Staatsmusiken, darunter eine *Trauerode* auf Lenin, eine Festouvertüre zum 30jährigen Revolutionsjubiläum für großes Orchester und 30 Trompeten. Chatschaturjan ist Komponist der Armenischen Nationalhymne. Eine Biographie schrieb I. Martynow (1947, dt. 1956).

Chausson, Ernest, * Paris 20. Jan. 1855, † Limay bei Paris 10. Juni 1899, Franzose, studierte in Paris bei Massenet und Franck, gilt als Vorläufer des französischen musikalischen Impressionismus;

schrieb sinfonische Dichtungen (*Poème de l'amour et de la mort*, für Gesang und Orchester), Bühnenmusiken zu Shakespeares «Sturm» und Bouchors «Sainte Cécile», ein Violinkonzert (*Poème*), ein Klavierkonzert mit Begleitung eines Streichquartetts, Lieder und Klaviermusik.

Chávez, Carlos, *Mexico 13. Juni 1899, †ebenda 2. Aug. 1978, Mexikaner, Komponist und Dirigent, als Autodidakt auf Studienreisen durch Europa und Nordamerika, 1928–1952 Leiter des Nationalkonservatoriums und (bis 1948) der Orquestra Sinfónica de México; suchte mexikanisch-aztekische, neoklassische und motorische Formelemente zu binden, schrieb ein Indioballett *Los cuatro soles*, ein Arbeiterballett *Horsepower*, eine *Sinfonía proletaria*, eine *Obertura republicana*, ferner *Cantos de México* für Eingeborenenorchester, *Toccata* für sechs Schlagzeuger, ein Harfen- und ein Klavierkonzert, zudem fünf Sinfonien sowie eine Oper *Panfilo and Lauretta* (Libretto von Chester Kallman); orchestrierte Stücke von Vivaldi und Buxtehude, verfaßte das Bekenntnisbuch *Toward a new music* (1937).

Chemin-Petit, Hans, *Potsdam 24. Juli 1902, †Berlin 12. April 1981, Komponist und Chorleiter, studierte in Berlin (Komposition bei Juon), wirkte ebenda seit 1929 an der Akademie für Kirchen- und Schulmusik, seit 1948 an der Charlottenburger Hochschule für Musik (Theorie und Chorleitung), übernahm 1944 die Leitung des Philharmonischen Chors; schrieb eine Rilke-Kantate, Psalm-Kompositionen (90 und 150), Chöre, eine Oper *König Nicolo* (nach Wedekind), Bühnenmusiken, auch Sinfonien, Oratorium *«Kassandra»* (1981, Uraufführung für 1982 in Vorbereitung). Herausgeber von Chorheften.

Cherubini, Luigi, *Florenz 14. Sept. 1760, †Paris 13. März 1842, Italiener, Wahlfranzose, Sohn eines Theatermusikers, Schüler u. a. von Sarti, dem er die Beherrschung des polyphonen Satzes verdankt. Schrieb anfangs Kirchenmusik, dann eine Reihe von Opern, die ihm Einladungen nach London und Paris eintrugen. Seit 1786 lebte er fast ausschließlich in Paris; er bevorzugte als Komponist die Oper; er war Dirigent am kleinen Theater von Marie Antoinette, hielt in der Revolution aus, wurde zu Napoleons Zeit in den Hintergrund gedrängt, 1816 Professor für Komposition, 1821 Leiter des Pariser Konservatoriums, schrieb im Alter weniger Opern als Instrumental- und vor allem Kirchenkompositionen. Werke u. a.: 15 italienische und 14 französische Opern, zahlreiche Operneinlagen (vokal und instrumental), Kantaten, Gesänge, Romanzen, 11 große Messen, 38 Motetten, viele andere Kirchenkompositionen, eine Sinfonie, sechs Streichquartette, ein Streichquintett, Klavierwerke. Der inhaltliche und stilistische Unterschied zwischen seinen italienischen und französischen Opern geht wesentlich auf sein Studium der Kämpfe zwischen Gluckisten und Piccinisten zurück, aber auch auf das Miterleben des politischen Umschwungs in Frankreich. Bekannteste Oper: *Der Wasserträger* (1800), eine der frühen sogenannten Menschheits- und Schreckensopern mit Motiven aus den Revolutionswirren. Musikalisch der durch Gluck beeinflußte Versuch, das Geschehen auch durch das sorgsam geführte Orchester mitzubestimmen; überwiegend lyrisch. In der Gegenwart wiederentdeckt die 1797 komponierte hochdramatische Oper *Medea* (Maria Callas). Weniger erfolgreich der *Anakreon* (1803), der, obwohl Ausdruck des französischen Empire, als «zu deutsch» abgelehnt wurde. Die im Alter geschriebene Kammermusik ist eigenständig im Verschmelzen von polyphonem Satz und dramatisch-motivischem, klassizistischem Wollen; Einflüsse der Stilwandlung vom Barock über Rokoko, Wiener Klassik zur Romantik. Hoch bedeutend die Kirchenmusik, insbesondere die Messen (F-Dur-Messe) und das Requiem in d-Moll. Schrieb ein vielbenutztes Lehrwerk: *Cours de contrepoint* (dt. 1836).

Chopin, Frédéric [François], *Zelazowa-Wola bei Warschau 1. März (22. Febr.) 1810, †Paris 17. Okt. 1849, Pole, Komponist und Pianist; Vater aus dem Elsaß nach Warschau eingewandert, Mutter Polin. Pianistisch bei J. Elsner am Warschauer Konservatorium ausgebildet, begründete seine Virtuosenlaufbahn in

Paris, das ihm seit 1830 zur Wahlheimat wurde; hier avancierte er in den Musiker-, Maler- und Literatenkreisen (Liszt, Berlioz, Meyerbeer, Ernst, Balzac, Heine, Delacroix) alsbald zum gesuchtesten Pianisten und Klavierlehrer; eine zehnjährige Gemeinschaft mit der emanzipierten Schriftstellerin George Sand (Aurore Dupin, 1804–1876) förderte seine Schaffensimpulse, eine Kur auf Mallorca (1838/39) brachte keine Besserung für sein Lungen- und Herzleiden, das sich – nach einer aus Finanznöten unternommenen Konzertreise durch Schottland – 1848 rasch zur Auflösung fortentwickelte; bei der Totenfeier in der Kirche La Madeleine erklang auf Chopins testamentarischen Wunsch Mozarts «Requiem»; auf dem Pariser Friedhof Père-Lachaise unweit von Cherubini und Boieldieu beigesetzt, wurde sein Herz nach Warschau in die Heilig-Kreuz-Kirche übergeführt, die nebst seinem rekonstruierten Geburtshaus zur zweiten Chopin-Wallfahrtsstätte geworden ist.

Das Chopin-Bild der Hoch- und Spätromantik (Liszt) wurde erst in den letzten Jahrzehnten unseres Jahrhunderts auf seine formstrukturellen Bezüge zur Klassik (Mozart) und Vorklassik (Bach) entschiedener revidiert. Chopins bahnbrechender Klavierstil blieb unerreicht an elementarer, gleichwohl schlankgliedriger Rhythmik (Mazurken, Polonaisen und Walzer) wie auch an melancholisch-dämonischer Klangpoetik im Melodisch-Harmonischen (Modulatorik und Chromatik).

HAUPTWERKE

2 Klavierkonzerte, 3 Sonaten für Klavier, 24 Préludes, zweimal 12 Konzertetüden, zahlreiche Mazurken, Polonaisen, Walzer, Nocturnes, Balladen, Impromptus, Scherzi u. a., auch polnische Lieder und einige Kammermusik. Eine erste Gesamtausgabe der Werke Chopins erschien in 15 Bänden von 1878–1880 unter Mitherausgeberschaft u. a. von Johannes Brahms. Eine neue polnische Nationalausgabe ist seit 1956 im Erscheinen (gleichzeitig mit einer Schallplattengesamtaufnahme durch die Chopin-Gesellschaft Warschau, unter dem Patronat der UNESCO). Chopin-Handschriften, Kompositionen, Briefe, Faksimileausgaben, quellenkritisch kommentiert, werden ebenfalls durch die Warschauer Chopin-Gesellschaft herausgegeben. Internationale Chopin-Klavierwettbewerbe finden in Warschau seit 1927 statt; seit 1960 ebenda auch Chopin-Kongresse.

KLAVIERWERKE MIT ORCHESTER

1. Klavierkonzert e-Moll, op. 11 (1833, aber im Alter von 20 Jahren geschrieben): Allegro maestoso – Romanze. Larghetto – Rondo.

2. Klavierkonzert f-Moll, op. 21 (1836, geschrieben mit 19 Jahren): Allegro – Larghetto. Nocturne – Rondo, Schnellwalzer.

Don-Juan-Variationen, op. 2 (1830, 1927 geschrieben), von Robert Schumann geschätzt.

Krakowiak, Großes Konzertrondo, op. 14 (1834, geschrieben 1828). *Große Fantasie über polnische Weisen,* op. 13 (1834, geschrieben 1828). *Große brillante Polonaise,* op. 22 (1836, geschrieben 1830 bis 1835).

SONATEN

3 Werke aus verschiedenen Zeiten, in der Form frei, zuweilen schweifend, in der Haltung großer Klavierdichtungen.

c-Moll, op. 4 (1851, entstanden 1827), ein wenig beachtetes Jugendwerk, spielfroh, bemerkenswert im Rhythmischen (Larghetto im $^5/_4$-Takt, das Schlußpresto löst den $^4/_4$-Takt oft in 10 oder 11 Achtel auf).

b-Moll, op. 35 (1839, entstanden 1837 bis 1839), in der er «vier seiner tollsten Kinder zusammenkoppelte» (Robert Schumann), also formal kaum eine Sonate, dennoch einheitliches Großwerk. Die Sätze: Grave-Agitato – Scherzo. Vivo – Lento. Trauermarsch – Finale. Presto (dieser Satz ohne Thema, ständig Triolenbewegung beider Hände im Unisono).

h-Moll, op. 58 (1846, 1844 entstanden), wiederum die ungewöhnliche Satzfolge Allegro maestoso – Scherzo – Largo – Presto, ma non tanto. Innen- und Außenformen anders als üblich gruppiert. In der Haltung vielfach eine Art «Klavierkonzert».

ETÜDEN

Insgesamt 27; wirkliche «Etüden», Studien technischer und ausdrucksmäßiger Art, zudem klavieristische Erschließung neuer Klangmöglichkeiten und vielschichtige Klavierdichtungen. 12 Etüden, op. 10 (1833, entstanden 1829–1831, beachtenswert die Tonartenfolge: C/a/E/cis/Ges/es/C/F/f/As/Es/c, die letzte, die sog. «Revolutionsetüde», geschrieben nach der Eroberung Warschaus durch die Russen 1831); 12 Etüden, op. 25 (1837, entstanden 1831–1836, 4 in Dur; 8 in Moll); ferner 3 Etüden ohne Werkzahl, für den Unterricht gedacht.

PRÄLUDIEN

Insgesamt 25, davon nur das in cis-Moll, op. 35 (1841) einzeln, die übrigen in einer Werkzahl zusammengefaßt: «24 Préludes», op. 28 (1836, Entstehung über ein Jahrzehnt verteilt), keine Vorspiele im wörtlichen Sinne, vielmehr jeweils in sich geschlossene Klavierdichtungen, die sich dennoch zu einem Ganzen zusammenfügen. Nachträglich in Quintenablauf gebracht: C/a – G/e – D/h usw., also paarweise in Dur- und Moll-Parallele, die letzte (Nr. 24 d-Moll) in Entstehung und Stimmung der «Revolutionsetüde» verwandt.

MAZURKEN

Insgesamt 51, dazu ein frühes Rondeau à la Mazur, op. 5 (1836), letzte Komposition überhaupt ebenfalls eine Mazurka; das Tänzerische dieses polnischen Nationaltanzes wird stets beibehalten, nicht ins nur Konzertmäßige oder gar Salonhafte abgebogen; meist in Opusgruppen zu 3, 4 oder 5 Stücken zusammengefaßt: op. 6 (1832), op. 7 (1832), op. 17 (1834), op. 24 (1834/35), op. 30 (1838), op. 33 (1838), op. 41 (1840), op. 50 (1842), op. 56 (1844), op. 59 (1846), op. 63 (1847), op. 67 (1855), op. 68 (1855).

Die eingeklammerten Jahreszahlen geben die Erscheinungsjahre an; die Entstehungszeit ist bei vielen Werken Chopins nicht sicher feststellbar.

POLONAISEN

Insgesamt 10 Polonaisen; auch sie wahren ihren Charakter als polnische Nationaltänze, wenngleich zu ausgedehnten Kunstwerken ausgestaltet, vielfach «orchestral instrumentiert», für den Konzertgebrauch bestimmt: op. 26 (1836), op. 40 (1840, ein bis zwei Jahre früher entstanden), op. 44 (1841, als Mittelteil eine Mazurka), op. 53 (1843, um 1840 geschrieben), op. 61 (1846, *Polonaise-Fantasie,* angeblich die Zerrissenheit und Siegeshoffnung Polens darstellend), op. 71 (1855, entstanden 1827/28).

WALZER

Insgesamt 15 Walzer, bald einzeln, bald in Gruppen zusammengefaßt, das straff Tanzmäßige tritt zurück, verschwindet vielfach völlig zugunsten tondichterischer Bildphantasie, Vorbilder einerseits Schuberts (Tanz-)Walzer, andererseits Webers Szene «Aufforderung zum Tanz»: op. 18 (1834, *Grande valse brillante*), op. 34 (1838, *Trois valses brillantes*), op. 42 (1840), op. 64 (1847, drei Walzer, darunter der *Minutenwalzer*), op. 69 (1855), op. 70 (1855), die Walzer in e-Moll und E-Dur ohne Opuszahl.

SCHERZI

Im Grunde erweiterte und leicht umgebildete Sonatensätze in der Art von Beethovens Sonaten-Scherzi, insgesamt vier: h-Moll, op. 20 (1835, entstanden 1831), b-Moll, op. 31 (1838, eine Art Walzerfantasie nach Webers Vorbild), cis-Moll, op. 39 (1840, vollendet 1839, umfangreiche, gegensätzliche Klangstudie), E-Dur, op. 54 (1842, ebenfalls umfangreich, klar gegliedert).

BALLADEN

Wiederum 4 Werke. Diese Gattung ist durch Chopin in der Klavierliteratur heimisch geworden; angeregt durch polnische Dichtungen, Form sonaten- und rondoähnlich: g-Moll, op. 23 (1836, entstanden 1831–1835, bildhaft gesteigert), F-Dur, op. 38 (1840, vollendet 1839, Vertonung eines Undinen-Stoffes), As-Dur, op. 47 (1842, fast eine mächtig gesteigerte Mazeppafantasie), f-Moll, op. 52 (1842, verwickelte Rondoform).

NOCTURNES

Insgesamt 19 Nocturnes, angeregt durch die gleichnamigen Stücke von John Field, doch inhaltlich weit über ihn hinausgehend; in diesen Nocturnes besonders auffallend die auflösenden, doch form- und stimmungschaffenden «Koloraturen». Wieder in Gruppen zusammengefaßt: op. 9 (1833, geschrieben 1830), op. 15 (1835, 1831, 1838), op. 27 (1836, stark gegensätzlich), op. 32 (1837), op. 37 (1840), op. 48 (1842, balladenhaft die Nocturne in c-Moll), op. 55 (1844, in der zweiten die bei Chopin so häufige

Doppelmelodik), op. 62 (1846), op. 72 Nr. 1 (1855, entstanden 1829).
IMPROMPTUS
4 Werke, artmäßig wohl auf Schuberts gleichnamige Kompositionen zurückgehend, doch völlig anders in der Haltung. Formmuster A/B/A, stimmungsmäßig verschieden, aus verschiedenen Zeiten, doch motivisch miteinander verwandt: op. 29 (1838), op. 36 (1840), op. 51 (1843), op. 66 (1855, wurde bereits 1834 geschrieben, vom Verleger «Fantasie-Impromptu» genannt).
EINZELWERKE
Darunter viele Jugendwerke (von Chopin selbst nicht zur Veröffentlichung bestimmt). Bekannte Einzelwerke die Des-Dur-Berceuse, op. 57 (1843), eigentlich Kurzvariationen über ein viertaktiges Thema zu fast unveränderter Baßfigur, ferner die *Fantaisie*, op. 49 (1840/41) mit ihrer Fülle gegensätzlicher musikalischer Gedanken, die *Barcarole* Fis-Dur, op. 60 (1846), der Berceuse verwandt im Bau, doch voller im Satz. Außerdem 2 Variationswerke, 3 Ekossaisen, 3 Rondos, ein Bolero, eine Tarantella, ein Konzert-Allegro u. a. Fast unbekannt geblieben sind: das frühe Rondo für 2 Klaviere, op. 73 (1855, geschrieben 1828), 4 Duos für Cello und Klavier, ein Klaviertrio und eine Reihe polnischer Lieder.
LITERATUR: F. Liszt: F. Ch., 1852 (dt. 1880 und 1948); A. Gide: Notizen über Ch. (dt. 1962); A. Cortot: Ch., Wesen und Gestalt (dt. 1954); W. und P. Rehberg: Ch. (1949); A. Boucourechliev: Ch. (Bildbiographie, 1962); C. Bourniquel: Ch. (Selbstzeugnisse und Bilddokumente, 1959); W. Reich: Ch. (Briefauswahl, 1959); Dissertationen u. a. von M. Ottich (Berlin 1936) und E. M. Schneider (Erlangen 1940); Belletristik u. a. G. de Pourtalès: Der blaue Klang (1928).

Chrennikow, Tichon Nikolajewitsch, * Jelez (Orel) 10. Juni 1913, Russe, Komponist und Musikpolitiker, studierte bei Schebalin und Neuhaus in Moskau, war 1941–1954 Musikberater der Sowjetarmee, ist seit 1948 Generalsekretär des Sowjetischen Komponistenverbandes, schrieb vorwiegend Chor- und Opernwerke mit Stoffen aus dem Arbeiter- und Bauernmilieu, u. a. die Opern *W burju (Im Sturm,* 1939), *Frol Skobejew* (1947), *Mat (Die Mutter,* nach Maxim Gorki, 1955), *Rasputin* (1967), ferner Bühnenmusik zu Shakespeare, Cervantes u. a. sowie Filmmusik. Seine parteiprogrammatischen Aufsätze erscheinen vornehmlich in der «Sowjetskaja Musyka». Eine linientreue Chrennikow-Monographie legte L. Sinjawer 1947 vor.

Christou, Jannis, * Heliopolis 9. Jan. 1926, † Athen 8. Jan. 1970 (Autounfall), Grieche, studierte in Cambridge (H. F. Redlich) und Siena (A. F. Lavagnino) Komposition. Schrieb Messen, Kantaten, Oratorien, Opern (*Orestie,* nach Aischylos, 1968).

Ciampi, Vincenzo Legrenzio, * bei Piacenza 2. April 1719, † Venedig 2. April 1762, Italiener, studierte bei Durante und Leo in Neapel, war Cembalist in Palermo und Paris, 1748–1760 in London, starb als Kapellmeister in Venedig; seine Parodieopern fanden in Paris, London und Leipzig Nachahmung (J. A. Hiller, «Lottchen am Hofe», 1767): *Bertoldo alla corte* (nach Goldini), 1747; *I tre cicisbei ridicole,* 1749; *Amore in caricatura,* 1761; auch Messen und Kammermusik.

Cikker, Ján, * Neusohl 29. Juli 1911, Tscheche, studierte bei Novák in Prag sowie Wien, wirkt seit 1939 in Preßburg als Kompositionslehrer am Konservatorium, war 1945–1948 auch als Operndramaturg am Nationaltheater tätig. Schrieb die Opern *Juro Jánosik,* 1954; *Beg Bajasid,* 1957; *Abend, Nacht und Morgen* (nach Dickens), 1963; *Auferstehung* (nach L. N. Tolstoi), 1964; *Das Spiel von Liebe und Tod* (nach R. Rolland), 1969; Frühlingssinfonie, 1940; Slowakische Suite, 1943; *Selig sind die Toten,* Orchestervariationen, 1965; *Hommage à Beethoven,* 1970.

Cilea, Francesco, * Palmi (Kalabrien) 26. Juli 1866, † Varazze bei Genua 20. Nov. 1950, Italiener, studierte in Neapel, wirkte als Direktor der Konservatorien in Palermo und bis 1935 in Neapel, vertrat einen gemäßigten lyrischen Verismus. Schrieb die Opern *Arlesiana,* 1897 und 1912; *Adriana Lecouvreur,* 1902; *Gloria,*

1907 und 1932; auch Orchester- und Kammermusik.

Cilenšek, Johann, * Groß Durbau bei Bautzen 4. Dez. 1913, studierte in Leipzig bei J. N. David und F. Högner Kirchenmusik, seit 1947 Professor für Musiktheorie an der Musikhochschule in Weimar (seit 1965 Rektor); schrieb Konzertwerke für Orgel, Klavier, Violine, Violoncello, Sinfonien, Kammermusik.

Cimarosa, Domenico, * Aversa bei Neapel 17. Dez. 1749, † Venedig 11. Jan. 1801, Italiener, Schüler u. a. von A. Sacchini, wirkte außer in Italien in Petersburg und Wien, wegen «Aufruhrs» zum Tode verurteilt, jedoch begnadigt, schrieb angeblich 10 Kantaten, 5 Oratorien, über 100 Gesangsstücke, ein berühmt gewordenes Requiem (1787) und zahlreiche Opern (die Zahlen reichen von 48 bis über 80). Diese wurden bald begeistert gelobt (Stendhal), bald als «immer freundlich» bezeichnet (Goethe) und bald nur bedingt geschätzt (Mozart). Einige Opern wurden schon zu Lebzeiten des Komponisten auch in deutscher Sprache aufgeführt. Es sind überwiegend Buffoopern in geschmeidig-melodiösem Rokokostil italienischer Prägung. Die Zeiten überdauert hat im Grunde nur *Die heimliche Ehe* (Text von G. Bertati), die bei der Uraufführung (1792 in Wien) auf kaiserlichen Wunsch sogleich wiederholt werden mußte.

Cipra, Milo, * Vareš (Bosnien), 13. Okt. 1906, Jugoslawe; studierte bis 1931 in Zagreb Philosophie und Musik, lehrt seit 1940 an der Akademie, schrieb Kammer- und Konzertmusik, Bühnen- und Filmpartituren.

Ciry, Michel, * La Baule-Escoublac 31. Aug. 1919, Franzose; studierte in Paris bei Nadia Boulanger, schrieb vornehmlich freiliturgische geistliche Musik: Chorsinfonien wie *Symphonie de douleur* (Stabat Mater) für gemischten Chor und Orchester, 1951; *Le mystère de Jésus,* 1953 (Kompositionspreis der Königin Elisabeth v. Belgien); *Stèle pour un héros,* 1949 (für Paul Sacher).

Clemens non Papa, * um 1510, † Diksmuide um 1556, frankoflämischer Komponist, eigentlich Jacques (Jacobus) Clement, nannte sich C. non Papa zur Unterscheidung von dem flämischen Dichter Jacobus Papa; einer der bedeutendsten Messe- und Motettenkomponisten der vorpalestrinensischen Epoche eines kraftvoll kontrapunktischen Satzes. Die Hauptwerke: 4–6stimmige Messen, 3- bis 8stimmige Motetten, 3stimmige flämische Psalmlieder, auch 3–8stimmige Chansons. Eine Gesamtausgabe seiner Werke ist seit 1951 im Erscheinen (Kempers, Herausgeber).

Clementi, Aldo, * Catania 25. Mai 1925, Italiener, studierte bei G. Petrassi in Rom und ist Kompositionslehrer in Pesaro (Rossini-Konservatorium), schrieb Musik-Collagen (*Dies Irae,* elektronische Komposition, 1967), Opern-Einakter *ES* (1981).

Clementi, Muzio, * Rom 23. Jan. 1752, † Evesham (England) 10. März 1832, italienisch-deutscher Abstammung, schon als Neunjähriger Organist, seit 1766 in England, ständige Reisen auf dem gesamten Kontinent als Pianist, Dirigent, Komponist, Verleger und Klavierbauer, daher mit allen Großen der Musik seiner Zeit bekannt. 1781 klavieristischer Wettstreit mit Mozart in Wien; von Beethoven als Komponist geschätzt und auch Verleger einiger seiner Werke, bekannt als hervorragender Klavierlehrer u. a. von Cramer, Field, Kalkbrenner, Klengel, Moscheles. Über seinen Lehrwerken (Sonatinen, Etüden «Gradus ad Parnassum» von 1817 u. a.) hat man seine entwicklungsgeschichtlich und künstlerisch bedeutsamen Klaviersonaten (etwa 60) vergessen, obwohl sie teilweise zu den Großwerken ihrer Gattung gehören. Auch seine Sinfonien (von Beethoven bewundert) erklingen heute nicht mehr. Schrieb ferner u. a. Sonaten für Klavier mit Flöte, Violine, Cello, Duos für 2 Klaviere, Sonaten für Klavier vierhändig, Charakterstücke.

Clérambault, Louis-Nicolas, * Paris 19. Dez. 1676, † ebd. 26. Okt. 1749, Franzose; Haupt einer Musikerfamilie der Barock-Ära (Vater Violinist unter Lully,

Söhne Organisten), war als Organist ebenso einflußreich wie als Bühnen- und Kammerkomponist. Schrieb geistliche und weltliche Kantaten, Orgelwerke, *Airs sérieux et à boire,* Kammersonaten und Sammlungen von Cembalostücken (*Pièces de clavecin,* 1704 und öfter).

Coates, Albert, * Petersburg 23. Apr. 1882, † Kapstadt 11. Dez. 1953, Sohn englisch-russischer Eltern, studierte und wirkte anfangs in Leipzig, dann in anderen deutschen Städten, anschließend in Petersburg, seit 1919 in London einer der führenden englischen Dirigenten (aus der Nikisch-Schule). Schrieb u. a. die Opern *Samuel Pepys* (1929) und *Mr. Pickwick* (1936), die farbenreiche sinfonische Dichtung *Assurbanipal,* Klaviermusik, Lieder.

Coleridge-Taylor, Samuel, * London 15. Aug. 1875, † ebd. 1. Sept. 1912, Engländer; afro-angelsachsischer Abstammung, Stipendiat des Royal College in London (Stanford), seit 1906 Lehrer am Trinity College, rückte mit afrikanischen Stoffen in die Nähe der Unterhaltungsmusik, schrieb Afrikanische Suite für Orchester, *Hiawathas Hochzeitsfest* für gemischten Chor, Kinderlieder.

Colonna, Giovan[n]i Paolo, * Bologna 16. Juni 1637, † ebenda 28. Nov. 1695, Italiener, Organist und Komponist, studierte in Bologna und Rom (Carissimi), verwaltete mehrere Organistenposten, lehnte die Stelle des Vatikankapellmeisters ab und war Mitbegründer der Bologneser Accademia dei Filarmonici; zu seinen Schülern zählen Bononcini und Clari. Hauptwerke: Messen und Oratorien (*Caduta di Gerusalemme*), die noch aufgeführt werden.

Comes, Juan Baptista, * Valencia 29. Febr. 1568, † ebenda 5. Jan. 1643, Spanier, Kirchenkomponist, vorwiegend in Valencia, als Königlicher Kapellmeister auch in Madrid tätig; Meister mehrchöriger kastilisch textierter Sakralkompositionen, schrieb 4–12stimmige Messen, Passionen, Litaneien, Gozos, Villaneicos.

Compère, Loyset, * um 1450, † St. Quentin 16. Aug. 1518, frankoflämischer Kapellsänger und Komponist, zunächst in Mailand und Paris, später Präbendar in Cambrai und Douai, Kanonikus in St. Quentin; Mittler zwischen höfisch-spätburgundischer und volkstümlich französischer Chansonkunst. Hinterließ 4-stimmige «Parodiemessen» (*L'homme armé*) und Motetten sowie Chansons (Erstdrucke bei Petrucci). Neuausgaben durch L. Finscher.

Constant, Marius, * Bukarest 7. Febr. 1925, Franzose; studierte 1945–1949 am Pariser Konservatorium bei Messiaen, trat als Hörspiel- und Ballettkomponist mit Musique concrète hervor, schrieb: *Le joueur de flûte, La muse légère, Pygmalion* (Funkoper), *Haut voltage* (Ballett für Béjart), *Paradis perdu* (Ballett für Margot Fonteyn, 1967), Liederzyklen (für Régine Crespin).

Cooke, Arnold, * Gomersal 4. Nov. 1906, Engländer, Komponist und Theoretiker; studierte in Cambridge und 1929–1932 in Berlin bei Hindemith, seither Dozent für Tonsatz in Manchester und London (Trinity College of Music). Kammersonaten und Liederzyklen nach Shakespeare, Hölderlin, Auden u. a.

Copland, Aaron, * New York-Brooklyn 14. Nov. 1900, Nordamerikaner, Schüler u. a. von Nadia Boulanger in Paris, dann selbst einflußreicher Lehrer, Organisator, Schriftsteller. Als Komponist ist er stark den jeweiligen Zeitströmungen verbunden. Dem «Amerikanismus» der vorangehenden Generation führte er Elemente des Jazz zu, experimentierte mit Bestandteilen der europäischen Neuen Musik (von Strawinsky bis zur Zwölftonmusik), ging schließlich zu «greifbarerem» Ausdruck über in Filmmusik (u. a. *Die Stadt, Von Mäusen und Menschen, Unsere kleine Stadt,* Schauspielmusik (u. a. *Die stille Stadt, Die fünf Könige, Das Wunder von Verdun*), Ballett (*Appalachischer Frühling*). Trotz allem Avantgardistischen scheint ihm das Gegenständliche besonders zu liegen: Klavierscherzo *Katze und Maus* (1920), *Tanzsinfonie* (1925), Orchesterstück *El Salon Mexiko*

(1936), *Bildnis Lincolns* (1942, für Sprecher und Orchester). Aber auch in absoluter Musik ist Copland ein beachtlicher Könner. Schrieb außer den erwähnten Werken u. a. 3 Sinfonien, *Sinfonische Ode* (1956), zahlreiche Orchesterstücke und Konzerte, Rundfunkmusik, Chorwerke, Lieder, Kammer- und Klaviermusik, eine Schuloper, eine *Ouvertüre im Freien*, *Connotativus for orchestra* (1962). Bücher: *Our new music* (dt. 1947); *Music and imagination* (1953).

Corelli, Arcangelo, *Fusignano 17. Febr. 1653, †Rom 8. Jan. 1713, Italiener, Violinist und Komponist, seit 1666 in Bologna, Schüler von G. Benvenuti, L. Brugnoli und E. Gaibara; schon 1670, also als Siebzehnjähriger, wurde er in die Bologneser Accademie Filarmonici aufgenommen. Kunstreisen durch Deutschland und Frankreich sind nicht erwiesen. Seit 1681 definitiv in Rom ansässig, wirkte er insbesondere in dem künstlerisch aufgeschlossenen Kreis um die dort lebende Königin Christine von Schweden, dann bei Kardinal Benedetto Panfili und – hier als gleichberechtigter Hausgenosse behandelt – bei dem jugendlichen Kardinal und Vizekanzler Pietro Ottoboni, dem Neffen Alexanders VIII. Seit 1706 Mitglied der Accademia degli Arcadi, einer Vereinigung von Künstlern und Dichtern, hochgestellten Aristokraten und Kirchenfürsten. Er stand hier in hohem Ansehen als Geiger, Dirigent und Komponist.
Corelli beschränkte sich auf die Instrumentalmusik und hier wieder auf diejenige Gattung, die er als einer der besten Geiger seiner Zeit völlig beherrschte: auf die Musik für Streicher (zuweilen mit 100–150 Instrumenten). Dabei verschloß er sich durchaus nicht den künstlerischen Entwicklungen seiner Zeit, doch nahm er von ihnen nur auf, was ihm für die Gesamtzeichnung seines Werkes geeignet erschien. Das gibt seinem Werk den ruhigen, machtvollen Atem. So ist er wie wenige Meister der Musikgeschichte ein Klassiker inneren und äußeren Ebenmaßes. Die Formen durchdrangen einander: 1. die Kirchensonate mit der Satzfolge: langsam–schnell–langsam–schnell und ihrer strengen, mindestens in den schnellen Stücken fugierten Satzart und 2. die dreisätzige (mit Präludium auch viersätzige) Kammersonate mit ihrem stilisierten Tanzcharakter, die später zur viersätzigen Suite ausgebaut wurde.
op. 1: zwölf Kirchensonaten für zwei Violinen und Violone oder Baßgambe, dazu Orgel (1681).
op. 2: zwölf Kammersonaten für zwei Violinen und Violone oder Cembalo (1685).
op. 3: zwölf Kirchensonaten für zwei Violinen und Violone oder Baßgambe, dazu Orgel (1689).
op. 4: zwölf Kammersonaten für zwei Violinen und Violone und Cembalo (1694).
op. 5: zwölf Violinsonaten mit Violine oder Cembalo (davon 6 Kirchensonaten, 5 Kammersonaten, darunter der berühmte Variationensatz *La follia* (1700).
op. 6: zwölf Concerti grossi für zwei Violinen und Cello als Concertino und Streichorchester, darunter das vielgespielte *Weihnachtskonzert* (1712; erst 1714 veröffentlicht).
Wenn auch die Concerti grossi mit ihrem Wechselspiel zwischen kleinem und großem Klangkörper schon damals von allen Hörern als (allerdings nicht von Corelli erfundene) Besonderheit bewundert wurden, machte man doch zwischen ihnen, den Triosonaten und den Violinsonaten grundsätzlich keinen allzu großen Unterschied; so hat z. B. Corellis Schüler Francesco Geminiani die 12 Violinsonaten op. 5 zu Concerti grossi umgeschrieben (ein damals häufig geübter Brauch). Corellis Schaffen hat stark auf viele Nachfolger eingewirkt (Geminiani, Viotti, Händel). Zahlreiche Neudrucke bestätigen seine Repräsentanz auch im gegenwärtigen Musikleben.

Cornelius, Peter von, *Mainz 24. Dez. 1824, †ebenda 26. Okt. 1874, Neffe des gleichnamigen Malers, anfangs Schauspieler, studierte bei Siegfried Dehn (dem Anreger Glinkas) in Berlin, seit 1852 in Weimar, Liszt- und Wagner-Anhänger, setzte sich literarisch für die damalige «Neue Musik» ein. Nach dem gegen Liszt, den Leiter der Aufführung, inszenierten Durchfall seines «Barbiers» ging er nach Wien, 1865 nach München an die Königl.

Musikschule. Er schrieb hervorragende a-capella-Chöre. In seinen Klavierliedern *Vater unser, Trauer und Trost, Brautlieder, Weihnachtslieder)* steht er oft gleichwertig neben berühmteren Namen. Von seinen Opern ist *Der Barbier von Bagdad* (1858, später von Mottl bearbeitet, heute meist in der Urfassung gegeben, auf Liszts Rat zwei Ouvertüren) eine der geistvollsten deutschen Spielopern: humorvoll und witzig in Instrumentierung und Melodik, zugleich kunstvoll gefügt (der Schimpfkanon gegen Ende des 2. Aktes ist ein Vorläufer der Prügelfuge aus den «Meistersingern»). Hauptfigur der überall gegenwärtige, geschwätzige, aufgeblasene, gutmütige Barbier Abu Hassan Ali Ebn Bekar, dem es nicht zum wenigsten zu verdanken ist, daß Nureddin seine ebenso geliebte wie vielbesungene Kadi-Tochter Margiana gewinnt. Der *Cid* (1865), eine Oper um den spanischen Nationalhelden, wird weder in der Urgestalt noch in der Überarbeitung durch Levi aufgeführt. Seine Oper *Gunlöd* wurde von W. von Bauszner vollendet. Eine Autobiographie erschien in seinem Todesjahre 1874, eine vierbändige Ausgabe seiner Texte, Gedichte, Aufsätze legte sein Sohn, der Kunsthistoriker C. M. Cornelius, vor (1904), auch eine zweibändige Biographie (1925).

Couperin, François, *Paris 10. Nov. 1668, †ebenda 12. Sept. 1733, Franzose, Abkömmling einer weitverbreiteten Organistenfamilie, zum Unterschied von seinem Onkel «Le grand» genannt, wurde mit 30 Jahren Hoforganist, hochgeschätzt am königlichen Hof auch als Lehrer. Seine Vokalwerke (Motetten, Arien) und seine Kammermusik (Konzerte, Triosonaten) sind weit weniger bekannt als die Kompositionen für Tasteninstrumente (Clavecin, Orgel). Er übernahm den damaligen italienischen Melodiestil (Corelli/Lully) und verband ihn mit der beweglicheren französischen Rhythmik. So entstanden mit der Zeit die knapp gefaßten, kurzgliedrigen, aber mit viel rieselnden Verzierungen geschmückten Kleinstücke für Klavier, auf die J. S. Bach oft zurückgegriffen hat und die Brahms und R. Strauss entzückten. Kleinstbilder vielfach mit sinnbildlichen Überschriften (*Die betrübte Seele, Die klagenden Grasmücken* usw.). Hauptwerke: 27 «Ordres», also Ordnungen oder Folgen (Partiten, Suiten), in vier Sammlungen zusammengefaßt (1713, 1717, 1722, 1730), meist Tanzstücke der damaligen Zeit, Charakterstücke. Sein Lehrbuch *L'art de toucher le clavecin* (1716) dient als wichtige Quelle für die Spiel- und Zierpraxis der Zeit.

Courvoisier, Walter, *Riehen bei Basel 7. Febr. 1875, †Locarno 27. Dez. 1931, Schweizer, ursprünglich Chirurg, wirkte hauptsächlich in München (hier auch Schüler von L. Thuille, seinem späteren Schwiegervater), Spätromantiker mit farbig-impressionistischem Einschlag; schrieb zahlreiche Lieder, Chorwerke, drei Opern *(Lanzelot und Elaine, Die Krähen, Der Sünde Zauberei)*, Orchester- und Kammermusik.

Cowell, Henry Dixon, *Menlo Park (Calif.) 11. März 1897, †Shady (N.Y.) 10. Dez. 1965, Nordamerikaner irischer Abstammung, Schriftsteller, Organisator, Pianist, Komponist; schrieb 12 Sinfonien, *Twilight* für Orchester (1967). Werke für Klavier und Orchester, Kammer- und Klaviermusik, Chöre, Ballette, eine Oper. Bekannt geworden seit 1912 durch die «Cluster»-Technik, bei der das Klavier ganze Bündel *(clusters)* von Tönen von sich gibt, oder das elektroakustische Rhythmicon (dafür Kompositionen mit Orchester), das 16 verschiedenartige Rhythmen gleichzeitig hervorbringt.

Cramer, Johann Baptist, *Mannheim 24. Febr. 1771, †London 16. April 1858, Schüler und später Rivale von Clementi, als Pianist geschätzt von Liszt, als Pädagoge u. a. von Beethoven; sein von Robert Schumann gerühmtes klavierpädagogisches Hauptwerk (*84 Etüden*, 1804 und 1810) ist noch immer bekannt, während seine 105 Sonaten und zahlreichen sonstigen Klavierkompositionen (einschließlich 9 Klavierkonzerte) und Kammermusik vergessen sind.

Creston, Paul, eigentlich Joseph Guttoveggio, *New York 10. Okt. 1906, Nordamerikaner italienischer Abstammung, keiner Richtung verpflichtet, voll lebhafter Anteilnahme an äußeren Geschehnissen, die sich in einigen Werken kompositorisch zuweilen widerspiegeln, schrieb u. a. Sinfonien, darunter die 3. auf gregorianische Melodien, mehrere Konzerte mit verschiedenen Instrumenten, Kammer- und Klaviermusik, Lieder, Chöre.

Croce, Giovanni, genannt Chioggiotto (Chiorrotto), * Chioggia bei Venedig, 1557, † Venedig 15. Mai 1609, Italiener, Schüler Zarlinos, Komponist, Kapellmeister an San Marco, führend für die Entwicklung des konzertierenden Stils der venezian. Schule. Schrieb v. a. Madrigale, Kanzonetten, Messen, Motetten.

Crosse, Gordon, * Bury 1. Dez. 1937, Engländer, Petrais-Schüler in Rom, schrieb Opern (*Purgatory*, 1966, nach Yeats), Kammer- und Orchestermusik (*Ariadne* für Oboe und 12 Spieler, 1972).

Crüger, Johann, * Großbreesen 9. April 1598, † Berlin 23. Febr. 1662, Organist und Komponist; studierte in Schlesien, in Wittenberg Theologie, war ab 1622 Kantor an der Nicolaikirche und Gymnasiallehrer am Grauen Kloster in Berlin; bedeutend für das evangelische Erbauungslied, im Kirchengesangbuch von 1950 mit 16 Liedweisen vertreten (*Nun danket alle Gott, Wie soll ich dich empfangen*); auch als Theoretiker hervorgetreten.

Crumb, George, * Charleston 24. Okt. 1929, Amerikaner, Blacher-Schüler in Berlin, instrumentale und (mit) elektron. Musik (*Makrokosmos* I–III, für Amplified pianos und Schlagzeug, 1972–1974).

Cui, César, siehe Kjui, Zesar Antonowitsch.

Czerny, Karl, * Wien 20. Febr. 1791, † ebenda 15. Juli 1857, Österreicher, Schüler seines Vaters und Beethovens, als Pädagoge (schon als Fünfzehnjähriger angesehener Klavierlehrer) erfolgreich bei Kullak, Liszt u. a. Trotz ständiger Lehrtätigkeit erstaunlich fruchtbarer Komponist auf sämtlichen Gebieten der Musik (weit über 1000 Werke von zum Teil erheblichem Umfang). Gehalten haben sich bis heute seine Unterrichtswerke *Die Schule der Geläufigkeit, Die Schule des Virtuosen, Die Kunst der Fingerfertigkeit.*

Czibulka, Alphons, * Szepesváralja 14. Mai 1842, † Wien 27. Okt. 1894, Ungar, Militärkomponist, Armeekapellmeister in Wien, schrieb vielgespielte Marsch- und Tanzmusik, blieb bekannt mit einigen Arrangements, auch aus seinen Operetten (*Pfingsten in Florenz, Stephanie-Gavotte*).

Dalayrac, Nicolas, * Muret (Haut-Garonne) 8. Juni 1753, † Paris 26. Nov. 1809, Franzose, Vertreter der Übergangsgeneration (Gossec u. a.) zwischen Rokoko, Revolutionsmusik und Romantik, schrieb zunächst (als d'Alayrac) ziersame Kammermusik (Streichquartette u. a.), später «Schreckensopern» (im Stil des jüngeren Méhul), schließlich frühromantische «Literaturmusik» (mit Einfluß noch auf Berlioz).

Dallapiccola, Luigi, * Pisino (Istrien) 3. Februar 1904, † Florenz 19. Febr. 1975, Italiener, studierte in Graz und in Florenz, wo er seit 1931 am Konservatorium wirkte, Studienaufenthalte in Deutschland, Österreich, Frankreich, Belgien, England, in der Schweiz und der Tschechoslowakei, Kompositionskurse in den USA (Berkshire Music Centre), auch in Deutschland (Kranichstein/Darmstadt). Entscheidend für sein kompositorisches Wirken wurde der Zweite Weltkrieg, unter dessen Geschehnissen er seelisch gelitten hat. Daher eine gewisse melancholische, ja pessimistische, zuweilen allerdings auch aufbegehrende Haltung mancher Spätwerke. Erhielt 1962 den Großen Kunstpreis von NRW.

Dallapiccola geht von heimischem istrischem (Grenze zwischen italienischem und slawischem) Musikgut aus, strebte jedoch schon früh unter dem Eindruck der Werke Casellas und Busonis zum Neoklassizismus. Begeistert sich an der Vokalkunst der frühen Italiener (Bearbeitung von Monteverdis «Heimkehr des Odysseus»), erlebt den Klang als Ausdruck der «Italianità». Seit Beginn der

vierziger Jahre wird das Zwölftonsystem für sein Schaffen mitbestimmend; er baut es ein in rhythmische Kraftfelder, zwingt es in ausdrucksstarke Sangbarkeit (die Singstimme ist bei Dallapiccola im Grunde entscheidend), so daß auch diese späteren Werke unmittelbar ansprechen.
OPERN UND BALLETTE
Volo di notte (Nachtflug, 1940, Text vom Komponisten nach A. de Saint-Exupéry).
Il prigioniero (Der Gefangene, 1950, Text vom Komponisten nach Villiers de l'Isle-Adam und Ch. de Coster).
Hiob (1950, Text vom Komponisten), eine «Sacra rappresentazione».
Marsyas (1942/43), mythologisches Ballett (für Aurel von Milloss), daraus 4 sinfonische Stücke für Orchester und *Drei Episoden* für Klavier.
Bearbeitung von Monteverdis Oper «Heimkehr des Odysseus».
Ulisse, Oper (1968).
KANTATEN UND ORCHESTERGESÄNGE
Dalla mia terra (1928), 4 Gesänge auf volkstümliche istrische Gedichte für Mezzosopran, Chor und Orchester.
La canzone del Quarnaro (1930), für Tenor, Männerchor und Orchester nach d'Annunzio.
Sei Cori di Michelangelo Buonarotti il giovane (1933–1936, 3 Teile), für Soli, Chöre und verschiedene Orchesterbesetzungen.
Tre laudi (1936), für Sopran und 13 Instrumente (erstmalige konsequente Zwölftontechnik).
Canti di prigionia (1938), für Chor und Soloinstrumente.
Liriche Greche (1942–1945, 3 Teile), für Sopran und Soloinstrumente.
Goethelieder (1953), Frauenstimme mit 3 Klarinetten.
An Mathilde (1955, nach H. Heine), Kantate für Frauenstimme und Orchester.
Canti di liberazione (1955), für gemischten Chor und großes Orchester (Auftragswerk des WDR, Köln).
Concerto per la notte di Natale, für Sopran und Kammerorchester (1957).
Requiescant, für gemischten Chor, Knabenchor und Orchester (1959).
INSTRUMENTALWERKE
Partita für Orchester (1933), durch die Dallapiccola erstmals international bekannt wurde, im Schlußsatz mit Singstimme.
Musik für 3 Klaviere (Hymnen, 1935).
Kleines Konzert für Muriel Couvreux (1941), für Klavier und Kammerorchester.
Kanonische Sonaten (1943), über Paganini-Capricen.
Ciaccona, Intermezzo und Adagio für Solocello (1946).
Zwei Orchesterstudien (1947).
Tartiniana für Violine und Orchester (1951; zweiter Teil 1956).
Außerdem *Studi* für Singstimme und Orchester, auch Lieder (nach Goethe, Machado u. a.) mit Klavier.
LITERATUR: D. Kämper, L. D. (1981).

Dan, Ikuma, * Tokio 7. April 1924, Japaner, studierte in Tokio bei dem Hindemith-Schüler K. Schimofusa, schrieb Opern (*Der Abendkranich,* 1951), Ballette, Sinfonien, Lieder, Filmmusik.

Daniel-Lesur siehe Lesur, Daniel.

Danzi, Franz, * Schwetzingen 15. Juni 1763, † Karlsruhe 13. April 1826, Sohn eines italienischen Violoncellisten der Mannheimer Hofkapelle, dessen Nachfolger an dem von Mannheim nach München übersiedelten Hoftheater er wurde, später Hofkapellmeister in Stuttgart und Karlsruhe; blieb mit seinen zahlreichen Bühnenwerken zeitgebunden, mit geistvollen Kammermusiken jedoch im Repertoire vor allem der Holzbläser; wechselseitig förderliche Freundschaft verband ihn mit C. M. von Weber, auch mit L. Spohr.

Dargomyschski, Alexandr Sergejewitsch, * Dargomysch bei Tula 2. Febr. (14. Febr.) 1813, † Petersburg 5. Jan. (17. Jan.) 1869, Russe, neben Glinka wichtiger Vorkämpfer für die nationalrussische Musik, Einfluß auf die jungrussischen «Novatoren», ging vom italienischen Stil aus, entwickelte im Rezitativ einen Sprechgesang, der eine möglichst realistische Darstellung des Textes mit musikalischen Mitteln anstrebt. Schrieb u. a. Lieder, Chöre, Orchesterwerke, ein Ballett *Bacchusfest,* die Opern *Esmeralda* (1839 bzw. 1847), *Russalka* nach Puschkin (1856), *Der steinerne Gast* nach

Puschkin (1872, vollendet von Rimski-Korsakow und Kjui).

David, Félicien César, * Cadenet (Vaucluse) 13. April 1810, † Saint-Germain-en-Laye 29. Aug. 1876, Franzose, Schüler u. a. von Fétis, wurde Saint-Simonist, ging bei den Verfolgungen ins Exil, bereiste sämtliche vorderasiatische Länder und brachte von dort musikalisches Material mit, das er später in seinen Kompositionen verwendete und das ihn zum «Vater des musikalischen Exotismus» machte. Schrieb Opern (u. a. *Lalla Rookh,* 1852), Oratorien (einst berühmt die sinfonische Ode *Die Wüste,* 1844), andere Vokalwerke, Orchester-, Kammermusik, Lieder.

David, Johann Nepomuk, * Eferding (Oberösterreich) 30. Nov. 1895, † Stuttgart 22. Dez. 1977, Österreicher, Chorknabe am Stift St. Florian, studierte in Wien, frühzeitig gefördert durch Karl Straube und Albert Schweitzer, war als Organist, Chorleiter und Kontrapunktlehrer tätig in Wels, Leipzig, Salzburg, Stuttgart. Schreibt linear, eine polyphone Naturbegabung, gewissermaßen ein Renaissance-Niederländer der Gegenwart, modern, doch abseits experimentierender Modernität. Ausgangspunkte und Grundlagen seines Schaffens sind Orgel und Chor. Die musikalische Sprache des selbstkritischen Komponisten (viele frühere Werke verwirft er heute) ist durch aktives Mitarbeiten und Mithören zugänglich. Schrieb u. a. ein *Choralwerk* (12 Hefte, seit 1930) mit Stücken verschiedener Formen, Kammermusik mit verschiedenen Besetzungen, 2 Orchesterpartiten, 8 Sinfonien (die 6. mit dem Titel *Sinfonia preclassica*), Orchestervariationen, das Oratorium *Ezzolied* (1960), Concertino für Violine und Streichorchester (1957), *Spiegelkabinett, Walzer für Orchester* (1960), Motetten und andere Werke a cappella, *Requiem chorale* (1957). Daneben Analysen zu Bachs «Wohltemperiertem Klavier», auch zu den 2- und 3stimmigen Klavier-Inventionen Bachs sowie zu Mozarts «Jupiter-Sinfonie».
LITERATUR: Monographien von R. Klein und H. H. Stuckenschmidt (1965).

Davies, Peter Maxwell, siehe Maxwell Davies, Peter.

Dawidenko, Alexandr Alexandrowitsch, * Odessa 1. April 1899, † Moskau 1. Mai 1934, Russe, gehörte zu dem Produktionskollektiv (Prokoll) der Musikstudenten des Moskauer Konservatoriums, schloß sich dem Verband Proletarischer Musiker an, wirkte als Chorleiter und war mit Armee- und Massenliedern viel gesungen, schrieb auch mehrere Opern.
LITERATUR: F. K. Prieberg: Musik in der Sowjetunion (1966).

Debussy, Claude [-Achille], * Saint-Germain-en-Laye 22. Aug. 1862, † Paris 25. März 1918, Franzose, Sohn (oder Pflegesohn) einfacher Eltern, Unterricht bei einer Klavierschülerin von Chopin, seit 1873 am Pariser Konservatorium, 1884 Rom-Preis (durch Gounods energische Fürsprache), doch fühlte er sich in Rom nicht wohl. War häufig im Ausland (England, Holland, Italien, Rußland, Deutschland [Bayreuth]), wo er viele Anregungen empfing, doch in der Hauptsache in Paris seßhaft im Kreise gleichgestimmter Maler, Musiker und Dichter. Die letzten Lebensjahre krebskrank. Beigesetzt auf dem Friedhof Passy. – Im Werk des empfindsamen Debussy lassen sich die Einflüsse verschiedenster Stile, Richtungen und Komponisten aufspüren, von Bachs Polyphonie bis zum siamesischen Gamelan, von Mozarts Klarheit bis zu Mussorgskis Naturhaftigkeit, von der Ornamentik der französischen Clavecinisten bis zur Klangveränderung von Wagners «Parsifal», von der Gregorianik bis zur Melodik Massenets. Das Verarbeiten dieser Einflüsse und Verschmelzen mit seiner Eigenart ist aus dem Verlauf seiner Entwicklung deutlich abzulesen. Was der Nachwelt als «typisch» an Debussys Hauptwerken erscheint, geht auf andere Anregungen zurück: auf die Literatur und die Malerei, auf das kaum gegenständliche Gedicht mit seinen verschwebenden, den Wortklang auskostenden freien Rhythmen und auf die ebenfalls weniger dem Gegenständlichen als dem farbigen Eindruck des Augenblicks zugewandte Malerei seiner Zeit. Dazu kommt oft ein Symbolismus, der sich klanglich auch durch «Exotismen» verwirklicht. Das bedeutet ein bewußtes Vernachlässigen der überkommenen (freilich vor Debussy bereits erschütterten) Bau- und Formgesetze zugunsten einer Verwendung des reinen Klangmaterials im malerischen (nicht die Malerei nachahmenden) Sinne. Die Tonalität wird ihrer beherrschenden Stellung entkleidet, Konsonanz und Dissonanz verlieren ihre Gegensätzlichkeit und Spannungskraft und werden zu austauschbaren Farbwerten, die von späteren Komponisten aus anderen Gründen verkündete Gleichberechtigung der zwölf chromatischen Töne meldet sich, die Ganztonleiter wird legitim; die einst verpönten Parallelen von Quarten, Quinten und Akkorden werden in die Farbenpalette einbezogen; bis dahin nur für Sonderaufgaben herangezogene Nonenakkorde erscheinen und erweitern sich zu Undezimenbildungen; übermäßige Dreiklänge, unaufgelöste Vorhalte, übereinandergelagerte Tonarten («Bitonalität») und andere Erscheinungen machen den Klang zum reinen Farbwert. Entsprechendes gilt von Debussys Thematik; auch sie ist farbgeboren, verzichtet auf dramatische oder sinfonische Entwicklung. Nicht anders die Rhythmik; sie ist vielschichtig, aufgespalten, in zarteste Bildungen aufgelöst und verästelt, begibt sich um der Augenblickswirkung willen jeder vorantreibenden oder kräftestauenden Wirksamkeit.

All das zu einem Kunstwerk zu verdichten, bedarf eines hohen Maßes an Hellhörigkeit für feinste Klangwerte und zugleich eines so unerschütterlichen Gefühls für innere Form, wie es vorwiegend dem Romanen eingeboren ist. Dieses punkthafte, passive, in tausend Farbsplittern schillernde Wesen von Debussys Kompositionen gilt als Inbegriff des französischen Impressionismus in der Musik, obwohl sich andere französische Impressionisten nicht unbeträchtlich von Debussy unterscheiden.

Die Frage, ob Debussy das Ende einer musikgeschichtlichen Entwicklung darstelle oder den Beginn einer neuen, ist noch nicht eindeutig beantwortet. Für das eine spricht, daß Debussy eigentlich nicht «Schule» gemacht hat (auch wenn sich eine Linie von ihm über Messiaen zu Boulez ziehen ließe), für das andere ließe sich anführen, daß sein «Pointillismus» – wenn auch aufs stärkste verdichtet und wesensverschiedene Quellen aufbrechend – selbst bei Anton von Webern noch nachwirkt.

KLAVIERMUSIK

Suite bergamasque (1890–1905), darunter *Clair de lune* (Mondenschein), eine Keimzelle des späteren Stils.

L'isle joyeuse (1904), gebändigter Farbenrausch.

Children's corner (1906–1908), ausgefeilte *Kinderszenen.*

Estampes (Stiche, 1903), völlig impressionistisch, *Pagoden, Abend in Granada, Gärten im Regen.*

Images (Bilder, 1905–1907), 6 Stücke, darunter das berühmte *Et la lune descend sur le temple qui fut* (Der Mond neigt sich über dem verfallenen Tempel); in den *Cloches à travers les feuilles* drei entgegengesetzte, rhythmisch verschieden aufgeteilte Ganztonleitern als farbmäßig gedachte Scheinpolyphonie.

24 Préludes (1910–1913), jetzt nicht mit Über-, sondern mit Unterschriften wie *Die versunkene Kathedrale, Tritte im Schnee, Feuerwerk;* Inbegriff von Debussys Klavierimpressionismus.

12 Études (1915), technisches Rüstzeug für impressionistisches Klavierspiel, darunter eine Etüde für 8 Finger, also ohne die Daumen.

Ferner für Klavier vierhändig eine *Kleine Suite* (1889), ein *Schottischer Marsch* (1891, später instrumentiert), *Sechs antike Inschriften* (1914); für 2 Klaviere: *Lindaraja* (1901), *Berceuse héroïque* (1914) und *En blanc et noir* (1915).

KAMMERMUSIK

Streichquartett (1893), viersätzig, um ein Kopfthema geschrieben, das jedoch nicht entwickelt, sondern umspielt, umleuchtet, umflimmert wird. Gilt als Debussys bedeutendstes kammermusikalisches Werk.

Rhapsodie für Saxophon und Klavier (1905), auch mit Orchester.

Rhapsodie für Klarinette und Klavier (1909/10).

Syrinx für Soloflöte (1912), Versuch, mit einer Panflöte Naturstimmungen impressionistisch einzufangen.

Sonate für Cello und Klavier (1915) mit «beinahe klassischer Form im guten Sinne» (Debussy); einzelne Sätze mit altklassischen Bezeichnungen wie *Prälu-*

dium, Sarabande.
Trio für Flöte, Bratsche und Harfe (1916), dreisätzig mit *Pastorale, Interludium, Finale,* reines Spiel mit Farben über Strichkonturen.
Sonate für Violine und Klavier (1917), wiederum dreisätzig mit *Allegro, Zwischenspiel, Finale,* Hinwendung zu klassischen Formen, überhaucht von feingliedrigen Farbwerten.
ORCHESTERWERKE
Sinfonische Suite *Frühling* (1887, Neufassung 1908).
Prélude à l'après-midi d'un faune (1894; als Ballett 1912), ein «Vorspiel» zu Mallarmés Gedicht «Nachmittag eines Fauns», entscheidendes Werk des orchestralen Impressionismus, Sommer- und Sinnenschwüle (Faun, Nymphen, Natur), locker-zartes Orchesterbild, abgestufte, ineinander verlaufende Farben, noch zusammengehalten durch das rhythmischgelöste, chromatische Motiv des Fauns und den gedehnten Sang der Nymphen.
3 Nocturnes (1899), die *Wolken* bewegungslos, schattenhaft, die *Feste* eine dreiteilige italienische Marschfantasie, teilweise rhythmisch scharf betont, fast greifbar, in den *Sirenen* Frauenstimmen, behandelt wie Orchesterinstrumente.
Das Meer (1905), dreiteilig, dreimal der gleiche Grundgedanke, nur jeweils anders koloriert: Von der Morgendämmerung bis zum Mittag auf dem Meer – Spiel der Wogen – Zwiesprache von Wind und Meer.
Images pour orchestre (1912), wie der Name sagt, Bilder, und zwar Stimmungsbilder; 3 Großteile: Gigues, Rondes de printemps und als Mittelstück die sehr bekannte *Ibéria,* eine spanische Suite mit den drei Unterabteilungen *Auf Straßen und Wegen* (viel Tamburin und Kastagnetten), *Düfte der Nacht* (Rhythmen als Farben) und *Am Festmorgen* (anschauliche Kleinszenen).
Ferner: Fantasie für Klavier und Orchester (1890), Berceuse héroïque (1914), die nachträglich orchestrierte Saxophonrhapsodie von 1905.
VOKALWERKE
Lieder aus verschiedenen Schaffensabschnitten, meist nach zeitgenössischen oder zeitnahen Dichtern, vor allem Paul Verlaine («Fêtes galantes» mit dem «Clair de lune»), Mallarmé («Apparition»), A. de Musset («Rondeau»).
Kantaten, meist szenisch gedacht wie *Der verlorene Sohn* (1884), *La demoiselle élue* (1888), *Ode an Frankreich* (1917).
BÜHNENWERKE
Ballette: Jeux (1912), *Khamma* (1912), *Boîte à joujoux* (1913, ein Kinderballett), *Prélude à l'après-midi d'un faune* (s. Orchesterwerke).
Das Martyrium des heiligen Sebastian (1911), Schauspielmusik zu Gabriele d'Annunzios gleichnamigem Mysterium.
Pelléas et Mélisande (1902 uraufgeführt, 1892–1902 geschrieben), lyrisches Drama in 5 Akten (13 Bildern) nach Maeterlinck, eines der entwicklungsgeschichtlich bedeutsamsten Musikdramen: Der Königsenkel Golo hat im Wald die fremde, verirrte Mélisande gefunden, sich ihr vermählt und sie nach sechs Monaten aufs Schloß gebracht. Dort werden sie und Golos Stiefbruder Pelléas in schuldig-unschuldige Liebe verstrickt, durch Golos Kind aus erster Ehe, Yniold, harmlos-angstvoll verraten. Golo tötet den Stiefbruder, Mélisande stirbt, nachdem sie vorzeitig einem Kind das Leben gegeben hat. – Mysterium über Tod und Traum und Schicksal. Die Vertonung meidet in Form und Ausdruck alles Opernhafte, ist ein Musikdrama, doch nicht im wagnerischen, leitmotivisch-sinfonischen Sinn, vielmehr ein Anschmiegen und Einfärben des Klanges an das gedichtete Wort, rezitativisch zurückgreifend auf Rameau, im Orchester wechselvolle, doch stets stillstehende Kleinstbilder von bald glühender Leuchtkraft und bald zartem Gespinst, impressionistisch verdichtete Atmosphäre, klanggewordene Passivität, klingendes Mysterium wie die symbolistische Dichtung selbst.
LITERATUR: A. Liess: C. D. (1936); H. Strobel: C. D. (1940; 1962); W. Danckert: C. D. (1950, mit Bibliographie); L. Vallas: C. D. (dt. 1962); H. Rutz: C. D. – Dokumente seines Lebens und Schaffens (1954).

Dedekind, Constantin, * Reinsdorf bei Heldrungen (Anhalt) 2. April 1628, begraben Dresden 2. Sept. 1715, Enkelschüler von Schütz, Poeta laureatus und Hofmusikus in Meißen, 1666–1675 Kurfürstlich Sächsischer Konzertmeister; schrieb vielgesungene kirchliche, aber auch weltliche Liederkreise mit Instrumentalbegleitung, u. a. *Davidischer Harfen-Schall* (1670), *Aelbianische Musen-Lust* (1657), die ihn als einen Hauptmeister des deutschen barocken Sololiedes erweisen.

Degen, Helmut, * Aglasterhausen (Kraichgau) 14. Jan. 1911, Schüler u. a. von W. Maler und Ph. Jarnach in Köln, seit 1947 Kompositionslehrer (1954 Professor) in Trossingen. Bei musikantisch sauberer Arbeit schrieb er eine Reihe von Konzerten mit verschiedenen Soloinstrumenten, 3 Sinfonien, andere Orchesterwerke, Kammer- und Klaviermusik, das Ballett *Der flandrische Narr* (1941), die Szene *Konferenz der Tiere* (1950, nach Erich Kästner), Kantaten, ein Osteroratorium a cappella (1949), ein szenisches Oratorium *Suto* (1952), zudem Jugend- und Spielmusik (auch für Akkordeon). Degen legte 1957 ein *Handbuch der Formenlehre* vor.

Delannoy, Marcel, * La Ferté-Alais bei Paris 9. Juli 1898, † Nantes 14. Sept. 1962, Franzose, studierte anfänglich Architektur, dann Komposition bei Honegger in Paris, wurde mit seinem Bühnenerstling *Le poirier de misère* (Paris 1927) schlagartig bekannt, weitere erfolgreiche Opern und Ballette folgten (*Ginevra,* nach Boccaccio; *Puck,* nach Shakespeare); auch Film-, Funk- und Hörspielmusiken sowie Konzert- und Kammermusik, vokal und instrumental. Delannoy war lange Mitglied der Jury des Pariser Konservatoriums (Rom-Preis-Institut).

Delibes, Léo, * Saint-Germaine-du-Val (Sarthe) 21. Febr. 1836, † Paris 16. Jan. 1891, Franzose, ausgebildet als Sänger, Kompositionsschüler u. a. von A. Adam, Organist und Korrepetitor, 1881 Kompositionslehrer am Konservatorium, 1884 Mitglied der Akademie. Gewann Weltruhm durch seine Bühnenkompositionen (hervorzuheben seine Begabung für das szenisch-dramatische Ballett), die er stets fein ziselierte in Satz und Instrumentierung. Schrieb neben anderen Kompositionen 29 Werke für die Bühne (Opern, Operetten, Schauspielmusik, Ballette, z. T. mit Bizet, Offenbach u. a.). Besonders bekannt die Ballette *Coppélia* (1870) und *Sylvia* (1876), die Opern *Lakmé* (1883), *Der König hat's gesagt* (1873), die Schauspielmusik zu V. Hugos «Der König amüsiert sich» (1882).

Delius, Frederick, * Bradford (York) 29. Jan. 1862, † Grez-sur-Loing 10. Juni 1934 (gelähmt und erblindet), Engländer deutscher Herkunft, Auslandsreisen als Kaufmann, studierte in Leipzig, durch Grieg endgültig zur Musik geführt, lebte lange Zeit in Paris (im Kreise von Strindberg, Gauguin u. a.). Weltanschaulich Nietzsche zugewandt, musikalisch zu Mahler, Strauss und Debussy neigend. Schrieb u. a. Opern (so *Romeo und Julia auf dem Dorfe* nach G. Keller, 1907; *Fennimore und Gerda,* 1919, nach Jacobsens «Niels Lyhne»), Schauspielmusik, große Chorwerke (u. a. *Eine Messe des Lebens,* 1909; *Requiem,* 1919, beide nach Nietzsche), sinfonische Dichtungen (keine Sinfonie), Violinkonzert (1916), Lieder, Kammermusik. Durch Beecham nachhaltig gefördert.

Dello Joio, Norman, * New York 24. Jan. 1913, Amerikaner, Hindemith-Schüler in New Haven, schrieb Opern (*Blood Man,* 1961), Ballette, geistliche Kantaten, Messen, Orgelmusik.

Delvincourt, Claude, * Paris 12. Jan. 1888, † Orbetello (Italien) 5. April 1954 (durch Unfall), Franzose, studierte in Paris, erhielt den Rom-Preis, Direktor des Nationalkonservatoriums in Paris; unabhängig von Gruppenbildungen geblieben, schrieb eine Reihe von Bühnenwerken (u. a. die musikalische Komödie *La femme à barbe,* 1938; Schauspielmusik zu Sophokles' «König Ödipus», 1939; das Mysterium *Luzifer,* 1948, nach L. Dumesnil; Schauspielmusik zu Molières «Bürger als Edelmann», 1948), Film- und Rundfunkmusik, Orchester-, Kammermusik, Vokalwerke (darunter Vertonungen japanischer Gedichte).

Demantius, Christoph, * Reichenberg (Böhmen) 15. Dez. 1567, † Freiberg 20. April 1643, schrieb viel weltliche und geistliche Musik, als Krönung gilt die sechsstimmige *Passion nach Johannes* (1631). Zahlreiche Lieder (mehrstimmig, «nicht allein zu singen, sondern auch auf allerlei Instrumenten zu gebrauchen») und Tänze. Seinerzeit viel gebraucht seine *Isagoge artis musicae,* wahrscheinlich das erste alphabetische Musiklexikon (1602), auch eine *Singlehre (Forma musices,* 1592) erlebte zahlreiche Auflagen.

Denissow, Edisson, * Tomsk 6. April 1929, Russe, studierte in Moskau bei W. Schebalin, zählt zu dem Kreis avantgardistischer sowjetruss. Komponisten, die sich auch mit den Techniken der Neuen Wiener Schule auseinandersetzen. Schrieb die Oper *Soldat Iwan* (1959), Sinfonien, Cellokonzert (1972), Kammermusik, Liederzyklen.

Desprez siehe Josquin Desprez.

Dessau, Paul, * Hamburg 19. Dez. 1894, † Berlin (Ost) 30. Juni 1979, studierte in Berlin, wirkte als Kapellmeister in Hamburg, Köln, Berlin, 1939 bis 1948 in den USA; seither in Ost-Berlin; seit 1952 Mitglied der Dt. Akademie der Künste in Ost-Berlin, seit 1965 auch der Akademie der Künste in West-Berlin; mehrfacher Nationalpreisträger der DDR; schrieb Lieder, Kammermusik, Orchesterstücke, dann vor allem Film- und Bühnenmusik. Bekannt seine Vertonung von Brechts «Verurteilung des Lukullus» (1951, bis 1957 in 5 Fassungen), Bühnenmusik zu Brechts «Mutter Courage», die Ballade *Der anachronistische Zug* (Brecht), *Deutsches Miserere* für Soli, Chor, Kinderchor, Trautonium und Orchester (Brecht, 1945), *Jüdische Chronik* (1960), *Puntila* (Brecht, 1966), *Lanzelot* (nach einer Märchenkomödie, *Der Drache* von J. Schwarz, 1969), *Einstein* (1974), *Leonce und Lena* (Büchner, 1979).
LITERATUR: H. Bunge und H. Eisler: Fragen Sie mehr über Brecht. Hanns Eisler im Gespräch. München 1970; Aus Gesprächen. Festschrift zum 80. Geburtstag, 1974 (mit Werkverzeichnis, Diskographie, Literatur).

Destouches, André Cardinal, * Paris, getauft 6. April 1672, † ebenda 3. Febr. 1749, Franzose, ursprünglich Jesuitenschüler für Missionsaufgaben (schon als Fünfzehnjähriger in Siam), dann Angehöriger der «Mousqueteires du roi», schließlich Musiker in immer höheren Stellungen, geschätzt am Hofe Ludwigs XIV., des Regenten Philippe d'Orléans und Ludwigs XV. Den größten Ruhm errang er außer mit festlicher Kirchenmusik *(Te Deum)* mit seinen Opern, obwohl sie als angebliche Lully-Nachahmungen angefeindet wurden. In ihnen führt er den Stil Lullys weiter und wird zum Vorläufer Rameaus. Von den zehn Opern zu nennen: *Issé* (1699), *Omphale* (1701), *Telemach* (1714), *Semiramis* (1718).

Diabelli, Anton, * Mattsee bei Salzburg 6. Sept. 1781, † Wien 7. Apr. 1858, Österreicher, Schüler u. a. von Michael Haydn, Lehrer für Klavier und Gitarre, dann Musikverleger (Haydn, Mozart, Beethoven, Schubert u. a.); seine zahlreichen Lieder, Tänze, Kantaten, Messen u. a. sind im wesentlichen nur noch Musikhistorikern bekannt, während seine zwei- und vierhändigen Klaviersonaten und -sonatinen noch immer für den Unterricht benutzt werden. (Beethoven schrieb seine «33 Variationen über einen Walzer von Diabelli», op. 120, für Klavier, 1823 auf Bestellung Diabellis.)

Diamond, David, * Rochester 9. Juli 1915, Nordamerikaner österreichischer Herkunft, studierte bei R. Sessions und bei Nadia Boulanger (Paris), schrieb bisher 8 Sinfonien, Ouvertüren zu Shakespeares «Sturm», mehrere Konzerte, Kammer-, Schauspiel- und Filmmusik, Lieder, Chöre.

Dietrich, Sixt, * Augsburg, um 1492, † St. Gallen 21. Okt. 1548, studierte in Freiburg im Breisgau, wirkte an der Konstanzer Domschule, hielt Verbindung zur Reformation (Basel, Straßburg, Wittenberg), führender Meister im Stil der niederländischen Chortradition, trug zu den Rhawschen Drucken früher protestantischer Kirchenmusik 4stimmige Antiphonen und Hymnen bei, auch Liedsätze zu Glaremans «Dodekachordon» (Basel 1547).

Distler, Hugo, * Nürnberg 24. Juni 1908, † Berlin 1. Nov. 1942, studierte in Leipzig (Grabner, Ramin), wurde 1931 Organist an St. Jakobi in Lübeck, 1933 Kompositions- und Orgellehrer in Stuttgart, seit 1940 in gleicher Eigenschaft und als Leiter des Staats- und Domchors in Berlin. Freitod wegen physischer Belastung der Zeitentwicklung und psychischer Überforderung. Erneuerer der evangelischen Kirchenmusik aus frühbarockem Stil und zeitgenössischem Geist. Bedeutsam als Chor- und Orgelkomponist. Hauptwerke: Choralmotette für 2 gemischte Chöre *Herzlich lieb hab ich dich, o Herr* (1931), *Deutsche Choralmesse* für 6stimmigen gemischten Chor (1932), *Kleine Adventsmusik* für 3stimmigen Kammerchor, Sprecher und Instrumente (1932), *Der Jahrkreis* (52 zwei- und dreistimmige Chormusiken, 1933), *Choralpassion* für 5stimmigen gemischten Chor und 2 Vorsänger (1933), *Die Weihnachtsgeschichte* für gemischten Chor und 4 Vorsänger (1933), *Geistliche Chormusik* (9 Motetten, 1934–1941), *Geistliche Konzerte* für hohe Stimme und Orgel (1938), *Neues Chorliederbuch* (Bauern-, Minnelieder, Kalendersprüche, 1936 bis 1938), Mörike-Chorliederbuch (für gemischten Chor, Männer- und Frauenchöre, 1939); ferner Orgelwerke (Partiten, Choralbearbeitungen, Spielstücke, Sonate), Kammermusik, Cembalokonzert (1936). Verfaßte eine *Funktionelle Harmonielehre* (1940).
LITERATUR: L. Palmer: H. D. (1967).

Ditters von Dittersdorf, Karl, * Wien 2. Nov. 1739, † Nové Dvory (Böhmen) 24. Okt. 1799, Österreicher, unter Gluck Violinist im Wiener Hoforchester, wurde 1765 Kapellmeister in Großwardein (Nachfolger von Michael Haydn), 1771 bis 1796 mit kurzen Unterbrechungen Kapellmeister in Johannisberg in Schlesien, war auch Forstmeister und Amtshauptmann in Freiwaldau. Liebenswürdiger Kleinmeister der Haydn-Mozart-Zeit, wesentlich als Wegbereiter der deutschen Komischen Oper. Schrieb über 100 Sinfonien (davon 12 über Ovids Metamorphosen) und Orchesterdivertimenti, 35 Solistenkonzerte, 12 Streichquintette, 8 Quartette (davon 2 mit Orchester), zahlreiche Trios, Duos, Klavier- und andere Sonaten, 28 Opern (*Doktor und Apotheker,* 1786), Messen, Kantaten, Oratorien *(Esther, Isaak, Hiob).*

Dobiás, Václav, * Radcice 22. Sept. 1909, Tscheche, Schüler von V. Novák und A. Habá, lehrt Komposition in Prag, ist seit 1955 Vorsitzender des tschechoslowakischen Komponistenverbandes. Nach anfänglichen Experimenten (auch mit Vierteltonmusik) kehrte er zu einer gemäßigten Linie zurück. Schrieb u. a. Sinfonien, zwei Kammersinfonien, Kammer- und Klaviermusik, Lieder und Chöre (Kantate *Stalingrad,* 1945).

Dohnányi, Ernö (Ernst von D.), * Preßburg 27. Juli 1877, † New York 9. Febr. 1960, Ungar, trat frühzeitig als Pianist und Komponist auf, studierte in Budapest, gefördert von Brahms, in Amerika und Europa als Pianist bekannt, seit 1908 Klavierprofessor in Berlin, seit 1915 in Budapest, dann in aller Welt tätig als Pianist, Dirigent, Lehrer, ließ sich nach 1949 in Amerika nieder. Als Komponist ist der «ungarische Brahms» Neuromantiker bei Wahrung der klassischen Formen, bei seinen «ungarisch» gefärbten Werken auf den Spuren Liszts, nicht Bartóks oder Kodálys. Hauptwerke: 3 Sinfonien (F-Dur, d-Moll, E-Dur, letzte 1948), *Sinfonische Minuten,* Klavierkonzerte e-Moll und b-Moll, Kinderliedvariationen für Klavier und Orchester, Cellokonzert D-Dur, Violinkonzerte C-Dur und d-Moll, *Ruralia Hungarica* (in 3 Fassungen: für Klavier, für Orchester, für Violine und Klavier), Ouvertüre zu *Zrinyi, Festouvertüre* (1923 aufgeführt zur Jahresfeier der Vereinigung von Buda und Pest zusammen mit Bartóks «Tanzsuite» und Kodálys «Psalmus Hungaricus»); ferner Klavierwerke (Variationen, Rhapsodien, Konzertetüden), Kammermusik in verschiedener Besetzung, Chorwerke *(Ungarisches Credo, Sang des Lebens),* Pantomimen (*Der Schleier der Pierrette,* 1910, nach Schnitzler; *Die heilige Fackel* mit der *Ruralia*-Musik, 1934), drei Opern, *Tante Simona* (1912, Text V. Heindl), *Der Turm des Wojwoden* (1932, Text H. H. Ewers), *Der Tenor* (1929, nach Sternheims «Bürger Schippel»). Ferner Liederkreise und Orchestergesänge.

Doles, Johann Friedrich, * Steinbach (Thüringen) 23. April 1715, † Leipzig 8. Febr. 1797, Schüler von Johann Sebastian Bach, 1744 Kantor in Freiberg, 1755 bis 1789 Thomaskantor in Leipzig, schrieb Oratorien, Messen, Passionen, Hunderte von Kantaten und Motetten, Lieder, Arien, Instrumentalwerke. Trotz aufrichtiger Bach-Verehrung lehnte er die Fuge in der Kirchenmusik ab, weil sie weder rühren noch erbauen könne.

Donizetti, Gaetano, * Bergamo 29. Nov. 1797, † ebenda 8. April 1848, Italiener, erhielt Unterricht in Gesang, Cembalo bei S. Mayr, und später in Kontrapunkt. Nach dem Erfolg seiner ersten Oper *Enrico* (1818) wandte er sich mehr und mehr dem Bühnenschaffen zu. In deutlicher Anlehnung an Rossini, aber reich an eigenen Einfällen, schrieb er in rascher Folge etwa 70 Opern, deren leichte und ansprechende Melodik ebenso wirkungsvoll ist wie die dramatische Kraft und empfindungsreiche Tiefe. Nach Bellinis Tod (1835) wurde er zum Herrscher der italienischen Oper. In seinen letzten Jahren war er geisteskrank. Von Bedeutung sind die folgenden Buffo-Opern *Der Liebestrank* (1832), *Die Regimentstochter* (1840), *Don Pasquale* (1843).

Dostal, Nico, * Korneuburg b. Wien 27. Nov. 1895, Östereicher, stammt wie Lehár aus einer Militärmusikerfamilie, studierte Jura und Musik, wurde Kapellmeister und Arrangeur, schrieb seit 1933 einfallsreiche Operetten, denen beachtliche Messen und Lieder vorangegangen waren. Hauptwerke die Operetten *Clivia* (1933), *Die Vielgeliebte* (1934), *Prinzessin Nofretete* (1935), *Extrablätter* (1937), *Monika* (1937), *Die ungarische Hochzeit* (1938), *Flucht ins Glück* (1940), *Die große Tänzerin* (1941), *Eva im Abendkleid* (1941), *Manina* (1942), *Kurier der Königin* (1950), *Zirkusblut* (1951), *Doktor Eisenbart* (1952), *Der dritte Wunsch* (1953). Auch Filmmusik (u. a. *Kaiserwalzer, Fiakerlied, Geierwally*).

Dowland, John, * Dalkey bei Dublin Dez. 1562, † London 21. Jan. 1626, Engländer, Madrigalist und Lautenist, jahrelang auch in kontinentalen Ländern tätig (Kassel, Venedig), bekannt vor allem durch seine *Books of Songs or Ayres* (erschienen seit 1597), vierstimmige Gesänge, auch für Laute eingerichtet, sowie die *Lachrymae* (Sieben Tränen, dargestellt in sieben Pavanen) für Laute und Violinen oder Violen, fünfstimmig. Einer der bedeutendsten Musiker Englands.

Draghi, Antonio, * Rimini 1635, † Wien 16. Jan. 1700, Italiener, wirkte 42 Jahre lang bis zu seinem Tode in Wien, zuletzt als «Intendant der Theatermusiken der christlichen Majestät», schrieb 172 Opern (darunter *Penelope,* 1670; *Lucrezia,* 1675; *Alceste,* 1699), meist auf Texte von Minato, 43 Oratorien, *Rappresentazione sacre,* Messen und andere, vielfach tonmalerische Kirchenmusik.

Draeseke, Felix, * Coburg 17. Okt. 1835, † Dresden 26. Febr. 1913, studierte in Leipzig, wirkte auch dort, ebenso in Berlin, Dresden und Lausanne, von wo aus er größere Reisen nach Spanien, Italien und Frankreich unternahm. 1884 Lehrer am Dresdener Konservatorium. Bekannt auch als leidenschaftlicher Schriftsteller (*Die Konfusion in der Musik,* 1906, gegen Richard Strauss). Suchte Altklassisches, Klassisches, Neudeutsches und Nachromantik zu einem Eigenstil zu verarbeiten, ohne zu einem verbindlichen Ergebnis zu gelangen. Schrieb mehrere Opern, ein umfangreiches Mysterium *Christus* (3 Teile und ein Vorspiel, erste Gesamtaufführung 1912), zwei Messen (eine a cappella), ein Requiem h-Moll, mehrere weltliche und geistliche Kantaten, vielstimmige Psalmen, zahlreiche Chöre und Lieder, vier Sinfonien, eine Orchesterserenade, sinfonische Vorspiele *(Das Leben ein Traum, Penthesilea),* ein Klavierkonzert, zwei Quintette, drei Streichquartette, Duosonaten, Sonaten, Fugen usw. für Klavier. Lehrbücher: *Der gebundene Stil* (1902); *Anweisung zum Modulieren* (1875).

Dresden, Sem, * Amsterdam 20. April 1881, † Den Haag 30. Juli 1957, Holländer, Pfitzner-Schüler, später selbst geschätzter Lehrer (u. a. von Henk Badings), 1924–1936 als Leiter der Amsterdamer und 1937–1949 als Leiter des Haager Konservatoriums. Schrieb zahlreiche Konzerte (Flöte, Oboe, Klarinette, Violine, Klavier), sehr viel Kammermusik in verschiedener Besetzung, große Chorwerke (*Chorus sinfonicus,* 1955; Oratorien *Der heilige Antonius,* 1953; *Der heilige Georg,* 1956), Lieder, leicht impressionistisch. Schrieb auch eine *Geschichte des Musiklebens in den Niederlanden seit 1800* (1923).

Driesch, Kurt, * Heidelberg 15. Mai 1904, kompositorisch in Leipzig (Kehl) und Köln (Jarnach, Braunfels) ausgebildet, nach anfänglicher Korrepetitoren- und Kapellmeistertätigkeit seit den dreißiger Jahren freischaffend in Köln lebend, auch musikkritisch tätig; Auftragswerke des WDR, der Gürzenich-Konzerte und der Oper; Expressionismus und – bedingt – serielle Musik stellen Stilkomponenten in seinem verzweigten Schaffenswerk dar; unter den seit Kriegsende entstandenen Kompositionen befinden sich Sinfonien, Divertimento, Cassation, *Drei Reihen* für Orchester, die Kammeroper *Der Großindustrielle* (Köln, Dresden 1953) und *Die Frühglocke,* eine *Oper für Schauspieler* (1966); 5 Streichquartette.

Driessler, Johannes, * Friedrichsthal bei Saarbrücken 26. Jan. 1921, bereits als Schüler im Organistendienst, Unterricht bei W. Maler, Lehrer und stellvertretender Leiter der Detmolder Akademie. Bleibt als Komponist auch im kontrapunktischen Satz und in polytonaler Harmonik traditionsnah. Schrieb Oratorien (bekannt geworden *Dein Reich komme,* 1950), Kantaten (u. a. *Triptychon,* 1950; *Balduin Brummsel,* 1952), Chöre a cappella (Motette *Darum wachet,* 1958), *Altenberger Messe* (1955), Lieder, Orchesterwerke, Konzerte, Kammer- und Klaviermusik, auch 2 Opern (*Claudia Amata,* 1952; *Prinzessin Hochmut,* 1952); Konzert für Streichtrio und Orchester 1965; 3 Sinfonien (1964, 1966, 1969).

Dserschinski, Iwan Iwanowitsch, * Tambow 9. April 1909, Russe, führender Musikpolitiker der Sowjetunion, schreibt betont Werke im Stil des sozialistischen Realismus, vor allem Opern (darunter *Der stille Don* nach Scholochow, 1935; *Blut des Volkes,* 1942; *Sturm,* 1955), Liederzyklen, Klavier-, Chor- und Orchesterwerke, Schauspiel- und Filmmusiken.

Dufay, Guillaume, * vermutlich in Fay bei Cambrai um 1400, † Cambrai 27. Nov. 1474, Niederländer, war lange Jahre als Kapellsänger in Italien (1428 bis 1437 in der päpstlichen Kapelle zu Rom, dann Florenz, Bologna, Savoyen), seit 1451 als Kanonikus vorwiegend in Cambrai. Einer der Begründer der Chorpolyphonie, benutzte u. a. Dunstables Fauxbourdontechnik («Sextakkorde»), ging jedoch darüber hinaus, indem er den bisher als Harmonieträger wirkenden Tenor-Cantus firmus in ein vierstimmiges Klanggewebe einführte und dafür einen zweiten «Tenor» als Harmonieträger hinzufügte (frühe Erscheinungsformen der Tonalharmonika bei Wechsel von kleiner und großer Terz). Dazu tritt in späten Werken ein ständiger Wechsel in Melodie und Rhythmus, so daß ein reichbewegtes polyphones Klangbild entstand, gleichzeitig Annäherung von geistlicher und weltlicher Musik. Hauptwerke: Tenor- und andere Motetten, Messezyklen, höfische und gesellige Lieder (meist dreistimmig; hier ist der französische und italienische Einfluß besonders spürbar in der Leichtigkeit der Melodik).

Dukas, Paul, * Paris 1. Okt. 1865, † ebenda 17. Mai 1935, Franzose, vereinigt in seinem Werk etwa die Sprache von C. Franck, R. Wagner und C. Debussy, schmilzt die Bestandteile um zu einem eigenwüchsigen, rhythmisch gestrafften, glänzend instrumentierten Stil. Schloß um 1912 sein Schaffen im wesentlichen ab, wirkte jedoch weiter als einflußreicher Lehrer, seit 1928 als Leiter einer Kompositionsklasse am Conservatoire. Hauptwerke: Ouvertüre zu Corneilles «Polyeucte» (1892), Sinfonie C-Dur (1897), *Der Zauberlehrling* (1897, noch heute vielgespielte sinfonische Dichtung nach Goethe), das lyrische Märchen *Ariane und Blaubart* (1906, nach Maeterlinck), die Tanzdichtung *La péri* (1911, mit der vielfach nachgeahmten Fanfare des Beginns), Klavier- und Gesangskompositionen. Aus seinem Nachlaß erschienen gesammelte Kritiken: *Écrits sur la musique* (1948).

Dulichius, Philipp, getauft Chemnitz 18. Dez. 1562, begraben Stettin 25. März 1631, studierte an der Leipziger Universität, wirkte seit 1587 als Kantor in Stettin; Großmeister der Motette (mehr als 250 5- bis 8stimmige Motetten), stilistisch Orlando di Lasso und den Venezianern nahestehend (Neuausgaben).

Dunajewski, Isaak Ossipowitsch, * Lochwiza (Poltawa) 30. Jan. 1900, † Moskau 25. Juli 1955, Russe, in Charkow ausgebildeter Theatermusiker, auch in Leningrad und ab 1944 in Moskau tätig, Massenerfolg mit russischen Operettenliedern und jazzoiden Filmschlagern («Schöpfer des sowjetischen Jazz»).

Duni, Egidio Romualdo, * Matera 9. Febr. 1709, † Paris 11. Juni 1775, Italiener, Sproß einer Musikerfamilie, wirkte in Italien, vorübergehend auch in Wien, hatte Erfolg mit Opern (vielfach auf Texte von Metastasio und Goldoni), siegte 1735 mit *Nero* über Pergolesi, ging 1757 nach Paris und wurde dort mit seinen Bühnenwerken, in denen er italienisches Buffo mit dem französischen Stil verschmolz, einer der Begründer der französischen komischen Oper. Schrieb neben kirchlichen Werken zahlreiche Singspiele, in der Pariser Zeit u. a. die in ganz Europa gespielten *Les deux chasseurs et la laitière* (1763), *La clochette* (1766), *Les moissonneurs* (1768), *Les sabots* (1768). Textdichter vor allem Anseaume und Favart.

Dunstable, John, * um 1380, † Walbrook bei London 24. Dez. 1453, Engländer, baute den aus der engl. Volksmusik stammenden «Fauxbourdon» (Begleitung durch Terzen und Sexten) weiter aus, wies der Dissonanz eine neue, mehr auszierende Stellung zu, machte das melodische Geschehen geschmeidiger, zugleich aber auch charakteristischer (Terz- und Quintsprünge), das Kirchenlied durch freie Umspielung und Veränderung «weltlicher» oder volksnäher und wurde so zum Schöpfer eines englischen Motettenstils von zugleich harmonisch-akkordischer wie polyphoner Art. Von ihm erhalten sind hauptsächlich (isorhythmische) Motetten, Tenormessen, in denen ein gemeinsamer Cantus firmus alle Messesätze verbindet, 3stimmige italienische Ballade.

Dupré, Marcel, * Rouen 3. Mai 1886, † Meudon 30. Mai 1971, Franzose, stammt aus einer Organistenfamilie, als Zwölfjähriger bereits Organist, studierte in Paris (Rom-Preis), berühmter Orgelspieler, Improvisator und Lehrer. Schrieb vorwiegend Orgelwerke, darunter *Sinfonie-Passion* (1924) und *Kreuzesweg* (1932), auch Konzertwerke für Orgel und Orchester, Oratorien, Kammer-, Klavier-, Vokalmusik. Verfasser eines vielbeachteten Werkes über die Orgelimprovisation (1924).

Durante, Francesco, * Frattamaggiore bei Neapel 31. März 1684, † Neapel 30. Sept. 1755, Italiener, von Rousseau bezeichnet als «größter Harmoniker der Welt», gelehrter Komponist der neapolitanischen Schule; bemerkenswert, daß er in der Zeit der allgemeinen Opernüberfülle keine Oper schrieb; erhalten sind viele kirchliche Kompositionen, polyphone Cembalostücke; viel benutzt die Solfeggi für zwei Stimmen.

Duschek, Franz Xaver, * Chotebor 8. Dez. 1731, † Prag 12. Febr. 1792, böhm. Komponist und Pianist, schrieb Konzerte, Sonaten, Variationen für Klavier, befreundet mit Mozart, der bei Duschek *Don Giovanni* beendete und für seine Frau Josepha D. Konzertarien schrieb.

Dussek, Johann Ladislaus, eigentlich Wenzel J. Dusík, * Časlau (Böhmen) 12. Febr. 1760, † Saint-Germain-en-Laye 20. März 1812, Böhme, Klaviervirtuose, schrieb fast ausschließlich Werke für oder mit Klavier, u. a. 13 Klavierkonzerte, 15 Klaviertrios, etwa 80 Klavier-Violin-Sonaten, 62 Klaviersonaten (u. a. *Lebewohl*); blieb mit kleineren Stücken bekannt, auch mit einer Klavierschule (1796 u. ö.).

Dutilleux, Henri, * Angers 22. Jan. 1916, Franzose, studierte am Pariser Konservatorium (Busser, Gallon), erhielt 1938 den Großen Rom-Preis, schloß sich keiner Gruppe oder Kompositionsrichtung an, wurde außer mit dem Ballett *Le loup* (1953, für Roland Petit) mit sinfonischen und konzertanten Werken bekannt (1969 Cellokonzert für Rostropowitsch).

Dvořák, Anton (Antonín), * Nelahozeves bei Prag 8. Sept. 1841, † Prag 1. Mai 1904, Tscheche, Gastwirtssohn, ging als Sechzehnjähriger nach Prag, um dort an der von K. F. Pitsch geleiteten Organistenschule zu studieren, war Geiger, 1862 Bratscher am Nationaltheater. 1873 gewann er durch die Komposition eines Hymnus für Chor und Orchester ein Staatsstipendium. Wurde Lehrer am Prager Konservatorium, 1892–1895 Leiter des National Conservatory in New York, 1901 Direktor des Nationalkonservatoriums in Prag. Zu seinen Schülern zählten Novák, Suk und Karel. Der «böhmische Brahms» hat den von Smetana gewiesenen Weg zur nationaltschechischen Kunstmusik verbreitert; auch er ging von der Volksmusik aus. Sein Gesamtwerk umfaßt 115 Opuszahlen und weitere 30 Stücke ohne Opuszahl. Eine wissenschaftliche (Prager) Gesamtausgabe ist seit 1954 im Erscheinen. Ein thematisches Werkverzeichnis legte J. Burghauser 1960 vor.

ORCHESTERWERKE

Sinfonien: Insgesamt neun (in Klammern die Angabe der alten Zählung):

Nr. 1 (8) in c-Moll ohne Opuszahl (1865), ursprünglich op. 3.

Nr. 2 (9) in B-Dur, op. 4 (1865).

Nr. 3 (6) in Es-Dur, op. 10 (1873).

Nr. 4 (7) in d-Moll, op. 13 (1874).

Nr. 5 (3) in F-Dur, op. 76 (1875).

Nr. 6 (1) in D-Dur, op. 60 (1880).

Nr. 7 (2) in d-Moll, op. 70 (1885).

Nr. 8 (4) in G-Dur, op. 88 (1889), *Die Englische.*

Nr. 9 (5) in e-Moll, op. 95 (1893), *Aus der Neuen Welt.*

Weltrang hat die 9. Sinfonie erreicht, in der der Komponist Stimmungen und Eindrücke seiner amerikanischen Jahre niedergelegt hat. Es ist «Unsinn, daß ich Originalmelodien gebraucht habe; ich habe nur im Geist dieser Nationalmelodien komponiert», sagte Dvořák selbst. Vier Sätze: Allegro molto (gemischt aus «amerikanischen» Eindrücken und «tschechischen» Erinnerungen, beherrschend ein auf- und absteigendes Hornthema), Largo (ursprünglich «Legende» genannt), Molto vivace (Scherzo, Indianertanz und zwei heimatliche Walzer), Allegro con fuoco (engstufiges, von Hörnern und Trompeten angestimmtes Thema der «Neuen Welt», dann böhmische Weise der Klarinette).

Sinfonische Dichtungen: Opuszahlen 107 bis 111 (1896–1899): *Der Wassermann, Die Mittagshexe, Das goldene Spinnrad, Die Waldtaube, Heldenlied.*

Ouvertüren: Den sinfonischen Dichtungen nahestehend: *Mein Heim,* op. 62, *Husitská,* op. 67, *In der Natur,* op. 91, *Karneval,* op. 92, *Othello,* op. 93.

Andere Orchesterwerke: Sinfonische Variationen (op. 78), *Neue slawische Tänze,* op. 72, *Slawische Rhapsodien,* op. 45, Serenade für Streichorchester, op. 22, Notturno für Streichorchester, op. 40, Scherzo capriccioso, op. 66.

Konzerte: Violinkonzert a-Moll, op. 53 (1883), Cellokonzert h-Moll, op. 104 (1896), ein zweites in A-Dur ursprünglich mit Klavier (umgearbeitet von G. Raphael), Klavierkonzert g-Moll, op. 33 (1876).

KAMMERMUSIK

Klaviertrios in B-Dur, op. 21, in g-Moll, op. 26 (beide 1875), in f-Moll, op. 65 (1883) und *Dumky,* op. 90 (1891, sechsmal eine Dumka).

Klavierquartette in D-Dur, op. 23 (1875, mit Variationen im langsamen Satz) und Es-Dur, op. 87 (1887, vier durch ein Grundmotiv verklammerte Sätze).

Streichquartette: Insgesamt 14 (einschließlich der unvollendeten und der nicht gedruckten). Die bedeutendsten sind:

d-Moll, op. 34 (1877), Brahms gewidmet, nationalmusikalische Anklänge (Scherzo-Polka).

Es-Dur, op. 51 (1879), im Auftrag geschrieben als «slawisches Streichquartett»; im 2. Satz eine Dumka.

C-Dur, op. 61 (1881).

F-Dur, op. 96 (1895), erstes der drei «amerikanischen Streichquartette».

G-Dur, op. 106 (1895), Vogelrufthema des Kopfsatzes, *Indianisches*, Landschaftsstimmungen.
As-Dur, op. 105 (1895), Scherzo enthält tschechischen Furiant; Lento: Dankgesang an die Heimat, polyphon geführt, übergreifend in das Finale.
Quintette: Streichquintett a-Moll, op. 1 (nicht veröffentlicht, geschrieben 1861); Streichquintett G-Dur, op. 77 (1875), für zwei Violinen, Bratsche, Cello, Kontrabaß. Streichquintett Es-Dur, op. 96 (1893): 2 Violinen, 2 Bratschen, Cello, Mischung «indianischer und tschechischer» Themen; Larghetto: Variationenkette über ein Thema, das ursprünglich für eine nordamerikanische Hymne bestimmt war.
Klavierquintett A-Dur, op. 81 (1887), im Mittelteil Dumka und Furiant.
Streichsextett A-Dur, op. 48 (1878); mit Dumka und Furiant (je 2 Violinen, Bratschen, Celli).
KLAVIERMUSIK
Vierhändig: Slawische Tänze, op. 46 (1878) und op. 72 (1886), 16 Stücke in der Art von Brahms' «Ungarischen Tänzen»; Legenden, op. 59 (1881); *Aus dem Böhmer Wald*, op. 68 (1883/84).
Zweihändig: Zu erwähnen sind: 4 Klavierstücke, op. 52 (1881); 6 Mazurkas, op. 56 (1880).
Thema und 8 Variationen, op. 36 (1876).
13 Poetische Stimmungsbilder, op. 85 (1889).
8 Humoresken, op. 101 (1894).
Walzer, Schottische und Böhmische Tänze.
OPERN
Das Opernschaffen Dvořáks bildet einen wesentlichen Bestandteil der tschechischen Spielpläne.
König und Köhler, op. 14 (1871, umgearbeitet 1874 und 1887, Text von B. Guldiner), komische Oper, Einflüsse von Wagner, Lortzing und Weber, tschechische Volksmusik.
Der Bauer ein Schelm, op. 37 (1878, Text von J. O. Veselý), inhaltlich Mozarts «Figaro» ähnlich.
Dimitri, op. 64 (1882, Text von Marie Cervinka-Rieger, auf Wunsch von E. Hanslick ein Jahr später umgearbeitet), vier Akte, inhaltlich eine Fortsetzung von Mussorgskis «Boris».
Rusalka, op. 114 (1901, Text von Jaroslav Kvapil), lyrisches Märchen in drei Aufzügen, inhaltlich das Erlebnis einer Wassernixe bei den Menschen, halb Undine und halb Melusine, zeigt neben wagnerscher Leitmotivik charakteristische Züge romantischer Nummernopern, auch Volkstümliches und Färbungen nach Art des französischen Impressionismus. Bekannteste Oper.
VOKALWERKE
Während Dvořáks Lieder im wesentlichen in seiner Heimat gesungen wurden, hatte er mit einigen seiner großen Chorwerke auch im Ausland Erfolge, besonders in England.
Die heilige Ludmilla, op. 71 (1886 in England), Bekehrungsoratorium, im 3. Teil mit altslawischer Kirchenmusik durchsetzt.
Die Geisterbraut, op. 69 (1885 in England), Balladenkantate.
Kantate *The American flag*, op. 102 (1895, New York).
Stabat mater, op. 58 (1883 in England).
Requiem, op. 89 (1891 in England).
Tedeum, 149. Psalm, D-Dur-Messe; Chöre, op. 28, 29, 43.
Zahlreiche Lieder der Opuszahlen 2, 3, 5, 7, 9, 17, 19, 31, 50, 82, 83, 89 (darunter serbische, böhmische, neugriechische, lateinische, Volks- und Zigeunerlieder) und Duette, op. 20, 32, 38.
LITERATUR: O. Sourek: A. D. Briefe und Erinnerungen (1954); Gesamtausgabe (Prag, seit 1955).

Eberl, Anton, *Wien 13. Juni 1765, †ebenda 11. März 1807, Österreicher, Schüler Mozarts, mit dem er vielleicht auch befreundet war. Als Komponist und Pianist seinerzeit in Wien und Petersburg hoch geachtet, vielfach mit Beethoven verglichen; einige Werke wurden lange Mozart zugeschrieben. Schrieb vorwiegend Instrumentalmusik, auch Bühnenmusik und Zauberopern.

Eberlin (Eberle), Johann Ernst, *Jettingen (Kr. Günzburg) 27. März 1702, †Salzburg 21. Juni 1762, Hof- und Domkapellmeister sowie Organist des Erzbischofs von Salzburg, fruchtbarer, ausdrucksstarker barocker Kirchenkomponist (Messen, Oratorien, Psalmen, Motetten); Leopold Mozart würdigte ihn als gleichrangig mit A. Scarlatti und Telemann. Seine Oratorien erleben neuerdings Wiederaufführungen und Nachdrucke.

Eccard, Johannes, * Mühlhausen (Thüringen) 1553, † Berlin 1611, Hofkapellist und Lasso-Schüler in München, kam über Fuggerdienste (Augsburg) nach Königsberg und Berlin (Kurfürstlicher Kapellmeister); trug Bedeutendes zur protestantischen Kirchenmusik bei, u. a. 4- bis 5stimmige geistliche Lieder, auch 5- bis 8stimmige *Preußische Fest-Lieder*. Erlebte im Zug der Erneuerung der deutschen evangelischen Kirchenmusik im 20. Jahrhundert eine Aufführungsrenaissance.

Eder, Helmut, * Linz (Donau) 26. Dez. 1916, Österreicher, Orff- und David-Schüler, Kompositionsprofessor in Linz (1959 Studio für Elektronische Musik), seit 1967 in Salzburg, schrieb *Concerto semiserio* für 2 Klaviere und Orchester, Violinkonzert, Oboenkonzert (für Heinz Holliger), eine Oper *Oedipus* (nach Sophokles), die Fernsehoper *Der Kardinal* und das Ballett *Die Irrfahrten des Odysseus* (1965); Psalm 83 (1965) für Kammerchor; Sinfonien, Kammermusik.

Egk, Werner, urspr. W. Josef Mayer, * Auchsesheim bei Donauwörth 17. Mai 1901, Sohn eines Lehrers, studierte in Frankfurt am Main und München (u. a. bei C. Off), schrieb frühzeitig Bühnen- und Rundfunkmusik, 1936–1940 Kapellmeister an der Berliner Staatsoper, 1950–1953 Direktor der Hochschule für Musik in Berlin-Charlottenburg, lebt seither vorwiegend seinem Schaffen, auch als Opern- und Konzertdirigent; seit 1969 Präsident des Deutschen Musikrates; wohnhaft in Lochau bei München. Egk gehört keiner Richtung an. Was er an Anregungen durch Strawinski, Orff und neuere Franzosen empfangen hat, was in seinen Werken an bayrischen Volksweisen anklingt, entspricht seiner künstlerischen Persönlichkeit. Kern dieser Wesensart ist der angeborene Sinn für dramatische Situationen und ihre klangsichere Gestaltung. So entsteht – bei Wahrung der Tonalität – in Harmonie, Thematik, Rhythmik, Klang und Farbe ein von Fall zu Fall wechselnder Stil. Egk begnügt sich nicht damit, die dramatische Situation zu erfassen, er will sie auch dem Hörer mitteilen, will (musikalisch und ethisch) wirken. Mit solcher Zielsetzung zieht er einen Trennungsstrich zwischen sich und den esoterischen Bemühungen mancher Komponistenkreise.

OPERN

Die Zaubergeige (1935, Text nach Pocci von L. Andersen und W. Egk). Konturierte Melodik, oberbayrische Tanzrhythmen (Zwiefache), Einfärbung der Tonalität durch Mischklänge.

Peer Gynt (1938, Text nach Henrik Ibsen vom Komponisten). Eingebaute dramatische Ballette, so *Clownerie, Akrobatik und Groteske* in den Trollszenen, Tango und Commedia dell'arte in der Kaschemme.

Columbus (1942, *Bericht und Bildnis*, Text vom Komponisten, ursprünglich Funkoper, 1933), szenisches Oratorium: Columbus beim König – Columbus bei der Königin – Das Konzil – Die Anwerbung – Abschied und Ausfahrt – Überfahrt und Landung – Jubel in Spanien – Verschwörung und Verrat – Der Tod des Columbus.

Circe (1948, Text nach Calderón vom Komponisten). Ulysses mit seinen schiffbrüchigen Gefährten bei der Zauberin Circe, wirkliche und gespielte Liebe, Schelmenszenen und Geistererscheinungen, eingebaute Ballette und Pantomimen. Bis zur Mehrtonalität reichende moderne Barockoper. – Neufassung 1966 (*17 Tage und 4 Minuten*, burleske Oper).

Irische Legende (1955, nach dem Schauspiel «Gräfin Cathleen» von W. B. Yeats vom Komponisten). Verwendung von vier (alle zwölf Töne umfassenden) Grundakkorden und von charakterisierenden melodischen Skalen. 1956/57 musikalisch-dramaturgisch gestrafft.

Der Revisor (1957, Text nach Gogols Komödie vom Komponisten). Opera buffa. Sekkorezitative, «Nummern» wie in der alten Oper (Gratulationsnonett), auch a cappella.

Das Zauberbett (1958, Komödie, als *Parergon* zu Calderóns «El major en-

canto amor», woraus Egk auch den Stoff zu seiner *Circe* nahm).
Die Verlobung in San Domingo (1963, nach einer Novelle von Kleist, Text vom Komponisten). Zwei Akte, ohne Chor und Ballett.
BALLETTE
Joan von Zarissa (1940), dramatische Tanzdichtung über den Don-Juan-Stoff in vier Bildern. Auch Konzertsuite.
Abraxas (1948), fünf Bilder aus dem alten Faust-Stoff (nach Heine). Wurde nach der Uraufführung in München vorübergehend vom Spielplan abgesetzt, weil das Sinnliche für Selbstzweck gehalten, nicht als magische Kraft verstanden wurde. – Ebenfalls Konzertsuite.
Ein Sommertag (1950), Idee von P. Strecker, Tanzdichtung nach Themen von Clementi und Kuhlau. Daraus die Suite *Kuhlau-Divertimento.*
Die chinesische Nachtigall (1953), nach dem gleichnamigen Märchen von H. Ch. Andersen.
Ballett der Farben (1953), gegenstandslos. Nachträgliche Tanzgestaltung (Lisa Kretschmar) des 1952 uraufgeführten Orchesterwerks *Allegria;* Ouvertüre – Marsch – Arie – Finale.
Danza, Variationen über ein karibisches Thema (1960), für Orchester. Nachträgliche Choreographie (Heinz Rosen).
Casanova in London (München 1969, Choreographie Jeanine Charat).
VOKALWERKE
Natur – Liebe – Tod (1937), sogenannte «Göttinger Kantate» für Bariton und Kammerorchester, nach Gedichten von Hölty.
Mein Vaterland (1937), Hymne für einstimmigen Chor und Orchester, nach Worten von Klopstock.
Variationen über ein altes Wiener Strophenlied (1938), für Koloratursopran und Orchester, komponiert als Einlage zu Rossinis «Barbier».
3 Chansons aus dem Ballett *Joan von Zarissa* (s. o.), für 10stimmigen Chor a cappella oder mit Orchester, nach Gedichten von Charles d'Orléans.
La tentation de Saint Antoine (1947), nach Weisen und Versen des 18. Jahrhunderts, für Altstimme und 4 Streicher; 1952 auch für Altstimme, Streichquartett und Streichorchester.
Chanson et romance (1953), nach verschiedenen französischen Dichtern für Koloratursopran und kleines Orchester.
ORCHESTERWERKE
Georgica (1934), 4 Bauernstücke.
Geigenmusik mit Orchester (1936), der *Georgica* verwandt.
Olympische Festmusik (1936), zur Aufführung im Freien: Einzug der Jünglinge – Waffentanz – Totenklage – Hymne. (Mit der Goldenen Olympia-Medaille, Berlin 1936, ausgezeichnet.)
Orchestersonate (1948), Mittelstück ein Andante, Ecksätze, Allegri.
Französische Suite nach Rameau (1950), Ausgangspunkt sind Klavierstücke von Rameau, fünf verschiedengeartete Tanzsätzchen.
Allegria (1952), vgl. oben *Ballett der Farben.*
Danza (1960), vgl. unter Ballett.
2. Orchestersonate (1969).
Moira, Musik in C (1972).
KLAVIERMUSIK
Klaviersonate (1948), fünfsätzig, vielfach zweistimmig, thematische Grundformeln, rhythmische Verästelung.
LITERATUR: Werner Egk, Musik – Wort – Bild. Texte und Anmerkungen, Betrachtungen und Gedanken. – Gesammelte Aufsätze zu Themen und Fragen seiner Werke und zum Kunst- und Musikleben der Gegenwart (1960); Autobiographie *Die Zeit wartet nicht* (1973).

Eimert, Herbert, *Bad Kreuznach 8. April 1897, †Düsseldorf 15. Dez. 1972, Musikologe und Komponist, studierte in Köln Musik und Musikwissenschaft (Dr. phil.), wirkte dort als Kritiker, gründete und leitete 1951–1965 ein «Studio für Elektronische Musik» beim WDR und übernahm 1965 einen Lehrauftrag für Elektronische Komposition bei der Hochschule für Musik ebenda (Titularprofessor); schrieb eine *Atonale Musiklehre* (1924, [5]1962), ein *Lehrbuch der Zwölftontechnik* (1950 u. ö.) und gibt seit 1955 mit K. H. Stockhausen «die reihe, information über serielle musik» heraus; komponierte bereits 1926 eine *Tanzmusik* für mechanische Instrumente, zu seinen elektronischen Arbeiten zählen u. a. *Etüden über Tongemische* (1954), *Requiem für Aikichi Kuboyama* (1957; mit Sprechstimme und Mundharmonika), *Selektion I* für 4 Lautsprechergruppen (1960), *Epitaph* (1963). Schrieb (mit H. U. Humpert) *Das Lexikon der elektronischen Musik* (1973).

Einem, Gottfried von, * Bern 24. Jan. 1918, Österreicher, 1938 Korrepetitor an der Berliner Staatsoper und musikalischer Assistent in Bayreuth, studierte 1942 bei Boris Blacher, war 1944 an der Dresdner Staatsoper, seit 1948 in der Leitung der Salzburger Festspiele, 1963 bis 1973 Kompositionsprofessur an der Wiener Musikakademie. Sinn für dramatische Situationen, vor allem für dramatische Einzelcharakterisierung. Als Musikdramatiker verzichtet er auf Wagners psychologische und leitmotivisch-sinfonische Art, schreibt sogar ausgesprochene Nummernopern, orchestriert etwa auf der Grundlage von Schreker–Strauss, rhythmisch von Strawinsky beeinflußt, mehrtonale Schreibweise. Schrieb u. a. die Opern *Dantons Tod* (1947, nach Büchner von B. Blacher und dem Komponisten; Neufassung 1956), *Der Prozeß* (1953, nach Kafka und B. Blacher und H. von Cramer), *Der Zerrissene* (1964, nach Nestroy); *Der Besuch der alten Dame* (1971, nach T. Williams), *Kabale und Liebe* (1976, nach F. Schiller), *Jesu Hochzeit* (1980, Mysterienoper, nach Lotte Ingrisch), die Ballette *Turandot* (1944, nach Gozzi), *Rondo vom goldenen Kalb* (1952), *Pas de cœur oder Tod und Auferstehung einer Ballerina* (1952), *Alpbacher Tanzserenade* (1954), *Medusa* (1957), ein Orchestercapriccio (1943), die *Orchestermusik* (1948), eine Serenade für doppeltes Streichorchester (1950), Ballade für Orchester (1957), *Sinfonische Szenen* (1958), *Philadelphia Symphony* (1960), *Hymnus* für Altsolo, Chor und Orchester, Hafis-Lieder, Kammer- und Klaviermusik, auch ein Klavierkonzert (1956, für Gerty Blacher-Herzog).
Schriften: Komponist und Gesellschaft (1967). Biographie: D. Hartmann, G. v. E. (1967).

Eisler, Hanns, * Leipzig 6. Juli 1898, † Berlin (Ost) 6. Sept. 1962, Schüler von Schönberg und Webern, seit 1938 in der amerikanischen Emigration, kehrte 1948 nach Deutschland zurück und lebte in Ost-Berlin, tätig am Staats-Konservatorium, der heutigen Hanns-Eisler-Hochschule für Musik; schrieb u. a. Zwölftonkompositionen (Klaviersonate, Variationen), Orchester- und Kammermusik, später – etwa beginnend mit den *Zeitungsausschnitten* für Gesangsstimme und Klavier, op. 9 – Opern. Filmmusik, Chöre, Lehrstücke, in denen er das Musikalische in den Dienst seiner politischen Anschauung stellte. Schrieb 1947 *Composing for the films* und gab 1961 *Eine Auswahl von Reden und Aufsätzen* heraus; 1973 folgte *Musik und Politik* (Schriften I, 1924–1948, herausgegeben von G. Mayer).

Elgar, Sir Edward, * Broadheath bei Worcester 2. Juni 1857, † Worcester 23. Febr. 1934, Engländer, Autodidakt, der sich verhältnismäßig spät durchsetzte, kam als Komponist von der Hochromantik und den Neudeutschen (einschließlich Wagner) her. International bekannt wurden seine bedeutendsten Werke von Deutschland aus (R. Strauss). Leitete für England eine neue Epoche ein. – Schrieb Sinfonien, sinfonische Dichtungen, Konzerte und zahlreiche andere Orchesterkompositionen (*Enigma variations* [Rätselvariationen] über ein eigenes Thema, so genannt, weil er in ihnen ohne Namensangabe eigene Bekannte charakterisierte, 1899); Oratorien wie *Der Traum des Gerontius* (Düsseldorf 1902) und andere Vokalwerke (z. B. *Szenen aus Oberbayern* auf Texte bayrischer Volkslieder), Lieder, Kammer- und Klaviermusik, Bühnenmusik.

Elsner, Jósef, * Grottkau (Schlesien) 1. Juni 1765, † Warschau 18. April 1854, Wahlpole, bedeutender Anreger und Organisator (begründete eine Gesangsschule, aus der 1821 das Warschauer Konservatorium hervorging), Lehrer Chopins; schrieb 34 Bühnenwerke (Opern, Schauspielmusiken, Liederspiele, Ballette); ferner Orchester-, Kammer-, Klavier- und vielaufgeführte Kirchenmusik.

Enescu, George (frz. Georges Enesco), * Liveni (Rumänien) 19. Aug. 1881, † Paris 4. Mai 1955, Rumäne, studierte in Wien, dann in Paris (bei Massenet, Gédalge), wo er sich später niederließ und seine Kompositionen als Georges Enesco veröffentlichte; berühmter Geiger und Dirigent; als Komponist griff er auf klassische Formprinzipien zurück bei farbigem Klang. Schrieb u. a. Sinfonien, Suiten, zwei *Rumänische Rhapsodien* (1901/02), Konzerte, Kammermusik, die Oper *Ödipus* (1937).

Engelmann, Hans Ulrich, * Darmstadt 8. Sept. 1921, studierte bei Fortner, Křenek und Leibowitz, promovierte 1952 mit einer Arbeit über Bartóks «Mikrokosmos» zum Dr. phil.; stark rhythmisch bestimmt, in späteren Werken unorthodoxer Zwölftöner, Erweiterung der Reihentechnik auch auf die rhythmischen Vorgänge. Für Orchester u. a.: Musik für Streicher, Blech, Schlagzeug (1949), Fantasie (1952), Komposition in vier Teilen (1953), Partita (1954), Strukturen (1956, *Den Taten der neuen Bildhauer*), fünf Orchesterstücke aus *Magog* (1956), Impromptu (1956), Polifonica (1957), Nachtstücke (1958), *Trias* für Klavier, Orchester und Tonband (1962), *Shadows* (1965), *Eidophonie* (1965), *Ezra Pound music* (1965); für Klavier u. a.: Tokkata (1947), Sonate (1950), *Duptum* für 2 Klaviere (1966); Opern: *Doctor Fausts Höllenfahrt* (1951), *Magog* (1957, szenische Kantate); *Manifest vom Menschen,* Oratorium für Sänger- und Sprechersolisten, Sing- und Sprechchöre und Orchester (1966, Text von H. W. Sabais); *Revue* (1973); Ballette: *Noche de Luna* (1963), *Coloré;* Bühnenmusik: «Macbeth» (1967). – Schrieb Aufsätze zu aktuellen Themen (*Melos*).

Erbse, Heimo, * Rudolstadt 27. Febr. 1924, studierte bei Blacher, war in der Theaterpraxis tätig und lebt freischaffend im Salzkammergut; schreibt vor allem für die Bühne, dramatisch begabt. Opern: *Fabel in C* (1952), *Julietta* (1959); Ballett *Ruth* (1958); ferner Orchesterwerke (*Heitere Sinfonietta,* 1956; *Tango-Variationen,* 1958), *Dialog für Klavier und Orchester* (1957), *Aphorismen für Violine, Flöte, Klavier* (1956), *Pavimento, Musik für großes Orchester* (1962, Beethoven-Preis Bonn), Klavierkonzert (1965). Chöre (1971, nach Nelly Sachs); Eichendorff-Lieder (*Nachklänge,* für Singstimme und Gitarre, 1973).

Erdmann, Eduard, * Wenden (Livland) 5. März 1896, † Hamburg 21. Juni 1958, gesuchter Klavierlehrer (Köln, Hamburg), geschätzter Beethoven- und Schubert-Interpret, pianistischer Wegbereiter der Neuen Musik, als Komponist von Busoni, Reger, Schönberg beeinflußt, schrieb einen expressiv linearen Stil; u. a. 4 Sinfonien, andere Orchesterstücke, Klavierkonzerte, Klavierwerke, Lieder, Violinsonate.

Erkel, Ferenc (Franz), * Gyula (Komstat Békés) 7. Nov. 1810, † Budapest 15. Juni 1893, Ungar, zunächst Pianist und Klavierlehrer, dann Kapellmeister, seit 1838 am Ungarischen Nationaltheater in Budapest, rief 1853 die Konzerte der Budapester Philharmonischen Gesellschaft ins Leben, seit 1875 Direktor der Landesmusikhochschule, Komponist der ungarischen Nationalhymne (1845). Seine Bemühungen um nationalungarische Musik (Volksliedbearbeitungen) gingen, wie die Arbeiten von Bartók und Kodály erwiesen haben, von irrigen (pseudofolkloristischen) Voraussetzungen aus. Das gilt zwar auch von seinen Opern, doch hat deren Musik trotz ihrer Mischung von Rossini-Stil und mißverstandenem «ungarischen Volkstanz» so viel Eigenkraft, daß Erkel mit Recht als eigentlicher Begründer der nationalungarischen Oper bezeichnet wird. Schrieb 8 Opern, davon *Hunyadi László* (1844) und *Bánk Bán* (1861, schon 1852 geschrieben), Texte von B. Egressi, noch heute in Ungarn hoch geschätzt, z. T. auch in Deutschland aufgeführt. – Mehrere Musikersöhne setzten seine musikpolitischen Bestrebungen fort (Julius, Alexis, Alexander Erkel).

Erlebach, Philipp Heinrich, * Esens (Landkr. Wittmund) getauft 25. Juli 1657, † Rudolstadt 17. April 1714, Kapellmeister-Komponist, schrieb unter Lullys Einfluß Orchesterouvertüren und affektstarke Liederzyklen, auch Triosonaten und (verschollene) Opern-Oratorien; bedeutend in der Entwicklungsgeschichte des deutschen Liedes.

Esplá Triay, Oscar, * Alicante 5. Aug. 1886, † Madrid 6. Jan. 1976, Spanier, ursprünglich Ingenieur, studierte Musik u. a. bei Saint-Saëns und Reger, wurde 1936 Direktor des Madrider Konservatoriums, ging während des Bürgerkrieges nach Brüssel ins Exil, lebt seit 1951 wieder in Spanien, vertritt sein Land bei der UNESCO und in der Internationalen Gesellschaft für Neue Musik (ISCM); verwendet in seinen Kompositionen vielfach südspanische Skalenbildungen *(Escuela levantina)*, schrieb stilisierte folkloristisch gefärbte Suiten, Ballettmusiken *(Ciclopes de Ifach)*, Opern, Gesänge, Kammermusiken, bearbeitete die Musik des alljährlich veranstalteten «Misterio de Elche» (1924) und verfaßte ästhetische sowie musikhistorische Schriften.

Etkin, Mariano, * Buenos Aires 5. Nov. 1943, Argentinier, studierte u. a. bei Berio (New York) u. Boulez (Basel); schrieb Kammermusik, bevorzugt mit Schlagzeuginstrumenten.

Ett, Kaspar, * Eresing (Landkr. Landsberg am Lech) 5. Jan. 1788, † München 16. Mai 1847, Kirchenmusiker, Polylinguist, seit 1816 Organist an der Michaeliskirche in München, reformierte die katholische Kirchenmusik tatkräftig im Sinne der altklassischen Polyphonie und der ursprünglichen Gregorianik, schrieb außer Mustermessen auch Musik für den orthodoxen und den jüdischen Kultus.

Ettinger, Max, eigentlich Markus Wolf, * Lemberg 27. Dez. 1874, † Basel 19. Juli 1951, Schüler von L. Thuille und J. Rheinberger, machte sich zwischen den Weltkriegen einen Namen durch Opern (*Judith*, 1921; *Der eifersüchtige Trinker*, 1925; *Juana*, 1925; *Clavigo*, 1927; *Frühlingserwachen*, nach Wedekind, 1928); später wandte er sich der Pflege jüdischer Musik zu, u. a. mit den Chorwerken *Das Lied von Moses* (1935), *Jiddisch Lebn* (1942), *Jiddisch Requiem* (1947).

Evangelisti, Franco, * Rom 21. Jan. 1926, Italiener, Studium der Musique concrète in Paris, der elektronischen Musik in Köln und Warschau, bedient sich serieller, aleatorischer und postserieller Kompositionstechniken, schrieb u. a. *Quintette à la mémoire d'Anton Webern* (1950), *Mobile* für zwei Klaviere (1958), *Aleatorio* für Streichquartett (1963).

Eybler, Joseph Leopold von, * Schwechat bei Wien 8. Febr. 1765, † Wien 24. Juli 1846, Österreicher, Sohn eines Chorregenten, Schüler Albrechtsbergers, vielseitiger Musiker, Regenschori am Schottenstift, Musiklehrer am Hof und von 1824–1833 als Nachfolger Salieris Hofkapellmeister in Wien; geschätzt von Haydn, befreundet mit Mozart (dessen «Così fan tutte» er zur Uraufführung dirigierte); schrieb vornehmlich geistliche Musik (Oratorien, Passionen, Messen), auch vielaufgeführte Konzert- und Kammermusik (Oboenquintette).

Eysler, Edmund, * Wien 12. März 1874, † ebenda 4. Okt. 1949, Österreicher, schrieb Wiener Lied-Operetten mit Walzern, Polkas. Einzelschlager daraus haben sich erhalten: *Bruder Straubinger* (1903; *Küssen ist keine Sünd*), *Der Frauenfresser* (1911), *Der lachende Ehemann* (1913), *Die gold'ne Meisterin* (1927), *Wiener Musik* (1947).

Fall, Leo, * Olmütz 2. Febr. 1873, † Wien 16. Sept. 1925, Österreicher, Sohn eines Militärkapellmeisters, bei Robert Fuchs ausgebildet, spielte mit Lehár in der von dessen Vater geleiteten Militärkapelle, in Hamburg und Berlin (Metropol-Theater), später freischaffender Komponist. Welterfolg mit seinen Bühnenbeiträgen im Stil der Alt-Wiener Operette, fragwürdig gewisse in Spätwerken übernommene Amerikanismen. Bekannteste Werke: *Der liebe Augustin* (1912), *Der fidele Bauer* (1907), *Die Dollarprinzessin* (1907), *Die geschiedene Frau* (1908), *Die Rose von Stambul* (1916), *Madame Pompadour* (1922), Singspiel *Brüderlein fein* (1909).

Falla, Manuel de, eigentlich M. de F. y Matheu, * Cádiz 23. Nov. 1876, † Alta Gracia (Argentinien) 14. Nov. 1946, Spanier, beeinflußt von seinem Lehrer Felipe Pedrell (1841–1922), in Paris durch Debussy, Ravel und Dukas, hat eine neue Epoche der nationalspanischen Musik heraufgeführt (vorbereitet durch Albéniz und Granados). Einwirkungen des französischen Impressionismus sind nur Randerscheinungen in de Fallas Werk; dieses erwächst im wesentlichen

vielmehr aus dem Geist der spanischen Volksmusik. De Fallas Orchesterstil ist hart, aber farbig, sparsam im Aufwand der Mittel, daher Hinwendung zum Neoklassizismus. Hauptwerke: das szenische Oratorium *Atlántida* (1962; durch Ernesto Halffter beendet), die lyrische Oper *Ein kurzes Leben* (1913), *Liebeszauber* (Ballett, mit Altsolo, 1915), *Meister Pedros Puppenspiel* (Text nach Cervantes vom Komponisten, 1923), die Pantomime *Der Dreispitz* (1917, nach der Novelle von Alarcón, Stoff wie Wolfs «Corregidor», auf Wunsch von Diaghilew 1919 zum Ballett erweitert), die sinfonischen Impressionen für Klavier und Orchester *Nächte in spanischen Gärten* (1916), Konzert für Cembalo, Flöte, Oboe, Klarinette, Violine und Cello (1926, geschrieben für Wanda Landowska), *Vier spanische Klavierstücke* (1912, Albéniz gewidmet), *Fantasia baëtica* für Klavier (1919, geschrieben für Artur Rubinstein), *Huldigung an Dukas* für Klavier, auch für Orchester instrumentiert (1935), *Huldigung an Debussy* für Gitarre (1938). M. de Falla schrieb u. a. einen grundlegenden Essay über *El canto jondo* (1922).
LITERATUR: K. Pahlen: M. de F. und die Musik in Spanien (1953).

Farkas, Ferenc, * Nagykanizsa 15. Dez. 1905, Ungar, Absolvent der Budapester Musikhochschule, studierte als Rom-Preisträger auch bei Respighi, verbrachte Studien- und Wanderjahre in Italien, Afrika, Spanien, Frankreich und der Schweiz, arbeitete in Wiener und Kopenhagener Filmstudios, wirkte seit 1936 an verschiedenen ungarischen Fachschulen und hat seit 1949 eine Professur für Komposition und Instrumentation an der Budapester Hochschule inne. Schrieb folkloristisch fundierte, meist angewandte Beiträge für Oper und Ballett, aber auch Konzertmusik wie *Musica Pentatonica* für Streicher, *Concertino* für Harfe u. a. m. Träger des Liszt-Preises von 1933.

Fasch, Carl Friedrich, * Zerbst 18. Nov. 1736, † Berlin 3. Aug. 1800, neben C. Ph. E. Bach 2. Kammercembalist Friedrichs des Großen, weniger bekannt durch seine Kammerkompositionen, die er im Alter durch Zelter fast alle verbrennen ließ, als durch die Gründung einer Singvereinigung (1791), die 1792 den Namen «Berliner Singakademie» annahm, die Bach-Pflege aufnahm und Zelter zum Nachfolger Faschs wählte.

Fasch, Johann Friedrich, * Buttelstedt bei Weimar 15. April 1688, † Zerbst 5. Dez. 1758, als Knabe Diskantist in Weißenfels, dann in Leipzig, Darmstadt (dort Unterricht bei Graupner), Gera, Lukaveč (Böhmen), seit 1722 Hofkapellmeister in Zerbst. Steht im Übergang vom Barock zur Frühklassik. Schrieb Opern, Ouvertüren und Konzerte, bedeutende Kammermusik und eine Fülle kirchlicher Werke (mehr als 7 Jahrgänge Kantaten, mindestens 12 Messen). Zahlreiche Neuausgaben.

Fauré, Gabriel, * Pamiers 12. Mai 1845, † Paris 4. Nov. 1924, Franzose, der «französische Schumann», Schüler von Saint-Saëns, Lehrer von M. Ravel, als Organist verwurzelt in der Gregorianik, harmonisch ein Vorläufer des französischen Impressionismus. Sein Schaffen umfaßt Oper (*Penelope,* 1913), Schauspielmusik (zu Maeterlincks «Pelleas und Melisande», 1898), Orchesterwerke (Ballade für Klavier und Orchester, 1881, *Bergamaskische Suite,* 1919), *Chant funéraire* zum 100. Todestag Napoleons I. (1921), Kammermusik (Violinsonate e-Moll, 1916, Quintette), Klavierkompositionen, Kirchenmusik (Requiem, 1900), Chorwerke (*Geburt der Venus,* 1882), zahlreiche Lieder. Kadenzen zu Beethovens und Mozarts Klavierkonzerten.

Ferguson, Howard, * Belfast 21. Okt. 1908, Engländer, am Londoner Royal College of Music ausgebildet (Klavier, Tonsatz), widmet er sich außer der Konzerttätigkeit auch der Komposition vornehmlich von Klavier- und Kammermusik; Traditionalist, der auch durch Herausgabe altenglischer Barockmusik hervortrat und mit R. O. Morris *Preparatory exercises in score-reading* schrieb (1931).

Fernández, Oscar Lorenzo, * Rio de Janeiro 4. Nov. 1897, † ebenda 1948,

Brasilianer, studierte am Konservatorium seiner Vaterstadt, dessen Direktor er seit 1936 war, schrieb folkloristisch fundierte Bühnenmusik (Oper *Malazarte*, 1933, darin der bis nach Europa verbreitete Tanz *Batuque*), ferner Orchester- und Kammermusik (*Trio Brasileiro*, 1924).

Fernández Caballero, Manuel, * Murcia 14. März 1835, † Madrid 26. Febr. 1906, Spanier, Schüler von Fuertes und Eslava, bekannt durch seine mehr als 200 Zarzuelas (singspielartige Operetten): *La viejecita, El señor Joaquín, El salto del pasiego* u. a. m.

Fesch, Willem de, * Alkmaar 26. Aug. 1687, † London 3. Jan. 1761, Niederländer, seit 1732 in London ansässig, schrieb Oratorien im Stil der Händel-Ära (*Love and friendship*, 1744), weit verbreitet auch mit Duo- und Triosonaten für Violine (Neuausgaben).

Fibich, Zdeněk, * Všebořice bei Časlau 21. Dez. 1850, † Prag 15. Okt. 1900, Tscheche, studierte in Leipzig, Paris, Mannheim, wurde Kapellmeister, seit 1881 freischaffend. Beeindruckt durch Wagners Musikdrama, nahm tschechisches Musikgut nur als Farbkomponente, nicht mehr (wie Smetana und Dvořák) als nationale Forderung in seine Werke auf. Schrieb Klavier- und Kammermusik, Chöre, Sinfonien, sinfonische Dichtungen, Schauspielmusik (u. a. zu «Clavigo», «Wallensteins Lager», «Romeo und Julia»), Melodramen (*Der Blumen Rache* nach Freiligrath, *Altgriechische Trilogie*), Opern (*Blaník*, 1877), *Die Braut von Messina*, 1883; *Šárka*, 1897). Verfasser einer vielbenutzten Klavierschule.

Fiebig, Kurt, * Berlin 28. Febr. 1908, Schreker-Schüler, 1939–1951 Organist und Kirchenmusikdirektor in Halle, seither in Hamburg als Kantor und Organist tätig; schrieb geistliche Vokalmusik: Markuspassion (1952), Magnificat (1952), Osteroratorium (1954), Adventsoratorium (mit Orgel, 1954), *Media vita* (Messe, 1956), Choralkantaten, Orgelwerke, auch Kammer- und Spielmusik, Bühnen- und Filmkompositionen; mit Max Schneider Herausgeber der Händelschen «Psalmkantaten».

Field, John, * Dublin 26. Juli 1782, † Moskau 23. Jan. 1837, Ire, Klavierschüler von Clementi in London und zeitweise Verkäufer in dessen Klavierhandlung; errang durch sein romantisch melancholisches Spiel internationale Anerkennung (auch durch Liszt); war als Lehrer und Pianist lange in Paris und Petersburg tätig. Schrieb ausschließlich Werke für oder mit Klavier, darunter sieben beachtenswerte Klavierkonzerte und zahllose kleine Stücke für Klavier solo. Seine *Nocturnes* haben auch Chopin beeinflußt.

Filtz, Anton, getauft Eichstätt 22. Sept. 1733, beerdigt Mannheim 14. März 1760, Stamitz-Schüler, Cellist in der Mannheimer Hofkapelle, schrieb empfindungs- und kontraststarke, thematisch originelle Kammersinfonien, Violoncellokonzerte, Streichquartette und Triosonaten (Neudrucke).

Finck, Heinrich, * wahrscheinlich Bamberg um 1445; † Wien 9. Juni 1527, Hofkapellist bei den Königen von Polen (Krakau), Ungarn und bei Maximilian I., Komponist beim Salzburger Domkapitel sowie beim Wiener Schottenkloster. 1536 erschienen in Nürnberg 29 *Schöne außerlesene lieder des hoch berümpten Heinrici Finckens ...*, denen in Abständen weitere (meist vierstimmige) Lieder folgten. Erhalten sind ferner vier Messen, ein Magnificat, ein Introitus und Hymnen. – Großmeister des altdeutschen Chorliedes.

Fine, Irving, * Boston (Mass.) 3. Dez. 1914, † ebenda 23. Aug. 1962, Amerikaner, studierte an der Harvard University Dirigieren bei Kussewitzki, Komposition bei Piston (auch bei Nadia Boulanger in Paris), war Chorleiter des Glee Club und «assistant professor» an der Harvard University, seit 1954 Professor of Music an der Brandeis University, Chorwerke und Bühnenmusiken («Alice im Wunderland»; «Childhood-fables for grownups»).

Finke, Fidelio Fritz, * Josefsthal (Böhmen) 22. Okt. 1891, † Dresden 12. Juni

1968, studierte bei V. Novák in Prag, war Kompositionslehrer und Leiter der Deutschen Musikakademie Prag, nach 1945 vorübergehend Direktor der Dresdner Hochschule für Musik und bis 1958 Kompositionsprofessor in Leipzig; ging von Brahms und Reger aus, wurde auch von Schönberg beeinflußt, errang Erfolge in Donaueschingen und Baden-Baden, ausgezeichnet durch deutsche, tschechische und österreichische Preise; Avantgardist, romantischen Anwandlungen nicht abgeneigt, Hauptgebiet der späteren Jahre Kammermusik, schrieb außerdem Klavier-, Lied-, Chor-, Orgel-, Orchester-, Bühnenwerke; fünf Orchestersuiten, Sinfonie *Pan* (1919), Orchesterkonzert (1931), A-cappella-Kantate *Freiheit und Frieden* (1952), die Opern *Die versunkene Glocke* (1917), *Die Jakobsfahrt* (1935), *Der schlagfertige Liebhaber* (1953).

Fioravanti, Valentino, * Rom 11. Sept. 1764, † Capua 16. Juni 1837, Italiener, seit 1816 Kapellmeister an der Peterskirche in Rom, wo er im wesentlichen nur noch Kirchenmusik komponierte. Meister der neopolitanischen Oper; insbesondere seine Buffoopern haben sich z. T. bis in die Gegenwart als aufführungsfähig erwiesen. Insgesamt 77 Opern, darunter die unverwüstlichen *Le cantatrici villane* (1803), in deutscher Bearbeitung von W. Kleefeld *Die Sängerinnen auf dem Dorfe*. – Sein Sohn Vincenzo Fioravanti (1799 – 1877) hatte mit 40 Opern kaum minder großen Erfolg, *Robinson Crusoe* (1828), *Die Dame und der Holzschuhmacher* (1840).

Fiorillo, Ignatio, * Neapel 11. Mai 1715, † Fritzlar Juni 1787, Italiener, wirkte meist in Deutschland (Braunschweig, Kassel). Geschätzt wurde sein *Requiem*, schrieb außer anderer Kirchenmusik Orchester-, Kammer-, Klaviermusik, 20 Opern, die meisten auf Texte von Metastasio, darunter *Dido* (1751), *Demetrius* (1753). – Sein Sohn Federico Fiorillo (1755–1823) blieb mit *36 Caprices* in Studienwerken für Violine (Spohr) gegenwärtig.

Fischer, Johann Caspar Ferdinand, * in Böhmen um 1665, † Rastatt 27. Aug. 1746, wirkte als Orgel- und Klaviervirtuose in Böhmen, später in Baden-Baden. Schrieb Singspielmusik, Orchestersuiten, Kirchenmusik, vor allem Orgel- und Klavierwerke: *Musicalisches Blumen-Büschlein* (1696), *Ariadne musica* (1702), *Blumenstrauß aus dem anmuthigsten Musicalischen Kunstgarten gesammlet* (nach 1732), *Musicalischer Parnassus* (1738, neun Suiten, je eine mit dem Namen der Musen bezeichnet). Die Werke sind bereits der neuen Harmonik zugewandt, legen den Suitencharakter – im Gegensatz zu Frobergers strenger Vielzahl – so gelockert aus wie sein Zeitgenosse J. S. Bach; das Orgelwerk *Ariadne* enthält Präludien und Fugen in 19 verschiedenen Tonarten, kann also als Vorläufer zum «Wohltemperierten Klavier» gelten.

Fitelberg, Grzegorz (Gregor), * Dünaburg 18. Okt. 1879, † Kattowitz 10. Juni 1953, Pole, studierte am Warschauer Konservatorium, Paderewski-Preisträger (Violinsonate, 1896), langjähriger Konzert- und Kapellmeister der Warschauer Philharmonie, vorübergehend auch der «Ballets Russes» (Diaghilew) in Petersburg und Paris, 1935 Leiter des Warschauer Rundfunksinfonieorchesters, während des Zweiten Weltkrieges in Nordamerika tätig; mit Szymanowski Vorkämpfer einer jungpolnischen Komponistenschule; schrieb Sinfonien, sinfonische Dichtungen, Rhapsodien, Violinkonzert, Kammermusik, Lieder. – Sein Sohn Jerzy Fitelberg (1903–1951), u. a. in Berlin ausgebildet, hinterließ vornehmlich Kammermusik.

Flotow, Friedrich von, * Toitendorf (Mecklenburg) 27. April 1812, † Darmstadt 24. Jan. 1883, studierte bei Reicha in Paris, ließ sich dort auch mehrfach für eine Reihe von Jahren nieder. Seine Werke – vorwiegend Opern, Operetten, Ballette, Schauspielmusik – wurden uraufgeführt in Paris, Wien, Berlin, Hamburg, Prag, Darmstadt, Mailand, Turin, sind aber heute bis auf zwei Opern vergessen. Im Lyrischen weichlich, vortrefflich im Bau komischer Szenen (französische Vorbilder).
Alessandro Stradella (Hamburg 1844), *Mar-*

tha (Wien 1847, romantisch-komische Oper).

Foerster, Joseph Bohuslav, *Prag 30. Dez. 1859, †Nový Vestec 29. Mai 1951, Tscheche, Sproß einer Organistenfamilie, wirkte als Dirigent und Kompositionsprofessor vor allem in Prag, Hamburg und Wien. Im Orchesterschaffen Mahler, in seinen Opern Smetana verpflichtet; introvertierter, empfindsamer Lyriker; schrieb Sinfonien, sinfonische Dichtungen (darunter *Enigma*, 1909), Orchestersuiten mit programmatischen Bezeichnungen, Kammermusik in verschiedener Besetzung, Messen, Chorwerke, über 100 Lieder, Opern und Melodramen. Hinterließ auch eine umfangreiche Autobiographie (*Der Pilger*, dt. 1955).

Fomin, Jewstignei Ipatowitsch, *Petersburg 16. Aug. 1761, †ebenda im April 1800, Russe, als Leibeigener an die Petersburger Kunstakademie abkommandiert und zu Padre Martini nach Bologna geschickt, seit 1786 wieder in Petersburg, am Staatstheater und an der Hofkirche tätig; schrieb außer geistlicher Musik und dem bedeutsamen Melodram *Orfeo* (1788) eine Reihe lange im Repertoire gebliebener Opern, unter anderen *Nowgorodski bogatyr Bojeslawowitsch* (1786, Text von Katharina II.), *Amerikanzy* (1800).

Foote, Arthur, *Salem (Mass.) 5. März 1853, †Boston 8. April 1937, Nordamerikaner, Pianist, Organist, Lehrer und Komponist. Unterricht an der Harvard University bei J. K. Paine; Angehöriger der «Boston classicists», hatte Anteil am Zustandekommen einer amerikanischen Kompositionswelt. Orchesterwerke, Kammermusik, Klavier- und Orgelkompositionen, Chorballaden. Verfaßte mit W. R. Spalding *Modern harmony* (1905, ^{2}1936). Seine für die Entwicklungsgeschichte der eigentlich «amerikanischen» Musik aufschlußreiche Autobiographie erschien 1946.

Forkel, Johann Nikolaus, *Meeder bei Coburg 22. Febr. 1749, †Göttingen 20. März 1818, Forscher und Theoretiker, auf dessen Arbeiten ein Großteil der heutigen Musikwissenschaft zurückgeht (Lexikographie, Denkmälerausgaben, Begriffsbestimmungen, Bach-Forschung u. a. m.). Verfasser einer ersten Bach-Monographie (1802) und einer unvollendeten *Allgemeine Geschichte der Musik* (2 Bde., 1788 und 1801). A. W. Schlegel, Wakkenroder, Tieck gehörten zu seinen Göttinger Studenten. Schrieb – etwa in der Art von C. Ph. E. Bach – Klavierwerke, Orchesterstücke, Chöre, Gellert-Lieder.

Fortner, Wolfgang, *Leipzig 12. Okt. 1907, studierte in seiner Vaterstadt Komposition (H. Grabner) und Musikwissenschaft (Th. Kroyer) sowie Germanistik (Korff) und Philosophie / Psychologie (Driesch), legte 1931 das Staatsexamen zum Künstlerischen Lehramt (Musik) ab und wurde im gleichen Jahr an das Evangelische Kirchenmusikalische Institut nach Heidelberg berufen. 1935 gründete er das Heidelberger Kammerorchester, als dessen Leiter er Konzertreisen durch Frankreich und Italien unternahm. Aus dieser Arbeit resultieren Neuausgaben Alter Musik (Instrumentalspielbuch I und II: Streichermusik des 18. Jahrhunderts; Flötenkonzerte von Vivaldi) und Bearbeitung alter Meister (*Orchestersuite* nach Jan Pietersz. Sweelinck). Nach dem Kriege gehörte er zu dem Gründerkreis der Kranichsteiner (Darmstädter) Ferienkurse für Neue Musik und richtete für Heidelberg Musica-Viva-Konzerte ein. 1954 berief W. Maler ihn als Kompositionsprofessor an die Nordwestdeutsche Musikakademie nach Detmold, von dort wechselte er 1957 in gleicher Position an die Staatliche Hochschule nach Freiburg im Breisgau, bei der er 1964 ein «Institut für Neue Musik» sowie Musica-Viva-Konzerte einrichtete, deren gleichnamige Reihe er seit dem Tode ihres Begründers K. A. Hartmann auch (zusammen mit E. Thomas, Darmstadt) für München betreute (1964 bis 1967). Seit 1957 fungiert er als Präsident der deutschen Sektion der Internationalen Gesellschaft für Neue Musik. Unter mehreren Musik- und Kunstpreisen wurde ihm 1960 auch der Hamburger Bach-Preis zugesprochen. Mitglied der Berliner und der Münchner Akademie

der Künste. Zu seinen Schülern zählen u. a.: H. W. Henze und M. Kelemen.
Fortners dynamische Musikernatur hat sich im Laufe seiner Entwicklung der verschiedensten Satztechniken und Stiltendenzen ebenso instinkt- wie stilsicher bemächtigt. Sie vereinen kontrapunktische mit rhythmischer Dichte, lineare mit klangkomplexer Formierung, zwölftontechnische und serielle Modifikation. Ihre «Durchhörbarkeit» (ein Lieblingsterminus des Komponisten) bleibt dabei für alle Werkgattungen gleicherweise erzielt. Diese reichen von der Kirchenkantate bis zum Ballett, von der Kammerspieloper bis zur konzertanten instrumentalen Solopièce, von der Jugendmusik bis zur Orgelfuge. Seine geistigen Ansprüche und Zielpunkte spiegeln sich auch in der Textwahl seiner Vokalwerke wider, die für die Moderne u. a. Brecht, García Lorca, G. de Nerval, Saint-John Perse und T. S. Eliot einbeziehen.

BÜHNENWERKE

Die Opern *Die Bluthochzeit* (1957, nach García Lorca), *In seinem Garten liebt Don Perlimplin Belisa* (1962, García Lorca), *Corinna* (1958, G. de Nerval), ferner das Schulspiel *Cress ertrinkt* (1930), Bühnenmusik zu Aristophanes' «Lysistrata» (1940) und (mit V. Fritsche) eine Neufassung der *Bettleroper* von J. Gay und J. Ch. Pepusch (1728/1966); *La Ceccina,* Ouvertüre nach N. Piccini (1956). Die Ballette *Die weiße Rose* (1950, nach O. Wilde; auch als Konzertsuite), *Die Witwe von Ephesus* (1953, nach Petronius von G. Weil, *Carmen* (1971, nach Bizet).

ORCHESTERMUSIK UND SOLOKONZERTE

Unter anderem Sinfonie 1947, Impromptus 1957, Prélude 1958; Konzerte für Orgel (auch Cembalo) 1932, für Bratsche 1934, für Violine 1945, für Violoncello 1953 (Neufassung 1956), für Klavier 1954 *(Mouvements),* für Oboe 1960 *(Aulodie), Phantasie über die Tonfolge B-A-C-H* für 2 Klaviere, 9 Soloinstrumente und großes Orchester (zum Bach-Jahr 1950, Uraufführung in Donaueschingen unter H. Rosbaud):
Triplum für Orchester mit 3 obligaten Klavieren, 1966; *Marginalien* für Orchester (1969).

Chor- und Solokantaten mit Orchester: u. a. *Fragment Mariae,* 1929, für Sopran und 8 Instrumente; *Grenzen der Menschheit,* 1931, nach Goethe, für Bariton, 5stimmigen gemischten Chor und Orchester; *Nuptiae Catulli,* 1937, für Tenor, Kammerchor und -orchester; *Herr, bleibe bei uns,* 1944, geistliche Abendmusik für mittlere Stimme, 4stimmigen gemischten Chor, Orgel und Instrumente; *An die Nachgeborenen,* 1948, nach Brecht, für Sprecher, Tenor, 4stimmigen gemischten Chor und Orchester; *Arie,* 1951, nach T. S. Eliot («Mord im Dom»), für Mezzosopran, Bratsche, Kammerorchester; *Isaacs Opferung,* 1952, für Alt, Tenor, Baß und 40 Soloinstrumente; *The creation,* 1955, nach J. W. Johnson, für mittlere Stimme und Orchester; *Cant de naissance,* 1959, nach Saint-John Perse, für Soli, Chor, Orchester; 100. Psalm (1963); *Die Pfingstgeschichte* nach Lukas, für Tenor, 6stimmigen Chor, Instrumentalisten und Orgel (1964); *Immagini* für 13 Streicher und Sopran (1967). – Frühe a-cappella-Chöre: u. a. *Deutsche Liedmesse* (1934, für den Dresdner Kreuzchor). Orgelfugen (1927 und 1932), Orgelintermezzi (1964), Epitaph für Orgel (1964), *Machant-Balladen* für 2 Tenöre und Orchester (1974), *Gladbacher Te Deum* für Baßbariton, gemischten Chor, elektronische Klänge und Orchester (1974). Triptychon für Orchester (1977).

KAMMER- UND KLAVIERMUSIK

Unter anderem 3 Streichquartette (1931, 1935, 1949); Sonaten für Streicher und Klavier, für Flöte und Klavier, für Violine (1943–1948), Suite für Violoncello solo (1947); 7 Elegien für Klavier (1950); 2 Klavierliederzyklen (1933, nach Hölderlin; 1946, nach Shakespeare); Bläsertrio (1943), Serenade für Flöte, Oboe, Fagott (1946), Streichtrio (1954), *New Delhi Music* für Flöte, Violine, Violoncello und Cembalo (1956), Bläsermusik (1957, zur 500-Jahres-Feier der Universität Freiburg im Breisgau), *Ballet blanc* für 2 Sologeigen und Streichorchester, 6 Madrigale für Violinen und Violoncelli (1955, Kompositionsauftrag der Deutschen Grammophongesellschaft: LPM 18 325; mit Vorübungen, es spricht der Komponist); 5 Bagatellen für 5 Bläser (1963); Zyklus für Violoncello und Kla-

vier (1964), Epigramme für Klavier (1965). Neuausgabe der «Generalbaßschule» von J. Mattheson (1735/1956).
LITERATUR: H. Lindlar (Hg.): W. F., 1960 («Kontrapunkte», Bd. 4); H. U. Ringger, W. F., in: «Neue Zeitschrift für Musik», 1972.

Foss, Lukas, eigentlich L. Fuchs, * Berlin 15. Aug. 1922, Nordamerikaner, studierte u. a. bei Hindemith an der Yale University; folgte Schönberg als Kompositionslehrer an der California University in Los Angeles (1952), ist seit 1964 Leiter des Philharmonic Orchestra in Buffalo; Pianist, Dirigent, Komponist. Sein Stil zeigt Einflüsse von Bach, ist im Ganzen aber mehr Hindemith und Strawinsky verpflichtet. Hervorstechend die lebendige Frische seiner Arbeit. Begann mit Klavierstücken und Liedern, schrieb später Orchester- und vor allem Vokalwerke. Kantaten *Die Prärie* (1942), *Song of anguish* (1945), *Song of songs* (1946), *Behold I build a house* (1950), das Oratorium *Ein Märchen vom Tode* (1952, mit Sprecher), Orchesterwerke, zwei Klavierkonzerte, Violoncello-, Oboen- und Klarinettenkonzert, Opern (*Der springende Frosch,* 1949; *Griffelkin,* 1955; *Calaveras,* 1956); außerdem *Time cycle,* 1962; *Echoi,* 1963; *Elytres* für Kammerorchester (1965); *Fantome* für Orchester (1965; Violoncellokonzert (1966); *Geod* für 4 Orchestergruppen (1969, mit Chor 1973); 4 Etüden für Orgel (1973); *Lamdeni* für Chor (1973, nach Synagogengesängen des 12. Jh.).

Françaix, Jean [René], * Le Mans 23. Mai 1912, Franzose, Schüler von Nadia Boulanger; Vorliebe für ornamentale Auszierungen und leicht ironisierenden Witz; schrieb Kammermusik, Klavierwerke (u. a. *Fünf Porträts junger Mädchen,* 1936), zahlreiche Orchesterstücke und Konzerte (u. a. *Musikalisches Spiel über drei Noten,* 1953), Chorwerke (u. a. eine *Ode an die Gastronomie,* 1953), viele Ballettmusiken nach älteren und neuen Dichtern (u. a. *Katzenballett,* 1957), Filmmusik (u. a. *Die Perlen der Königin,* 1937, für Sascha Guitry), ein Oratorium *Apokalypse nach Johannes* (1939), Opern (u. a. *Der hinkende Teufel,* 1937; *La main de gloire,* 1950; *Paris für uns zwei,* 1957), Lieder. Kennzeichnend auch sein Quartett für 4 Saxophone (1935), *Biergartenmusik* (1947), *L'insectarium* für Cembalo, 6 Preludien für 11 Streicher (1964), Konzert für 2 Klaviere und Orchester (1965), Divertimento für Flöte und Kammerorchester (1974).

Franck, César, * Lüttich 10. Dez. 1822, † Paris 9. Nov. 1890, Franzose deutschbelgischer Herkunft, studierte in Lüttich und Paris, wo er sich 1843 endgültig als Organist niederließ (seit 1872 Professor der Orgelklasse am Konservatorium). Bahnbrecher für den französischen instrumentalen Impressionismus; neuartig die «zyklische» Form, d. h. die Wiederkehr derselben Themen und Motive in fast allen Sätzen; farbig gelöster, vielfach chromatisch durchsetzter Klang. Hauptwerke: Oratorien (u. a. *Die Seligpreisungen,* 1880), Motetten, a-cappella-Chöre, Messen, Psalm, Offertorien, über 100 Orgelwerke, die Opern *Hulda* (1894) und *Ghiselle* (1896), Orgelkompositionen, Kammermusik (Violinsonate A-Dur, 1886, Streichquartett, 4 Klaviertrios, Klavierquintett), sinfonische Dichtungen (z. T. mit Chor oder Klavier), d-Moll-Sinfonie (1889), sinfonische Variationen für Klavier und Orchester (1885). «Die sinfonische Kunst in Frankreich wurde geboren mit der Schule von César Franck» (Vincent d'Indy, der neben Debussy, Chausson, Duparc, Vierne u. a. zu Francks Schülern zählte).
LITERATUR: L. Vallas: César Franck (1955).

Franck, Johann Wolfgang, getauft Unterschwaningen 17. Juni 1644, † zwischen 1696 und 1719, wirkte in Ansbach, Hamburg, London, Spanien; bedeutsam als Meister des geistlichen deutschen Liedes und der frühen deutschen Oper (16 Werke), darunter *Hannibal* (1681), *Semiramis* (1683, deutsche Übersetzungen der Texte von P. A. Ziani), *Die drei Töchter des Cecrops* (1679, Text A. v. Königsmarck). Schrieb außerdem Kantaten und einige gesungene Melodien zu Elmenhorsts *Geistlichem Gesangbuch* (1685). (Neuausgaben.)

Franck, Melchior, *Zittau um 1580, †Coburg 1. Juni 1639, Kapellmeister in Coburg, fruchtbarer Komponist, dessen Gesamtwerk bis heute noch nicht erschlossen ist; bedeutsam durch seine vielstimmigen Instrumentalwerke, weltliche und geistliche Liedkompositionen, u. a. *Deutsche weltliche Gesänge und Täntze*, 1604, 4- bis 8stimmig; *Newes liebliches musicalisches Lustgärtlein* und *Viertzig newe deutzsche lustige musicalische Täntze*, beide 1623 (instrumentaliter und vokaliter); Einflüsse Gabrielis und Haßlers.

Franckenstein, Clemens Freiherr von, *Wiesentheid (Landkreis Gerolshofen) 14. Juli 1875, †Hechendorf am Pilsensee 22. Aug. 1942, Unterricht in München (Thuille) und Frankfurt am Main, Dirigent, Opernintendant in Berlin und München. Nachromantiker, schrieb u. a. Lieder, Orchestergesänge, Chorwerke, Kompositionen für Orchester, Kammermusik, Klavier und die Opern *Griseldis* (1898), *Fortunatus* (1909, Text J. Wassermann), *Rahab* (1911), *Li-Tai-Pe* (1920).

Frankel, Benjamin, *London 31. Jan. 1906, Engländer, ursprünglich Jazzmusiker, schrieb für die Theater im Londoner Westend Bühnenmusiken, auch Filmpartituren (*London belongs to me*), seit Kriegsende als Kammer- und Konzertpianist hervorgetreten (*Youth music* für Streicher, Orchesterpräludium *Mayday, Mephistopheles' serenade and dance* für Orchester, Violinkonzert 1951, als Memorial auf die Judenverfolgung), 3. Sinfonie, op. 40 (1964), Inventionen für Violoncello und Klavier (1965).

Franz, Robert, eigentlich R. F. Knauth, *Halle (Saale) 28. Juni 1815, †ebenda 24. Okt. 1892, wirkte ausschließlich in seiner Vaterstadt als Organist, Leiter der Singakademie und Universitätsmusikdirektor; seit 1843 gehörleidend, 1867 wegen Gehör- und Nervenleiden beurlaubt. Schrieb neben Chorwerken (117. Psalm für Doppelchor) rund 350 Lieder, davon etwa ein Viertel nach H. Heine, durchweg volksnah (Franz liebte die deutschen Volkslieder der Reformations- und Vorreformationszeit), meist Strophenlieder. Die Lieder von Franz sind aus dem Konzertsaal fast völlig verschwunden, der Hausmusik bieten sie kostbare Aufgaben. Aufschlußreich der Vergleich seiner Mörike-Vertonungen (op. 27 und 28) mit denen von Schumann, Hugo Wolf, Pfitzner. Bach- und Händel-Bearbeitungen in vielumstrittenen Ausgaben.

Frauenlob, eigentlich Heinrich von Meißen, *Meißen um 1250, †Mainz 29. Nov. 1318, einer der letzten klassischen Minnesänger, beerdigt im Dom zu Mainz (angeblich von Frauen zu Grabe getragen); seine rhythmisch-melodisch biegsamen Liedweisen sind erhalten in den Liederhandschriften von Jena, Colmar und Donaueschingen, auch in dem Singebuch des Nürnberger Meistersingers Adam Puschmann (1532–1600).

Frescobaldi, Girolamo, *Ferrara, vermutlich 12. Sept. 1583, †Rom 1. März 1643, Italiener, vielgerühmter Sänger, Organist und Cembalist, wirkte vorübergehend in den Niederlanden, in der Hauptsache in Italien (St. Peter zu Rom). Wichtiger als seine Vokalwerke sind die Kompositionen für Tasteninstrumente; dabei macht sich die Unterscheidung zwischen Orgel- und Klavierstil mehr und mehr bemerkbar. Mit seinen Tokkaten, Canzonen, Ricercari, Variationen, die wegen ihrer «Affektenkunst» bewundert wurden und in denen er aus stimmverschiedenen Variationsketten Vorformen der Suite entwickelte, wurde er ein wichtiger (barocker) Anreger besonders der deutschen Instrumentalkomponisten, von Froberger, der jahrelang Frescobaldis Schüler war und die vier Kernsätze der Suite festlegte, über Buxtehude bis zu Bach und Muffat. Gesamtausgabe der Orgel- und Klavierwerke (1950–1954, 5 Bde.).

Fricker, Peter Racine, *Wood Green (London) 5. Sept. 1920, Engländer, abschließender Unterricht bei Mátyás Seiber; seit 1952 Leiter des Morley College in London; einer der selbständigsten Köpfe der jüngeren englischen Komponisten, schrieb u. a. zwei Sinfonien (1950, 1951), eine Tanzszene für Orchester (1954), *Präludium, Elegie und Finale* für Streichorchester (1952), je ein Violin-, Bratschen- und Klavierkonzert (1951, 1953, 1954), eine konzertante Rhapsodie für Violine und Orchester (1954), mehrere «Concertantes», davon eine für 3 Klaviere, Streicher und Pauken (1951), zwei vielbeachtete Streichquartette (1949, 1953), eine Cellosonate, ein Bläserquintett, Klaviervariationen, Fughetten für 2 Klaviere, Orgelwerke, Vokalmusik (Oratorium *Vision of judgement, 1957; O longs désirs,* Lieder nach Louise Labé, 1963; Sonette für Tenor und 7 Instrumente; *Paseo* für Gitarre (1971).

Friedrich II., der Große, König von Preußen, * Berlin 24. Jan. 1712, † Sanssouci bei Potsdam 17. Aug. 1786, Flötenschüler von J. J. Quantz, Gründer der Rheinsberg/Potsdamer Hofkapelle (mit Vater und Sohn Graun als Kapell- und Konzertmeistern sowie C. Ph. E. Bach als Cembalist), das von ihm errichtete Berliner Opernhaus wurde mit C. H. Grauns «Cesare e Cleopatra» 1742 eröffnet. Unter den zahlreichen dem Monarchen zugeschriebenen Kompositionen im galant-empfindsamen Stil seiner Zeit befinden sich 4 Konzerte und über 100 Sonaten für Flöte, auch einige Opernarien, Kantaten und Armeemärsche. Für Graun entwarf er mehrere Opernlibretti (*Montezuma, Coriolano* u.a.). Sein 1934 neu herausgegebenes *Flötenbuch* enthält 100 Etüden von ihm und von Quantz.
LITERATUR: G. Müller: F. d. Gr., seine Flöten und sein Flötenspiel, 1932.

Fritsch, Johannes G., * Bensheim 27. Juli 1941, studierte Komposition bei B. A. Zimmermann in Köln, lehrt Komposition und Bratschenspiel in Köln und Darmstadt; gründete 1970 in Köln das Feedback Studio mit Verlag für experimentelle Musik, schrieb *Modulation I–IV* (1967–68), *Concerto battuto* für Schlagzeug und 3 Streichtrios (1967), Konzert für Trompete und Orchester (1975).

Froberger, Johann Jakob, * Stuttgart, getauft 19. Mai 1616, † auf Héricourt bei Montbéliard 6. (7.) Mai 1667, Hoforganist in Wien und in seiner Vaterstadt Stuttgart, konvertierte zum Katholizismus und studierte in Italien (bei Frescobaldi), machte ausgedehnte Kunstreisen nach Dresden, London, Paris. Phantasiereich und rhythmisch vielseitig in Ricercari, Tokkaten, Suiten. Legte Zahl und Art der Suitenkernsätze endgültig fest (Allemande/Courante/Sarabande/Gigue). Die Suiten sind aus den Variationenketten Frescobaldis herausgewachsen; daher Einheit des thematischen Materials für die vier Sätze, Variationsprinzip innerhalb der Sätze, doch auch ein Satz als Variation eines anderen. Gesamtausgabe der Werke für Orgel und Klavier 1903 (G. Adler).

Frommel, Gerhard, * Karlsruhe 7. Aug. 1906, Schüler von Grabner und Pfitzner, seit 1947 in Heidelberg Kompositionslehrer. Schrieb u.a. Sinfonien, Konzerte (darunter eines für Violine und Akkordeonorchester), Klavier- und Kammermusik, Chorwerke, Lieder (vor allem nach Stefan George). Reden über «Neue Klassik in der Musik» erschienen 1937.

Fuchs, Robert, * Frauenthal an der Laßnitz 15. Febr. 1847, † Wien 19. Febr. 1927, Österreicher, Theorieschüler und später Theorieprofessor am Wiener Konservatorium (Hugo Wolf, Gustav Mahler, Franz Schreker zählten zu seinen Schülern), auch Hoforganist, veröffentlichte Messen, Orgelfantasien, Frauenchöre, Märchenopern, Bühnenmusik zu Grillparzers «Des Meeres und der Liebe Wellen», feingliedrige Kammer- und vor allem Klaviermusik (Konzerte, Sonaten, vierhändige Stücke), mit der er in Klavierschulwerken überlebte.

Furtwängler, Wilhelm, * Berlin 25. Jan. 1886, † Ebersteinburg 30. Nov. 1954, Dirigent und Komponist, studierte in München (Rheinberger, Schillings, Beer-Wallbrunn, Ansorge), schrieb mit 17 Jahren eine 1. Sinfonie, widmete sich dann aber fast ausschließlich dem Dirigieren, gleichwohl bildete die kompositorische Arbeit eine Hauptttätigkeit für ihn. Anknüpfend an den späten Beethoven und die Sinfonik der deutschen Spätromantik, schrieb er ein Tedeum (1910), zwei weitere Sinfonien (1947 und 1954), ein sinfonisches Konzert für Klavier und Orchester (1937), zwei Sonaten für Violine und Klavier (1937 und 1940), Bekenntniswerke, zu denen noch zwei Chöre nach Goethes «Faust» und ein Adagio für Orchester aus der Frühzeit treten. Seine Anschauungen über Musik und Musikleben liegen in verschiedenen Sammelbänden vor (*Gespräche über Musik*, 1949; *Ton und Wort*, ²1958), eine Briefauswahl gab Frank Thiess heraus (1964), eine Biographie schrieb Friedrich Herzfeld (1950), Dokumente, Berichte und Bilder, Aufzeichnungen gab K. Höcker heraus (1968).

Fux, Johann Joseph, * Hirtenfeld bei Sankt Marein (Steiermark) 1660, † Wien 13. Febr. 1741, Österreicher, Abkömmling einer Bauernfamilie; wahrscheinlich in Italien ausgebildet. War in Wien tätig, seit 1715 als Erster Hofkapellmeister. Sein Wirken als Kapellmeister, Kirchen- und Opernkomponist hat zu einer Hochblüte der österreichischen Barockmusik geführt; seine Opern wurden mit einem Riesenaufgebot von Mitwirkenden und Szenenwerk aufgeführt. Mit seinem Tod begann auch sein Werk zu verfallen, weil es stilistisch der Vergangenheit stark verpflichtet war. Das Gesamtwerk ist noch nicht völlig durchforscht, u. a. 12 Oratorien (Texte meist von P. Pariati), 52 Vespern und Psalmen, über 70 Messen, 3 Requiems, zahlreiche Orchesterpartiten (*Ouvertüren*), 38 Triosonaten, Klavierwerke, 18 Opern, darunter *Daphne* (1714), *Orpheus und Eurydike* (1715), *Äneas* (1731; Text P. Metastasio), *Elisa* (dirigiert von Karl VI.). Sein Theoriewerk *Gradus ad Parnassum* (1725, dt. 1742) wird im Kontrapunktunterricht (nicht nur in Österreich und Deutschland) bis heute verwendet.

Gabrieli, Andrea, * Venedig um 1510, † ebenda Ende 1586, Italiener, Schüler von Willaert, Lehrer seines Neffen Giovanni Gabrieli und H. L. Haßlers, seit 1564 als Nachfolger Merulos Organist an der Markuskirche in Venedig. Weiterentwicklung von Willaerts doppelchörigen Kompositionen (die Markuskirche hat zwei sich gegenüber liegende Apsiden-Orgeln und damit die Möglichkeit, zwei Chor- und Instrumentalgruppen aufzustellen). Anfangs benutzte Gabrieli zwei gleichbesetzte, instrumentalgestützte Chöre, dann schrieb er in gegensatzreicher Besetzung mit Klangwechsel, Echowirkung usw. Neben Orgelwerken sind überliefert Madrigale, Motetten, Messen, *Concerti*, 3- bis 16stimmig in verschiedener Vokal- und Instrumentalbesetzung. Gesamtausgabe der Orgelwerke, 3 Bde. (1941–1943).

Gabrieli, Giovanni, * Venedig 1557, † ebenda 12. Aug. 1613 (die Datierung 1612 folgte venezianischer Ortszählung), Italiener, Schüler seines Onkels Andrea Gabrieli und dessen Nachfolger als Markusorganist in Venedig; 1575 für mehrere Jahre bei Orlando di Lasso in München; Lehrer vieler berühmter Komponisten (H. Schütz), baute den mehrchörigen Stil seines Onkels weiter aus (*cori spezzati*), verlieh ihm einen farbigeren, trotz strengem Satz prunkhaften Klang, indem er die Stimmbesetzungen der zwei oder drei Chöre weiter mischte, die «Tutti» schärfer von den «Soli» trennte, das Klangbild durch Kurzmotive der Instrumente belebte. Sein instrumentales Werk wurde vielleicht noch stärker zukunftweisend als sein vokales, mit Nachwirkung vornehmlich auf die deutschen Komponisten: 6- bis 19stimmige *Sacrae Symphoniae*, für Sänger oder Instrumente (1597 und 1615), 3- bis 22stimmige *Canzoni e sonate* (nach 1600) «für jegliche Art von Instrumenten», Madrigale, Ricercari. Gesamtausgabe seit 1957 im Erscheinen.

Gabrielli, Domenico (genannt Minghino dal Violoncello), * Bologna 1659, † ebenda 10. Juli 1690, Italiener, Kompositionsschüler von Legrenzi, hervorragender Violoncellist, schrieb erstmals (statt für das unbeweglichere Violone) Solostücke für sein Instrument. Handschriftlich erhalten (und in Neudrucken vorliegend) sind *Ricercari* für Violoncello solo; im Druck erschienen *Balletti* und andere Tanzsätze, auch eine Motettensammlung. Seine für Venedig und weitere Opernfestplätze komponierten Bühnenwerke gelten als verloren.

Gade, Niels Wilhelm, * Kopenhagen 22. Febr. 1817, † ebenda 21. Dez. 1890, Däne, ursprünglich Geiger, wurde 1841 bekannt durch seine preisgekrönte, gelegentlich heute noch gespielte Ouvertüre *Nachklänge von Ossian.* Studierte als königlich dänischer Stipendiat in Leipzig, gefördert durch Schumann (der dem musikalischen Namen g-a-d-e – Stimmung der Violinsaiten – in den «Kinderstücken» ein Denkmal setzte) und Mendelssohn, neben dem er die Gewandhauskonzerte dirigierte. Ab 1848 wieder in Dänemark als Organist, Dirigent, Konservatoriumsleiter. Führer des «Skandinavismus» romantischer Prägung. Hauptwerke: 8 Sinfonien, 7 Ouvertüren programmatischer Art, Violinkonzert, Kammer-, Klavier-, Orgelmusik, Singspiel- und andere Bühnenmusik, Chorwerke, 1-, 2- und 3stimmige Lieder mit Klavier (viele davon in Dänemark volkstümlich). – Sein Sohn Axel W. Gade (Kopenhagen 1860–1921) trefflicher Geigenlehrer (Violinkonzert).

Gagliano, Marco da, * Gagliano bei Florenz 1. Mai 1582, † Florenz 25. Febr. 1643, Italiener, Priester, Hofkapellmeister in Florenz, einer der ersten Opernkomponisten des «Stile rappresentativo», so der *Dafne* (1608), die Peri über sein eigenes gleichnamiges Werk nach dem gleichen Textdichter Rinuccini stellte und ihn veranlaßte, gemeinsam mit da Gagliano die Oper *La Flora* zu komponieren (Florenz 1628). Schrieb auch vielbeachtete geistliche Musik, so die 1- bis 6stimmigen *Sacrae cantiones* von 1614.

Gagnebin, Henri, * Lüttich 13. März 1886, † Genf 2. Juni 1977, Schweizer, studierte in Berlin, Genf, Paris (d'Indy), war Organist in Paris, seit 1914 in Genf, wo er 1925 Direktor des Konservatoriums wurde und bis 1959 die Internationalen Musikwettbewerbe leitete. Verschrieb sich keiner der zeitstilistischen Kompositionsrichtungen, lieferte für Orgel 40 Stücke über Hugenottenpsalter, ferner geistliche und weltliche Frauen- und Männerchöre, Weihnachtskinderchöre, Szenenmusik zu Hofmannsthals «Jedermann», eine choreographische Sinfonie, Kammer- und Klaviermusiken.

Galilei, Vincenzo, * bei Florenz um 1520, † Florenz 2. Juli 1591, Italiener, Lautenist, Komponist und Musiktheoretiker, Schüler von Zarlino in Venedig, Gegner des temperierten Tonsystems, Mitbegründer der Monodie, hinterließ Madrigale, Lamentationen im antikisierenden rezitativischen Stil, gab die altgriechischen Hymnen des Mesomedes heraus; berühmt seine Streitschrift *Dialogo della musica antica et della moderna* (1581 u. ö.). Neuausgaben der Madrigale.

Gallus (Handel, Händel, slowenisch Petelin), Jacob, * Reifniz 1550, † Prag 18. Juli 1591, Österreicher slowenischer Herkunft, auch unter Namen wie Händl, Hähnel, Handl bekannt, Kapellmeister in Olmütz, Kantor in Prag, steht im Wandel von den Kirchentonarten zum Dur-Moll-Denken, ist als Kontrapunktiker den Niederländern, als Komponist mehrchöriger Werke den Venezianern verwandt. Hauptwerke: *Opus musicum,* 4 Bücher (1586–1590); Motetten, Messen (Neuausgaben).

Gal[l]uppi, Baldassare, * Burano bei Venedig 18. Okt. 1706, † Venedig 3. Jan. 1785, Italiener, wirkte in London und Petersburg, seit 1748 Markuskapellmeister in Venedig. Ihm werden etwa 100 Opern zugeschrieben (die besonders beliebten Buffoopern meist nach Texten von Goldoni und Zeno, die übrigen vielfach von Metastasio), zum größten Teil Soloopern, also ohne Chöre, Ballette usw., darunter *Dido* (1741), *Die Welt auf dem Mond* (1750, vor Haydn), *Der Philosoph auf dem Lande* (1754), *Liebe macht Diebe* (1755, Wiesbaden 1964), *Ariadne und Theseus* (1763), *Iphigenie in Tauris* (1768), ferner Oratorien, Klaviersonaten, Konzerte für Klavier, Flöte, Kirchenmusik (Neudrucke der Sonaten).

Gaßmann (Gaasmann, Gaismann, Gazmann), Florian Leopold, * Brüx 3. Mai 1729, † Wien 20. Jan. 1774, Österreicher, wirkte hauptsächlich in Wien und Venedig. So sehr seine kontrapunktisch geschriebenen Kirchen-, Orchester- und Kammermusikwerke seinerzeit geschätzt wurden (Mozart, Haydn), den Haupterfolg hatte er mit Balletten und komischen Opern (Texte vielfach nach Goldoni), in denen er dem damaligen venezianischen Geschmack ebenso huldigte wie dem deutschen Singspielpublikum;

von den 22 Bühnenwerken hat sich *La Contessina* (*Die junge Gräfin*) erhalten (1770, Text von Goldoni). Verdient durch Gründung einer «Tonkünstlersozietät» (Pensionskasse für Musikerhinterbliebene, Erlös aus öffentlichen Abonnementskonzerten, Wien 1772).

Gast, Peter, eigentlich Heinrich Köselitz, * Annaberg (Erzgebirge) 10. Jan. 1854, † 15. Aug. 1918, studierte in Leipzig und Basel, lebte lange in Venedig, schrieb Klavierlieder, Orchestergesänge, programmusikalische Orchester- und Kammermusik. Sein Versuch, die Musikdramatik Wagners durch Hinwendung zu einem vergangenen italienischen Opernstil zu überwinden, wäre vergessen, wenn sich nicht Nietzsche für ihn eingesetzt hätte. Das einzige Bühnenwerk, *Der Löwe von Venedig,* 1891, ist eine Nachahmung von Cimarosas «Heimlicher Ehe». Gast war 1900–1908 Kustos des von ihm eingerichteten Weimarer Nietzsche-Archivs (Briefwechsel 1908).

Gastoldi, Giovanni Giacomo, * Carvaggio um 1550, † 1622, Italiener, Kirchenkapellmeister in Mantua und Mailand, als Meister der «Balletti di cantare» (Tanzlieder) von außerordentlichem Einfluß auf deutsche (Haßler, Schein) und englische (Morley) Liedkomponisten (Neudrucke).

Gaultier, Denis, * Marseille (?) um 1603, † Paris Jan. 1672, Franzose, Lautenkomponist der galanten Pariser Salons (Anne de Chambré), von nachhaltigem Einfluß auf die Entwicklung der europäischen Lauten- und Cembalomusik (Neudrucke seiner Suiten).

Gaviniès, Pierre, genannt G. le Jeune oder G. de Paris, * Bordeaux 11. Mai 1728, † Paris 8. Sept. 1800, Franzose, zählte zu den bedeutendsten Violinvirtuosen des 18. Jahrhunderts («der französische Tartini»), schrieb für sein Instrument vielgespielte, lagen- und bogentechnisch schwierige Konzerte und Sonaten, seine *24 Matinés* (1800) gehören als Etüden durch alle Tonarten bis heute zur Standardliteratur des Violinspiels.

Gehlhaar, Rolf, * Breslau 30. Dez. 1943, Deutsch-Amerikaner, studierte an der Yale und California University, 1967–70 bei Stockhausen in Köln, gründete mit Fritsch das Kölner Feedback Studio, schrieb experimentelle Musik (*Resonanzen* für Orchester, 1976).

Geiser, Walther, * Zofingen 16. Mai 1897, Schweizer, Kompositionsschüler von H. Suter in Basel, seit 1924 Konservatoriumslehrer ebenda. Vom französischen Impressionismus beeinflußt, dann von Busonis «Neuer Klassizität». Konzerte für Orchester und verschiedene Soloinstrumente, Kammermusik, Orgel- und Klavierwerke, Lieder und Orchestergesänge, Chorwerke (*Stabat Mater* für Bariton, Chor, Orgel, Orchester, 1935, *100. Psalm* für Männerchor, 1953).

Geißler, Fritz, * Würzen bei Leipzig, 16. Sept. 1921, studierte in Leipzig und Berlin, lehrt seit 1953 Tonsatz an Universität und Musikhochschule Leipzig, schrieb Sinfonien, Solokonzerte, Kammer- und Klaviermusik, Ballette (*Sommernachtstraum,* 1965).

Gelbrunn, Artur, * Warschau 11. Juli 1913, Israeli, studierte in Rom und Zürich (W. Burkhard), lehrt seit 1959 in Tel Aviv, schrieb spätimpressionistische und seit 1950 auch serialistische Musik: Sinfonien, Musik für Harfe, für Streichquartett, Ballette, Kantatenoratorium *Le livre du feu* für Chöre, Stimmen, Sprecher und Orchester (1964).

Geminiani, Francesco, * Lucca (getauft 5. Dez.) 1687 (?), † Dublin 17. Sept. 1762, Italiener, Schüler von Corelli und A. Scarlatti, wirkte als Orchestergeiger in Lucca, ging 1711 nach Neapel, 1714 nach London, wo er – abgesehen von den Jahren in Paris 1749–1755 – als hochberühmter Lehrer gewirkt hat. Schrieb die Violinschule *The art of playing on the violin* (1731, Faksimileneudruck 1952), eine Gitarrenschule u. a. Lehrwerke. Veröffentlichte zwei Gruppen von je 12 Violinsonaten, außerdem 12 Concerti grossi; bearbeitete eigene und fremde (Corelli) Kompositionen als Concerti grossi.

Genée, Richard, * Danzig 7. Febr. 1823, † Baden bei Wien 15. Juni 1895, Sohn eines Bassisten und Theaterdirektors, selbst Theaterkapellmeister in vielen Städten, übersetzte und schrieb zahlreiche Operettentexte (besonders für J. Strauß, Millöcker, Suppé), komponierte eine Reihe von Operetten wie *Der Seekadett* (1876), *Die letzten Mohikaner* (1879), *Die Dreizehn* (1887) und humoristische Männerchorlieder.

Genzmer, Harald, * Blumenthal bei Bremen 9. Febr. 1909, Schüler von Hindemith, auch von Sachs und Schünemann in Berlin, war während des Krieges Lehrer an der Jugendmusikschule Neukölln, wurde 1946 Kompositionsprofessor an der Freiburger und 1957 an der Münchner Hochschule für Musik. Schrieb Klavierwerke zweihändig, vierhändig und für 2 Klaviere, Kammermusik in verschiedener Besetzung, Orchesterwerke wie *Pachelbel-Suite* (1945), *Bremer Sinfonie* (1943), *Sinfonische Musik* (1941), Sinfonien für großes und für Streichorchester, *Sinfonischer Prolog* (1959), Konzerte für Flöte (1954), Klavier (1949), Klavier und Flöte (1945), für Trautonium (1940), für Mixturtrautonium (1952), für Cello (1950), für Oboe (1963), für Harfe und Streichorchester (1965), ferner Chorwerke wie die *Hymnen* (1946, nach G. von Le Fort, für Soli, Chor, Orchester) und die *Südamerikanischen Gesänge* (1958, für 6- bis 8stimmigen gemischten Chor), eine Messe (1953), Orgelwerke, *Klaviertrio 1964*, *Capriccio* für Kammerorchester (1964); Jiménez-Kantate für Sopran, Chor und Orchester (1965); *Irische Harfe,* Chorzyklus (1965); Harfenkonzert (1965); Bratschenkonzert (1967); *Der Zauberspiegel,* Ballett (1967); Schiller-Kantate für hohe Stimmen, Männerchor und Orchester (1968); *Oswald von Wolkenstein,* Kantate für Sopran, Bariton, Chor und Orchester (1977).

Gerhard, Roberto, * Valls (Tarragona) 25. Sept. 1896, † Cambridge 5. Jan. 1970, Spanier schweizerischer Herkunft, studierte bei F. Pedrell in Barcelona, 1923 bis 1928 bei Schönberg in Wien, wirkte in Deutschland, Österreich, Spanien, seit 1938 als engl. Staatsbürger in Cambridge (England) ansässig. Fand Anschluß an die neue spanische Musik, deren Eigentümlichkeiten auch durch die späteren Zwölftonwerke unverkennbar hindurchschimmern. Schrieb Opern, Zarzuelas, Ballette, Schauspiel-, Film-, Funkmusik, Sinfonien, ein Violin- und ein Klavierkonzert (1950, 1952), Kammer- und Klaviermusik, Vokalwerke. «The Score» widmete ihm ein Sonderheft (Sept.-Nr. 1956). Gab spanische Kirchenmusik des 18. Jahrhunderts heraus.

Gershwin, George, * New York-Brooklyn 26. Sept. 1898, † Hollywood 11. Juli 1937 (Gehirntumor), Nordamerikaner, ursprünglich Unterhaltungsmusiker (Schlager, Songs, Operetten, Revuen), schrieb auf Veranlassung des Jazzkönigs Paul Whiteman die noch von Whitemans Arrangeur Grofé instrumentierte *Rhapsody in blue* (Klavierkonzert mit Jazzorchester, 1924), eine 2. Rhapsodie (1931), ein Klavierkonzert f-Moll (1925), *Ein Amerikaner in Paris* (1928), *Kubanische Ouvertüre* (1932), vor allem die Negeroper *Porgy und Bess* (1935, nach dem Roman und Theaterstück «Porgy» von Heyward), Musik für Film («The Goldwin follies», 1937), Funk und Revue. Gershwin vermochte den amerikanischen Optimismus ebenso anzusprechen wie die Sentimentalität, er traf den Schlagerton genauso wie die dramatische Situation. In diesem Nebeneinander besteht die Unverwechselbarkeit seiner Kompositionstechnik.
LITERATUR: D. Ewen: The story of G. G. (dt. 1954); G. Schwinger: Er komponierte Amerika, G. G. (1960, mit Werkverzeichnis).

Gerster, Ottmar, * Braunfels (Wetzlar) 29. Juni 1897, † Leipzig 31. Aug. 1969, studierte in Frankfurt bei B. Sekles, war Orchester- und Quartettbratscher, Professor an den Musikhochschulen in Essen, Weimar, Leipzig (seit 1951). In seinen Kompositionen verwendet er Stilelemente der Neuen Musik dort, wo er sie dramaturgisch für erforderlich hält. Schrieb Konzerte für Violine, Bratsche, Cello, Klavier, Pauken; für Orchester Suiten, Ouvertüren, Sinfonien (darunter *Thüringische Sinfonie,* 1953, und *Leipziger Sinfonie,* 1965); Klavier- und

Kammermusik, Klavierlieder, Chorwerke a cappella und mit Orchester (u. a. *Das Lied vom Arbeitsmann*, 1929; *Eisenhüttenkombinat Ost*, 1952), *Ballade vom Manne Karl Marx* (1961). Bekannt wurde er vor allem durch seine Opern *Madame Liselotte* (1933), *Enoch Arden* (1936), *Die Hexe von Passau* (1941, Text von R. Billinger), *Das verzauberte Ich* (1949, nach Raimunds «Alpenkönig»), *Der fröhliche Sünder* (1963). Lieferte auch politische Propagandamusik. Eine Biographie, O. G. – Leben und Werk, schrieb K. Laux (1962).

Gesualdo, Don Carlo, Fürst von Venosa, *Neapel um 1560, †ebenda 8. Sept. 1613, Italiener, einer der Aristokraten jener Zeit, die verschiedene Instrumente beherrschten, sich eigene Akademien schufen und auch komponierten. Schrieb Hunderte von meist 5stimmigen Madrigalen sowie zahlreiche geistliche Kompositionen (Motetten, davon eine durch Strawinski vervollständigt). Die Madrigaltexte vielfach von dem ihm befreundeten Dichter Tasso. Seine Harmonik mit ihrer bereits funktionellen Chromatik steht einzig da in der Zeit. Sein chromatisch hochalterierter Stil ist Ausdruck einer übersteigerten barocken Erlebniskraft. Neuausgaben der Madrigale und *Cantiones sacrae* (I. Strawinsky, 1960).

Gevaert, François Auguste, *Heusden bei Gent 31. Juli 1828, †Brüssel 24. Dez. 1908, Belgier, Forscher, Lehrer, Dirigent, Konservatoriumsdirektor in Brüssel (forderte eine allseitig orientierte musische Ausbildung, die Pflege Bachs und der belgischen Nationalmusik). Schrieb Opern, Chorwerke, Lieder, Orchester-, Kammer-, Klaviermusik; noch heute studierenswert seine *Instrumentationslehre* (1890).

Ghedini, Giorgio Federico, *Cuneo 11. Juli 1892, †Nervi 25. März 1965, Italiener, Studium in Turin und Bologna, lehrte seit 1941 (seit 1951 als Direktor) am Mailänder Konservatorium. Von seinen Kompositionen (Bühne, Chor, Lied, Orchester, Kammermusik) hat er im wesentlichen nur die Spätwerke veröffentlicht. Zu erwähnen das einaktige Bühnenwerk *Billy Budd* (1949, nach H. Melville) und *Die Bacchantinnen* (1948), auch Filmmusiken.

Gibbons, Orlando, *Oxford (getauft 25.) Dez. 1583, †Canterbury 5. Juni 1625, Engländer, Sproß einer weitverzweigten Musikerfamilie, Virginalist und Organist von Westminster Abbey, einer der wichtigsten englischen Komponisten vor Purcell, auf dessen Schaffen er stark einwirkte. Schrieb weltliche und geistliche Vokalwerke, mehrstimmige Streicher-«Fantasien», viele Stücke für Tasteninstrumente (Neuausgaben).

Gielen, Michael, *Dresden 20. Juli 1927, Österreicher, als Operndirigent seit 1977 in Frankfurt am Main tätig, schrieb, zunächst in der Webern-Nachfolge, Chor-Orchesterwerke (Texte P. Claudel, H. Arp), Orchesterwerke (*Mitbestimmungsmodell für Orchestermusiker und 3 Dirigenten*, 1971–1974).

Gilbert, Henry, *Sommerville (Mass.) 26. Sept. 1868, †Cambridge (Mass.) 19. Mai 1928, Nordamerikaner, Schüler von MacDowell, in verschiedenen Berufen tätig, erst nach 1900 ständig Musiker, mühte sich literarisch und kompositorisch, eine originalamerikanische Musik zu schaffen; *Two episodes* (1896), *Comedy overture on negro themes* (1905), Tondichtung *The dance in Place Congo* (1918 auch als Ballett), Chorwerk *To America*.

Gilbert, Jean, eigentlich Max Winterfeld, *Hamburg 11. Febr. 1879, †Buenos Aires 20. Dez. 1942, bis 1910 als Theaterkapellmeister tätig, dann nur noch seinem Operettenschaffen lebend; emigrierte 1933 nach Spanien und Frankreich, 1939 nach Buenos Aires (Radio «El Mundo»); Vertreter der Berliner Revueoperette, am erfolgreichsten mit dem Bühnenstück *Die keusche Susanne* (1910, darin der Lebemannmarsch *Wenn der Vater mit dem Sohne*), *Puppchen* (1912, darin der vielgesungene Schlager *Puppchen, du bist mein Augenstern*) u. a. m. – Sein Sohn Robert Gilbert, *Berlin 19. Sept. 1899, trat ebenfalls als Operettenkomponist, nachhaltiger aber als Textbuchautor hervor (*Im weißen*

Rößl für Benatzky, *Feuerwerk* für P. Burkhard).

Ginastera, Alberto, * Buenos Aires 11. Apr. 1916, Argentinier, in Buenos Aires ausgebildet und als Kompositionslehrer am Nationalkonservatorium tätig (seit 1948 Direktor auch des Konservatoriums in La Plata), Hauptvertreter einer jungargentinischen Komponistenschule, versucht neoklassizistische, neuerdings auch zwölftontechnische mit folkloristischen Bauelementen zu verbinden, etwa in den Balletten *Estancia* (1941, für Balanchine) und *Panambi* (1937), in jüngster Zeit mit Opern und Chorwerken wie der *Cantata para la América é Mágica* (1962, auf Texte der Majas, Inkas und Azteken), *Don Rodrigo* (1964, Libretto von A. Casone) und *Bomarzo* (1964 bis 1967, Libretto nach M. M. Lainez), schrieb ferner *Variaciones concertantes* für Orchester, ein Violinkonzert, ein Klavierquintett und weitere Kammermusik, Kantate *Milena* für Sopran und Orchester (nach Kafka, 1970).

Giordano, Umberto, * Foggia 28. Aug. 1867, † Mailand 12. Nov. 1948, Italiener, komponierte früh Orchestermusik, entdeckte seine Begabung für dramatische Musik und erlangte Weltruhm mit einigen noch heute vielgespielten Opern veristischer Prägung. Bekannteste Opern *André Chénier* (1896, Text von L. Illica), *Fedora* (1898, nach Sardou), *Madame Sans-Gêne* (1915, nach Sardou, komische Oper), *Der König* (1929, Text von G. Forzano, Märchenkomödie). – Veröffentlichte Beethovens Sinfonien in Einheitspartitur.

Giovannini, vermutlich Musikerpseudonym des Grafen von Saint-Germain, † Eckernförde 27. Febr. 1784, italienischer Herkunft, als Schöngeist und Abenteurer an den namhaftesten Höfen des Rokoko nachweisbar, längere Zeit in Berlin lebend, wahrscheinlich auch mit C. Ph. E. Bach bekannt, der gleich ihm zum 3. Band der Gräfeschen Oden (Halle 1737 ff) beitrug; möglicherweise geriet auch das lange Zeit J. S. Bach zugeschriebene Lied «Willst du dein Herz mir schenken» über C. Ph. E. Bach in das Notenbüchlein der Anna Magdalena Bach (1725).

Glanville-Hicks, Peggy, * Melbourne 29. Dez. 1912, Australierin, studierte u. a. bei R. Vaughan Williams, E. Wellesz, Nadia Boulanger, ging 1942 nach Nordamerika, wurde 1946 Kritikerin der «New York Herald Tribune» und Generalsekretärin des Musikforums der Columbia University (N. Y.). Schrieb Opern (darunter nach Th. Mann *The transposed heads,* 1954), Ballette, Filmmusik, Orchester- und Chorwerke, Kammermusik, betont Rhythmus und Melos unter Hintanstellung des Harmonischen.

Glasunow, Alexandr Konstantinowitsch, * Petersburg 10. Aug. 1865, † Paris 21. März 1936, Russe, nach seiner 1. Sinfonie (1882) gefördert durch Balakirew, Rimski-Korsakow, Liszt u. a., 1905 bis 1928 Direktor des Petersburger Konservatoriums, daneben einflußreiches Mitglied großer Organisationen, seit 1928 in Paris. Als Dirigent unternahm er Konzertreisen durch Europa und Nordamerika. Internationale Auszeichnungen und Preise.
Als Komponist Eklektiker, in der formalen Sicherheit Tschaikowski verwandt, jedoch ohne die Vitalität der neueren Russen, am nachhaltigsten bekannt geblieben mit dem Violinkonzert (a-Moll, op. 82; 1905 durch Leopold Auer uraufgeführt), mit der sinfonischen Dichtung *Stenka Rasin* (1885) und mit dem Ballett *Raimonda* (1897), auch mit einigen Streichquartetten, schrieb ferner u. a. 9 Sinfonien, Konzerte für Klavier, Violoncello, Orgelstücke, Klavierlieder. Vollendete bzw. instrumentierte mit Rimski-Korsakow Borodins Oper «Fürst Igor» und seine 3. Sinfonie. Erinnerungen an Glasunow gab sein Schwiegersohn H. Günther heraus (1956).

Glebow, Igor, siehe B. W. Assafjew.

Glier, Reingold Morizewitsch, eigentl. Reinhold Glière, * Kiew 11. Jan. 1875, † Moskau 23. Juni 1956, Russe, Sohn eines aus Belgien gebürtigen Blasinstrumentenmachers, ausgebildet in Kiew (Ševčík), Moskau (Tanejew) und Berlin, schloß sich in Petersburg dem Kreis um Rimski-Korsakow und Belajew an, lehrte am Konservatorium ebenda (zu seinen Schülern zählten Mjaskowski und Prokofiew), wechselte 1913 an das Konservatorium in Kiew über, 1920 an das Staatskonservatorium in Moskau (wo Chatschaturjan, Frolow, Mossolow u. a. zu seinen Schülern gehörten); Volksmusikstudien bestimmten seinen zunehmend sowjetisch bestimmten Kompositionsstil, so für das Revolutionsballett *Roter Mohn* (1927) und den *Marsch auf die Rote Armee,* in seiner ausgedehnten Kammer- und Klaviermusik blieb er traditioneller dem 19. Jahrhundert verbunden, schrieb auch Konzerte für Soloinstrumente (und für Solosopran) mit Orchester.

Glinka, Michail Iwanowitsch, * Nowospaskoje bei Smolensk 20. Mai (1. Juni) 1804, † Berlin 15. Febr. 1857, Russe, studierte in Petersburg ursprünglich Sprachen, nebenher Musik bei Field, ging seiner Gesundheit wegen 1830–1833 nach Italien, wo er sich eingehend mit der italienischen Musik beschäftigte. Siegfried Dehn, Berlin, wies ihm den Weg zur nationalrussischen Musik. Lebte abwechselnd in Rußland, Deutschland, Frankreich und Spanien, nachdrücklich gefördert durch Liszt und Berlioz. Schrieb mehrstimmige Kirchenmusik, Orchesterwerke (*Spanische Ouvertüren*), Schauspiel-, Kammer-, Klaviermusik, Lieder. Weltruhm brachte ihm seine Oper *Schisn sa Zarja* (*Das Leben für den Zaren,* auch *Iwan Sussanin,* 1836), im Grunde lyrisch, aber durch das Gegeneinandersetzen russischer und polnischer Musikelemente äußerst schlagkräftig (Chöre): Der Bauer Sussanin soll den sein Haus überfallenden Polen den Weg zum neugewählten Zaren (seinem bisherigen Gutsherrn) weisen, läßt diesen aber heimlich warnen, führt die Polen in die Irre und wird von ihnen getötet. – Von seiner zweiten Oper *Ruslan und Ludmilla* (1842, Text nach dem von Glinka begeisterten Puschkin) wird außerhalb seiner Heimat die meisterhafte Ouvertüre oft gespielt. Seine autobiographischen Aufzeichnungen *Aus meinem Leben* erschienen 1961.

Globokar, Vinko, * Anderny 7. Juli 1934, Jugoslawe, Komponist und Posaunist, studierte bei Leibowitz (Paris) und Berio (Berlin), lehrt seit 1975 am Akustisch-Musikalischen Institut (IRCAM) in Paris; schrieb vornehmlich experimentelle Werke für (mit) Posaune(n).

Gluck, Christoph Willibald Ritter von, * Erasbach (Landkreis Beilngries) 2. Juli 1714, † Wien 15. Nov. 1787, 1726 bis 1732 Chorknabe in Komotau, anschließend in Prag als Gelegenheitsmusiker, aber auch als Studierender. 1736–1740 Studium in Mailand bei G. B. Sammartini. Schrieb Opern im damaligen italienischen Stil, wurde daraufhin 1745 an das Haymarket Theatre nach London berufen und lernte Händel kennen. Es folgten Wanderjahre, z. T. mit der Mingottischen Truppe, die verschiedene Opern von ihm herausbrachte. 1752 ließ er sich endgültig in Wien nieder, war jedoch zwischendurch mehrmals längere Zeit in Paris tätig. Schrieb 17 Sinfonien (drei davon fraglich), sieben Triosonaten, bedeutsame Vertonung Klopstockscher Oden für Gesang und Klavier, fünf Ballette (am bekanntesten *Don Juan*), über 100 Opern und Singspiele, Pasticcios, Kantaten und Chorwerke. 48 Jahre war er alt, als er in Wien seine erste «Reformoper» aufführte, schrieb aber in den gleichen Jahren für den Wiener Hof auch Singspiele im französischen Stil. Musikalisch haben ihn Händel in England und Rameau in Frankreich stärker beeinflußt; der Gedanke einer Opernreform scheint wesentlich auf den Textbuchverfasser R. Calzabigi (1714 bis 1795) zurückzugehen. Schrittweise verwirklicht wurde eine Reform in Bühnengeschehen, Gesangstexten und Musik, also nach heutigen Begriffen ein «Gesamtkunstwerk»: eine «vernünftige», dem Zeitgeist entsprechende Handlung an Stelle der Verwirrungen und Verwechslungen mit glücklichem Ausgang, Beschränkung auf wenige entscheidende Szenen als Angelpunkte einer großgesehenen Handlung, großräumige Anlage der musikalischen Formen, Annäherung des Seccorezitativs an die Arie (bei Gluck infolgedessen vom Orchester statt Cembalo begleitet), die, befreit von

Kehlkopfvirtuosität, nunmehr vom dramatischen Inhalt erfüllt ist. Inhalt, Form und Ausführung verschmelzen zur musikdramatischen Einheit.
Die zahlreichen italienischen und französischen Opern Glucks haben nur noch Bedeutung für die Musikwissenschaft. Der komische Einakter *Der betrogene Kadi* (1761), *Die Pilgrime von Mekka* (1764, als Singspiel ein Vorläufer von Mozarts «Entführung») und das Ballett *Don Juan* (1761) sind dagegen der Wiederbelebung wert. Nicht wegzudenken aus der Operngeschichte und noch von starker Gegenwartswirkung sind die großen Reformopern der Zeit, die man in der deutschen Literatur als «Sturm und Drang» bezeichnet:
Orpheus und Eurydike (1762 in Wien, Text von R. Calzabigi, deutsch von J. D. Sander, später für Paris etwas umgestaltet), erste der «Wiener Reformopern». – Orpheus steigt in die Unterwelt, darf von dort seine gestorbene Gattin Eurydike zurückholen, verliert sie wieder, weil er sich, dem Gebot zuwider, nach ihr umschaut, will sich den Tod geben, doch erweckt Amor die Verlorene wieder zum Leben. Der dramatische Aufbau (Steigerung bis zum 2. Akt, danach Abklingen zum 3. Akt), die knappen Ausdrucksarien, die sie fortführenden Rezitative, die Chöre (Reigen der seligen Geister), die Pantomimen (Furientanz) werden zu Bauteilen des Ganzen, das Orchester nimmt selbständig Anteil am Geschehen.
Alceste (1767 in Wien, Text von R. Calzabigi, Neuübersetzung von H. Abert; ebenfalls später für Paris etwas umgearbeitet), die zweite «Wiener Reformoper». Gluck mußte seine Absichten in einer Vorrede verdeutlichen; dort sagt er u. a.: «Ich war bedacht, die Musik auf ihre wahre Aufgabe zu beschränken, das ist, der Dichtung zu dienen, indem sie den Ausdruck der Empfindungen und den Reiz der Situation verstärke, ohne die Handlung zu unterbrechen oder durch unnütze und überflüssige Zieraten abzuschwächen.» Die erste Reformoper, in der weder Koloraturen noch Kastraten vorkommen.
Paris und Helena (1770 in Wien, Text von R. Calzabigi), dritte «Wiener Reformoper», wiederum mit einer Vorrede versehen. Das eigentliche Geschehen ist fast ganz in die Musik verlegt (zu vergleichen mit Wagners «Tristan»), eine äußere Handlung kaum vorhanden, was die Aufführbarkeit beeinträchtigt.
Iphigenie in Aulis (1774 in Paris, Text von Le Blanc du Roullet, übersetzt von P. Cornelius, Neubearbeitung 1847 von R. Wagner; erste «Pariser Reformoper»). Etwas enttäuscht über den geringen Widerhall seiner Reformopern in Wien, ging Gluck für längere Zeit nach Paris, um die Oper persönlich einzustudieren. Gegen starke Widerstände wurde das Werk aufgeführt (Marie Antoinette trat für Gluck ein) und erregte gewaltiges Aufsehen; der kaum beigelegte Streit zwischen den nach Italien blickenden «Buffonisten» und den «Antibuffonisten» (Verfechter der von Lully und Rameau geschaffenen französischen Nationaloper) wurde abgelöst durch den der Gluckisten mit den Piccinisten (mit allerlei Intrigen arbeitende Anhänger des bedeutenden italienischen Komponisten Nicola Piccini). Die mächtigen Chorszenen, die kaum noch Arien zu nennenden Monologe Agamemnons und Klytämnestras, die Rezitative mußten damals in Paris verblüffen.
Armida (1777 in Paris, Text von Ph. Quinault, neu übersetzt von J. von Voß, zweite «Pariser Reformoper»). Der Text des Lully-Librettisten Quinault hat den Musikdramatiker Gluck nicht recht zu beflügeln vermocht.
Iphigenie auf Tauris (1779 in Paris, Text von F. Guillard, Neuübersetzung von R. Strauss, dritte «Pariser Reformoper»). Gluck hat sein Ziel erreicht: Das Idyllisch-Liedhafte der Arien, das Dramatisch-Bauende der Ensembleszenen, die musikalische Charakterisierung der Personen (Orests Traumerzählung, Iphigenies Klage um den Bruder) und die entscheidende Mitwirkung des Orchesters werden zu einem Monumentalstil verschmolzen, äußere Wirklichkeit und innere Wahrheit ergänzen einander, so an der berühmten, zukunftweisenden Stelle, an der Orest nach leidenschaftlichen Ausbrüchen singt: *Die Ruhe kehrt in mein Herz zurück,* während das Orchester deutlich macht, daß dem durchaus nicht so ist. – Mit der Iphigenie hat Gluck

die «Piccinisten» und ihren Meister endgültig überwunden und überzeugt.
Eine letzte Oper, nach Klopstocks «Hermannsschlacht», kam nicht mehr zur Niederschrift.
LITERATUR: A. Wotquenne: Thematisches Werkverzeichnis (1904, Ergänzungen durch Liebeskind 1911); deutschsprachige Gluck-Biographien von H. J. Moser (1940), R. Gerber ([2]1950), R. Tenschert (1951), A. Einstein (1954), A. A. Abert (1959).

Goehr, Alexander, * Berlin 10. Aug. 1932, Sohn von Walter Goehr, studierte in Paris bei Messiaen und in London (Manchester College), legte 1951 mit einem Liederzyklus nach Byron op. 1 vor, schrieb vornehmlich Kammermusik, u. a. *Fantasia* für Klarinette und Klavier, *Narration* für Sopran und Klavier (Text W. Blake), *Little music for strings, The deluge* (Text Leonardo da Vinci), *Hekubas Klage, Pastorals op. 19 for Orchestra,* 1965), die Oper *Arden muß sterben* (Text von Erich Fried nach «Arden of Faversham«, 1590; 1967).

Goetz, Hermann, * Königsberg (Pr.) 7. Dez. 1840, † Hottingen bei Zürich 3. Dez. 1876, studierte in Berlin (Sternsches Konservatorium), lebte dann in der Schweiz (zeitweise Organist in Winterthur); schrieb Lieder, Chöre mit und ohne Orchester, Klavierstücke, Kammermusik (Klaviertrio, -quartett, -quintett), eine Sinfonie F-Dur, eine heitere *Frühlingsouvertüre,* je ein Violin- und ein Klavierkonzert. Hauptwerk: *Der Widerspenstigen Zähmung* (1874, nach Shakespeare), vom Musikalischen her die geistvollste komische Oper Deutschlands im 19. Jahrhundert.

Goetze, Walter, * Berlin 17. April 1883, † ebenda 24. März 1961, Kabarettpianist und Bühnenkomponist, schrieb Possen, Singspiele und Operetten, darunter *Ihre Hoheit – die Tänzerin* (1919).

Goeyvaerts, Karel, * Antwerpen 8. Juni 1923, studierte in Paris bei Milhaud und Messiaen, schrieb serielle Musik der Webern-Nachfolge und elektronische Kompositionen (WDR Köln).

Goldmark, Karl, * Keszthely (Komitat Veszprim) 13. Mai 1830, † Wien 2. Jan. 1915, Österreicher, Absolvent des Wiener Konservatoriums. Als Komponist bildete er seinen Stil an allen Strömungen der Zeit – von Lortzing bis zum Impressionismus, von der großen französischen Oper bis zu Wagner. Größeren Erfolg hatten die Oper *Die Königin von Saba* (1875), die *Sakuntala*-Ouvertüre (1865), die Ouvertüre zu Kleists «Penthesilea» (1879). Schrieb sechs Opern, sinfonische Dichtungen und Ouvertüren, Konzerte, Sinfonien, Kammer- und Klaviermusik, Chorwerke, Lieder. Seine Autobiographie erschien 1922.

Golyschew, Jefim, * Cherson (Ukraine) 8. (20.) Sept. 1895, † Paris 25. Sept. 1970, Russe, emigrierte nach der Revolution nach Berlin, schrieb 1914 bereits ein Streichquartett mit dodekaphonisch abgesetzten Feldbildungen, 1925 ein Streichtrio mit «Zwölfton-Dauerkomplexen».

Gombert, Nikolaus, * Brügge um 1500, † um 1556, Flame, Schüler von Josquin Desprez, Hofkapellist unter Karl V. in Madrid und Brüssel, Kanonikus an der Kathedrale von Tournai, schrieb in polyphon verdichtetem niederländischen Stil 4- bis 6stimmige Messen, Motetten und Chansons.

Gomes, António Carlos * Campinas 11. Juli 1836, † Belém 16. Sept. 1896, Brasilianer portugiesischer Abstammung, studierte in Rio de Janeiro und in Mailand, war Leiter des Konservatoriums in Pará, in seinem Heimatland und in Italien geschätzter Komponist von Opern im Verdi-Stil auf italienische Texte (teilweise von Ghislanzoni); größter Erfolg: *Die Guarani-Indianer* (1870 in der Mailänder Scala), insgesamt zwölf Bühnenwerke, darunter *Maria Tudor* (1879) und die Operette *Telegrapho electrico,* zur 400-Jahr-Feier der Entdeckung Amerikas das Chor-Orchesterwerk *Colombo* (1892).

Goossens, Sir Eugène, * London 26. Mai 1893, † Hillingdon 13. Juni 1962, Engländer belgischer Abstammung, Sohn und Enkel tüchtiger Musiker, Dirigent in England, Amerika, Australien, als Komponist dem französischen Impressionismus verpflichtet, «modern», aber keiner bestimmten Stilrichtung angehörig, schrieb Sinfonien, Opern (*Judith*, 1929; *Don Juan de Mañara*, 1935), Ballette, Sinfonien, sinfonische Dichtungen und Ouvertüre, Kammer- und Klaviermusik, Chorwerke, Lieder. Ließ 1951 eine Autobiographie erscheinen: *Ouverture and beginners.*

Gorecki, Mikolaj, * Rybnik 6. Dez. 1933, Pole, studierte Pädagogik und Musik (Kattowitz), Vertreter der jungpolnischen Avantgarde, sucht Synthese von serieller Satztechnik und folkoristischen Strukturen, schrieb *Orchesterlieder* (1956), *Epitaph* für Chor und Orchester (1958), *Sinfonie* für Streicher und Schlagwerk (1959), *Genesis* (Orchesterzyklus, 2 Teile seit 1962), *Diagramma VI* für Flöte solo (1963), *Ad matrem* für Sopran, Chor und Orchester (1971).

Görner, Hans-Georg, * Berlin 23. Apr. 1908, studierte u. a. bei S. Ochs, Kirchenmusiktätigkeit in Berlin («Berliner Kantorei») und Schwerin, Kompositionsprofessur in Halle und Berlin (Humboldt-Universität, seit 1956). Sinfonien, *Symposion, sinfonischer Dialog, Sinfonische Burleske* (nach Buschs «Frommer Helene»), *Ostinato risoluto, Variationen um ein hartnäckiges Thema,* Variationen über *Ei du feiner Reiter,* Suiten, *Smetana-Variationen, Wartburg-Kantate,* C-Dur-Messe, Kammermusik, Klavier- und Orgelwerke.

Gossec, François Joseph, * Vergnies (Hennegau) 17. Jan. 1734, † Passy bei Paris 16. Febr. 1829, Franzose, in Antwerpen aufgewachsen, in Paris durch Rameau gefördert, 1795 Mitdirektor des neugegründeten Konservatoriums. In der Instrumentation von Stamitz beeinflußt, Bewunderer Glucks, umjubelter «Komponist der Revolution». Schrieb zahlreiche Sinfonien, Opern, Ballette, Kammermusik, Märsche, festliche Chorwerke (berühmt eine Totenmesse, ein Tedeum für 1500 Mitwirkende). Seine *Marche lugubre* für Bläser und Trommler (1793) wurde Vorbild aller später geschriebenen Trauermärsche.

Gotovac, Jakov, * Split 11. Okt. 1895, Kroate, studierte u. a. in Wien bei Josef Marx, Opernkapellmeister in Agram, komponierte u. a. 7 Opern, davon *Ero der Schelm* (1935) auch außerhalb Jugoslawiens viel aufgeführt, nationalbetonte Orchesterwerke (u. a. *Symphonischer Kolo,* 1935), Chöre mit und ohne Orchester, Lieder.

Goudimel, Claude, * Besançon um 1514, † Lyon Aug. 1572, Franzose, als Hugenotte erschlagen; Hauptwerk: mehrstimmige Vertonung des Hugenottenpsalters; schrieb auch Musik nach katholischem Ritus sowie Chansons. (Nicht identisch mit Gaudio Mell, dem mußmaßlichen Lehrer Palestrinas.)

Gould, Morton, * Richmond Hill (Long Island) 10. Dez. 1913; Amerikaner, Pianist, Dirigent, Komponist, ausgebildet in New York (Komposition bei V. Jones), verbindet in seiner Gebrauchsmusik jazzoide, folkloristische und konzertante Elemente und Techniken, schrieb u. a. *Chorale and fugue in jazz* (Stokowski, 1937), *Lincoln legend* (Toscanini, 1942), *Jekill and Hyde variations* (Mitropoulos, 1957), *Soundings* (1969).

Gounod, Charles, * Paris 17. Juni 1818, † ebenda 18. Okt. 1893, Franzose, gewann den Rom-Preis, studierte drei Jahre in Italien (vor allem Palestrina), wurde 1842 Organist, schrieb Kirchenmusik (Cäcilien-Messe), vielgesungene Lieder (darunter die Ave-Maria-*Meditation* für Sopran, Violine, Klavier und Harmonium, 1852, über Bachs C-Dur-Präludium als schwer zu begreifende Entgleisung), Orchesterwerke, Klaviermusik, fühlte sich mehr und mehr zur Oper hingezogen. Von seinen zahlreichen Bühnenwerken sind noch heute lebendig *Romeo und Julia* (1867, nach Shakespeare) und *Margarete* (oder *Faust,* 1859), letztere eine melodiöse, sorgfältig gefeilte und in vielen Szenen schlagkräftige Vertonung der Liebesgeschichte aus Goethes Werk. Die (seit 1949 offizielle) päpstliche Hymne schrieb Gounod 1846. Autobiographie *Mémoires d'un artiste* (dt. 1896).

Grabner, Hermann, * Graz 12. Mai 1886, † Bozen 3. Juli 1969, Schüler von Reger, Kompositionsprofessor in Straßburg, Mannheim und Heidelberg, Leipzig, Berlin. Schrieb u. a. die Oper *Die Richterin* (1930, nach C. F. Meyer), zahlreiche Chorwerke mit und ohne Orchester (so *Segen der Erde, Ein feste Burg*), Orchesterkompositionen (*Sinfonische Tänze,* Konzert für Flöte, Klarinette, Horn, Fagott und Streicher), Kammermusik, Orgelwerke (*Media vita in morte sumus, Erhalt uns, Herr*). Verfaßte vielbenutzte Lehrbücher, am erfolgreichsten *Generalbaßübungen* ([3]1951), *Handbuch der Harmonielehre* ([3]1955).

Graener, Paul, * Berlin 11. Jan. 1872, † Salzburg 13. Nov. 1944, zunächst Theaterkapellmeister, dann Konservatoriumslehrer u. a. in Salzburg, Leipzig, Berlin, München. Vertreter der Spätromantik. 9 Opern, u. a. *Don Juans letztes Abenteuer* (1914), *Hanneles Himmelfahrt* (1927, nach G. Hauptmann), *Friedemann Bach* (1931, nach Brachvogel), *Der Prinz von Homburg* (1935, nach Kleist); Orchesterwerke (*Die Flöte von Sanssouci, Prinz-Eugen*-Variationen, *Variationen über ein russisches Volkslied*), Klavier-, Violin-, Cellokonzerte, Kammermusik, Chöre a cappella und mit Orchester, Lieder nach Morgenstern, Goethe, Eichendorff, Münchhausen, Bierbaum, Löns, Raabe.

Grainger, Percy Aldridge, * bei Melbourne 8. Juli 1882, † New York 20. Febr. 1961, Amerikaner australischer Herkunft, Busoni-Schüler in Berlin, Konzertpianist, seit dem Ersten Weltkrieg in den USA ansässig, sammelte und bearbeitete auf Griegs Veranlassung skandinavische Volksmelodien, schrieb u. a. *Shepherd's hey* für Orchester, *We have fed our seas* für Chor und Blechbläser, *The warriors* für Orchester und 3 Klaviere, *The power of Rome* für Militärorchester und Orgel (1942), Chorzyklus nach Kiplings «Jungle book» (1898–1947). Interessierte sich bereits vor der Jahrhundertwende für Achtelton- und Computermusik.

Gramatges, Harald, * Santiago de Cuba 26. Sept. 1918, Kubaner, Schüler von A. Copland, Wortführer des «Grupo Renovación», lehrt am Konservatorium von La Habana, bekannte Komposition das Ballett *Ikarus, Mensaje al futuro* für Bläser.

Granados y Campiña, Enrique, * Lérida 27. Juli 1867, † auf See 24. März 1916 (ertrunken mit der von deutschen U-Booten torpedierten «Sussex»), Spanier, durch seinen Lehrer Filipe Pedrell (1841–1922) gegen die in Spanien vorherrschende italienische Musik erzogen, als Pianist hoch geschätzt (Begleiter u. a. von Manén und Casals), als Komponist mit Albéniz und de Falla Hauptvertreter der neueren nationalspanischen, zugleich europäisch gerichteten Musik; acht Bühnenwerke (darunter *Goyescas,* 1916, nach seinem gleichnamigen Klavierwerk), Orchesterkompositionen (*Göttliche Komödie,* 1908), Kammer- und Klavierwerke (*Spanische Tänze*), Chöre, Lieder.

Grandis, Renato de, * Venedig 24. Okt. 1927, Italiener, Schüler von G.-F. Malipiero und B. Maderna, schrieb ausdrucksvolle Kompositionen mit modernen Techniken: *Gloria al re* (Opernfarce nach Cervantes/Andersen, 1967), *Eduard und Kunigunde* (szenische Moritat, 1971); *Missa solemnis* für 36 Stimmen (1969); Klaviersonaten.

Granichstaedten, Bruno, * Wien 1. Sept. 1879, † New York 20. Mai 1944, Österreicher, Schüler von S. Jadassohn, Kabarettist und Komponist; schrieb Musik zu 16 Operetten und Singspielen, zu Tonfilmen, ferner Schlager verschiedener Art (*Zuschau'n kann i net* aus dem «Weißen Rößl»). Führte der Lehárschen Operette amerikanische Tanzformen zu (Shimmy).

Graun, Carl Heinrich, * Wahrenbrück bei Bad Liebenwerda 1703 (oder 1704), † Berlin 8. Aug. 1759, Bruder von Johann Gottlieb Graun, tätig in Dresden, Braunschweig, Rheinsberg, Berlin (Kapellmeister Friedrichs des Großen, auch dessen Lehrer), Vertreter der Berliner Schule, im Gegensatz zu seinem Bruder weniger instrumental als vokal gerichtet:

Passion *Der Tod Jesu* (1755), 50 Opern, so *Iphigenie in Aulis* (1729 bzw. 1749), *Rodelinde* (1741, erste italienische Oper in Berlin), *Cesare e Cleopatra* (1742, zur Einweihung des Berliner Opernhauses), *Orpheus* (1752), *Montezuma* (1755, Text von Friedrich dem Großen). Graun stand gleichberechtigt neben J. A. Hasse.

Graun, Johann Gottlieb, *Wahrenbrück bei Bad Liebenwerda 1702 (oder 1703), †Berlin 27. Okt. 1771, Bruder von Carl Heinrich Graun, Lehrer von Friedemann Bach, Kapellmeister und Kammermusikus an verschiedenen Höfen, zuletzt bei Friedrich dem Großen; eigentlicher Begründer des norddeutschen Orchesterstils (gewisser Gegensatz zu den «Mannheimern»), der von C. Ph. E. Bach ausgebaut wurde. Schrieb Sinfonien, Violinkonzerte, zahlreiche Konzerte für Klavier, zwei Violinen, Flöte, Oboe usw., Trio- und Duosonaten, weitere Kammermusik, Lieder, Oden.

Graupner, Christoph, *Hartmannsdorf (Erzgebirge) 13. Jan. 1683, †Darmstadt 10. Mai 1760, Unterricht bei Kuhnau in Leipzig, 1706 unter Keiser an der Hamburger Oper, seit 1712 Kapellmeister in Darmstadt, schrieb Opern (darunter *Dido*, 1707; *Telemach*, 1711); ferner 200 Sinfonien, 50 Konzerte, Ouvertüren, Kammermusik, Klavierwerke, Kirchenkantaten (über 1400), repräsentativ für den höfischen Stil des 18. Jahrhunderts.

Grell, August Eduard, *Berlin 6. Nov. 1800, †Berlin-Steglitz 10. Aug. 1886, Organist und Komponist, Zelter-Schüler, nach Rungenhagens Tod Erster Dirigent der Singakademie (1851–1875), schrieb im strengen Satz der Palestrina-Zeit Messen, Kantaten, Psalmen; extremer Vertreter absoluter Vorherrschaft der Vokal- vor der Instrumentalmusik.

Grétry, André Ernest Modeste, *Lüttich 11. Febr. 1741, †Montmorency bei Paris 24. Sept. 1813, Belgier, Wahlfranzose, wollte ursprünglich Kirchenmusiker werden, wandte sich aber bald der Bühne zu; seine Opernerfolge standen hinter denen Glucks nicht zurück. Leitmotivtechnik griff auf den italienischen Stil ebenso zurück wie auf den französischen. Gilt als eigentlicher Meister der frühen französischen komischen Oper. Kirchen- und Instrumentalwerke vergessen; von seinen zahlreichen Bühnenwerken einige noch heute lebendig: *Zemire und Azor* (1771), *Aucassin und Nicolette* (1779), *Richard Löwenherz* (1784), *Blaubart* (1789), *Wilhelm Tell* (1791); Texte vielfach von Anseaume, Marmontel, Sedaine.

Gretschaninow, Alexandr Tichonowitsch, *Moskau 25. Okt. 1864, †New York 4. Jan. 1956, Russe, Schüler von Arenski und Rimski-Korsakow, ließ sich 1925 in Paris, 1939 in den Vereinigten Staaten nieder. Viel gespielt werden in Deutschland seine Klavierstücke für Kinder; schrieb auch zahlreiche Lieder, Chöre und einige Opern für Kinder. Seine Liebe galt auch der Kirchenmusik; als er neue Instrumente einführte, wurde sie (bestimmungsgemäß) in der russisch-orthodoxen Kirche nicht mehr aufgeführt. Sinn für Farbe, flächige Themen, polyphone Arbeit, Bearbeitung russischer Weisen, europäische Harmonik, Anlehnung an Reger wie an Tschaikowski. Schrieb 5 Sinfonien, Konzerte für Violine und Cello, Kammermusik (darunter vielgerühmte Werke über baschkirische Melodien), zahlreiche Klavierstücke insbesondere für Kinder, weltliche und geistliche Chöre mit und ohne Instrumente (auch für Kinder), mehr als 260 Lieder (viele Kinderlieder), Schauspielmusiken für Stanislawski, drei Kinderopern, große Opern (darunter *Schwester Beatrice*, 1912, nach Maeterlinck; *Die Heirat*, 1950, nach Gogol).

Grieg, Edvard Hagerup, *Bergen 15. Juni 1843, †ebenda 4. Sept. 1907, Norweger, Sohn eines Kaufmanns schottischer Abstammung und einer pianistisch ausgebildeten Mutter. Auf Veranlassung des norwegischen Geigers Ole Bull 1858 bis 1862 am Leipziger Konservatorium. Nach Heimkehr entscheidend beeinflußt durch Richard Nordraak (Komponist der norwegischen Nationalhymne): «Erst durch ihn lernte ich die nordischen Volksweisen und meine eigene Natur kennen. Wir verschworen uns gegen den mendelssohn-verweichlichten Skandinavismus und schlugen mit Begeisterung den neuen Weg ein.» Bekanntschaft mit Ibsen, lebenslange Freundschaft mit Bjørnson, gefördert durch Liszt. 1870 Studium in Rom. In Norwegen Begründer und Leiter von Konzertgesellschaften nationalmusikalischer Prägung. Erfolge als Pianist, später vor allem als Dirigent in den meisten Ländern Europas. Ehrungen durch ausländische Universitäten und Akademien; in Norwegen selbst gefeiert wie ein Volksheld. Sein Tod wurde Anlaß zu einer nationalen Trauerkundgebung. Grieg hat sein künstlerisches Wollen in Kleinstbildern niedergelegt, die, obwohl aus Volksweisen und Volkstänzen geholt und an sie künstlerisch verfeinert zurückgegeben, großen Einfluß auf die europäische und amerikanische Harmonik ausgeübt haben. In vielen Werken der neueren Musik (soweit sie harmonisch bestimmt ist) trifft man Wendungen, die unbestreitbar auf Grieg zurückgehen.

KLAVIERMUSIK

Grieg geht in seinem Schaffen vom Klavier aus und kommt immer wieder auf dieses Instrument zurück. Hauptwerke (stilistisch von Schumann bis Liszt reichend):

68 Lyrische Stücke, op. 12, 36, 43, 54, 57, 62, 65, 68, 71 (von 1867–1901), stimmungsdichte Charakterbilder, technisch interessante Spielstücke, vielfach polyharmonisch.

4 Humoresken, op. 6 (1865), Tänze aus Norwegen.

3 Stücke *Aus dem Volksleben,* op. 19 (1870), darunter der *Norwegische Brautzug.*

4 Albumblätter, op. 28 (1864–1878), ungleichwertige Szenen.

Stimmungen, op. 73 (1905), den «Lyrischen Stücken» verwandt.

Ballade g-Moll, op. 24 (1875), *Form von Variationen über eine norwegische Melodie,* oft als Griegs bedeutendste Klavierschöpfung bezeichnet.

Sonate e-Moll, op. 7 (1865), thematisch einheitlich.

Ferner: *Vier Stücke,* op. 1, *Sechs poetische Tanzbilder,* op. 3, *Improvisata über norwegische Volksweisen,* op. 29, *Gebet und Tempeltanz,* op. 50.

BEARBEITUNGEN

Aus Holbergs Zeit, op. 40 (1884), ursprünglich als Orchestersuite gedacht, Huldigung an die Zeit des norwegischen Dichters Ludvig Holberg, eines Zeitgenossen Bachs und Händels.

Nordische Tänze und Volksweisen, op. 17 (1869), Bearbeitungen norwegischen Volksmusikgutes.

Slatter, op. 72 (1903), Bearbeitung norwegischer Bauerntänze.

Stücke und Melodien nach eigenen Liedern, op. 41, 52, 53.

Peer-Gynt-Suiten, op. 46, 55, Übertragung der Orchestersuiten.

Vierhändig: Deux pièces symphoniques, op. 14 (1864).

Walzer-Capricen, op. 37 (1883, auch zweihändig).

Norwegische Tänze, op. 35 (1881, auch zweihändig).

KAMMERMUSIK

Violin-Klavier-Sonaten: F-Dur, op. 8 (1865), der e-Moll-Klaviersonate verwandt, doch lyrischer; G-Dur, op. 13 (1867), landschaftlich gebunden; c-Moll, op. 45 (1887), Versuch, Beethovens Wucht und Wagners Dramatik einzufangen.

Cello-Klavier-Sonate a-Moll, op. 36 (1883).

Streichquartett g-Moll, op. 27 (1878).

ORCHESTERWERKE

Konzertouvertüre *Im Herbst,* op. 11 (1866, für Klavier vierhändig).

Aus Holbergs Zeit, op. 40 (vgl. Klaviermusik).

Klavierkonzert a-Moll, op. 16 (1869, mehrfach überarbeitet), an Schumanns Klavierkonzert a-Moll anknüpfend.

Sinfonische Tänze über norwegische Themen, op. 64 (1898).

Mehrere Suiten (z. T. aus Bühnenmusiken).

BÜHNENMUSIK

Sigurd Jorsalfar, Schauspiel von Bjørnson, daraus einzeln *Drei Orchesterstücke,* op. 56 (1892, auch für Klavier zwei- und vierhändig).

Peer Gynt, Schauspiel von Ibsen, daraus die Orchestersuiten op. 46 und 55 (1888 bzw. 1891) mit den Teilen *Morgenstimmung – Aases Tod – Anitras Tanz – In der Halle des Bergkönigs* und *Der Brautraub – Ingrids Klage – Arabischer Tanz – Peer Gynts Heimkehr –*

Solvejgs Lied. 1. Aufführung der gesamten Bühnenmusik 1876.
Olav Trygvason, erster Akt einer geplanten Oper (Text von Bjørnson), umgearbeitet zu einer Kantate für Soli, Chor, Orchester, op. 50 (1888).
CHORWERKE
Vier Psalmen für gemischten Chor und Baritonsolo, op. 74 (1906).
Album für Männergesang, nach nordischen Volksweisen, op. 30 (1878).
Vor der Klosterpforte für Soli, Frauenchor, Orchester, nach Bjørnson, op. 20 (1871).
Landerkennung für Baritonsolo, Männerchor, Orchester, Orgel, op. 31 (1872), nach Bjørnson.
LIEDER
Vorwiegend Strophenlieder, norwegischem Volksgut verpflichtet, von Schubert, Schumann, Wagner beeinflußt. Rund 250 Lieder, viele für seine Frau, eine ausgebildete Sängerin, geschrieben, zwischen 1860 und 1900 entstanden. Textdichter Skandinavier wie Ibsen, Bjørnson, Vinje, Benzon, Andersen, auch Vertonungen Geibels, Heines, Uhlands.
LITERATUR: Biographien von K. G. Fellerer (1942), A. E. Cherbuliez (1947) und G. Abraham (1948).

Grothe, Franz, * Berlin 17. Sept. 1908, † 12. September 1982, studierte in Berlin, lebte in Bad Wiessee, komponierte gepflegte Unterhaltungsmusik für Filme (von Goetz u. a.).

Gruber, Franz Xaver, * Unterweizberg im Innviertel 25. Nov. 1787, † Hallein 7. Juni 1863, Österreicher, Lehrer und Chorregent in Hallein, Komponist des Weihnachtsliedes *Stille Nacht, heilige Nacht* (1818, Text von Josef Mohr).

Gruenberg, Louis, * bei Brest-Litowsk 3. Aug. 1884, † Hollywood 13. Juli 1964, Amerikaner russischer Herkunft, studierte in Berlin und Wien (u. a. bei Busoni), zwischen den beiden Weltkriegen bekannt durch Kompositionen, die den Jazz mit der Konzertmusik verbinden («The Daniel-jazz» für Singstimme und 8 Instrumente, 1923, u. a.). Schrieb Kammermusik (u. a. *Vier Indiskretionen* für Streichquartett, 1922). 4 Sinfonien, mehrere Konzerte, darunter Violinkonzert für J. Heifetz, Klavierstücke, Lieder, Opern (u. a. *The Emperor Jones,* 1933, nach O'Neill), Oratorien, Filmmusiken für Hollywood.

Guarnieri, Mozart Camargo, * Tietê (São Paulo) 1. Febr. 1907, Brasilianer, studierte in São Paulo und Paris (Koechlin), heute in angesehenen Stellungen seiner Heimat. Schreibt brasilianisch gefärbten, doch der Internationalität zustrebenden Stil; u. a. Sinfonien, Orchestergedichte, Orchestertänze, Konzerte (Klavier, Violine, Cello), Kammermusik, Klavierwerke, Chöre und Lieder, eine Oper *Malazarte* (1932).

Guerrero, Francisco, * Sevilla Okt. 1528, † ebenda 8. Nov. 1599, Spanier, Schüler und Nachfolger von Cristobal de Morales als Kathedralkapellmeister von Málaga, 1555 bis zu seinem Tode in gleicher Stellung zu Sevilla; einer der bedeutendsten Tonmeister des spanischen Frühbarock, schrieb vielstimmige Messen, Motetten und andere Kirchenmusik, seither in Spanien als klassisch kodifiziert. Neudrucke in den nationalen Denkmälerbänden zur spanischen Musik. Berichtete über seine Pilgerfahrt nach Jerusalem in der weitverbreiteten Schrift *El viage de Hierusalén que hizo Fr. G.* (1590).

Guerrini, Guido * Faenza 12. Sept. 1890, † Rom 13. Juni 1965, Italiener, Schüler u. a. von Torchi und Busoni, Leiter der Konservatorien in Florenz, Bologna, Rom (Santa Cecilia, seit 1950). Orchesterstücke, sinfonische Dichtungen, Konzerte, Kammer- und Klaviermusik, Lieder, Chorwerke, Opern (u. a. *Äneas,* 1948, dreiaktiger Mythus nach Vergil). Gab italienische Musik des Barock heraus, verfaßte Libretti und eine Busoni-Biographie (1941).

Guglielmi, Pietro Alessandro, genannt Pier Alessandro, * Massa Carrara 9. Dez. 1728, † Rom 18. Nov. 1804, Italiener, in Venedig Schüler von F. Durante, längere Zeit in England, vorübergehend in Deutschland, 1793 Kapellmeister an Sankt Peter in Rom. Schrieb Sinfonien, Kammermusik mit Klavier, Klavierstücke, kirchliche Musik (vor allem im Alter), Kantaten, Oratorien und mehr als 100 Bühnenwerke (1757–1802), die berühmtesten für Venedig und Neapel: Texte von Metastasio, Martinelli, Calzabigi; u.a. *Iphigenie in Aulis* (1768), *Alceste* (1769), *Orpheus und Eurydike* (1770), *Die schöne Fischerin* (1789), *Die verliebte Dienerin* (1790), *Il Don Giovanni* (1794).

Guiraud, Ernest, * New Orleans 23. Juni 1837, † Paris 6. Mai 1892, Franzose (Sohn eines französischen Musikers und einer Südstaaten-Amerikanerin), Schüler Halévys und Lehrer Debussys im Pariser Konservatorium, schrieb Bühnenwerke (Oper *Madame Turlupin,* Ballett *Gretna Green*), blieb bekannt als Komponist der Rezitative zu Bizets «Carmen» und der Instrumentierung von Offenbachs «Contes d'Hoffmann». Sein Opernfragment *Frédégonde* ergänzten Saint-Saëns und Dukas (1895). Viel beachtet seine *Instrumentationslehre* (1895; 1933).

Gumpeltzhaimer, Adam, * Trostberg bei Traunstein 1559, † Augsburg 3. Nov. 1625, Studienreisen nach München (Lassus) und Italien, ab 1581 Kantor in Augsburg; ergänzte H. Fabers «Compendium Musicae», das im 17. Jahrhundert zum verbreitetsten Musiklehrbuch an den süddeutschen (Musik-)Schulen wurde; schrieb zahlreiche vielgesungene deutsche und lateinische weltliche und geistliche Lieder. (Neudrucke im Zuge der musikalischen Jugendbewegung durch Jöde u.a.)

Gungl, Joseph, * Zsámbék (Ungarn) 1. Dez. 1809, † Weimar 31. Jan. 1889, Österreicher, Leiter von Militär- und eigenen Tanzkapellen; mit diesen reiste er durch Europa und Nordamerika, zeitweise kaum minder beliebt als die Wiener Walzerkönige Lanner und Strauß. Berühmt seine erste Komposition (von insgesamt etwa 450): der *Ungarische Marsch* (1836, u.a. von Liszt bearbeitet).

Gurlitt, Manfred, * Berlin 6. Sept. 1890, † Tokio 29. April 1972, Schüler von Humperdinck und Kaun, Kapellmeister, seit 1939 in Japan. Schrieb u.a. *Goya-Sinfonie* (1938) und *Shakespeare-Sinfonie* (1954); Bühnenwerke: *Wozzeck* (1928, nach Büchner), *Soldaten* (1930, nach Lenz), *Nana* (1933, nach Zola).

Gyrowetz, Adalbert, * Budweis (Böhmen) 19. (?) Febr. 1763, † Wien 19. März 1850, Österreicher, ausgebildet in Italien und England, 1804–1831 Kapellmeister am Wiener Hoftheater, als früh beliebter Sinfoniker Nachfolger von Haydn, schrieb über 40 Sinfonien, Serenaden, Suiten, Tänze, Konzerte, Kammermusik (über 40 Streichquartette), Opern (*Agnes Sorel*), Ballette, ferner Vokalwerke und Messen. Veröffentlichte 1848 die *Lebensgeschichte des Adalbert Gyrowetz* (Neudruck durch A. Einstein, 1915).

Haas, Joseph, * Maihingen bei Nördlingen 19. März 1879, † München 30. März 1960, Sohn eines Lehrers und selber zunächst Volksschullehrer, war 1904–1908 Schüler von Reger (München und Leipzig), wurde 1911 Kompositionslehrer am Stuttgarter Konservatorium, lehrte 1921 bis 1950 an der Münchner Akademie der Tonkunst, deren Kirchenmusikabteilung er ein Vierteljahrhundert leitete und deren Wiederaufbau er ab 1945 als Akademiepräsident vorstand; mit weitverzweigtem Schülerkreis erfolgreichster Vertreter der gemäßigt modern fortgeführten Münchner und Reger-Schule, leitete (mit Burkhard, Erdmann, Hindemith u.a.) die Bestrebungen der Donaueschinger Kammermusiktreffen der frühen zwanziger Jahre ein; wahrte die Rechte des Berufsstandes als Vorstandsmitglied zahlreicher Fachgenossenschaften (auch als langjähriges Ehrenmitglied der GEMA). Eine Josef-Haas-Gesellschaft besteht seit 1949. Eine Auswahl seiner vielfach kulturkritischen *Reden und Aufsätze* legte K. G. Fellerer vor (1964), desgleichen ein bis 1954 autorisiertes Werkverzeichnis.
Von nachhaltiger Bedeutung als Schöpfer des modernen Volksoratoriums und als Mitschöpfer der deutschen Volksliedmesse; in der melodischen Erfindung von einprägsamer Schlichtheit, harmonisch an den aufgelichteten Jenaer Spätstil Regers anknüpfend, am glückhaftesten in den verschiedenen Gattungen des geistlichen wie weltlichen Vokalschaffens

für Kirche und Bühne, Jugend und Konzertsaal.

OPERN

Tobias Wunderlich (1937, Text von H. H. Ortner und Ludwig Andersen). Ein Holzschuhmacher zwischen zwei «Barbaras»: einer Kirchenstatue (die zugleich Sauerkraut und Knödel auf den Tisch zu bringen weiß) und der unheimlichen Zigeuner-Barbara. Spiel zwischen derb und innig, heilig und deftig.

Die Hochzeit des Jobs, komische Oper in 8 Bildern (1944, Text von L. Andersen). Abermals eine kraftvolle Volksoper. – Der vor den Professoren durchgefallene Jobs soll Nachtwächter werden und die alte Witwe seines Vorgängers heiraten, entzieht sich aber listig dem Plan.

ORATORIEN

Die heilige Elisabeth (1931, Text von W. Dauffenbach). Elisabeth nicht als Leidende, sondern als Handelnde. Sprecher, einstimmiger Männerchor, einstimmiger Kinderchor, vierstimmiger gemischter Chor, beliebig zu besetzendes Orchester, einfache Solopartie (Elisabeth); die Hymnen können von den Hörnern mitgesungen werden.

Christnacht (1932, Worte von W. Dauffenbach), ein «deutsches Weihnachtsliederspiel» nach tirolischen und oberbayrischen Volksweisen, für Solostimmen und Chor (Kinderchor) mit kleinem Orchester.

Das Lebensbuch Gottes (1934), ein «Oratorium nach Worten des Angelus Silesius für Sopran- und Altsolo, Frauenchor, ein- und mehrstimmigen gemischten Chor (oder Frauenchor allein) mit kleinem Orchester (oder Klavier bzw. Orgel)».

Das Lied von der Mutter (1939, Text von Willi Lindner), für Sopran- und Baritonsolo, gemischten Chor, Kinder-, Frauen- und Männerchor, Orchester (Zwischenspiele).

Das Jahr im Lied (1952), für Soloquartett, gemischten Chor, Orchester; Oratorium über Volkslieder aus dem 15. bis 18. Jahrhundert, verbindende Worte von L. Andersen.

Die Seligen (1957, Textzusammenstellung von Ludwig Schuster), «Variationen über die Bergpredigt», dazu Verse von Angelus Silesius. Sopran- und Baritonsolo, einstimmiger Männer-, einstimmiger Kinder-, dreistimmiger Frauen-, vierstimmiger gemischter Chor, Orchester.

WEITERE CHORWERKE

Zahlreiche geistliche und weltliche Chöre a-cappella für zweistimmigen Kinder-, dreistimmigen Frauen-, mehrstimmigen Männer- und gemischten Chor. Zu nennen: *Deutsche Singmesse* nach Angelus Silesius, mit Orgelzwischenspielen (1924), *Deutsche Vesper* (1929), *Kanonische Motette* (1927; alle mit gemischtem Chor), *Speyerer Domfestmesse* (1930; Volksgesang mit Orchester oder Orgel), *Deutsches Gloria* (1933; achtstimmiger gemischter Chor), *Christ-König-Messe* (1935, zur 800-Jahr-Feier des Limburger Domes; für einstimmigen gemischten Chor [Volksgesang und Orgel oder Blas- oder Streichorchester; Text W. Dauffenbach]); ferner *Tedeum* (1945; Soli, gemischter Chor, Orchester), *Deutsche Weihnachtsmesse* (1955; Text P. Dörfler; Volksgesang, Orgel, Orchester); 10 Männerchöre nach Beethoven (mit Bläsern); Frauen- und Jugendchöre.

LIEDER

Über hundert Lieder, Melodie, Harmonie, Rhythmus, Farbe, Singstimme, Klavier (auch Orgel) dienen der Gesamtstimmung der Dichtung, meist unter einheitlichen Gesichtspunkten gruppiert wie «Krippenlieder», «Lieder des Glücks», «Heimliche Lieder der Nacht», «Schelmenlieder», «Christuslieder», «Lieder vom Leben», «Lieder der Reife und Ernte», «Franziskuslieder», «Gesänge an Gott» (Jakob Kneip).

KLAVIERWERKE

Zahlreiche, meist kleinere, häufig in Gruppen zusammengefaßte Werke in der Art von Reger, oft heiter und neckisch, entstanden zwischen 1904 und 1945, u.a. *Fantasiebilder, Kinderlust, Lose Blätter, Frohe Launen, Wichtelmännchen, Gespenster, Eulenspiegeleien* (allerlei Variationen über ein kurzweiliges Thema), *Hausmärchen, Deutsche Reigen und Romanzen, Jugendfreuden, Stückchen für die Jugend, Märchentänze, Alte unnennbare Tage.*

ORGELWERKE

Choralvorspiele, Präludien und Fugen, Suiten, Variationen, Charakterstücke, Sonaten.

KAMMERMUSIK
Angesiedelt zwischen Konzert- und Hausmusik, ein Streichquartett, Duos für verschiedene Instrumente, auch Trios, bezeichnende Titel wie *Divertimento, Bagatellen, Ein Sommermärchen* (Cello solo), *Grillen.*
ORCHESTERWERKE
Haas hat keine Sinfonie und kein Konzert geschrieben.
Heitere Serenade (1914).
Variationen und Rondo über ein altdeutsches Volkslied (1917).
Variationensuite über ein altes Rokokothema (1924).
Lyrisches Intermezzo (1937).
Ouvertüre zu einem frohen Spiel (1943).

Hába, Alois, * Wisowitz (Mähren) 21. Juni 1893, † Prag 18. Nov. 1973, Tscheche, Schüler von Novák und Schreker, 1922–1953 Lehrer am Prager Konservatorium und 1945 kurze Zeit Leiter einer neugegründeten Opernbühne; zu seinem Schülerkreis zählen u. a. sein Bruder Karel Hába (* 1898), N. K. Akses und der Dirigent K. Ančerl. Kompositionen in Viertel- und Sechsteltönen, für deren Aufführung er neue Instrumente entwarf (besondere Förster-Flügel); begründete seine Auffassung auch in Streitschriften, ohne das Komponieren mit Halbtönen völlig preiszugeben. Von den nichtchromatischen und zugleich athematischen Werken sind zu nennen: 2. und 3. Streichquartett, op. 7 und 12 (1920 und 1922, vierteltönig), 5. und 10. Streichquartett, op. 15 und 80 (1923 und 1953), 12. Streichquartett (1960; in Donaueschingen), 16 Streichquartette (1967, Fünfteltonsystem), Suiten und Fantasien für Vierteltonklavier, die Opern *Die Mutter* (1930, unter Scherchen in München, vierteltönig) und *Es komme dein Königreich* (1942, sechsteltönig), eine Suite für Männerchor (vierteltönig); bekannter gewordene Orchesterwerke wie *Weg des Lebens* (1934), *Walachische Suite* (1952), Violinkonzert (1954), Bratschenkonzert (1956) sind chromatisch.

Haentjes, Werner, * Bocholt 16. Dez. 1923, studierte in Köln (Lemacher, Jarnach) sowie bei den Kranichsteiner Ferienkursen in Darmstadt (Fortner, Křenek u. a.), war zunächst als Theaterkapellmeister tätig und wirkt seit 1950 vornehmlich als Hörspiel- und Opernkomponist (Aufträge des WDR und der Studiobühne Köln), schrieb u. a. eine Fernsehoper *Leonce und Lena* (nach Büchner), *Nichts Neues aus Perugia* (Kammeroper, 1964); Chorwerke und Lieder, Orchester- und Kammermusik, Kirchenmusik (Psalm 129; 1956).

Hahn, Reynaldo, * Caracas (Venezuela) 9. Aug. 1875, † Paris 28. Jan. 1947, Franzose, Schüler von Massenet am Pariser Konservatorium, Dirigent, Kritiker («Figaro»), 1945 Direktor der Pariser Opéra, schrieb Opern (*Nusicaa,* 1919), Ballettpantomimen (*Le bois sacré,* 1912), Operetten (*Brummel,* 1931), zahlreiche Liederzyklen und Chorwerke (darunter eine Weihnachtspastorale), ferner Orchester-, Kammer- und Klaviermusik. Aufschlußreich für die Musikentwicklung im Paris der ersten Jahrhunderthälfte seine *Thèmes variés* ([10]1946).

Haieff, Alexej, * Blagoweschtschensk 25. Aug. 1914, Amerikaner russischer Herkunft, studierte in New York (Juillard School), Cambridge (Mass.) und Paris (Nadia Boulanger), schrieb moderiert moderne, neoklassizistische Gebrauchs- und Kammermusik, u. a. die Ballettpartituren *Beauty and beast* (1947, für G. Balanchine) und *Zandilda* (1946, für Merce Cunningham), Klavierkonzert (Stockholm, 1956).

Halévy, Jacques François Fromental Élias, eigentlich Élias Lévy, * Paris 27. Mai 1799, † Nizza 17. März 1862, Franzose, studierte am Pariser Konservatorium (Rom-Preis) und in Rom; neben Meyerbeer Vertreter der französischen «Großen Oper», schrieb etwa 40 Bühnenwerke (Texte vielfach von Scribe): *Die Jüdin* (1835) mit musikalisch-theatralischer Darstellung jüdischer Ritualszenen; die Opéra comique *L'éclair* (1835, nur je 2 Tenöre und Soprane, kein Chor; deutsche Neubearbeitung als *Der Schicksalstag,* 1932). Verfasser der an den Pariser Schulen bis zur Jahrhundertwende als Lehrbuch gebräuchlichen *Leçons de lecture musicale* (1857 u. ö.); galt als Verfasser der *Fugenlehre* von Cherubini.

Halffter, Cristóbal, * Madrid 24. März 1930, Spanier, ausgebildet in Madrid und Paris (Tansman), seit 1960 Kompositionslehrer, seit 1965 Leiter des Madrider Konservatoriums, schrieb in serieller Satztechnik u. a. Auferstehungskantate, Sinfonie für drei Instrumentalgruppen, Formanten für zwei Klaviere, *Espejos* für vier Schlagzeuger und Tonband (1963), *Codex* für Gitarre (1964).

Halffter, Ernesto, * Madrid 16. Jan. 1905, deutsch-spanischer Abstammung, ausgebildet und als Dirigent tätig in Spanien und Portugal, trat 1926 mit einer Erstlingsoper *Carmens Tod* hervor, schrieb 1929 für La Argentina das Ballett *Sonatina,* steuerte Filmpartituren bei zu «Don Quijote», «El amor brujo» u. a., vollendete das nachgelassene mythologische Bühnen- und Bekenntniswerk *La-Atlantída* seines Lehrers de Falla (1960).

Halffter, Rodolfo, * Madrid 30. Okt. 1900, Bruder von Ernesto Halffter, studierte bei de Falla, floh Ende des Spanischen Bürgerkrieges über Paris nach Mexico City, wo er seit 1939 als Kompositionslehrer am Nationalkonservatorium tätig ist, ferner als Konzertdirigent und Publizist (Ediciones Mexicanas de Música), wandte sich seit den fünfziger Jahren auch der Zwölftontechnik zu (*Stücke für Streichorchester,* 1954), schrieb Ballettmusiken, auch Kammer- und Konzertwerke, denen 1942 ein Violinkonzert für Duschkin voraufging.

Halle, Adam de la, siehe Adam de la Hal[l]e.

Hallén, Johan Andreas, * Göteborg 22. Dez. 1846, †Stockholm 11. März 1925, Schwede, studierte in Leipzig, wirkte in Berlin und seit 1884 in Stockholm als Dirigent, Lehrer und Komponist. Mühte sich unter dem Eindruck Wagners um nationalschwedische Musik, schrieb programmusikalische Orchesterwerke (*Die Toteninsel,* 1898, nach Böcklin), Chorballaden (*Vom Pagen und der Königstochter,* 1871, nach Geibel), Bühnenwerke (*Harald der Wiking,* 1881), Kammermusik, Klaviermusik, Gesänge. Seine gesammelten Kritiken ließ er 1897 erscheinen.

Hallström, Ivar Christian, * Stockholm 5. Juni 1826, †ebenda 11. April 1901, Schwede, Vertoner nationalbetonter Dichtungen für Bühne (*Des Bergkönigs Braut,* 1874) und Chor (Ballade *Des Sängers Fluch,* 1871).

Halvorsen, Johan, * Drammen 15. März 1864, †Oslo 4. Dez. 1935, Norweger, studierte in Norwegen, Schweden, Deutschland, Rußland; Geiger und Dirigent, als Komponist Nachfolger Griegs, dessen Nichte er heiratete; schrieb Sinfonien, sinfonische Dichtungen, Violinkonzert *Norwegische Tänze* (1915), Schauspielmusiken zu skandinavischen, englischen (Shakespeare) und deutschen Bühnenwerken (Schiller), Kammermusik, Chöre, Lieder.

Hambraeus, Bengt, *Stockholm 29. Jan. 1928, Schwede, lebt als Organist, Theoretiker und Komponist in Kanada, gefördert bei den Darmstädter Ferienkursen und von den Rundfunkstudios für elektronische Musik, schrieb er u. a. *Spectogram* für Sopran, Flöte, Vibraphon und Schlagzeug (1953), *Gacelas y casidas de Federico García Lorca* (1954), *Cristal Sequence* (1954), *Segnali* für Streichquintett (1956), *Interferenzen* und *Liturgia* für Orgel (1963), Klavierkompositionen.

Hamel, Peter Michael, * München 15. Juli 1947, studierte bei F. Büchtger und G. Bialas, leitete (mit J. A. Riedl) die Improvisationsgruppe «Between», bezieht asiatische Klangelemente mit ein, schrieb *Dharana* für Solo, Tonband und Orchester (1972); *Albatros* für Improvisationsgruppe und Orchester (1977).

Hamerik, Ebbe, * Kopenhagen 5. Sept. 1898, †(beim Segeln ertrunken) Kattegat 15. Aug. 1951, Däne, Sohn des Dirigenten und Komponisten Asger Hamerik (1843–1923; Sinfonien, Bühnen- und Chorwerke); frühe Kompositionserfolge im Ausland; gemäßigt polytonal, schrieb u. a. 5 knappe Cantus-firmus-Sinfonien, ein Oboenkonzert, Opern (*Marie Grubbe,* 1940; *Reisekameraden,* 1946), Kammermusik, Vokalwerke.

Hamilton, Ian, * Glasgow 6. Juni 1922, Engländer, studierte in London und lehrt seit 1962 an der Duke University in Durham, schrieb Ballette (*Pharsalia,* 1969), Solokonzerte (Klavier; Violine; Klarinette; Jazztrompete), Chor- und Kammermusik.

Hammerschmidt, Andreas, * Brüx (Böhmen) 1611 oder 1612, † Zittau 8. Nov. 1675, angesehenster Kirchenkomponist seiner Zeit neben H. Schütz, gerühmt wegen seines Bestrebens, formgerechte und zugleich eingängige Musik zu schreiben. In seinen Instrumentalwerken (*Erster Fleiß,* 1636) tritt erstmals in Deutschland die Sarabande auf. Schrieb Messen, Motetten, auch weltliche Vokalwerke. Viel benutzt die *Musicalischen Andachten* (1639–1653), a-capella-Chöre, auch mit Solisten abwechselnd, zuweilen mit einigen Instrumenten (Neuausgaben).

Händel, Georg Friedrich, * Halle (Saale) 23. Febr. 1685, † London 14. April 1759, Sohn eines Hofchirurgen, spielte als Sechsjähriger, studierte auf Wunsch des Vaters Rechtswissenschaften; war daneben Organist der Schloß- und Domkirche, nach des Vaters Tod widmete er sich ganz der Musik, ging 1703 nach Hamburg, wo die 1678 gegründete deutsche Oper durch Johann Sigmund Kusser und dessen Nachfolger Reinhard Keiser in großem Ansehen stand (Händels erster Opernbeitrag: *Almira,* 1705). J. Mattheson setzte sich für Händel ein. 1707 bis 1710 war er in Italien (Florenz, Rom, Neapel, Venedig). Hier maß er sich mit D. Scarlatti im Klavierspiel und erhielt von A. Scarlatti Rat und Anregung für Opern und große Chorwerke, studierte eingehend A. Corelli (insbesondere Violinwerke, Kirchen- und Kammersonaten, Concerti grossi) und die italienische Oper. Schon berühmt, wirkte er 1710/11 in Hannover (Pflegestätte des französischen Instrumentalstils und der italienischen Gesangskunst) und ging dann nach England, wo er – von kurzen Auslandsreisen abgesehen – bis zu seinem Tode als Opern- und Konzertkomponist und -unternehmer sowie als Orgelvirtuose gewirkt hat. Beigesetzt in der Krönungs- und Begräbnisstätte der englischen Könige und Geistesgrößen (Westminster Abbey). Händels Wirken in England fällt in die Jahrzehnte, in denen das 1714 auf den englischen Thron gelangte Haus Hannover sich kriegerisch mit Spanien, Schottland und Frankreich auseinanderzusetzen hatte.

Im Gegensatz zu seinem Altersgenossen J. S. Bach, der (abgesehen von kurzen «musikalischen Pilgerfahrten») über den mitteldeutschen Raum nicht hinausgekommen ist, mit seiner zahlreichen Familie und seinen Schülern Hausmusik trieb, seinem Handwerk als Kantor nachging, ausländische Musik seinem eigenen Schaffen so weit zuordnete, wie es seinem Wesen entsprach, hat Händel die Quellen europäischen Musizierens selbst aufgesucht und für sich erobert. Diesem In-die-Welt-Drängen entspricht die Art seines musikalischen Schaffens: klar und weiträumig die Themen, übersichtlich der harmonische Bau, kraftvoll-einfach die Rhythmen, weitmaschig und leicht durchschaubar die Polyphonie, sinnenfroh der Klang – Händels Werk, anders als das des grüblerischen Bach, gewann und behielt sogleich europäische Bedeutung.

OPERN

Etwa vierzig, fast ausschließlich italienische Opern im Geschmack der Zeit. Die Texte (vielfach von N. Haym und P. Metastasio; oft auch von anderen Komponisten vertont) sind dramaturgisch meist schwach (daher zahlreiche Neubearbeitungen im 20. Jahrhundert). Meist sind sie auf kunstvolle Arien der Sänger und Sängerinnen angelegt. Händel brachte in ihnen als Affekt- und Bravourstücken die Freudens- und Leidausbrüche der Bühnengestalten zum Ausdruck. Neben diesen der Charakterisierung dienenden, bald lyrischen, bald dramatischen Arien stehen kurze, sorgfältig deklamierte Seccorezitative als Skizzen für die Handlung selbst. Was Purcell angebahnt hatte, ist Händel gelungen, obwohl er dreimal mit seinem Operntheater Schiffbruch erlitt (Konkurrenz; die ihn verspottende «Bettleroper», 1728, von J. Gay und J. Ch. Pepusch; aufsässige Kastraten und Primadonnen). – Die deutsche Wiederbelebung der Händel-Opern, insbesondere durch Oscar Hagen (seit 1920),

fügte dem deutschen Spielplan einige Werke Händels hinzu.
Almira (1705, Hamburg, Text F. Ch. Feustking), erste (Singspiel-)Oper Händels.
Agrippina (1709, Venedig, Text V. Grimani), Neubearbeitungen.
Rinaldo (1711, London, Text G. Rossi), erste der etwa 36 Opern für London: von der Zauberin Armida (nach Tassos «Befreitem Jerusalem»), die den Kreuzritter Rinaldo betört, ihn dann aber racheschwörend ziehen lassen muß.
Il pastor fido (1712, neu bearbeitet 1834, Text G. Rossi).
Theseus (1713, Text N. Haym).
Amadigi di Gaula (1715, Text J. J. Heidegger), nach dem spanischen Ritterroman, gegen den Cervantes seinen «Don Quichote» schrieb.
Radamisto (1720, Text N. Haym).
Otto und Theophano (1723, Text N. Haym), spielt in den Kämpfen Ottos II. gegen einen römischen Thronprätendenten und um Ottos Braut, die griechische Prinzessin Theophano.
Julius Cäsar (1724, Text N. Haym), behandelt eine Episode um Cäsars Kampf in Ägypten nach dem Tode des Pompejus und die Befreiung Kleopatras durch Cäsar.
Tamerlan (1724, Text A. Piovane und H. Haym).
Rodelinde (1725, Text N. Haym), Hohelied der Gattentreue.
Scipione (1726, Text P. A. Rolli), spielt um Scipio Africanus, den römischen Feldherrn gegen Karthago.
Admeto (1727, Text N. Haym), handelt von dem Gatten der Alkeste, für den diese ihr Leben opfert.
Ptolemäus (1728, Text N. Haym), Nachfolger Alexanders des Großen, König von Ägypten.
Poro (1731, Text P. Metastasio, *Alexander in Indien*).
Ezio (1732, Text P. Metastasio), häufig vertonter Stoff um Aetius, den Besieger Attilas.
Der rasende Roland (*Orlando*, 1733, Text G. Braccioli), nach Ariosts gleichnamigem Gedicht: Roland als Held und als Wahnverliebter.
Ariadne (1734, Text P. Pariati), eine Art Vorgeschichte zu R. Strauss' gleichnamigem Werk: Ariadne, von Theseus entführt und wieder verlassen, von Bacchus verklärt.
Alcina (1735, Text A. Marchi), Zauberinnenoper (Neuausgaben).
Atalanta (1736, nach B. Valerians «Jagd in Etolien»), die Jägerin, die nur den erhören wollte, der schneller war als sie.
Arminius und Thusnelda (1737, Text A. Salvi), heldische Oper aus dem Kampf der Germanen mit den Römern.
Xerxes (1738, Text N. Minato), heitere Verwechslungsoper, nicht um den Xerxes der Geschichte, sondern um Xerxes als schmachtenden Liebhaber (in dieser Oper das berühmte *Largo* von Händel, das übrigens kein Largo, sondern ein Larghetto-Liebesgesang ist).
Jupiter in Argos (1739, Text A. M. Lucchini).
Deidamia (1741, Text P. A. Rolli), halb ernste, halb ironische Vertonung jener Sage vom späteren Helden Achill, der, von seiner Mutter in Mädchenkleidung verborgen, von der jungen Deidamia erahnt wird.

CHORWERKE

In seinen letzten zwei Lebensjahrzehnten hat Händel keine Opern mehr geschrieben. War er der Kämpfe um die Opernherrschaft müde geworden? Schien ihm die künstlerische Aussagemöglichkeit der auf Gesangsvirtuosität beruhenden italienischen Oper erschöpft? Wollte er noch stärker in die Breite wirken? Ungestüm wandte er sich der chorischen Gestaltung von Völkerschicksalen zu, wobei er auf die alte Chortradition Englands, insbesondere auf Werke von Byrd und Purcell zurückgreifen konnte. Daß er dabei den Gedanken vom «auserwählten Volk der Juden» auf die Engländer übertrug, erleichterte seinen Erfolg ebenso wie die durch Betonung des Melodisch-Faßlichen angestrebte Breitenwirkung, die auch nach über zwei Jahrhunderten nicht nachgelassen hat.

HAUPTWERKE

Esther (1720; zweite Fassung 1732), opernnah, Chöre (*Ihr Söhne Israels, klagt*) schon oratorienartig geprägt. Die jüdische Königin Esther erreicht durch ihr liebreizendes Bitten, daß der Perserkönig Ahasver (Xerxes) das von der

Ausrottung bedrohte jüdische Volk bewahrt.

Deborah (1733), vollwertiges Oratorium mit dramatisch gegeneinandergesetzten Chören. Deborah, Richterin in Israel, entflammt das Volk zu erfolgreichem Kampf gegen die Kanaaniter.

Saul (1739), Volksjubel über die Unterwerfung der Philister und Volkstrauer um die Gefallenen Saul und Jonathan.

Israel in Ägypten (1739), 23 Chorsätze, sieben Solostücke. Auszug aus Ägypten, Durchschreiten des Roten Meeres, Vernichtung von Pharaos Scharen, Danksagung. Dramatisch gespannt Chor und Orchester, beredt in der Darstellung von Leid, Furcht und Staunen des Volkes (Lautmalerei, zum Beispiel im Hagelchor).

Der Messias (1742), geschrieben in drei Wochen, Händels bekanntestes Werk, bedeutendstes Oratorium. 21 Chorsätze, verbunden durch Einzelgesänge. Keine erkennbare Handlung, vielmehr ergriffenes und jubelndes Betrachten, Staunen und Anbeten göttlichen Menschwerdens durch eine gläubige Gemeinschaft. Drei Teile: Messianische Verheißung / Christi Erdenwallen / Verwirklichung des messianischen Gedankens. Die Affektarien von Händels Opern werden hier zu gesamtheitlichem Ausdruck verbreitert und vertieft. Die musikalische Sprache bleibt auch in komplizierteren Formen (Fuge) allgemein verständlich und reicht vom mystischen Versenken bis zu dramatischer Schlagkraft.

Samson (1743) verlegt das Schwergewicht wieder auf die Einzelgesänge (27), nähert sich also der Oper, obgleich die mächtigen Chöre Grenzen ziehen. Bibelerzählung von Samson, Delila und den Philistern.

Belsazar (1745), Bühnennah durch seine – allerdings erzählte – Handlung, besteht zu zwei Dritteln aus Einzelgesängen, wirkt aber durch die Gegensätzlichkeit der drei Chorgruppen (Perser / Babylonier / Juden). Befreiung der Juden aus der babylonischen Gefangenschaft durch die Perser.

Judas Makkabäus (1747), Textbuch dramaturgisch schwächer; Errettung des jüdischen Volkes aus der Knechtschaft, Siegesjubel der befreiten Juden; musikalisch eines der reichsten Werke Händels. Orchester, Chöre und Einzelgesänge sind innig verbunden, klares Absetzen des Irdischen vom Göttlichen (Volksheld Judas wird in Volksweisen besungen, Gott dagegen in kunstvoller Vielstimmigkeit).

Von Händels *biblischen Oratorien* seien noch erwähnt: *Josua* (1748) mit dem Chor *Ehre sei Gott;* der von Karl Straube 1925 umgestaltete *Salomo* (1749) mit dem Doppelchor *Vom Altare weht empor* (zweiter Teil) und den Wechselgesängen des dritten Teils; *Jephta* (1752), der sich auch szenisch darstellen läßt, mit sorgfältig gezeichneten Einzelpersonen (Quartett).

Von den zahlreichen *weltlichen Oratorien* Händels haben nur einige die Zeit überlebt:

Acis und Galathea (1720, szenische Fassung 1732), naturschildernde Tonmalerei. Der eifersüchtige Polyphem tötet den von der Nymphe Galathea geliebten Hirten Acis; den Toten verwandelt Galathea in eine singende Quelle.

Das Alexanderfest, auch «Große Cäcilien-Ode» genannt (1736), Chöre wie *O seht den Göttersohn, Brecht das Band des Schlafes.* Der thebanische Sänger Timotheus ruft durch seine Kunst bei einem Fest zu Ehren Alexanders des Großen die verschiedenartigsten Gefühle seiner Zuhörer wach, läßt dann die Schatten toter Helden vorüberziehen und entflammt dadurch Rachegelüste. Unvermittelt erscheint die heilige Cäcilie und schlägt mit ihrer Kunst friedvollere Töne an.

Die kleine Cäcilien-Ode (1739, Text von John Dryden). Grundgedanke: Alles Unklare, Ungeformte vermag Gestalt zu gewinnen durch die Musik. Charakterisierungsmittel neben Chor und Soli: die verschiedenen Instrumente, insbesondere Orgel.

Herakles (1745), Gipfelwerk von Händels Vertonungen griechischer Sagenstoffe; «musikalisches Drama» in drei Teilen: Dejanira sehnt sich nach ihrem Gatten Herakles, wird aber eifersüchtig auf die Königstochter Iole, die der Heimkehrende als Gefangene mitbringt. Ihren Gatten wiederzugewinnen, beschließt sie, ihm das Nessusgewand zu überbringen. Herakles legt das Gewand an, windet sich unter den Schmerzen des in ihm enthaltenen Giftes und verbrennt sich selbst auf einem Scheiterhaufen; Dejanira folgt ihm in den Tod. Musikalisch am stärksten der Schlußteil mit den tragischen Einzelgesängen von Herakles und Dejanira; die Chöre treten verhältnismäßig zurück.

Das Gelegenheitsoratorium (1746, in der Neubearbeitung von Fritz Stein als «Festoratorium»), geschrieben «gelegentlich» des Sieges über schottische Rebellen, besteht zum großen Teil aus älteren Kompositionen Händels (z.B. Hagelchor aus *Israel*), ist aber dramaturgisch und musikalisch-dramatisch wirkungsvoll aufgebaut in drei Hauptteile: Bedrückung / Sieg / Dank an die Gottheit.

SONSTIGE VOKALWERKE

Weniger bekannt als die Großwerke, doch bedeutend sind zahlreiche Anthems (kantatenähnliche Gesänge auf Bibelworte), Tedeums (*Utrechter Tedeum, Dettinger Tedeum*), Hymnen (*L'allegro, il pensieroso ed il moderato*), ferner die *Italienischen Duette,* Trios und Kantaten, sowie die *Deutschen Arien* (Vorstufen zum Rokokolied, *Flammende Rose*).

INSTRUMENTALWERKE

Orchesterwerke: Händels Orchestersprache (einfacher Schnitt der Themen, schlichte Harmonik, zügige Rhythmik, durchsichtiger Klang), zuweilen als «primitiv» bezeichnet, hat spätere Sinfoniker wie Beethoven mächtig angeregt.

Concerti grossi: Zwei Sammlungen: Die Werke der Opuszahl 3 werden unter der unscharfen Bezeichnung Oboenkonzerte geführt, weil die hohen Geigenstimmen durch Oboen verstärkt sind; die Opuszahl 6 umfaßt zwölf Concerti grossi (1740). Geschrieben nur für Streicher, und zwar doppelchörig: ein Streichorchester (wie damals üblich mit Cembalo) und eine Solistengruppe («Concertino») von zwei Geigen und Cello. Das «Konzertieren» besteht vor allem im ständigen Abwechseln beider Gruppen. Angestrebt wird nicht eine geschlossene Großform wie später in der klassischen Sinfonie, sondern ein Aufreihen musikalischer Gedanken. Daher verschiedene Anzahl und Formen der Einzelsätze. Beispiel: das 9. Concerto: Largo – Allegro – Larghetto – Allegro (Fuge) – Menuett – Gigue; also fast starre Folge von langsam und schnell, entsprechend im Inneren der Sätze ein dynamisch-terrassierender Wechsel von laut und leise (fließende Übergänge fehlen in der Barockmusik). Vorbilder Corelli, Vivaldi.

Orgelkonzerte: je sechs unter den Opuszahlen 4 und 7, dazu einige weitere, teils unter Verwendung früherer Kompositionen. Entstanden von 1735 an. Nur in Grundrissen vorliegend, das Orchester (zwei Oboen, Streicher, Generalbaß) ausgearbeitet, der Orgelpart lediglich angedeutet, weil Händel die Konzerte zum eigenen Gebrauch schrieb und bei der Aufführung zu improvisieren pflegte. Wie bei den Concerti grossi keine geschlossene Großform und keine strenge Satzfolge, vielmehr eine Fülle von Einfällen für den virtuosen Gebrauch im Konzert (nicht in der Kirche). Satzarten von der Passacaglia bis zum Menuett.

Wassermusik, Feuerwerksmusik: Für Aufführungen im Freien bestimmt, starke Besetzung mit Bläserchören. Die Wassermusik, 1717 bei Lustfahrten auf der Themse gespielt (21 tanzartige Sätze für Streicher, je zwei Oboen, Fagotte und Hörner), die Feuerwerksmusik, komponiert 1748 zur Feier des Aachener Friedens, vereinigt noch stärkere Bläsergruppen (außer Streichern chorisch besetzt: Oboen, Fagotte, Hörner, Trompeten, Pauken). Überwiegend suitenartige Sätze.

KAMMERMUSIK

Solosonaten (z.T. zusammengefaßt in op. 1), für Flöte oder Oboe oder Geige mit Generalbaß, dem Charakter nach Haus- (also nicht «Konzert»-)musik, zahlreiche Triosonaten (Hauptgruppen in op. 2 und op. 5) für je zwei hohe Instrumente, ein tiefes und Generalbaß, d.h. entweder – neben Cembalo – zwei Geigen und Cello oder zwei Oboen (auch Flöten) und Fagott; Mischungen möglich: Op. 2 Kirchensonaten mit der Satzfolge langsam–schnell–langsam–schnell (Vorbild Corelli), einheitlich in der Tonart. Die Kammersonaten op. 5 nehmen nach französischer Art Tanzsätze auf (Sarabande, Air, Bourrée, Gavotte usw.), sie nähern sich dadurch der Suite.

KLAVIERMUSIK
Händel, einer der besten Orgel- und Cembalo- bzw. Klavierspieler seiner Zeit (berühmt sein ehrenvoller Wettstreit mit D. Scarlatti), hervorragender Stegreifspieler, komponiert ganz aus dem Wesen des Instruments, betont das Virtuos-Aufgelockerte. Ein Großteil seiner neuentdeckten Werke gehört zum Besten der altklassischen Klavierkunst. Verschiedene «Sammlungen» (ungleichwertig, weil zum Teil ohne Händels Willen und Wissen veröffentlicht):
Erste Sammlung (authentisch, 1720), mit acht Suiten, freien «Folgen» von Klavierstücken. In der 5. Suite (E-Dur) die bekannten, aber weniger bezeichnenden Grobschmied-Variationen.
Zweite Sammlung (1732), ungleichwertig.
Dritte Sammlung (nicht authentisch), ebenfalls ungleichwertig. Bedeutend das 36taktige g-Moll-Capriccio aus Nr. 3.
Vierte Sammlung (authentisch, 1735), sechs große Fugen, nach Form und Technik Spielstücke.
Aylesford-Sammlung (erst 1928 aus der Bibliothek des Earl of Aylesford bekannt geworden), 76 Tonstücke verschiedenster Art, davon mehr als ein Drittel Menuette, sonst Präludien, Fugen, Chaconnen, Giguen, Sonaten, Sonatinen usw., Fundgrube erlesener Hausmusik. (Händels Urheberschaft der sechs Fugetten wird vielfach angezweifelt.)
Gesamtausgaben: Leipziger Händelausgabe 1858–1901 (93 und 4 Supplementbände, duch F. Chrysander); Hallesche Händelausgabe seit 1955 (Kassel–Basel–Leipzig). – Händel-Jahrbücher 1928–1933 und seit 1955.
LITERATUR: J. Mainwaring: G. F. H.s Lebensbeschreibung (dt. erstmals 1761 durch J. Mattheson); J. Müller-Balttau: G. F. H. (²1959); O. E. Deutsch: H., A documentary biography (1955); E. H. Müller von Asow: Briefe und Schriften H.s (dt. 1950); H. Ch. Wolff: Die Händeloper auf der modernen Bühne (1957); K. Sasse: Händelbibliographie (1961).

Harris, Roy, * Lincoln (Oklahoma) 12. Febr. 1898, Nordamerikaner schottisch-irischer Abstammung, Schüler u. a. von Nadia Boulanger, Lehrer und Komponist (Klanggruppierungen und polyharmonische Überlagerung, dabei ausgezeichneter Kontrapunktiker), schrieb sieben Sinfonien, sinfonische Dichtungen, Orchestersuiten, vielfach mit bildhaften oder regional bestimmten Titeln (*Sonntag eines Kindes, Frühling in Kentucky*), drei Klavierkonzerte (davon eins für 2 Klaviere), Bratschen-, Violin-, Akkordeonkonzerte, Chorwerke (vielfach nach Whitman), Kammer- und Klaviermusik, Ballett- und Filmmusik, Gesänge, mehrere Werke «für Band».

Harsányi, Tibor, * Großkanizsa 27. Juni 1898, † Paris 19. Sept. 1954, Ungar, Kompositionsschüler von Kodály, Pianist, lebte seit 1923 in Frankreich, beeinflußt durch ungarische Volksmusik, Liszt, Bartók, die französischen Impressionisten, Strawinski; schrieb Orchesterstücke, u. a. *Ungarische Suite* (1935), *Französisches Divertissement* (1946), Sinfonie (1952), Klavier-, Violin-, Cellokonzerte, Kammermusik, Klavierstücke, Bühnen-, Ballett- und Filmmusik.

Hartig, Heinz Friedrich, * Kassel 10. Sept. 1907, † Berlin 16. Sept. 1969, Komponist und Cembalist, studierte in Frankfurt (Gál) und Berlin, seit 1948 Kompositionslehrer an der Charlottenburger Hochschule für Musik (1955 Prof.), schrieb u. a. Klaviervariationen (in variablen Metren), Orchestervariationen (über einen siebentönigen Klang), *Hommage à Scharoun* (den Erbauer der neuen Berliner Philharmonie), Ballette, eine Kammeroper, Oratorien, eine Messe, Lieder und Chansons (nach G. Benn, W. Mehring, W. Schwarz u. a.), *Monolog* für Flöte (1965), Violinkonzert (1967).

Hartmann, Johan Peter Emilius, * Kopenhagen 14. Mai 1805, † ebenda 10. März 1900, Däne, Sproß einer Musikerfamilie, die durch anderthalb Jahrhunderte das dänische Musikleben bestimmt hat, mit Gade Direktor des Kopenhagener Konservatoriums; schrieb Musik nach nordischen Motiven und Dichtern (H. Ch. Andersen, A. Oehlenschläger, L. Holberg): Opern (*Korsarerne,* 1835; *Liden Kirsten,* 1846), Schauspielmusik

(*Hakon Jarl,* nach Oehlenschläger, 1844 und 1857), Ballette (*Die Walküren,* 1861), Orchesterouvertüren, Chor-, Kammer-, Klavier-, Orgelwerke. – Sein Sohn Emil Hartmann (1836–1898), Organist und Folklorist.

Hartmann, Karl Amadeus, * München 2. Aug. 1905, † ebenda 5. Dez. 1963, Sohn eines Malers aus Schlesien, Schüler von Joseph Haas, dann von Hermann Scherchen, schließlich, als fast Vierzigjähriger, von Webern. Zog seine ersten Werke zurück, obwohl auf internationalen Festen aufgeführt und teilweise auch preisgekrönt. In der von ihm 1945 ins Leben gerufenen «Musica-Viva»-Organisation und der nach 1953 von ihm geleiteten Deutschen Sektion der Internationalen Gesellschaft für Neue Musik setzte er sich vorurteilsfrei für alle Arten der Neuen Musik ein. Sinfoniker, Ausdrucksmusiker (Alban Berg). Räumte der Zwölftontechnik in seinem Schaffen nur eine periphere Rolle ein.
Harmonisch ist er tonal, zuweilen polytonal, auch atonal, wenn es der Ausdruckswille verlangt. Melodisch erschüttert er bald durch kraft-, bald durch gefühlsgeladene Linien. Sein Kontrapunkt zielt nicht so sehr auf das Erfüllen bestimmter Formen, als auf das Verdichten musikalischer (wenn nicht sogar menschlicher) Vielfalt und Vielsträhnigkeit. Seine Vorliebe für Schlagzeugwirkungen, für schroffe Gegensätze dynamischer, klanglicher und rhythmischer Art geht im letzten Grunde wohl weniger auf musikalisch-kompositorische Erwägungen als auf eine Wesensveranlagung zurück, deren Extreme Zorn und Trauer zu sein scheinen.
WERKE
Des Simplicius Simplicissimus Jugend (1949, jedoch schon 1935 beendet, Neufassung 1955 als *Simplicius Simplicissimus*), Kammeroper, nach Grimmelshausens Roman, Entwurf H. Scherchen, Text von W. Petzet und vom Komponisten. Episches Theater in Bildern. Simplicius entkommt einer Metzelei, lernt bei einem Eremiten eine Weisheit, die er später bei einem Fest mit hohen Herren ausübt: die Wahrheit zu sagen; die Festgäste lachen über den Jungen, bis gepeinigte Bauern hereindringen und alle – außer Simplicius – niedermachen. (Einziges Frühwerk, das Hartmann, wenn auch mit Änderungen, gelten ließ.)
1. Sinfonie (1937); *Versuch eines Requiems,* für Altsolo und Orchester; Sätze: Introduktion *Elend* – Lied *Frühling* – Variation – Lied *Tränen* – Epilog *Bitte* (Text: Walt Whitman).
2. Sinfonie (1946), *Adagio* mit Variationen, eingebautes Allegro.
3. Sinfonie (1948/49, der Entstehung nach die 4.); wieder umspannen zwei langsame Sätze einen schnellen, doch durch Pausen getrennt; im Largo zieht das «erste, sich über dumpfen Paukenwirbeln erhebende Kontrabaßsolo... in eine geheimnisvoll klingende Schattenwelt», die Allegrofuge als «grimmiges Scherzo», das Schlußadagio eine «Trauerode» (Zitate vom Komponisten).
4. Sinfonie (1947), *Sinfonie für Streicher,* dreiteilig: Lento con passione – Allegro di molto – Scherzo – Allegro di molto – Adagio appassionato. Im Mittelsatz zum erstenmal bei Hartmann ein konstruktives Spiel mit Tönen.
5. Sinfonie (1950), *Konzertante Sinfonie,* ohne Streicher und Hörner; dreisätzig: Tokkata – Melodie (*Hommage à Strawinski*) – Rondo.
6. Sinfonie (1953), stark besetztes Orchester, zwei Sätze: Adagio mit dem Motiv b-h-a – Tokkata variata, Presto mit drei Fugen, von denen die 2. und 3. Variationen der 1. darstellen.
7. Sinfonie (1958), Sätze: Ricercare – Adagio mesto – Scherzofinale. Stark kontrapunktisch, weitgetriebene Klangaufspaltung, triebkräftig, dramatisch.
8. Sinfonie (1962) für großes Orchester mit zahlreichem Schlagwerk.
Violinkonzert *Musik der Trauer* (1940), viersätzig: Largo – Adagiotrauermarsch – Allegro – Choral; geschrieben unter dem Eindruck des Kriegsausbruchs als «Concerto funebre».
Konzert für Klavier, Bläser und Schlagzeug (1953): Rondeau varié I – Mélodie – Rondeau varié II.
Konzert für Bratsche und Klavier mit Bläsern und Schlagzeug (1955).
Kammerkonzert für Klarinette, Streichquartett und Streichorchester (op. posth.; Urauff. 1969).

Zwei Streichquartette (*Carillon*, 1933; 1946).
Lamento (*Friede Anno 48*) (1937; Gryphiuskantate für Sopran und Klavier).
Gesangsszene (1963; Giraudouxkantate für Bariton und Orchester).
LITERATUR: K. A. H., Kleine Schriften (Hg. E. Thomas, 1965).

Hasse, Johann Adolf, * Bergedorf (heute Hamburg-Bergedorf) getauft 25. März 1699, † Venedig 16. Dez. 1783, anfangs Operntenor in Hamburg und Braunschweig, Schüler von N. Porpora und A. Scarlatti in Neapel, 1727 Kapellmeister in Venedig, seit 1731 Hofkapellmeister in Dresden (doch häufig im Ausland tätig), 1764 bis 1773 in Wien, seit 1773 ohne Amt in Venedig. Seine Frau war die berühmte Sängerin Faustina Bordoni. Trotz seiner norddeutschen Abstammung war Hasse sein Leben lang überzeugter und zugleich glänzender Vertreter der neapolitanischen Opernschule und begeisterte mit seinen «Opere serie» Friedrich den Großen ebenso wie die Italiener, den sächsischen Hof und die Pariser. Darüber wurden seine Oratorien und Instrumentalwerke bald vergessen, nach seinem Tode auch die meisten der mehr als 80 Opern (Texte von Metastasio, Zeno, Pasquini, Pallavicini), u. a. *Dido* (1742), *Arminius* (1745), *Zenobia* (1761), trotz der im Spätwerk spürbaren Reformbestrebungen im Sinne des nachfolgenden, stärker musikdramatisch und ethisch als virtuosisch gerichteten Lebenswerkes von Gluck.

Hasse, Karl, * Dohna 20. März 1883, † Köln 31. Juli 1960, in Leipzig musikwissenschaftlich bei Kretzschmar und Riemann, praktisch bei Straube, Nikisch, Mottl und Reger ausgebildet, nach Organisten- und Dirigiertätigkeit 1933 bis 1945 Leiter der Kölner Musikhochschule, Komponist der Linie Bach–Reger, schrieb Orchesterwerke, Konzerte, Chöre a cappella und mit Orchester, Lieder, Orgel- und Klavierwerke, auch eine Reger-Biographie (1921).

Haßler (Hasler), Hans Leo, * Nürnberg, getauft Okt. 1564, † Frankfurt am Main 8. Juni 1612, Sproß einer angeblich aus Böhmen stammenden, in Nürnberg angesiedelten Musikerfamilie; studierte bei A. Gabrieli zu Venedig, war Organist der Fugger in Augsburg, lange Zeit im Dienst Kaiser Rudolfs II., der ihm den Adelstitel verlieh (1595, Haßler von Roseneck), auch Organist in Dresden. Mit seinen ebenso geschmeidigen wie straffen, thematisch fesselnden wie farbenfroh strahlenden Kompositionen hat er viele mitteldeutsche Tonmeister seiner Zeit beeindruckt und beeinflußt im Sinne des «italienischen Stils»: *Cantiones sacrae für 4, 8 und mehr Stimmen* (1591–1607), 5- bis 8stimmige Madrigale, *Neue teutsche Gesang nach Art der welschen Madrigalien und Canzonetten* (1596–1609), *Sacri concentus* (4- bis 12stimmige Motetten, 1601–1612), Messen, Psalmen, eine *Litanei teutsch Herrn Dr. Martin Lutheri* (stimmiger Doppelchor), *Venusgarten oder neue lustige liebliche Tänz teutscher und polnischer Art* (1613), Orgelwerke.

Häßler (Häsler), Johann Wilhelm, * Erfurt 29. März 1747, † Moskau 29. März 1822, Enkelschüler von J. S. Bach, mit 16 Jahren Organist, dann Mützenmacher wie sein Vater, bildete sich weiter als Konzertpianist aus, war auch als Verleger und Konzertagent tätig, bereiste England (London) und Rußland (Petersburg, Hofkapellmeister 1792–1794), wirkte danach 30 Jahre als Klavierpädagoge in Moskau; Komponist zahlreicher Klavierwerke, beeinflußt durch J. S. und C. Ph. E. Bach, Haydn, Mozart, selbständig in der virtuosen und rezitativischen Ausgestaltung (Grande Gigue d-Moll, op. 31). Neuausgaben, auch der Autobiographie, aus dem 2. Teil seiner *Leichten Sonaten* (1787).

Haubenstock-Ramati, Roman, * Krakau 27. Febr. 1919, Israeli, studierte Musik und Musikwissenschaft in Krakau und Lodz, war bis 1950 Abteilungsleiter bei Radio Krakau und Redakteur der Zeitschrift «Ruch Muzyczny», übersiedelte nach Tel Aviv zum Aufbau der Zentralbibliothek und als Musikologe der Musikakademie, lebt seit 1957 wieder in Europa (Paris, Wien) als Verlagslektor der Universal Edition und Komponist; organisierte 1959 für Donaueschingen die Ausstellung «Musikalische Grafik»;

schrieb unter freier Anwendung dodekaphonaler, serieller und elektronischer Techniken u. a. *Ricercari* für Streichtrio (1952), *Blessings* für Alt und 9 Instrumente (1954), *Symphonies des timbres* (1957) und *Chants et prismes* (1958) für Orchester, *Sequences* für Violine und Orchester (1958), *Jeux* für 6 Schlagzeuger (1962), *Vermutungen über ein dunkles Haus* (auch als Ballettpantomime), 3 Orchesterstücke aus der Oper *Amerika* nach Kafka / Brod (1964 [Uraufführung der Oper 1966]), *Liaisons* für Vibra- und Marimbaphon (1964), *Interpolation* für Flöte und Tonband (1964), ferner elektronische Beiträge (u. a. zu dem Spielfilmexperiment «Ohne Datum» von Ottomar Domnick, 1963) und *Comédie* nach Beckett für Stimmen und Schlagzeuggruppen (1970), *Musik für 12 Instrumente* (1976).

Hauer, Joseph Matthias, *Wiener Neustadt 19. März 1883, †Wien 22. Sept. 1959, Österreicher, zunächst Volks- und Musikschullehrer, seit 1919 neben Schönberg erster Vertreter eines besonderen Zwölftonsystems, das er ebenso logisch-scharfsinnig begründete wie philosophisch-geheimnisvoll unterbaute: je weiter von Dur-Dreiklang und Tonleiter (Obertönen) entfernt eine Musik sei, desto vergeistigter sei sie; nicht die einzelnen Töne seien wichtig, sondern die Wendungen nach Gruppen («Tropen»). Hauer errechnete 479001600 solcher möglichen Wendungen und faßte 44 besondere in Zwölftongruppen (2×6) zusammen. Schrieb u. a. Bühnenwerke (Oper *Salambo,* 1930; Singspiel *Die schwarze Spinne,* 1932, nach J. Gotthelf, Uraufführung 1966), Kantaten (*Wandlungen,* 1928; *Der Menschen Weg,* 1934) und andere Chorwerke, Lieder (Hölderlin), Klavier- und Kammermusik, Orchesterwerke, Zwölftonspiele für verschiedene Besetzungen (etwa tausend). – Zu seinen grundlegenden Werken zählen: *Zwölftontechnik* (1926) sowie zahlreiche Essays in den «Musikblättern des Anbruch», in «Melos» und der Zeitschrift «Die Musik» (Jahrgänge 1919–1925).

LITERATUR: W. Szmolyan: J. M. H. (1965).

Haug, Hans, *Basel 27. Juli 1900, †Lausanne 15. Sept. 1967, Schweizer, studierte in Basel und München, wurde Dirigent, lehrte seit 1947 in Lausanne, hielt die Rückkehr zum nichttemperierten Tonsystem für erforderlich. Orchesterwerke (*Sinfonie in D,* 1949; *Passacaglia,* 1950; *Vision d'Hellade,* 1952, die sinfonische Dichtung *Charlie Chaplin,* 1930), Konzerte für Violine, Cello, Flöte, Klavier, Gitarre, ein Doppelkonzert (Bratsche und Oboe, 1953), Kammermusik vom Duo bis zum Quintett, Chorwerke (*Michelangelo,* 1943), Musik für Bühne, Funk, Film: 7 Opern (*Don Juan in der Fremde,* 1929; *Tartuffe,* 1937, nach Molière; *Der unsterbliche Kranke,* 1946; *Orpheus,* 1954). Streitschrift *Für Feinde klassischer Musik* (1942).

Haupt, Walter, *München 28. Febr. 1935, Komponist und Schlagzeuger, studierte in München (R. Häfner) und Salzburg (Henze), schrieb *Die Puppe,* szenische Aktion für einen Darsteller, aufblasbare Sexpuppe und Klavierquartett (1971), *Laser,* Light-Environment für einen Schlagzeuger und einen Tänzer (zur Eröffnung der Olympischen Spiele, München 1972), *Musik für eine Landschaft* (Freilichtaufführung vor 14000 Zuhörern in Weißenfels 1973), Ballettmusiken.

Hausegger, Siegmund von, *Graz 16. Aug. 1872, †München 10. Okt. 1948, Österreicher, Dirigent und (1920–1934) Direktor der Akademie der Tonkunst in München; Neuromantiker, erfolgreich mit sinfonischen Dichtungen wie *Barbarossa* (1900), *Wieland der Schmied* (1903), *Natursinfonie* (1911, mit Chor), mit Chorwerken, Orchestergesängen und Klavierliedern. – Er veröffentlichte 1939 *Gesammelte Schriften* seines Vaters Friedrich von Hausegger (1837–1899), eines Parteigängers Wagners.

Haußmann (Hausmann), Valentin, *Gerbstädt (Thüringen), †zwischen 1611 und 1614, Mitglied einer verzweigten Organistenfamilie, bereiste Polen und Italien, schrieb zahlreiche Tanzlieder und Instrumentalstücke im Stil der italienischen Kanzonetten und Vilanellen (Neudrucke).

Haydn, Joseph, * Rohrau (Niederösterreich) 31. März 1732, † Wien 31. Mai 1809, Österreicher, ältester Sohn eines musikalisch dilettierenden Wagenbauers, unter elf Geschwistern aufgewachsen, 6jährig Chorknabe in Hainburg im Burgenland, 11jährig unter Georg Reutter Kapellsänger am Stephansdom in Wien, nach dem Stimmbruch durch seinen jüngeren Bruder Michael ersetzt und 1748 (1749?) entlassen, Notzeit als Tanz- und Gelegenheitsmusiker, «Musikdiener» (Kopist, Korrepetitor, Kammerdiener) bei Nicola Porpora; durch Stegreifmusiken zu Kurz-Bernadons Possen, aber auch durch Klavier- und Streichquartettkompositionen bald bekannt, wurde er über die Mäzene Fürnberg und Graf Morzin an den Fürsten Esterházy nach Eisenstadt empfohlen, wo er 1761 als Vizekapellmeister antrat; 1769–1790 1. Kapellmeister auf Schloß Esterháza am Neusiedler See, siedelte er nach Auflösung der Kapelle mit einer hohen Jahrespension nach Wien über, von wo aus er zweimal zu sinfonischen Konzertaufträgen nach London reiste (1790–1792, 1794/95); als Sinfoniker und Oratorienkomponist (*Schöpfung*, 1798; *Jahreszeiten*, 1801) zu höchstem Ansehen gelangt, mit Mozart seit 1781 väterlich befreundet gewesen und dem jungen Beethoven zugetan, von aller Welt gefeiert, starb er in der Kaiserstadt Wien 1809, wenige Tage nach Einzug der Franzosen, von Napoleon durch eine Ehrenwache ausgezeichnet. 1820 wurde er in der Bergkirche zu Eisenstadt beigesetzt (Haydns Schädel wurde dem Eisenstädter Grab erst 1954 beigefügt). Wien errichtete 1899 in seinem Gumpendorfer Wohn- und Sterbehaus ein Haydn-Museum, ein weiteres Haydn-Museum in Eisenstadt.

Eine auf etwa 80 Bände zu berechnende Ausgabe der Kompositionen Haydns ist mehrmals in Angriff genommen worden (Leipzig 1907–1932, 10 Bde.; Boston 1950–1952, 4 Bde.), sie wurde durch das Internationale Haydn-Institut, Sitz Köln, 1958 mit einer quellenkritischen Gesamtausgabe neu begonnen. Ein grundlegendes thematisch-bibliographisches Werkverzeichnis in 2 Bänden erstellte A. van Hoboken (Bd. 1, Instrumentalmusik, 1957). Ein Spezialkatalog über die in der Nationalbibliothek Budapest vorhandenen Haydn-Werke erschien 1959 (Hg. J. Vécsey), Haydns «Gesammelte Briefe und Aufzeichnungen» legte der Staatsverlag Budapest 1965 vor (Hg. D. Bartha), eine «Haydn-Ikonographie» stellte R. Forster zusammen (1932).

Haydns Lebens- und Schaffensweg umspannte die Zeit von der musikalischen Altklassik bis zum Anbruch der Romantik mit allen Zwischenstufen, von der abklingenden Glaubensfrömmigkeit über die rationalistische Aufklärung bis zur religiös-mystischen Philosophie der Frühromantik. An diesen Entwicklungen hat Haydn teilgehabt mit intuitivem Verständnis für die Strömungen seiner Zeit. Dies spiegelt sich in seinem Werk wider, das für die Weiterentwicklung der Musik von stilbildender Bedeutung wurde. So hoch man Haydns Vokalschöpfungen, insbesondere die Oratorien, einschätzen mag – entwicklungsgeschichtlich bedeutsamer sind seine Instrumentalkompositionen. Er beginnt auf diesem Gebiet mit Werken im spielerischen Stil, greift nach dem Vorbild der Suite, der (Opern-)Ouvertüre, läßt sich von dem neuen Orchesterstil und Themenspiel der «Mannheimer» anregen, beschäftigt sich mit der entwickelnden Satzdichte des Berliner Kreises um C. Ph. E. Bach und setzt schließlich an die Stelle des altklassischen Nebeneinanders der Stimmen das Nacheinander, die Entwicklung des Stimmgeschehens aus einem Thema, ja aus einem einzigen Kurzmotiv, indem er Themen und Motive immer neu abwandelt («durchbrochene Arbeit»). Besonders deutlich wird das am Quartettstil und in der Sinfonik, in der die einzelnen Instrumente oder Instrumentalgruppen als «moralische Charaktere» immer selbständiger werden und das Cembalo als nur klangfüllendes Instrument allmählich verschwindet. An den Spätwerken ist wenig mehr von höfisch-gesellschaftlich bedingter Musik; es sind Schöpfungen einer künstlerisch wie geistig souveränen Persönlichkeit der voll erblühten bürgerlichen Musikkultur Europas.

SINFONIEN

104 Sinfonien (eine frühere Zählung kommt auf 125, Numerierung nicht ein-

heitlich), die erste 1759, die letzte 1795 geschrieben. Entwicklungsgang ähnlich wie bei den Streichquartetten von «Unterhaltungsmusik» bis zu seelisch vertieften Meisterwerken.

Erste Gruppe (bis etwa 1770): etwa 40 Sinfonien, teils Divertimentocharakter mit Soloinstrumenten, teils nach dem Vorbild der Mannheimer Schule, teils Vorgriffe auf spätere Schaffensart. Darunter: Nr. 6, 7 und 8 unter dem Gesamttitel *Die Tageszeiten,* nämlich *Der Morgen,* D-Dur, *Der Mittag,* C-Dur, *Der Abend,* G-Dur; 1759–1761.

Nr. 22 *Der Philosoph,* Es-Dur (1764), ungewöhnliche Satzfolge.

Nr. 31 *Auf dem Anstand* (oder *Mit dem Hornsignal*), D-Dur (1765), mit vier Hörnern.

Zweite Gruppe (etwa 1770–1781): rund 30 Werke. Ebenfalls vielfach mit Namen, die jedoch meist nicht von Haydn stammen. Verfeinerung der thematischen Arbeit.

Nr. 45 *Abschiedssinfonie,* fis-Moll (1772), bei der im Finale ein Musiker nach dem anderen während des Spiels davongeht – scherzhafte Anspielung Haydns auf einen vom Fürsten Esterházy zu gewährenden Urlaub für die 16 Orchestermitglieder.

Nr. 48 *Maria Theresia,* C-Dur (1772), für einen Besuch der Kaiserin bestimmt.

Nr. 55 *Der Schulmeister,* Es-Dur (1774), vielleicht auf den etwas «schulmeisterlichen» Beginn anspielend.

Nr. 60 *Der Zerstreute (Il distratto),* C-Dur (1775), sechs Teile, weil ursprünglich Zwischenaktmusik zu einem Lustspiel gleichen Namens.

Nr. 73 *Die Jagd,* D-Dur (1781), der Name spielt auf die Jagdthematik des Finales an.

Dritte Gruppe (etwa 1781–1788): darunter die für Paris bestimmten Pariser Sinfonien. Abermals mit – teilweise unerklärbaren – Namen behaftet. Thematische Arbeit verstärkt sich, die Sätze bekommen mehr und mehr Eigengewicht, sind großräumiger, auch die Instrumentierung wandelt sich.

Nr. 82 *Der Bär,* C-Dur (1786), benannt nach den brummenden Bässen des Finales; 1. Pariser Sinfonie.

Nr. 83 *Das Huhn,* g-Moll (1786), 2. Pariser Sinfonie.

Nr. 84 Es-Dur (1786), 3. Pariser Sinfonie.

Nr. 85 *Die Königin,* B-Dur (1786), benannt nach der französischen Königin Marie Antoinette, deren Lieblingssinfonie das Werk war; 4. Pariser Sinfonie.

Nr. 86 D-Dur (1786), 5. Pariser Sinfonie.

Nr. 87 A-Dur (1786), mit konzertantem Adagio; 6. Pariser Sinfonie.

Vierte Gruppe (1789–1795): darunter die zwölf Londoner Sinfonien (Nr. 93 bis 104), bestimmt für die von Haydn geleiteten Sinfoniekonzerte in London. Letzte Verfeinerung und Verdichtung der thematisch-motivischen Arbeit, Einflüsse von Mozart in der sangbaren Thematik, daher auch Klarinetten in den letzten Werken. Darunter:

Nr. 88 G-Dur (1786), mit Variationen-Adagio.

Nr. 92 *Oxfordsinfonie,* G-Dur (1788), so benannt, weil bei der Verleihung des Ehrendoktorats an Haydn in Oxford gespielt. Sätze: Adagio / Allegro spirituoso – Adagio – Menuetto – Presto.

Die Londoner Sinfonien werden nicht überall gleichmäßig beziffert. Im folgenden daher die Ziffern des Gesamtverzeichnisses.

Nr. 93 D-Dur (1791), Sätze: Adagio / Allegro assai – Largo cantabile – Menuetto – Presto ma non troppo. Allbekannter langsamer Satz.

Nr. 94 *Mit dem Paukenschlag,* G-Dur (1791), benannt nach dem heftigen Paukenschlag im Andante, mit dem Haydn angeblich die eingeschlafenen Hörer wecken wollte. Adagio cantabile / Vivace assai – Andante – Menuetto – Allegro di molto.

Nr. 95 c-Moll (1791), bei Haydn seltene Tonart, thematisch-motivisch und kontrapunktisch. Allegro moderato – Andante cantabile – Menuetto – Vivace.

Nr. 96 D-Dur (1792): Adagio / Allegro – Andante – Menuetto – Vivace assai.

Nr. 97 C-Dur (1792): Adagio / Vivace – Adagio ma non troppo – Menuetto – Presto assai.

Nr. 98 B-Dur (1792: Adagio / Allegro – Adagio cantabile – Menuetto – Presto.

Nr. 99 Es-Dur (1793): Adagio / Vivace assai – Adagio – Menuetto – Vivace.
Nr. 100 *Militär-Sinfonie,* G-Dur (1794), mit einem «Radetzkymarsch-Motiv». Adagio / Allegro – Allegretto – Menuetto – Presto.
Nr. 101 *Die Uhr* oder *Die Glocke,* D-Dur (1794), nach dem starr festgehaltenen Verlauf des Andante benannt. Adagio / Presto – Andante – Menuetto – Vivace.
Nr. 102 B-Dur (1795), längste Sinfonie Haydns. Largo / Allegro vivace – Adagio – Menuetto – Presto.
Nr. 103 *Mit dem Paukenwirbel,* Es-Dur (1795), benannt nach dem Beginn. Adagio / Allegro con spirito – Andante – Menuetto – Allegro con spirito.
Nr. 104 *Der Dudelsack,* D-Dur (1795), benannt nach dem Finale. Scheinbar Nebentöne und Nebenmotive spielen in der Durchführung die entscheidende Rolle. Adagio / Allegro – Andante – Menuetto – Allegro spirituoso.
STREICHQUARTETTE
83 Streichquartette. An ihnen läßt sich Haydns künstlerische Entwicklung am deutlichsten ablesen.
Werk 1 und 2 (je sechs Streichquartette) sind suitenartige, drei- bis fünfsätzige Serenaden: langsamer Satz in der Mitte, umrahmt von zwei Menuetten, dazu zwei schnelle Außensätze (Ausnahmen: Werk 1, Nr. 3, Werk 2, Nr. 6 und das dreisätzige Werk 1, Nr. 5); heitere *Cassationen* (ursprünglicher Titel).
Werk 3 (sechs Streichquartette) hat weniger Sätze: viermal je vier, einmal drei und zweimal zwei; die Innenform wird ausgebaut, das Motiv wichtiger als das Thema.
Werk 9 (sechs Streichquartette, um 1769) hat die Viersätzigkeit als Regel: Allegro / Menuett / Langsamer Satz / Allegro; Kopfsätze kompositorisch ausgebaut, langsame Sätze vielfach empfindsam, erste Geige oft «konzertierend» (für Haydns Geiger Tomasini).
Werk 17 (sechs Streichquartette, 1770/71), ähnlich wie Werk 9, doch erweiterte Durchführungen, verstärktes Gewicht der Schlußsätze.
Werk 20 (sechs Streichquartette, 1772), nach dem Titelblatt der ersten Ausgabe «Sonnen-», nach der häufig fugierten Arbeit auch «Fugenquartette» genannt; zu verdichteter Durchführungsarbeit tritt die Verwendung der Fuge (bis zu vier «Subjekten»), langsamer Satz tritt mehrfach an die zweite, das Menuett an die dritte Stelle, das Cello wird selbständiger behandelt.
Werk 33 (sechs Streichquartette, 1781), *Russische Quartette* wegen der Widmung an den Großfürsten Paul, auch als «Gli scherzi» bezeichnet, weil Haydn die Menuettsätze so nennt, auch als *Jungfernquartette* bekannt nach einem frühen Titelblatt; nach Haydns Worten «auf eine neue ganz besondere Art» vertont, nämlich vor allem durch Verlagerung der Durchführungstechnik von den Themen zu den Motiven (oft scheinbaren Nebenmotiven), dann durch das Ineinandergreifen der Motive (der sogenannten Engführung ähnlich), ferner wirkt die Durchführungstechnik auch auf die Themenaufstellung der Kopfsätze; das dritte Quartett der Reihe heißt nach den Nachahmungen des Vogelschlags und des Kuckucksrufs *Vogelquartett.*
Werk 50 (sechs Streichquartette, Mitte der achtziger Jahre), nach der Widmung an Friedrich Wilhelm II. *Preußische Quartette;* Ausbau des bisher Geschaffenen, Verdichtung des Stoffes, Formvergrößerung, Vertiefung in Einzelmotive, Mozart-Einflüsse in Melodie und Klang.
Werk 54 und 55 (je drei Streichquartette); Werk 64 (sechs Streichquartette 1789/90), dem geigespielenden Tuchhändler Tost gewidmet, daher *Tostsche Quartette,* Rede und Wechselrede der vier Instrumente über *ein* Thema, die erste Geige kaum merklich bevorzugt (Huldigung an Tost); Nr. 5 aus Werk 64 *Lerchenquartett* wegen der hohen Geigenmelodie im Kopfsatz.
Werk 71 und 74 (je drei Streichquartette, 1793), *Apponyi-Quartett,* vielfach sinfonische Klangwirkung, ohne den Boden echter Kammermusik zu verlassen.
Werk 76 (sechs Streichquartette, 1797ff) ist zwar wiederum eine «Gruppe», doch hat erstmals jedes Werk seinen eigenen Charakter; Auflockerung nach Formgehalt, Vielfalt der verwendeten Formen (Variation, Fantasie usw.), gleitende Zeitmaße, «sinfonisch» wirkende Polyphonie, häufiges Hinüberschwingen von

Moll zu Dur; Nr. 2 heißt nach dem Kopfthema *Quintenquartett,* Nr. 3 ist das *Kaiserquartett,* so genannt nach den Variationen über Haydns Melodie *Gott erhalte Franz den Kaiser* (auch Melodie des Deutschlandliedes; s. a. Nationalhymnen).
Werk 77 (zwei Streichquartette, 1799), Krönung des Quartettschaffens; der zuvor schon auftauchende Einfall, die Unterterztonart als Gegensatz zu verwenden (wie in der Romantik), zeigt sich in beiden Werken; das erste wird nach dem nickenden Kopfmotiv «Komplimentierquartett» genannt.

KLAVIERWERKE

Sonaten: etwa fünfzig. Zweckmäßig zu unterscheiden nach der Entstehungszeit. Opuszahlen nicht vorhanden. Die Sonaten bis etwa 1770 muten meist wie Suiten an: Sätze vielfach in der gleichen Tonart, tanzartig. Unter dem Einfluß C. Ph. E. Bachs werden die Durchführungen spannungsreicher, das zweite Thema wird lyrischer, deutlicher geprägt. Die Sonaten der siebziger Jahre offenbaren «Sturm und Drang» (c-Moll und cis-Moll) und das Suchen nach gebändigterem Ausdruck. Das nächste Jahrzehnt steht im Zeichen ruhigen Werdens, in dem auch Mozarts Einfluß spürbar wird. Zierlich die drei der Prinzessin Esterházy gewidmeten kontrapunktisch ziselierten Sonaten des Jahres 1784; die übrigen fünf Sonaten der achtziger Jahre halten ausgewogenes Mittelmaß. Erfüllung bedeuten die Sonaten der neunziger Jahre: Themenfassung und geballte Durchführung zeigen Verwandtschaft mit Beethoven (Sonate in Es-Dur), tragen aber auch schon romantische Züge, die auf Schubert hindeuten. Romantik auch in dem Andante varié f-Moll von 1793 mit seinem Gegensatzpaar von Rhythmus und Phantasie. Hervorzuheben die dramatische C-Dur-Fantasie von 1789 (Rondo) und das G-Dur-Capriccio des gleichen Jahres (abermals rondoartig).

KAMMERMUSIK FÜR
VERSCHIEDENE BESETZUNG

11 Sonaten für Klavier und Geige (Flöte), Bearbeitung anderer Kompositionen oder «Klaviersonaten», bei denen die Geige (Flöte) im wesentlichen nur die Melodiestimme mitspielt.
41 Klaviertrios: Frühwerke ähnlich unselbständig in den Streichern, nicht sonaten-, sondern suitenähnlich. In den letzten anderthalb Jahrzehnten vor der Jahrhundertwende Stücke, bei denen die Streichinstrumente dem Klavier ebenbürtig werden und die einzelnen Sätze thematisch fester gebaut sind.
21 Streichtrios (zwei Violinen und Cello): Die frühen als Versuche im Suitencharakter; dieser bleibt später erhalten (Form vielfach langsam–schnell–Menuett), Aussage verdichtet.
6 Sonaten für Geige und Bratsche (nach 1770 entstanden), vorherrschend die Behandlung der Geige.
125 Trios für Baryton, Bratsche und Cello (etwa zwischen 1762 und 1775), geschrieben für den Barytonspieler Fürst Nikolaus Esterházy, formal den Streichtrios nahestehend, heute so gut wie unaufführbar, weil der Baryton (sechs- bis siebensaitiges, der Gambe ähnliches Streichinstrument mit etwa einem Dutzend mitschwingender Saiten unter dem Griffbrett) nur in Instrumentensammlungen anzutreffen ist.
Divertimenti für verschiedene Instrumente (so von Haydn selbst bezeichnet), zahlreiche Stücke aus verschiedenen Lebensabschnitten mit unterschiedlichen Besetzungen wie Horn, Geige, Cello, je zwei Geigen, Englischhörner, Fagotte, Hörner / je zwei Oboen, Klarinetten, Fagotte, Hörner usw. Vielfach in Variationenform geschrieben.

SOLOKONZERTE

Obwohl Haydn rund fünfzig Konzerte geschrieben hat (darunter zwanzig für Klavier, neun für Geige, sechs für Cello; Echtheit einiger Konzerte bestritten), haben sich nur wenige erhalten, vor allem das D-Dur-Konzert für Klavier und das Cellokonzert in gleicher Tonart.

VOKALWERKE

Haydns Bedeutung als Liederkomponist ist vergleichsweise gering. Er hinterließ etwa 30 Lieder mit Klavier (meist volkstümlich und dem Singspiellied verwandt), Lieder für mehrere Stimmen mit Klavier, einige hundert Bearbeitungen britischer Volkslieder (mit Geige und Klavier), *Canzonettas and songs* – lebendig geblieben ist bis heute nur *Gott*

erhalte Franz den Kaiser (s. a. Absatz Streichquartette).
Die geistlichen Arien, Motetten, Kantaten (auch weltliche), Offertorien, die zwei Tedeumwerke, das Stabat mater gelten heute vielfach als Randerscheinungen, trotz hoher Schönheiten. Von den Messen – zum Teil dem Gottesdienst angepaßte Missae breves (knapp in Form und Besetzung), zum Teil Missae solemnes (stark besetzt, von hohem künstlerischen Wert, mit Chor, Soli, Soloquartett, Orchester) – sind einzelne bekannt geblieben oder neu entdeckt worden; die meisten haben eigene Bezeichnungen wie Mariazeller, Cäcilien-, Nikolaus-, Theresien-, Pauken-, Nelson-, Schöpfungs-, Harmoniemesse.
Die sieben Worte des Erlösers am Kreuz (1785; Auftrag der spanischen Stadt Cádiz), ursprünglich sieben Stücke für Orchester, jedes eingeleitet durch Baßrezitativ, vom Komponisten später für Streicher umgearbeitet, dann nochmals für Soli, Chor und Orchester.
ORATORIEN
Die Schöpfung (1798), eines der bedeutendsten Werke der Oratoriengeschichte, erwachsen aus empfindsamer Gottesverehrung des 18. Jahrhunderts und sorgsam beobachtender Naturnähe. Melodik und Chorbehandlung weisen auf die Oratorien Händels (für den der von Lindley nach Milton geformte Text ursprünglich bestimmt war), von dessen Stil sich das Werk jedoch durch die dramatisch-sinfonische Orchesterbehandlung (Ouvertüre) entfernt. Die Erzähler (drei Erzengel) berichten von der Schöpfung und vom Paradies, Soli und Chöre geben Stimmungen und Betrachtungen; Tonmalerei zuweilen nur durch bestimmte Instrumente angedeutet.
Die Jahreszeiten (1801), Bearbeitung englischer Texte durch G. van Swieten, idyllisch und derb, wie es die bildhafte Situation erfordert, heitere Tonmalereien (Vogelstimmen, pfeifender Landmann, Jahrmarktstanz) und sinfonische Größe (Zwischenstücke des Orchesters, Gewitter), ausdrucksstarke Einzelgesänge *(Hier steht der Wandrer nur)* und mächtige Chöre. Kein Oratorium im herkömmlichen Sinne, weil ohne Handlung.
Die Heimkehr des Tobias (1774/75), fesselnde Ouvertüre, zeitbedingte Koloraturarien.
OPERN
Von den über 20 erhaltenen Opern Haydns hört man heute wieder die eine oder andere. Sie waren für die Verhältnisse in Eisenstadt bestimmt, lassen sich mit Erfolg heute auf Kammerbühnen aufführen und können (müssen nicht) zu diesem Zweck aus dem Italienischen übersetzt werden. Zahllose Kostbarkeiten feiner Charakterisierungskunst. In Deutschland vor allem bekannt:
Der Apotheker (*Lo speciale,* 1768, nach Goldoni). Mit Hilfe zweier Notare wird der reisewütige Apotheker um sein reizendes Mündel gebracht.
Die Welt auf dem Monde (*Il mondo della luna,* 1777, nach Goldoni). Ein geiziger Vater wird überlistet und muß seine Tochter widerwillig verheiraten.
Ritter Roland (*Orlando paladino,* 1782) gibt sich heroisch mit unorganisch eingefügten komischen Partien, charakterisierende Kleinarbeit (berühmt die *Musikarie* als witzige Einführung in die musikalische Satztechnik). Ferner, in den letzten Jahren auch an Festspielplätzen wiederaufgeführt, die Opern: *Philemon und Baucis, L'infedelta delusa, Le Pescatrici, L'anima del filosofo (= Orfeo et Euridice).*
LITERATUR: Biographien von C. F. Pohl (2 Bde., 1878 und 1882), von H. Botstiber (1927 mit 3 Bd. beendet), K. Geiringer (dt. 1932, engl. 1946), L. Nowak (^{2}1959), P. H. Lang (New York 1966).

Haydn, Michael, * Rohrau (Niederösterreich) 14. (15.) Sept. 1737, † Salzburg 10. Aug. 1806, Österreicher, löste seinen Bruder Joseph als Chorknabe in Wien ab, mit zwanzig Jahren bischöflicher Orchesterleiter, später Konzertmeister und Domorganist in Salzburg, also Kollege von Mozart (Vater und Sohn). Kurze Zeit Lehrer von Weber und Diabelli. Schrieb zahlreiche Instrumentalwerke, darunter Orgel- und Trompetenkonzerte sowie Streichquartette (eine seiner 46 Sinfonien wurde lange als von Mozart, andere als von Joseph Haydn stammend betrachtet), in der Hauptsache kirchliche Kompositionen; 32 lateinische und 8 deutsche Messen, 45 Offertorien, 117

Gradualien, 2 Requiems und 27 Responsorien für die Karwoche, Vespern, Litaneien, Oratorien, Opern, Kantaten. Beachtenswert: eine der Deutschen Messen über Liedertexte, erstmals Männerchöre a cappella.

Hegar, Friedrich, * Basel 11. Okt. 1841, † Zürich 2. Juni 1927, Schweizer, stammt aus einer musikalischen Familie skandinavischer Herkunft, studierte in Leipzig, wirkte vorwiegend in Zürich als Dirigent von Orchestern, Gesangvereinen, Opern und als Streichquartettführer. Bedeutende Chorschöpfungen: Oratorium *Manasse* (1888, Text von J. V. Widmann), Männerchöre *Das Herz von Douglas, Rudolf von Werdenberg, Schlafwandel, Totenvolk.*

Heger, Robert, * Straßburg (Elsaß) 19. Aug. 1886, studierte u.a. bei Schillings, Kapellmeister in Straßburg, Wuppertal, Wien, München, Berlin, Kassel, 1950 bis 1954 Präsident der Musikhochschule in München, als Komponist der neuromantischen Richtung zugetan, schrieb Sinfonien und andere Orchesterwerke (*Variationen und Fuge über ein barockes Thema,* auch für 2 Klaviere; *Passacaglia und Fuge über eine Zwölftonreihe,* 1949), Violinkonzert, Kammermusik, Klavierwerke; das sinfonische Drama *Hero und Leander* (1908), die Opern *Ein Fest zu Haderslev* (nach Storm, 1919, neu 1943), *Bettler Namenlos* (1932), *Der verlorene Sohn* (1936), *Lady Hamilton* (1939, neu 1950), Texte vom Komponisten.

Heider, Werner, * Fürth 1. Jan. 1930, studierte in Nürnberg und München, lebt in Erlangen, schrieb u.a. *Glimpses of night* für Sopran, Klavier und Orchester, *Dialog I* für Klarinette und Klavier, *Inventio II* für Klarinette, *Choreographie* für Klarinette und Jazzband, *Konflikte* für Schlagzeugensemble und Orchester, *Modelle* (Ballett) für Orchester.

Heiller, Anton, * Wien 15. Sept. 1923, Österreicher, studierte in seiner Vaterstadt, leitet seit 1945 eine Orgelklasse an der Musikadademie ebenda. Wesentlicher Vertreter der neueren katholischen Kirchenmusik, schrieb u.a. Konzerte, Sonaten, Partiten für Orgel, Tokkata für 2 Klaviere (1945), Chorwerke a cappella und mit Begleitung: *Tragische Geschichte* (1951, nach Chamisso), *Psalmenkantate* (1955), *François Villon* (1956, Rundfunkauftrag), *Tentatio Jesu* (1956, Auftrag der UNESCO), Choralmotetten, Messen (lydisch und mixolydisch), *Kleine Messe über Zwölftonmodelle,* Johanniskantate *In principio erat Verbum* für Tenor, gemischten Chor, Orgel und Orchester (1965).

Heinichen, Johann David, * Krößuln (heute Krauschwitz-Krößuln) 17. Apr. 1683, † Dresden 16. Juli 1729, Thomasschüler und Rechtsstudent in Leipzig, zunächst Advokat in Weißenfels, nach Leipziger Opernerfolgen Italien-Stipendiat (Venedig 1710–1716), 1717 bis zu seinem Tode Hofkapellmeister in Dresden; schrieb Opern, szenische Serenaden, weltliche Kantaten, geistliche Oratorien, Messen und Motetten, Orchestersuiten, Kammersonaten, Solokonzerte, ferner eine vielbenutzte Tonsatzlehre *Der Generalbaß in der Composition* (1728).

Heinrich von Meißen siehe Frauenlob.

Heise, Peter Arnold, * Kopenhagen 11. Febr. 1830, † Stokkerup 12. Sept. 1879, Däne, Schüler von A. P. Berggreen, studierte dann in Leipzig und Italien. Chorschöpfungen, Schauspielmusik; noch heute aufgeführt als nahezu einzige dänische historische Oper *König und Marschall* (1878, Text von H. Hertz). Sein beachtliches Liedwerk (z. T. aus Schauspielmusiken übernommen) steht in der Nachfolge Schumanns.

Heiß, Hermann, Pseudonym Georg Frauenfelder, * Darmstadt 29. Dez. 1897, † ebenda 5. Dez. 1966, studierte nach dem Ersten Weltkrieg in Frankfurt am Main u.a. bei B. Sekles, ging 1923 als Schüler und Mitarbeiter von J. M. Hauer nach Wien, war vorübergehend auch in Berlin bei A. Schönberg. Wirkte 1928 bis 1933 bei der Freien Schulgemeinde auf Spiekeroog. Während des Krieges Theorielehrer in Frankfurt an der Heeresmusikschule. Nach dem Kriege Lehrer

an der Darmstädter Akademie und bei den Kranichsteiner internationalen Ferienkursen für Neue Musik, wo er seit 1955 ein «Studio für elektronische Komposition» leitet.
Die meisten Frühwerke von Heiß gingen im Kriege verloren. Eine Klavierkomposition von 1926 *(Komposition E-Fis-D)* interessierte Schönberg. Zu seiner «peritonalen» (alle tönenden Möglichkeiten umfassenden) Tonbewegungslehre führt er u.a. aus: »Instrumentaler und vokaler Satz sind klar geschieden; nach der Epoche der instrumentalbedingten, dogmatischen Zwölftonmusik öffnen sich in der Möglichkeit einer sinnvollen Handhabung der Veränderungsgrade und die Bewegungskapazität von Ton, Klang (Farbe), Rhythmus, Zeitsatz, Stärke und Höhe neue Aspekte für eine freie Kompositionsweise, die ihre Bindung in der Hörbarkeit findet und ihre Form aus der Bewegung gewinnt, in ihrem Ursprung unthematisch ist, jedoch ein Kontinuum bilden kann für die Ausgliederung von Thematik» (*Elemente der musikalischen Komposition,* 1949). Das Weiterschreiten zu elektronischer Kompositionsweise ergab sich zwangsläufig.
Werkauswahl (seit 1945): *Requiem* (1947) für Sopran, Alt, Streichquintett (Texte Frauenfelder, Rückert), Kammer- und Klavierlieder (u.a. nach Benn, Kafka, Kästner, Morgenstern und eigenen Texten), A-cappella-Chöre nach Angelus Silesius, Hörspielmusiken (u.a. zu *Träume* von G. Eich), Ballettmusiken, *Sinfonia atematica* (1950), *Sinfonia giocosa* (1954), *Die glorreiche Unterlassung des Fliegerhauptmanns K.* für Sprecher und *Klangschlagorchester* (1956), *Capricci ritmici* für Klavier, *Modi* für Flöte, *Modi I und II für Klavier, Configurationen I und II für Orchester nach Bildtiteln von Paul Klee* (1957; 1959), *Elektronische Messe für Kloster Neuburg* (1964), *Variable Musik für 4 Magnetophone* (1966).

Heller, Stephen, *Budapest 15. Mai 1813, †Paris 14. Jan. 1888, Ungar, als pianistisches Wunderkind vom Vater auf Konzertreisen überanstrengt, seit 1830 in Augsburg, seit 1838 in Paris. Schrieb ausschließlich Klavierwerke, meist kleinen Umfangs, die an Schumann erinnern, von einem träumerischen Eigenstil, auch vielgespielte Etüdenzyklen.

Hellmesberger, Joseph, *Wien 9. Apr. 1855, †ebenda 26. Apr. 1907, Österreicher, «der Jüngere» genannt, zur Unterscheidung von seinem Vater Joseph H. (1828–1893), hervorragender Geiger mit eigenem Streichquartett, verdienstvoller Dirigent der «Gesellschaftskonzerte», führte die Streichquartettvereinigung seines Vaters fort, war Konservatoriumsprofessor, Leiter des Wiener Hofopernballetts, Hofkapellmeister. Schrieb zahlreiche, einst beliebte Tänze und Lieder, Ballettmusiken (*Meißner Porzellan,* 1890) und Operetten (*Das Veilchenmädel,* 1904; *Wien bei Nacht,* 1904).

Helm, Everett, *Minneapolis 17. Juli 1913, Nordamerikaner, Musikologe und Komponist, studierte Musikwissenschaft bei A. Einstein, Komposition bei Malipiero, Vaughan Williams, Milhaud, lehrte während des Krieges in Ohio, war nach dem Kriege Abteilungsleiter für Musik bei der amerikanischen Besatzungsbehörde in Hessen, lebt seit 1949 in Italien; schrieb gemäßigt moderne Orchester- und Kammermusik, 2 Klavierkonzerte, eine Funkoper, ein Kammerballett, *Three gospel hymns* für Orchester, Konzert für Kontrabaß und Streichorchester (1968); eine Bartók-Monographie (1966).

Henkemans, Hans, *Den Haag 23. Dez. 1913, Holländer, nach dem Medizinstudium als Konzertpianist tätig, Kompositionsschüler von Willem Pijper, schrieb u. a. Konzerte für Klavier, Violine, Bratsche, Flöte, Harfe, Kammer- und Klaviermusik, Chorwerke, Lieder.

Henneberg, Albert, *Stockholm 27. März 1901, Schwede, Sohn des deutschen, nach Schweden ausgewanderten Dirigenten und Bühnenkomponisten Richard Henneberg (1853–1925; erste schwedische «Tannhäuser»- und «Ring»-Aufführungen), Staatsstipendiat in Wien und Paris; schrieb Sinfonien, Konzerte für Violine, Klavier, Chöre, Lieder,

Opern (u.a. *Inka,* 1937, Text von F. Tutenberg).

Henze, Hans Werner, * Gütersloh 1. Juli 1926, studierte in Braunschweig, war (nach Militärdienst und kurzer englischer Kriegsgefangenschaft 1944/45) Korrepetitor in Bielefeld, studierte darauf bei Fortner in Heidelberg und bei Leibowitz (Zwölfton) in Paris. 1948–1952 Ballettdirigent in Konstanz und am Wiesbadener Staatstheater. Seither ansässig in Italien (zunächst Ischia/Neapel, dann Rom); tätig als freischaffender Künstler und Dirigent seiner Werke an allen bedeutenden Plätzen Europas, seit 1960 Kompositionsprofessor, seit 1980 an der Musikhochschule Rheinland in Köln.
Vielfacher Preisträger, Ehrenmitglied der Kunstakademie in Rom, München und Berlin.
Henze, auf allen Gebieten des musikalischen Schaffens äußerst empfänglich für feinste Klangmöglichkeiten, schreibt in schneller Folge. Das verleiht seinen Kompositionen einen Zug von Frische. Mag zuweilen auch die Konzentration auf das Formale zurückstehen, klingen in jedem Werk (besonders in den späteren) Stellen auf, die erkennen lassen, daß der Systematiker Fortner, das Studium der Werke von Hindemith und Strawinski, von Schönberg und Webern das Handwerkliche in Henze geschult haben. Doch scheint es ihm vor allem um das Musizieren zu gehen, nicht um grüblerische Problematik. Das zeigt sich auch darin, daß er – dem einen zum Verdruß, dem anderen zur Freude – häufig verschiedenartige Stilelemente mischt, wenn ihm das zu schaffende Werk solches klangmäßig abverlangt. Bereits jetzt könnte man bei dem erfolgreichen Komponisten drei verschiedene Schaffensperioden feststellen: die unbekümmerte Spielfreude der Frühzeit (bis etwa 1947), das Hineinwachsen in das Zwölftonsystem, die Übernahme italienischer Kantabilität (mitbedingt durch seine 1952 erfolgte Übersiedlung nach Italien), die pantonale, quasi neoimpressionistische Synthese und erhöhte Durchhörbarkeit bei gleichzeitiger Schärfung der humanitären Akzente der gewählten dichterischen Vorwürfe (insbesondere in seiner Zusammenarbeit mit der Lyrikerin Ingeborg Bachmann). Wesentlich dürfte sein, daß Henze nicht geneigt ist, sich auf «Richtungen» festzulegen, hellhörig für verästelte Rhythmen, für Spalt- und Mischklänge, für harmonische Farben wie für charakteristische Geräusche, für drängende Motorik wie verhaltene Kantabilität, für kühl objektivierende Beobachtung wie für subjektives Mitempfinden.

BÜHNENWERKE

Opern: Das Wundertheater, Einakter nach Cervantes, 1948 für Schauspieler, Neufassung 1964 für Sänger; *Ein Landarzt,* Funkoper nach Kafka, 1951, Neufassung 1964 für Kammertheater; *Boulevard Solitude,* lyrisches Drama (Manon Lescaut, in die Moderne versetzt) für Sänger, Schauspieler, Tänzer (Text und Szenar von Grete Weil und Walter Jockisch), 1951; *Das Ende einer Welt,* Funkoper nach Wolfgang Hildesheimer, 1953 (Bühnenfassung 1964); *König Hirsch,* Märchenoper nach Gozzi (Libretto H. v. Cramer), 1952–1955 (reduzierte Fassung *Il re cervo,* 1962); *Der Prinz von Homburg,* nach Kleist, 1958; *Elegie für junge Liebende,* Libretto Auden / Kallman, 1959–1961; *Der junge Lord,* komische Oper, Libretto I. Bachmann (nach W. Hauff), 1965; *Die Bassariden,* Opera seria (mit Intermezzo *Das Urteil der Calliope),* Libretto Auden / Kallman (nach Euripides' «Bacchantinnen»), 1965/66, *La cubana* (Vaudeville, Libretto H. M. Enzensberger, 1975), *Wir erreichen den Fluß* (Aktion für Musik, Text E. Bond, 1977), *Die englische Katze* (Text E. Bond, 1981). – Schauspielmusiken 1964 zu Aristophanes («Der Frieden») und 1962 zu de Musset («Les caprices de Marianne»).

Ballette: Ballett-Variationen, 1949; *Jack Pudding,* 1949; *Rosa Silber,* 1950; *Labyrinth,* 1951; *Die schlafende Prinzessin* (nach Tschaikowski), 1951; *Der Idiot* (nach Dostojewski), 1952; *Pas d'action,* 1952; *Danza di Maratona,* 1956 (Libretto L. Visconti); *Undine,* 1956/57 (Libretto F. Ashton, nach Fouqué); *Des Kaisers Nachtigall,* 1959 (Libretto G. di Majo, nach Andersen), *Tancredi e Cantilena,* 1964 (nach Pas d'action, 1952) *Tristan* (1979).

SINFONIEN UND ORCHESTERWERKE
Erste Sinfonie, 1947 (Neufassung 1963); Zweite Sinfonie, 1949; Dritte Sinfonie, 1949/50; Sinfonische Variationen, 1950; Vierte Sinfonie, 1955; *Quattro Poemi,* 1955; Sonata per Archi, 1957/58; Drei Dithyramben, 1958; *Antifone,* 1960; Fünfte Sinfonie, 1962; Orchesterfantasie *Los Caprichos,* 1963; Drei Orchesteretüden 1955–1964; *In Memoriam: Die Weiße Rose,* 1965. Telemaniano, 1967; Fantasia für Streicher, 1967; Sechste Sinfonie für zwei Kammerorchester (1969). Außerdem schrieb Hans Werner Henze Suiten, Divertissements und Intermezzi aus Balletten und Opern.
SOLOKONZERTE UND SOLOKANTATEN
Kammerkonzert für Klavier, Flöte und Streicher, 1946; Violinkonzert, 1947; Concertino für Klavier und Blasorchester mit Schlagzeug, 1947; *Whispers from heavenly death,* nach W. Whitman, für Sopran oder Tenor und acht Instrumente, 1948; *Der Vorwurf,* nach F. Werfel, für Bariton, Trompete, Posaunen und Streicher, 1948; *Apollo et Hyazinthus,* nach G. Trakl, für Cembalo, Alt und acht Instrumente, 1949; Klavierkonzert, 1950; *Ode an den Westwind,* über das Gedicht von P. B. Shelley, für Violoncello und Orchester, 1953; *Concerto per il Marigny,* für Klavier und sieben Instrumente, 1956; Fünf neapolitanische Lieder, für mittlere Stimme und Kammerorchester, 1956; Nachstücke und Arien, nach I. Bachmann, für Sopran und Orchester, 1957; *In lieblicher Bläue,* nach F. Hölderlin, für Tenor, Gitarre und acht Instrumente, 1958; *Being beauteous,* nach A. Rimbaud, für Koloratursopran. Harfe und vier Violoncelli, 1963; Doppelkonzert für Oboe, Harfe u. Streicher, 1966; 2. Klavierkonzert, 1968; *Versuch über Schweine* für Sprechsingstimme und Kammerorchester (Text von Gaston Salvatore), 1969; *El Cimarrón,* Kantate für Bariton und Soloinstrumente (Text von Esteban Montíjo, 1970); *Compases* für Viola und 22 Spieler (1972); *Barcarola* (1980); *El Rey de Harlem* für mittlere Singstimme und 8 Instrumente (nach G. Lorca, 1980).
CHORWERKE
Fünf Madrigale, nach F. Villon, für Kammerchor und elf Instrumente, 1947; Chor gefangener Trojer, nach Goethe: «Faust II», für gemischten Chor und Orchester, 1948 (revidiert 1964); *Wiegenlied der Mutter Gottes,* nach de Vega, für Knabenchor und neun Instrumente, 1948; *Novae de infinito laudes,* nach Giordano Bruno, für Vokalsoloquartett, gemischten Chor und Orchester, 1962; *Cantata delle fiaba estrema,* nach Elsa Morante, für Kammerchor und -orchester, 1963; Chorfantasie, auf fünf «Lieder von einer Insel», von I. Bachmann, für Kammerchor und Posaune, zwei Violoncelli, Kontrabaß, Portativ, Schlagwerk, Pauken, 1964; *Die Musen Siziliens* für Chor, Bläser, 2 Klaviere, 1966 (zur 175-Jahr-Feier der Berliner Singakademie); *Das Floß der Medusa,* Oratorium für Soli, Chor, Orchester (1968).
KAMMER- UND KLAVIERMUSIK
Duosonate für Violine und Klavier, 1946; 1. Streichquartett, 1947; Kammersonate für Klavier, Violine, Violoncello, 1948 (revidiert 1963); Klaviervariationen, op. 13, 1949; Serenade für Violoncello, 1949; 2. Streichquartett, 1952; Bläserquintett, 1952; Klaviersonate, 1969; Six absences pour le clavecin, 1961; Adagio für Streichquintett, Klarinette, Horn, Fagott, 1963; *Lucy Escott variations,* für Cembalo oder Klavier, 1963; Divertimenti für zwei Klaviere, 1964. Ferner *Drei Tentos* für (Singstimme und) Gitarre, aus der Kammerkantate *In lieblicher Bläue (Kammermusik 1958),* eingerichtet von Julian Bream.
SCHRIFTEN: H. W. Henze: *Essays,* Werkeinführungen und Vorträge 1952 bis 1962 (1964); *Undine,* Tagebuch eines Balletts (1959); *Musik und Politik,* Schriften und Gespräche (1976); *Zwischen den Kulturen,* Neue Aspekte der musikal. Aesthetik (Herausgeber, 1979).

Hérold, [Louis Joseph] Ferdinand, * Paris 28. Jan. 1791, † ebenda 19. Jan. 1833, Franzose, Kompositionsschüler von Méhul, gewann den Rom-Preis, später Mitarbeiter von Boieldieu, berühmter Pianist; schnell, doch sorgsam schreibender Komponist mit besonderer Begabung für die Bühne: *Moses in Ägypten* (1822), *Das Zauberglöckchen*

(1817), *Die Maultiertreiber* (1823), *Marie* (1826), *Zampa oder Die Marmorbraut* (1831), *Die Schreiberwiese* (*Le pré-aux-clercs,* 1832; 1871 zum 1000. Male aufgeführt).

Herrmann, Hugo *Ravensburg 19. Apr. 1896, †Stuttgart 7. Sept. 1967, ausgebildet in Stuttgart und Berlin, wirkte an vielen Orten Deutschlands und in den USA als Organist, Lehrer, Pianist, Dirigent, 1935–1962 als Leiter der Städtischen Musikschule in Trossingen. Zahlreiche Werke auf allen Gebieten der Musik zwischen wirkungsbetontem Opernstil (Schreker-Schüler), religiöser Verinnerlichung, volkstümlichem Musizieren und pädagogischen Absichten, u.a. 5 programmatische Sinfonien, sinfonische Dichtungen, Orchesterstücke für verschiedene Orchester wie Streich-, Blas-, Kammer-, Akkordeonorchester, Konzerte für Violine, Akkordeon, Harfe und Akkordeon, Cembalo, Kammermusik (ebenfalls mit Akkordeon), Solostücke für Orgel, Klavier, Hand- und Mundharmonika, Lieder mit Begleitung verschiedener Stimmen, Chorwerke in verschiedener Besetzung und mit verschiedener Begleitung (Choretüden), Musikspiele und Opern (*Vasantasena,* 1930, nach L. Feuchtwanger, *Paracelsus,* 1943, Text M. Sills-Fuchs). – H.-H.-Festschrift (Hg. A. Fett), 1956.

Hervé, Florimond, eigentlich F. Ronger, *Houdain (Pas-de-Calais) 30. Juni 1825, †Paris 3. Nov. 1892, Franzose, Kirchenmusikschüler, später Organist an Saint Eustache, komponierte (unter dem Decknamen Hervé) Operetten, später nur für Bühnen tätig. Glänzender musikalischer Parodist, witziger Rhythmiker. Sein *Don Quichotte und Sancho Pansa* (1848) gilt als erste französische Operette *(musiquette).* Über 80 Operetten und ähnliche Bühnenstücke, darunter – noch heute berühmt – *Mam'zelle Nitouche* (1883). Schrieb auch Messen, Motetten und andere geistliche Werke.

Hespos, Hans-Joachim, *Emden 13. März 1938, Autodidakt, Lehrer, fordert «Fühl/Denk-Ereignisse in voller Erfahrung für diese unsere Welt»; schrieb vornehmlich Kammermusik, Musik zum *Triadischen Ballett* von O. Schlemmer (1977), *conga* für 2 Trommeln, Saxophon und Streicher (1980).

Hessenberg, Kurt, *Frankfurt am Main 17. Aug. 1908, studierte in Leipzig (G. Raphael), seit 1933 Lehrer (1953 Professor) an der Hochschule für Musik in Frankfurt am Main. Schrieb traditionsgebunden formierte, kontrapunktisch inspirierte Orchester- und Vokalmusik, u.a. *Kleine Suite* (1937), Concerto grosso (1939), *Struwwelpeter-Suite* (1953), 3 Sinfonien (1936, 1943, 1954), *Intrada und Variationen über ein Thema von Regnart* (1955), *Orchesterkonzert* (1958), Sinfonietta für Kammerorchester (1959), Konzerte für Cembalo, Klavier, auch 2 Klaviere; Kammermusik (Duos, Trios, 4 Streichquartette), Klavierwerke (auch für Klavichord), Sonaten, Partiten, Tokkaten für Orgel, Lieder (auch mit Orchester), Chorwerke u.a. Weinkantate, Kantate *Fiedellieder* (nach Storm, 1940), Weihnachtskantate nach M. Claudius, 1943, Psalmentriptychon, 1946, *Der cherubinische Wandersmann* (A. Silesius, 1946), *Vom Wesen und Vergehen.* (M. Claudius, 1948), *Struwwelpeter-Kantate* (für Kinderchor und kleines Orchester, 1949), *Weihnachtsgeschichte* (nach R. A. Schröder, 1951), *Die sieben Worte am Kreuz,* Motette für gemischten Chor a cappella (1957), das 4stimmige *Jesus und die Sünderin* (1956); Lieder (*Sieben Leben möcht' ich haben,* 1955).

Heuberger, Richard, *Graz 18. Juni 1850, †Wien 28. Okt. 1914, Österreicher, ursprünglich Ingenieur, leitete seit 1876 u.a. die Wiener Singakademie und war als Konservatoriumslehrer sowie in Nachfolge von Hanslick als Musikkritiker tätig; von seinen Orchester-, Bühnen- und Kammermusikwerken hielten sich einige Operetten, vor allen anderen *Der Opernball* (1898) mit dem Hauptschlager *Komm mit mir ins Chambre séparée.*

Hildegard von Bingen, hl., *Bermersheim bei Alzey 1098, †Kloster Rupertsberg bei Bingen 17. Sept. 1179, Äbtissin, Gründerin und Leiterin des Benediktinerinnenklosters auf dem Rupertsberg bei

Bingen, schrieb außer Erstlingstraktaten zur deutschen Mystik ein geistliches Spiel *Ordo virtutum*, das in der Entwicklungsgeschichte des geistlichen Musikdramas eine hervorragende Stelle einnimmt in der Durchbrechung des choralen Formenkanons; komponierte außerdem zahlreiche Antiphonen, Responsorien, Hymnen und Sequenzen. Eine der frühesten und überragenden tonschöpferisch tätigen Frauengestalten.
LITERATUR: J. Ph. Schmelzeis: Leben und Wirken der hl. H. (1879). Neuausgaben des Ordo und der Lieder.

Hiller, Ferdinand, * Frankfurt am Main 24. Okt. 1811, † Köln 11. Mai 1885, Sohn einer begüterten Familie, sorgfältig ausgebildet (Frankfurt, Weimar), besuchte 1827 noch Beethoven in Wien, war mit allen künstlerischen Größen seiner Zeit befreundet oder gut bekannt (Goethe, Heine, Börne, Balzac, Hugo, Delacroix, Wagner, Liszt, Chopin, Mendelssohn, Schumann, Brahms, Rossini u. a.), hervorragender Pianist, angesehener Dirigent, wirkte in Wien, Paris, Italien, Dresden, Leipzig (vorübergehend Gewandhausdirigent), Düsseldorf, Köln, wo er seit der Gründung dem Konservatorium (1850) und den Gürzenich-Konzerten vorstand; aus seiner Kölner Schule gingen M. Bruch und E. Humperdinck hervor. Orchesterstücke, Konzerte, Kammer- und Klaviermusik, Lieder, Chorwerke (u. a. *Die Zerstörung Jerusalems,* 1840; *Saul,* 1858), Opern (u. a. *Konradin,* 1847), alle Werke auf der Linie von Mendelssohn. – 2 Bde. Briefwechsel, Spiegel großbürgerlicher Musikkultur des 19. Jahrhunderts, erschienen 1958 und 1964 (Hg. R. Sietz).

Hiller, Johann Adam, * Wendisch-Ossig 25. Dez. 1728, † Leipzig 16. Juni 1804, Dresdner Kruzianer, 1789–1801 Leipziger Thomaskantor, Organisator und Initiator musikalischer Vereinigungen, v. a. der Gewandhauskonzerte; verfaßte die erste deutsche Musikzeitung. Von besonderer Bedeutung durch seine Singspiele und in ihrem Einfluß auf die deutsche Spieloper: *Der Teufel ist los* (1766, zweiteilig: *Die verwandelten Weiber* und *Der lustige Schuster*), *Lottchen am Hofe* (1767), *Die Liebe auf dem Lande* (1770), *Der Dorfbarbier* (1770), *Das gerettete Troja* (1777); Texte sämtlich von C. F. Weiße. – Gesangslehrbücher; Violinschule.

Hindemith, Paul, * Hanau am Main 16. Nov. 1895, † Frankfurt am Main 28. Dez. 1963, hessischer und schlesischer Abkunft, 14jährig Schüler des Frankfurter Konservatoriums (Violine bei Rebner, Komposition bei Sekles und A. Mendelssohn), 1915 Konzertmeister des Frankfurter Opernhauses, 1922–1929 Bratscher im Amar-Quartett und Haupt der Donaueschinger Musikherbste bis 1926, 1927 Professor für Komposition an der Berliner Hochschule für Musik, 1935–1937 Mitglied der Kommission für die Musikreorganisation in der Türkei, seine Berliner Tätigkeit mußte er, seit 1934 beurlaubt und in Deutschland mit Aufführungsverbot belegt, obwohl sich u. a. Furtwängler für ihn einsetzte, 1937 aufgeben; ging 1938 zunächst in die Schweiz, 1940 in die Vereinigten Staaten, dort lehrte er bis 1953 an der Yale University in New Haven, 1949/50 auch an der Harvard University; 1951 übernahm er eine Professur an der Universität Zürich, 1953 übersiedelte er ganz in die Schweiz, wohnhaft in Vevey am Genfer See, von wo aus er seit Aufgabe des Universitätsamtes (1957) als Reisedirigent seiner Werke in Europa, Amerika und Asien tätig war.
Hindemiths Kompositionen aus der ersten Schaffenszeit wurden vielfach heftig angefeindet, insbesondere von denjenigen, die nicht erkannten, daß er nicht der Romantik als solcher, sondern dem erstarrten, unechten Romantizismus den Kampf ansagte. In seiner mittleren Schaffenszeit wurde er von allen sachverständigen Kreisen anerkannt. Seine späteren Werke standen wiederum im Feuer der Kritik eines Teils der jüngeren Kompositionsgeneration, weil er «den Fortschritt verraten» habe. Dazu ein Wort des Komponisten selbst (aus der *Unterweisung im Tonsatz*): «Ich habe den Übergang aus konservativer Schulung in die neue Freiheit vielleicht gründlicher erlebt als irgendein anderer. Das Neue mußte durchschritten werden,

sollte seine Erforschung gelingen; daß diese weder harmlos noch ungefährlich war, weiß jeder, der an der Eroberung beteiligt war. Weder wurde die Erkenntnis auf geradem Weg errungen, noch ging es ohne Störungen ab. Heute scheint es mir, als sei das Gebiet übersichtlich geworden, als sei die geheime Sprache der Töne erlauscht. Nicht von den Starrsinnigen, die durch einfaches Verharren in der ihnen gewohnten Unordnung Kraft vortäuschen, auch nicht von dem Tugendbold, der sich gar nicht erst in Versuchung begeben hat.» Diese 1939 geschriebenen Worte werden heute vom größeren Teil der Musikfachwelt bestätigt. Das große Publikum jedoch kämpft (von einigen Werken Hindemiths abgesehen) vielfach noch immer mit der Schwierigkeit, sich in die «geheime Sprache der Töne» der neuen Art einzuhören, obwohl Zwölfton- und Reihentechnik, Atonalität wie elektronische Musik, von denen Hindemith sich praktisch und theoretisch fernhielt, weit schwierigere Anforderungen gestellt haben (siehe Sonderdruck seiner letzten Rede, *Sterbende Gewässer,* vor dem Kapitel der Träger des Friedensordens «Pour le mérite», Juni 1963, Universität Bonn).

Unbestritten sind Hindemiths hohes kompositorisch-satztechnisch (polyphon-linear bestimmtes) und instrumental werkgerechtes Können, sein in ständiger Lehrtätigkeit wie im Schaffen selbst sich offenbarender Wille zur Verständlichkeit, seine bei aller Neigung zu theoretischem Grübeln stets durchbrechende musikalische Vitalität, das Verantwortungsgefühl vor der Musik als einer der Trägerinnen menschlichen Ethos, sein Durchdenken und Überprüfen neuer und alter Einsichten, das vor eigenen Werken nicht haltmacht. Das alles liegt keimhaft auch in den ersten, zuweilen grimassenhaft übertreibenden Frühwerken, tritt seit etwa 1930 *(Mathis)* deutlich hervor und bedingt Takt für Takt die Werke der Reife.

Hindemith ist – sein Werk als Ganzes gesehen – kein Zertrümmerer des Überlieferten. Gregorianik, niederländische Polyphonie, altklassischer Concerto-grosso-Geist, Bachs linear und harmonisch gebundene Vielsträhnigkeit, klassischer Sonaten-(Sinfonien-)Bau, die Gefühlsreinheit der Romantik, Regers Verdichtung, Bruckners Mächtigkeit – alles das hat seine Spuren in Hindemiths Werk eingegraben. So ist er eher als ein das Bisherige neu denkender denn als ein das Alte stürzender Komponist anzusehen. – «Der Theorielehrer bewahrt die persönlichsten, schwersterrungenen Erkenntnisse der Meister, er soll im Schüler einen kleinen Abglanz ihres Leuchtens erwecken. Er hat aber auch inmitten Vorstoß, Experiment und Krampf auszugleichen, muß den Schüler zwischen… sturer Anbetung alles Vergangenen und …kritikloser Vergötzung alles Aktuellen… hindurchsteuern» (a.a.O.). Diese Sätze Hindemiths gelten auch für ihn als Schaffenden.

Neu ist sein ihm eigentümliches, vielfach abgelehntes Durchdenken des Tonalitätsbegriffes (*Unterweisung im Tonsatz,* 1937 und 1939). Er löst sich zwar von der Funktionstonalität, doch nur um sie weiterzuentwickeln. Dabei mißt er jedem der zwölf Töne der Oktave eine größere Bedeutung bei als früher, schreitet jedoch nicht zur Atonalität mit Gleichberechtigung aller Töne, baut vielmehr eine Art Wertigkeit der Intervalle auf, die durch die Obertonreihe bestimmt ist.

Hindemiths Melos scheidet sich nach Verwendung in Vokal- und Instrumentalwerken; dort entscheidet der organische Ablauf der jeweils vertonten Sprache, hier die Verwendungsfähigkeit für polyphon-kontrapunktische Zwecke oder die Ergiebigkeit für Variationen, wobei die rhythmische Spannkraft und Lebendigkeit neben der Intervallgestalt eine besondere Rolle spielt. Vokalmelos und Instrumentalthematik werden stoff- und sinngerecht eingekleidet («instrumentiert»). Mit Hindemith verlor die Musikwelt den seit R. Strauss vorerst letzten deutschen Komponisten von Universalität und Weltgeltung.

KAMMERMUSIK

Das Gebiet, von dem Hindemith als Komponist ausgegangen ist; zu nennen sind:

6 Streichquartette:

Nr. 1 f-Moll (1918), Nachklang an Reger.

Nr. 2 C-Dur (1922) und Nr. 3 (1922)

machten den jungen Komponisten berühmt und «berüchtigt».
Nr. 4 (1924), als Fuge beginnend, 2. Satz Kanon, im 3. Satz einer der Hindemith-Märsche, 4. Satz freie Passacaglia.
Nr. 5 Es-Dur (1943), 1. Satz mit Bratschenthema, 2. zielstrebig, 3. Variationen, 4. Fuge.
Nr. 6 (1945), vier knappe Sätze, kanonischer Ausklang.
Quartett für B-Klarinette, Violine, Cello, Klavier (1938).
2 Streichtrios (1924 und 1933).
Streichsonaten mit Klavier, op. 11 (1918/19), zwei Geigensonaten, je eine Bratschen- und Cellosonate.
Sonaten für Klavier und je ein Orchesterinstrument (1939–1941), für Lehrzwecke, aber musikantisch, vielfach humorvoll: Geige, Bratsche, Kontrabaß, Oboe, Englischhorn, Klarinette, Fagott, Trompete, Horn, Posaune; später erweitert.
Solosonaten für Violine, Bratsche, Cello, Harfe.
Kammermusik in verschiedener Besetzung, u.a. Bläserquintett (1922), Klarinettenquintett (1923), Klavierquartett (1938), Bläserseptett (1948, in strengem Stil mit Fuge, Krebs usw.), Sonate für Hörnerquartett (1952, mit Variationen über *Ich schell mein Horn*).
Oktett für Klarinette, Fagott, Horn, Violine, zwei Bratschen, Cello und Kontrabaß (1958).
Burleske Musik für Bläser, Schlagzeug, Klavier (op. posth.).
KLAVIERMUSIK
Wenige, für die Entstehungszeit bezeichnende Werke wie *Suite 1922*, op. 26: Marsch – Jimmy – Nachtstück – Boston – Ragtime.
Klaviermusik, op. 37 (1925), I. Übung in drei Stücken, II. Reihe kleiner Stücke.
Kleine Klaviermusik, op. 45, Nr. 4 (1929).
Drei Sonaten (1936), die erste in A, *Der Main*, benannt nach Hölderlins gleichnamigem Gedicht, mit Trauermarsch, die zweite, in G, eine Art polyphoner Sonatine, die dritte, in B, konstruktiv weiträumig.
Ludus tonalis (1924), kontrapunktische, tonale und klaviertechnische Übungen, beste praktische Einführung in die musikalische Vorstellungswelt Hindemiths. Fugen und Interludien, die Fugen aufgebaut auf der Reihe C G F A E Es As D B Des H Fis.
Sonate für Klavier, vierhändig (1938).
Sonate für zwei Klaviere (1942): Glockenspiel – Allegro – Kanon – Rezitativ eines altenglischen Gedichtes – Fuge.
Dazu zahlreiche Duosonaten mit Klavier für Violine[n], Viola, Violoncello, Flöte, Blockflöte, Oboe, Englischhorn, Kontrabaß, Klarinette, Saxophon, Fagott, Horn, Althorn, Trompete, Posaune, Tuba, Harfe.
ORGELMUSIK
Außer den beiden Orgelkonzerten aus den Jahren 1928 und 1963 Sonate I und Sonate II (1937), Sonate über alte geistliche Volkslieder (1940).
SCHUL-, SPIEL- UND LEHRWERKE
Schulwerk für Instrumentalzusammenspiel (1927).
Sing- und Spielmusiken für Liebhaber und Musikfreunde (1929).
Lehrstück mit Text von B. Brecht (1929).
Wir bauen eine Stadt, musikalisches Spiel für Kinder (1930).
Plöner Musiktag (1932).
ORCHESTERWERKE
Das Nusch-Nuschi (1921), Tanzsuite nach Hindemiths gleichnamigem Bühnenwerk.
Der Dämon (1922), Suite nach der gleichnamigen Ballettpantomime.
Konzert für Orchester (1925), im Kopfsatz stehen Geige, Oboe und Fagott als «Concertino» dem «Tutti» gegenüber.
Konzertmusik für Blasorchester (1926), mit Prinz-Eugen-Variationen.
Neues vom Tage, Ouvertüre zu der Oper, mit Konzertschluß (1930).
Konzertmusik für Streichorchester und Blechbläser (1930), *Bostoner Sinfonie,* für die Bostoner Sinfoniker mit ihren virtuosen Bläsern geschrieben (op. 50, letztmalige Numerierung eines Werkes von Hindemith).
Philharmonisches Konzert. Variationen für Orchester (1932), geschrieben für Furtwängler und die Berliner Philharmoniker zur 50-Jahr-Feier.
Sinfonie *Mathis der Maler* (1934), drei Orchesterstücke aus der gleichnamigen Oper: Engelkonzert – Grablegung –

Versuchung des hl. Antonius.
Sinfonische Tänze (1937), suitenartig über einen allen Teilen gemeinsamen thematischen Grundgedanken.
Nobilissima visione (1938), Suite aus der Tanzlegende.
Sinfonie in Es (1940), viersätzig, 3. und 4. Satz ohne Zwischenpause, gemeinsamer Themenkern.
Sinfonische Metamorphosen über Themen von Carl Maria von Weber (1943), mit einer Marschparodie im Schlußsatz.
Amor und Psyche, Ballettouvertüre (1943).
Als Flieder jüngst mir im Garten blüht' (1946), Vorspiel zu dem *Requiem* (s. Chorwerke).
Sinfonia serena (1946), 2. Satz nur Bläser mit dem heiter vorgetragenen Yorkschen Marsch von Beethoven, 3. Satz nur Streicher.
Sinfonietta in E (1949).
Sinfonie in B für Blasorchester (1951).
Sinfonie *Die Harmonie der Welt* (1951), Voraufführung zur gleichnamigen Oper, drei Sätze: Musica Instrumentalis – Musica Humana – Musica Mundana.
Sinfonie *Pittsburgh* (1958).
Marsch über den alten *Schweizerton* (1960, zur 500-Jahr-Feier der Universität Basel).

INSTRUMENTALKONZERTE

Klavier:
Kammermusik Nr. 2 für Klavier und 12 Instrumente (1924).
Konzertmusik für Klavier, Blechbläser und zwei Harfen (1930).
Die vier Temperamente für Klavier und Streichorchester, Thema und 4 Variationen (1940, dazu auch eine Ballettfassung 1946): melancholisch – sanguinisch – phlegmatisch – cholerisch.
Konzert für Klavier und Orchester (1945), mit Finalvariationen über den mittelalterlichen Tanz «Tre fontane».

Violine:
Kammermusik Nr. 4 für Violine und Kammerorchester und Jazztrommeln (1925).
Konzert für Violine und Orchester (1939), Sonatenform und Reihe verbunden.

Viola d'amore:
Kammermusik Nr. 6 mit Kammerorchester (1927).

Bratsche:
Kammermusik Nr. 5 mit Kammerorchester ohne Bratschen (1927).
Konzertmusik für Bratsche mit Kammerorchester (1930).
Der Schwanendreher für Bratsche mit kleinem Orchester (1935), nach alten Volksliedern.
Trauermusik für Bratsche oder Violine oder Cello, mit Streichorchester (1936), zum Tode Georgs V. von England.

Cello:
Kammermusik Nr. 3 für Cello und 10 Instrumente (1925).
Konzert für Cello und Orchester (1940).

Klarinette:
Konzert mit Orchester (1947), für den Jazzklarinettisten Benny Goodman.

Horn:
Konzert mit Orchester (1949), für Dennis Brain.

Orgel:
Kammermusik Nr. 7 mit Orchester (1927).
Konzert für Orgel und Orchester (1963), zur Eröffnung der neuen Philharmonie im Lincoln Center New York.

Mehrere Instrumente:
Konzert für Holzbläser, Harfe, Orchester (1949).
Konzert für Trompete, Fagott, Streichorchester (1949).

VOKALMUSIK

Lieder:
8 Lieder für Sopran und Klavier (1920).
Die junge Magd (1922, nach G. Trakl) für Alt, Flöte, Klarinette und Streichquartett.
Neun englische Lieder für (Mezzo-) Sopran und Klavier (1942–1944).
Das Marienleben, fünfzehn Vertonungen nach Rilke für Sopran und Klavier (erste Fassung 1924, nach Hindemiths Meinung «zu geringe Rücksichtnahme auf die Möglichkeiten und Erfordernisse der Singstimme», zweite Fassung 1947), mit Tonartensymbolik, «von der Gesamtvision des Werkes wird jedes Element (Rhythmus, Harmonie, Melodie) durch Arbeiten vom Großen ins Kleine, vom Allgemeinen ins Besondere, vom Umriß zur Füllung, vom Kompakten zum Aufgespaltenen eingesetzt» (Hindemith). (Daraus 6 Lieder auch für Sopran und Orchester, 1959.)
Zwei Lieder für Sopran oder Tenor und

Klavier, nach O. Cox (1955).
Dreizehn lateinische Motetten für Sopran und Klavier (1941–1960).
Chorwerke:
Die Serenaden (1925), kleine Kantate nach romantischen Texten für Sopran, Oboe, Bratsche, Cello.
Das Unaufhörliche (1931, Text von G. Benn), Oratorium für Sopran, Tenor, Bariton, Baßsolo, Knabenchor, gemischten Chor, Orchester. Sinngemäß gespannt zwischen die Sätze: «...unaufhörlich bleiben die Geschäfte...» und «...Uns aber soll ein ander Wort begleiten: das Ringende geht in die Schöpfung ein.»
Six chansons (1939, auf französische Gedichte von Rilke), Chöre a cappella.
Als Flieder jüngst mir im Garten blüht'... Ein Requiem denen, die wir lieben (1946, ursprünglich nach W. Whitman, deutscher Text von Hindemith), für Mezzosopran, Bariton, gemischten Chor, Orchester.
Apparebit repentina dies (1947, nach einem lat. Text von vor 700), für gemischten Chor und 10 Blechbläser.
Ite angeli veloces (1955, Text von P. Claudel), dreiteilige Kantate, *Triumphgesang Davids – Custos quid de nocte – Gesang an die Hoffnung.* Komponiert für die UNESCO.
Zwölf Madrigale (1958, Texte von J. Weinheber) für fünfstimmigen gemischten Chor a cappella.
Mainzer Umzug (1962, Text C. Zuckmayer), *Gelegenheitskantate* zur 2000-Jahr-Feier der Stadt Mainz, für Sänger, Sprecher, Chöre und Orchester.
Messe, für gemischten Chor a cappella (1963, letztes Werk Hindemiths, Uraufführung unter Leitung des Komponisten in der Piaristenkirche in Wien).
BÜHNENWERKE
Mörder, Hoffnung der Frauen (1919, Text von O. Kokoschka).
Das Nusch-Nuschi. Spiel für burmanische Marionetten (1920, neu 1931, Text F. Blei).
Sancta Susanna (1921, Text von A. Stramm).
Tuttifäntchen, Weihnachtsmärchen für Sänger, Sprecher, Tänzer und Orchester (1922).
Der Dämon (1922, nach M. Krell), Ballettpantomime.
Hin und zurück (1927, Text von M. Schiffer).
Neues vom Tage (1929, neu 1953, Text von M. Schiffer).
Die vorstehenden Bühnenwerke, teils mit überexpressionistischen, teils mit sehr gewagten, teils mit revueartigen Texten hatten kurze Sensationserfolge.
Cardillac (1926, neu 1952, Text von F. Lion nach E. T. A. Hoffmanns «Fräulein von Scuderi»). Geschichte von dem Goldschmied, der sich von seinen Arbeiten nicht trennen kann und die verkauften durch Ermordung des Käufers zurückholt. Neufassung mit Intermezzo nach Lullys «Phaëton».
Mathis der Maler (1935, Text vom Komponisten). Musikdrama um Matthias Grünewald, den Maler des Isenheimer Altars. Kampf zwischen Welt (Kollektiv) und künstlerischer Berufung (Einsamkeit). 7 Bilder.
Nobilissima visione, eine Tanzlegende um Franz von Assisi (1938, Libretto von L. Massine).
Herodiade, Ballett für Martha Graham (1944, nach St. Mallarmé). «Rezitation für Kammerorchester».
Die Harmonie der Welt (1957, Text vom Komponisten). Auf die Gegenwart bezogenes Geschehen um den Astronomen Johannes Kepler. 5 Akte.
Das lange Weihnachtsmahl (1960, Text Th. Wilder). Einakter.
Ferner: Rekonstruktion des «Orfeo» von Monteverdi (1607/1943) und Einrichtung einer Tanzsuite nach altfranzösischen Drucken (Attaignaut 1557).
THEORETISCHE UND LITERARISCHE WERKE
Unterweisung im Tonsatz, 2 Bde. (1937, 1939); Harmonielehre (1949); Komponist in seiner Welt, Vorlesungen (1959); J. S. Bach, Rede (1950). Briefwechsel mit G. Benn (1978). Die Hindemith-Stiftung, Mainz, gibt seit 1971 H.-Jahrbücher heraus.
LITERATUR: P. H.: Zeugnis in Bildern, 2 Bde.; 2. Band = Die letzten Jahre; mit Werkverzeichnis (1955 und 1965); H. Strobel: P. H. (^{3}1948).

Hirsch, Hugo, * Birnbaum (Warthe) 12. März 1884, † Berlin 16. Aug. 1961, einst sehr erfolgreicher Komponist von Operetten, Possen, Revuen, Schlagern,

u. a. *Die Scheidungsreise* (1918, darin *Wer wird denn weinen, wenn man auseinander geht*), *Die tolle Lola* (1923), *Charleys Tante* (1926). Außerdem viele Märsche, je nach den Zeiterfordernissen: *Es gibt nur einen Wilhelm II.*, *Marsch der Republik*, *Max-Schmeling-Marsch* usw.

Höffer, Paul, * Barmen (heute Wuppertal-Barmen) 21. Dez. 1895, † Berlin 31. Aug. 1949, studierte in Köln und Berlin (Schreker), lehrte seit 1923 an der Berliner Hochschule für Musik, deren Leitung er 1948 übernahm. Versuchte mit eigenen Kompositionen auch die Laien für die Neue Musik zu gewinnen, insbesondere durch Chöre und Spielmusiken, schrieb ferner *Sinfonie der großen Stadt* (1938), *Sinfonische Variationen über einen Baß von Bach* (1940), *Altdeutsche Suite* (1936), Konzerte für Klavier, Violine, Cello; Kammer- und Klaviermusik, Lieder, Chorwerke (u. a. *Der reiche Tag*, 1938; *Mysterium Liebe*, 1942), Opern (*Der falsche Waldemar*, 1934, nach W. Alexis).

Hoffmann, Ernst Theodor Amadeus, * Königsberg (Pr.) 24. Jan. 1776, † Berlin 25. Juni 1822, Dichter, Musiker, Zeichner und Berufsjurist; Assessor in Posen, Gerichtsrat in Warschau, Kapellmeister in Bamberg, Dresden und Leipzig, seit 1816 Kammergerichtsrat in Berlin; Vertreter der phantastischen Romantik. 15 Opern, Singspiele und Schauspielmusiken, ferner Orchesterkompositionen, Kammer- und Klaviermusik. Seine Oper *Undine* (1816, nachmals auch von Lortzing vertont) ist das erste der musikalischen Bühnenwerke, in denen ein Wesen aus zwei Welten im Mittelpunkt steht (später u. a. Marschners «Hans Heiling», Wagners «Lohengrin», Dvořáks «Rusalka» u. a. m.). Literarische Werke: u. a. Musikkritiken («Allgem. Musikzeitung», Berlin 1803–1821); Phantasiestücke in Callots Manier (1814); Kater Murr (1822). Offenbach, Braunfels, Busoni, Hindemith machten Leben oder Werke Hoffmanns zum Gegenstand von Opern. Seine kritische und surrealistische Wirksamkeit hält bis in die Musica Novissima an (1967 Wiederentdeckung einer Klaviersonate in A-Dur).
LITERATUR: E. T. A. Hoffmann als Musiker und Musikschriftsteller (P. Greff, 1948; H. Ehinger, 1954). Biographien von W. Kroll (1923) und W. Bergengruen (1939).

Hoffmeister, Franz Anton, * Rottenburg 12. Mai 1754, † Wien 9. Febr. 1812, Komponist, Kirchenkapellmeister, Musikalienhändler, als Verleger der Wiener Klassiker (mit erstmaligen Editionen nach Werk- und Gattungsreihen wie Klavier- und Orgelwerke Bachs, Streichquartette Haydns, Mozarts usw.), auch als Kammerkomponist (mit Flötenmusik u. a.) hervorgetreten.

Hofhaimer (Hofheimer, Hofheymer), Paul, * Radstadt (Salzburg) 25. Jan. 1459, † Salzburg 1537, Österreicher, Orgelbauer und berühmtester Orgelspieler seiner Zeit, am Hofe Maximilians I., einer der großen Liederkomponisten und -bearbeiter nach 1500. Mehrstimmige Lieder, einige Orgelwerke (dreistimmig).
LITERATUR: H. J. Moser: P. H., ein Lied- und Orgelmeister des deutschen Humanismus, 2 Bde., 1929 (im Anhang Neuausgabe der erhaltenen 91 H.-Werke).

Höller, Karl, * Bamberg 25. Juli 1907, Sohn eines Domorganisten, Unterricht beim Vater, bei Zilcher in Würzburg und J. Haas und S. v. Hausegger in München; wirkte als Hochschullehrer in Frankfurt am Main und München (hier seit 1954 Präsident der Hochschule). Entwickelt einen polyphonen, harmonisch durch die Musik des 20. Jahrhunderts angereicherten Stil. Schrieb für Orchester (u. a. 4 *Hymnen* über gregorianische Choralmelodien, 1934; *Sinfonische Fantasie über ein Thema von Frescobaldi*, 1936; *Passacaglia und Fuge*, nach Frescobaldi, 1939; *Sweelinck-Variationen*, 1951; cis-Moll-Sinfonie, 1945; *Petite Symphonie*, 1966), Konzerte für verschiedene Instrumente (u. a. Orgel, Violoncello, Violine), Kammermusik (u. a. 6 Streichquartette, 8 Violin- und Flötensonaten), Klavier- und Orgelwerke, geistliche und weltliche Chorschöpfungen, Lieder, Funkmusik.

Holliger, Heinz, * Langenthal 21. Mai 1939, Schweizer, studierte in Bern und Basel Oboe und Komposition (Boulez), übernahm 1964 eine Meisterklasse an der Hochschule in Freiburg im Breisgau; seine Schweizer Komponistenkollegen Beck, Keltenborn und Wildberger, auch sein Berner Komponistenlehrer Verress, schrieben dem mit internationalen Preisen ausgezeichneten Oboisten Werke, er selber trat zunehmend auch als Komponist hervor, u. a. mit *Elis, drei Nachtstücke für Orchester* (1963); *Vier Miniaturen* für Sopran, Oboe d'amore, Celesta, Harfe (1963); *Glühende Rätsel,* nach Nelly Sachs, für Alt und zehn Instrumentalisten (1964); *Erde und Himmel,* Kantate nach A. X. Gwerder, für Tenor, Flöte, Streichtrio, Harfe (1964); *Mobile* für Oboe und Harfe (1964); *Sequenzen* (über Joh. 1, 32) für Harfe (1964); *Der magische Tänzer* für Sänger, Sprecher, Tänzer, Chor und mehrere Orchester (1964); *Siebengesang* für Oboe, Singstimme, Orchester und Lautsprecher (1968); *Pneuma* für Bläser (1970); *Dona nobis pacem* für 12 Singstimmen (1971); *Atembogen* für Orchester (1975); Streichquartett (1975); *Come and go,* Kurzoper (1978); *Not I,* Monodram für Frauenstimme und Live-Elektronik (1980).

Holmboe, Vagn, * Horsens (Jütland) 20. Dez. 1909, Däne, Schüler von E. Toch und F. Høffding. Beeinflußt durch Bartók, schrieb u. a. 10 Sinfonien, zahlreiche Konzerte (nach Hindemiths Vorbild für vielerlei Soloinstrumente), 6 Streichquartette und andere Kammermusik, Chorwerke, Bühnenstücke (u. a. die Oper *Der Teufel und der Bürgermeister,* 1940, Text von W. Kolbenhoff), Lieder.

Holst, Gustav, * Cheltenham 21. Sept. 1874, † London 25. Mai 1934, Engländer, studierte u. a. bei Stanford, wirkte als Posaunist und Musikerzieher meist in London, besonders interessiert an der künstlerischen Verbindung von Wort und Ton, schrieb Opern (*Der vollkommene Narr,* 1923), auch Kinderopern, Ballette, Klavier- und Orchesterlieder, Chorwerke (*Ode to death,* nach W. Whitman, auf gefallene Freunde, 1919), Orchester-, Kammer-, Klaviermusik. Eine Biographie schrieb seine Tochter Imogen Holst (1938).

Holzbauer, Ignaz Jakob, * Wien 17. Sept. 1711, † Mannheim 7. April 1783, Österreicher, war gräflicher Kapellmeister, seit 1745 Direktor am Wiener Hoftheater, 1750 Hofkapellmeister in Stuttgart, seit 1753 in Mannheim, wo Stamitz seine Triumphe feierte. Schrieb über 60 Sinfonien, Konzerte, Kammermusik, Messen, Oratorien und 12 Opern (darunter das deutsche Singspiel *Günther von Schwarzburg,* 1776; dieses wirkte auch auf Mozart, der Holzbauer schätzte, weiter).

Honegger, Arthur, * Le Havre 10. März 1892, † Paris 27. Nov. 1955, Sohn schweizerischer Eltern, auf Veranlassung von F. Hegar studierte er Musik in Paris bei Widor, d'Indy und Gédalge, gehörte nach dem Ersten Weltkrieg mit Auric, Durey, Milhaud, Poulenc und Germaine Tailleferre zur «Gruppe der Sechs», einer mehr freundschaftlichen als programmatisch zu wertenden antiromantisch eingestellten Gemeinschaft (Jean Cocteau war ihr Sprecher). Nach seinen ersten größeren Erfolgen unternahm er Reisen durch Europa, Nord- und Südamerika als Dirigent und Pianist; er war auch als Lehrer und Musikkritiker tätig, blieb aber in der Hauptsache Komponist, fand dennoch Zeit für organisatorische Aufgaben (u. a. stellvertretender Präsident der UNESCO-Musikabteilung, Präsident der Confédération d'Auteurs et Compositeurs).
Der Komponist Honegger hat auf so verschiedenartigen Gebieten Werke geschaffen, sich so verschiedenartiger Mittel bedient, daß sein Gesamtwerk auf den ersten Blick schillernd wirkt. Da Honegger mit Zweckaufträgen aller Art überschüttet wurde, finden sich bei ihm Gregorianik und Jazz, tiefreligiöse Schöpfungen und witzige Filmmusik, Musiktragödien und Ballette. Gebrauchskompositionen aus der früheren, durch Cocteau beeinflußten Zeit, Schöpfungen, erwachsen aus der engen Zusammenarbeit mit dem katholischen Dichter Paul

Claudel, die mehr «deutsch» konzipierten und die scheinbar ausschließlich «französischen» Werke, die Auseinandersetzung mit wohl sämtlichen großen Komponisten seiner Zeit, Polytonalität und Linearität, Motorik und Klangfarbfächerung, all das scheint widersprüchlich, ist aber gebannt durch die Sicherheit der schöpferischen Persönlichkeit.

ORCHESTERWERKE

Pacific 231 (1923), das Werk, durch das Honegger berühmt wurde («Ich wollte nicht den Lärm der Lokomotiven nachahmen, sondern einen visuellen Eindruck und den physischen Genuß ins Musikalische übersetzen»), kompositorisch als Choralvariation über einem Cantus firmus aufgebaut.

1. Sinfonie (1930), dreisätzig.

2. Sinfonie (1941), für Streicher und Trompeter, mit Choral im 3. Satz.

3. Sinfonie (1946), die *Liturgische Sinfonie,* so genannt nach den Satzüberschriften: *Tag des Schreckens – Aus der Tiefe rufe ich – Gib uns Frieden.*

4. *Sinfonie* (1946), *Deliciae Basiliensis,* für Basel geschrieben; Schlußsatz vereinigt Ansätze von Fuge, Passacaglia, Rondo.

5. Sinfonie (1950), «di tre re», gemeint die drei leisen Paukenschläge auf D («re») am Schluß der drei Sätze. Dynamisch mächtiger Kopfsatz, zweiter Satz (in fünf Teile aufgespalten) stimmig, Finale kämpferisch und schließlich entsagend.

Einzelstücke: u. a. *Rugby* (1928), *Horace victorieux, symphonie mimée* (1921), *Präludium, Arioso und Fughette über Bach* (1932), Orchestersuiten, *Monopartita* (1951, in einem Satz, doch sechsgeteilt).

Konzerte: Klavierconcertino (1924), Cellokonzert (1929), Kammerkonzert für Flöte, Englischhorn, Streichorchester (1948).

BÜHNENWERKE

Judith (1925, Text von R. Morax), biblisches Drama.

Antigone (1927, Text nach Sophokles von J. Cocteau), «musikalische Tragödie», Singstimme in das Orchester eingewoben, Chöre als Gliederung.

König David (1928, Text von R. Morax; 1921 als Oratorium).

König Pausole (1930, Text A. Willemetz nach einem erotischen Roman von P. Louys), eine der witzigsten und kunstvollsten Operettenmusiken des 20. Jahrhunderts.

Cris du Monde, (szenisches) Oratorium für Soli, Chor, Orchester (1931, Text R. Bizet).

L'aiglon (1937, Text E. Rostand, 1. und 5. Akt von J. Ibert komponiert).

Johanna auf dem Scheiterhaufen (1935, szenisch 1942, dramatisches Oratorium, Text von P. Claudel), «Welttheater», vom mittelalterlichen Mysterienspiel bis zur Tanzmusik des 20. Jahrhunderts. Auf dem Scheiterhaufen gefesselt, erlebt Johanna von Orleans noch einmal die Stationen ihres Leidensweges.

Bühnenmusiken zu Schauspielen von Shakespeare («Der Sturm», 1923; «Hamlet», 1946), Äschylus («Die Schutzflehenden», 1941; «Prometheus», 1946), Sophokles («Ödipus», 1947), A. Gide («Saul», 1922), Synge («In der Bergschlucht», 1941), Claudel («Der seidene Schuh», 1943), Camus («Belagerungszustand», 1948) u. a. m.

Ballettmusiken, u. a. nach P. Valéry (*Semiramis,* 1933), *Geburt der Farben* (1940), ein Rollschuh-, ein Marionettenballett.

Hunderte von kleinen und größeren Film- und Rundfunkkompositionen.

VOKALWERKE

Abgesehen von den auch auf der Bühne aufzuführenden, bereits erwähnten szenischen Oratorien:

1001 Nacht (1937, Text von Mardrus), eine Kantate für Sopran, Tenor, gemischten Chor, Orchester.

Totentanz (1940, Text von P. Claudel), Oratorium für geteilten Chor, Soloterzett, Sprecher, Orchester. Nach Hesekiel und dem Neuen Testament.

Nikolaus von der Flüe (1939, auch Bühnenaufführung; Text von D. de Rougemont), dramatische Legende von dem schweizerischen Einsiedler, der den Zerfall der Eidgenossenschaft verhindert hat. Für Sprecher, gemischten Chor und Kinderchor, Orchester.

Weihnachtskantate (1953, Texte aus Liturgie und Laienworten), für Bariton, Kinder- und gemischten Chor, Orchester, Orgel.

Dazu kleinere Chöre, 130. Psalm, etwa vierzig Lieder mit wechselnder Instrumentalbegleitung.
KAMMER- UND KLAVIERMUSIK
Drei Streichquartette (1917, 1935, 1937), eine Hymne für Streichdixtett (1920), Duos für Flöten, Violinen, Klavierduos mit verschiedenen Instrumenten. Von Klavierwerken zu nennen *Hommage à Albert Roussel* (1928), *Souvenir de Chopin* (1947), *Sarabande* aus dem Album der Gruppe der Sechs (1920).
Gesammelte Schriften Honeggers: *Ich bin Komponist* (1952); *Beschwörungen* (1955); *Nachklang* (1957, Hg. W. Reich).
LITERATUR: W. Tappolet: A. H. (mit Werkverzeichnis) (1954).

Hopkins, Antony, * London 21. März 1921, Engländer, arbeitete bei Michael Tippett, Leiter der Intimate Opera Company (drei Sänger und ein Pianist), Film-, Rundfunk- und Schauspielmusik sowie Ballette, Opern (*Three's company*, 1953; *Ten o'clock call*, 1956), Klaviersonaten à la Beethoven, Orgelstücke u. a.

Hotteterre, Jacques Martin, genannt le Romain, * Paris um 1684, † ebenda 16. Juli 1762, Sproß einer Holzbläser- und Instrumentenbauerfamilie, bedeutsam im historischen Übergang von der Blockflöte zur Querflöte, schrieb Vortrags- und Lehrstükke für seine Hauptinstrumente, verfaßte eine Schule für Block- und Querflöte sowie Oboe (1719).

Hovhaness, Alan, * Somerville (Mass.) 8. März 1911, Nordamerikaner armenischer Herkunft, durchlief die Bostoner Schule, wo er als Organist und Kompositionslehrer tätig wurde, schrieb orientalisch intonierte Orchestermusik: u. a. eine Sinfonie auf den armenischen Märtyrer *Saint Vartan* (1951) in 24 Abschnitten mit antiphonalen Blechbläser- und Streicherchören in Kanons bis zu vier Tonarten.

Hubay von Szalatna, Jenő, * Budapest 15. Sept. 1858, † ebenda 12. März 1937, Ungar, Sohn eines hervorragenden Geigers, Kapellmeisters und Komponisten, selbst einer der besten Geiger seiner Zeit (berühmte Streichquartettvereinigung), ausgebildet bei seinem Landsmann J. Joachim in Berlin, 1919–1934 Konservatoriumsdirektor in Budapest, wo Bram Elldering, Szigeti, Vecsey u. a. seine Schüler waren; schrieb außer Violinkonzerten und Etüden Orchester- und Kammermusik, auch Opern (*Der Geigenmacher von Cremona*, 1894; *Anna Karenina*, 1915).

Huber, Klaus, * Bern 30. Nov. 1924, Schweizer, Studium der Musik am Zürcher Konservatorium, Violine bei Stefi Geyer, Komposition bei Willy Burkhard, 1955/56 bei Boris Blacher in Berlin (Komposition und Instrumentation). Dozent für Tonsatz und Komposition an der Musikakademie in Basel, seit 1976 Nachfolger Fortners an der Musikhochschule Freiburg. Erhielt internationale Kompositionspreise, 1970 den Beethoven-Preis der Stadt Bonn für sein Orchesterwerk *Tenebrae* (Uraufführung Warschau 1968). Schrieb Oratorien, Kantaten, Orgel-, Orchester- und Kammermusik; *Jot* (Oper, Berlin 1973).

Huber, Nicolaus A., * Passau 15. Dez. 1939, studierte bei F. X. Lehner und G. Bialas in München, arbeitete am Studio für Elektronische Musik bei J. A. Riedl, 1967–68 auch bei L. Nono in Venedig, schrieb zunächst in seriellen Techniken, wandte sich aus (musik-)politischen Gründen zunehmend einfacheren Mitteln zu, schrieb Orchester- und Chorwerke.

Hucbald (Hugbaldus, Hubald, Ubaldus, Ugubaldus), * um 840, † Saint-Amand 20. Juni 930, flandrischer Mönch, schrieb einen Traktat zur Theorie der Kirchentonarten *De institutione harmonica* (die ihm sonst vielfach zugeschriebenen Traktate scheinen andere Autoren zu haben). Er verwendete bereits Zusatzzeichen zur Angabe von Steigen und Fallen der Töne. Sein Werk ist eine der Quellen für das «Organum» (früheste Mehrstimmigkeit).

Humel, Gerald, * Cleveland (Ohio) 7. Nov. 1931, Nordamerikaner, Enkel böhmischer Auswanderer, studierte als Fulbright-Stipendiat bei B. Blacher in Berlin, schrieb Kammer- und Orchestermusik; Duosonate für Violine und Klavier *(A journey to Praha)*, Flötenkonzert, 1961 (für Aurèle Nicolet); Ballett *Herodias* (1967); Opera buffa.

Hummel, Bertold, * Hüfingen 27. Nov. 1925, Musikstudium in Freiburg im Breisgau (Komposition bei H. Genzmer, Violoncello bei A. Teichmanis), seit 1963 Kompositionslehrer am Bayerischen Staatskonservatorium in Würzburg; Kompositionspreise Stuttgart, Düsseldorf, Bund der Deutschen Industrie. Hauptwerke: Streichersinfonie, Concertino für Bassetthorn, Divertimento für Cembalo und Orchester (nach Pergolesi), Orchesterepisoden; Klarinettensuite, Trompetensonatine, Kammertrios; Würzburger Dommesse (1967); Marianische Fresken für Orgel (1970).

Hummel, Johann Nepomuk, * Preßburg 14. Nov. 1778, † Weimar 17. Okt. 1837, Österreicher, Schüler u.a. von Mozart und Salieri, bereits mit 12 Jahren einer der besten Klavierspieler Wiens, Vertreter Haydns in Eisenstadt, 1816 Hofkapellmeister in Stuttgart, 1819 bis zu seinem Tode in Weimar. Seine Kompositionen (weit über hundert) sind vergessen bis auf wenige bemerkenswerte Werke wie die fis-Moll-Klaviersonate (1820), das h-Moll-Klavierkonzert, ferner einige seiner klavieristischen Lehrkompositionen, deren Passagenstil mitbedingt war durch die leichte Spielbarkeit der damaligen Wiener Klaviere.

Humperdinck, Engelbert, * Siegburg 1. Sept. 1854, † Neustrelitz 27. Sept. 1921, studierte in Köln, München und Italien, arbeitete 1881/82 am Festspielhaus in Bayreuth (von Wagner sehr geschätzt), lehrte in Barcelona, seit 1890 in Frankfurt und übernahm 1900 eine Meisterklasse für Komposition an der Akademie der Künste in Berlin (bis 1920); war mit den bedeutendsten Musikern seiner Zeit befreundet oder mindestens gut bekannt; zur Wagner-Nachfolge gehört er nur bedingt, am ehesten in der Orchestrierungskunst. Die Wagnerschen Leitmotive werden bei Humperdinck auf reine Erinnerungsmotive reduziert, die wiederum weniger den Charakteren als den Situationen anhaften. Er schrieb 7 Opern, davon weltberühmt: *Hänsel und Gretel* (1893, Text von des Komponisten Schwester Adelheid Wette), *Die Königskinder* (1897 als Melodram, als Oper 1910), Schauspielmusiken für Max Reinhardt zu Aristophanes, Maeterlinck, Shakespeare u.a., Chorwerke (u.a. die Chorballaden *Das Glück von Edenhall*, nach Uhland, 1879 bzw. 1883, *Die Wallfahrt nach Kevelaar*, nach Heine, 1878 bzw. 1887), viele Lieder (auch Kinderlieder: *Die sieben Geißlein)*, Orchester- und Kammermusik. Biographie: W. Humperdinck: E. H., 1965.

Humpert, Hans, * Paderborn 19. April 1901, gefallen 15. Sept. 1943 bei Salerno, studierte bei B. Sekles, auch beeinflußt von Hindemith, zurückgreifend auf die alten Meister der Polyphonie, schrieb u.a. Konzert für Streichquartett und Kammerorchester (1929), Sinfonien, Kammermusik, Orgel- und Klavierwerke, Messen, Kantaten, Motetten, Chorwerke. Eine Humpert-Gesellschaft wurde 1954 in Paderborn gegründet.

Hurlebusch, Conrad Friedrich, * Braunschweig 1695 (1696?), † Amsterdam 17. Dez. 1765, Orgel- und Klavierschüler seines Vaters, zog als Reisevirtuose über Wien nach Italien, wirkte als Hofkomponist und Kapellmeister in München, Stockholm, Braunschweig, Hamburg, war seit 1743 Organist an der Alten Kirche in Amsterdam; unter seinen Kompositionen blieben Oden und Klaviersuiten für länger lebendig (Neuausgaben).

Hurník, Ilja, * Poruba (Schlesien) 25. Nov. 1922, Tscheche, studierte Klavier (Stepanova) und Komposition (Novák) in Prag, schrieb, ausgehend vom heimischen Volkslied, Kammer- und Klaviermusik, Lieder, Chorwerke (*Chöre über die Mütter*, 1957), Konzerte, Ballette.

Husa, Karel, * Prag 7. Aug. 1921, Tscheche, studierte in seiner Vaterstadt nach Kriegsende in Paris (Komposition bei Nadia Boulanger und A. Honegger, Dirigieren bei A. Cluytens), wirkt seit 1954 als Theorielehrer und Orchesterleiter an der Cornell University in Ithaca (N. Y.), erhielt 1969 den Pulitzer-Preis, schrieb neoklassische Konzert- und Kammermusik, u. a. *Fresque* für Orchester, *Portrait* für Streicher, *Évocations de Slovaquie* für Klarinette, Viola, Violoncello, *Moravian songs* für Sopran und Klavier, ferner methodische Stücke für Streicher.

Hüttenbrenner, Anselm, * Graz 13. Okt. 1794, † Oberandritz (heute zu Graz) 5. Juni 1868, Österreicher, Salieri-Schüler, Leiter des Steiermärkischen Musikvereins, befreundet mit Beethoven und Schubert, schrieb Lieder und Chöre mit und ohne Instrumente *(Der Erlkönig),* auch Opern (*Leonore,* 1835, nach der Ballade von Bürger), Kirchen- und Instrumentalmusik. – Erst 1865 gab er Schuberts «Unvollendete» zur Aufführung frei; das Original hatte er bis dahin mehr oder weniger heimlich als «Schatz» verborgen gehalten.

Iacopo da Bologna, Mitte des 14. Jahrhunderts, Italiener, Liedmeister der Frührenaissance, schrieb 2- bis 3stimmige Madrigale, die in Umschriften auch für die Orgelmusik des 15. Jahrhunderts von Bedeutung wurden (Neudrucke).

Ibert, Jacques, * Paris 15. Aug. 1890, † ebenda 6. Febr. 1962, Franzose, pädagogisch betreut von Gédalge, Nadia Boulanger, R. Ducasse, als Komponist etwa der Linie C. Franck, Debussy, Ravel entwachsend, doch keiner «Richtung» zugehörig. Schrieb wirkungsvolle, oft witzige Opern (*Angélique,* 1926; *Perseus und Andromeda,* 1929; *Der König von Yvetot,* 1929; außerdem gemeinsam mit Honegger *L'aiglon,* 1937, und *Les petites cardinales,* 1938), Bühnen-, Film-, Funk- und Ballettmusik, sinfonische Werke (*La ballade de la geôle de Reading,* sinfonische Dichtung nach Oscar Wilde, 1922), Konzerte (Saxophon, 1934), Kammermusik, Chor- und sonstige Vokalwerke, Klaviermusik.

Indy, Vincent d', * Paris 27. März 1851, † ebenda 2. Dez. 1931, Franzose, Schüler von C. Franck, wirkte als Organist, Paukenschläger, Chordirigent, später als Mitbegründer der Pariser Schola Cantorum (1896), dirigierte in Europa und Nordamerika. Von der Kunst sagt er, sie sei «kein Handwerk», sondern eine «religiöse Ordnung», die höchste Offenbarung der menschlichen Natur und Gesittung. Großwerke und Großstile der verschiedensten Epochen haben in seinem Werk Spuren hinterlassen, von der Gregorianik bis zu Wagner, nicht zu vergessen das echte Volkslied. Schrieb Sinfonien, sinfonische Dichtungen (so nach Schiller die Trilogie *Wallenstein,* 1887), Konzerte, Kammermusik vom Duo bis zum Sextett, Klavierwerke, szenische Kantaten und Bühnenwerke, u. a. *Das Lied von der Glocke,* nach Schiller (1886), *Der Fremde* (1903), *Die Legende vom hl. Christoph* (1917); alles durchsetzt von sinnbildhafter Gregorianik; weltliche und geistliche Chöre, Lieder. Verfaßte Monographien über seinen Lehrer C. Franck (^{16}1930), über Beethoven (1911) sowie über *R. Wagner und seinen Einfluß auf die französische Musik* (1930), mit der die nach dem Zweiten Weltkrieg zu beobachtende Hinwendung des musikalischen Frankreich zu Wagner mitbegründet wurde.

Ingegneri (Ingigneri, Ingegnieri, Ingegnero), Marcantonio, * Verona um 1547, † Cremona 1. Juli 1592, Italiener, seit 1581 Domkapellmeister in Cremona, wo Monteverdi zu seinen Schülern zählte; wirkte durch ausdrucksstarke Harmonik auch auf Marenzio ein, hinterließ 5- bis 8stimmige Messen, 4- bis 6stimmige Madrigale (seine Responsorien für die Karwoche, 1588, galten lange als Komposition Palestrinas).

Inghelbrecht, Désiré-Emile, * Paris 17. Sept. 1880, † ebenda 14. Febr. 1965, Franzose, seit gemeinsamer Konservatoriumszeit Freund Debussys, auch Debussy-Interpret, leitete bis 1950 Opern- und Rundfunkorchester in Paris; schrieb sinfonische Dichtungen, Ballettmusiken, Oratorien (*Le cantique des créatures,* nach Texten des hl. Franz [von Assisi], 1919), Kammermusik und Klavierstücke für Kinder (vierhändig); seine Erfahrungen als Dirigent legte er in dem Erinnerungs- und Unterweisungswerk *Le chef d'orchestre et son équipe* nieder (1949).

Inzenga, José, * Madrid 3. Juni 1828, † ebenda 28. Juni 1891, Spanier, studierte u. a. bei Albéniz und in Paris, geschätzter Zarzuela-Komponist (*Wenn ich König wär,* 1862), sammelte im Auftrag der Regierung spanische Volkstänze und Volkslieder (*Cantos y bailes populares de España,* 4 Hefte, 1888).

Ippolitow-Iwanow, Michail Michailowitsch, eigentlich M. M. Iwanow, * Gattschina 7. (19.) Nov. 1859, † Moskau 28. Jan. 1935, Russe, Schüler von Rimski-Korsakow, mit Tschaikowski befreundet, 1906–1922 Direktor des Moskauer Konservatoriums, schrieb Sinfonien, sinfonische Dichtungen (*Kaukasische Skizzen,* 1895; *Eine Episode aus dem Leben Schuberts,* 1928; *Das Jahr 1917*), nachromantische Kammermusik, Lieder, Chöre und Opern (*Ruth,* 1887; *Der Verrat,* 1910; *Die letzte Barrikade,* 1934). Verfasser einer vielbenutzten Harmonielehre (1897).

Ireland, John, * Inglewood (Bowdon, Cheshire) 13. Aug. 1879, † Washington (Sussex) 12. Juni 1962, Engländer, Schüler von Stanford, Lehrer von Britten, in der Nachfolge von Brahms, doch auch impressionistisch und vom frühen Strawinsky («Feuervogel») beeinflußt; lebte lange auf einer Insel im Ärmelkanal. Seine Landsleute rühmen vor allem seine Kammer- und Klaviermusik sowie seine zahlreichen Chöre und Lieder nach bedeutenden englischen Dichtern; bekannt auch seine Klavierkonzerte und die *London overture* (1936).

Irino, Joschiro, * Wladiwostok 13. Nov. 1921, Japaner, in Tokio ausgebildet (Moroi) und als Theorielehrer tätig, schrieb ein Lehrbuch über Zwölftontechnik und übersetzte deutsche Literatur zur musikalischen Moderne ins Japanische, komponierte (sämtlich dodekaphonisch) u. a. ein Doppelkonzert für Violine und Klavier, ein Duo für Violine und Violoncello, eine Sinfonia, eine Sinfonietta und weitere Kammermusik.

Isaac, Heinrich, * um 1450, † Florenz 26. März 1517, Niederländer, wirkte in Florenz (unter Lorenzo dem Prächtigen), Innsbruck (unter Maximilian I.), Wien und abermals in Florenz. Ein in aller Welt berühmter, auch heute noch weitbekannter Komponist von Chören und Vokalwerken kirchlicher und weltlicher Art (*Innsbruck, ich muß dich lassen* lebt nicht nur in der Originalgestalt weiter, sondern auch in Umbildungen wie *O Welt, ich muß dich lassen, Nun ruhen alle Wälder*). Seine größte Sammlung von Motetten ist der *Choralis Constantinus,* über den Anton von Webern seine Dissertation schrieb, die als «Konstanzer Choralbuch», von Senfl erweitert, 1550 bis 1555 gedruckt wurde. Weitere Werke: Motetten, Messen, Instrumentalsätze, Lieder, unter denen die deutschen, französischen, italienischen und lateinischen sich nicht nur textlich, sondern auch nach Nationalstilen unterscheiden (Neuausgaben).

Ishii, Kan, * Tokio 30. März 1921, Japaner, studierte in München (Orff); lehrt seit 1956 an der Musikhochschule in Tokio, seit 1966 an der Universität in Nagoya, schrieb rhythmisch bestimmte Bühnen- und Ballettwerke (*Der Gott und die Bajadere,* 1950), Chorwerke und Filmmusik.

Isouard, Nicolas, genannt Niccolò de Malta, * Malta 6. Dez. 1775, † Paris 23. März 1818, Franzose, wirkte in Malta für den Malteserorden, studierte in Palermo und Neapel, lebte seit 1799 in Paris; in Konkurrenz mit Boieldieu Meister der anmutig-eleganten Opéra comique, darunter *Der Barbier von Sevilla* nach Beaumarchais (1796), *Aschenbrödel* nach C. J. Étienne (1810; eine der frühen französischen Märchenopern), *Joconde* nach C. J. Étienne (1814), *Das Lotterielos* nach de Creuzé de Lesser (1811).

Ives, Charles, * Danburg (Conn.) 20. Okt. 1874, † New York 19. Mai 1954, Nordamerikaner, studierte an der Yale University Orgel und Komposition (Parker), war Versicherungsbeamter und komponierte abseits des Musikbetriebs, wurde mit polytonalen, polymetrischen und polymorphen Kompositionen zum «Vater der modernen amerikanischen Musik», Polyharmonien. Wenn er etwa

sämtliche 24 Töne einer Doppeloktave gleichzeitig erklingen lassen will, sollte das dazu dienen, seine meist programmmusikalischen Vorstellungen und sein Ausdruckswollen zu verwirklichen. Schrieb zahlreiche Werke für Orchester, Kammermusik, Klavierwerke, Chöre, Lieder, die erst in den fünfziger Jahren auch in Europa bekannt wurden. Denkschrift *Music and its Future* (1933).
LITERATUR: G. Chase: Die Musik Amerikas (dt. 1958); C. G. Helms (in «Melos», 1964).

Jacob, Gordon, * London 5. Juli 1895, Engländer, Schüler von Vaughan Williams und Stanford, angesehener Dirigent und Lehrer, gilt als unbestrittener Meister der Instrumentierung in England. Schauspiel-, Ballett- und Filmmusik, Chorwerke und Lieder, Sinfonien, Orchestersuiten, Konzerte für verschiedene Instrumente, Kammermusik.

Jacob, Maxime (Dom Clément, OSB), * Bordeaux 13. Jan. 1906, Franzose, ging durch die Schule Saties in Arcueil bei Paris, konvertierte und trat 1930 in den Benediktinerorden ein, schrieb vor seiner Konversion u. a. die komische Oper *Blaise de savetier,* nachher vorwiegend Orgelwerke und geistliche Gesänge, nach dem Kriege auch eine *Sinfonietta funèbre* (1947).

Jacob, Werner, * Mengersgereuth (Thüringen) 4. März 1938, studierte bis 1961 in Freiburg im Breisgau (Komposition bei W. Fortner, Orgel bei W. Kraft), wirkt seit 1969 von Nürnberg aus als Orgelvirtuose (USA, UdSSR) und lehrt seit 1971 an der Musikhochschule Stuttgart. Er schrieb u. a. Orgel- und Chorwerke.

Jacobo da Bologna siehe Iacopo da Bologna.

Janáček, Leoš, * Hukvaldy (Hochwald) bei Příbor 3. Juli 1854, † Mährisch-Ostrau 12. Aug. 1928, Tscheche, frühzeitig Chorleiter, studierte aber anschließend in Leipzig und Wien, leitete 1881 bis 1919 die Brünner Orgelschule, arbeitete als Forscher und Theoretiker über das Volkslied, 1919–1925 Professor in Prag. Viele internationale Ehrungen (u. a. Mitglied der Preußischen Akademie der Künste, der Tschechischen Akademie in Prag).
Die Werke, die durch Janáček weltberühmt wurden, sind verhältnismäßig spät geschrieben worden; daher tragen sie fast durchweg das Zeichen der Geschlossenheit. Wie seine Landsleute Dvořák und Smetana, denen er in vielen Werken ebenbürtig, in manchen überlegen ist, wurzelt er im musikalischen Volksgut, aus dessen Wesen er eine volksverbundene, jedoch künstlerisch einmalige Sprache zu entwickeln versuchte, insbesondere durch vokales und oft auch instrumentales Deklamieren nach Art der (von ihm gründlich erforschten) Melodie des «gesprochenen Wortes und der gesprochenen Sätze» der Umgangssprache. Demgegenüber treten bei ihm die sicher vorhandenen Einflüsse deutscher Spätromantik, des französischen Impressionismus und des internationalen Expressionismus zurück. Dabei könnte man manches seiner späteren Werke als modernsten Avantgardismus bezeichnen, verrieten sie nicht alle eine unzerreißbare Bindung an die heimatliche Musik und Sprache.
Die früher zuweilen geäußerte Meinung, das sogenannte Imitieren der gesprochenen Sprache sei musikalischer Naturalismus, ist der Erkenntnis gewichen, daß man es bei Janáček nicht mit einem Naturalisten, sondern vielmehr mit einem die Natur zur Wirklichkeit überhöhenden Realisten auf psychologischer Grundlage zu tun habe; schon der expressive Charakter seiner Musik deutet darauf hin.
BÜHNENWERKE
Jenufa (Ihre Ziehtochter, 1904, Text von G. Preissová, dt. von M. Brod).
Ausflug des Herrn Brouček auf den Mond und *Ausflug des Herrn Brouček ins 15. Jahrhundert* (1920, zweiteilig, Text von V. Dyk bzw. von F. S. Procházka).
Katja Kabanowa (1921, Text vom Komponisten nach A. Ostrowskis «Gewitter», dt. M. Brod).
Das schlaue Füchslein (1924, Text vom Komponisten nach R. Tesnohlídek),

eine geträumte Tieroper mit Bezügen auf die Menschen.
Die Sache Makropolus (1926, nach C. Čapek).
Aus einem Totenhaus (1928, Text vom Komponisten nach Dostojewski).
Schluck und Jau, Bühnenmusik zu G. Hauptmanns Komödie (1928).
ORCHESTERWERKE
Sinfonische Dichtungen (u.a. die Rhapsodie *Taras Bulba* nach Gogol, die Balladen *Blanik* und *Das Kind des Musikanten*).
Suiten und Tänze (russische, lachische, hanakische).
Sinfonietta (1927).
KLAVIER- UND KAMMERMUSIK
Auch hier vielfach mit anschaulichen Titeln versehene Werke *(Sonate von der Straße, Marsch der Blaukehlchen),* Streichquartett Nr. 1 aus Anlaß von Tolstois «Kreutzersonate», 1923, Nr. 2 *Intime Briefe* (1928).
VOKALWERKE
Zahlreiche Klavier- und Orchesterlieder, Volksliedbearbeitungen, Männer-, Frauen- und gemischte Chöre, kirchliche Kompositionen, als bedeutendste die *Glagolitische Messe* (1926) auf altslawische Texte, die Vertonung des authentischen «Tagebuches eines Verschollenen» (1916), 22 Lieder für Tenor, Alt, Frauenterzett und Klavier.
Entsprechend Janáčeks Schaffensweise, aus der gesprochenen Wort- und Satzmelodie die musikalische Neuformung zu stilisieren, ergeben sich bei der Übersetzung Schwierigkeiten. Um so beredter wirkt die Verwendung ständig wiederkehrender Kurzmotive (nicht im Sinne von Leitmotiven), die es selbst dem des Tschechischen nicht mächtigen Hörer ermöglichen, dem dramatischen Geschehen und dessen psychologischen Ursachen zu folgen.
LITERATUR: Biographien von M. Brod (1925, [2]1956), O. Jeremiáš (1938), H. Hollander (1964); B. Štědron, L. J. in Briefen und Erinnerungen (1955).

Janequin, Clément, * bei Poitiers um 1485, † Paris im Januar 1558, Franzose, seit 1555 Königlicher Kapellsänger und Hofkomponist in Paris, Geistlicher, zählte zu den berühmtesten Meistern seiner Zeit. Als Komponist vor allem in rhythmischer Hinsicht interessant, schrieb vorwiegend in der Landessprache (also nicht lateinisch) gehaltene Psalmen, «Parodiemessen» und meist 3- bis 5stimmige geistliche und weltliche Chansons programmusikalischer Art (*Die Schlacht* [von Marignano, an der Janequin 1515 teilgenommen hatte], *Die Jagd, Gesang der Vögel* usw.).

Jacques-Dalcroze, Émile, * Wien 6. Juli 1865, † Genf 1. Juli 1950, Schweizer, Schüler von Bruckner in Wien, in Paris von Delibes, war Professor am Genfer Konservatorium, gründete 1911 die «Bildungsanstalt für Musik und Rhythmus» in Dresden-Hellerau. Später in der Schweiz ansässig, jedoch viele Auslandsreisen. Sein Prinzip der rhythmisch-musikalischen Erziehung hat sich weithin – Bode, Medau – durchgesetzt («Das am stärksten fühlbare und direkt mit dem Leben verbundene Element in der Musik ist der Rhythmus, die Bewegung»), sein kompositorisches Schaffen tritt dahinter zurück (Opern, Festspiele, Orchester-, Kammer-, Klaviermusik, Hunderte von Liedern und Chören); verbreitet seine Sammlung romanischer Kirchenlieder (1908), grundlegend seine Schrift *Rhythmus, Musik und Erziehung* (1922). Werkverzeichnis in: «La musique et nous» (1945).

Járdányi, Pál, * Budapest 30. Jan. 1920, † ebenda 27. Juli 1966, Ungar, Lehrer, Forscher (Volkskunde) und Komponist, stilistisch von Kodály und Bartók beeinflußt, schrieb Lieder, Chorwerke, Orchesterkompositionen (u.a. sinfonische Dichtung *An der Theiß,* nach S. Petőfi), Kammermusik, Klavierwerke.

Jarnach, Philipp, * Noisy 26. Juli 1892, naturalisierter Deutscher, Mutter Flämin, Vater Spanier, studierte in Paris und Zürich (Busoni), seit 1927 Theorielehrer in Köln, 1949–1959 Leiter der Hamburger Hochschule für Musik. Als Komponist ursprünglich dem französischen Impressionismus verpflichtet, später durch Busoni, dessen Oper *Doktor Faust* er zu Ende führte, beeinflußt. Selbständiger Kopf zwischen Busonis neuer Klassizität und den Modernsten.

Von gedruckten Werken sind zu nennen: Orchesterkompositionen *Sinfonia brevis, Vorspiel für großes Orchester, Musik mit Mozart, Concertino, Romancero* I für Klavier, II (= *Morgenklangspiel*) für Orchester, III für Orgel, *Musik zum Gedächtnis der Einsamen* für Streichquartett, 1922, weitere Kammermusik, Lieder (französische und deutsche Texte von Baudelaire, Verhaeren, Heine, Hölderlin, Rilke). – Eine Jarnach-Festschrift erschien 1952 (Hg. Klussmann/Mersmann).

Järnefelt, Armas, * Wyborg 14. Aug. 1869, † Stockholm 23. Juni 1958, Finne, Schüler u. a. von Busoni, A. Becker, Massenet, setzte sich als Hofkapellmeister in Stockholm (seit 1905) für Wagner und die Werke seines Schwagers Sibelius ein. Als Komponist typisch finnischer Romantiker, besonders geschätzt seine Klavier- und Orchesterlieder, Chöre, Kantaten, Orchestersuiten *(Finnische Rhapsodie).*

Jarno, Georg, * Budapest 3. Juni 1868, † Breslau 25. Mai 1920, Ungar, Bühnenkapellmeister, versuchte sich an Opern (*Der Richter von Zalamea,* 1899; *Der zerbrochene Krug,* 1903), schrieb dann Operetten, von denen sich die erste, *Die Försterchristel* (1907, Text von B. Buchbinder), behauptet hat.

Jarre, Maurice, * Lyon 13. Sept. 1924, Franzose, studierte bei L. Aubert und A. Honegger in Paris, trat als Bühnenkomponist der Truppe Barrault und als Filmkomponist hervor (*Lawrence of Arabia,* 1962).

Jary, Michael, * Kattowitz 24. Sept. 1906, ursprünglich Kirchenmusiker, 1929 Theaterkapellmeister, Caféhauspianist (Berlin), schrieb erfolgreiche Film- und Unterhaltungsmusik (*Mikosch rückt ein* u. v. a.); Druckerei- und Verlagsbesitzer in Hamburg («Melodienmagazin»).

Jelinek, Hanns, * Wien 5. Dez. 1901, † Wien 27. Jan. 1969, Österreicher, studierte bei F. Schmidt, A. Schönberg und A. Berg. Seit 1935 (2. Streichquartett) schrieb und lehrte er Zwölftonmusik (seit 1958 als Professor an der Staatsakademie), ohne seine Begabung für leichtflüssige Spiel- und Unterhaltungsmusik (ursprünglich Klavierspieler in Cafés und Kinos) zu verleugnen: *Sinfonia brevis* (1950), *Concertino* für Streichquartett und Streichorchester (1951), *Sinfonia concertante* (1953, seine 6. Sinfonie), *Feierliches Vorspiel* (1956), Kammermusik, Lieder, Klavierwerke (Inventionen, Tokkaten, Tanzstücke, Strukturen). *Zwölftonfibel* (1954), *Das Zwölftonwerk 1. Folge* (für Klavier), *Das Zwölftonwerk 2. Folge* (verschiedene Instrumente). Operette *Bubi Caligula* (1947, Text vom Komponisten), Filmmusik.

Jemnitz, Alexander, * Budapest 9. Aug. 1890, † Balatonföldvar 8. Aug. 1963, Ungar, Kompositionsstudien in Budapest, Wien (Schönberg), Leipzig (Reger), suchte Atonalität und Folklore zu neuen Klangstrukturen zu binden, schrieb vornehmlich kammerkonzertante Musik.

Jensen, Adolf, * Königsberg (Pr.) 12. Jan. 1837, † Baden-Baden 23. Jan. 1879, Autodidakt, von Liszt beeinflußt, mit Gade befreundet, Privatlehrer, lungenkrank; Meister des salonromantischen Klavierstücks und des Liedes, hat Kompositionen von Schumann, Chopin, Liszt, Brahms, Wagner seiner Eigenart entsprechend neu zu gestalten versucht. Von seinen 176 Liedvertonungen seien hervorgehoben (zumal sie vielfach in Vertonungen anderer Komponisten vorliegen): Eichendorffs *Frühlingsnacht (Übern Garten durch die Lüfte), Waldesgespräch (Es ist schon spät);* aus dem Spanischen Liederbuch: *Klinge, klinge, mein Pandero, Am Ufer des Flusses, des Manzanares,* das dem «Tristan» nahe *Als einst von deiner Schöne;* von den Klavierwerken *Erotikon, Scènes carnavalesques,* auch vierhändige Stücke.

Jeremiáš, Otakar, * Pisek 17. Okt. 1892, † Prag 5. März 1962, Tscheche, Sohn eines Komponisten, Schüler Nováks in Prag, leitete bis 1945 das Rundfunkorchester, seither die Nationaloper in Prag, schrieb die Opern *Die Brüder Karamasow* (1928, nach Dostojewski, etwa Bergs

«Wozzeck» vergleichbar) und *Eulenspiegel* (1949), legte eine Janáček-Biographie vor (1938).

Jerger, Wilhelm, * Wien 27. Sept. 1902, † Linz 24. April 1978, Österreicher, studierte in Wien, war ursprünglich Kontrabassist und schließlich Orchestervorstand der Wiener Philharmoniker, wurde 1958 Konservatoriumsdirektor in Linz. Orchesterwerke (*Partita*, 1934; *Sinfonische Variationen über einen Choral*, 1938), Volksoratorium *Hymnen an den Herrn* (1938) u. a. Vokalwerke. Gab Mozart-Briefe und -Werke neu heraus, auch die *Geschichte der Wiener Philharmoniker* (1943).

Jessel, Leon, * Stettin 22. Jan. 1871, † Berlin 4. Jan. 1942, Kapellmeister in verschiedenen Städten; schrieb Märsche, Tänze, Charakterstücke *(Parade der Zinnsoldaten)*, 18 Operetten und Possen; besonders erfolgreich *Schwarzwaldmädel* (1917).

Jochum, Otto, * Babenhausen 18. März 1898, † Bad Reichenhall 24. Okt. 1969, Bruder der Dirigenten Eugen Jochum (* 1902) und Georg Ludwig Jochum (* 1909), lange Jahre Direktor der Albert-Greiner-Singschule in Augsburg; schrieb neben Instrumentalwerken Lieder, a-cappella-Chöre, Kantaten, Messen, Oratorien (*Der jüngste Tag*, 1931, neu bearbeitet 1955; *Deutsche Volkssingmesse*, 1948), ferner Volksliedbearbeitungen.

Joio, Norman Dello, * New York 24. Jan. 1913, Nordamerikaner, studierte an der Juilliard School und seit 1940 an der Yale University bei Hindemith, ist in New York als Theorielehrer tätig; schrieb für die Ausdruckstänzerin Martha Graham *Seraphine dialogue* (nach seiner sinfonischen Dichtung *The triumph of St. Joan*, 1951), trat mit einer Oper *Blood Moon* (1963) hervor; Konzert- und Kammermusiken, vorwiegend in Variationsformen.

Jolivet, André, * Paris 8. Aug. 1905, † ebenda 20. Dez. 1974, Franzose, Schüler von Edgar Varèse, dessen magischen Begriff der Musik, Klangtechnik (Schlagzeug) und – von Schönberg ausgehendes – Zwölftonsystem er sich zu eigen machte; gründete 1936 mit Messiaen und Lesur die «Jeune France» als hervorstechende avantgardistische Gruppe zwischen den Weltkriegen, nach dem Zweiten Weltkrieg wurde er musikalischer Chef der Comédie Française, 1960 auch Musikberater im Kultusministerium. – Sucht den Rhythmus aus seiner «starren» Viergliedrigkeit zu befreien durch ständig wechselnde Unterteilungen, ein Grundsatz, den er auf alle anderen Bestandteile der Musik auszudehnen strebt (Rhythmus, Melos, Harmonie, Klang).

BÜHNENWERKE

Dolores oder Das Wunder der garstigen Frau (1947, komischer Einakter, Text von H. Ghéon).

Ballette, u. a. *Die vier Wahrheiten* (1941), *Die Unbekannte* (1950).

Schauspielmusiken zu Corneille, Racine, Molière, Shakespeare, Sophokles, Äschylus, Musset.

VOKALMUSIK

Trois chants des hommes (1937), für Bariton und Orchester.

Messe für den Tag des Friedens (1940), für Gesang, Orgel, Tamburin.

Die letzte Versuchung Johannas von Orleans (1941), für Orchester, Sprech- und Singchöre, Sprecher.

La vérité de Jeanne (1956), Oratorium.

Epithalame für 12stimmiges Vokalensemble (1951).

Klavierlieder (*Jardins d'hiver*, 1951).

ORCHESTERWERKE

Fünf rituelle Tänze (1939), *Tanzsinfonie* (1940), *Suite liturgique* (1947), Sinfonie (1954), *Drei Zwischenspiele von der Wahrheit der hl. Johanna* (1956), Sinfonische Suite (1943), *Transozeanische Suite* (1956).

Konzerte für Orchester mit Ondes Martenot (1947), Klavier (1950), Harfe (1952), Fagott (1954), Trompete (1954), Trompete und Klavier (1948), Violoncello (1966).

KAMMER- UND KLAVIERMUSIK

Fünf *Incantations für Soloflöte* (1936), sechs Klavierstücke *Mana* (1935), Vorspiel *Cosmogonie* für Klavier (1938, auch für Orchester), Klaviersonaten, Duos für verschiedene Besetzung (auch mit Ondes Martenot).

Jommelli, Niccolò, * Aversa bei Neapel 10. Sept. 1714, † ebenda 25. Aug. 1774, Italiener, wie Piccini, und Sacchini Schüler von Durante und Leo in Neapel. 1737 erster Opernerfolg *(L'errore amoroso),* verschiedenen Stellungen in Italien folgte eine fünfzehnjährige Tätigkeit als Hofkapellmeister in Stuttgart (1753 bis 1768), wo er unter dem Einfluß des Mannheimer Stils («Crescendo») und der Deutschen Harmonik seine Schreibweise so änderte, daß er den Italienern nach seiner Rückkehr entfremdet war. Einer der Hauptvertreter der neapolitanischen Opernschule mit über 80 Opern.

Jones, Sidney, * London 17. Juni 1861, † ebenda 29. Jan. 1946, Engländer, Militärkapellmeister, schrieb musikalische Lustspiele und Operetten, von denen *Die Geisha* (1896) in der ganzen Welt aufgeführt wurde, als die «gelben» Bühnenwerke Mode waren (Sullivans «Mikado», Puccinis «Butterfly» usw.).

Jongen, Joseph, * Lüttich 14. Dez. 1873, † Sart-les-Spa 12. Juli 1953, Belgier, 1925–1939 Direktor des Brüsseler Konservatoriums, von französischen (d'Indy, Fauré) und deutschen (R. Strauss) Zeitgenossen geschätzter Tondichter (sinfonische Dichtung *Lalla-Roukh* nach Thomas Moore), Lehrer, Pianist, Organist, Dirigent, keiner Richtung verpflichtet, Orchester- und Kammermusik, ferner Bühnenwerke (Ballett *S'Arka,* 1912), Chöre, Lieder, Orgel- und Klaviermusik.

Josquin-Desprez, * in der Picardie um 1440, † Condé 27. Aug. 1521 (?), Niederländer, seit etwa 1460 in Mailand, Rom, Ferrara, Paris und anderen Musikzentren, im Alter kehrte er in seine Heimat zurück. Als Schüler Ockeghems vertraut mit durchimitierendem a-cappella-Stil, mit dem er die italienische Musik beeinflußte. Umgekehrt hat er in Italien gelernt, die Skala der Empfindungen wie die der Klangmöglichkeiten zu erweitern. Entscheidend ist sein Versuch, durch die Musik den Wort- und Sinngehalt der Texte aufzudecken. Das ist ihm in einer Weise gelungen, daß er von seinen Zeitgenossen als «Fürst der Musik» bezeichnet wurde. Hauptwerke: etwa 20 Messen (berühmt die *Pangue lingua,* die *L'homme armé*), 90 meist 4stimmige *Motetten (Stabat mater, Laudate pueri dominum),* 70 4- bis 6stimmige Chansons (überwiegend auf französische Texte), Instrumentalsätze (Neuausgaben).
LITERATUR: H. Osthoff: J. D., 2 Bde. (1961, 1963).

Judenkünig, Hans, * Schwäbisch Gmünd um 1450, † Wien 4. März 1526, als berühmter, nach 1500 in Wien wirkender Lautenist schrieb er zwei der ersten deutschen Lautentabulaturwerke (1515, 1523) mit Liedübertragungen und Spielanweisungen für Laute und Geige.

Juon, Paul, * Moskau 6. März 1872, † Vevey 21. Aug. 1948, schweizerischer Abstammung, wirkte anfangs in Rußland, später fast ausschließlich in Deutschland als hochgeschätzter Lehrer. Als Komponist Nachromantiker mit impressionistischem Einschlag, zugleich Polyrhythmiker mit vielfach variablen Metren (Einflüsse der russischen Volksmusik). Orchesterwerke, Klavier-, Cello- und 3 Violinkonzerte (teilweise programmusikalisch, *Mysterien* nach Hamsun, 1928), Kammermusik vom Duo bis zum Sextett (Trio *Caprice* nach S. Lagerlöfs «Gösta Berling», 1908), Klaviermusik, Lieder nach Dehmel, Holz, Rilke u. a. Unterrichtswerke für Kontrapunkt (1932) und Harmonielehre 1919 (*Anleitung zum Modulieren,* 1929).

Kabalewski, Dmitri Borissowitsch, * Petersburg (heute Leningrad) 30. Dez. 1904, Russe, Schüler u. a. von Mjaskowski, seit 1939 Konservatoriumsprofessor in Moskau, 1952 Sekretär des Sowjetischen Komponistenverbandes; Vertreter des sozialistischen Realismus, schreibt unter Anwendung russischen Volksgutes Orchesterwerke (3. Sinfonie: Requiem für Lenin), zwei Klavier-, ein Violin- und ein Cellokonzert, Kammer- und Klaviermusik, Kantaten (*Große Heimat,* 1942), Lieder, Musik für Bühne, Film und Funk, Opern (*Unbesiegbar,* 1948; *Nikita Wereschenin,* nach Iwanows «Panzerzug 14–69», 1955; *Colas Breugnon,* nach R. Rolland, 1938).

Kadosa, Pál, * Léva 6. Sept. 1903, Ungar, Pianist, von der ungarischen Volksmusik (Kodály, Bartók), aber auch Strawinsky beeinflußt; vier Sinfonien, drei Klavier-, zwei Violin-, ein Bratschenkonzert, drei Streichquartette, Trios, Duos, Klavierstücke, Lieder, politische Kantaten, Oper *Abenteuer in Huszt* (1951).

Kagel, Mauricio, * Buenos Aires 24. Dez. 1931, bis 1957 in Argentinien als Theater- und Rundfunk-Kapellmeister tätig, seither in Europa beim Studio für Elektronische Musik (WDR) sowie seit 1974 als Leiter einer Klasse (Professor) für Neues Musiktheater an der Musikhochschule Rheinland in Köln tätig und als Gastdirigent an den Plätzen der Avantgarde; schrieb u. a. *Turmmusik* für Instrumente und Musique concrète (1954), *Transicion II* für Klavier, Schlagzeug und zwei Tonbänder (1959), *Sur scène,* absurdes Theater für Sprecher, Mimen, Sänger, 3 Instrumentalisten (1960), *Metapièce / Mimetics* für Klavier (1961), *Heterophonie,* für Soloinstrumente (1961); *Antithese* für einen Darsteller mit elektronischen und öffentlichen Klängen (1962); *Match* für 3 Spieler (1964); *Diaphonie I–III* (1964); Musik für Renaissance-Instrumente (1966); Streichquartett (1967); *Hallelujah* für Stimmen (1968); Phantasie für Orgel mit Obbligati (1967); *Der Schall* für 5 Spieler (1968); *Ein Aufnahmezustand,* Hörspiel 1969; *Acustica* (1970); *Klangwehr* für schreitende Musikkorps (1970); *Staatstheater* (Opernauftrag für Hamburg 1970/71); Filme (u. a. *Hallelujah,* 1968; *Ludwig van…,* 1970). *Kantrimusik* (1975); *MM51* (für Klavier und Metronom, 1977); *Die Erschöpfung der Welt* (szen. Aktion, 1980); *Aus Deutschland* (Eine Lieder-Oper, 1981). – Aufsätze u. a. in der Zeitschrift «die reihe», VII (1960) und in den «Darmstädter Beiträgen zur Neuen Musik» (9 und 10).
LITERATUR: D. Schnebel: M. K. (1970); M.K.-Sonderheft «Musik und Bildung» IX, 1977 (mit Bibliographie und Diskographie).

Kalkbrenner, Friedrich, * auf Reisen zwischen Kassel und Berlin Nov. 1785, † Enghien-les-Bains bei Paris 10. Juni 1849, Klaviervirtuose, geschätzter Lehrer, Teilhaber an Pleyels Klavierfabrik in Paris, entwickelte eine neue Spieltechnik (Spiel aus dem Handgelenk, auch beim Oktavengriff); Etüden, Klavierkonzerte und -sonaten.

Kalliwoda, Johann Wenzel, * Prag 21. Febr. 1801, † Karlsruhe 3. Dez. 1866, böhmischer Herkunft, wirkte fast sein ganzes Leben in Donaueschingen (Violinvirtuose, Hofkapellmeister, Organisator, Lehrer). Von seinen einst vielgespielten und vielgesungenen rund 300 Werken hat sich der Männerchor *Das deutsche Lied* bis ins 20. Jahrhundert erhalten, auch einige Kirchenmusik.

Kálmán, Emmerich, * Siófok am Plattensee 24. Okt. 1892, † Paris 30. Okt. 1953, Ungar, hatte bis in die jüngste Gegenwart Welterfolge als Operettenkomponist: *Herbstmanöver* (1909), *Der Zigeunerprimas* (1912), *Die Csárdásfürstin* (1915), *Das Hollandweibchen* (1920), *Gräfin Mariza* (1923), *Die Zirkusprinzessin* (1926), *Das Veilchen vom Montmatre* (1930), *Marinka* (1945), *Arizona Lady* (1954).

Kalomiris, Manolis, * Smyrna (heute Izmir) 14. Dez. 1883, † Athen 3. April 1962, Grieche, studierte in Athen und Wien, unterrichtete in Rußland, wirkte seit 1919 als Konservatoriumsdirektor in Athen; repräsentativer Komponist des neuen Griechenland, baut auf Volksgut auf, das er mit vorderasiatischen Themen und westeuropäischer Kompositionstechnik verbindet, schrieb u. a. Sinfonien (*Die Sinfonie der unwissenden und guten Menschen; Sinfonie der Helden*), eine *Griechische Suite,* Konzerte, Kammermusik, Lieder, vier Opern (darunter *Der Ring der Mutter,* 1917, deutsch 1940).

Kaempfert, Bert, * Hamburg 16. Okt. 1924, † Cala Brava (Mallorca) 22. Juni 1980, Arrangeur und Komponist, studierte an der Musikhochschule Hamburg, erfolgreich mit Fernsehshows und Schallplatten der Unterhaltungsindustrie (*Wonderland by Night, Strangers in the Night*); Welttourneen mit Freddy Quinn.

Kaminski, Heinrich, * Tiengen 4. Juli 1886, † Ried bei Benediktbeuren 21. Juni 1946, Sohn eines altkatholischen

Pfarrers und der Opernsängerin Mathilde Barro, studierte in Heidelberg zunächst Nationalökonomie, dann Musik bei Ph. Wolfrum und (1909–1914) in Berlin bei P. Juon u.a. Lebte 1914 bis 1930 völlig zurückgezogen, dann bis 1933 Professor für Komposition in Berlin und Musikvereinsleiter in Bielefeld, danach wieder in Ried. Seine polyphonen, vielrhythmischen, dynamisch ununterbrochen wechselnden Werke sind Ergebnisse mystischen Erlebens und Denkens. Klavierwerke (u.a. *Klavierbuch*, 1934; *Zehn kleine Übungen für das polyphone Klavierspiel*, 1935; *Klavierbüchlein*, 1948), Duos, Trios, Quartette, Quintette, Orchesterwerke (u.a. *Concerto grosso*, 1922; *Dorische Musik*, 1933; Klavierkonzert, 1936), Orgelstücke, weltliche und geistliche Lieder, A-cappella-Chöre, Chorwerke (u.a. *Introitus und Hymnus*, 1919; *Magnificat*, 1926), Opern (*Jürg Jenatsch*, 1929, nach C. F. Meyers Roman; *Das Spiel vom König Aphelius*, 1951, Text vom Komponisten). Zu Kaminskis Schülern zählen Orff, Schwarz-Schilling, E. Doflein.

Karkoschka, Erhard, *Mährisch-Ostrau 6. März 1923, studierte Musik und Musikwissenschaft (Dissertation über A. Webern), lebt seit 1958 an der Musikhochschule in Stuttgart (Instrumentation, Komposition), schrieb zwischen 1955 und 1965 u.a. die Orchester- und Chorwerke *Vier Stufen für Orchester*, 1965; *O.A.M.D.G.* für Bariton und 12 Instrumente, *Bewegungsstrukturen* für zwei Klaviere, *Desideratio Dei* für Orgel; auch elektronische Musik. – Untersuchte *Das Schriftbild in der Neuen Musik* (1965) und andere Probleme zeitgenössischen Musikschaffens.

Karlowicz, Mieczysław, *Wieszniewo (Litauen) 11. Dez. 1876, †Zakopane 10. Febr. 1909 (Lawinentod), Pole, ausgebildet in Warschau, Berlin, Leipzig, arbeitete bis 1906 in Warschau als Dirigent der Musikgesellschaft, dann freischaffend in Zakopane; gilt als einer der wichtigsten polnischen Neuromantiker vor Szymanowski; schrieb sinfonische Dichtungen (*Traurige Mär, Auferstehung* u.a.), Kammermusik, Lieder und Duette. – Herausgeber von Chopin-Dokumenten (in polnischer und französischer Sprache).

Kattnigg, Rudolf, *bei Treffen (Kärnten) 9. April 1895, †Wien 2. Sept. 1955, Österreicher, Schüler u.a. von J. Marx, Dirigent, Lehrer, Komponist. Werke für Orchester, Klavierkonzerte und Kammermusik erfolgmäßig überschattet von leichteren Bühnenstücken (*Donna Miranda*, 1953; *Balkanliebe*, 1937).

Kauer, Ferdinand, *Klein-Tajax 18. Jan. 1751, †Wien 13. Apr. 1831, Österreicher, Singspiele mit Ritterromantik, Hanswurstiaden, Zaubereien usw., berühmte Konkurrenz für Mozarts «Zauberflöte» war *Das Donauweibchen* (1798, aus dem gleichen Jahr eine Oper *Der Waffenschmied*), Oratorium *Die Sintflut* (1809).

Kauffmann, Leo Justinus, *Dammerkirch (Elsaß) 20. Sept. 1901, †(bei Luftangriff) Straßburg 25. Sept. 1944, in Köln Schüler u.a. von Abendroth und Jarnach, 1940 Konservatoriumsprofessor in Straßburg; teils nachromantisch-impressionistisch, teils neoklassizistisch getönte Werke, eine Sinfonie (1942), die Opern *Die Geschichte vom schönen Annerl* (1943, zuvor als Funkballade) und *Das Perlenhemd* (1944), Chorwerke, Kammermusik.

Kaufmann, Arnim, *Neu-Itzkany (Bukowina) 30. Okt. 1902, Amerikaner österreichischer Herkunft, ausgebildet in Brünn und Wien (J. Marx), als Quartettist und Geiger tätig, Märchen-, Kinder- und Schulopern, Quartettinos, Mandolinenkonzert, *Das alizarinblaue Zwergenkind* (Ballade nach Münchhausen).

Kaufmann, Walter, *Karlsbad 1. Apr. 1907, Kanadier böhmischer Herkunft, Studium an der Universität Prag, wirkte 1934–1937 als Dirigent in Indien, seither in Kanada und in den USA (1957 Professor an der Bloomington University); schrieb *Six Indian miniatures*, 1944, die Kleinstadtoper *A parfait for Irene*, 1952, Sinfonien und andere Orchesterwerke, auch *Zwölftonstücke*, die

Fernsehoper *Christmas slippers,* Ballette, Vokalwerke.

Kaun, Hugo, *Berlin 21. März 1863, †ebenda 2. Apr. 1932, wirkte 1887 bis 1902 in den Vereinigten Staaten (Milwaukee) als Dirigent, dann vorwiegend in Berlin; erfolgreich mit Werken spätromantischer Richtung: Opern (*Sappho,* 1917, nach Grillparzer; *Der Fremde,* 1920), Sinfonien, sinfonische Dichtungen, Ouvertüren, Klavierkonzerte, Violinkonzert, Kammer- und Klaviermusik, Lieder, Balladen, Duette, Männerchöre (*Requiem* mit Solo, einstimmigem Knabenchor, Orchester), Frauenchöre, gemischte Chöre (Oratorium *Mutter Erde,* 1914; sinfonische Dichtung *Auf dem Meere,* 1904). – *Aus meinem Leben* (1931).

Kayn, Roland, *Reutlingen 3. Sept. 1933, studierte an der TH Stuttgart (Max Bense) und an der Hochschule für Musik in Berlin (Boris Blacher), arbeitete in den Elektronischen Studios Köln (WDR), München (Siemens), Warschau (Rundfunk), lebt in Hamburg; komponierte nicht unbeeinflußt von Kybernetik und Informationstheorie, u. a. *Impulse* für 7 Raumklangstrahler (elektronisch) (1960), *Phasen* für Sprachklänge und 4 Schlagwerkgruppen (1961), *Alletropie* für multiple Instrumentalformationen (1962), *Cybernetics* für Vokalgeräusche und 77 Instrumente (1966), *Signals* für Orchester (1964–1966), *Entropes PE 31* (1967–1970).

Kayser, Leif, *Kopenhagen 13. Juni 1919, Däne, studierte in Kopenhagen, Stockholm und Paris Musik, Theologie in Rom, lebt seit 1949 als Geistlicher, Organist und Domchordirektor in seiner Vaterstadt, schrieb u. a. Sinfonien, Hornkonzert, Kammermusik, ein Weihnachtsoratorium, a-cappella-Chöre, Messen.

Keiser, Reinhard, *Teuchern getauft 12. Jan. 1674, †Hamburg 12. Sept. 1739, Thomasschüler in Leipzig, wirkte als Hofkapellmeister in Braunschweig, Schwerin, Ludwigsburg, Kopenhagen, als Leiter des Operntheaters in Hamburg. Melodisch begabt, gerühmter Orchestertechniker, schrieb mehr als 100 teils mythologisch verbrämte, teils unverblümt zotige Opern, u. a. *Störtebekker und Jödge Michaels* (1701), *Odysseus, Orpheus* (beide 1702), *Der durch den Fall des großen Pompejus erhöhete Julius Cäsar* (1710), Arien und Lieder, kirchenmusikalische Werke, auch Kammermusik.

Kelemen, Milko, *Prodravska Slatina 30. März 1924, Jugoslawe, studierte in Agram, Paris (Milhaud, Messiaen, Aubin), Freiburg im Breisgau (Fortner), seit 1962 Leiter der von ihm gegründeten Zagreber Biennale für Neue Musik, erhielt Rundfunk- und Bühnen-Auftragswerke vor allem in Deutschland, übernahm 1970 eine Kompositionsklasse am Schumann-Konservatorium in Düsseldorf, 1973 an der Musikhochschule Stuttgart (Professor), schrieb u. a. Concertino für Kontrabaß und Streicher (1959), *Skolion* für Orchester (1960), *Epitaph* für Mezzosopran, Bratsche, Schlagzeug (1961), *Transfiguration* für Klavier und Orchester (1961, für seine Landsmännin Branka Musulin), *Équilibres* für zwei Orchester (1962, Auftragswerk für Bonn, 1963 mit dem Bonner Beethoven-Preis bedacht), Kammerballette für seinen Landsmann Sertič, Solokantate nach Sartres «Wörtern» (1966), *Motion* für Streichquartett (1968), *Narrenoper* (nach S. Brants «Narrenschiff» und Dürers «Apokalypse», 1970/71, Werkauftrag der Stadt Nürnberg zum Dürerjahr 1971), *Opera Bestiale* (nach F. Arrabal, 1976), *Monogatari* für 12 Gesangssolisten (1977). Aufsätze: Klanglabyrinthe (1980).

Kéler, Béla, *Bartfeld 13. Febr. 1820, †Wiesbaden 20. Nov. 1882, Ungar, wirkte in Wien, Berlin, Wiesbaden, ungarische, polnische, wienerische, berlinerische Tänze und Märsche, *Lustspielouvertüre, Ungarische Lustspielouvertüre.*

Keller, Wilhelm, *Wels 8. Aug. 1920, Österreicher, Unterricht u. a. bei J. N. David, seit 1950 Lehrer an der Nordwestdeutschen Musikakademie Detmold, auch pädagogisch interessiert an der Neuen Musik (Orffs Schulwerk, elektronische Versuche, Grundsatzfragen), als Komponist besonders Vokalschöpfungen zugewandt (Chortriptychon *Amate*, 1951; Chorgebete *Gott, befrei uns von der Angst*, 1952; *Cantata humana*, 1957, nach verschiedenen Dichtern), Lieder (nach Morgenstern, M. Claudius u. a.), Sing- und Spielbuch *Der Sonnenkäfer* (1956), Orchesterwerk *Save our souls* (1953), Kulturfilmpartituren; *Handbuch der Tonsetzlehre* (1957).

Kelterborn, Rudolf, * Basel 3. Sept. 1931, Schweizer, studierte u. a. bei W. Burkhard und Fortner; Dirigent, Lehrer, Komponist, seit 1955 in Basel, seit 1960 bis 1968 in Detmold als Theorielehrer tätig (1963 Professor), seither an der Musikhochschule Zürich, übernahm 1969 die Schriftleitung der «Schweizerischen Musikzeitung», betätigt sich auch als Dirigent; schrieb u. a. Suite für Blechbläser, Streicher und Schlagzeug (1954), *Metamorphosen, Orchestervariationen* (1957), *Missa* (1958), *Mouvements für Orchester* (1959), *Scènes fugitives* für Blockflöte und Kammerorchester (1961), Kammermusik, *Elegie* nach Texten der Sappho und G. Trakls (für Mezzosopran, Oboe, Bratsche, Cembalo und Schlagzeug), *Nachtstücke* für Streicher, Bläser, Klavier (1963), Opernoratorium *Die Errettung Thebens* (1963), *Die Flut* (1965), *Kaiser Jovian* (1967); *Phantasmen* für großes Orchester (1967), Sinfonie I (1968), 5 Madrigale für große Orchester und 2 Solostimmen (1969), *Musica spei* für Chor, Orgel, Sopran (1969), Sinfonie II (1970), Musik für Klavier und 7 Bläser (New York 1970), *Ein Engel kommt nach Babylon* (Oper nach F. Dürrenmatt, Zürich 1977).
LITERATUR: D. Larese und F. Goebels: R. K. (1970).

Kempff, Wilhelm, * Jüterbog 25. Nov. 1895, Organistensohn, studierte in Berlin, konzertiert seit 1916, war 1924 bis 1930 Direktor der Stuttgarter Hochschule, lebt seit 1944 in Bayern, trat als Komponist hervor mit programmatischer Sinfonik (Ouvertüre zu Kleists «Hermannsschlacht», mit 3 Luren), Klavierkompositionen, Chorwerken, Liederzyklen, Opern (*Die Flöte von Sanssouci*, 1928; *König Midas*, 1931, nach Wieland; *Familie Gozzi*, 1934; *Die Fasnacht von Rottweil*, 1937; Texte vom Komponisten). Autobiographie (1951).

Kerll, Johann Kaspar von, * Adorf (Vogtl.) 9. Apr. 1627, † München 13. Febr. 1693, einer der großen Orgelmeister seiner Zeit, studierte in Italien bei Carissimi und Frescobaldi, konvertierte; wirkte in München und Wien. Opern, Jesuitendramen, Messen und andere kirchliche Kompositionen, Triosonaten, Orgelwerke.

Kern, Matthias, * Neuendettelsau 31. Mai 1928, studierte Komposition und Kirchenmusik bei K. M. Komma und S. Reda; seit 1952 kirchenmusikalische Tätigkeit, ab 1965 in Hannover *(Herrenhäuser Kirchenmusiktage)*; schrieb Chorwerke (Psalmen, geistl. Kantaten), Orgelsuiten, sinfonische und Kammermusik.

Keußler, Gerhard von, * Schwanenburg (Livland) 23. Juni 1874, † bei Dresden 21. Aug. 1949, Dirigent in Prag, Berlin, Hamburg, Melbourne. Spätromantiker, oratorische Schöpfungen wie *Jesus aus Nazareth* (1917), das Marienoratorium *Die Mutter* (1919), *Zebaoth* (1907 und 1924), «sinfonische Dramen» (*Gefängnisse*, 1914; *Die Geißelfahrt*, 1923), Lieder auf eigene Dichtungen.

Khatschaturian, Aram, siehe Chatschaturian.

Kiel, Friedrich, * Puderbach 8. Okt. 1821, † Berlin 13. Sept. 1885, ausgebildet bei S. Dehn in Berlin, gilt als Führer der Berliner akademischen Schule: *Tedeum, Stabat mater* (1863), *Missa solemnis* (1865), Oratorien *Christus* (1870) und *Der Stern von Bethlehem* (1884), Instrumentalwerke, Liederkreis nach verschiedenen Dichtern.

Kienzl, Wilhelm, * Waizenkirchen 17. Jan. 1857, † Wien 3. Okt. 1941, Österreicher, studierte in Graz, Prag, Wien und Leipzig, arbeitete 1879 unter Wagner in Bayreuth, Kapellmeister in Amsterdam, Krefeld, Graz, Hamburg, München, seit 1917 ständig in Wien; schrieb Lieder, Chöre, Klavier-, Kammer-, Orchestermusik und Opern, davon ist allgemein bekannt *Der Evangelimann* (1895; enthält Volks- und Kinderszenen), einen Welterfolg hatte auch der *Kuhreigen* (1911), in dem Wilhelm Kienzl die schweizerische Volksmelodie gleichen Namens mit «Zu Straßburg auf der Schanz» verwebt. Gesammelte Aufsätze usw.; eine Autobiographie erschien im Jahre 1926.

Killmayer, Wilhelm, * München 21. Aug. 1927, studierte u. a. bei Orff, seit 1961 Ballettkapellmeister in München, schrieb u. a. *Kammermusik für Jazz-Instrumente* (1958), *Tre danze* für Oboe und Schlagzeug (1959), Klavierkonzert, *Le petit savoyard* (1956, für Sopran, Flöte, Pikkolo, Violine, Cello, Baß, Cembalo und 4 Schlagzeuge), Lieder und Gesänge nach García Lorca, Shakespeare, Goethe, Petrarca und französischen Chansons; Fernsehoper *La buffonata* (1961), *Yolimba* (Posse, nach Tankred Dorst, 1964), Sinfonie (1970), Chorkantate *Landate* (1973), zwei sinfonische Dichtungen (1978).

Kilpinen, Yrjö, * Helsinki 4. Febr. 1892, † ebenda 2. März 1959, Finne, studierte in Helsinki, Wien und Berlin, einer der wenigen Komponisten des 20. Jahrhunderts, die sich fast ausschließlich dem Lied widmen (400 von etwa 700 liegen gedruckt vor), durch sorgfältiges Deklamieren an H. Wolf erinnernd, stets im Finnischen verwurzelt (auch bei ausländischen, besonders deutschen Texten): 31 bildkräftige Laulua (Lieder) nach H. Jalkanen, 15 Lieder nach P. Lagerkvist, 37 Lieder nach V. A. Koskenniemi, Lieder nach Ch. Morgenstern, A. Sergel, H. Löns, R. M. Rilke, H. F. von Zwehl.

Kindermann, Johann Erasmus, * Nürnberg 29. März 1616, † ebenda 14. Apr. 1655, studierte bei J. Staden und in Venedig, wirkte seit 1636 als Organist in Nürnberg, schrieb außer entwicklungsgeschichtlich bedeutsamer frühbarocker Instrumentalmusik geistliche Gesänge mit Generalbaß (*Musicalische Herzen-Trost-Blümlein,* 1643, für eine Singstimme, zwei Diskantviolen und Generalbaß; *Canzoni,* 1653, für 1–4 Violen). (Neudrucke.)

Kirchner, Theodor, * Neukirchen bei Chemnitz 10. Dez. 1823, † Hamburg 18. Sept. 1903, trat 1843 als erster (!) Schüler ins neugegründete Leipziger Konservatorium ein, wirkte in Zürich, Meiningen, Dresden, Würzburg, Leipzig, Hamburg, Meister des kleinen Klavierstücks, Fortsetzer von Schumann, jedoch mit unverkennbarem Eigenstil, mehr als 1000, oft zyklisch zusammengefügte Charakterstücke, Lieder, Kammermusik. – Briefe, 1949 (Herausgeber P. O. Schneider).

Kirnberger, Johann Philipp, * Saalfeld 24. Apr. 1721, † Berlin 27. Juli 1783, Schüler von J. S. Bach, dessen Stil er mit dem von C. Ph. E. Bach zu verbinden suchte. Bedeutend als Musiktheoretiker (*Die Kunst des reinen Satzes in der Musik,* 1771–1779; *Methode, Sonaten aus'm Ermel zu schüddeln,* 1783 [Würfelspiel-Motivkomponieren]).

Kjui, Zesar Antonowitsch, * Wilna 18. Jan. 1835, † Petrograd (heute Leningrad) 24. März 1918, Russe, Sohn eines Franzosen und einer Litauerin, von Beruf Militäringenieur (Generalleutnant), kompositorisch der schwächste der russischen «Gruppe der Fünf»; im Grunde Epigone Schumanns, der Neudeutschen und Berlioz'. Schrieb etwa 300 Lieder, Klavierstücke, Kammermusik, Orchesterwerke, neun Opern (u. a. *William Ratcliff,* 1869; *Der Gefangene im Kaukasus,* 1883; *Das Gelage während der Pest,* 1901), vollendete Mussorgskis nachgelassenes Opernfragment *Der Jahrmarkt von Sorotschinzy.* Im Jahre 1918, seinem Todesjahr, legte er einen Sammelband aufschlußreicher Musikkritiken vor.

Klami, Uuno, * Virolahti 20. Sept. 1900, † ebenda 29. Mai 1961, Finne, studierte bei Ravel in Paris und bei Bruno Walter in Wien, schrieb im Stil und Sinne von Sibelius Tondichtungen wie *Kalewala-Suite, Limminkäinen, Aurora borealis, Vipunen* (für Männerchor und Orchester).

Klebe, Giselher, * Mannheim 28. Juni 1925, seit 1937 in Berlin, Unterricht bei Wolfurt, Rufer, Blacher, seit 1957 Kompositionslehrer an der Detmolder Akademie. Führender serieller Zwölftonkomponist, bei dem sich sorgfältige Planung und unmittelbarer Ausdruckswille die Waage halten, stößt zu einer neuen «Tonalität» vor, schrieb u. a. die gewichtigen Opern *Die Räuber* (1957, nach Schiller; zwölf Zwölftonreihen, Nummernopern mit teilweise altklassischen Formen), *Die tödlichen Wünsche* (1959, nach Balzac), *Alkmene* (1961, nach Kleist), *Figaro läßt sich scheiden* (1963, nach Horváth), *Jacobowski und der Oberst* (1965, nach Werfel), *Das Märchen von der schönen Lilie* (1969, nach Goethe), Ballette wie *Menagerie Lulu* und *Fleuronville* (beide 1956), ferner Orchestermetamorphose über Klees Bild *Die Zwitschermaschine* (1950), Sinfonien, Tanzszene *Estatico* für Schlaginstrumente (1956), Concerto grosso *Espressioni liriche* (1956, mit Trompete, Horn und Posaune als Concertino), Doppelkonzert (Violine und Cello, 1954), Cellokonzert (1958), *Concerto a cinque* für Klavier, Cembalo, Harfe, Schlaginstrumente, Kontrabaß (1965), Kammermusik vom Solo bis zum (Klavier-)Quintett, *Römische Elegien* für Sprecher, Klavier, Cembalo, Kontrabaß (1953, nach Goethe), elektronische *Interferenzen für vier Lautsprecher* (1956), *Raskolnikows Traum*, dramatische Szene für Sopran, Klarinette und Orchester (1956), *Adagio und Fuge* nach einem Motiv aus Wagners «Walküre» (1962), Missa *Miserere nobis* für 18 Bläser (1964), *Stabat mater* für Soli, Chor, Orchester (1964), mit dem Mailänder Marzotto-Preis ausgezeichnet, *Introitus, Aria ed Alleluja* für Orgel (1965), Messe *Gebet einer armen Seele* für 4- bis 8stimmigen gemischten Chor und obligate Orgel (1966), Passacaglia (1968) und Fantasie (1970) für Orgel; Studie II für Schlaginstrumente (1965), *Recitativo, Aria e Duetto* für Altflöte und Gitarre (1967), *Herzschläge – Furcht, Bitte und Hoffnung*, sinfonische Szene für Beatband und großes Orchester (1970); Opern: *Ein wahrer Held* (nach J. M. Synge, 1975), *Das Mädchen von Domrémy* (nach Schillers Drama *Die Jungfrau von Orléans*, 1976), *Der jüngste Tag* (nach Ö. von Horvath, 1980).

Kleber, Leonhard, *um 1490 bei Göppingen, †Pforzheim 4. März 1556, ausgebildet in Heidelberg, Organist und Vikar in Horb, Esslingen, Pforzheim, gab 1524 eines der wichtigen frühen Tabulaturwerke für Orgel heraus, mit über hundert drei- bis fünfstimmigen weltlichen und geistlichen, überwiegend eigenen Kompositionen (Neuausgaben, Teildrucke).

Klein, Bernhard, *Köln 6. März 1793, †9. Sept. 1832, Cherubini-Schüler in Paris, Domkapellmeister in Köln, 1818 nach Berlin berufen (Universitätsmusikdirektor), leitete Palestrinarenaissance ein, schrieb u. a. *Stabat mater*, Oratorium *Jephta* (1829), Kantate *Hiob* (1822), Lieder und Balladen nach Goethe (Erlkönig).

Klemetti, Heikki, *Kuortane 14. Febr. 1876, †Helsinki 26. Aug. 1953, Finne, studierte in Berlin, Gründer und (Reise-) Leiter des Universitätschores «Suomen Laulu»; für die Entwicklung der Chorkomposition Finnlands so wesentlich wie Kilpinen für das Lied und Sibelius für die Instrumentalmusik; Männer- und Frauenchöre, Lieder, Instrumentalwerke, Messen.

Klenau, Paul von, *Kopenhagen 11. Febr. 1883, †ebenda 31. Aug. 1946, Däne, studierte in Kopenhagen, Berlin, München und Wien, wirkte als Dirigent in deutschen und österreichischen Städten, suchte Anschluß an die deutsche Musik auf der Linie Bruckner–Richard Strauss–Schönberg–Hindemith, gelangte zu einer chromatisch funktional bleibenden Zwölftonmusik, schrieb außer Sinfonien (z. T. mit Programm), Kammer- und Klaviermusik insbesondere Orchesterlieder, Ballette (*Klein-Idas Blumen*, 1916, nach Andersen) und vor allem Opern, darunter *Gudrun auf Island* (1918), *Die Lästerschule* (1927, nach Sheridan), *Michael Kohlhaas* (1933, nach H. v. Kleist), *Rembrandt van Rijn* (1937), *Elisabeth von England* (1939, als *Die Königin*, 1940); die Texte der Werke stammen meist vom Komponisten.

Klose, Friedrich, * Karlsruhe 29. Nov. 1862, † Ruvigliana bei Lugano 24. Dez. 1942, Schweizer, Unterricht u. a. bei Anton Bruckner; einer der Führer der «Münchener Schule», wirkte in Basel, München, Berlin, seit 1920 endgültig in der (südl.) Schweiz; Oper *Ilsebill* (1903), Oratorium *Der Sonne-Geist* (1918, nach Mombert), sinfonische Dichtungen, Elegie für Violine und Orchester, d-Moll-Messe, Streichquartett («ein Tribut in vier Raten entrichtet an Seine Gestrengen, den deutschen Schulmeister», 1911), Lieder, Gesänge. *Meine Lehrjahre bei Anton Bruckner* (1927).

Klussmann, Ernst Gernot, * Hamburg 25. Apr. 1901, studierte in seiner Heimatstadt, später bei J. Haas in München, wirkte als Hochschulprofessor in Köln und Hamburg; Entwicklung über Mahler zu Schönberg (ohne dessen System nachzuahmen): Sinfonien, Cellokonzert, Streichquartette, Klavierquintett, Chorwerke (*Ultima Thule,* 1950; *Hymne an Zeus,* 1954, *Herodias,* 1964, nach Mallarmé), Lieder nach Binding, Hausmann, Rilke.

Knab, Armin, * Neuschleichach (Landkreis Haßfurt) 19. Febr. 1881, † Bad Wörishofen 23. Juni 1951, bis 1934 hauptberuflich Jurist, Landgerichtsrat in Würzburg, 1935–1943 Professor für Komposition an der Hochschule für Musikerziehung in Berlin, nach dem Kriege wieder in Unterfranken; suchte Volkslied und Kunstlied auf hoher Ebene zu verschmelzen, erstrebte eine «deckende Melodik» in einstimmigem und polyphonem Gesang, lehnte bloße Füllstimmen ab, verlangte Sangbarkeit, Entsprechung zum Dichterwort, eigenes Formgesetz; 150 Klavierlieder, darunter Vertonungen nach George, Dehmel, Mombert, Eichendorff, *Des Knaben Wunderhorn,* ferner bedeutsam 40 Kinderlieder, dazu richtungsweisende Chorwerke a cappella und mit Begleitung, *Weihnachtskantate* (1932), Hölderlin-Hymnen *Das heilige Ziel* (1939), Oratorium *Das gesegnete Jahr* (1943, nach neun Dichtern) und zahlreiche andere Chorwerke, Bühnen-, Funk-, Instrumentalkompositionen. – Schriften: A. K., «Denken und Tun», Aufsätze (Herausgeber H. Wegener, 1959).
LITERATUR: O. Lang, A. K. (1981, mit Werkverzeichnis).

Knorr, Ernst Lothar von, * Eitorf (Sieg) 2. Jan. 1896, † Heidelberg 30. Okt. 1973, studierte in Köln und Heidelberg (George-Kreis), lebte vor dem Zweiten Weltkrieg in Berlin und Frankfurt am Main, nach dem Krieg in Trossingen und 1952–1961 als Direktor der Musikhochschule in Hannover, seither in Heidelberg; Knorrs Kompositionsmanuskripte bis zum Jahre 1944 gingen im Krieg verloren, seither schrieb er u. a. Weihnachtskantate für zwei Soprane und Orgel, Weinheber-Chöre, Wilhelm-Busch-Kantaten, Streichquartett nach Gryphius.

Koch, Friedrich Ernst, * Berlin 3. Juli 1862, † ebenda 30. Jan. 1927, wirkte seit 1917 in Berlin, hochgeschätzter Pädagoge, u. a. Lehrer von Boris Blacher, wird als Komponist zu den «Berliner Akademikern» gerechnet: Orchester-, Kammermusik, Opern, Chorwerke mit Orchester *(Von den Tageszeiten, Die Sündflut).*

Kochan, Günter, * Luckau (Niederlausitz), studierte bei Blacher und Eisler in Berlin, ist seit 1950 (1967 Professor) Kompositionslehrer an der H.-Eisler-Hochschule für Musik in Berlin (Ost); schrieb Sinfonien und Solokonzerte, auch politische Kantaten (*Ernst Thälmann,* 1959; *Das Testament des Ho Chi-minh,* 1971; *Das Friedensfest,* 1979), ferner Filmmusik.

Kodály, Zoltán, * Kecskemét 16. Dez. 1882, † Budapest 6. März 1967, Ungar, studierte in Budapest Komposition (bei H. Koessler) und Sprachwissenschaften, mit Bartók erforschte er jahrzehntelang ungarische Volksmusik (Dissertation *Über Strophenbau im ungarischen Volkslied,* 1906), mit 25 Jahren Professor für Komposition in Budapest, nach dem Ersten Weltkrieg wurden die bedeutendsten seiner Werke in der Welt bekannt, während er selbst in Ungarn unablässig seine musikpädagogische Arbeit im Sinne einer Verselbständigung und Hebung der nationalungarischen Musik fortsetzte und organisatorisch wichtige Ämter bekleidete.

Vorliebe für Vokalmusik führte Kodály zur Durchforschung des ungarischen Volksliedes und dessen Verwendung im eigenen Werk, auch in seinen Instrumentalschöpfungen. Dabei ist der Komponist keineswegs verschlossen gegenüber Anregungen aus der westeuropäischen (französisch-impressionistischen) Musik, doch schafft sich das (im weitesten Sinne) Nationalungarische seine eigenen, metrisch, rhythmisch, melodisch und rhapsodisch bestimmten Klangräume. In gewissem Sinne gegensätzlich zu Bartók erscheint sein Streben nach Allverständlichkeit, wobei Inhalte wie Vaterland und Freiheit an erster Stelle stehen. Hauptstilmerkmale: einstimmige Großlinien, Pentatonik, polyphone Bindung, Freude am Klangeffekt, Ausspinnen einer Melodie, ballende Harmonik, metrisch-rhythmische Kontrastspannungen, mystisches Versenken.

OPERN

Háry János (1926, Text von B. Paulini und Z. Harsányi, Singspiel), Verwendung ungarischer Volkslieder; auch Orchestersuite.

Die Spinnstube (1932, Text stammt von B. Szabolcsi), *Lebensbild aus Siebenbürgen.*

ORCHESTERWERKE

Marosszéker Tänze (1930, zuvor Klavierfassung, 1927), Einschlag von Zigeunermusik; *Tänze aus Galánta* (1931); *Variationen über ‹Der Pfau ist aufgeflogen›* (1939); Konzert für Orchester (1939); sinfonische Dichtung *Ein Sommerabend* (erste Fassung 1906, Neufassung 1930); Sinfonie (1961).

KAMMERMUSIK

Duo für Violine und Violoncello (1914), Serenade für 2 Violinen und Viola (1920), zwei Streichquartette (1908, 1917), Sonate für Cello solo (1915), Sonate für Violoncello und Klavier (1909), Klaviermusik, so *10 Stücke* (1909), *7 Stücke* (1918), *Marosszéker Tänze* (s. o.), *Kindertänze* (pentatonisch, für schwarze Tasten, 1945).

VOKALMUSIK

Kodálys wichtigstes Schaffensgebiet reicht vom einstimmigen Lied bis zum großen Chorwerk mit Orchester, von pentatonischen Singübungen bis hin zum vaterländischen Hochgesang und vom politischen Bekenntnis bis hin zu religiöser Inbrunst.

Psalmus Hungaricus (1923), nach dem 55. Psalm und ungarischen Texten des 16. Jahrhunderts für Tenor, gemischten Chor, Orchester. Des Komponisten bekanntestes Werk. Behandelt das Suchen nach innerem Frieden aus einer Welt der Verzweiflung.

Budavári Tedeum (1936), vier Solostimmen, gemischter Chor und Orchester.

Missa brevis (1942), Solostimme, gemischter Chor, Orchester oder Orgel.

Zrinyis Mahnruf (1955), für Bariton und gemischten Chor.

Nationale Männerchöre nach Petöfi, darunter *Schlachtgesang, Die ungarische Nation, Leben oder Tod,* das wuchtige *Nationallied* (1956).

Kádár Kata für Alt und Kammerorchester.

Männer-, Frauen-, gemischte Chöre, Kinderchöre, mit und ohne Begleitung, Kantaten, Duette und Sololieder; Singübungen; zehn Hefte Ungarische Volkslieder.

LITERATUR: Biographie von L. Eősze (1964); Festschrift (1962); Werkverzeichnis in: «Ungarische Komponisten» («Musik der Zeit», Heft 9, 1954, Hg. H. Lindlar); B. Szabolcsi: Geschichte der ungarischen Musik (1964).

Koechlin, Charles, *Paris 27. Nov. 1867, †La Canadel 31. Dez. 1950, Franzose, aus dem Elsaß stammend, am Pariser Konservatorium ausgebildet (Massenet, Gédalge, Fauré), gründete mit Ravel u. a. die S[ociété] M[usicale] I[ndépendante], wirkte als Erzieher und Publizist auf eine entromantisierte Moderne hin, insbesondere bei der Gruppe «Les Six» (Milhaud u. a.), schrieb Chorwerke, Bühnen-, Ballett- und Filmmusiken, Sinfonisches *(Vier Jahreszeiten),* Konzerte, Kammermusik, Liederzyklen *(Chansons de Bilitis).* Verfasser einer Biographie über seinen Lehrer Fauré sowie über seinen Gesinnungsfreund Satie; dreibändige Harmonielehre.

Koellreutter, Hans Joachim, *Freiburg im Breisgau 2. Sept. 1915, Brasilianer, studierte Musik und Musikwissenschaft in Berlin (Hindemith), wurde 1937 als Kompositionsprofessor nach Rio de Janeiro berufen, ging 1943 nach São Paulo, gründete Gruppe und Zeitschrift «Musica Viva Brasil», vorübergehend nach dem Zweiten Weltkrieg auch in Deutschland tätig, schreibt vorwiegend Instrumentalmusik, auch mit südafrikanischen Instrumenten.

Koenig, Gottfried Michael, * Magdeburg 5. Okt. 1926, Studienjahre in Braunschweig, Detmold und Köln, wo er seit 1954 Mitarbeiter am Studio für Elektronische Musik (Westdeutscher Rundfunk) war, Lehrbeauftragter an den Hochschulen Köln, Utrecht, Bilthoven, Essen; leitet seit 1964 das Studio für elektronische Musik an der Universität Utrecht. *Essay* für elektronische Klänge (1957, in Frequenztabellen gedruckt vorliegend), *Jeremias* (1963), *Funktionen* (Klangfarben-Spektren, 1968).

Koerppen, Alfred, * Wiesbaden 16. Dez. 1926, durchlief das Musische Gymnasium in Frankfurt am Main (K. Thomas), wirkt als Theorielehrer in Hannover, mitführend in der Kirchenmusik, schrieb u. a. Oratorien, Motetten, Hymnen, Kantaten, *Missa pro Fidei Propagatione,* (Männer-)Chöre, Instrumentalwerke (Sinfonie *Die Apokalypse des Johannes*).

Koetsier, Jan, * Amsterdam 14. Aug. 1911, Niederländer, wirkt seit 1950 beim Rundfunk in München, Dirigent und Komponist; schrieb Kammermusik und Orchesterwerke.

Kollo, Walter, eigentlich Kollodziejski, * Neidenburg (Ostpreußen) 28. Jan. 1878, † Berlin 30. Sept. 1940, berlinische Singspiele, Operetten, Possen: *Der Juxbaron* (1916), *Die tolle Komteß* (1916), *Wie einst im Mai* (daraus: *Es war in Schöneberg, im Monat Mai*).

Komma, Karl Michael, * Asch (Böhmen) 24. Dez. 1913, studierte in Prag Komposition bei F. Finke, Musikwissenschaft bei G. Becking, promovierte in Heidelberg (1936, *Johann Zach*), während des Krieges Leiter der Musikschule in Reichenberg (Böhmen), seit 1954 Professor für Musikgeschichte in Stuttgart (Musikhochschule und Technische Hochschule); schrieb Orchester-, Kammer- und Klaviermusik (Duo für 2 Klaviere, 1963), Kantaten (*Erhalt uns, Herr;* Ostervesper; Matthäuspassion; *Lob des Weines,* nach G. Britting), geistliche Konzerte für Alt und Orgel.

Komzák, Karl * bei Moldautein 4. Nov. 1823, † ebenda 19. März 1893, Tscheche, Kantor, k. u. k. Militärkapellmeister, schrieb vielgespielte Tänze *(Badner Madeln)* und Armeemärsche (Erzherzog-Albrecht-Marsch); sein gleichnamiger Sohn (1850–1905) war Militär- und Kurkapellmeister, er lieferte ebenfalls beliebte Promenadenmusik *(Münchner Kindl).*

Konjovic, Petar, * Curug 5. Mai 1883, † 1. Okt. 1970, Jugoslawe, studierte in Prag (Novák), war Opernleiter in Zagreb, zuletzt Musikwissenschaftler an der Nationalakademie in Belgrad, schrieb unter dem Einfluß seiner Tätigkeit als Volksliedsammler das Prinzip Janáčeks auf die Vertonung serbischer Texte anwendend, die Oper *Kostana* (1931), sinfonische Variationen.

Kopelent, Marek, * Prag 28. April 1932, Tscheche, Komponist und Pianist von «Poesie-Programmen»; schrieb Hörspiel- und Filmmusiken u. a. zu Kafkas Novelle *Die Verwandlung.*

Korn, Peter Jona, * Berlin 30. März 1922, Musikstudium bei Rubbra in London, Wolpe in Jerusalem, Toch und Schönberg in Los Angeles, 1948 bis 1956 Leiter des Neuen Orchesters von Los Angeles und einer Kompositionsklasse California University, seit 1967 Leiter des Richard-Strauss-Konservatoriums in München. Hauptwerke: 3 Sinfonien, Orchestervariationen; Solokonzerte für Violine, Violoncello, Oboe, Horn, Altsaxophon, Trompete; Kammer- und Klaviermusik; Lieder und Chöre; Oper *Heidi in Frankfurt* (1978). – Schrift: *Musikalische Umweltverschmutzung* (1975).

Kornauth, Egon, *Olmütz 14. Mai 1891, †Wien 28. Okt. 1959, Österreicher, studierte in Wien u.a. bei Schreker und F. Schmidt, wurde selbst Lehrer, wirkte in Südostasien, seit 1936 wieder in Wien, 1945 Salzburg; Neuromantiker, schrieb Sinfonien, Orchestersuiten, Konzerte für Violine, Bratsche, Cello, Flöte, Klavier, Kammermusik mit und ohne Klavier, Klavierlieder (meist nach romantischen Dichtern), Gesänge mit Orchester (*Gesang der späten Linden,* für Frauenchor und Orchester).

Korngold, Erich Wolfgang, *Brünn 29. Mai 1897, †Los Angeles-Hollywood 29. Nov. 1957, Österreicher, Sohn eines führenden Wiener Musikkritikers, schrieb schon als Achtjähriger kleine Kompositionen, hatte Unterricht bei R. Fuchs und Zemlinsky. Seine von Zemlinsky instrumentierte Pantomime *Der Schneemann,* die er mit 11 Jahren komponierte, führte F. Schalk an der Wiener Hofoper auf. Trat als Dirigent und Pianist auf. 1934 ging er in die USA (Hollywood, New York). In erster Linie Theatermusiker, der von den Veristen ebensoviel übernommen hat wie von Puccini und R. Strauss, schon früh hat er sich selbst kopiert und damit seinem einst rauschenden (allerdings auch oft kritisierten) Ruhm geschadet. Opern u.a.: *Der Ring des Polykrates* (1916), *Violanta* (1916), *Die tote Stadt* (1920, sein größter Erfolg), *Das Wunder der Heliane* (1927), *Kathrin* (1939); Filmmusik, daraus auch Konzertsuiten; Orchester- und Kammermusik, Lieder, Schauspielmusik.

Koschat, Thomas, *bei Klagenfurt 8. Aug. 1845, †Wien 19. Mai 1914, Österreicher, komponierte Hunderte von weitverbreiteten Männerchören mit Instrumentalbegleitung *(Am Wörther See, Verlassen, verlassen, verlassen bin i);* Pseudofolklore.

Kotonski, Włodzimierz, *Warschau 23. Aug. 1925, Pole, studierte in Warschau, komponierte zunächst in neoklassizistischer Manier, wandte sich seit Kontakten (Darmstadt, WDR Köln) seriellen und mit der westdeutschen Avantgarde elektronischen Verfahren zu, Mitarbeiter am Elektronischen Studio bei Radio Warschau, andererseits auch Erforscher und Sammler polnischer Musikfolklore; schrieb u.a. *Kammermusik* für 21 Instrumente und Schlagzeug (1958), *Musique en relief* für Orchester (1959), *Canto* für Kammermusikensemble (1961), *Etude concrète* über einen Bekkenschlag (1961), *Monochromie* für Oboe (1964), *Mikrostrukturen* (1964, elektronisch).

Kounadis, Arghyris, *Konstantinopel 14. Febr. 1924, Grieche, kam nach Jura- und Musikstudium zu W. Fortner nach Freiburg im Breisgau, wo er seit 1963 als Professor für Komposition wirkt. Schrieb Kammer- und Konzertmusik sowie Bühnenstücke vorwiegend experimenteller Art («Instrumentales Musiktheater»); *Der Gummisarg* (1968), *Die verhexten Notenständer* (1971), *Teiresias* (1975), *Der Ausbruch* (1975), *Die Baßgeige* (1978).

Křenek, Ernst, *Wien 23. Aug. 1900, Österreicher, studierte bei F. Schreker in Wien und Berlin, ging 1923 in die Schweiz, wirkte am Staatstheater Kassel unter dem besonders als Musikschriftsteller bekannten Paul Bekker; seit 1928 wieder in seiner Heimatstadt, wo er sich mit der Zwölftonmusik auseinandersetzte. Nach 1933 wurden seine Werke in Deutschland nicht, in Österreich kaum aufgeführt, so daß Křenek auf verstärkte Tätigkeit als Dirigent und Pianist in verschiedenen Ländern angewiesen war; ging 1938 in die Vereinigten Staaten, wo er u.a. in Hollywood als Komponist, Dirigent und Universitätslehrer tätig ist. Křenek hat in vielen Vorträgen und Schriften seine Auffassung von Musik dargelegt. Als Komponist zeigte er eine Wandlungsfähigkeit, die überraschend wirkt, aber als Beweis für künstlerische Aufgeschlossenheit und Vitalität angesehen werden muß. Niemand sprich ihm urmusikantische Begabung ab und die scheinbar entgegengesetzte Fähigkeit, seine jeweils geschaffenen Werke mit geistiger Bestimmtheit zu erläutern und zu begründen.
Die Frühwerke lassen erkennen, daß Křenek sich von dem schwelgerischen

Klangimpressionismus seines Lehrers Schreker ferngehalten hat. Anfang der zwanziger Jahre verschrieb er sich einem atonalen Radikalismus, übernahm Elemente des Jazz, weniger konstruktiv als wirkungsbewußt. Die Zeit seiner großen Bühnenerfolge läßt ihn als Beherrscher theatralischer Möglichkeiten erkennen, dem alle Mittel von der Romantik bis zum vorweggenommenen Bühnenexistentialismus zur Verfügung stehen. Eine neuromantische Periode wiederum wird abgelöst durch eine Reihe von Werken im Zwölftonsystem, in das Polyphonie einschwingt, mehr von der menschlichen Stimme her bestimmt als von nur «gedachten» oder instrumentalen Linien. Auf dieser Ebene stehen seine letzten Kompositionen, die durch serielle und elektronische, bisweilen ironisch scheinende Einsprengsel durchsetzt sind.

BÜHNENWERKE (Texte, soweit nicht angegeben, vom Komponisten)

Die Zwingburg (1924, szenische Kantate in einem Akt; Text der endgültigen Fassung von F. Werfel).

Der Sprung über den Schatten (1924, *komische Oper*).

Orpheus und Eurydike (1926, Text von O. Kokoschka), psychologische Umdeutung der griechischen Sage.

Jonny spielt auf (1927, Jazzoper).

Der Diktator (1928).

Das geheime Königreich (1928, Märchenoper).

Schwergewicht oder Die Ehre der Nation (1928, Satire gegen die Behauptung eines Diplomaten, irgendein Kanalschwimmer oder anderer Nationalheros habe für die Weltgeltung des deutschen Namens mehr getan als alle Künstler und Gelehrten).

Leben des Orest (1930, existentialistische Umdeutung des griechischen Sagenstoffes).

Karl V. (1938, neu 1958, Sterbeszene des Kaisers mit zeitlichen Rückblenden auf früheres Geschehen und Erleben; Zwölftonwerk).

Tarquin (1950, Text E. Lavery); Kampf zwischen Macht (Staat) und Geist (Kirche); Kammeroper.

Dunkle Wasser (1950).

Pallas Athene weint (1955), Kampf zwischen untätiger Demokratie (Athen) und tätiger Diktatur (Sparta), zwischen menschlicher Freiheit und unmenschlichem Zwang.

Der Glockenturm (1957, nach Melville).

Ausgerechnet und verspielt (1963), Fernsehoper.

Der goldene Bock (1964), amerikanisierte Argonautensage.

Das kommt davon (Sardakai) (1970).

Bühnenmusik zum Salzburger «Jedermann» (1961).

Neueinrichtung von Monteverdis «Krönung der Poppea».

Ballette: *Mammon* (1925), *Der vertauschte Cupido* (1925, nach Rameau), *Achte Schlagzeile* (1939), *Les climats* (1963).

ORCHESTERWERKE

5 größere Sinfonien (zwischen 1921 und 1949). *Kleine Sinfonie* (1928), *Sinfonisches Stück* für Streichorchester (1939), *I wonder as I wander* (1942), *Brasilianische Sinfonietta* (1952), *Lustige Märsche* für Blasorchester, *Kette, Kreis und Spiegel* (1958), *Elf Transparente* (1954), *Grenzklänge* (1957) für Schlaginstrumente mit Violine, *Quaestio temporis* (1960), *Aus drei mach sieben* (1965), *Horizont umkreist* für Orchester (1967), *Fivefold Enfoldment* (1969).

Konzerte: für Klavier (1923, 1937, 1946, 1950), für 2 Klaviere (1951), für Violine (1924, 1954), für Cello (einschließlich Capriccio; 1953, 1955, 1959), zwei Doppelkonzerte (für Klavier und Orgel 1940, für Violine und Klavier 1950), Harfenkonzert (1951).

KAMMERMUSIK

7 Streichquartette (1921–1944); Soli für Holzbläser, Streicher; Duos, Trios, Quartette, Quintette in verschiedener Besetzung («Alpbach»-Quintett).

KLAVIERWERKE

Sonaten, Sonatinen, Variationen, Fugen, Tokkata und Chaconne, Suiten und andere Klavierstücke (Ergänzung einer unvollendeten Schubert-Sonate in C); Orgelsonate.

VOKALWERKE

A-cappella-Chöre: Für Frauenstimmen (*Fünf Gebete*, 1944), Männerstimmen (*Jagd im Winter*, 1933), gemischten Chor (*Lamentatio Jeremiae Prophetae*, 1942), besonders zu nennen: *Guten Morgen, Amerika* (1956, nach C. Sandburg),

Zwölfton-Messe (1958, mit Orgel), *Proprium missae* (1954), sechs Motetten (1959, nach Kafka).
Mit Instrumenten: u.a. *Kantate von der Vergänglichkeit des Irdischen* (1932), *Spiritus, intelligentiae, sanctus* (1956, Pfingstoratorium für Singstimmen mit elektronischen Klängen), *Sestina* mit 9 Instrumenten (1957), Lieder und Liederzyklen (meist mit Klavier) nach Dichtungen von Klopstock, Goethe, Storm, K. Kraus, Kafka u.a.; hervorzuheben der Zyklus *Reisetagebuch aus den österreichischen Alpen* (1929, Texte von Křenek), *Medea* (1951, dramatischer Monolog für Mezzosopran und Orchester, aus der Oper *Der goldene Bock*).
BÜCHER UND SCHRIFTEN: E. K.: Selbstdarstellung (1948); Musik im goldenen Westen (1949); Zwölfton-Kontrapunktstudien (1952); De rebus prius factis (1956); Zur Sprache gebracht (1958) und Gedanken unterwegs (1959); Komponist und Hörer (1960); Prosa, Dramen, Verse (1965); Reflections of my music (1974). – Lothar Knessl: E. K. (1967).

Krenz, Jan, *Włocławek 14. Juli 1926, Pole, studierte Klavier, Dirigieren, Komposition in Warschau und Lodz, 1953–68 Chefdirigent bei Radio Kattowitz, 1968–78 Chefdirigent der Warschauer Oper; schrieb Orchester-, Chor- und Kammermusik.

Kreuder, Peter, *Aachen 18. Aug. 1905, Österreicher, studierte in München und Hamburg, war als Kapellmeister in Berlin (Reinhardt) und München (Schauspiel) tätig, nach dem Krieg zunächst als Filmkomponist in Hollywood und Buenos Aires, schrieb über 150 Filmmusiken (Zarah Leander), auch Operetten und die Oper *Der Zerrissene* (1940, nach Nestroy). Legte 1955 eine Autobiographie vor *(Schön war die Zeit)*.

Kreutzer, Konrad (Conradin, eigentlich Konrad K. Kreuzer), *Meßkirch bei Sigmaringen 22. Nov. 1780, †Riga 14. Dez. 1849, Sohn eines Müllers, sollte Pfarrer werden, studierte Jura, wurde Musiker und wirkte in Konstanz, Wien, Stuttgart, Donaueschingen, abermals Wien, Köln, nochmals Wien, Riga. Schrieb Klavierkonzerte, Kammermusik, Lieder, Chöre *(Die Kapelle, Das ist der Tag des Herrn)*, ein Oratorium, Schauspielmusiken und 30 Opern, unter diesen die *Romantische Oper, Das Nachtlager von Granada* (1834) und Bühnenmusik zu dem Schauspiel *Der Verschwender* (1834, nach Raimund).

Kreutzer, Rodolphe, *Versailles 16. Nov. 1766, †Genf 6. Jan. 1831, Franzose, Geigenvirtuose, Beethoven widmete ihm die Violin-Klavier-Sonate op. 47, die er ursprünglich für den mulattischen Geiger Bridgetower komponiert hatte, schrieb Opern, u.a. *Johanna von Orleans* (1790), und Ballette, 19 Violinkonzerte, Kammermusik, vielgespielte Etüden für Violine; gab mit seinen beiden Kollegen P. Rode und P. F. Baillot die Violinschule des Pariser Konservatoriums heraus (1799 u.ö.).

Krieger, Adam, *Driesen 7. Jan. 1634, †Dresden 30. Juni 1666, Schüler von Scheidt, 1655 Nikolai-Organist in Leipzig, 1658 Hoforganist in Dresden, seinerzeit wohl der am meisten gesungene Liederkomponist, Hauptsammlungen die 50 *Arien* (ein-, zwei- und dreistimmig mit Ritornellen für Streicher und Basso continuo, 1657) und die 50 *Neuen Arien* (ein-, zwei-, drei- und fünfstimmig mit Ritornellen für 5 Streicher und Basso continuo, 1667).

Krieger, Johann Philipp, *Nürnberg 26. Febr. 1649, †Weißenfels 7. Febr. 1725, studierte in Dänemark und Italien, wirkte seit etwa 1680 als Hofkapellmeister in Weißenfels und soll für das dortige Theater mehr als vierzig deutsche Opern geschrieben haben; ferner etwa 2000 Kantaten, dazu Triosonaten, Suiten, einige Klavierwerke. – Sein Bruder Johann (1652–1735) war als Organist und Kirchenkomponist tätig (Zittau).

Krohn, Imari, *Helsinki 8. Nov. 1867, †Helsinki 25. Apr. 1960, Finne, Sohn eines Kalewala-Forschers, studierte in Leipzig, widmete sich der Erforschung finnischer Folklore (1918–1935 als Universitätsprofessor in Helsinki), nahm Einfluß auf Neugestaltung der finnischen

Liturgie, schrieb Oratorien, Orgelmusik u.a.

Krol, Bernhard, * Berlin 24. Juni 1920, studierte in Wien und Berlin, wirkte seit 1945 als Hornist im Orchester der Staatsoper Berlin, seit 1961 im Sinfonieorchester des Süddeutschen Rundfunks Stuttgart. Hauptwerke: *Missa brevis* für Chor und Hörnerquartett, *Requiem* für 4- bis 8stimmigen Chor und Blechbläser, *Passio* für Tenor, Chor und Orchester, Weihnachts-, Oster- und Pfingstkantaten, Magnificat-Variationen für Bachtrompete und Streicher, Lasso-Variationen für Bratsche und Cembalo, Scarlatti-Variationen für Mandoline und Kammerorchester, Kammermusik verschiedenartiger Besetzung, *Study in jazz* für Horn und Orchester, *Pulcinella,* Komödie für Musik (1961, Textbuch C. Hotzel), *Berliner Gotteslob-Messe* (1980).

Kubelík, Rafael, * Bychorie 29. Juni 1914, Tscheche, Sohn des Violinvirtuosen Jan Kubelík (1880–1940), international geschätzter Dirigent, seit 1959 Chef der Rundfunksinfoniker in München, schrieb Sinfonien, Konzerte, Kammermusik, Opern (*Veronika,* 1948; *Cornelia Faaroli,* 1972). Kantate *Pro memoria Patris, Libera nos* (1964, Requiem für Soli, Chor, Orchester), *Orphikum* für Orchester (1979).

Kuhlau, Friedrich, * Uelzen 11. Sept. 1786, † Lingby bei Kopenhagen 12. März 1832, floh 1810 nach Kopenhagen, um dem französischen Militärdienst zu entgehen. Seine singspielartige Oper *Der Elfenhügel* (1828) gilt als erste dänische Nationaloper. Bekannt noch heute durch seine Sonatinen für Klavier, hinter denen die gehaltvollen Klaviersonaten zurücktreten, auch durch den Chor *Über allen Gipfeln ist Ruh.* Kammermusik (Flöte), Orchester-, Vokalwerke.

Kuhnau, Johann, * Geising bei Pirna 6. Apr. 1660, † Leipzig 5. Juni 1722, universal gebildet, Jurist, Pamphletist (*Der musicalische Qvack-Salber,* 1700), Organist, Dirigent, Thomaskantor vor J. S. Bach, schrieb Kantaten, Orgel- und Klavierwerke; bekannt seine – meist nur auf Klavichord oder Cembalo wirksamen – Sammlungen *Neue Clavier-Übung* (1689, 1692, vierzehn *Partiten* und eine Sonate), *Frische Clavier Früchte* (1696, sieben Sonaten), *Musicalische Vorstellung einiger Biblischer Historien* (1700, sechs *Sonaten* mit bildhaften Überschriften).

Kukuck, Felicitas, * Hamburg 2. Nov. 1914, studierte in Berlin (Hindemith), schrieb vorwiegend Jugend- und Spielmusik, ein biblisches Oratorium *Das kommende Reich* (1953).

Kunadis, Arjiris, siehe Kounadis, Arghyris.

Künneke, Eduard, * Emmerich 27. Jan. 1885, † Berlin 27. Okt. 1953, studierte u.a. bei Max Bruch, wollte ursprünglich «ernste» Musik schreiben, wurde aber nach seinen ersten Singspielerfolgen förmlich zur Operette gedrängt. Diese Gattung hat er mit seinen gepflegten Melodien, seiner straffen, vielfach polyphonen Satzkunst, seiner geschmackvollen Instrumentierung und der – mindestens in den Hauptwerken nie ins Vulgäre abgleitenden – volkstümlichen Sprache auf eine besondere Ebene gehoben. Schrieb 7 Opern, 4 Singspiele, 20 Operetten, darunter *Der Vetter aus Dingsda* (1921; *Ich bin nur ein armer Wandergesell*), *Glückliche Reise* (1932), Schauspiel- und Filmmusik, Orchesterwerke, Klavierkonzerte, Vokalmusik.

Kunzen (Kuntzen), Friedrich Ludwig, * Lübeck 24. Sept. 1761, † Kopenhagen 28. Jan. 1817, wirkte als Dirigent in Berlin, Prag und Kopenhagen. Schrieb für Dänemark 15 Singspiele, teilweise noch heute lebendig, u.a. *Holger Danske* (1789, seinerzeit heftig umstritten, erst 150 Jahre später wieder aufgeführt), *Erik Ejegod* (1798). – Gab 1791/92 in Berlin mit J. F. Reichardt das «Musikalische Wochenblatt» heraus.

Kupkovič, Ladislav, * Bratislava 17. März 1936, Slowake, studierte in Bratislava, wo er 1963 das Ensemble «Hudna Dneška» (Musik von heute) gründete, übersiedelte 1969 in die Bundesrepublik Deutschland und ist seit 1973 (1976 Professor) an der Musikhochschule Hannover; machte sich durch «Wandelkonzerte« (mit Aufführungen, auch synchron, in verschiedenen Räumlichkeiten, auf Plätzen und Straßen) einen Namen; schrieb u. a. *Písmena* (Buchstaben) für 8 Vokalisten (1967), *Oktoedr* für dreimal 8 Instrumentalisten, *Klanginvasion*, Makrokomposition für die Stadt Bonn (Straßen, Plätze, Höfe, Parkanlagen usw.), zum Beethovenfest 1970.

Kurtág, György, * Lugos (Rumänien) 19. Febr. 1926, Ungar, studierte in Budapest (S. Veress, F. Farkas) und Paris (D. Milhaud, O. Messiaen), lehrt seit 1958 in Budapest, seit 1967 als Professor für Klavier-Kammermusik, schrieb vor allem Kammermusik (z. T. mit Cymbal) und Liederzyklen.

Kurzbach, Paul, * bei Zwickau 13. Dez. 1902, studierte bei Orff in München sowie am Konservatorium in Leipzig (Scherchen), frühzeitig in der Arbeiterbewegung tätig, seit Kriegsende Leiter der Volksmusikschule in Chemnitz (Karl-Marx-Stadt), schrieb Kantaten nach Brecht, Opernmoritaten wie *Thyl Claesz* (1956, nach de Coster), auch Orchester- und Kammermusik.

Kusser (Cousser), Johann Sigismund, getauft Preßburg 13. Febr. 1660, † Dublin Nov. 1727, in Stuttgart und Paris (Schüler von Lully) aufgewachsen, Kapellmeister in Wolfenbüttel, Nürnberg, Augsburg, Hamburg, Stuttgart, England, Irland; Orchestererzieher, Komponist zahlreicher Opern, vor allem für Hamburg, deren Musik aus Einzelarien und Orchesterstücken bekannt ist (*Cleopatra*, 1691; *Ariadne*, 1692).

Kusterer, Arthur, * Karlsruhe 14. Juni 1898, † Altensteig (Baden) 23. Dez. 1967; Kapellmeister, 1934–1945 Kompositionslehrer in Berlin, 1950 kurze Zeit in Ost-Berlin (Komische Oper), lebte als Musiklehrer im Schwarzwald; schrieb vorwiegend Spielopern wie *Casanova* (1921), *Der kleine Klaus* (1927), *Was ihr wollt* (1932), *Der Diener zweier Herren* (1936), *Katharina* (1938), Texte meist vom Komponisten; auch Klavierkonzert, Streichquartette, Lieder.

Kuusisto, Taneli, * Helsinki 19. Juni 1905, Finne, Organist und Komponist, ausgebildet in seiner Vaterstadt, Studienreisen nach Frankreich und Deutschland, seit 1955 Leiter der Kirchenmusikabteilung an der Sibelius-Akademie in Helsinki, schrieb liturgische und Orgelwerke, auch Kammermusik.

Kvapil, Jaroslav, * Freistadtl (Mähren) 21. Apr. 1892, † Brünn 18. Febr. 1958, Tscheche, studierte bei Janáček und Reger, Dirigent, Hochschullehrer, Komponist; führte 1923 erstmals Bachs Matthäuspassion in der Tschechoslowakei auf (200 Jahre nach der Uraufführung in Leipzig), seit 1945 Kompositionslehrer an der Janáček-Akademie in Brünn; schrieb Orchesterwerke, darunter 4 Sinfonien, Konzerte, Kammermusik, Chöre, Lieder, die Oper *Das Maimärchen* (1950) und das Oratorium *Löwenherz* (1931).

Labroca, Mario, * Rom 22. Nov. 1896, † ebenda 1. Juli 1973, Italiener, studierte bei Respighi und Malipiero, organisierte die Florentiner Musikfestwochen (Maggio Musicale), leitete nach dem Kriege das Teatro La Fenice in Venedig und die Scala in Mailand, zuletzt die Musikabteilung von Radiotelevisione Italiana, komponierte im neoklassizistischen Stil Kammeropern, Kammermusik, Klavierlieder, Bühnenmusiken (nach Sophokles, Shakespeare, Gozzi) und trat mit Passionskantaten nach Johannes hervor.

Lachenmann, Helmut, * Stuttgart 27. Nov. 1935, studierte 1955–1958 Kontrapunkt bei J. N. David in Stuttgart, arbeitete 1958–1960 bei L. Nono in Venedig, 1965 im Elektronischen Studio des Belgischen Rundfunks in Gent, lebt in München (1965 Kulturpreis der Stadt München), schreibt vorwiegend experimentelle Musik, u. a. *Consolation II* für 16 Stimmen a cappella (1968); *Klangschatten – Mein Saitenspiel* (für 48 Streicher und 3 Konzertflügel, 1972), *Schwankungen am Rande* (für Bläser, Streicher, elektrische Gitarre, Donnerbleche und 6 Regler, 1975).

Lachner, Franz, * Rain (Oberbayern) 2. Apr. 1803, † München 20. Jan. 1890, war Kapellmeister am Kärntnertortheater in Wien (befreundet mit Schubert, anerkannt von Beethoven), seit 1839

Hofkapellmeister in München, 1865 in den Schatten Wagners geraten, schrieb in Wiederaufnahme des Bach-Händelschen Orchestersatzes Sinfonien, Oratorien, Messen, Orgelwerke und Kammermusik, auch neoklassische Opern *(Benvenuto Cellini).*

Lajtha, László, * Budapest 30. Juni 1892, † ebenda 16. Febr. 1962, Ungar, Komponist und Folklorist, Studium in Budapest, Studienaufenthalte in Paris, lehrte in Budapest Folklore und Komposition, schrieb, etwa auf der Linie von Kodály, Orchester- und Kammermusik, Messen, Kantaten, Bühnen- und Ballettmusiken, veröffentlichte eine 4bändige Volksmusikkunde (1954 bis 1956). Werkverzeichnis in «Ungarische Komponisten» («Musik der Zeit», Heft 9, 1954, Hg. H. Lindlar).

Lalo, Édouard, * Lille 27. Jan. 1823, † Paris 22. Apr. 1892, Franzose spanischer Abkunft, Schüler u. a. von F. A. Habeneck, Spätromantiker mit frühimpressionistischem Einschlag; Vokalwerke, Kammermusik, Klavierstücke, Orchesterwerke, ein Klavier-, ein Cellokonzert, vier Violinkonzerte (davon das als *Spanische Sinfonie* bezeichnete viersätzige Werk besonders bekannt, 1873), die Oper *Le roi d'Ys* (1888), Ballett *Namouna* (1882).

Lambert, Constant, * London 23. Aug. 1905, † ebenda 21. Aug. 1951, Schüler von Vaughan Williams, Ballettkomponist und -dirigent, schrieb für die Balletts Russes (Diaghilew) und das Sadler's Wells Ballet *(Romeo und Julia, Pomona, Horoskop, Adam und Eva, Tiresias),* auch ein Jazzoratorium *(Rio Grande),* Kammer- und Konzertmusik.

Landi, Stefano, * Rom um 1590, † ebenda 28. Okt. 1639, Italiener, wichtig als einer der frühen Opernkomponisten in Rom (*La morte d'Orfeo,* 1619) und einer der ersten Verfasser von Kantaten; schrieb außerdem Messen, Madrigale, Lieder.

Landini (Landino), Francesco, * Fiesole um 1335, † Florenz 2. Sept. 1397, Italiener, als Kind erblindet, Gitarrist und Organist, verwaltete das Organistenamt an San Lorenzo in Venedig, bedeutendster Vertreter des Trecento mit 2- und 3stimmigen Ballate, Kanzoni, Madrigali im Stil der Ars Nova (Neuausgaben durch L. Schrade, v. Fischer, Ellinwood u. a.).

Landré, Guillaume (Willem Landré), * Den Haag 24. Febr. 1905, † Amsterdam 6. Nov. 1968, Pijper-Schüler, Nationalökonom, Jurist, Mitglied des Kunstrates, «Telegraaf»-Kritiker, Interimsleiter des Concertgebouw Orkest; Zwölftonkomponist in Werken seit Anfang der fünziger Jahre: *Sinfonia Sacra in Memoriam Patris* (1958), Chorwerke *Piae memoriae pro patria mortuorum* (1942), IV. Sinfonie (1955), *Permutazione sinfoniche* (1963).

Lang, Hans, * Weiden (Oberpfalz) 20. Aug. 1897, † München 7. Juli 1968, Haas-Schüler in München, Theorielehrer in Köln, München (Städtische Singschule), Eichstätt; Lieder und Chöre für Jugend und Volk (Glückwunschkantate), Orgel-, Klavier- und Kammermusik (Improvisationen).

Lang, Hans, * Wien 5. Juli 1908, Österreicher, Kabarett- und Kammerspiel-Komponist (*Fiakermilli,* Prag 1943), schrieb Musik zu über 50 Spielfilmen (*Der Hofrat Geiger,* Prag 1942, Wien 1947, darin *Mariandl; Die Rose vom Wörthersee,* Wien 1952).

Láng, István, * Budapest 1. März 1933, Ungar, studierte an der Liszt-Hochschule, war zunächst Leiter eines Puppentheaters und ist seit 1973 (1979 Professor) an der Budapester Musikhochschule tätig und Präsident des Ungar. Komponistenverbandes. Er schrieb Kammermusik, Solokonzerte (darunter eines für Xylophon), Sinfonien, Kantaten und die Oper *Der Feigling* (1964–68).

Lang, Max, * Basel 11. Jan. 1917, studierte Komposition bei Arthur Honegger, Dirigieren bei Hans Münch, war 1946–1951 Theaterkapellmeister in Zürich, seither in St. Gallen; Ballette: *Kirke* (1943), *Visions et masques* (1947), *Icare* (1957), *Das Urteil des Paris* (1961), *Dorian Gray* (1964); je 1 Violin-, Violoncello- und Klavierkonzert; Chor- und Kammermusik.

Langer, Ferdinand, *Heidelberg 21. Jan. 1839, †Kirneck (Schwarzwald) 25. Aug. 1905, im wesentlichen Autodidakt, wirkte am Mannheimer Hoftheater, schrieb Volks- und Märchenopern (*Dornröschen*, 1873; *Aschenbrödel*, 1879), bearbeitete Webers «Silvana».

Lanner, Joseph, *Wien 12. Apr. 1801, †Oberdöbling (heute Wien-Oberdöbling) 14. Apr. 1843, Österreicher, gründete ein Tanzorchester und wurde zum Vater des melodiös ausladenden zyklischen Wiener Tanzwalzers; schrieb über 200 Walzer *(Die Schönbrunner, Die Weber)*, Ländler, Galopps usw.

Larsson, Lars-Erik, *Åkarp 15. Mai 1908, Schwede, einer der wenigen schwedischen Komponisten, auf die die Neue Musik Europas eingewirkt hat (Larsson war Schüler von A. Berg), seit 1937 Dirigent beim Staatsrundfunk in Stockholm, 1947–59 Theorielehrer an der Musikakademie (Carlstedt, Eklund, Karkoff zählen zu seinen Schülern); schrieb Konzerte, Kammermusik, die Oper *Die Prinzessin von Zypern* (1937), *Missa brevis* (1954); *Ostinato* für Orchester (1963).

La Rue, Pierre de, *Tournai (?) um 1460, †Kortrijk 20. Nov. 1518, Frankoflame, Hofkapellist, Kanonikus, überragender Kontrapunktiker; erhalten: 30 Messen, 40 Motetten, 40 Chansons (Neudrucke).

Lassen, Eduard, *Kopenhagen 13. Apr. 1830, †Weimar 15. Jan. 1904, Studium in Brüssel (Rom-Preis), auf Empfehlung Liszts 1858 in Weimar zum Hofkapellmeister ernannt (Nachfolger von Liszt); schrieb Bühnenmusiken u. a. zu Goethes «Faust», Hebbels «Nibelungen», *Biblische Bilder* (Orchestergesänge), Konzerte, viele Lieder.

Lasso, Orlando di (Orlandus Lassus, Orlande de Lassus, Roland de Lassus), *Mons (Hennegau) um 1532, †München 14. Juni 1594, Niederländer, durchzog als junger Mann Italien (1553, Laterankapellmeister in Rom), war in Frankreich und England und wirkte spätestens von 1564 bis zu seinem Tode in München als Leiter der Hofkapelle. Die Zahl seiner (z. T. sehr umfangreichen) Werke wird auf über 2000 geschätzt, wovon etwa 1200 Motetten, 100 Magnificats, über 50 Messen, Bußpsalmen, Madrigale, deutsche Lieder, Chansons usw. sind. Von Königen und vom Volk gleichermaßen geachtet und geschätzt, galt er als «Fürst der Musik», als «belgischer Orpheus», als «durch Melodien heilender Arzt». Er vereinigte das hohe satztechnische Können der alten niederländischen Schule mit französischer Geschmeidigkeit und italienischer Kantabilität, erschüttert mit der Wucht seiner Bußpsalmen, erheitert mit kunstvoll-derben Landsknechtsliedern, baut mit breitgelagerten Harmonieblöcken und lockert mit beweglicher Stimmführung (meist 4–8 Stimmen). Die Hälfte seiner Motetten wurde 1604 durch seinen Sohn Rudolf als «Magnum opus musicum» herausgegeben. Eine Neuausgabe des Gesamtwerkes erscheint seit 1956, herausgegeben von der Bayerischen Akademie der Schönen Künste.
LITERATUR: W. Boetticher: Orlando di Lasso und seine Zeit (1958).

László, Aléxander, *Budapest 22. Nov. 1895, Ungar, 1915–1938 in Berlin, seither in den USA, Pianist und Komponist, bekannt geworden als Erfinder eines Farblichtklaviers (Synchromatoskop) und durch die Schrift *Farblichtmusik* (1925); komponierte Musik zu Fernsehfilmen und Tanzpantomimen; Stücke für das Farblichtklavier.

Lau, Heinz, *Stettin 8. Sept. 1925, Jarnach-Schüler in Hamburg, in Detmold bei W. Maler und in Zürich bei P. Hindemith; trat mit Chor- und Liederwerken (Motetten), Gebrauchsmusik für Jugendmusikkreise hervor; *Requiem für Anne Frank* (1968).

Launis, Armas Emanuel, *Hämeenlinna 22. Apr. 1884, †Nizza 7. Aug. 1959, Finne, Studium in Helsinki und Berlin, studierte bei Sibelius und W. von Bausznern, Lehrer, Volksliedforscher, Komponist nationalfinnischer Richtung; Instrumentalmusik, Vokalwerke, Opern (*Die sieben Brüder*, 1913, nach Aleksis Kivi; *Kullervo*, 1917, nach dem Volksepos «Kalevala»).

Lechner, Leonhard, *im Etschtal um 1553, †Stuttgart 9. Sept. 1606, Österreicher, Hofsängerknabe unter di Lasso in München, 1575 Lehrer in Nürnberg, 1595 Hofkapellmeister in Stuttgart, vereinigte in seinen Sammlungen (*Neue Teutsche Lieder*, 1576–1589) italienischen und deutschen Liedstil, also Stimmlinienkunst und Homophonie, schrieb ferner bedeutende Madrigale, eine *Johannespassion*, das *Hohelied Salomonis, Sprüche von Leben und Tod* (alle 4stimmig); bereitete eine Gesamtausgabe der Werke seines Lehrers di Lasso vor. Eine Gesamtausgabe seiner eigenen Werke ist seit 1954 im Erscheinen. Die Wiederbelebung Lechners wurde mitgetragen von der musikalischen Jugendbewegung seit den zwanziger Jahren.

Lechthaler, Joseph, *Rattenberg (Tirol) 31. Dez. 1891, †Wien 21. Aug. 1948, Adler-Schüler in Wien, Musikologe, Schulmusikerzieher, übernahm 1932 die Kirchen- und Schulmusikabteilung der Wiener Akademie (mit Unterbrechung von 1938–1945), wesentlicher Vertreter einer erneuerten Kirchenmusik in Österreich, schrieb u. a. Messen, Marienlieder (*Stabat Mater*, 1928, für Soli, Chor, Orgel, Orchester), Orgelwerke, Kammermusik.

Leclair, Jean-Marie, *Lyon 10. Mai 1697, †ebenda 22. Okt. 1764 (ermordet), Ballettmeister in Turin, Violinist in Paris, auch in den Niederlanden und Spanien tätig, Violinsonaten, Konzerte, Duos, Trios für Violine (Neuausgaben).

Lecocq, Alexandre Charles, *Paris 3. Juni 1832, †Paris 24. Okt. 1918, Franzose, Halévy-Schüler, neben Offenbach wichtigster französischer Operettenkomponist; *Mamsell Angot* (1872, aus dem Frankreich der Directoirezeit) und *Giroflé-Girofla* (1874, Doppelrolle einer Sängerin) noch heute beliebt. – Auch Ballettmusiken und Kirchenmusik sowie Klavierauszug zu Rameaus Ballettoper *Castor und Pollux*.

Lecuona, Ernesto, *Havanna 7. Aug. 1896, †Santa Cruz (Teneriffa), Kubaner, studierte am National-Konservatorium Klavier und Orchesterleitung, war erfolgreich als Leiter der *Lecuona Cuban Boys*, für die er Popmusik schrieb (*Concierto en rumba* für Klavier und Band, 1963), seine Zarzuelas (span.-kuban. Operetten) *Niña Rita* (1927) und *Lola Cruz* (1935) wurden zu Weltschlagern.

Leeuw, Ton de, *Rotterdam 16. Nov. 1926, Niederländer, war Messiaen-Schüler in Paris; seit 1959 Kompositionslehrer am Konservatorium in Amsterdam, dessen Direktor er 1972 wurde; schrieb Fernsehopern (*Litany of Our Time*, 1970), Ballette, Solokonzerte, Sinfonien, Kammermusik. – Schriften zur Musik des 20. Jahrhunderts.

Legrenzi Giovanni, getauft Clusone (Provinz Bergamo) 12. Aug. 1626, †Venedig 27. Mai 1690, Italiener, Organist in Bergamo, seit 1672 Konservatoriumsleiter und Kapellmeister an San Marco in Venedig. Als Instrumentalkomponist Wegbereiter für Corelli (Kirchen- und Kammersonaten für zwei bis sieben Stimmen), als Opernkomponist (u. a. *Eteocle*, 1675) Mitschöpfer der Dakapo-Arie. Schrieb Opern, Kantaten (auch für Solostimme), Messen, Psalmen, Motetten.

Lehár, Franz, *Komorn 30. Apr. 1870, †Bad Ischl 24. Okt. 1948, Sohn eines Militärkapellmeisters, kam mit 12 Jahren aufs Konservatorium in Prag, war jahrelang Militärkapellmeister. Der früh einsetzende Erfolg seiner Operetten ermöglichte es ihm, der Komposition und dem Dirigieren seiner Werke zu leben. Gilt als Meister der «zweiten Wiener Operettenklassik», übertrifft erfolgsmäßig sogar den Walzerkönig Johann Strauß. Mischung von ungarischen und österreichischen Bestandteilen, Schaffen für einen bestimmten Sänger (Richard Tauber, 1891–1948), bei Umgehen des Jazz französisch-kecke Rhythmen, Puccinis Melodiebögen, Sentimentalität. Unbezweifelbar Einfallsreichtum, Charak-

terisierungsfähigkeit für Menschen und Situationen, klanglich-handwerkliches Können, dramaturgische Disposition (II. Aktfinale).
HAUPTWERKE IM SPIELPLAN
(viele Frühwerke sind vergessen oder leben nur in Einzelnummern weiter):
Die lustige Witwe (1905, Text Victor Léon und Leo Stein); daraus: *Dann geh ich zu Maxim, Lippen schweigen, 's flüstern Geigen, Vilja-Lied.*
Der Graf von Luxemburg (1909, Text A. M. Willner und R. Bodansky); daraus: *Mädel klein, Mädel fein.*
Zigeunerliebe (1910, Text A. M. Willner und R. Bodansky; 1942 als Oper *Garabonciás).*
Paganini (1925, Text P. Knepler und B. Jenbach); daraus: *Gern hab ich die Frau'n geküßt.*
Der Zarewitsch (1927, Text B. Jenbach und H. Reichert); daraus: *Wolga-Lied.*
Das Land des Lächelns (1929, Text L. Herzer und F. Löhner, 1923 als *Die gelbe Jacke*); daraus: *Dein ist mein ganzes Herz, Immer nur lächeln, Meine Liebe, deine Liebe.*
Schön ist die Welt (1930, Text L. Herzer und F. Löhner; 1914 als *Endlich allein*); daraus: *Schön ist die Welt,* Hauptwalzer, auch Tangoweisen.
Ferner u. a.: *Wiener Frauen, Die Rastelbinder* (beide 1902), *Der Göttergatte, Die Juxheirat* (beide 1904), *Das Fürstenkind* (1909), *Eva* (1911), *Die ideale Gattin* (1913), *Wo die Lerche singt* (1918), *Frasquita* (1922), *Friederike* (1928, Singspiel um Goethe), *Giuditta* (1934, musikalische Komödie, Lehárs Lieblingskind).
LITERATUR: Lehár-Biographien schrieben St. Czech (1948; 1956), E. Decsey (1924), G. Brun (1970) u. a.

Lehner, Franz Xaver, * Regensburg 29. Nov. 1904, studierte in München, war Chormeister und Organist (Landsberg, Regensburg), wirkte seit 1948 am Würzburger Konservatorium, seit 1958 an der Münchner Akademie; erfolgreich mit Bühnenwerken (*Die schlaue Susanne, Die kleine Stadt,* beide 1957; *Die Liebeskette,* 1963), ferner Orchester- und Kammermusik (Klarinettenkonzert; Sinfonie, 1964).

Leibowitz, René, * bei Warschau 17. Febr. 1913, † Paris 28. Aug. 1972, französisch-polnischer Abstammung, lebt seit 1926 in Paris, studierte u. a. bei Webern (Wien 1931), auch bei Ravel, ist jetzt selbst Kompositionslehrer, aus dessen Zwölftonschule viele namhafte Komponisten hervorgingen. Schrieb u. a. drei Streichquartette, sechs sehr knappe, aber stark besetzte Orchesterstücke *Vehemente – Semplice – Funèbre – Con slancio – Melancholico – Agitato* (1954), ein Klavierkonzert (1957), Sinfonien, Opern; theoretische Schriften.

Leifs, Jón, * Hof Sólheimar (Nordisland) 1. Mai 1899, † Reykjavík 30. Juli 1968, Isländer, in Leipzig ausgebildet und als Dirigent tätig (Scherchen-Schule), 1934 Musikdirektor beim Isländischen Rundfunk, musik-politisch und folkloristisch tätig; schrieb Orgel- und Orchestermusik, Chorwerke, das choreographische Drama *Baldr; Islands künstlerische Anregung* (1951). Eine J.-L.-Gesellschaft besteht seit 1933.

Leigh, Walter, * London 23. Juni 1905, gefallen bei Tobruk 12. Juni 1942, Engländer, studierte in Cambridge und Berlin (Hindemith), leitete das Cambridge Festival Theatre, schrieb Opern, Pantomimen, Funk- und Filmmusik, die *Jubilee Overture* zur Krönung Georgs V. (1935), Concertino für Cembalo / Klavier und Streicher, Kammertrios, Sonatinen, Klavierstücke, Lieder.

Leighton, Kenneth, * Wakefield 2. Okt. 1929, Engländer, studierte Musik in London, Oxford und Rom (G. Petrassi), seit 1970 ist er Kompositionsprofessor an der Universität Edinburgh und schreibt vor allem im Auftrag von Rundfunk und Fernsehen Kammer- und Liedmusik (Bibeltexte und Gedichte von T. S. Eliot).

Lemacher, Heinrich, * Solingen 26. Juni 1891, † Köln 16. März 1966, studierte Musik in Köln, Musikwissenschaft in Bonn (Schiedermair), war 1924–1956 als Professor für Erziehung, Komposition und Kirchenmusik in Köln tätig, Mitbegründer der dortigen Gesellschaft für Neue Musik (Kirchenmusik), schrieb Messen, Motetten, Kammermusik, Klavierstücke, geistliche und weltliche Chorwerke, Hausmusikwerke in verschiedenen Besetzungen. Herausgeber von Lehrbüchern, Handbüchern (Kirchenmusik), Almanachen.

Lendvai, Erwin, * Budapest 4. Juni 1882, † Epsom (England) 21. März 1949, Ungar, studierte in Budapest, wirkte 1906 bis 1933 als Chorleiter in Deutschland (Volkschorbewegung), seither in England; trug mit Männerchorzyklen zur Erneuerung des Chorwesens bei (Arno-Holz-Texte; Psalm der Befreiung; Glockenlied).

Leo, Leonardo, eigentlich Lionardo Oronzo Salvatore de Leo, * San Vito degli Schiavi (Prov. Brindisi) 5. August 1694, † Neapel 31. Okt. 1744, Italiener, Nachfolger A. Scarlattis am Konservatorium in Neapel, Lehrer von Jommelli und Piccini; schrieb Oratorien, kirchliche Werke (berühmt ein achtstimmiges A-cappella-Miserere), Violin- und Cellokonzerte, Orgel- und Klaviertokkaten, Bühnenwerke im Spätstil der neapolitanischen Schule.

Leoncavallo, Ruggiero, * Neapel 23. April 1857, † Montecatini 9. Aug. 1919, Italiener, mit Mascagni Begründer des italienischen Verismo in der Oper: «Heut schöpfet der Dichter kühn aus dem wirklichen Leben schaurige Wahrheit», heißt es im Prolog zum *Bajazzo* (1892; wie Mascagnis «Cavalleria rusticana» hervorgegangen aus einem Preisausschreiben des Verlegers Sonzogno), leitmotivisch gearbeitetes «veristisches Musikdrama». Ein weiteres Dutzend Opern (darunter *La Bohème,* 1897; *Der Roland von Berlin,* 1904, nach Alexis, Auftrag Wilhelms II.) haben den Erfolg des *Bajazzo* nicht zu wiederholen vermocht.

Leoninus, Magister, † Ende des 12. Jahrhunderts, Chormeister in Paris, vor Perotinus Hauptvertreter der Notre-Dame-Schule («Ars antiqua»), dem die 95 zweistimmigen Organa über Responsoriumsmelodien (Messe, Offizium) des «Magnus liber organi» zugeschrieben werden.

Leopold I., * Wien 9. Juni 1640, † ebenda 5. Mai 1705, seit 1658 röm.-dt. Kaiser, komponierte geistliche Musik (Totenoffizien), Messen, Oratorien, Ballette (9 *Feste teatrali,* nachträglich gesammelt 1660–75), machte Wien zum Opernzentrum seiner Zeit.

Le Sueur, Jean François, * Drucat-Plessiel bei Abbeville 15. Febr. 1760, † Paris 6. Okt. 1837, Franzose, anfangs Organist, Konservatoriumsinspektor in Paris, 1804 als Nachfolger Paisiellos Hofkapellmeister Napoleons und nachmals der Bourbonen. Als Orchesterkomponist und Schriftsteller Vorläufer von Berlioz, der neben Thomas und Gounod zu seinen Schülern zählte; als Bühnenkomponist Vertreter der Revolutionsoper (*Die Räuberhöhle,* 1792; *Ossian oder Die Barden,* 1804; *Der Tod Adams,* 1809); ferner Oratorien, Messen.

Lesur, Daniel (auch Daniel-Lesur), * Paris 19. Nov. 1908, Franzose, seit 1957 Leiter der Pariser Schola Cantorum, ursprünglich zur «Jeune France» gehörend, dann Mitbegründer der «Spirale», später mit seinen Schülern M. Ohana und P. de la Forest Dironne Inspirator der Gruppe «Le Zodiaque», entschieden gegen übertriebenen Avantgardismus. Schrieb u. a. Klavierkonzert, eine «französische» und eine «mittelalterliche» Suite, sinfonische Dichtung, *Andrea del Sarto* (1950), Orgelwerke, Kammerkonzert für Klavier (1953), García-Lorca-Oden, Heine-Lieder, Fantasie für 2 Klaviere (1962).

Lhotka, Fran, * Jungwoschitz (Südböhmisches Gebiet) 25. Dez. 1883, † Zagreb 26. Jan. 1962, Jugoslawe, Schüler von Janáček und Dvořák in Prag, seit 1909 in Zagreb, Opernleiter, Konservatoriumsdirektor, schrieb folkloristisch gefärbte Bühnen-, Orchester- und Kammermusik, auch im Ausland bekannt mit dem Tanzwerk *Der Teufel im Dorf* (1935). – Sein Sohn Ivo Lhotka-Kalinski, * Zagreb 30. Juli 1913, wirkt als Erzieher und Tonsetzer-Folklorist ebenda.

Liadow (Ljadow), Anatol, * Petersburg 11. Mai 1855, † bei Nowgorod 28. Aug. 1914, Russe, Schüler von Rimski-Korsakow, Theorie- und Kompositionslehrer am Petersburger Konservatorium, Volksliedsammler, schrieb Variationenwerke für farbig instrumentiertes Orchester, virtuose Klavierwerke in der Nachfolge Chopins, sinfonische Dichtungen *(Baba-Jaga)*.

Liatoschinski (Ljatoschinski), Boris, * Schitomir 3. Jan. 1895, † Kiew 15. April 1968, Russe, Schüler von Glier in Kiew, Kompositionslehrer ebenda und in Moskau, von den neueren Franzosen beeinflußt und den sowjetischen Tendenzen zugewandt; Sinfonien, Opern, *Stalinkantate*, Kammermusik, Klavierwerke, ukrainische Lieder.

Lidholm, Ingvar, * Jönköping 24. Febr. 1921, Schwede, studierte u. a. bei H. Rosenberg und M. Seiber, seit 1956 Leiter der Kammermusikabteilung beim Schwedischen Rundfunk; kam schrittweise zur Reihenkomposition, schrieb Orchesterwerke (Tokkata e canto, 1944, Ritornell, 1955, Notturno, 1958), Konzerte (Concertino für 3 Holzbläser und Cello, 1955), Vokalwerke (*Skaldens natt* für Sopran, Chor und Orchester, 1959), *Riter,* Ballett nach E. Lindegren, *Poësis* für Orchester (1964), Motettenzyklus *Laudi* (1965), Klavierstücke.

Liebermann, Rolf, * Zürich 14. Sept. 1910, studierte bei W. Vogel und H. Scherchen, arbeitete anfangs für Film, Funk und Kabarett, leitete die Orchesterabteilung des Schweizerischen Landessenders Beromünster, ging 1957 nach Hamburg an den Norddeutschen Rundfunk, wurde 1959 Intendant der Hamburgischen Staatsoper; 1973–80 Generalintendant der Vereinigten Pariser Opern.

OPERN

Leonore 40/45 (1952, Text von H. Strobel, «Opera semiseria»), Text deutsch und französisch (für deutsch-französische Verständigung) gegen den Krieg, gegen Behörden- und andere Willkür; frei und spielerisch gehandhabte Zwölftontechnik.

Penelope (1954, Text von H. Strobel), abermals «semiseria». Rahmenhandlung im alten Griechenland, Kernhandlung in der Gegenwart, verschiedene Zeit- und Handlungsebenen, vielfach verschränkt, der häufigen «Handlungszweiheit» gemäß auch musikalisch bitonal, zugleich zwölftönig.

Die Schule der Frauen (1955, Text von H. Strobel nach Molière), wiederum mehrere Zeitebenen ineinander verschränkt, mit anachronistischen Zitaten textlicher und musikalischer Art, Kammerorchester, ausgesprochen kantable Oper, teilweise mit alten Formen, doch modernem Gehalt.

Elektronische Bühnenmusik zu Shakespeares «Sommernachtstraum» (1965).

VOKALMUSIK

Une des fins du monde (1945), Kantate für Bariton und Orchester, nach Giraudoux' «Sodom und Gomorrha».

Chinesisches Lied (1949) für Tenor, Alt und Klavier.

Chinesische Liebeslieder (1945) für hohe Stimme, Harfe und Streicher (Klabund).

Streitlied zwischen Leben und Tod (1950), dramatische Kantate für Solostimmen, gemischten Chor und Orchester.

ORCHESTERWERKE

Furioso (1947), zwölftönig, nicht konstruiert, sondern dem Titel gemäß expressiv.

Sinfonie (1949), zwölftönig auf Dreiklängen gebaut, vier Sätze, dramatisch gegensätzlich, deklamatorisch.

Konzert für Jazzband und Sinfonieorchester (1954), nach Art des Concerto grosso (Jazzband als Concertino), Orchester metrisch unregelmäßig, Band mit Tanzformen (Boogie-Woogie, Jump, Blues u. a.), Finale gemeinsam (Mambo); zwölftönig.

Geigy Festival Concerto (1958), geschrieben als Auftrag der Baseler Industriefirma, ausgebaut als virtuoses Trommelkonzert in Erinnerung an die Baseler Fasnacht.

Orchestersuite über schweizerische Volkslieder.

Capriccio für Sopran, Violine und Kammerorchester (1959).

Sinfonie für 156 Büromaschinen (zur Schweizer Exportausstellung 1964).

Schrift: *Opernjahre* (München 1977).

Ligeti, György, * Tîrnăveni 28. Mai 1923, Ungar, studierte in Klausenburg und Budapest, war seit 1950 Kompositionslehrer in Budapest, emigrierte 1956 nach Deutschland, lebt in Wien, seit 1964 Mitglied der Königlich-Schwedischen Musikakademie, an den Plätzen der westlichen Avantgarde hervorgetreten

mit elektronischen Kompositionen, gewichtiger mit *Atmosphères* für großes Orchester (1961), *Volumina* für Orgel (1962) und dem *Requiem* für Sopran und Mezzosopran, zwei gemischte Chöre, Orchester (1965, Auftragswerk des Schwedischen Rundfunks), *Nouvelles Aventures* für 3 Sänger und 7 Instrumentalisten (1962–1965), *Lux aeterna* für 16 Solostimmen (1966), Konzert für Violoncello und Orchester (1966), *Lontano* für Orchester (1967), 2. Streichquartett (1968), 2. Bläserquintett (1968), *Ramifications* für 12 Solostreicher (1967 bis 1969); Oper *Le grand macabre* (1974–78), Stücke für Cembalo, Orgel u. a.
LITERATUR: Erkki Salmenhaara: G. L. (1969); Ove Nordwall: G. L. (1971).

Lincke, Paul, * Berlin 7. Nov. 1866, † Clausthal-Zellerfeld 3. Sept. 1946, musikalisch-handwerklich ausgebildet, mit 18 Jahren in Berlin Kapellmeister an Unterhaltungsbühnen, dann in Paris («Folies-Bergères»), wieder in Berlin als Dirigent und Komponist. Hauptvertreter der aus der Posse entstandenen Berliner Operette, illusionslos, frei von Sentimentalität, jedem «Opernklang» abhold, witzig-nüchtern, im Gegensatz zur Wiener Operette den Marsch bevorzugend. Zu nennen: *Frau Luna* (am 31. Dezember 1899 uraufgeführt: Ballonfahrt einiger Berliner zum Mond, Flirts, Eifersüchteleien; *Schlösser, die im Monde liegen, Das ist die Berliner Luft, Luft, Luft), Nakiris Hochzeit* (1902; darin die *Siamesische Wachtparade*), *Lysistrata* (1902; *Glühwürmchen, Glühwürmchen*), *Donnerwetter – tadellos* (1906), *Hallo, die große Revue* (1909), *Casanova* (1914), *Ein Liebestraum* (1940).
LITERATUR: E. Nick: P. L. (1953).

Lindberg, Oskar Fredrik, * Gagnef 23. Febr. 1887, † Stockholm 10. Apr. 1955, Schwede, ausgebildet in Stockholm und Sondershausen, 1914 Organist, 1919 Kompositionslehrer in Stockholm, schrieb eine Oper *Fredlös* (1945, nach S. Lagerlöf), Tondichtungen, Orgelwerke, Beiträge zum Schwedischen Choralbuch (1939).

Lindblad, Adolf Fredrik, * Skänninge 1. Febr. 1801, † Löfvingsborg bei Linköping 23. Aug. 1878, Zelter-Schüler in Berlin, schrieb eine Oper *(Frondörerna)*, Sinfonien, Kammer- und Klaviermusik, Chöre, vor allem 215 Lieder, um derentwillen er «schwedischer Schubert» genannt wird und die von Jenny Lind (1820–1887), der «schwedischen Nachtigall», in aller Welt gesungen wurden.

Linke, Norbert, * Steinau (Oder) 5. März 1933, studierte Musik und Musikwissenschaft in Hamburg; lehrte seit 1971 Musikdidaktik an der Universität Hamburg; seit 1976 Professor an der Universität Duisburg; schrieb *Kammermusik 61* für Sopran, Klarinette und Klavier (nach zeitgenössischer Lyrik), *Kammermusik 62*, Konkretionen für Streichquartett (1963), 5 Stücke für Klarinette und Klavier (1963), Heine-Lieder (1964), Coloratura per tre flauti (1964), Varim (*Variation* und *Improvisation*) für einen Flügel und zwei Spieler (1964); Polyrhythmica I und II (1964/65); Das Verlorene, Meditationen und Provokationen für 4stimmigen gemischten Chor, Trompete, Fagott, Schlagzeug und Cembalo (1965); *Benn-Epitaph* (1967), *Organ Pops* (1972); audiovisuelle Werke; Solokonzerte. – Schriften: *Heilung durch Musik? Didaktische Handreichungen zur Musiktherapie* (1977), *Musik zwischen Konsum und Kult* (1972).

Liszt, Franz (ab 1859 F. von Liszt), * Raiding (Burgenland) 22. Okt. 1811, † Bayreuth 31. Juli 1886, Ungar, Sohn eines musikliebenden Gutsverwalters (wahrscheinlich deutscher Abstammung; die Mutter war Österreicherin). Gab als Neunjähriger zwei Klavierkonzerte, studierte u. a. bei Czerny in Wien. Nach Reisen durch England und Frankreich setzte er sich als Liebling der Salons in Paris fest, befreundet mit Balzac, Berlioz, Chopin, Heine, Meyerbeer u. a. Machte als bewunderter Virtuose Konzertreisen durch Europa; *Jahre der Wanderschaft* mit Gräfin d'Agoult (drei Kinder, darunter Cosima, die spätere Frau H. v. Bülows, dann Wagners). 1848–1859 amtierender Hofkapellmeister in Weimar, allem Neuen aufgeschlossen (Uraufführung von Wagners «Lohengrin», Cornelius' «Barbier von

Bagdad»). Intrigen ließen ihn Weimar verlassen. Die Fürstin Sayn-Wittgenstein, unter deren Einfluß er geraten war und die um seinetwillen ihren Mann verließ, wies ihn verstärkt aufs Komponieren. Da er sie nicht heiraten konnte, nahm er in Rom die niederen geistlichen Weihen. Als «Abbé Liszt» lebte und wirkte er in Rom, Budapest, Weimar, Bayreuth. Mag der Glanz des Komponisten Liszt in vielem verblaßt sein, sein Wirken als Tondichter, Pianist, Dirigent, Lehrer und selbstloser Förderer ist aus der neueren Musikgeschichte nicht wegzudenken. Als Pianist wollte er für sein Instrument werden, was Paganini für die Geige war; er machte das Klavier zu einem fast orchestral-sinfonisch wirkenden Instrument, gab das Errungene an viele Schüler weiter, denen er Bach und Beethoven auf eigene Art interpretierte. Begründer des neudeutschen Stils mit seiner Vorliebe für programmatisch-dichterische Ideen und deren glanzvolle Klanggewandung. Stärker noch als die Idée fixe von Berlioz wirken seine Kernthemen, die in vielfacher Gestalt und Einkleidung aus einem Keim ein umfangreiches Werk wachsen lassen (sinfonische Dichtungen über eine dichterische Idee, dargestellt durch ein musikalisches Grundmotiv). Die Meinungskämpfe zwischen den Vertretern der programmusikalischen sinfonischen Dichtung und der absolut-musikalischen Sinfonie zogen sich über das 19. Jahrhundert hinaus (Strauss, Mahler, Henze). Sie beziehen sich allerdings mehr auf die allgemeine Grundsatzfrage, ob Musik etwas «darstellen» könne und solle, als auf das kompositorische Verfahren selbst; der Aufbau eines Werkes auf einem einzigen Grundthema (einer Grundreihe, könnte man sagen) wird als legitim erkannt und anerkannt. Bei der Beurteilung von Liszts kompositorischem Schaffen geht man gerechterweise von seinen besten Werken aus, typischen Klangbeispielen des weiteren 19. Jahrhunderts. Daß vieles nur der Podiumsvirtuosität zugerechnet werden kann (vor allem in den Klavierwerken), daß anderes der Unterhaltungsmusik zuzuordnen ist (etwa die von Liszt mißverstandenen «Ungarischen Rhapsodien»), schmälert nicht die Größe und Nachwirkung seines Gesamtschaffens.

ORCHESTERWERKE

Bergsinfonie (1853, zweite Fassung 1857), nach einem Gedicht von V. Hugo.

Tasso. Lamento e trionfo (1849 als Ouvertüre zu Goethes «Tasso», 1854 als sinfonische Dichtung).

Les préludes (1854), geplant als Ouvertüre zu vier Männerchören, dann sinfonische Dichtung, nachträglich mit dem gleichnamigen Gedicht von Lamartine «erläutert».

Orpheus (1854), ursprünglich gedacht als Ouvertüre zu Glucks gleichnamigem Werk.

Prometheus (1850 als Ouvertüre zu Herders «Entfesseltem Prometheus», 1855 als selbständige sinfonische Dichtung mit Chor und Soli).

Mazeppa (1854), entstanden aus einer gleichnamigen Klavieretüde nach V. Hugos Gedicht.

Festklänge (1854), als Ouvertüre zu Schillers «Huldigung der Künste» aufgeführt.

Heldenklage (1857), Trauermarsch, hervorgegangen aus einer zwanzig Jahre früher geplanten Sinfonie.

Hungaria (1856), viergeteilte Huldigung an des Komponisten ungarische Heimat.

Hamlet (1886, aber 30 Jahre früher entstanden), Bühnenouvertüre.

Hunnenschlacht (1857), nach dem gleichnamigen Gemälde von Kaulbach.

Die Ideale (1857), nach Schillers Gedicht, geplant als dreisätzige Sinfonie.

Eine Faust-Sinfonie (1857), drei Sätze: Faust / Gretchen / Mephisto; Schlußsatz mit Männerchor und Tenorsolo.

Zwei Episoden aus Lenaus ‹Faust› (1857), Nächtlicher Zug / Tanz in der Dorfschenke (letzterer als Mephisto-Walzer mehrfach bearbeitet).

Sinfonie zu Dantes ‹Divina Commedia› (1857), Drei Sätze: Inferno / Purgatorio / Magnificat (letzteres mit Chor).

KONZERTE

1. Klavierkonzert Es-Dur (1855), viersätzig, erster und zweiter Teil gehen unmittelbar ineinander über.

2. Klavierkonzert A-Dur (1857), gegenüber dem 1. Konzert weicher.

Totentanz (1849), Paraphrase für Kla-

vier und Orchester, Variationen über ‹Dies irae›, angeregt durch ein Gemälde «Der Triumph des Todes».
Fantasie über ungarische Volksmelodien, Bearbeitung der 14. Ungarischen Klavierrhapsodie.
Wandererfantasie, Schuberts gleichnamiges Werk, bearbeitet für Orchester und Klavier.
KLAVIERMUSIK
Zwölf Etüden (drei Fassungen: 1826, 1838, 1851), meist mit Überschriften versehen *(Mazeppa, Vision, Ricordanza).*
Paganini-Etüden (zwei Fassungen: 1838, 1851), am bekanntesten die *Campanella* (Glöckchenetüde).
Konzertetüden, drei von 1849 mit den Titeln *Il lamento, La leggierezza, Un sospiro,* zwei von 1863 mit den Titeln *Waldesrauschen, Gnomenreigen.*
Années de pèlerinage (*Pilgerschaftsjahre,* entstanden von 1835–1877, dazu Nachträge von 1883). Erstes Jahr: *Schweiz* (darunter *Tellskapelle, An einer Quelle).* Zweites Jahr: *Italien* (darunter *Sposalizio, Pensieroso, Dante-Sonate).* Drittes Jahr (Rom): nachträgliche Sammlung (darunter *Wasserspiele).*
Apparitions – Consolations – Liebesträume (1834, 1849, 1850).
Harmonies poétiques et religieuses (1853 veröffentlicht), 10 Stücke, angeregt durch ein gleichnamiges Gedicht von Lamartine.
Zwei Legenden (1866): *Vogelpredigt des heiligen Franziskus von Assisi, Franziskus von Paula über die Wogen schreitend.*
Sonate h-Moll (1853), Liszts einzige Sonate (Fantasiesonate, Ballade), Liszts bedeutendstes Klavierwerk, vergleichbar – unter Berücksichtigung der Zeitunterschiede – Schuberts «Wandererfantasie» und Schumanns C-Dur-Fantasie.
Rhapsodien: neunzehn Ungarische Rhapsodien im Formenmuster: langsam–schnell (1851–1883), schwungvoll-virtuose Unterhaltungsstücke. Der Irrtum Liszts war, die von Zigeunerkapellen aufgeputzten Themen als «Volksmusik» anzusehen. Gehaltvoller die *Spanische Rhapsodie* von 1863.
Ferner: Für Orgel: Fantasie und Fuge über b-a-c-h (auch für Klavier), Präludium über Bachs «Weinen, Klagen, Sorgen, Zagen» (darüber auch Variationen); für Klavier: Scherzo und Marsch, Polonäsen, Walzer, Klaviertranskriptionen (Mozarts «Don Giovanni», Verdis «Rigoletto»).
VOKALWERKE (AUSWAHL)
Graner Messe (Missa solemnis zur Einweihung des Doms zu Gran/Ungarn 1856), für Soloquartett, Chor, Orchester; musikdramatisch aus einem Kern entwickelt.
Legende von der heiligen Elisabeth (1862, Text O. Roquette), eines der wichtigsten Oratorien nach Händel, leitmotivisch, mit Gregorianischem Choral, stark dramatisch, vorwiegend auf den Solisten ruhend.
Ungarische Krönungsmesse (1867), für drei Soli, Chor und Orchester.
Christus (1872, Texte aus der Heiligen Schrift und der katholischen Liturgie), dreiteiliges, stärker auf den Chören ruhendes Oratorium. *Weihnachtsoratorium / Nach Epiphania / Passion und Auferstehung.* Aus der katholischen Kirchenmusik geboren.
Viele kleinere, besonders auch Männerchorwerke.
82 Klavierlieder, davon einige auch mit Orchester. Texte französisch, englisch, italienisch, ungarisch, deutsch (Goethe, Schiller, Heine, Lenau, Uhland, Freiligrath); am bekanntesten: *Es muß ein Wunderbares sein* (Text O. von Redwitz); zu nennen noch: *Morgens steh ich auf und frage, Loreley, Du bist wie eine Blume* (alle nach Heine); *Der du von dem Himmel bist, Freudvoll und leidvoll, Kennst du das Land, Wer nie sein Brot mit Tränen aß* (alle nach Goethe).
Lesenswert Liszts Schriften: *Friedrich Chopin, Richard Wagner, Die Zigeuner und ihre Musik in Ungarn;* Analysen von Werken anderer Komponisten (sämtliche in: Gesammelte Schriften, 6 Bde., 1880–1883).
Gesamtausgabe der Kompositionen von Liszt (34 und 4 Bde.; 1907–1936 und 1950–1954).
LITERATUR: P. Raabe: F. L., 2 Bde. (1931); H. Engel: F. L. (1936); L. Nowak: F. L. (1936); P. Rehberg und G. Nestler: F. L. (1961).

Locatelli, Pietro-Antonio, *Bergamo 3. Mai 1695, †Amsterdam 30. März 1764, Italiener, Schüler von Corelli. Locatelli war viel auf Reisen (zeitweise im Gefolge Augusts des Starken), am längsten ansässig in Amsterdam. Als hervorragender Violinist erweiterte er die Spieltechnik (höhere Lagen, Doppelgriffe) seines Instruments. Werke: Concerti grossi, Sonaten für Violine, für Flöte, Konzerte für 4 Violinen, Capricci.

Locke, Matthew, *Exeter um 1630, †London Aug. 1677, Engländer, Organist und Hofkomponist, von Bedeutung für die Frühgeschichte der Oper in England mit Musiken zu Shakespeares «Tempest», Davenants «The siege of Rhodes», Shadwells «Psyche» (*The English opera,* 1675), auch Kirchenmusiker und Verfasser einer Generalbaßlehre.

Loeillet, Jean Baptiste, getauft Gent 18. Nov. 1688, †London 19. Juli 1730, Belgier, als Oboist, Flötist, Cembalist in London tätig, schrieb Triosonaten und Solosonaten vor allem für Flöte und Cembalo; führte Hauskonzerte und Theatermatineen durch, bei denen er auch mit den Kammersonaten von Corelli bekannt machte. (Namensverwechslungen, auch seines komponierenden Bruders und seines gleichnamigen Vetters, mit Lully führten zu irrigen Ausgaben.) Neudrucke.

Loewe, Frederick, *Wien 10. Juni 1904, Klaviervirtuose und Unterhaltungskomponist, errang mit seiner Musik zu dem amerikanischen Musical *My fair Lady* Welterfolg, schrieb auch Filmpartituren für Hollywood.

Loewe, Johann Jacob, *getauft Wien 31. Juli 1629, †Lüneburg Sept. 1703, Sproß einer Thüringer Musikerfamilie, studierte bei Schütz in Dresden, wurde Organist in Lüneburg, wo ihn J. S. Bach noch gehört hat, veröffentlichte 1658 als vermutlich erster deutscher Komponist Suiten, die mit einer «Synfonia» eröffnet werden.

Loewe, Carl, *Löbejün bei Halle/Saale 30. Nov. 1796, †Kiel 20. Apr. 1869, Zögling der Franckeschen Stiftungen in Halle. Stipendiat König Jérômes, wirkte seit 1820 in Stettin als Kantor und Musikdirektor, schrieb Opern, Chorwerke (Oratorium *Gutenberg,* 1837), Kammermusik, bekannt als Schöpfer der Ballade, die er als Sänger und Klavierbegleiter selbst vortrug; durchkomponierte, dramatisch-epische Tongedichte. Die mehr lyrischen (etwa *Die Uhr, Tom der Reimer*) sind verblaßt, die dramatischen haben sich vielfach gehalten: u.a. *Heinrich der Vogler* (N. Vogel), *Prinz Eugen* (Freiligrath), *Archibald Douglas* (Fontane), *Der Zauberlehrling* (Goethe).

Logothetis, Anestis, *Burgas (Bulgarien) 27. Okt. 1921, Österreicher, Musiker-Maler, lebt seit 1942 in Wien, 1955–68 Verlagsangestellter, seither freischaffend als Komponist und Klavierlehrer. Er entwickelte über seinen Lehrer A. Uhl hinaus dynamisch extrem gefächerte Klangstrukturen mit eigener Notation (*Zeichen als Aggregatzustand der Musik,* 1974).

Logroscino, Nicola, getauft Bitone 22. Okt. 1698, †Palermo nach 1765, Italiener, wirkte in Palermo und Neapel; einer der ersten bedeutsamen Vertreter der Buffooper (mit Finalensembles und parodistischen Dialekteinsprengseln, u.a. *Il governatore, Tanto bene che male.*

Löhner, Johann, *Nürnberg 21. Nov. 1645, †ebenda 2. Apr. 1705, Orgelvirtuose in Salzburg, Wien, Leipzig, zuletzt an St. Lorenz in Nürnberg, beachtenswert als Komponist geistlicher Lieder im Stile J. W. Francks; *Außerlesene Kirch- und Tafel-Music* (1682), *Geistliche Sing-Stunde* (1670), Schulkanons, Gelegenheitsmusiken, Singspielbeiträge.

Lopatnikow, Nikolai, *Reval 16. März 1903, studierte in Petersburg, Heidelberg (Toch) und an der TH in Karlsruhe, seit 1934 als Ingenieur in London, seit 1939 in den USA tätig, wurde 1945 Kompositionslehrer am Carnegie Institute of Technology in Pittsburgh, erhielt Werkaufträge der Kussewitzki-Stiftung, des Cleveland Orchestra und anderer Institutionen, schrieb im Stil der Berliner Avantgarde der zwanziger Jahre zunächst motorische Musik (u. a. für mechanische Klaviere), dann neoklassische Werke, vor allem für Klavier, auch eine Oper *Danton* (1933).

Lortzing, [Gustav] Albert, * Berlin 23. Okt. 1801, † ebenda 21. Jan. 1851, Sohn eines Schauspielerehepaares, eignete sich seine Kenntnisse im praktischen Theaterleben an, als Sänger und Schauspieler in Aachen und Köln, dann in Detmold, 1833–1844 als Sängerschauspieler in Leipzig, anschließend ein Jahr als Kapellmeister, 1846–1848 in Wien, anschließend nochmals in Leipzig, seit 1850 bis zu seinem Tode in Berlin, die letzten Lebensjahre zunehmend in Existenzsorgen um seine kinderreiche Familie. Die geschickt gebauten Textbücher mit wirkungsvollen Rollen und gemütvoll-heiteren Szenen schrieb Lortzing für seine Spielopern meist selbst; seinen Sinn für Publikumswirksamkeit bewies er durch eingestreute, vielfach biedermeierliche Lieder (*Auch ich war ein Jüngling mit lockigem Haar, Das kommt davon, wenn man auf Reisen geht* usw.). Seine melodischen Einfälle, die Fähigkeit, mit kunstvollen musikalischen Mitteln witzige Szenen aufzubauen (Billardszene im *Wildschütz,* Kantate in *Zar und Zimmermann* usw.), haben seinen Hauptwerken ihr Bühnenleben gesichert.
Zar und Zimmermann (1837), eine Verwechslungskomödie (Untertitel *Die beiden Peter*). Peter der Große als Geselle auf einer holländischen Werft mit «Haupt- und Staatsaktion», Hauptrolle der aufgeblasene Bürgermeister van Bett *(Oh, ich bin klug und weise).*
Der Wildschütz oder Die Stimme der Natur (1842; nach Kotzebue), Lortzings bedeutendstes Werk, Hauptrolle der Schulmeister Baculus, der als angeblicher Wilddieb nur seinen eigenen Esel erschossen hat (*Fünftausend Taler,* Billardszene usw.).
Undine (1845; nach Fouqué), «romantische Zauberoper» mit musikalischen Leitmotiven. Hauptfigur der Wasserfürst Kühleborn.
Der Waffenschmied (1846; nach F. W. Zieglers «Liebhaber und Nebenbuhler in einer Person»). Zwar nicht leitmotivisch gearbeitet, doch die Arie *Du läßt mich kalt von hinnen scheiden* als immer wieder auftauchendes Erinnerungsthema verwendet.
Die Opernprobe (1851; Einakter).
Die Opern *Ali Pascha von Janina* (1828), *Die beiden Schützen* (1837; Verwechslungskomödie), *Caramo oder Das Fischerstechen* (1839), *Hans Sachs* (1840; stofflich den «Meistersingern» verwandt), *Zum Großadmiral* (1847), *Die Rolandsknappen* (1849), das Liederspiel *Der Pole und sein Kind* (1832), *Regina* (nachgelassene Oper, 1899) konnten sich auch in Neubearbeitungen nicht durchsetzen. Bühnenmusiken (u. a. zu Grabbes «Don Juan und Faust») und das Oratorium *Die Himmelfahrt Christi* (1829).
LITERATUR: Lortzingbriefe (1902 u. ö., Hg. G. R. Kruse); O. Schumann: A. L. (Bildbiographie, 1941); P. G. Dippel: A. L., ein Leben für das deutsche Musiktheater (1951); Otto Daube: A. L. (1963).

Lothar, Mark, * Berlin 23. Mai 1902, studierte in Berlin (Wolf-Ferrari), Konzertbegleiter, bis 1944 musikalischer Leiter und Hauskomponist am Staatlichen Schauspielhaus in Berlin (Gründgens), 1945–1955 in gleicher Tätigkeit am Bayerischen Schauspiel in München, schrieb Film- und Schauspielmusik, Lieder, vor allem komische Spielopern um Sonderlinge, so *Tyll* (1928, Text H. v. Königsgarten), *Lord Spleen* (1930, nach Ben Jonson von H. v. Königsgarten), *Münchhausen* (1933, Text W. M. Treichlinger), *Schneider Wibbel* (1938, Text H. Müller-Schlösser), *Rappelkopf* (1958, Text nach Raimunds «Alpenkönig und Menschenfeind» von W. M. Treichlinger), *Der Glücksfischer* (1962), *Der widerspenstige Heilige,* nach P. V. Carrolls (1968); auch Lieder und Orchestergesänge, Kammermusik.

Lotti, Antonio, * Venedig (?) Febr. 1666, † ebenda 5. Jan. 1740, Italiener, Legrenzi-Schüler, in Venedig tätig, 1717 bis 1719 in Dresden; Kirchenmusik (Messen, Motetten, Miserere, Cruzifixus), 21 Opern (u. a. *Ascanio,* 1718), Vertreter der spätvenezianischen Schule.

Louis Ferdinand, Prinz von Preußen, * Friedrichsfelde bei Berlin 18. Nov. 1772, gefallen bei Saalfeld 10. Okt. 1806, Neffe Friedrichs II., der genialischste unter den Hohenzollern-Komponisten, von Dussek unterwiesen, von Beethoven (der ihm sein c-Moll-Klavierkonzert widmete) geschätzt; Frühromantiker, Komponist, zumal in Kammermusiken mit Klavier (Es-Dur-Klavierquartett, f-Moll-Klavierquintett, Notturno für Klavierquartett und Flöte). Neudrucke.

Lourié, Arthur, * Petersburg 14. Mai 1892, † Princeton (N.Y.) 13. Okt. 1966, Amerikaner russischer Herkunft, Glasunow-Schüler, nach dem Ersten Weltkrieg in Frankreich, seit 1941 in den USA; Mystiker von kühn vorstoßender Tonsprache (Skrjabin, Debussy), unter dem Einfluß des mittleren Strawinski gezügelter; schrieb u.a. Kammermusik, Vokalwerke mit verschiedenen Instrumenten, *Liturgische Sonate* (1928), für Chor, Orchester und Klavier; Suite nach seiner Oper *Das Fest während der Pest* (1945), mit Solostimme und Chor; zwei Sinfonien. Verfaßte eine Kussewitzki-Biographie (1931).

Lualdi, Adriano, * Larino 22. März 1885, † Mailand 8. Jan. 1971, Italiener, Schüler von Wolf-Ferrari, lange Jahre Kritiker am «Giornale d'Italia» in Rom, Konservatoriumsdirektor in Florenz; impressionistische Färbung, neuklassizistische Haltung kennzeichnen seine Bühnenwerke (*Die heilige Katharina von Siena,* 1949; *Der karibische Mond,* 1953), sinfonische Dichtungen (*Suite Adriatica,* 1932), Kammermusik, Vokalwerke, Filmmusik.

Lübeck, Vincent, * Padingbüttel bei Bremen Sept. 1654 (?), † Hamburg 9. Febr. 1740, Organistensohn und selber gesuchter Organistenlehrer (1674–1702 in Stade, dann in Hamburg an St. Nicolai), schrieb im Stile von Buxtehude Orgelkompositionen, *Clavier-Uebung* (1728) mit Präludien und Fugen für Cembalo, Kantaten; von Einfluß auf Bach und Händel. Gesamtausgabe (1921), seither Neudrucke auch einzelner Werke, vor allem für Orgel. Hg. von J. Hedar, H. Keller, H. Trede u.a.

Lucchesi, Andrea, * bei Treviso 23. Mai 1741, † Bonn 21. März 1801, Italiener, war 1771 bis zur Auflösung des Hofes (1794) Leiter einer italienischen Operntruppe in Bonn, geschätzt als Oratorien- und Kirchenkomponist (Passionen, Messen, Kantaten, die auch den jungen Beethoven beeindruckten).

Lully, Jean-Baptiste, ursprünglicher Name Giovanni Battista Lulli (französiert), * Florenz 28. Nov. 1632, † Paris 22. März 1687, kam 1646 als Sprachlehrer und Musikpage der Prinzessin Montpensier nach Paris, gehörte bald zu den berühmten «24 Violons du Roi» Ludwigs XIV. 1653 ernannte ihn der König zum Hofkomponisten, später zum Leiter eines eigenen Orchesters «Les Petits Violons» (16 Streicher), das die «24 Violons» an Leistung übertraf. Seinen großen Einfluß auf den König (Ludwig XIV. trat in von Lully komponierten Balletten mit auf) nutzte der als Komponist, Kapellmeister, Geiger, Tänzer und Schauspieler geschätzte Meister unnachsichtig für künstlerische, aber auch bedenkenlos für persönliche Zwecke aus. Durch den Librettisten Ph. Quinault (1635–1688), der auch ein Opernbuch für Gluck schrieb, erhielt er jene französisch geschriebenen Unterlagen strenger Formung, die ihn zum Begründer der französischen Nationaloper machten. In den fünfaktigen Hauptwerken verband er dramatisch sinnvolle Ballette, mächtige Chöre, straff geführte Soli und ein stimmig gehaltenes Orchester zu machtvoller Wirkung; wesentlich seine Festlegung (seit 1658, mit dem Opéra-Ballett *Alcidiane*) der französischen Ouvertüre mit der Folge: langsam–schnell–langsam. Insgesamt 18 Opern (u.a. *Alceste,* 1674; *Armida,* 1686) und zahlreiche Ballette (u.a. *Der Triumph der Liebe,* 1681; *Der Tempel des Friedens,* 1685). Die aus seinen Opern zusammengestellten Orchesterstücke (mit vorangehender Ouvertüre) wurden bedeutsam für die Entwicklung der Instrumentalsuite. (Gesamtausgabe seit 1930, Hg. H. Prunières.)

Luther, Martin, * Eisleben 10. Nov. 1483, † ebenda 18. Febr. 1546, als Reformator auch für die Kirchenmusik von Bedeutung mit den Schriften *Von Ordnung Gottesdiensts in der Gemeine* (1524), *Die Deutsche Messe* (1526), selber Sänger und Lautenist, dichtete und vertonte er eine Reihe neuer Kirchenlieder (*Jesaia dem Propheten, Ein feste Burg, Aus tiefer Not,* vielleicht auch *Vom Himmel hoch*), zu seinen musikalischen Beratern gehörten G. Rhaw (Rhau) und J. Walter, der die authentische Grundsammlung des Wittenbergischen Chorgesangbuches vorlegte (1524/25; Neudrucke), zu seinen Musikerfreunden zählten Finck, Senfl, Josquin, La Rue.

Lutoslawski, Witold, * Warschau 25. Jan. 1913, Pole, studierte Violine, Klavier, Komposition (W. Maliszewski) am Warschauer Konservatorium, auch Mathematik an der Universität Warschau, einer der führenden Komponisten seines Landes. Seine in der ganzen Welt aufgeführten Werke reichen stilistisch bis zu Bartók und zur Reihentechnik; schrieb Musik für Rundfunk, Film, Bühne (jedoch keine Oper), Gesänge mit Klavier-, Kammermusik- und Orchesterbegleitung (*Trois poèmes d' Henry Michaux* für Chor und Orchester, 1963), *Paroles tissées* für Tenor und Orchester (1965); Klavier- und Kammermusik (*Preludia taneczne* für Klarinette und *Kammerorchester,* 1957; *Bukoliki* für Klavier, 1957); Orchesterwerke: 2 Sinfonien (1947 und 1967), Trauermusik in memoriam Bartók für Streicher (1958), *Jeux vénétiens* (1961), *Livre pour Orchestre* (1968), Konzert für Violoncello und Orchester (1970), *Les espaces du Sommeil* für Bariton und Orchester (1978).

Lutyens, Elizabeth, * London 9. Juli 1906, Engländerin, unorthodoxe Zwölftonkomponistin; schrieb Orchesterwerke, Streichquartette, dramatische Werke (*Penelope,* 1950), Instrumentalkonzerte, Ballette (*The birthday of the infanta,* 1933), Chorwerke (*Requiem for the living,* 1948), Orgel- und Klaviermusik (*Five bagatelles for piano,* op. 48, 1963). – Autobiographie: A Goldfish Bowl (London 1972).

Luzzaschi, Luzzasco, * Ferrara um 1545, † Ferrara 11. Sept. 1607, Italiener, Hoforganist in Ferrara, Lehrer von Frescobaldi, schrieb Motetten und mehrstimmige Madrigale (mit homophonem vierstimmigen Begleitsatz). Neuausgaben.

Lwow, Fjodor Petrowitsch, * 1766, † Petersburg 1836, Russe, Nachfolger Bortnjanskis, von Einfluß auf die «Europäisierung» des russisch-orthodoxen Kirchenliedsatzes im 19. Jahrhundert, in seinem Sinne wirkte auch sein Sohn Alexej (1798–1870), von dem die einstige russische Nationalhymne stammte (1833; *Bosche, Zarja chrani,* Text von Schukowski).

Lyra, Justus Wilhelm, * Osnabrück 23. März 1822, † Gehrden bei Hannover 30. Dez. 1882, Pastor und Komponist, studierte u. a. in Bonn, wo er volkstümliche Lieder schuf (*Der Mai ist gekommen*), vertonte auch die *Weihnachtskantate* von M. Claudius, schrieb über *Farben-Musik* und Luthers «Deutsche Messe».

Maasz, Gerhard, * Hamburg 9. Febr. 1906, studierte in Leipzig, war Theater- und Rundfunkkapellmeister, wirkt seit 1951 beim Fernsehen des Norddeutschen Rundfunks, schrieb Spielmusiken (Jugendbewegung), Chorwerke, Volksliedzyklen (Suite nach jüdischen Liedern), Kammerkonzerte für Cembalo, Klavier, Viola, Oboe, Bühnen- und Filmmusiken, auch (Funk-)Opernpartituren.

MacDowell, Edward Alexander, * New York 18. Dez. 1861, † ebenda 23. Jan. 1908 (seit 1905 geistig umnachtet), Nordamerikaner irisch-schottischer Herkunft, studierte in Amerika, Frankreich, Deutschland; schrieb vielgespielte sinfonische Dichtungen (u. a. *Indianische Suite,* 1895), Klavierkonzerte, meist betitelte Klaviersonaten und -stücke, etwa hundert naturpoetische Lieder. Gesammelte Kritiken erschienen 1912. 1910 wurde eine M. Memorial Association gegründet, die am Landsitz des Komponisten in New Hampshire eine Künstlerkolonie errichtete.

Machault (auch Machaut), Guillaume de, *Machault (Ardennes) um 1300, †Reims 1377, Franzose, Hauptvertreter der Ars nova, von Paris und von Florenz aus beeinflußt, Priester, Dichter, Musiker an den Höfen von Luxemburg, der Normandie, Frankreichs; Messen, Motetten, Rondeaus, Balladen, Chansons, zwei- bis vierstimmig. Neudrucke.

Mackeben, Theo, *Stargard i. Pom. 5. Jan. 1897, †Berlin 10. Jan. 1953, Kapellmeister, Komponist und Pianist, Musik zu über 50 Tonfilmen, Operetten, Bühnenmusik, Orchesterwerke und eine Oper *Manuela* (1937); brachte Millökkers *Gräfin Dubarry* (1879) durch Neubearbeitung 1931 zum Welterfolg.

Mackenzie, Sir Alexander Campbell, *Edinburgh 22. Aug. 1847, †London 28. Apr. 1935, Engländer, studierte in London und in Deutschland, wirkte in Edinburgh als Dirigent, in London 1888 bis 1924 als Leiter der Royal Academy; deutsche und romanische Einflüsse, sinfonische Dichtungen, Rhapsodien, Balladen, Oratorien (*Bethlehem,* 1894), Operetten und Opern (*The troubadour,* 1886), Konzerte, Kammer- und Klaviermusik, Chöre und zahlreiche Lieder.

Maderna, Bruno, *Venedig 21. Apr. 1920, †Darmstadt 13. Nov. 1973, Italiener, studierte bei G. F. Malipiero, Scherchen u.a., Dirigent und Komponist, schrieb Zwölfton- und elektronische Musik: *Studien zu Franz Kafkas ‹Prozeß›* (1950, für Sprecher, Sopran und erweitertes Orchester), *Musica su due dimensioni* (1952, für Flöte und stereophonische Elektronik), *Syntaxis* (1958, elektronisch), *Notturno* (1956, elektronisch); Konzerte (zwei Klaviere, Flöte, Oboe), *Kompositionen I und II* für Kammerorchester, Orchesterimprovisationen, Serenade für kleines Orchester; *Hyperion, Oper* nach Hölderlin (1964), für Sopran, Klavier, Tänzer und Kammerorchester.

Madetoja, Leevi, *Oulu 17. Febr. 1887, †Helsinki 6. Okt. 1947, Finne, ausgebildet in Helsinki (mag. phil.), Paris (d'Indy), Wien; Dirigent, Theoretiker, Kritiker in Helsinki, Sammler von österbottnischen u.a. Volksweisen, vorwiegend sinfonische Dichtungen (im Sinne seines Lehrers Sibelius) und Chorwerke, auch Opern und Pantomimen nach finnischen Sagenstoffen.

Mahler, Gustav, *Kalischt (Böhmen) 7. Juli 1860, †Wien 18. Mai 1911 (Herzinfarkt); studierte in Wien (u.a. bei Bruckner), wurde Theaterkapellmeister in Hall, dann in Prag, Leipzig, Budapest, Hamburg. 1897–1907 Dirigent, bald auch Direktor der Wiener Hofoper, daneben 1898–1901 Leiter der Philharmonischen Konzerte. Seine unerbittlichen Anforderungen an die Wiedergabe der von ihm dirigierten Werke führten zu Zerwürfnissen, so daß er nach Amerika ging; dort Dirigent der Metropolitan Opera und (neben Toscanini) der New Yorker Philharmoniker. Die «Wahrheit» des aufzuführenden Werkes ging ihm über alles. Was er als Opernchef an Werktreue (im Geiste von Gluck, Weber, Wagner, Pfitzner) geleistet hat, wurde Vorbild bis heute, auch wenn er am Widerstand der Wiener Musikinstanzen gescheitert ist. Eine tragische Kluft zwischen Gewolltem und Geschaffenem durchzieht ähnlich auch Mahlers kompositorisches Lebenswerk. Monumentales steht neben Flachem, Verfeinertes neben Alltäglichem, gewaltiger Aufwand von äußeren Mitteln neben Stellen «im Volkston», mächtige Hymnen neben blassen Romantizismen (Jugendstil).

Solches Gespaltensein findet sich bereits in der Themenbildung. Ihre Verarbeitung lockert das Harmonische bis an die Grenzen der expressiven Atonalität und sucht die Formen der Sinfonie auszuweiten, sucht Singstimmen heranzuziehen und die orchestrale Gewandung mit immer neuen Farben zu durchwirken.

Je nach Standort bezeichnen die einen Mahlers Sinfonien heute als Übergangserscheinung, die anderen als letzten Gipfel der klassisch-romantischen Sinfonik, wieder andere als Boden, aus dem nicht unbedeutende Keime der Neuen Musik aufgegangen sind.

1. Sinfonie D-Dur (1888), viersätzig: Langsam, schleppend – Kräftig bewegt – Feierlich, gemessen – Stürmisch bewegt; Schlußsatz überwuchtet die Anfangssätze.

2. Sinfonie c-Moll (1894), fünf umfangreiche Sätze, starkes Orchester, viel Schlagzeug, Fernorchester, Sopran- und Altsolo, Chor; *Auferstehungssinfonie.* Sätze: Allegro maestoso – Andante con moto – In sehr ruhig fließender Bewegung – Sehr feierlich, aber schlicht – Wild herausfahrend (Chorsatz).
3. Sinfonie d-Moll (1896), mit Altsolo, Frauen- und Knabenchor; *Natursinfonie,* mit den (später gestrichenen) Satzüberschriften: Pan erwacht, der Sommer zieht ein – Was mir die Blumen auf der Wiese erzählen – Was mir die Tiere im Walde erzählen – Was mir der Mensch erzählt – Was die Engel erzählen – Was mir die Liebe erzählt (Texte von Nietzsche und aus «Des Knaben Wunderhorn»).
4. Sinfonie G-Dur (1900) (keine Posaunen), mit Sopransolo. Sätze: Bedächtig, nicht eilen – In gemächlicher Bewegung – Ruhevoll – Sehr behaglich (Text aus «Des Knaben Wunderhorn»).
5. Sinfonie cis-Moll (1903), Riesenorchester, keine Gesangsstimme. Fünf Sätze: Trauermarsch, in gemessenem Schritt, wie ein Kondukt – Stürmisch bewegt, mit größter Vehemenz – Kräftig, nicht zu schnell – Sehr langsam – Rondofinale.
6. Sinfonie a-Moll (1904), die *Tragische,* mit Riesenorchester. Sätze: Allegro – Andante – Scherzo – Allegro energico (beherrschender Schlußsatz).
7. Sinfonie e-Moll (1905), mit Zupfinstrumenten, dreisätzig, jeder Satz nochmals unterteilt: Langsame Einleitung/ Allegro con fuoco – Nachtmusik / Allegro moderato – Schattenhaft – Nachtmusik / Andante amoroso – Rondo-Finale / Allegro ordinario.
8. Sinfonie Es-Dur (1907), *Sinfonie der Tausend,* so genannt nach dem gewaltigen Aufgebot der Mittel: hundert Orchestermusiker, dazu Fernorchester, zwei gemischte Chöre, Knabenchor, drei Sopran-, zwei Alt-, Tenor-, Bariton- und Baßsolo. Verbindung des Hymnus *Veni, creator spiritus* mit der Schlußszene aus Goethes «Faust II».
9. Sinfonie D-Dur (1909 vollendet, 1912 uraufgeführt), viersätzig: Andante commodo – Etwas täppisch und sehr derb (Ländler) – Rondo. Burleske. Sehr trotzig – Adagio.

Das Lied von der Erde (1907/08 entstanden, 1911 aufgeführt), «eine Sinfonie für Tenor-, Alt- (oder Bariton-) Solo und Orchester», nach chinesischen Dichtungen (Übertragung Hans Bethge), sechs sinfonisch gehaltene Teile über einen inhaltlich und motivisch-musikalisch einheitlichen Gedanken: Das Trinklied vom Jammer der Erde – Der Einsame im Herbst – Von der Jugend – Von der Schönheit – Der Trunkene im Frühling – Der Abschied.

ORCHESTERLIEDER (auch als Klavierlieder) z.T. in Sinfonien verwendet. Aus «Des Knaben Wunderhorn», 12 Lieder: *Der Schildwache Nachtlied – Verlor'ne Müh' – Trost im Unglück – Wer hat dies Liedlein erdacht? – Das irdische Leben – Des Antonius von Padua Fischpredigt – Rheinlegendchen – Lied des Verfolgten im Turm – Wo die schönen Trompeten blasen – Lob des hohen Verstands – Es sungen drei Engel – Urlicht.*

Lieder eines fahrenden Gesellen (1885, Texte von Mahler): *Wenn mein Schatz Hochzeit macht – Ging heut morgen übers Feld – Ich hab ein glühend Messer – Die zwei blauen Augen.*

Kindertotenlieder (1902; Texte von F. Rückert): *Nun will die Sonn' so hell aufgehen – Nun seh ich wohl – Wenn dein Mütterlein – Oft denk ich, sie sind nur ausgegangen – In diesem Wetter.*

Ferner: 6 Einzellieder (darunter *Revelge, Um Mitternacht*); 14 Lieder aus der Frühzeit; die Kantate *Das klagende Lied;* eine Frühoper *Die Argonauten;* Skizzen zu einer 10. Sinfonie (ergänzt durch E. Křenek); Märchenspiel *Rübezahl;* Bearbeitungen (Webers «Drei Pintos»).

Werkverzeichnis durch die Internationale Gustav-Mahler-Gesellschaft, 1959. Gesamtausgabe der Werke seit 1960 im Erscheinen (Hg. E. Ratz). Ausgewählte Briefe, 1925 (Hg. A. Mahler-Werfel; von ihr auch die umstrittene Autobiographie: Mein Leben, dt. 1960).

LITERATUR: Biographien zu G. M. von P. Stefan (1910), R. Specht (1913), H. Ch. Worbs (1960), W. Reich (1958, Dokumente), Th. W. Adorno (1960, Eine musikalische Physiognomik), M.

Brod (1961, Beispiel einer jüdisch-deutschen Symbiose), K. Blaukopf (1969, G. M. oder der Zeitgenosse der Zukunft).

Maillart, Louis, genannt Aimé [Maillart], * Montpellier 24. März 1817, † Moulins 26. Mai 1871, Franzose, gewann den Großen Rom-Preis, schrieb Spielopern, von denen *Das Glöckchen des Eremiten* (*Les dragons de Villars*, 1856) infolge der eingängigen Melodik noch heute beliebt ist.

Majuzumi, Toschiro * Jokohama 20. Febr. 1929, Japaner, Studium in Tokio, Paris und am Elektronenstudio des japan. Rundfunks, schrieb serielle Kompositionen: *Nirvana*, Sinfonie für Männerchor und Orchester (1965), *Olympics*, Ballett (1965), *Bugaku*, Ballettmusik für Balanchine (1964), *Metamusic* für Klavier, Saxophon und Dirigent (1964), *microcosmos* für 7 Spieler (1957).

Malawski, Artur, * Przemysl 4. Juli 1904, † Krakau 26. Dez. 1957, Pole, galt als der bedeutendste in Polen lebende Komponist der ersten Jahrhunderthälfte. 2 Sinfonien (1944, 1956), sinfonische Etüden für Klavier und Orchester (1948), Tokkata für Klavier und Orchester (1950), Kammermusik, Tanzpantomime *Wierchy* (mit Gesangssoli), Lieder, Schauspielmusik.

Maler, Wilhelm, * Heidelberg 21. Juni 1902, † Hamburg 29. April 1976, studierte u. a. bei H. Grabner, J. Haas, Ph. Jarnach, lehrte in Köln, wurde 1946 Leiter der Nordwestdeutschen Musikakademie in Detmold, 1959 bis 1969 Direktor der Hamburger Musikhochschule. Als Komponist in seiner rhythmischen Triebkraft, linearen (nicht atonalen) Stimmigkeit, Festigkeit des formalen Baus durchaus selbständig; u. a. Concerto grosso (1928), Konzerte für Cembalo (1929), Violine (1932) und Klaviertrio (1940), Musik für Streichorchester (1938), *Flämisches Rondo* (1932), Oratorium *Der ewige Strom*, nach St. Andres (1934), Stefan-George-Kantate, Sing- und Spielmusik (Klaviersuite *Der Mayen*, (1942), Klaviersonaten. – Harmonielehre (1931 u. ö.).

Malipiero, Gian Francesco, * Venedig 18. März 1882, † ebenda 1. Aug. 1973, Italiener, studierte bei M. E. Bossi, begann schon früh mit dem Komponieren, verwarf aber das meiste wieder, nachdem er bei einem Studienaufenthalt in Paris die neuere französische Musik kennengelernt hatte. Wirkte bis 1953 als Direktor des Marcello-Konservatoriums in Venedig (Lehrer u. a. von Maderna). Bewegt sich innerhalb der Diatonik, fügt gregorianische Wendungen ein, geht auf Monteverdis Sprechgesang zurück, Ablehnung jeder Art von Programmmusik. Veranstaltete Gesamtausgaben der Werke von Monteverdi, Vivaldi u. a., womit er den «Puccinismus» überwinden half.

BÜHNENWERKE

Die Texte oder Handlungsaufrisse seiner Bühnenwerke schrieb Malipiero meist selbst (zuweilen nach anderen Dichtern): *Pantea* (1920, Pantomime, 1932 in neuer Fassung); *L'Orfeide* (1925), Trilogie; *Drei Goldoni-Komödien* (1926); *Philomela und der Narr* (1926); *Der falsche Harlekin* (1928); *Die Adler von Aquileja* (1928); *Die Raben von San Marco* (1928); *Merlin, Meister der Orgeln* (1928); *Torneo notturno* (1931; sieben dramatische Nachtbilder); *Die Legende vom vertauschten Sohn* (1934, Text L. Pirandello); *Julius Cäsar* (1935, nach Shakespeare); *Antonius und Cleopatra* (1938, nach Shakespeare); *Hekuba* (1941, nach Euripides); *Das Leben ein Traum* (1941, nach Calderón); *Die heitere Schar* (1943); *Der verlorene Sohn* (1957); *Die gefangene Venus* (1957); *Die Wandlungen Bonaventuras* (1966); *Tartüffe* (nach Molière, 1967); *Gli Eroi di Bonaventura* (1969; aus 7 Malipiero-Opern).

INSTRUMENTALMUSIK

10 Sinfonien, obwohl meist mit Überschriften versehen, keine Programmsinfonien, u. a.: Jahreszeitensinfonie (1934), Elegische Sinfonie (1937), Glockensinfonie (1945), Sinfonie *In memoriam* (1948), Echosinfonie (1948, mit zwei konzertierenden Klavieren), Streichersinfonie (1949), Liedersinfonie (1950), Tierkreissinfonie (1952, Zwölf-Monate-Sinfonie mit zwölf Teilen), Sinfonia per antigenida (1962), Sinfonia atropo (1967).

Pausen des Schweigens (1917), Orchesterinventionen, Ricercari und Ritrovari

(1928, nur tiefe Streicher und fünf Bläser).
Variationen ohne Thema (1925, für Klavier und Orchester).
Violinkonzert (1932).
6 Klavierkonzerte.
Konzert für zwei Klaviere und Orchester (1957); insgesamt 4 Klavierkonzerte.
Impressionen des Wahren für Orchester (3 Teile; 1910, 1915, 1922).
Acht Streichquartette, darunter die *Rispetti e strambotti* (1920), *Stornelli e ballate* (1923), *Cantari alla madrigalesca* (1931).
Klaviertrio (1927, mit zweimal sieben – Malipieros mystische Zahl – Zeitmaßen).
Gesang der Ferne, für Violine und Klavier (1919).
ORATORIEN
Der heilige Franziskus von Assisi (1920); *Das Abendmahl* (1927); *Die Passion* (1935); *Die Erde* (1946); *Virgil Äneis* (1944, eine *Heroische Sinfonie* für Soli, Chor und Orchester; auch szenisch aufgeführt); *Prinzessin Ulalia* (1925, Märchenoratorium).
LITERATUR: M. Labroca: G. F. M. (1957, mit Werkverzeichnis).

Malipiero, Riccardo, * Mailand 24. Juli 1914, Neffe und Schüler von G. F. Malipiero, Zwölftonkomponist; Opern (*La Donna è mobile*, 1957, nach einer Komödie von M. Bontempelli), Sinfonien, Solokonzerte (Klavier; Violine; Violoncello), Kammermusik, Lieder (*Sei poesie di Dylan Thomas* für Singstimme und 10 Instrumente); *Mosaico* (1964).

Manfredini, Francesco Maria, * Pistoia um 1680, † ebd. 1748, Italiener, Violinist in Bologna, Monaco, Pistoia; Meister der Triosonate (Neudrucke) und des Concerto grosso in der Nachfolge von Corelli (viel verbreitet das Doppelkonzert mit einer Weihnachtspastorale, op. 3, 1718). – Sein Sohn Vincenzo Manfredini (1737–1799) wirkte u. a. als Hofkapellmeister in Petersburg.

Manicke, Dietrich, * Wurzen 29. Okt. 1923, Studium der Musik 1942–1947 in Dresden (Komposition bei J. G. Mraczek und F. F. Finke), bis 1950 Musikdozent in Dresden und Ost-Berlin, 1950 bis 1955 musikwissenschaftliche Studien in Münster (Westfalen) sowie an der Freien Universität Berlin (Dissertation über Mozarts «Zauberflöte»), bis 1960 Dozent an der Berliner Kirchenmusikschule, seit 1967 an der Nordwestdeutschen Musikakademie Detmold. Hauptwerke: Geistliche Musik (Motette *Komm, Trost der Nacht, o Nachtigall;* Choralpartita für Orgel *Von Gott will ich nicht lassen*), Orchesterwerke (konzertante Musik für Violine und Orchester; Passacaglia und Fuge), Kammermusik (Streichquartett; Bläsersextett).

Manzoni, Giacomo, * Mailand 26. Sept. 1932, Italiener, promovierte 1955 in Mailand (*Die Rolle der Musik im Werke Th. Manns*) und lehrt seit 1965 am Padre-Martini-Konservatorium in Bologna Theorie und Tonsatz, er übersetzte A. Schönbergs *Harmonielehre* ins Italienische und zeigt sich auch in seinen Kompositionen als Nachfolger der Neuen Wiener Schule (Oper *Atomtod*, Mailand 1965).

Marais, Marin, * Paris 31. Mai 1656, † ebenda 15. Aug. 1728, Franzose, Sologambist, später Orchesterleiter am Versailler Hof, Lully-Schule, schrieb Gambensonaten (siebensaitig, neuartige Fingersätze), auch Bühnen- und Ballettmusiken. Neuausgaben.

Marcello, Benedetto, * Venedig 9. Aug. 1686, † Brescia 24. oder 25. Juli 1739, Italiener, hoher Diplomat Venedigs, als Komponist berühmt durch seine 50 Psalmenparaphrasen *Estro poeticoarmonico* (1727), ein- bis vierstimmig, mit Tasteninstrument; ferner Kammermusik, Kantaten, Messen, Oratorien, Kanzonen, Opern. Die Spottschrift *Il teatro alla moda* (1721) liegt auch deutsch vor (Übersetzung A. Einstein, 1921).

Marchand, Louis, * Lyon 2. Febr. 1669, † Paris 17. Febr. 1732, Franzose, Meister der französischen Klavier- und Orgelspieler des Hochbarock, schrieb u. a. 2 Bände *Pièces de clavecin* (Neuausgaben); wurde 1717 in Dresden zu einem Wettstreit mit J. S. Bach aufgefordert, dem er aber aus dem Weg ging (was seinen Ruhm nicht beeinträchtigte).

Marenzio, Luca, * Coccaglio bei Brescia 1553 (oder 1554), † Rom 22. Aug. 1599, Italiener, Kapellmeister bei Kardinal d'Este in Rom, zuletzt am päpstlichen Hof, geriet in die Florentiner Anfänge der Oper (Peri, Caccini), blieb aber bei der Form des (virtuos ausgesetzten 4- bis 6stimmigen, hochchromatischen, ausdrucksstarken) Madrigals (20 Bücher; z. T. in Neuausgaben der Chorbewegung des 20. Jahrhunderts).

Marini, Biagio, * Brescia 1597, † Venedig März 1665, Italiener, hervorragender Violinist, wirkte u. a. auch an den Höfen in Neuburg (Donau) und Düsseldorf, schrieb die (wahrscheinlich) ersten Solosonaten für Violine (*Affetti musicali*, 1617; Neudrucke), 2- bis 4stimmige Kirchen- und Kammersonaten mit Gitarrenbegleitung (1655).

Marinuzzi, Gino, * Palermo 24. März 1882, † Mailand 17. Aug. 1945 (ermordet), Italiener, u. a. Dirigent an der Mailänder Scala, schrieb Opern, sinfonische Dichtungen *(Sizilianische Suite)*, Requiem. – Sein gleichnamiger Sohn (* New York 7. April 1920), lebt als Dirigent und Komponist in Rom.

Maros, Miklos, * Pecs 14. Nov. 1943, Sohn von R. Maros, studierte in Budapest und Stockholm (G. Ligeti), wo er seit 1967 lebt; Mitarbeiter des Studios für Elektronische Musik, schrieb vornehmlich Kammermusik, auch einen Opern-Einakter (*Ich wünschte, ich wäre*, 1971).

Maros, Rudolf, * Stáchy (Böhmen) 19. Nov. 1917, Ungar, Schüler von Z. Kodály, seit 1949 Kompositions-Professor an der F.-Liszt-Hochschule in Budapest, schrieb (auch von K. Stockhausen nicht unbeeinflußt) Vokalmusik mit magyarischen Elementen (*Strophen* für Sopran, Schlagzeug und Harfe, 1977).

Marschner, Heinrich, * Zittau 16. Aug. 1795, † Hannover 14. Dez. 1861, studierte Jura, dann Musik. Nach vorübergehender Tätigkeit in Preßburg ging er 1821 nach Dresden (Musikdirektor), 1827–1830 am Stadttheater in Leipzig, seit 1831 Hofkapellmeister in Hannover. Schrieb Kammermusik, Klavierwerke, Lieder, Chöre; 11 Opern, deren wichtigste zwischen Weber und Wagner stehen: *Der Vampyr* (1828), *Der Templer und die Jüdin* (1829) und sein Hauptwerk *Hans Heiling* (1833), und viel von Wagners «Fliegendem Holländer» vorwegnehmen.

Martin, Frank, * Genf 15. Sept. 1890, † Naarden (Niederlande) 21. Nov. 1974, Schweizer, wirkte am Genfer Jacques-Dalcroze-Institut, dann in Amsterdam, zuletzt (bis 1955) an der Kölner Hochschule für Musik, lebte in Naarden (Holland). Als Komponist bemüht um klare Formgebung, wozu auch die Auflichtung des später verwendeten Zwölftonsystems gehört, Sinn für (zuweilen impressionistische) Klänge: Kammeroratorium *Der Zaubertrank* (Tristan-und-Isolde-Stoff, Text J. Bédier, szenisch 1941), *Der Sturm* (Oper nach Shakespeare, 1955), die Oratorien *In terra pax* (1944), *Golgatha* (1948), *Mysterium von der Geburt des Herrn* (1959, szenisch 1960); ferner *Der Cornet* (1943, nach Rilke; Altstimme und Kammerorchester), «Jedermann»-Monologe (Hofmannsthal) für Bariton und Klavier (1943), zahlreiche Instrumentalballaden in verschiedener Besetzung, *Kleine konzertante Sinfonie* (1945, zwei Streichorchester, Harfe, Cembalo, Klavier), Sinfonie für großes Orchester mit Jazzinstrumenten (1937), Etüden für Streichorchester (1956), Konzert für 7 Bläser, Pauken, Schlagzeug, Streichorchester (1949), Violinkonzert, Cembalokonzert, Kammermusik, Ballette *Ein Totentanz zu Basel* (1943), Oper *Mr. de Pourceaugnac*, nach Molière (1962), *Magnificat* für Sopran, Solovioline, Orchester (1968), *Sonata da Chiesa* für Viola d'amore und Orchester (1969), *Requim* (1972).
LITERATUR: R. Klein: F. M. (1960); A. Koelliker: F. M. (1963).

Martinet, Jean-Louis, * Sainte-Bazeille 8. Nov. 1914, Franzose, Messiaen-Schüler, vertritt alle Richtungen vom Impressionismus bis zum Zwölftonsystem; *Vier sinfonische Sätze* (1953–1955), dreiteilige sinfonische Dichtung *Orpheus* (1945), Trilogie *Prometheus* (1947), Werke für Chöre und Orchester, Variationen für Streichquartett und Lieder.

Vom Geld ist die Rede, von wem noch?

... versteht er nicht mehr als mein Koch. So urteilte Händel über den Mann, von dem hier die Rede ist. Gewiß, ein brillanter Techniker war dieser 31jährige Komponist nicht, der ans Haymarket-Theater in London berufen worden war. Eine Reihe effektvoller Dutzend-Opern im Zeitgeschmack hatten ihm in Italien Geld und Lorbeeren eingebracht. In London jedoch hatte er mit seinen Werken nicht den erhofften Erfolg.

Wieder in Wien, heiratete er die 18jährige Tochter eines reichen Großhändlers und war so der Geldsorgen für immer enthoben. Die Stellung als Hofkapellmeister brachte ihm 2000 Gulden im Jahr ein. Die frühen Lorbeeren und das jetzige Einkommen hätten dem nun 40jährigen Förstersohn aus der Oberpfalz ein geruhsames Leben gesichert. Aber da geriet er einige Jahre später an einen Textdichter aus Livorno, der von einer ganz anderen Art von Opern träumte, als sie das Publikum damals liebte. Und der fast 50jährige Dutzendkomponist machte den Traum wahr. Am 5. Oktober 1762 wurde das Werk am Wiener Burgtheater uraufgeführt – zunächst mit dem zu erwartenden mäßigen Erfolg. Fünf Jahre später aber errang er mit seiner zweiten «modernen» Oper einen durchschlagenden Erfolg. Von Wien, wo ihm die übliche Korruption am Theater zuviel Geld gekostet hatte, ging er nach Paris und wurde für 2000 Gulden königlicher Kammerkompositeur. Eine seiner Opern, auf französischen Text umgeschrieben, brachte an der Pariser Opéra an 27 Abenden 160 000 Pfund ein, wie das «Journal de Paris» berichtete.

65jährig ging der nun unumstrittene Meister der Oper, der langen Auseinandersetzungen müde, nach Wien zurück und verbrachte dort die letzten neun Jahre seines Lebens, frei von finanziellen Sorgen. Von wem war die Rede?

(Alphabetische Lösung: 7–12–21–3–11)

Martini, Giovanni Battista, auch «Padre Martini» genannt (Franziskaner), * Bologna 24. Apr. 1706, † ebenda 3. Aug. 1784, Italiener, weltberühmter Lehrer (u. a. Mozarts, J. Ch. Bachs), schrieb Messen, Oratorien, Litaneien, Sonaten, für Tasteninstrumente u. a.; besonders geschätzt als Musiktheoretiker (Kontrapunktlehre, 2 Bde., 1774).

Martinon, Jean, * Lyon 10. Jan. 1910, † Paris 1. März 1976, Franzose, Roussel-Schüler, Dirigent (Paris, Tel Aviv, Düsseldorf und wieder Paris), schrieb Musikdrama *Hekuba* (1956), Chorsinfonie *Gesang der Gefangenen, Lyrisches Konzert* für Streichquartett und Orchester, *Heiteres Konzert* für Violine und Orchester, Sinfonien, Kammer- und Klaviermusik, Vokalwerke, Ballett.

Martinů, Bohuslav, * Polička 8. Dez. 1890, † Liestal bei Basel 28. Aug. 1959, Tscheche, Schüler von Suk und Roussel, anfangs Orchestermusiker in Prag, 1923 bis 1940 als Komponist in Paris, emigrierte in die Vereinigten Staaten, war 1946–1948 Professor für Komposition in Prag, unterrichtete 1948–1957 im Berkshire Music Center in Princeton (USA), lebte ab 1957 in Pratteln bei Basel. Schrieb, angeregt durch Honegger, Milhaud, Strawinsky, einen unkonventionellen Stil: Orchesterwerke *Halbzeit* (1925, Impressionen von einem Fußball-Länderspiel), *Das Getümmel* (*La bagarre*, 1927, nach Lindberghs Landung bei Paris), 7 Sinfonien, eine *Konzertante Sinfonie* für zwei Streicher, zwei Bläser, Klavier, Streichorchester (1949, angeregt durch Haydns gleichnamige Sinfonie), ein vielgespieltes Concerto grosso (1941), Trauermusik für Lidice (1943), *Parabeln* (1959), drei Klavierkonzerte, eines mit zwei Klavieren, Cellokonzerte, Cembalokonzert, Violinkonzert, Oboenkonzert, 7 Streichquartette, Oratorium *Das Gilgamesch-Epos* (1957), Ballette, Opern wie *Soldat und Tänzerin* (1928), *Stimme des Waldes, Komödie auf der Brücke* (beides Funkopern, 1935 und 1937), *Die Heirat* (Fernsehoper nach Gogol, 1954, auf der Bühne 1956), *Wovon die Menschen leben* (1956), *Die griechische Passion* nach Kazantzakis (1959), die surrealistische Traumoper *Julietta* (deutsch 1959, uraufgeführt 1938, Text nach Georges Neveux' Bühnenstück), *Mirandolina* (1959), *Zweimal Alexander* (1937, Uraufführung 1964). – Werkverzeichnis in: «Tschechische Komponisten» («Musik der Zeit», Heft 8, 1954). Gedenkschrift B. M. (mit Nekrologen von P. Sacher, M. Mihalovici u. a.), 1960.
Biographie mit Werkverzeichnis von H. Halbreich (1968).

Martin y Soler, Vicente, * Valencia 2. Mai 1754, † Petersburg 11. Febr. 1806, Spanier, wirkte in Italien, Wien und seit 1788 in Petersburg; schlug mit seinen über 20 Opern Meister aus dem Felde, die heute berühmter sind als er: *Iphigenie in Aulis* (1781), *Una cosa rara* (1786, Mozart zitiert eine Stelle daraus in «Don Giovanni»), *L'albore di Diana* (1787).

Marx, Joseph, * Graz 11. Mai 1882, † ebenda 3. Sept. 1964, Österreicher, Studium in Wien, bis 1925 dort auch Theorielehrer, 1947 Graz; verbindet nachromantisches Empfinden mit impressionistischer Klangfärbung: *Feste im Herbst* (1946), zwei Klavierkonzerte (das zweite als *Castelli Romani,* 1931), Vokalwerke (mehr als hundert Lieder, u. a. *Herbstchor an Pan*), *Italienisches Liederbuch* (P. Heyse; von H. Wolf bereits vertont), Kammermusik. – Biographie von A. Liess (1943).

Marx, Karl, * München 12. Nov. 1897, studierte u. a. bei Orff und Hausegger, wirkte in München und Graz, seit 1946 an der Staatlichen Hochschule für Musik in Stuttgart. Vor allem Vokalkomponist, klar im Melos, linear-polyphon im Satz; Lieder mit verschiedenen Instrumenten, ferner Chorlieder, Chorkantaten (u. a. nach M. Claudius, Rilke, Hölderlin, Carossa), Orchester-, Kammermusik-, Klavierwerke.

Mascagni, Pietro, * Livorno 7. Dez. 1863, † Rom 2. Aug. 1945, Italiener, Ponchielli-Schüler in Mailand, neben Leoncavallo Hauptvertreter des Verismo («Auch was er wirklich sieht, schildre der Dichter»). Weltbekannt der Einakter

Cavalleria rusticana (1890; berühmtes Intermezzo sinfonico). Ferner: *Freund Fritz* (1891), *Die Rantzau* (1892), *Guglielmo Ratcliff* (1895), *Iris* (1898; Text von Illica), *Parisina* (1913; Text von d'Annunzio), *Der kleine Marat* (1921), *Ja oder die Dame der Folies-Bergères* (1919; Operette), *Nero* (1935). Keine dieser Opern vermochte den Ersterfolg zu wiederholen. Filmmusiken – Schrift: *Mascagni parla* (1945, Autobiographie).

Massenet, Jules, * Montaud 12. Mai 1842, † Paris 13. Aug. 1912, Franzose, Schüler von A. Thomas, Rom-Preisträger, schrieb Instrumental- und Chorwerke (geschätzte Lieder), errang internationalen Ruhm durch seine Opern, deren stilistische Mittel er aus Meyerbeer, Wagner, Verdi und italienischem Verismo nahm und zu dramatisch-lyrischem Eigenstil verschmolz: *Manon* (1884, Text nach Abbé Prévost); zehn Jahre später als Fortsetzung *Le portrait de Manon.* Ferner 26 andere Opern, darunter *Werther* (nach Goethe), *Der Cid,* auch biblische Stoffe wie *Maria Magdalena, Eva, Herodias,* das religiöse Spiel *Der Gaukler unserer lieben Frau* (1902), *Don Quichote* (1910).

Matsudaira, Joritsune, * Tokio 5. Mai 1907, Japaner, Studium in Paris (A. Tscherepnin), Präsident der Japan-Sektion der Internationalen Gesellschaft für Neue Musik; sucht altjapanische Musikmodelle (Bugaku u. a.) mit europäischer Reihentechnik zu verbinden, schrieb u. a. *Variationen* (über ein Etenraku-Thema) für Klavier und Orchester, *Figures sonores, U-Mai, Sa-Mai* für Orchester, *Métamorphoses* (nach Saibara) für Singstimme, Tanzsuite für 3 Orchester (unter 3 Dirigenten), *Somaksah* für Flöte solo (1961).

Mattheson, Johann, * Hamburg 28. Sept. 1681, † ebenda 17. April 1764, ein Universalgenie seiner Zeit: Opernsänger, Beherrscher aller Instrumente, Jurist, hervorragender Sprachenkenner, beachtlicher Schriftsteller, Komponist von sechs Opern (darunter *Boris Goudenow,* 1710), 24 Kantaten und Oratorien, Klaviersuiten, Flötensonaten u. a. Bedeutender als seine Kompositionen sind die zuweilen scharfen, kritischen Schriften, in denen er sich für die Neuerungen im Musikleben seiner Zeit einsetzte (*Der vollkommene Capellmeister,* 1739, Neudruck 1954; die Musikenzyklopädie *Grundlagen einer Ehren-Pforte,* 1740, Neudruck 1910; *Generalbaßschule,* 1731, Neuausgabe 1956 durch W. Fortner). In den letzten vier Jahrzehnten seines Lebens taub.

Matthus, Siegfried, * Malleruppen (Ostpreußen) 13. März 1934, Studium der Musik seit 1952 in Berlin (Komposition bei R. Wagner-Régeny, 1958–1960 bei H. Eisler an der Deutschen Akademie der Künste in Ost-Berlin, seit 1964 als Dramaturg und Bühnenkomponist an der Komischen Oper Berlin (W. Felsenstein). Schrieb Bühnen-, Orchester- und Kammermusik, Kantaten, Chöre, Lieder, Chansons (Texte von P. Hacks u. a.), *Omphale* (Oper nach P. Hacks, 1976).

Maxwell Davies, Peter, * Manchester 8. Sept. 1943, Engländer, studierte in seiner Vaterstadt und bei G. Petrassi in Rom sowie an der Princeton University (N. J.). Er entwickelte in England, den USA und Australien eine jugendbezogene Musikspielreform und wirkt seit 1970 als Leiter der *Fires of London* für Neues und Instrumentales Musiktheater; er schrieb *The Shepherd's Calendar* (1965), *Stone Litany* (1973), *Blind Man's Buff* (Maskerade nach G. Büchners *Leonce und Lena,* 1972), ferner Kinderopern und Instrumentalstücke für (Jugend-)Orchester und Kammerensembles.

Mayr, [Johann] Simon, * Mendorf (Landkreis Riedenburg) 14. Juni 1763, † Bergamo 2. Dez. 1845, Jesuitenzögling, Prinzenerzieher in Venedig, Kapellmeister in Bergamo (Lehrer Donizettis), setzte sich für Mozart in Italien ein, berühmt wegen der glanzvollen Orchesterparte in seinen Oratorien und etwa 70 Opern (*I commedianti,* Pasticcio, neu zusammengestellt von W. Panofsky, 1964).

Mayuzumi, Toshiro, * Jokohama 20. Febr. 1929, studierte in Tokio und Paris (T. Aubin), ist am Elektron. Studio bei Radio Tokio tätig; schrieb Orchesterwerke (*Nirwana Symphony* für Männerchor und Orchester, 1960), buddhistische Kantaten, Opern (*Der goldene Schrein,* 1976), elektronische Musik.

Mazzocchi, Domenico, * Civita Castellana 8. Nov. 1592, † Rom 20. Jan. 1665, Italiener, bedeutsam als einer der frühen Vertreter der römischen Oper; versuchte, den gleichzeitigen Florentiner Deklamationsstil zu bereichern durch Arien und Zwischenspiele; u. a. *La catena d'Adone* (1626); Oratorien nach Tasso und Virgil (mit «verteilten Rollen» und Vortragsbezeichnungen).

Mazzocchi, Virgilio, * Civita Castellana 22. Juli 1597, † ebenda 3. Okt. 1646, Italiener, Bruder von Domenico Mazzocchi, schrieb mit *Chi soffre, speri* (*Wer leidet, hoffe;* 1639) die erste komische Oper; Oratorien, Psalmen für verteilt aufgestellte Chöre (Petersdom).

Medek, Tilo, * Jena 22. Jan. 1940, studierte in Berlin (Ost) Komposition bei R. Wagner-Régeny, übersiedelte 1977 in die Bundesrepublik Deutschland, schrieb Bühnen- und Ballettwerke (*David und Goliath,* 1972), Solokonzerte für Violoncello (1978), Violine (1980), Klavier- und Orgelkompositionen, Kantaten; Kammermusik.

Medinš, Janis, * Riga 9. Okt. 1890, † Stockholm 4. März 1966, Lette, Studium in Riga, Klavierdozent in Petersburg, 1920–1944 Opernchef in Riga, auch Instrumentationsprofessor am Konservatorium ebenda, 1944–1948 in Deutschland, dann in Stockholm; konsequenter Impressionist lettischer Einfärbung, schrieb Bühnen- und Ballettmusik, Chorwerke, Liederzyklen, Sinfonien, Solokonzerte, Kammer- und Klaviermusik, Vetter des Komponisten und Pianisten Jazeps Medinš (* Kowno 13. Febr. 1877, † Riga 12. Juni 1947).

Medtner, Nikolai Karlowitsch, * Moskau 5. Jan. 1880 (24. Dez. 1879 altruss. Zeitrechnung), † London 13. Nov. 1951, Russe deutscher Abstammung, wirkte in verschiedenen europäischen Staaten, auch in Amerika, zuletzt in England; Klavierkomponist: Sonaten, einige davon mit Titeln wie *Märchensonate* (c-Moll, op 25, Nr. 1), *Sonata-Ballade* (op. 27), *Sturmsonate* (op. 35, Nr. 2), viele kleine verdichtete Stücke *(Märchen),* drei Klavierkonzerte.

Méhul, Étienne-Nicolas, * Givet 22. Juni 1763, † Paris 18. Okt. 1817, Franzose, schon als Knabe Organist, wandte sich ermutigt durch Gluck, der Opernkomposition zu, schrieb über 40 Opern, am erfolgreichsten: *Joseph in Ägypten* (1807, Text von A. Duval). Sein *Chant du départ* wurde zeitweise bei fast allen Staatsfeiern gesungen. Revolutionsmusiken, aber auch Kirchenmusik.

Melartin, Erkki, * Käkisalmi 7. Febr. 1875, † Pukinmäki 14. Febr. 1937, Finne, Studium in Helsinki (Wegelius), Wien, Berlin, Rom, war 1911–1922 Leiter des staatlichen Musikinstituts in Helsinki, kompositorisch im Übergang vom (folkloristisch grundierten) Im- zum Expressionismus: 8 Sinfonien, Violinkonzert, Klavierwerke, Lieder, Chöre, Oper *Aino* (1909), Ballett *Sininen helmi (Die blaue Perle,* 1931). Schrieb *Credo,* Aphorismen zu Musik, Kunst und Leben (1928).

Melichar, Alois, * Wien 18. Apr. 1896, † München 9. April 1977, Österreicher, Schreker-Schüler, Dirigent, lebt in München; schrieb Chöre, Lieder, Orchesterwerke, Klaviermusik, Filmmusik (mit B. Gigli). Streitschriften gegen die musikalische Moderne (*Musik in der Zwangsjacke,* 1958; *Schönberg und die Folgen,* 1960).

Mendelssohn, Arnold, * Ratibor 26. Dez. 1855, † Darmstadt 19. Febr. 1933, entfernter Verwandter von Felix Mendelssohn-Bartholdy, studierte u. a. bei Grell und Kiel in Berlin; Organist und Kirchenmusikdirektor in Bonn, Bielefeld, Darmstadt; Kompositionslehrer in Frankfurt am Main (Hindemith). Verdient um die evangelische Kirchenmusik. Werke u. a. für Orchester, Kammermusik, Klavier, ferner Opern, darunter *Der Bärenhäuter,* 1900, Chorwerke (*Die Seligpreisung* für Soli, Chor und Streichquartett, 1933).

Mendelssohn Bartholdy, Felix, * Hamburg 3. Febr. 1809, † Leipzig 4. Nov. 1847, Sohn des Bankiers Abraham Mendelssohn, Enkel des Philosophen Moses Mendelssohn. Anfangsunterricht bei der klavierspielenden Mutter, dann bei L. Berger (Klavier), C. W. Henning (Violine) und C. F. Zelter (Theorie), vorübergehend bei I. Moscheles (Klavier). Zusammen mit seiner Schwester Fanny erregte er frühzeitig ähnliches Aufsehen wie Mozart und Nannerl. Trat mit neun Jahren öffentlich auf, komponierte seit seinem elften Lebensjahr. Als Zwanzigjähriger dirigierte er Bachs fast 100 Jahre lang vergessene «Matthäuspassion». Zahlreiche Reisen (Italien, Frankreich, England, Schottland); durch Zelters Vermittlung auch mit Goethe bekannt, 1833 Musikdirektor in Düsseldorf, 1835 Gewandhauskapellmeister in Leipzig; vorübergehend in Berlin (preußischer Generalmusikdirektor). 1843 gründete er mit Verlegern, Gelehrten, Komponisten das Leipziger Konservatorium. Körperlich zart, sorgfältig erzogen (nicht nur musikalisch), immer in der Lage, das Geschaffene sogleich auszuprobieren (im väterlichen Haus wie später im Gewandhaus), liebenswürdig und verbindlich, ungewöhnlich begabt, gewandt im Auffassen wie im Verwenden des Aufgefaßten, wurde er zum Meister der «schönen Form», erreicht durch melodisch untadelige Erfindung, unantastbare Thematik und hervorragend zugeschnittene instrumentale Einkleidung. Hatte auf Randgebieten seines Schaffens Nachahmer, aber keine Nachfahren, die auf seinem Gesamtwerk weitergebaut hätten. Von seinen zahllosen Kompositionen sind vor allem Orchester- und Kammermusik lebendig geblieben. Sieht man von den nicht gedruckten Jugendwerken ab (darunter 12 Sinfonien und 5 Kurzopern), so umfaßt das Schaffen Mendelssohns im wesentlichen:

INSTRUMENTALWERKE

Klavierwerke: Aus den 8 Heften *Lieder ohne Worte* (in der Hauptsache zwischen 1834 und 1845 geschrieben) sind hervorzuheben das *Spinnerlied* Nr. 34, das *Allegro vivace* Nr. 47, das *Frühlingslied* Nr. 30. Bedeutender die *Sechs Präludien und Fugen,* op. 35 (1837), die *Variations sérieuses,* op. 54 (1841), die Variationen, op. 82 und 83, das *Rondo capriccioso,* op. 14; ferner 4 Sonaten, Charakterstücke, Fantasien, Capriccios, Präludien und Studien. Für Orgel 6 Sonaten, 3 Präludien, Fugen u. a.

Kammermusik: Während die Duos (Violinsonate, op. 4, Cellosonaten, op. 45 und 58, konzertante Variationen für Cello und Klavier, op. 17) fast vergessen sind, behaupten die Klaviertrios in d- und c-Moll (op. 49 und 66) ihren Platz. Drei Klavierquartette (op. 1, 2, 3), Werke eines Zwölfjährigen. Unter den sieben Streichquartetten ragt das in f-Moll, op. 80, hervor (op. 81 Fragment, ergänzt durch eine spätere Zusammenstellung verschiedener Stücke). Zwei Streichquintette (op. 18 und 87), Klaviersextett, op. 110, und Streichoktett, op. 20 (vier Geigen, je zwei Bratschen und Celli).

Orchesterwerke: Von allen Werken Mendelssohns haben sich die Orchesterkompositionen am längsten gehalten, z. T. ihres als «programmusikalisch» empfundenen Inhalts, z. T. ihrer feingliedrigen, originellen Instrumentierung wegen, aber auch wegen ihres unbezweifelbaren Wertes. 6 Konzertouvertüren: *Sommernachtstraum,* op. 21, orchestraler Elfenzauber, geschrieben von einem Siebzehnjährigen; die übrigen Teile der Sommernachtstraum-Musik entstanden 15 Jahre später. *Hebriden (Fingalshöhle),* op. 26, schottische Naturmalerei über ein stehendes Motiv. *Meeresstille und glückliche Fahrt,* op. 27, nach Goethe-Gedichten. *Die schöne Melusine,* op. 32, *Ruy Blas,* op. 95, *Trompetenouvertüre,* op. 101.

5 Sinfonien (abgesehen von den Jugendwerken), später meist mit Kennzeichnungen versehen, weil der sinfonischen Dichtung nahestehend. Wenig bekannt die 1. Sinfonie c-Moll, op. 11, und die 2., eine Sinfoniekantate, *Lobgesang,* op. 52. Viel gespielt die 3. Sinfonie in a-Moll, op. 36, die *Schottische* (1842), auf landschaftliche und seelische Reiseeindrücke aus Schottland zurückgehend, vier pausenlos ineinandergreifende Sätze über ein Grundthema. Die 4. Sinfonie A-Dur, op. 90, die *Italienische* (1833), entspricht ihrer Kennzeichnung vor allem im Schlußsatz, ebenfalls durch eine Reise

angeregt. Die 5. Sinfonie D-Dur, op. 107, *Reformationssinfonie,* im letzten Satz der Choral *Ein feste Burg.*
Konzerte: Violinkonzert e-Moll, op. 64 (1845), eines der bedeutenden Werke der Gattung, schlank in der Form, erlesene Thematik, durchsichtiger Satz, geschmeidiges Ineinandergreifen der instrumentalgerecht geführten Solovioline und des feingetönten Orchesters.
Das 1. Klavierkonzert g-Moll, op. 26 (1831), die «flüchtige heitere Gabe» (Robert Schumann) des 2. Klavierkonzerts d-Moll, op. 40 (1837). Für Klavier und Orchester außerdem: *Capriccio* h-Moll, op. 22, *Rondo brillant* Es-Dur, op. 29, *Serenade und Allegro,* op. 43.
VOKALWERKE
Viele nur noch den Fachleuten bekannt, andere könnten fast als Volkslieder gelten, eine Reihe von größeren Werken Gelegenheitsarbeiten, andere zählen zu den bedeutenden Schöpfungen ihrer Gattung.
Lieder mit Klavier: Insgesamt 83 Lieder, zum größten Teil überschattet durch die Lieder von Schubert, Schumann, Brahms, Hugo Wolf; *Leise zieht durch mein Gemüt liebliches Geläut* (Heine).
Chorwerke mit Orchester: Oratorien *Paulus* und *Elias* (Beschäftigung mit Händel und Bach). *Paulus* (1836), dreiteilig geplant, zweiteilig ausgeführt, stark in den dramatisch geführten Chören mit Choraleinschüben. *Elias* (1846), fast szenisch durch Wechselrede, Solistenensembles vom Duett bis zum Doppelquartett (als Einzelstück oft aufgeführt das Frauenterzett *Hebe deine Augen auf zu den Bergen*). Ferner *Die erste Walpurgisnacht* (Goethe) für Chor, Soli und Orchester, op. 60; Festkantaten, Psalmen, Motetten (mit Orgel), Bibelsprüche.
A-cappella-Werke: Vielfach bekannter als die Oratorien *(Wer hat dich, du schöner Wald; O Täler weit, o Höhen),* 21 Männerquartette (op. 50, 75, 76, 120), 28 gemischte Quartette (41, 48, 59, 88, 100), achtstimmige Psalmen, Motetten.
Bühnenmusik: Außer der bereits erwähnten Musik zu Shakespeares «Sommernachtstraum» Musik zu Racines «Athalia», zu Sophokles' «Ödipus in Kolonos» und «Antigone» (mit Chören), dazu Singspiele, meist aus frühen Jahren (*Die Hochzeit des Camacho,* das Liederspiel *Heimkehr aus der Fremde*).
Gesamtausgabe 1874–1877, 36 Bde., herausgegeben von J. Rietz; Fortsetzung seit 1960 («Leipziger Ausgabe» in 8 Serien).
LITERATUR: Biographien von F. Hiller (1874), W. Dahms (1919), K. H. Wörner (1947); H. E. Jacob: F. M. u. seine Zeit (1959); S. Hensel: Die Familie M. Nach Briefen und Tagebüchern, 3 Bde. (1879; in 1 Bd. 1959).

Mennin, Peter, *Erie (Pennsylvania/USA) 17. Mai 1923, italo-amerikanischer Komponist, studierte am Oberlin College bei N. Lockwood und an der Eastman School in Rochester bei H. Hanson, unterrichtete an der Juilliard School in New York, leitete das Peabody Conservatory in Baltimore und ist seit 1963 Präsident der Juilliard School of Music. Schrieb Sinfonien, Konzerte für Flöte, Violine, Klavier, Kammermusik, Chöre, Lieder.

Menotti, Gian Carlo, *Cadegliano-Viconago 7. Juli 1911, Amerikaner italienischer Herkunft, Studium in Mailand und Philadelphia, 1933–1955 Kompositionslehrer daselbst (Curtis Institute), vor allem Bühnenkomponist, dessen Eklektizismus von Puccini und dem Verismo bis zu Strawinsky und zum Kabarett reicht; schreibt seine Texte vielfach selbst: *Amelia geht zum Ball* (1935), *Die alte Jungfer und der Dieb* (1939), *Das Medium* (1946), *Der Konsul* (1950; Verschwörerpaar gegen Diktatur, zu Tode gehetzt durch Bürokratismus und Geheimpolizei), *Amahl und die nächtlichen Besucher* (1951; Fernsehspiel um die Heiligen Drei Könige), *Die Heilige der Bleeker Street* (1954), *Das Einhorn, der Drache und der Tigermann* (1956; Madrigalballett), *Maria Golovin* (1958), *Martins Lüge* (1964; Kirchenoper), *Hilfe, Hilfe, die Globolinks* (1968; Kinderoper, eigener Text), *Der wichtigste Mann* (1971), *Juana la Loca* (1979); ferner Klavierkonzert, Violinkonzert, sinfonische Dichtung *Apokalypse* (1951), Ballette. Schrieb für S. Barber das Opernlibretto *Vanessa* (1958); gründete im Jahre 1958 das «Festival dei Due Mondi» in Spoleto.

Mercadante, Saverio, * Altamura (Provinz Bari) 17. Sept. 1795, † Neapel 17. Dez. 1870, Italiener, suchte in seinen 60 Bühnenwerken große und neapolitanische Oper zu verschmelzen (u. a. *Die Normannen in Paris,* 1831; *Der Schwur,* 1837). Schrieb 1861 *Hymnen an Garibaldi;* auch Messen und Motetten *(Die 7 Worte am Kreuz).*

Merikanto, Oskar, * Helsinki 5. Aug. 1868, † Oitti 17. Febr. 1924, Finne, studierte in Deutschland, schrieb die ersten finnischen Opern (u. a. *Pohjan neito,* 1899), auch als Liederkomponist gerühmt. – Sein Sohn Aare Merikanto (* Helsinki 29. Juli 1893, † 28. Sept. 1958), Reger-Schüler in Leipzig, Kompositionslehrer in Helsinki, ist als Sinfoniker hervorgetreten und mit einer Nachlaßoper *Julia* (Uraufführung 1969; Text nach Juliani Aho [1861–1921]).

Merula, Tarquinino, * Cremona (?) um 1590, † ebenda 10. Dez. 1665, Italiener, Kirchenkapellmeister in Cremona, Bergamo und am polnischen Hof, schrieb außer geistlicher Vokalmusik Kirchen- und Kammersonaten.

Merulo, Claudio, * Correggio getauft 8. April 1533, † Parma 5. Mai 1604, Italiener, Organist an San Marco in Venedig, später in Parma, hinterließ Madrigale, Motetten (bis sechzehnstimmig), vor allem Orgelwerke (Ricercari, Kanzonen, Tokkaten), mit denen er einen spezifischen Orgelstil begründete.

Messager, André, † Montluçon 30. Dez. 1853, † Paris 24. Febr. 1929, Franzose, Dirigent in Paris (Uraufführung von Debussys «Pelléas et Mélisande», 1902) und London; schrieb Opern, Operetten (*Les p'tites Michu,* 1897) und Ballette.

Messiaen, Olivier, * Avignon 10. Dez. 1908, Sohn eines Flamen und der provenzalischen Schriftstellerin Cécile Sauvage, Franzose, kam mit elf Jahren ans Pariser Konservatorium, studierte u. a. bei Dupré und Dukas, 1931 Organist an St. Trinité zu Paris, kurz vor Kriegsausbruch auch Lehrer an der Schola Cantorum. Während des Zweiten Weltkrieges in deutscher Gefangenschaft; seit 1942 Professor für Rhythmik und Instrumentation am Pariser Konservatorium, seit 1950 auch Gastprofessor in Deutschland (Karlsruhe). Musikpreis von Nordrhein-Westfalen 1963. Mit Baudrier, Jolivet und Lesur bildete er 1936 die Gruppe «Jeune France», die nach neuen Werten suchte. Bei Messiaen sind diese mystisch-katholisch und gleichzeitig rechnerisch-naturalistisch bestimmt. Von religiöser Offenbarung bis zum Studieren der Vogelstimmen reichen die musikalischen und außermusikalischen Eindrücke, die ihn mitbestimmen. Nach seinen eigenen Worten ist der Grundzug seiner Musik «die Erforschung des Rhythmus. Wir sind in unserem Jahrhundert bei einer technischen, orchestralen und klanglichen Perfektion angelangt, die ich schwerlich überbieten kann, während wir in bezug auf den Rhythmus immer noch in den Kinderschuhen stecken. Das Wesentliche dieses rhythmischen Systems liegt darin, daß es weder das Maß des Taktes noch der Zeit kennt.» In der Harmonik spricht Messiaen von «Modi». Darunter versteht er «Tonarten im Sinne der gregorianischen, indischen oder chinesischen Tonarten. Doch mit der Besonderheit, daß diese Tonarten nur eine beschränkte Anzahl von Transpositionen zulassen, und zwar im Rahmen der Teilzahlen von zwölf, Ganzton / Halbton zum Beispiel oder auch Halbton / Ganzton / Halbton, und diese Gruppen reihen sich von Intervall aneinander.» So wurden Messiaens Werke in der Vielschichtigkeit ihrer neuartigen Organisation der einzelnen Toneigenschaften (Länge, Höhe, Stärke, Farbe) zu kompositorischen Teilbildern auch für die serielle (und noch die postserielle) Musik und ihre Satztechniken.

ORCHESTERWERKE

Les offrandes oubliées (1931, *Die vergessenen Dankopfer*, Meditation über Christi Opfertod.

L'ascension (1934, *Die Himmelfahrt*), mit den Untertiteln: Christi Gebet um Verherrlichung – Jubel einer den Himmel ersehnenden Seele – Jubelschall von Trompeten und Becken – Gebet des zum Vater aufsteigenden Christus.

Trois petites liturgies de la présence divine (1944, *Drei kleine Liturgien von der göttlichen Gegenwart*) für Streichquintett, Klavier, Ondes Martenot, Vibraphon, Glockenspiel, chinesisches Bekken, Tamtam, 18 einstimmig singende Soprane.
Turangalîla-Sinfonie (1948), zehn Sätze, in denen Messiaen geistige und sinnliche Liebe darstellen will. Daraus auch das selbständige Orchesterwerk *Trois Tâla.*
Réveil des oiseaux (1953, *Erwachen der Vögel*), Klavierkonzert, in dem Rufe von dreißig europäischen Vögeln verwendet werden.
Oiseaux exotiques (1957, *Exotische Vögel*), Klavierkonzert mit außereuropäischen Vogelstimmen, kleines Blasorchester, Xylophon, Glockenspiel, Schlagzeug.
Chronochromie (1960), siebensätzig (ohne Pausen). Stilisierte Vogelrufe aus Japan, Mexiko, Schweden, Frankreich, Geräusche von Wasserfällen. Der Ablauf in der Zeit gegliedert durch Klangfarben in genau errechneten Mischungen.
Sept Haikai (japanische Skizzen, 1963).
Couleurs de la cité céleste (1964), für Klavier, Blasorchester und Schlagzeuggruppe.
Et exspecto resurrectionem mortuorum für Bläser und Schlagzeug (1964).
La Transfiguration (1969), 14 Sätze über biblische Texte für 10stimmigen Chor und großes Orchester.
KAMMER-, ORGEL-
UND KLAVIERMUSIK
Quatre études de rythme für Klavier (1949/50; darin 2. Satz, *Mode de valeurs et d'intensités,* erstmalige Anwendung serieller Technik auf mehrere Tonqualitäten); *Vingt regards sur l'enfant Jésus* für Klavier (1944); *Visions de l'Amen* für zwei Klaviere (1943).
Pfingst-Messe, Die Geburt des Herrn, Erscheinung der ewigen Kirche u. a. Orgelwerke.
Quatour pour la fin du temps (1940, *Quartett auf das Ende der Zeit,* geschrieben in deutscher Kriegsgefangenschaft) für Violine, Klarinette, Cello, Klavier. Verwendet Stilmittel von der Gregorianik bis zur Geräuschmusik. Religiös-philosophisches Bekenntniswerk: *Musik ist Glaubensakt* (Messiaen). Zahlenmagie: 7 (heilige Zahl) plus 1 (Unendlichkeit) Satz: *Kristallene Liturgie – Vokalise für den Engel, der das Ende der Zeit ankündigt – Abgrund der Vögel – Intermezzo – Lobgesang auf die Ewigkeit Jesu – Tanz der Wut – Wirrwarr von Regenbogen für den Engel, der das Ende der Zeit ankündigt – Lobgesang auf die Unsterblichkeit Jesu.*
Le merle noir für Flöte und Klavier.
VOKALWERKE
Poèmes pour Mi (1937, Orchesterlieder über freie Wortbildungen).
Harawi (1951, 12 Klavierlieder von Liebe und Tod für Sopran, aus dem Persischen).
Cinq rechants (1950, *Fünf Wiederholungsgesänge*), geschrieben für zwölf Stimmen a cappella mit frei gefundenen Lautgruppen (nicht Wörtern).
Grundlegendes Lehrwerk: *Technique de mon langage musical,* 2 Bde. (1944, dt. 1966).
LITERATUR: O.-M.-Biographie von C. Rostand (1957, mit Werkverzeichnis).

Messner, Joseph, * Schwaz (Tirol) 27. Febr. 1893, † Salzburg 14. Febr. 1969, Österreicher, studierte in Innsbruck und München, seit 1922 Domorganist in Salzburg, Leiter der Domkonzerte der Salzburger Festspiele, schrieb Messen, Hymnen, Motetten für das ganze Kirchenjahr, Chorsinfonien, Orgel- und Klavierwerke, auch Opern (*Agnes Bernauer,* nach Hebbel), Bühnenmusiken («Jedermann» von Hofmannsthal). Herausgeber von *Alte Salzburger Meister.*

Methfessel, Albert, * Stadtilm (Thüringen) 6. Okt. 1785, † bei Gandersheim 23. März 1869, Hofkapellmeister in Braunschweig, schrieb Männerchöre *(Stimmt an mit hellem, hohem Klang; Der Gott, der Eisen wachsen ließ),* gab ein Kommersbuch heraus, komponierte ein Oratorium *Das befreite Jerusalem.*

Meyer, Ernst Hermann, * Berlin 8. Dez. 1905, studierte Musikwissenschaften in Heidelberg, Komposition in Berlin bei Hindemith, Butting, Eisler, emigrierte 1933 nach England (Volkshochschul-Dozent in London und Cambridge), seit 1948 Professor für Musiksoziologie in

Berlin (Humboldt-Universität), 1965–71 Präsident des Musikrates der DDR, schrieb in seinen Anfängen Kammer- und Jugendmusik, seit 1948 vornehmlich Chorwerke mit tagespolitischen Themen (*Mansfelder Oratorium*, 1950; *Das Tor von Buchenwald*, 1959); *Poem* für Viola und Orchester (1962); *Aufsätze über Musik* (1957); Gründer der Zeitschrift *Musik und Gesellschaft* (1951).

Meyer, Philippe-Jacques, * Straßburg 1737, † London 1819, Elsässer, studierte ursprünglich Theologie, dann bei Hochbrucker in Paris Harfe, trat als Harfenvirtuose in den Pariser «Concerts spirituels» auf, seit 1784 in London, hinterließ die geschichtlich grundlegende Harfenschule (1763 u.ö.), Solosonaten für Harfe, Kammermusik mit Harfen, Lieder mit Harfenbegleitung.

Meyerbeer, Giacomo, eigentlich Jakob Liebmann Meyer Beer, *bei Berlin 5. Sept. 1791, † Paris 2. Mai 1864, erhielt Unterricht u.a. von Clementi, Zelter und Abt Vogler (zusammen mit C. M. von Weber). Seine ersten Kompositionen waren in Deutschland erfolglos, so daß er sich seiner früheren Tätigkeit als Pianist zuwandte. Nach kurzem Aufenthalt in Paris und London ging er 1816 nach Italien, wo er mit Opern im italienischen Stil Erfolg hatte. Seit 1826 in Paris, schrieb er französische «große Opern», so *Robert der Teufel* (1831) und *Die Hugenotten* (1836) und wurde Hauptmeister der Gattung. Seit 1842 Generalmusikdirektor in Berlin. Weitere Erfolge: *Der Prophet* (1849) und *Die Afrikanerin* (2. Fassung 1865). Neben zahlreichen anderen Opern auch Chorwerke mit Orchester u.a. Während seine auf «Effekt» gerichteten Opern, in denen deutsche Harmonik, italienische Melodik und französische Rhythmik zusammengebaut sind, abgelehnt werden, zollt man seiner ungewöhnlichen Theaterbegabung, seinem Einfallsreichtum und der Einzelform auch heute noch (oder wieder) Achtung.
LITERATUR: H. Becker: Der Fall Heine-Meyerbeer (1958); ders.: Briefe und Tagebücher M.s (seit 1959).

Meyer von Schauensee, Franz, * Luzern 10. Aug. 1720, † ebenda 2. Jan. 1789, Schweizer, Studien in Luzern und Mailand, Offizier, Ratsherr, Chorherr, seit 1765 Organist am Leodegarstift zu Luzern, komponierte Festspielmusiken und Singspiele, die bis heute bei patriotischen Anlässen aufgeführt werden (u.a. eine dreichörige Festmesse mit instrumentalem Intermezzo einer Schlacht, 1764).

Micheelsen, Hans Friedrich, * Hennstedt 9. Juni 1902, † Glüssing 23. Nov. 1973, Lehrerausbildung, war seit 1938 Leiter der Landeskirchenmusikschule Hamburg, wurde 1954 Professor für evangelische Kirchenmusik an der Staatlichen Hochschule für Musik ebenda, lebte im Schwarzwald; vorwiegend liturgisch gebundene Kirchen- und Jugendmusik (*Sinfonia sacra*, 1940, mit Chor und Solostimmen; *Der Kaiser und die Nachtigall*, Schulspiel; Orgelkonzert u.a.).

Mieg, Peter, * Lenzburg (Aargau) 5. Sept. 1906, Schweizer, studierte in Zürich, Paris, Basel Archäologie, Literatur, Musik (F. Martin), schreibt formklare, differenzierte Kammermusik, Konzerte u.a. für Cembalo, Oboe, Klavier, Flöte; Frühlingskantate; Ballett *Daphne*. Werkverzeichnis in «Schweizer Komponisten» («Musik der Zeit», Heft 10, 1955).

Mignone, Francisco, * São Paulo 3. Sept. 1897, Studium in Brasilien und Europa, seit 1929 als einflußreicher Musikorganisator und Kompositionslehrer in Rio de Janeiro (Konservatorium, Universität); schrieb ein afro-brasilianisches Ballett mit folkloristischen Einschlägen *Chico-Rei* (1933), *Fantasias Brasileiras* für Klavier und Orchester (1937), *Quadros Amazónicos* (1949).

Migot, Georges, * Paris 27. Febr. 1891, Franzose, Maler, Dichter, Komponist, Schüler von Gédalge, religiös-mystisch betont; schrieb u.a. Oratorien *Bergpredigt*, *Verkündigung*, *Die Passion*, Chorsinfonie *Hagoromo*, zwei Sinfonien (1948 und 1949), Klavierkonzert, Orgelkonzert, Kammermusik, Klavierwerke (darunter Konzertetüden nach den Tierkreiszeichen), Lieder.

Mihalovici, Marcel, * Bukarest 22. Okt. 1898, Franzose rumänischer Herkunft, studierte 1919–1925 bei d'Indy in Paris, wo er auch wirkt (verheiratet mit der Pianistin Monique Haas); benutzt rumänisches Musikgut, stößt harmonisch weit vor, schrieb u.a. die Opern *Der unerbittliche Pluto oder Orpheus in der Unterwelt* (1938), *Phädra* (1951, Text von I. Goll), *Die Heimkehr* (1954, Text K. H. Ruppel, nach Maupassant), *Krapp* (1961, nach S. Beckett), *Zwillinge* (1962). Mehrere Ballette (u.a. *Alternamenti* (1959), Sinfonien (*Sinfonia giocosa,* 1951; *Sinfonia partita* und *Sinfonia cantata,* beide 1953), Kammer- und Klaviermusik, Film- und Hörspielmusik (darunter *Orphée* von Cocteau, *Parallèlement* nach G. Kaiser), Klavierkonzert, *Etude* (1951, ohne Streicher).

Milan, Luys, * Valencia um 1500 † ebenda nach 1561, Spanier, höfischer Vihuelaspieler (Viole), grundlegend mit seinem Haupt- und Sammelwerk *El maestro* (1535; Neuausgaben), das außer einer instrumentalgeschichtlich bedeutenden Spielanleitung Kompositionen für Vihuela und begleitete Sologesänge enthält, die ältesten überlieferten ihrer Art (Tientos, Pavanen, Fantasien).

Milhaud, Darius, * Aix-en-Provence, 4. Sept. 1892, † Genf 22. Juni 1974, studierte am Pariser Konservatorium (Gédalge, d'Indy). Durch den Dichter und Diplomaten Paul Claudel kam er als französischer Gesandtschaftsattaché während des Ersten Weltkrieges nach Rio de Janeiro (1917 bis 1919), wo er mit der brasilianischen Volksmusik bekannt wurde. Seit 1919 wieder in Paris; hier Mitbegründer (und mit Honegger eindeutigster Vertreter) der «Gruppe der Sechs». 1940 floh er vor antisemitischen Verfolgungen in die Vereinigten Staaten und lebte in Oakland (Kalif.) als Komponist, Dirigent und Lehrer (Mills College), nach dem Zweiten Weltkrieg abwechselnd in Amerika und Paris, seit langem an den Rollstuhl gebunden. Milhaud hat einmal gesagt: «Meine musikalische Bildung ist ausschließlich durch den lateinisch-mittelmeerischen Kulturkreis bestimmt, was sich schon daraus erklärt, daß ich einer sehr alten jüdischen Familie der Provence entstamme. Die südländische und besonders die italienische Musik hat mir immer sehr viel gesagt, die deutsche so gut wie nichts.» Er will «Musik, nichts als Musik» machen, für den Alltag, für den Augenblick. Die Mittel für sein Schaffen nimmt er aus dem französischen Impressionismus, aus Strawinskys und Bartóks Sprache, aus Schönberg und dem Jazz, aus jüdischem wie aus brasilianischem Musikgut, aus der Atmosphäre von Paris wie aus afrikanischen Rhythmen. Er setzt diatonische Gebilde mehrtonal übereinander, schreibt lineare Partien von heftigen Reibungen, geht mit dem Rhythmus bald spielerisch, bald motorisch antreibend um. Im Grunde könnte dieses Ineinanderspielen aller möglichen Mittel als Eklektizismus bezeichnet werden, trüge es nicht die unverkennbare Handschrift einer musikbesessenen Persönlichkeit.

BÜHNENWERKE

Die verlassene Ariadne (1928), *Der Raub der Europa* (1927), *Der befreite Theseus* (1928), sogenannte «Minutenopern», weil jede nur knapp 10 Minuten dauert, kammermusikalisch besetzt.

Die Leiden des Orpheus (1926), *Der arme Matrose* (1927, Text J. Cocteau), *Christoph Colombe* (1930, Neufassung 1956, Text P. Claudel), *Maximilian* (1932, Text A. Lunel nach F. Werfel), *Bolívar* (1950, Text J. Supervielle). Die «historischen Opern», Niederschlag seines Aufenthaltes in Amerika, meist mit großem Instrumental- und Vokalaufwand.

Medea (1939, Text M. Milhaud); *David* (1954, Text A. Lunel, biblische Oper); *Fiesta* (1958), Kurzoper; *Le bœuf sur le toit* (ursprünglich *Kinosinfonie,* 1919, dann als Opernballett mit Cocteaus Text auf der Bühne); *Protée* (1922, Bühnenmusik zu Claudels satirischem Drama); *Orestie* (dreiteilig: Agamemnon – Choephoren – Eumeniden; nach Äschylus von P. Claudel, Schauspielmusik mit Chören und Soli, beendet 1925); *La création du monde* (1923), Ballett; *Salade* (1924, Text A. Flament), «gesungenes Ballett»; *Der blaue Zug* (1924, Text J. Cocteau), «getanzte Operette»; *La mère coupable»* (1966).

Ferner: Bühnenmusiken, Ballette, Filmmusik in verschiedenster Besetzung.

ORCHESTERWERKE
6 Kammersinfonien (aus den zwanziger Jahren, teilweise nur mit Soloinstrumenten besetzt).
13 Sinfonien für großes Orchester, die 3. mit Tedeum (Chöre ohne Worte, dann lateinischer Text), die 4. «zur Befreiung des Vaterlandes» (1948), die 8. «La Rhodanienne», die 13. als Chorsinfonie *Pacem in terris* (1963).
Verschiedene Suiten, so die *Brasilianische* mit brasilianischen Tänzchen, die *Französische* mit musikalischer Darstellung von französischen Provinzen, auch Suiten aus Bühnenwerken.
Konzerte: fünf für Klavier, drei für Violine, je zwei für Bratsche und für Cello, je eins für Harfe, für Mundharmonika, für Schlagzeug, für Marimba und Vibraphon, für 2 Klaviere u. a.
KAMMERMUSIK
Streichquartette, 14. und 15. sowohl einzeln wie gleichzeitig, also als Oktett spielbar; Streichquintette.
Sommerkonzertino (1953), 10 Instrumente mit führender Bratsche.
KLAVIERWERKE
Saudades do Brazil (1920/21, auch für Orchester); *Scaramouche* für 2 Klaviere; Klaviersonate (1916).
VOKALMUSIK
Jüdische Gedichte (1916, darunter das *Lied der Amme*, das *Lied der Ergebung*).
Petersburger Abende (1919, Texte von R. Chalupt), 12 Lieder, die bildhaft die Entwicklung bis zur Russischen Revolution spiegeln.
Der Blumenkatalog (1920, nach Texten von L. Daudet), mit Kammerorchester.
Jüdische Volkslieder (1925), Bearbeitungen.
LITERATUR: Noten ohne Musik, Autobiographie (dt. 1962); C. Rostand: Gespräche mit D. M. (dt. 1954).

Millöcker, Karl, * Wien 29. Apr. 1842, † Baden bei Wien 31. Dez. 1899, Österreicher, studierte in Wien, war Kapellmeister in Graz, 1869–1883 am Wiener Theater an der Wien; schrieb außer zahlreichen Bühnenmusiken 23 Operetten, deren beste neben denen von Strauß und Suppé bestehen: *Die Dubarry* (1879, Neufassung 1931 von Th. Mackeben), *Gasparone* (1884), *Der Vizeadmiral* (1886), *Der arme Jonathan* (1890); beliebt vor allem *Der Bettelstudent* (1882, Text von F. Zell und R. Genée), ein heiteres Spiel vor ernstem Hintergrund (Freiheitsoperette mit Konflikt zwischen dem Sachsen Augusts des Starken und Polen).

Mjaskowski, Nikolai Jakowlewitsch, * Nowo-Georgiewsk 20. April 1881, † Moskau 9. Aug. 1950, Russe, studierte in Moskau und Petersburg, seit 1921 Lehrer am Moskauer Konservatorium (viele nachmals bekannt gewordene Schüler); schrieb Kammermusik (13 Streichquartette) und Orchesterwerke (27 Sinfonien) verschiedener Haltung (individuell-pessimistisch, betont nationalrussisch, dann «formalistisch», schließlich sozialistisch-realistisch), ein Violinkonzert, *Stalin-Ouvertüre, Kreml-Kantate,* Großchöre, Klavierwerke, Lieder.
LITERATUR: F. K. Prieberg: Musik in der Sowjetunion (1965).

Mohaupt, Richard, * Breslau 14. Sept. 1904, † Reichenau (Niederösterreich) 3. Juli 1957, studierte in Breslau, war Theaterkapellmeister und Pianist, lebte 1939–1955 in New York, schrieb vorwiegend schlagkräftige Bühnenwerke, Film- und Funkmusik, u. a. die Opern *Die Wirtin von Pinsk* (1938 bzw. 1956, nach Goldonis «Mirandolina»), *Die Bremer Stadtmusikanten* (1948, Märchenoper), *Der grüne Kakadu* (1958, nach Schnitzler), die Ballette *Die Gaunerstreiche der Courasche* (1936), *Lysistrata (Der Weiberstreik von Athen,* 1946), *Max und Moritz* (1949), die Suite *Stadtpfeifermusik* (1941; nach einem Dürer-Bild), Orchesterwerke (u. a. Sinfonie *Rhythmus und Variationen,* 1942), Konzerte, Kantate *Das goldene Byzanz* (1955) und *Bucolica* (1948, für Doppelchor und Orchester).

Mohler, Philipp, * Kaiserslautern 26. Nov. 1908, Haas-Schüler in München, 1943 Nachfolger Distlers in Stuttgart, seit 1958 Leiter der Frankfurter Hochschule für Musik; schrieb zahlreiche Vokalwerke *(Der Tod von Flandern, Nachtmusikanten, Vagabundenlieder);* Orchesterwerke *Sinfonische Fantasie, Sin-*

fonisches Capriccio, 1957); Klavierkonzert, Kammermusik, Klavier-, Orgel-, Akkordeonstücke, *Laetare* (Kantate nach C. Zuckmayer, 1968). – Neufassung von Pergolesis *Stabat mater.*

Moniuszko, Stanisław, *Ubiel (Gouvernement Minsk), 5. Mai 1819, †Warschau 4. Juni 1872, Pole, studierte in Warschau und Wien. Nach kärglichem Dasein als Organist und Privatlehrer (Wilna) 1858 Opernkapellmeister und Konservatoriumsdirektor in Warschau. Einer der bedeutendsten Komponisten Polens, seiner rund 300 Lieder wegen der «polnische Schubert» genannt. Schrieb ferner Kirchenmusik, Werke für Orchester, Chöre mit Orchester, zehn Schauspielmusiken und mehr als zwanzig Opern. Von diesen wird *Halka* (1854), die erste polnische Nationaloper, auch in Deutschland aufgeführt. – *Handbuch der Harmonielehre* (1871).

Monn (Mann), Matthias Georg, *Wien 9. April 1717, †Wien 3. Okt. 1750, Österreicher, Sängerknabe in Klosterneuburg, Organist an der Karlskirche in Wien; mit Divertimenti, Sinfonien, Quartetten, Violin- und Klavier-(Cembalo-)Sonaten einer der Wegbereiter der Wiener Klassik, Neudrucke; Neuausgabe des Violoncello-Konzerts durch Schönberg (1914).

Monsigny, Pierre-Alexandre, *Fauquembergues (Pas-de-Calais) 17. Okt. 1729, †Paris 14. Jan. 1817, Franzose, Violinist beim Herzog von Orléans, in Paris erfolgreich mit komischen Opern in der Nachfolge Pergolesis (Libretti: Sedaine), u. a. *Le déserteur* (1769), *Félix* (1777).

Monte, Philipp de, *Mecheln 1521, †Prag 4. Juli 1603, Frankoflame, wirkte als Kapellsänger in Rom und London, wurde 1568 kaiserlicher Kapellmeister in Wien und Prag; Meister des vielstimmigen Motetten- und Madrigalsatzes, klangfreudig wie sein Freund und Landsmann di Lasso, ausdrucksstark wie sein Weggenosse Byrd. – Zahlreiche Neudrucke (auch der Messen und Chansons).

Montemezzi, Italo, *Verona 4. Aug. 1875, †ebenda 15. Mai 1952, Italiener, 1939–1949 in den USA, wurde bekannt mit seiner neuromantischen Oper *Die Liebe von drei Königen* (1913), schrieb weitere sechs Opern, sinfonische Dichtungen, Kammermusik, Chorwerke. – Vorbild des Italo in Werfels Verdi-Roman (1930).

Monteverdi, Claudio, *Cremona getauft 15. Mai 1567, †Venedig 29. Nov. 1643, Italiener, 1590 Sänger und Violinist, seit 1601 auch als Kapellmeister am Hofe zu Mantua, 1613 bis zu seinem Tode Kapellmeister von San Marco in Venedig (die letzten zehn Jahre Priester). Monteverdis Ruhm gründete sich ursprünglich auf seine vier- und fünfstimmigen Madrigale (insgesamt neun Bücher von 1583–1638), dazu Messen, Psalmen, Motetten, Hymnen, Vespern, «Scherzi musicali» (dreistimmige Kanzonetten mit instrumentalen Einlagen). Die epochale Bedeutung Monteverdis beruht auf seinen Opern. In diesen hat er seinen Madrigalstil (Übergang von polyphon-imitierendem zu harmonisch-deklamatorischem Stil) auf die Bühne übertragen. Mit seinem *Orpheus* (1607) übertraf er die kaum zehn Jahre älteren Opernversuche der Florentiner Camerata durch den leidenschaftlich-deklamatorischen Ausdruck der Gesänge. Von späteren Reformatoren (Gluck, Wagner u. a.) unterscheidet er sich wesentlich dadurch, daß er weder die Musik zur Dienerin der Sprache *(seconda prattica)* noch die Sprache zur Dienerin der Musik machte (*prima prattica;* Kirchenmusik), sondern ein Gesamtkunstwerk anstrebte und von Fall zu Fall entschied, wie zu komponieren sei (hierin überraschend vielen Komponisten des 20. Jahrhunderts verwandt). Die Bedeutung Monteverdis liegt im wesentlichen darin, daß die melodisch-harmonische Führung der Gesangsstimme allein alle Aussage zu tragen vermag (die instrumentale Begleitung wurde damals vorwiegend den jeweiligen Dirigenten anheimgestellt).
Monteverdis Opern sind nur zum Teil vollständig erhalten; aus einigen kennen wir nur Einzelstücke. Zahlreiche Neubearbeitungen.
Orpheus (1607 am Hofe zu Mantua, Text von A. Striggio), Neubearbeitun-

gen von G. F. Malipiero, C. Orff, P. Hindemith u. a.
Ariadne (1608 in Mantua, Text von O. Rinuccini), erhalten *Ariadnes Klage* (Lamento), bearbeitet von C. Orff.
Der Tanz der Spröden (1608, Ballettoper), Neubearbeitung u. a. von C. Orff.
Tirsi und Clori (1615, Ballettoper, Text A. Striggio u. a.).
La Maddalena (1617, Schauspielmusik, mit anderen Komponisten zu einem Stück von G. B. Andreini).
Il combattimento di Tancredi e Clorinda (1624, szenisches Oratorium nach T. Tasso, «in stile concitato»).
Die Liebe von Diana und Endymion (1628 in Parma).
Die geraubte Proserpina (1630 in Venedig, Text von P. Strozzi).
Adonis (1639; wird auch F. Manelli zugeschrieben).
Die Heimkehr des Odysseus (1640 im drei Jahre zuvor eröffneten ersten Operntheater zu Venedig, Text von G. Badoaro), Bearbeitungen von G. F. Malipiero, V. d'Indy, L. Dallapiccola, R. Haas.
Die Hochzeit des Äneas mit Lavinia (1641).
Die Krönung Poppäas (1642, Text von G. Busenello), Bearbeitungen u. a. von G. F. Malipiero, H. F. Redlich, E. Křenek, E. Kraack.
Gesamtausgabe 16 Bde., 1926–1942 (Hg. G. F. Malipiero).
LITERATUR: H. Redlich: C. M. (1949); L. Schrade: M. (1950); A. A. Albert: C. M. (1954); W. Osthoff: M.s Spätwerk (1960).

Morales, Cristóbal, * Sevilla um 1500, † Málaga (?) zwischen 4. Sept. und 7. Okt. 1553, Spanier, Kathedralsänger in Avila, 1535–1545 Mitglied der päpstlichen Kapelle in Rom, einer der berühmtesten spanischen Meister des A-cappella-Stils seiner Zeit, schrieb vier- bis sechsstimmige Messen, Magnifikats, Motetten, Lamentationen. – Gesamtausgabe (Hg. H. Anglès) seit 1952.

Morley, Thomas, * 1557, † wahrscheinlich London 1602, Engländer, Schüler von W. Byrd, Organist der St. Paul's Cathedral in London, seit 1592 Mitglied (Gentleman) der Chapel Royal, Begründer der englischen Madrigalschule italienischer Herkunft, schrieb mehrere Bücher Madrigale, Kanzonetti, Balletti, auch Kirchen- und Instrumentalmusik (*The first booke of consort lessons,* 1599, Neudruck 1959).

Moroi, Makato, * Tokio 17. Dez. 1930, Japaner, studierte bei seinem Vater Saburo Moroi (* 1903) und bei Ikenoutschi, unterrichtet Musiktheorie in Hiroshima und Tokio, schrieb avantgardistische Zwölfton- und elektronische Musik, u. a. α *und* β für Klavier: *Développements raréfiants* für Frauenstimme und Instrumente; *Métamorphose* für Tonband und Sprechstimme; *Variationen über F* (elektronisch, mit T. Majuzumi).

Mortensen, Otto, * Kopenhagen 18. Aug. 1907, Däne, studierte in Kopenhagen Klavier, Orgel und Theorie (Jeppesen), in Paris Instrumentation (Milhaud), lehrt seit 1942 am Kopenhagener Konservatorium, trat insbesondere mit Vokal- und Kammermusik hervor (Oboen- und Flötensonate, Bläserquintett).

Morthenson, Jan, * Örnsköldsvik 7. April 1940, Schwede, studierte bei I. Lidholm in Stockholm, am Elektron. Studio des WDR in Köln, entwickelte sich des weiteren unter dem Einfluß von Ligeti; schrieb z. T. experimentelle Musik mit Tonbändern und Lautsprechern, auch elektronische und Multimedienmusik (*Citydrama für Bonn,* 1973); verfaßte die Schrift *Nonfigurative Musik* (dt. 1966).

Moscheles, Ignaz, * Prag 30. Mai 1794, † Leipzig 10. März 1870, Klaviervirtuose (Paris, London), von seinem einstigen Schüler Mendelssohn nach Leipzig berufen (Klavierprofessur am neugegründeten Konservatorium); schrieb Salonmusik und Unterrichtswerke.

Mossolow, Alexander, * Kiew 11. Aug. 1900, † Moskau 12. März 1973, Russe, Schüler des Moskauer Konservatoriums, schwenkte nach naturalistischen Anfängen (*Eisengießerei,* Ballett und Orchestersuite, 1926) in einen gemäßigten folkloristischen

Stil ein; Opern (*Der Damm*, 1929), Sinfonien (4. Sinfonie «an Lermontow», 1942), *Partisan*-Suite für Volksorchester (1952).

Moszkowski, Moritz (poln. Moric), * Breslau 23. Aug. 1854, † Paris 4. März 1925, studierte und lehrte bei Th. Kullak in Berlin, Reisevirtuose (seit 1897 in Paris); volkstümliche Klaviermusik (*Spanische Tänze; im Grunewald ist Holzauktion,* im Stile Bachs); Klavieretüden für eine Hand; Klavierkonzert E-Dur; sinfonische Dichtungen und Ballettmusiken.

Motte, Diether de la, * Bonn 30. März 1928, studierte in Detmold, war als Musikkritiker in Düsseldorf, als Verlagslektor in Mainz tätig, 1962 holte ihn sein einstiger Lehrer W. Maler als Kompositionslehrer an die Hamburger Hochschule für Musik (1964 Professor); schrieb *Psalmenmotette* für gemischten Chor (1961), Orchesterkonzerte, Orgel- und Kammermusik; Oper *Der Aufsichtsrat* (1970). Verfaßte eine Analyse von Henzes Kleist-Oper *Der Prinz von Homburg* (1960) und eine *Harmonielehre* (1976).

Mouret, Jean Joseph, * Avignon 11. April 1682, † Charenton (Irrenhaus) 22. Dez. 1738, Franzose, seit 1707 in Paris, Leiter der Concerts spirituels (Nachfolger von Philidor), angesehenster Bühnenkomponist der Zeit zwischen Lully und Rameau, vor allem mit repräsentativen Festwerken (Opéras-Ballets; Tragédies lyriques): *Les amours des Dieux; Fanfares* für Orchester (Neuausgaben).

Mouton, Jean, * Holluigue (heute Haut-Wignes) bei Samer 1459 (oder früher); † Saint-Quentin 30. Okt. 1522, Frankoflame, Hofkapellist, Schüler von Josquin Desprez, Kanonikus, bedeutend im Übergang von Cantus-firmus-Technik zur Homophonie, schrieb Messen, Motetten, Chansons.

Moyzes, Alexander, * Klaštor 4. Sept. 1906, Tscheche, Schüler seines Vaters Mikulás Moyzes (1872–1944) und Nováks in Prag; geht vielfach vom slowakischen Volkslied aus, zeigt auch Einflüsse der Neuen Musik und des Jazz; schrieb Sinfonien, sinfonische Tänze, Suiten, Kammermusik, szenische Kantaten, Chorzyklen.

Mozart, Leopold, * Augsburg 14. Nov. 1719, † Salzburg 28. Mai 1787, Vater und musikalisch-kompositorischer Erzieher von Wolfgang Amadeus und «Nannerl» Mozart, seinerzeit berühmter Geiger und Lehrer, zuletzt Vizekapellmeister am Salzburger Hof; sein bedeutendstes Lehrwerk *Versuch einer gründlichen Violinschule* kam im Geburtsjahr Wolfgangs heraus; Opern, Oratorien, Sinfonien, Konzerte, Kammer- und Klaviermusik, *Kindersinfonie* (früher Haydn zugeschrieben). Seine *Reiseaufzeichnungen (1763–1771)* erschienen 1920 (Hg. A. Schurig). Briefe L. Mozarts hg. durch O. E. Deutsch u. a.

Mozart, Wolfgang Amadeus, * Salzburg 27. Jan. 1756, † Wien 5. Dez. 1791, Sohn des ausgezeichneten Violinisten, Komponisten und Lehrers Leopold Mozart. 1762 wagte der Vater mit dem sechsjährigen Wunderkind und dessen elfjähriger Schwester «Nannerl» Konzertreisen nach München und Wien (Kaiserin Maria Theresia); der Erfolg ermutigte ihn 1763 zu einer Reise, die dreieinhalb Jahre dauern sollte und die durch Süd- und Westdeutschland nach Paris und London führte (hier erste Begegnung mit Johann Christian Bach; «singendes Allegro»), Rückkehr über die Niederlande, Frankreich, die Schweiz und Süddeutschland. Dem Aufenthalt in Wien 1767–1769 folgte 1769–1771 die Triumphreise durch Italien (Hauptstationen: Mailand, Rom, Neapel, Venedig, Bologna), auf der Mozart nicht nur als Virtuose und Komponist, sondern auch wegen seiner außerordentlichen Kenntnisse Aufsehen erregte (strenge Examina durch Sammartini und Padre Martini, Aufnahme in die Accademia Filarmonica di Bologna). Vom Papst erhielt er den Ritterorden zum goldenen Sporn. Obwohl erzbischöflicher Konzertmeister in Salzburg, nahm er sogleich wieder Urlaub für eine zweite Italien-Reise (1771), auf der bei der Mailänder Hochzeit eines Erzherzogs sein *Ascanio in Alba* mehr

Erfolg hatte als eine zum gleichen Anlaß geschriebene Oper Hasses.
Eine 3. Italien-Reise, Oktober 1772 bis März 1773, erneut nach Mailand, brachte Streichquartette und die Oper *Lucia Silla,* jedoch weniger Erfolg. Reisen nach München und Wien 1773, 1775 verliefen weiterhin beruflich ohne Erfolge. Die Salzburger Zwischenzeiten gehörten indes zu den kompositorisch fruchtbarsten, stilistisch entscheidendsten in der Entwicklung Mozarts. Weiterer Urlaub wurde, unter dem neuen Erzbischof, nicht mehr gewährt, dem Entlassungsgesuch ungnädig stattgegeben. 1777–1779 folgte eine neue, beruflich ebenfalls unergiebige Reise über München und Mannheim nach Paris (dort starb ihm unerwartet die Mutter). Seit 1779 war er vorübergehend Hoforganist in Salzburg. 1781 ließ er sich endgültig in Wien nieder und lebte dort unter nicht immer erfreulichen Umständen (wirtschaftliche Schwierigkeiten, auch mit der von ihm 1782 geheirateten Konstanze Weber, Kusine von C. M. von Weber). Erst 1787, im Prager Don Giovanni-Jahr, wurde er mit einem bescheidenen Gehalt kaiserlicher Kammerkomponist. Auf einer Reise nach Dresden, Leipzig und Berlin (1789) bot ihm der preußische König Friedrich Wilhelm II. eine gutdotierte Kapellmeisterstelle an, aber Mozart lehnte ab. Als er, 35jährig, über der Komposition des *Requiems* starb, wurde er ohne jede Feierlichkeit in einem Armengrab beigesetzt, wo, blieb unbekannt (den wenigen Trauergästen war der Weg bis zum Friedhof des schlechten Wetters wegen zu unbequem).
Kaum ein anderer Komponist hat die europäische Musik seiner Zeit so in sich aufgesogen, mitgestaltet und überhöht wie Mozart. Seine Frühwerke (er begann schon als Sechsjähriger zu komponieren) sind erstaunlich gelungene Nachbildungen des damals Üblichen. Als etwa Zwanzigjähriger begann er, mit Sturm-und-Drang-Kompositionen seinen eigenen Weg zu gehen, im letzten Jahrzehnt seines kurzen Lebens schuf er die unvergänglichen Meisterwerke. Sein von der stets zu Scherzen aufgelegten Mutter ererbtes heiteres Wesen, die vom strengen Vater erhaltene künstlerische Zucht, die glückhafte Lage des Salzburgischen Kulturkreises zwischen italienischer Singkunst und deutscher Harmoniearchitektur, die unmittelbare Berührung mit den großen Musikzentren und Musikpersönlichkeiten seiner Zeit, das Beispiel der an Ort und Stelle eifrig studierten Mannheimer Orchesterschule, die für die Klaviersonate wesentlichen Anregungen durch Schobert und den «Londoner Bach», die durch van Swieten veranlaßte Beschäftigung mit J. S. Bachs Polyphonie (besonders hervorzuhebende Früchte in der *Zauberflöte* und im Finale der *Jupiter-Sinfonie*), die für seine Streichquartette bedeutsame künstlerisch-menschliche Verbundenheit mit dem älteren Haydn, die Beeinflussung durch die italienische Oper und das aufkommende Singspiel – all das spiegelt sich in Mozarts künstlerischem Schaffen und wird doch neugeprägt und umgeformt durch einen in den Großwerken unverkennbaren Persönlichkeitsstil: schier unerschöpfliche melodische Einfälle von unbeschreiblicher Anmut von einem Künstler, in dem Diesseits und Jenseits gleichermaßen nach Gestaltung verlangten. Er führte das gesellschaftsgebundene höfische Rokoko zu höchster Entfaltung und bereitete zugleich dessen Sturz vor: Der Weg zur freien, selbstverantwortenden Einzelpersönlichkeit in der Musik wurde von Mozart freigelegt und betreten.
Eine erste Gesamtausgabe der Werke Mozarts erschien 1867–1905 in 67 Bänden (hg. von J. Brahms, Fr. Espagne u. a.); eine «Neue Ausgabe sämtlicher Werke», hg. von der Internationalen Stiftung Mozarteum Salzburg, ist (mit kritischen Berichten) seit 1953 im Erscheinen. Die Gesamtausgabe der Briefe Mozarts liegt in 4 Bänden vor (1962 bis 1963, hg. von A. Bauer und O. E. Deutsch), ihr gingen (1961) ein Dokumenten- und ein Bildband vorauf. Mozart-Jahrbücher erscheinen seit 1923, Acta Mozartiana seit 1954.
LITERATUR: Die Mozart-Literatur ist ins Unübersehbare gewachsen. Zu den wichtigsten Biographen zählen u. a.: G. N. Nissen (1828), O. Jahn (4 Bde., 1859), A. Schurig (1913), L. Schiedermair (1922), B. Paumgartner (1927), R.

Haas (1933), A. Einstein (dt. 1947), E. Schenk (1955), L. Schrade (1964), W. Hildesheimer, Mozart (1977). – Die Werke Mozarts werden beziffert nach Ludwig von Köchels «Chronologisch-thematischem Verzeichnis sämtlicher Tonwerke W. A. Mozarts», abgekürzt KV, erste Auflage 1862, zunächst 626 Nummern, seither mehrere Ergänzungen und Überarbeitungen (einige Werke wurden inzwischen anderen Komponisten zugeschrieben), [3]1937 bearbeitet von A. Einstein.

INSTRUMENTALWERKE

Orchesterwerke: über 30 Serenaden, Kassationen und Divertimenti, 36 Tänze und Märsche, *Maurerische Trauermusik*, *Ein musikalischer Spaß* u. a. m.

Sinfonien: Ausgangspunkt für Mozarts Sinfonien ist die Serenade (bei Haydn die Suite). Von den insgesamt 51 Werken sind allgemein bekannt die folgenden:

Sinfonie KV 385, D-Dur (1782), *Haffner-Sinfonie*, geschrieben für die Familie Haffner (wie die Haffner-Serenade); Sätze: Allegro con spirito – Andante – Menuetto – Presto.

Sinfonie KV 425, C-Dur (1783), *Linzer Sinfonie*. Adagio / Allegro spirituoso – Poco adagio – Menuetto – Presto.

Sinfonie KV 504, D-Dur (1786), *Prager Sinfonie;* dramatisches, schwermütiges Werk ohne Menuett. Adagio / Allegro – Andante – Presto.

Sinfonie KV 543, Es-Dur (1788), erster Gipfel der sinfonischen Schlußdreiheit. Adagio / Allegro – Andante con moto – Menuetto – Allegro.

Sinfonie KV 550, g-Moll (1788), leidvoll, leidenschaftlich gespannt. Allegro molto – Andante – Menuetto – Allegro assai.

Sinfonie KV 551, C-Dur (1788), *Jupiter-Sinfonie*, thematisch kraftvoll geschlossen, ausklingend in Tripelfuge. Allegro vivace – Andante cantabile – Menuetto – Molto allegro.

Von den Serenaden sind zu nennen: die ebenmäßige *Kleine Nachtmusik* in G-Dur (KV 525; 1787), die helle *Haffner-Serenade* in D-Dur (KV 250; 1776) für Solovioline, Streichquartett und je 2 Flöten, Oboen, Fagotte, Hörner, Trompeten, schließlich die Serenade für vier Orchester in D-Dur (KV 286; 1777), Echomusiken («Notturno») für vier Streichergruppen und Hörnerpaar.

KONZERTE

25 Klavierkonzerte, bei denen das Orchester zumeist die Nebenrolle spielt, während dem Klavierpart solistisch-virtuose Aufgaben zugewiesen sind. Mozart erweitert zunehmend die Formteile, beseelt das Melodische, baut den Orchesterklang (Bläser) mehr und mehr aus. Hervorzuheben die beiden «Krönungskonzerte» (Mozart spielte sie 1790 anläßlich der Kaiserkrönung Leopolds II. in Frankfurt am Main); das erste in F-Dur (KV 459) stammt aus dem Jahre 1784, das zweite in D-Dur (KV 537) wurde 1788 geschrieben; bekannter noch das in A-Dur (KV 488; 1786). Die beiden Klavierkonzerte in d-Moll und c-Moll (KV 466 und 491) aus den Jahren 1785 und 1786 grenzen schon an Beethovens Welt der Klavierkonzerte. Mozart schrieb ferner ein Konzert für zwei (Es-Dur, KV 365, 1779) und eines für drei Klaviere (F-Dur, KV 242, 1776; Lodron-Konzert) sowie zwei Rondos für Klavier und Orchester.

Fünf Violinkonzerte schrieb Mozart, als er noch nicht zwanzig Jahre alt war (April bis Dezember 1775), zwei andere 1777 und 1780, glänzende Stücke im damaligen von Frankreich und Italien her beeinflußten Zeitgeschmack (Ecksätze).

Erwähnenswert sind außerdem ein *Concertone* für 2 Soloviolinen, die *Konzertante Sinfonie* für Solovioline und -viola (KV 364, 1779), ein Fagott- und ein spätes Klarinettenkonzert, zwei Flötenkonzerte, vier Hornkonzerte, ein Konzert für Flöte und Harfe.

KAMMERMUSIK

40 Violin-Klavier-Sonaten. In den späteren Sonaten kommt es zwischen beiden Instrumenten zu echter Zwiesprache. Hervorzuheben sind KV 377, F-Dur, sechs Variationen im langsamen Satz; KV 379, G-Dur, Variationen im Schlußsatz, die ganze Sonate schwebend zwischen G-Dur und g-Moll; KV 454, B-Dur (1784 mit der Geigerin Regina Strinasacchi von Mozart am Klavier aus dem Stegreif uraufgeführt); KV 481, Es-Dur, auch hier verschmelzen Konzertprunk und kammermusikalische Zwiesprache.

Klaviertrios: In ihnen gibt das Klavier das Entscheidende. Reizvoll die Klangmischung im Es-Dur-Trio (KV 498) durch Klarinette, Bratsche und Klavier.
Streichquartette: Aufschlußreich der Weg von Mozarts Streichquartetten (insgesamt 23). Das erste schrieb er als Vierzehnjähriger, drei weitere als Sechzehnjähriger, ihnen folgten im Jahr darauf sechs Quartette – die meisten dreisätzig, knapp gefaßt, nach italienischem Vorbild. Unter dem Eindruck von Haydns «Sonnenquartetten» (1772) werden die Quartette KV 168–173 (1773) viersätzig, die Durchführungstechnik wird ausgeprägt, kontrapunktisch bis zur Fuge gesteigert mit barocken Elementen, das Finale ist nicht mehr nur Schluß, sondern Krönung des Quartetts. Stärker noch der Austausch mit Haydn in den sechs Quartetten der Jahre 1782 bis 1785 (KV 387, 421, 428, 458, 464, 465), dem älteren Freund gewidmet und daher «Haydn-Quartette» genannt. Aber diese Einflüsse sind völlig eingeschmolzen in den gereiften Stil Mozarts, zu den kompositorisch-technischen Mitteln tritt zudem eine besondere Farbigkeit im Harmonischen, vor allem eine vielgliedrige Motivverästelung in den vier eigenwertig behandelten Instrumenten. KV 458 nennt man nach der Dreiklangsthematik des Kopfthemas das *Jagdquartett,* KV 465 nach dem Stimmführungsrätsel der Einleitung das *Dissonanzenquartett.*
In den drei «Preußischen Quartetten» aus den Jahren 1789/90 (KV 575, 589, 590) wird das Cello bevorzugt; der Auftraggeber, Friedrich Wilhelm II. von Preußen, war passionierter Violoncellist. Das Denken in motivischer Arbeit tritt etwas zurück zugunsten kontrapunktischer Pracht und singender Wärme. Zwei Klavierquartette: das gespannte in g-Moll (KV 478), das festliche in Es-Dur (KV 493).
10 Quintette, davon 7 für zwei Geigen, zwei Bratschen und Cello, je eines für Klarinette und Streicher, für Horn, Geige, zwei Bratschen und Cello, für Klavier, Oboe, Klarinette, Horn und Fagott. Die frühen Werke sind in ihrer beschwingten Art Divertimenti. Dramatisch doppelgesichtig ist das C-Dur-Quintett KV 515 von 1787; mehr nach innen gewendet, lastend das g-Moll-Quintett KV 516 (ebenfalls 1787). Die übrigen Streichquintette ergänzen das Bild. Im Klarinettenquintett (KV 581) und im Quintett für Klavier und Bläser (KV 452) wird durchsichtig konzertiert, wobei im ersten die Klarinette, im zweiten das Klavier die – hier allerdings nur angedeutete – Solistenrolle übernimmt.
KLAVIERWERKE
An der Spitze stehen die 18 Sonaten für Klavier, zweihändig. Der Entwicklungsweg verläuft wie in den Streichquartetten, nur weniger geradlinig. Die der ersten Gruppe (um 1775) stehen im Zeichen der italienischen Vorbilder, selbständiger die Sonate in D-Dur (KV 284 mit dem Polonäsenrondo und dem Variationenfinale). In den Mannheimer Sonaten von 1777/78 (KV 309 und 311) spürt man den von Mozart in Mannheim studierten Orchesterstil. Eher eine Suite als eine Sonate ist das bekannte A-Dur-Werk KV 331 mit der Satzfolge: Andante und Variationen – Menuett – Alla-turca-Marsch. Über Werke mit orchestralem und opernmäßig-bildhaftem Einschlag führt der Weg zu der konzertdramatischen c-Moll-Sonate KV 457 (1784) mit der vorangestellten Fantasie und zu der kontrapunktisch wie motivisch dicht durchgeführten D-Dur-Sonate von 1789 (KV 576). – Ferner eine Reihe spielfreudig gestalteter Variationen über Themen verschiedener Komponisten (Duport, Grétry, Paisiello u. a.) sowie stegreifartige Fantasien, von denen die in c-Moll (KV 475), meist als Einleitung zur c-Moll-Sonate gespielt, die bedeutendste ist (leichter Einfluß von C. Ph. E. Bach). Endlich einige Fugen, Rondos und das unvergängliche h-Moll-Adagio (KV 540) aus dem Jahre 1788.
Klavier vierhändig: zwei Früh- und zwei Spätsonaten; von letzteren ist die in F-Dur (KV 497) dem Sinfonischen, die in C-Dur (KV 521) dem Bildhaften, fast Bühnenmäßigen angenähert. Zwei Fantasien stammen aus dem Jahre 1790. Anmutiges Bewegungsspiel im *Thema mit Variationen* (KV 501).
Werke für zwei Klaviere: Sonate in D-Dur (KV 448, aus dem Jahre 1781), fast ein Konzert für zwei Klaviere, eins

der schönsten Werke dieser Gattung. Ferner eine c-Moll-Fuge (KV 426), 1788 für Streichquartett eingerichtet.
LITERATUR: E. u. P. Badura-Skoda: M.-Interpretation (1957).
VOKALWERKE
Klavierlieder: Die bedeutendsten Lieder nähern sich der kleinen Opernszene in der bildhaften Durchdringung von Wort, Singstimme und instrumentaler Gewandung, bleiben jedoch echte Lieder, wie etwa *Das Veilchen* (KV 476, 1785), *Der Zauberer* (KV 472, 1785), *Wenn die Lieb* (KV 524, 1787), *Komm, lieber Mai* (KV 596, 1791). Das bekannte Wiegenlied «Schlafe, mein Prinzchen» stammt nicht von Mozart, sondern von B. Flies.
Konzertarien: 27 für Sopran, eine für Alt, 8 für Tenor und 6 für Baß mit Orchester, ferner Duette, Terzette und ein Quartett.
Bühnenwerke: Rechnet man die Bühnenmusiken, die theatralischen Serenaden und das Ballett *Les petits riens* hinzu, sind es 22 Werke. Sie sind durchaus nicht gleichwertig, zumal die vom Knaben Mozart komponierten. Mit dem arkadischen Singspiel *Bastien und Bastienne* (KV 50) ist dem Zwölfjährigen jedoch ein frühes Meisterwerk gelungen.
Die Gärtnerin aus Liebe (1775, KV 196, nicht vollständig erhalten). Verwechslungskomödie. Beachtlich die Ensemblesätze und das Finale.
Idomeneo (1781, KV 366, große heroische Oper, Text von G. Varesco). Von Mozart mehrfach geändert, zahlreiche Neubearbeitungen, u.a. von L. Wallerstein, R. Strauss, B. Paumgartner; selten im Spielplan. Idomeneo gelobt auf der Heimfahrt von Troja dem Poseidon, das erste Lebewesen zu opfern, das ihm in der Heimat begegnet. Es ist sein Sohn Idamantes. Als sowohl Idomeneo als auch Ilia, die Geliebte des Idamantes, sich als Opfer anbieten, verzichtet der Gott auf Erfüllung des Opfers.
Die Entführung aus dem Serail (1782, KV 384, Singspiel, Text von Stephanie dem Jüngeren), eine der vielen «Türkenopern» des 18. Jahrhunderts. Eine Hauptfigur: der musikalisch mit kunstvollen Kapriolen bedachte Aufseher Osmin. Liedhafte Gesänge, «türkisches» Instrumentalkolorit, Ensemblefinale.
Figaros Hochzeit (1786, KV 492, Oper, Text von Beaumarchais von L. Da Ponte, inhaltlich eine Fortsetzung des «Barbiers von Sevilla», zehn Jahre nach Paisiello, dreißig Jahre vor Rossini aufgeführt). Wie aus bloßen Rollen hier zumeist Persönlichkeiten (und zwar gleichzeitig als Vertreter ihres jeweiligen Standes) geworden sind, so wird auch die Musik wort- und sinnentsprechend dramatisch und zeichnet das Zutageliegende wie die seelischen Hintergründe der einzelnen (z.B. des herrischen Grafen, des bereits revolutionär aufbegehrenden Figaro, des Pagen Cherubino, der «vielleicht kein Kind mehr, aber auch noch kein Mann» ist) und der jeweilig agierenden Gruppen (in den Ensembles, besonders der Aktschlüsse).
Don Giovanni (1787, KV 527, *Dramma giocoso,* Text von L. Da Ponte). Don Giovanni hat den Komtur, Vater der von ihm verführten Donna Anna, im Zweikampf getötet, geht auf neue Abenteuer aus (Leporellos Registerarie), lädt das Standbild des Getöteten zum Mahl und wird von ihm in die Hölle gestoßen, weil er nicht bereuen will. – Kontrastierende Klänge für das Diesseits und das Jenseits, schmiegsame musikalische Charakterisierung im Persönlichen und Szenischen, glänzende Ensembles, heitere musikalische Anspielungen, beredtes Orchester.
Così fan tutte (So machen's alle, 1790, KV 588, komische Oper, Text von L. Da Ponte). Das dramatische Spannungsverhältnis der unbeschwerten, von melodischen Einfällen sprühenden Musik ist in die Einzelpersonen verlegt, in den Zwiespalt zwischen echten und vorgetäuschten Gefühlen.
Die Zauberflöte (1791, KV 620, Text nach einem von K. L. Giesecke dramatisierten Märchen Wielands, Endfassung des mehrfach umgearbeiteten Plans von E. Schikaneder). Zwei grundverschiedene Bereiche sind es vor allem, die den Stoff zu dieser Oper geliefert haben: die barocke Zauberwelt des Altwiener Volkstheaters mit seinen derben Späßen und seinem Maschinenspektakel und die sittlich-humanitären Grundideen des Freimaurertums. Die Synthese, die im Text keineswegs gelungen ist, wurde in ein-

maliger Weise durch Mozarts Musik geschaffen. Treuherzig schlichte Lieder stehen neben prunkvollen Koloraturarien, muntere Buffoweisen neben feierlichen Chören, Volkston neben erhabener Kunstmusik; alles ist in vollendeter Harmonie aufeinander abgestimmt. Mit dieser Oper hat Mozart ein Werk geschaffen, das nachhaltig auf das Musikschaffen der deutschen Romantik wirkte und als Prototyp der «deutschen Oper» angesehen wurde. Selbst Goethe war von diesem Werk so beeindruckt, daß er begann, einen zweiten Teil zur *Zauberflöte* zu schreiben. – Drei Welten sind, fast in der Art eines mittelalterlichen Mysterienspiels, übereinandergestellt: die dunkle Welt der Unterirdischen (Königin der Nacht), die einfache Welt des naturhaften Menschen (Papageno) und die erhabene Welt verstehender Weisheit (Sarastro). Zwischen ihnen hat sich der edle Mensch (Tamino, Pamina) zu bewähren. Diese drei Welten sind jedoch im Text nicht eindeutig voneinander getrennt, vielmehr geschieht im Laufe der Handlung ein gewisser Austausch der Werte. Dieser Widerspruch ist dadurch entstanden, daß ursprünglich die Königin der Nacht mit ihrem Gefolge das gute Prinzip darstellten, während Sarastro und Monostatos die feindlichen Mächte verkörperten. Die Änderung war vom Textdichter jedoch erst vorgenommen worden, nachdem Mozart die ersten Nummern schon fertiggestellt hatte. Trotzdem hat Mozart jeweils charakteristische Klangwelten gefunden, wie etwa die feierliche Würde in den Bläserakkorden der Priester oder das Choral-Fugato der zwei Geharnischten, das leicht ironisierte Pathos der Opera seria in der musikalischen Zeichnung der Unterwelt, dramatisch beseelte Rezitative und Arien (Tamino, Pamina) und volksliedhafte Weisen (Papageno).
LITERATUR: R. Tenschert: M. Ein Leben für die Oper (1941).

Kirchenmusik: Die Mehrzahl dieser Werke hat Mozart in seinen Salzburger Jahren geschrieben, weil er später für diesen von ihm so sehr geliebten Zweig der Komposition nicht mehr genügend Zeit hatte. Neben einer Reihe kleinerer Werke sind es vor allem fünfzehn Messen in verschiedener Besetzung und in verschiedenen Stilen. Bedeutend die Chorpartien der c-Moll-Messe (KV 427) von 1782. Gipfelwerke von Mozarts Kirchenmusik sind das *Requiem* (KV 626) und das *Ave verum* (KV 618; beide aus seinem Todesjahr). Das von Mozarts Schüler und Freund Süßmayr vollendete Requiem wurde von einem «grauen Unbekannten» bestellt, den Mozart selbst für einen Vorboten seines eigenen Todes ansah; in Wirklichkeit war es der Bote eines ehrgeizigen Grafen, der die bestellte Komposition für sein eigenes Werk ausgeben wollte. Großartig ist vor allem die erste Hälfte (Doppelfuge des Kyrie, Dämonie des Dies irae, Steigerung im Rex tremendae majestatis). Das vielgesungene *Ave verum* aus dem Todesjahr 1791 (KV 618) ist eine Motette für 4 Stimmen (mit Streichquartett und Orgel, in der Originalfassung). Von den übrigen geistlichen Chorwerken, Solokantaten, Orgel-Triosonaten werden die Marienvespern in neuerer Zeit öfter aufgeführt.
LITERATUR: K. G. Fellerer: M.s Kirchenmusik (1955); K. Hammer: M. Eine theologische Deutung (1964).

Muffat, Georg, * Mégève (getauft 1. Juni) 1653, † Passau 23. Febr. 1704, Österreicher französischer Herkunft, Organist in Salzburg, Kapellmeister in Passau, importierte aus Paris und Rom französisch-italienische Spielmanieren und Stilelemente des Hochbarock in Orgeltokkaten, Orchesterouvertüren (1698), Concerti grossi und Kammersonaten (Neuausgaben).

Muffat, Gottlieb, * Passau (getauft 25.) April 1690, † Wien 10. Dez. 1770, Sohn von Georg M., Schüler von Fux, Hoforganist in Wien, geschichtlich bedeutsame Orgeltokkaten und *Componimenti (Suiten) per il Cembalo* (1738/39). (Neuausgaben.)

Mulé, Giuseppe, * Termini Imerese (Sizilien) 28. Juni 1885, † Rom 10. Sept. 1951, Italiener, 1922 Leiter des Konservatoriums in Palermo, 1926 (Nachfolger Respighis) in Rom, auch Generalsekretär der Musikergewerkschaft; vor allem

Opernkomponist, stilistisch im Umkreis Puccini-Respighi, u.a. *Dafne* (1928), *Liolà* (1935, nach Pirandello); Bühnenmusiken für das antike Theater in Syrakus (1921–1934).

Müller, Gottfried, *Dresden 8. Juni 1914, Straube-Schüler in Leipzig, 1934 mit einem für Tenor, Chor und Orchester komponierten *Deutschen Heldenrequiem* bekannt geworden, wirkte nach dem Kriege als Kirchenmusiker in Berlin, seit 1961 als Kompositionslehrer in Nürnberg. – Mitarbeiter an der neuen Bach-Ausgabe.

Müller, Wenzel, *Tyrnau bei Preßburg 26. Sept. 1767, †Baden bei Wien 3. Aug. 1835, Österreicher, Dittersdorf-Schüler, Kapellmeister am Leopoldstädter Theater in Wien, schrieb mehr als 200 Bühnenmusiken, Singspiele wie *Kasper der Fagottist oder Die Zauberzither* (1791; inhaltlicher Ähnlichkeiten wegen wurde Mozarts «Zauberflöte» im letzten Augenblick noch geändert), *Die Schwestern von Prag* (1794, darin das Lied *Ich bin der Schneider Kakadu*, über das Beethoven Variationen für Klaviertrio schrieb), *Die travestierte Zauberflöte* (1818), Bühnenmusik zu Raimunds Zauberpossen *(So leb denn wohl, du stilles Haus).*

Müller-Siemens, Detlev, *Hamburg 30. Juli 1955, studierte in Hamburg (G. Friedrichs, G. Ligeti), schrieb Kammer- und Orchestermusik, Oper *Genoveva oder Die weiße Hirschkuh* (ZDF, Mainz 1978).

Müller von Kulm, Walther, *Basel 31. Aug. 1899, †Arlesheim 3. Okt. 1967, Schweizer, studierte in Zürich (Andreae) und Basel (Weingartner), 1932 Theorielehrer, 1947 Direktor am Basler Konservatorium, langjährig Leiter des dortigen Bach-Chors; schrieb Konzertwerke, Orgel-, Klavier- und Kammermusik, vor allem auch Chorwerke, Orgelgesänge, Klavierlieder, ein *Eidgenössisches Festspiel* (*Mutterland*, 1935), eine Ballettpartitur *(Die blaue Blume)* und eine von O. Wälterlin textierte Oper (*Der Erfinder*, 1937–1939).

Müller-Zürich, Paul, *Zürich 19. Juni 1896, Schweizer, studierte in Zürich (Jarnach), Berlin, Paris, seit 1927 Theorielehrer sowie Chor- und Orchesterleiter in Zürich, erhielt 1953 den Musikpreis seiner Vaterstadt; schrieb ursprünglich neuromantisch, später strenger linear (*Te Deum II* für Frauenstimmen und Orchester, 1933; *Der Sonnengesang des Hl. Franziskus* für Soli, Frauenchor und 6 Instrumente, 1939) und sucht seither Elemente alter und neuer Musik zu assimilieren (Streichersinfonien); Vokalwerke und Orgelmusik nehmen einen Sonderplatz in seinem Gesamtwerk ein (Verzeichnis in «Schweizer Komponisten», «Musik der Zeit», Heft 10, 1955).

Muradeli, Wano Iljitsch, *Gori (Grusinien) 6. April 1908, †Tomsk 14. Aug. 1970, Georgier, studierte in Tiflis und Moskau (Mjaskowski), musikpolitische Funktionärstätigkeit, Bühnen- und Chorwerke der Parteilinie.

Murschhauser, Franz Xaver, *Zabern 1. Juli 1663, †München 6. Jan. 1738, Kirchenmusikschüler bei Kerll, seit 1681 Kapellmeister an der Frauenkirche in München, schrieb bedeutende Orgelwerke und streitbare Traktate (Composition I, 1721; Teil II erschien nicht mehr, da der angegriffene J. Mattheson das Werk vernichtend kritisiert hatte in seiner «Critica Musica», 1722).

Musgrave, Thea, *Edinburgh 27. Mai 1928, Engländerin, studierte bei Nadja Boulanger in Paris, lebt seit 1955 in London, schrieb Kammermusik und Solokonzerte, Ballette und Opern (*Mary, Queen of Scots*, Edinburgh 1977).

Mussorgski, Modest Petrowitsch, *Karewo (Gouvernement Pleskau) 21. März 1839, †Petersburg 28. März 1881, Russe, zunächst Gardeoffizier, ging dann zur Musik über (vorwiegend Autodidakt), geriet in Not und trat 1863 in russische Staatsdienste. Bildete mit Balakirew, Borodin, Kjui und Rimski-Korsakow die «Gruppe der Fünf» (oder «Das mächtige Häuflein»), die eine nationalrussische Musik durchsetzen wollte. Ihr entschiedenster und genialster Vertreter ist Mussorgski selbst. Er verachtete alle «zivilisiert-europäische Musik»; daher wohl auch seine Ablehnung, regelrechten Unterricht zu nehmen. Ihm schwebte vor, auf russische Weise die «dramatische Wahrheit» zum Klingen zu bringen. Der Verzicht auf europäische Kunstmittel zwang ihn, eine eigene, freilich aus dem heimatlichen Volksgut erwachsende Sprache zu finden, einen Alfresco-Stil, in dem viel vorweggenommen zu sein scheint vom Impressionismus und Expressionismus der westeuropäischen Musik. Jedenfalls haben die sensibelsten Komponisten Europas von Mussorgski gelernt, von Debussy bis Bartók. Gewisse Werke Mussorgskis gehören zu den Standardschöpfungen ihres Gebietes, etwa die *Bilder einer Ausstellung* für Klavier, die Oper *Boris Godunow* als Spitzenschöpfung der russischen Operngeschichte.

OPERN

Boris Godunow (1874, Text nach Puschkin und Karamsin vom Komponisten). Der Thronräuber Boris Godunow hat den legitimen Zarennachfolger Dmitri als Kind ermorden lassen und stirbt selbst im Wahnsinn, als die politischen und Gewissenskonflikte durch das Auftreten eines falschen Dmitri sich unerträglich zuspitzen. Russisches Volkslied, polnischer Nationaltanz, gregorianische Wendungen bestimmen die musikalische Grundhaltung je nach dramatischer Notwendigkeit. Kompositorisch, instrumental, dramaturgisch mehrfach umgearbeitet (Rimski-Korsakow, Rathaus, Schostakowitsch).

Die Chowanschtschina (1886, Text von Mussorgski), beendet und instrumentiert von Rimski-Korsakow, ergänzt durch Schostakowitsch (1952).

Der Jahrmarkt von Sorotschinzy (1923 in der durch Tscherepnin beendeten Fassung, 1917 als Fassung von Kjui, Text vom Komponisten), Bauernoper.

Die Heirat (1937, Text nach Gogol; 2. Akt von Tscherepnin).

LIEDER

In zuweilen scheinbar wirrem Nebeneinander von Volkslied, Volkstanz, Plattheiten, Kühnheiten, Kirchentonarten, Raserei und Kindlichkeit mit westeuropäischen Maßstäben nicht meßbar, doch zum bedeutsamen Gut des Klavierliedes gehörig; etwa 60 Lieder, teilweise in Gruppen zusammengefaßt:

Szenen aus der Kinderstube (1862–1872, Texte vom Komponisten), realistisch, rhythmisch-metrisch eigen (in der Szene *Mit der Njanja* bei 53 Takten 27mal Taktwechsel).

Lieder und Tänze des Todes (1874, Texte von Golenischtschew-Kutusow), der Tod als grausiger Retter aus einem menschenunwürdigen Leben, vielfach szenisch gestaltet: *Trepak (Wald, öde Heide), Ständchen (Blühende Frühlingsnacht), Der Feldherr, Festesmarsch.*

Ohne Sonne (1874, Texte von Golenischtschew-Kutusow), 6 Gesänge: *In den vier Wänden, Nicht nahmst du mich wahr, Zu Ende ging der lange Tag, Umsonst, Elegie, Auf dem Flusse.*

Einzellieder: Flohlied (Es war einmal ein König), eine der genialsten Vertonungen des Goethe-Liedes (szenisch-dramatisch), *Der Dünkel* (Tolstoi), *Der Seminarist* (Text von Mussorgski), *Gastgelage* (Kolzow), *Hopak* (Schewtschenko), Tanzlied für Frauenstimme.

KLAVIERMUSIK

Bilder einer Ausstellung, angeregt durch den Tod des mit Mussorgski befreundeten Malers Hartmann (1874): Gang durch eine Bilderausstellung, wobei die «Promenade» als Leitmotiv gewählt wird: Gnom / Das alte Schloß / Tuilerien/ Spielende Kinder im Streit / Bydlo (Ochsenkarren) / Ballett der Küchlein in ihren Eierschalen / Samuel Goldenberg und Schmuyle / Marktplatz von Limoges / Die Katakomben / Die Hütte der Baba-Yaga (Hexe) / Das große Tor von Kiew.

Kleinere Klavierstücke wie *Im Dorf, Gopak, Intermezzo.*

ORCHESTERWERKE (Auswahl)

Die Nacht auf dem Kahlen Berge (nachgelassen, von Rimski-Korsakow überarbeitet, 1886), Orchesterfantasie über Geister, Teufel, Hölle, Dorfkirchenglocke.

Bilder einer Ausstellung, ursprünglich für Klavier, mehrfach für Orchester instrumentiert (u. a. von Maurice Ravel).

Gesamtausgabe der Werke von Mussorgski, 8 Bde. (1928–1934).

LITERATUR: K. v. Wolfurt: M. (1926); O. v. Riesemann: M. (1926); M. D. Calvocoressi / G. Abraham: M. M., 1956;

V. J. Seroff: Das mächtige Häuflein (1963).

Müthel, Johann Gottfried, * Mölln 17. Jan. 1728, † Bienenhof 14. Juli 1788, in Lübeck und Leipzig (Bach) zum Organisten herangebildet, Hoforganist in Schwerin, seit 1753 in Riga tätig, hervorragender Klavierist, Vertreter des musikalischen Sturms und Drangs; insbesondere mit Klavierkonzerten und Sonaten sowie Variationen (Neudrucke).

Mycielski, Zygmunt, * Przeworsk 17. Aug. 1907, Pole, studierte bei K. Szymanowski in Warschau, bei P. Dukas und Nadia Boulanger in Paris, schrieb *Porträt einer Muse* für Chor und 15 Instrumente (1947), Bühnen- und Ballettmusik, Hörspielpartituren, auch Konzert-, Kammer- und Klavierwerke. Gab nach dem Zweiten Weltkrieg die maßstabsetzende polnische Musikzeitschrift «Ruch Muzyczny» heraus.

Mysliveček, Josef, * Ober Sárka bei Prag 9. März 1737, † Rom 4. Febr. 1781, Tscheche, wurde in Prag zum Organisten ausgebildet, zog 1763 nach Italien, schrieb für die ersten Bühnenplätze Erfolgsopern wie *Bellerofonte,* hinterließ Oratorien, die seinerzeit Haydn oder Mozart zugeschrieben wurden (*Abraham und Isaak,* 1777), Messen, Solokonzerte, Streichquartette und Triosonaten (Neudrucke).
LITERATUR: P. Nettl: Mozart in Böhmen. 1938.

Nabokov, Nikolai, * Lubscha (Gouvernement Minsk) 17. April 1903, † New York 6. April 1978, Russe, studierte in Berlin und Stuttgart, wirkte in Frankreich und Nordamerika, seit 1964 als Organisator der Festwochen in Berlin. Schrieb für Diaghilew Ballette wie *Ode an die göttliche Majestät* (1928), *Union Pacific* (1934), die Oper *Rasputins Tod* (1959), Sinfonien (die *Lyrische,* 1929; die *Biblische,* 1941), ein Klavier- und ein Cellokonzert, Oratorium *Hiob* (1933), *La vita nuova* (1953), 4 Gesänge aus «Doktor Schiwago» für Bariton und Orchester (1960), *Studies in solitude,* 4 Stimmungsbilder für Orchester (1961).

Nägeli, Hans Georg, * Wetzikon bei Zürich 26. Mai 1773, † Zürich 26. Dez. 1836, Schweizer, Musikverleger, Gesangslehrer, Vokalkomponist, heute noch bekannt durch das von ihm bearbeitete Lied *Freut euch des Lebens* (1794). Schrieb im Sinne Pestalozzis Gesangbildungslehren (z. T. mit Pfeiffer). Hinterließ zahlreiche Chöre.

Nanino (Nanini), Giovanni Maria, * Tivoli bei Rom um 1545, † Rom 11. März 1607, Italiener, Schüler Palestrinas, 1571 dessen Nachfolger an Santa Maria Maggiore in Rom, 1604 päpstlicher Kapellmeister, schrieb Motetten und Madrigale; sein *Hodie nobis coelorum Rex* wird zu Weihnachten bis heute in der Sixtinischen Kapelle gesungen. Gründete mit Palestrina u. a. 1580 in Rom eine Schule für Kirchenkomposition.

Nardini, Pietro, * Livorno 12. April 1722, † Florenz 7. Mai 1793, Italiener, Tartini-Schüler in Padua, gesuchter Violinlehrer in den Hauptstädten Europas, schrieb Violinkonzerte, auch Streichquartette, die nicht ohne Einwirkung auch auf Mozart blieben. Seine Violinsonaten wurden oft neu aufgelegt.

Naumann, Johann Gottlieb, * Blasewitz bei Dresden 17. April 1741, † Dresden 23. Okt. 1801, war in Italien Schüler von Tartini, Martini und Hasse, 1776 kurfürstlicher Kapellmeister in Dresden, später zeitweise am schwedischen Hof, seit 1786 Hofkapellmeister in Dresden; schrieb Opern, u. a. *La clemenza di Tito* (1769), *Solimano* (1773), *Le nozze disturbate* (1773), in schwedischer Sprache *Gustav Wasa* (1786), für Berlin *Medea* (1788), ferner Ballette, Oratorien, Psalmen, Sinfonien, Kammermusik, *Sammlung von Liedern beym Clavier zu singen.* Sein Stil war zunächst von der ins Virtuose gesteigerten französischen Oper geprägt, wandte sich dann der Frühromantik zu (Sonaten für Glasharmonika).

Nedbal, Oskar, * Tábor (Böhmen) 26. März 1874, † Agram (Selbstmord) 24. Dez. 1930, Tscheche, studierte u. a. bei Dvořák, als Bratschist Mitbegründer des «Böhmischen Streichquartetts», Dirigent in Prag und Wien, Theaterdirektor in Preßburg; komponierte anfangs Orchester- und Kammermusik; bekannt nur noch als Operettenkomponist; *Polenblut* (1913, Text von L. Stein), ein Welterfolg.

Neefe, Christian Gottlob, * Chemnitz 5. Febr. 1748, † Dessau 26. Jan. 1798, Hiller-Schüler in Leipzig, 1781–1794 Hoforganist und Beethovens Klavierlehrer (Bach, «Wohltemperiertes Klavier») in Bonn; erfolgreich seine Singspiele, u. a. *Adelheit von Veltheim* (1781) mit dem gleichen Türkenthema wie Mozarts «Entführung». Blieb mit *Was frag' ich viel nach Geld und Gut* lange als Liederkomponist lebendig.

Neidhart von Reuenthal (Nithart), * zwischen 1180 und 1190, † nach 1237, österreichischer Minnesänger, nächst Walther von der Vogelweide mit den ältesten erhaltenen wortbezogenen Liedweisen überliefert, darunter Tanzlieder.

Neikrug, Marc, * New York 24. Sept. 1946, amerikanischer Komponist und Konzertpianist, studierte Komposition bei G. Klebe in Detmold, Klavier bei J. Gimpel und St. Askenase in Brüssel. Lebt freischaffend in Brüssel und Tanglewood (USA). Schrieb Orchester-, Kammer- und Klaviermusik (Klavierkonzert, 1967).

Neithardt, August Heinrich, * Schleiz 10. Aug. 1793, † Berlin 18. April 1861, Militärkapellmeister, dann Domchorleiter in Berlin; Hornquartette, Männerquartette; *Ich bin ein Preuße, kennt ihr meine Farben?* (1826).

Nessler (Neßler), Viktor, * Baldenheim (Elsaß) 28. Jan. 1841, † Straßburg 28. Mai 1890, Theologe, dann Chorleiter in Leipzig (Theater und Gesangverein), Bühnenwerke, u. a. *Der Rattenfänger von Hameln* (1879), *Der Trompeter von Säckingen* (1884, Text nach Scheffel; daraus: *Behüt' dich Gott, es wär' so schön gewesen*).

Neumark, Georg, * Langensalza 16. März 1621, * Weimar 8. Juli 1681, Gambenspieler, Liederkomponist (*Wer nur den lieben Gott läßt walten*, 1641).

Neusiedler (Neusidler), Hans, * Preßburg 1508, † Nürnberg 2. Febr. 1563, Lautenist (ungarischer Herkunft), Bruder der Lautenisten Melchior (1507 bis 1590) und Conrad Neusiedler (* nach 1508), Verfasser grundlegender Lautenspiellehrwerke zum Selbstunterricht (1536, 1540, 1544). Teildrucke in Kleinausgaben (Wasiliewski, Schering, Apel u. a.).

Nick, Edmund, * Reichenberg (Böhmen) 22. Sept. 1891, † Geretsried 11. April 1974, studierte Jura in Wien und Graz, Musik in Wien und Dresden, war Pianist, Kritiker, Kapellmeister an Bühne, Kabarett, Funk, Musikprofessor, lebt in München, schrieb Chansons und musikalische Lustspiele (*Das kleine Hofkonzert,* 1935, Text P. Verhoeven und T. Impekoven; *Das Halsband der Königin,* 1950, Text G. Metzner). Verfasser einer Geschichte der Wiener Operette (1954) und einer Paul-Lincke-Biographie (1953).

Nicolai, Otto, * Königsberg (Pr.) 9. Juni 1810, † Berlin 11. Mai 1849, floh als Sechzehnjähriger vor dem Ehrgeiz des Vaters, war nach längerem Studienaufenthalt in Berlin (Zelter) Organist bei der preußischen Gesandtschaft in Rom, hatte dort Erfolg mit italienischen Opern, ging nach Wien, wurde 1841 Hofkapellmeister, begründete die Philharmonischen Konzerte, seit 1847 Operndirigent in Berlin. Anhaltend viel gespielt seine komisch-romantische Oper *Die lustigen Weiber von Windsor* (1849, nach Shakespeare). Zu seinen Kirchenmusiken gehört eine *Messe* für den Preußenkönig Friedrich Wilhelm IV.

Niehaus, Manfred, * Köln 18. Sept. 1933, Schüler von B. A. Zimmermann, schreibt Kammeropern, Farcen, Kinderoper *Tartarin de Tarascon* (nach Daudet, Hamburg 1977), auch geistliche Musik.

Nielsen, Carl August, * Nørre-Lyndelse bei Odense 9. Juni 1865, † Kopenhagen 3. Okt. 1931, Däne, ursprünglich Trompeter, durch Gade gefördert, Geiger im Hoforchester, Dirigent, Konservatoriumsleiter, schrieb mit volkhaft-dänischer Melodik u. a. 6 Sinfonien (die zweite als *Die vier Temperamente*, 1915), Orchesterfantasien und Ouvertüren, Violin-, Flöten- und Klarinettenkonzerte, Kammermusik, Chorwerke (Hymnus amoris), Lieder, Opern, u. a. *Saul und David* (1903), *Maskerade* (1905), *Aladin und die Wunderlampe* (1923 als Musik zu Oehlenschlägers Schauspiel, 1935 als Oper bearbeitet). – Autobiographie seiner harten Jugend: *Min fynske barndom* (1927).

Niemann, Walter, * Hamburg 10. Okt. 1876, † Leipzig 17. Juni 1953, studierte Komposition bei Humperdinck, Musikwissenschaft bei Riemann, Musikschriftsteller und Komponist, schrieb Klavierminiaturen mit impressionistischem Einschlag, meist suitenartig zusammengefaßt, so *Meißner Porzellan, Orchideengarten, Brasilianische Rhapsodien, Kocheler Ländler, Efeu und Rosen,* Sonaten, Präludium, Intermezzo u. a.

Nigg, Serge, * Paris 6. Juni 1924, Franzose, Musikstudium in Paris bei Messiaen und (Zwölftontechnik) Leibowitz, sucht Synthese avantgardistischer westlicher Satzkünste mit folkloristisch-realistischen östlichen Elementen, schrieb u. a. *Pour un poète captif*, sinfonische Dichtung (1951), *Prière pour le premier jour d'été,* Kantate (1955), *Fils résorbé,* Kantate für Bariton, Sprecher, Orchester (1964, nach Mallarmé).

Nilsson, Bo, * Skelleftea 1. Mai 1937, Schwede, im wesentlichen Autodidakt, Avantgardist, lebt in Malmberget, schrieb u. a. *Frequenzen* für 7 Instrumente (1956); *Audiogramme* für Tonband (1957); *Mädchentotenlieder,* Kantate für Sopran und Kammerorchester (1958); *Quantitäten* für Klavier (1958); *Szene I–III* für Kammerensemble (1961); *Versuchungen-Séance,* 2 Orchesterstücke (1965).

Noetel, Konrad Friedrich, * Posen 30. Okt. 1903, † Berlin 9. April 1947 (Verkehrsunfall), Hindemith-Schüler, Schulmusiker, seit 1939 an der Musikhochschule tätig, schrieb vorwiegend Jugend- und Schulmusikwerke, u. a. Chorkantaten und Spielmusiken.

Nono, Luigi, * Venedig 29. Jan. 1924, Italiener, studierte bei Maderna und Scherchen, fühlt sich kompositionstechnisch vor allem Webern verbunden (mehr noch als seinem Schwiegervater Arnold Schönberg), gehört zu den führenden seriellen Komponisten Italiens. Anklagen gegen Unterdrückung und Bekenntnisse zur Menschlichkeit bestimmen weitgehend sein Werk. Für Instrumente: *Komposition für Orchester* (1952), *Kanonische Variationen über eine Zwölftonreihe von Schönberg* (1950), *Polifonica-Monodia-Ritmica* (1951). *Due espressioni per orchestra* (1953), *Canti per 13 strumenti* (1955), *Incontri per 24 strumenti* (1955), *Varianti* (1957, seriell nach Tonhöhe, Tondauer, Tonstärke, Tondichte, Spielart, Tempo, Taktgruppierung, dynamischem Register), *Omaggio a Vedova* (1964); Ballett *Der rote Mantel* (1954); mit Sing- oder Sprechstimmen: *Liebeslied* (gemischter Chor mit Instrumenten), *Epitaph auf F. García Lorca* (1952), drei Stücke teils mit Soli und Chor, teils instrumental, teils mit Sprecherin und Sprechchor, *La victoire de Guernica* (1954, Chor und Orchester, Text von P. Éluard), *Il canto sospeso* (1956, Soli, gemischter Chor, Orchester), *La terra e la compagna* (1958, Soli, Chor, Orchester), *Cori di Didone* (1958, Soli, Chor, Schlagzeug), Oper *Intolleranza 1960* (1961, nach A. M. Ripellini), Kantate *Canti di vita e d'amore* (1962), Kantate *Sul ponte de Hiroshima* (1962), *Canciones a Guiomar* für Sopran und Instrumente (1963), *La fabbrica illuminata* für Mezzosopran und Tonband (1964), Bühnenmusik zur «Ermittlung» von P. Weiss (1965), Auschwitz-Oratorium für Stimmen und Tonband (1965), *Contrappunto dialettico alla mente,* stereophonische Komposition (1968), *Voci destroyin muros* (1970), *Per Bastiana Tai-yang cheng* für Tonband und Instrumente (verarbeitet «Der Osten ist rot», chines. Volkslied; 1967), *Al gran sole carico d'amore* (szenische Aktion, 1975).

Notker Balbulus, sel., * Jonschwil (?) (Kanton St. Gallen) um 840, † 6. April 912, Mönch in St. Gallen, schrieb als einer der ersten Sequenzen; das ihm lange Zeit zugeschriebene «Media vita in morte sumus» stammt nicht von ihm, sondern vermutlich von dem jüngeren St. Galler Benediktinermönch und Musiktheoretiker Notker Labeo (950 bis 1022).

Novák, Vítězslav, * Kamenitz an der Linde 5. Dez. 1870, † Skutsch 18. Juli 1949, Tscheche, studierte bei Dvořák, später Konservatoriumsprofessor in Prag. Beeinflußt von Brahms, tschechischem Volksgut, Impressionismus. Sinfonien und andere Orchesterwerke, Vokal-, Kammermusik-, Klavier-, Orgelwerke, Ballette (*Nicotina,* 1930), Opern (u. a. *Karlstein,* 1916; *Die Laterne,* 1923; *Des Großvaters Vermächtnis,* 1926).

Oboussier, Robert, * Antwerpen 9. Juli 1900, † Zürich 9. Juni 1957 (ermordet), studierte bei Jarnach und Andreae, danach bis 1938 Musikkritiker in Berlin, seither in der Schweiz (Leiter von Berufsverbänden), schrieb bei moderner, oft polyphoner, stets auf Feingliedrigkeit bedachter Schreibweise die Oper *Amphitryon* (1951, Text vom Komponisten), Chorwerke wie die *Trilogia sacra* (1936, nach Rilke), zahlreiche Lieder (so den Zyklus *Leben und Tod*), Klavierwerke (*Abbreviationen* von 1933), Kammermusik in verschiedener Besetzung, eine Sinfonie (1936), ein Klavier- und ein Violinkonzert.

Obrecht, Jacob, * Bergen op Zoom 22. Nov. 1450 oder 1451, † Ferrara 1505, Frankoflame, Geistlicher, Kapellsänger, wirkte in Utrecht, Cambrai, Brügge, Antwerpen, Ferrara; Lehrer des Humanisten Erasmus von Rotterdam; Meister niederländischer Kontrapunktik, in durchimitierendem Stil melodische Einflüsse italienischer Herkunft, verfestigte Harmonik und Bauform, schrieb Messen, Motetten (u. a. die älteste Motettenpassion, nach Matthäus, um 1500) und weltliche Werke (Gesamtausgabe seit 1958).

Obuchow, Nikolai, * Moskau 22. April 1892, † Paris 13. Juni 1954, Russe, Wahlfranzose, Schüler von Tscherepnin und Ravel, seit 1919 in Paris; Ton- und Zahlenmystiker, baute ein elektroakustisches Instrument «Singendes Kreuz», Zwölftonmusiker eigener Richtung; Hauptwerk die noch nicht vollständig aufgeführte Kantate *Buch des Lebens (Livre de vie,* 1924) für Orchester, 2 Klaviere und 4 Sänger.

Ockeghem, Johannes, * Dendermonde (Flandern) (?) 1425, † Tours 6. Febr. 1496, Frankoflame, Kapellsänger und Kapellmeister in Antwerpen, Paris, Spanien, Tours; Hauptvertreter der «mittleren Generation» der niederländischen Kontrapunktiker, kunstvoll durchimitierender Stil bis zu Rätselkanons; Chansons, Messen, Motetten (bis zu 36 Stimmen). (Neuausgaben.)

Oertzen, Rudolf von, * Neuhaus (Mecklenburg) 16. Febr. 1910, Musikstudium in Rostock, Leipzig, Berlin (C. Hansen), nach pianistischen Anfängen seit 1950 Musiktheoretiker an der Hamburger Musikhochschule, 1962 Leiter der Abteilung für evangelische Kirchenmusik ebenda; schrieb vorwiegend Vokalwerke, so die Chorsinfonien *Hiob, Eva und Maria;* biblische Oratorien; Hausmann-, Rilke-, Morgenstern-Lieder; konzertante Musik.

Offenbach, Jacques (Jakob), * Köln 20. Juni 1819, † Paris 5. Okt. 1880, Deutscher, Wahlfranzose, Sohn eines jüdischen Kantors, studierte 1833/34 am Pariser Konservatorium, Kapellmeister, Theaterunternehmer, Begründer der Operette, vertonte mehr als hundert Bühnenwerke; viele von ihnen eroberten sich die ganze Welt. Textlich leben sie vom Verspotten jeder Art von Stelzbeinigkeit, ob es sich um das hohle Pathos der großen Oper handelt, veräußerlichtes Kaisertum, Sängereitelkeit oder anderes. Faßliche Melodiebildungen (auch Anspielungen auf bekannte Themen), spritzige Rhythmen, witzige Formulierungen sind die Grundzüge seiner geschickt instrumentierten «Musiquettes». Daß ihm jedoch auch lyrisch empfundene und düstere Ausdrücke zur Verfügung standen, zeigt seine Oper *Hoffmanns Erzählungen* (phantastische Oper in drei Akten, mit einem Vor- und einem Nachspiel, 1881, also nach des Komponisten Tode aufgeführt; Text J. Barbier und M. Carré): Schein und Wirklichkeit gehen ineinander über; die vier Geliebten des Dichters E. T. A. Hoffmann sind von der gleichen Sängerin, die vier Gegner Hoffmanns vom gleichen Sänger darzustellen. Im Vor- und Nachspiel steht die gegenwärtige Geliebte Hoffmanns im Vordergrund, jeder Akt handelt von einer früheren (eine Roboterpuppe, eine Buhlerin, eine lungenkranke Sängerin). Berühmt Barkarole, Studentenszenen *Klein Zack*, Spiegelarie.

Die Verlobung bei der Laterne (1857, Text M. Carré und L. Battu).

Orpheus in der Unterwelt (1858, Neufassung 1874, Text H. Crémieux), antiker Stoff umgemünzt auf die Sitten der französischen Gesellschaft. Jupiter versucht, statt Eurydike ihrem Gatten zurückzugeben, selbst sein Glück *(Als ich noch Prinz war von Arkadien).*

Die schöne Helena (1864, Text H. Meilhac und L. Halévy). Spöttische Vorgeschichte des Trojanischen Krieges.

Pariser Leben (1866, Text H. Meilhac und L. Halévy).

Blaubart (1866, Text H. Meilhac und L. Halévy; Neubearbeitung W. Felsenstein).

Die Großherzogin von Gerolstein (1867, Text H. Meilhac und L. Halévy).

Perichole (1868, Text H. Meilhac und L. Halévy).

Die Insel Tulipatan (1869, Text H. Chivot und A. Duru).

Die Banditen (1869, Text H. Meilhac und L. Halévy; Neubearbeitung G. Gründgens).

Madame Favart (1870, Text H. Chivot und A. Duru).

Die Kreolin (1875, Text H. Meilhac und A. Millaud).

LITERATUR: A. Henseler: J. O. (1930, grundlegend); S. Kracauer: J. O. (1937; dt. 1962 als «Pariser Leben»); A. Decaux: O. (dt. 1960); A. Silbermann: Das imaginäre Tagebuch des J. O. (1960); P. W. Jacob, J. O. (1969).

Ohana, Maurice, * Gibraltar 12. Juni 1916, Engländer marokkanischer Herkunft, studierte bei Casella in Rom und Daniel-Lesur in Paris, Konzertpianist, Gründer der «Groupe Zodiaque», schrieb Partituren für Marionetten- und Tanztheater, ein Gitarren- und ein Trompetenkonzert, choreographische Etüden für Schlagzeug (1959), Filmmusiken.

Onslow, Georges, * Clermont-Ferrand 27. Juli 1784, † ebenda 3. Okt. 1853, Franzose engl. Herkunft; studierte bei J. L. Dussek und J. B. Cramer in London, wurde 1842 Nachfolger von Cherubini in Paris, schrieb Opern und vielgespielte Kammermusik (34 Streichquintette u. a.).

Orff, Carl, * München 10. Juli 1895, studierte bei H. Zilcher, H. Kaminsk, war vorübergehend Theaterkapellmeister. 1924 Mitbegründer der Günther-Schule für Gymnastik, Tanz und Musik, seit 1950 Kompositionslehrer an der Münchner Musikhochschule, seit 1956 Mitglied des Friedensordens «Pour le Mérite». Orffs Bestreben geht dahin, die Musik zu aktivieren, d. h. aus dem passiven Hörer einen tätig Mitwirkenden zu machen. Niedergelegt hat er die Ziele solcher Erziehungsarbeit in seinem *Schulwerk* (1930–1935, neu gefaßt 1950 bis 1954): Erziehung der Kinder zu rhythmischem Bewußtsein durch Bewegung, Klatschen und Klopfen, Stampfen und Trommeln, Erziehung zu melodischem Bewußtsein durch allerlei kleine, vielfach selbst zu fertigende «Instrumente». Später kommen melodische Übungen hinzu mit einfacher Begleitung, verwickeltere Rhythmen, Ausweitungen bis zu «konzertartigen» Stücken für Jugendliche.

Rhythmisch und melodisch bestimmt sind auch Orffs größere Werke. Thematische Arbeit, Polyphonie, Kontrapunktik, Harmonie treten völlig zurück; dem Rhythmus untergeordnet. Dieser Rhythmus wiederum ist nicht der «Rhythmus unseres Jahrhunderts», vielmehr die rhythmische Grundkraft, die in Tanz und Sprache wirksam ist. Diesen Ur-Rhythmus will Orff wieder auf den ganzen Menschen (nicht nur den musikalischen) wirken lassen. Daher die Bevorzugung des umfangreichen Schlagzeugorchesters, daher auch das Statisch-Kreisende, nicht Dynamisch-Fortspinnende in seiner Kompositionsweise.

Orff ist jedoch kein Bilderstürmer. Die großen Meister aller musikgeschichtlichen Epochen bleiben ihm verehrenswert, besondere Vorliebe gilt Monteverdi.

Alle Frühwerke hat Orff zurückgezogen, auch manche aus der mittleren Schaffenszeit überarbeitet. Nachfolgend die wichtigsten Werke:

Carmina Burana (1937, weltliche Gesänge aus der Benediktbeurer Handschrift), für Sopran, Tenor, Bariton, zwei gemischte Chöre, großes Orchester mit Stierhorn in Ges, Sonderschlagzeug wie 2 kleine Trommeln, große Trommel, Triangel, Schelle, Cymbeln, Becken, tiefer und hoher Gong, Röhrenglocken, 3 abgestimmte Glocken, 3 Glockenspiele, Ratsche, Kastagnetten, Xylophon, Celesta, 2 Klaviere. Bunte, vielfach derbe Bildfolge.

Ein Sommernachtstraum (1939, Neufassung 1952), Schauspielmusik zu Shakespeares Bühnenwerk, nicht wie Mendelssohn das Romantische, sondern das Pulsierend-Lebendige betonend.

Der Mond (1939, Neufassungen 1941 und 1947, Text von Orff), *Ein kleines Welttheater,* Märchenspiel nach Grimm.

Die Kluge (1943, Text von Orff nach Grimm), Märchenspiel von dem König und der klugen Bauerntochter mit shakespearehaften Rüpelszenen; großes, aber kammermusikalisch geführtes Orchester mit Kurzformeln.

Catulli Carmina (1943, nach Gedichten von Catull), szenisches Spiel für Ballett um den altrömischen Dichter Catull und seine Geliebte Lesbia; für Sopran, Tenor, Chor, mit vier Klavieren und Schlagzeug.

Die Bernauerin (1947, Text von Orff), *Ein bairisches Stück* über Liebe und Tod der Agnes Bernauer, für Tenor, Chor, Orchester; meist in bayerischer Mundart.

Antigonae (1949, auf Hölderlins Übertragung des Sophokles-Dramas); 6 Klaviere, 4 Harfen, Xylophone, Schlaginstrumente für mindestens 10 Spieler, je 6 Flöten, Oboen, Trompeten, Kontrabässe, Deklamation zwischen Singen und Sprechen.

Trionfo di Afrodite (1953, Lieder von Catull, Euripides, der Sappho), «szenisches Konzert» für Soli, Doppelchor, großen Chor, Tanzgruppe und großes Orchester, von Koloraturen und Tonwiederholungen über Sprechchor bis zum gemeinsamen Schrei vorstoßend, nicht Klangfarben, sondern Klangkräfte. (Mit den *Carmina Burana* und den *Catulli Carmina* als Trilogie *Trionfi* zusammengefaßt.)

Astutuli (1953, Text von Orff), *Eine bairische Komödie,* nur Schlagzeug, mehr der reinen Sprechbühne zugehörig.

Comoedia de Christi resurrectione (1956), bayerisches Stück, für das Fernsehen geschrieben.

Die Sänger der Vorwelt (1956, nach Schiller), für gemischten Chor, 2 Klaviere, Kontrabaß, Harfe, Schlagzeug.

Nänie und Dithyrambe (1957, nach Schiller), für gemischten Chor, Flöten, Harfen, Klaviere, Schlagzeug.

Ödipus der Tyrann (1959, nach Hölderlins Sophokles-Übersetzung).

Ludus de nato Infante mirificus (1960).

Prometheus (1968, nach Äschylos).

Monteverdi-Bearbeitungen: *Orpheus* (3 Fassungen), *Ariadnes Klage, Tanz der Spröden,* 1940 zusammengefaßt zu dem *Trittico teatrale: Lamenti.*

LITERATUR: A. Liess: C. O. (1955); W. Keller u. Fr. Reusch: Grundlagen und Ziele des Orff-Schulwerks (1954); C. O.: Bericht in Wort und Bild ([2]1960).

Ortiz, Diego, * Toledo um 1510, † nach 1571, Spanier, seit 1553 am spanischen Hof in Neapel; verfaßte die für die musikalische Aufführungspraxis des 16. Jahrhunderts wichtige Schrift *Tratado de glosas* (1553; Neudrucke 1913 und 1936), gab Lautenstücke und Motetten heraus (1565).

Osiander, Lukas, * Nürnberg 16. Dez. 1534, † Stuttgart 7. Sept. 1604, Kirchenmusiker und Hofprediger in Stuttgart, Mitarbeiter des Württembergischen Gesangbuches (1583), Herausgeber einer Sammlung *Fünfftzig geistliche Lieder und Psalmen* (1586; 4stimmig, Cantus firmus in der Oberstimme, nicht mehr im Tenor, was epochemachend war).

Othegraven, August von, * Köln 2. Juni 1864, † Wermelskirchen 11. März 1946, seit 1889 am Kölner Konservatorium, trug vielgesungene Männerchöre zum *Kaiser-Liederbuch* bei (1906 u. ö.).

Othmayr, Caspar, * Amberg 12. März 1515, † Nürnberg 4. Febr. 1553, studierte in Heidelberg, Propst in Ansbach, Meister des Liedsatzes. Komponierte ein *Epitaphium* (1546) auf Luthers Tod, Bizinien und Trizinien. (Neuausgaben seiner 4stimmigen Reiter- und Jägerlieder.)

Otte, Hans, * Plauen 3. Dez. 1926, studierte in Berlin, Pianist, Avantgardist, Leiter der Abteilung Musik bei Radio Bremen; schrieb u. a. *Dromenon* (für 3 Klaviere, 1957), *Interplay* (für 2 Pianisten, 1963), *Defilé, Entracte, Révérance* (für eine Sängerin und Klavier, 1964), *Daidalos* (Ballett in 7 Szenen für 6 Spieler).

Pablo Costales, Luis, * Bilbao 28. Jan. 1930, Spanier, studierte Jura in Madrid und bildete sich autodidaktisch als experimenteller Komponist aus, schrieb zunehmend auch sinfonische und Kammermusik (*Por diversos motivos* für 22 Instrumente, Tonband und Bilder, auch für Mezzosopran, Vokalensemble und 3 Pianisten an 2 Klavieren, 1969/70).

Pachelbel, Johann, * Nürnberg 1. Sept. 1653, † ebenda 3. März 1706, Organist in Wien (Stephansdom, Gehilfe von J. K. Kerll), Eisenach, Erfurt, Stuttgart, Gotha, Nürnberg (Sebalduskirche, seit 1695); mit seinen Choralvorspielen beeinflußte er J. S. Bach; seine Suiten, Tokkaten, Ciaconen, Fantasien, Ricercari und Fugen machen ihn neben Buxtehude und Böhm zu einem der wichtigsten Vorgänger Bachs; *Musicalische Sterbens-Gedancken* (1683) und *Hexachordum Apollinis* (1699), beides Variationensammlungen, 94 *Fugen über das Magnificat.* Die Ciaconen, Fantasien und Choralbearbeitungen stehen zwischen Orgel und Klavier, die Suiten laufen durch 17 Tonarten (Neuausgaben).

Paderewski, Ignacy Jan, *Kuryłówka 6. (18.) Nov. 1860, † New York 29. Juni 1941, Pole, Pianist (Leschetizki-Schule Wien), Komponist und Konservatoriumsleiter, 1919 polnischer Ministerpräsident, seit 1922 meist in den USA, 1940 Präsident des polnischen Exilparlaments; durch Klavierstücke bekannt, schrieb ferner die Oper *Manru* (1901), Klavierkonzert und Klavierpolonäse mit Orchester, Kammermusik. – Seine Memoiren erschienen 1939. Hauptmitarbeiter an der 1. Chopin-Gesamtausgabe (1935–1940).

Paër, Ferdinando, * Parma 1. Juni 1771, † Paris 3. Mai 1839, Italiener, wirkte als Operndirigent und -komponist in Venedig, Wien, Dresden, Warschau, Paris. Schrieb Opern im Buffostil, u. a. *Circe* (1791), *Camilla* (1799), *Leonore oder Die Gattenliebe* (1804; Stoff wie Beethovens «Fidelio»); Instrumental- und Vokalwerke.

Paganelli, Giuseppe Antonio, * Padua 6. März 1710, † Madrid 1760 (?), Italiener, Tartini-Schüler, Opernkomponist in Madrid (vordem in Bayreuth und Braunschweig), bezeichnend für den galant-empfindsamen Stil seiner Instrumentalmusik (Quartettsinfonien, Cembalosonaten) seine Loslösung vom starren Continuospiel und -stil zu freieren Manieren (Neuausgaben).

Paganini, Niccolò, * Genua 27. Okt. 1782, † Nizza 27. Mai 1840, Italiener, der legendenumwobene «Teufelsgeiger», komponierte u. a. 5 Violinkonzerte und 24 Capricci per violino solo (1818), auch Gitarrenquartette. Paganini-Themen variierten u. a. Liszt, Schumann, Brahms, Casella, Dallapiccola, Blacher.

Paisiello (Paesiello), Giovanni, * Tarent 9. Mai 1740, † Neapel 5. Juni 1816, Italiener, mit 22 Jahren Buffoopernkomponist, Erfolge in Neapel gegen Piccini, 1776 Kapellmeister in Petersburg, Mitte der achtziger Jahre Hofkapellmeister des Königs von Neapel, der ihn 1802 Napoleon zur musikalischen Reorganisation für kurze Zeit nach Paris auslieh; schrieb mehr als hundert Opern (darunter *Barbier von Sevilla,* 1782, erst durch Rossinis gleichnamiges Werk verdrängt, neuerdings wieder aufgeführt, auch eine *Magd als Herrin* wie Pergolesi), größere kirchliche Werke, Sinfonien, Quartette (davon 12 mit Klavier), Klavierkonzerte u. a.

Palau (Boix), Manuel, * bei Valencia 4. Jan. 1893, Spanier, Studium in Valencia und Paris (Ravel), seit 1952 Leiter des Konservatoriums in Valencia, schrieb impressionistisch-folkloristische Werke für Bühne und Ballett, Kirche und Konzert (*Concierto levantino* für Gitarre, 1947; *Salmantinas* für Frauenchor, 1950).

Palester, Roman, * Śniatyń (Galizien) 28. Dez. 1907, Pole, studierte in Lemberg und Warschau, ging 1925 (definitiv 1947) nach Paris, schrieb neoklassisch-folkloristische Sinfonien, Ballette, eine Oper *Die lebenden Steine* (1944) und ein *Requiem* (1948); auch zahlreiche Hörspiel- und Filmmusiken.

Palestrina, Giovanni Pierluigi da, * Palestrina (Rom?) wahrscheinlich um 1525, † Rom 2. Febr. 1594, Italiener, Chorknabe in Rom, Organist in seinem Geburtsort, vorübergehend Sänger der Sixtina, Kapellmeister an San Giovanni in Laterano, Santa Maria Maggiore und seit 1571 an der Peterskirche (hier, auch in der Cappella nuova, bestattet). Vollender und «Retter» des kirchlichen A-cappella-Stils (wenn auch historisch nicht in dem Sinne, wie es Pfitzners Musikdrama darstellt). Obwohl Palestrina von den Niederländern gelernt hat, hielt er sich von deren späteren kontrapunktischen Künsteleien fern und schuf jenen Stil, der bis heute als Palestrina-Stil fortwirkt: klare, nicht verwickelte Vielstimmigkeit, religiös verklärt, bei aller Kunst der Linienführung harmonisch gebunden und nie den Text vernachlässigend, den Reformforderungen des Tridentiner Konzils (1545–1563) entsprechend.
Rund 950 Werke, darunter 202 Motetten, 94 Messen, davon besonders berühmt die 6stimmige *Missa Papae Marcelli* (um 1562) und die Benedicta-Messe, 68 Offertorien, 36 Lamentationen, 33 Madrigale, 12 Litaneien, 8 Orgelricercari u. a. m.
Gesamtausgabe in 33 Bänden 1862 bis 1907 unter wesentlicher deutscher Mitarbeit.
LITERATUR: Biographien von E. Schmitz (^{2}1954) und K. G. Fellerer (^{2}1960).

Pallavicino, Carlo, * Salò um 1630, † Dresden 29. Jan. 1688, Italiener, seit 1668 in Dresden Kapellmeister der italienischen Oper; schrieb über 20 Opern im Stil der Venezianer, berühmt *Das befreite Jerusalem* (1687, nach Tasso). – Sein Sohn Stefano Pallavicino (1672 bis 1742) trat als Opern- und Oratoriendichter hervor.

Palmgren, Selim, * Pori 16. Febr. 1878, † Helsinki 13. Dez. 1951, Finne, studierte in Berlin (Busoni) und Italien; Pianist, Dirigent, Komponist folkloristisch-impressionistischer Färbung, schrieb Klaviermusik (fünf Konzerte, davon drei mit Programmtiteln), Orchestersuiten, auch Opern (*Daniel Hjort,* 1910).

Panufnik, Andrzej, * Warschau 24. Sept. 1914, Pole, studierte in Warschau und bei Weingartner, leitete die Warschauer Philharmoniker, lebt seit 1954 (nach einem Gastspiel in Zürich) in Großbritannien, 1957–1959 Dirigent in Birmingham; schrieb Orchesterwerke wie *Tragische Ouvertüre* (1946), *Wiegenlied* für Streicher und Harfen (1948), *Ländliche Sinfonie* (1948, doppeltes Streichorchester und Bläser), *Rhapsodie für Orchester* (1956), *Epitaph for the Victims of Katyn* (1967, für Kammerorchester), auch Klaviermusik und Lieder (*Hommage à Chopin,* 1955, für Sopran und Klavier).

Papandopulo, Boris, * Bad Honnef 25. Febr. 1906, Jugoslawe, studierte in Kroatien und Österreich, wirkt in Rijeka als Dirigent, Erzieher und Komponist mit vorwiegend folkloristischer Neigung (Bühnenmusik; Ballett *Beatrice Cenci,* 1963; 3 Klavierkonzerte; geistliche Musik, zahlreiche Klavierstücke).

Parker, Horatio William, * Auburn (Mass.) 15. Sept. 1863, † Chedarhurst (Long Island) 18. Dez. 1919, Amerikaner, studierte in Boston und München (Rheinberger), Organist in New York, Theorielehrer und Chormeister an der Yale University in New Haven, schrieb vielverbreitete Chorwerke, u. a. die Oratorien *Hora novissima* und *The Legend of St. Christopher.* – Verfaßte *Music and public entertainment* (1911).

Parry, Sir Charles Hubert Hastings, Baronet, * Bournemouth 27. Febr. 1848, † Rustington 7. Okt. 1918, Engländer, Leiter des Royal College of Music in London, Haupt der englischen Bach-Pflege, schrieb Vokalwerke wie *Hiob* (1892), *König Saul* (1894), Sinfonien, Ouvertüren, Suiten, Konzerte, Kammermusik, Klavierwerke (auch für 2 Klaviere), Lieder; auch wertvolle musikhistorische Arbeiten, darunter eine Monographie über J. S. Bach ([8]1949).

Partch, Harry, * Oakland 24. Juni 1901, † San Diego 3. Sept. 1974, Amerikaner, schrieb für engintervallige Instrumente (bis zu 43 Tönen je Oktave) mystisch orientierte «Ich-Musik» (*Water! Water! An American Ritual*, 1962).

Partos, Ödön, * Budapest 1. Okt. 1907, Ungar, Schüler von Hubay und Kodály, Konzertmeister in Luzern, Berlin, Budapest, seit 1938 in Tel Aviv, seit 1951 Leiter der dortigen Musikakademie, komponierte u. a. ein Bratschen- und ein Violinkonzert (1949 und 1958), Orchester- und Kammermusik (*Visionen* für Flöte, Klavier und kleines Orchester, 1957).

Pasquini, Bernardo, * Massa di Valdinievole 7. Dez. 1637, † Rom 21. Nov. 1710, Schüler von Cesti, Kirchenmusiker und Cembalist in Rom, Lehrer von Durante, G. Muffat, D. Scarlatti, schrieb außer Kantaten und Opern geistvoll programmusikalische Variationenwerke, Tokkaten und Suiten für Cembalo (Neuausgaben).

Pauels, Heinz, * Oberhausen 1. März 1908, studierte an der Münchner Akademie der Tonkunst, die dem 17jährigen das Diplom für Komposition ausstellte, wirkte vorwiegend als Korrepetitor und Kapellmeister, seit Kriegsende als Leiter der Schauspielmusik bei den Städtischen Bühnen in Köln; schrieb vor allem vielaufgeführte Bühnenmusiken (u. a. zu Else Lasker-Schülers «Die Wupper», Ibsens «Peer Gynt», García Lorcas «Sobald fünf Jahre vergehen», Jean Genets «Die Neger»), ferner Ballettmusiken (u. a. *Bereshit* für Samy Molcho, *Mardi gras, La sirène, Wochenschau*), eine Opernmoritat (Songs, Pantomime, gesprochener Dialog) *Moll Flanders* (1966, Libretto E. Gärtner), auch Orchester-, Kammer- und Klaviermusik sowie Lieder (u. a. Streichquartett 1932, Klavierkonzert 1962, Kammerkantate 1962 nach Texten von L. Hughes und H. M. Enzensberger).

Pauer, Jiří, * Libušín bei Kladno 22. Febr. 1919, Tscheche, studierte u. a. bei A. Hába, komponierte jedoch nur wenig Vierteltonwerke, schrieb eine Orchesterrhapsodie (1953), ein Orchesterscherzo (1951), ein Hornkonzert (1959), Kammer- und Klaviermusik, viele Lieder und Chöre (so Kantate *Leute, ich rufe Euch*, 1952), auch Bühnenwerke. – Seit 1955 Generalsekretär des tschechischen Komponistenverbandes.

Paumann, Conrad, * Nürnberg zwischen 1710 und 1715 (blind geboren), † München 24. Jan. 1473, Organist, trat 1451 in den Dienst der Herzöge von Bayern, auch in Italien hoch geehrt, von ihm und seiner Schule sind vier *Fundamente* überliefert, Spiel- und Kompositionsanweisungen, im Buxheimer Orgelbuch und im Lochamer Liederbuch (Neuausgaben).

Peeters, Flor [Frans], * Tielen bei Turnhout 4. Juli 1903, studierte Musik in Mecheln, Orgel auch bei Dupré in Paris, seit 1952 Organist in Mecheln und Leiter des Konservatoriums in Antwerpen; schrieb mehrere hundert Orgelkompositionen (vorwiegend Choralvorspiele), gab Orgelmusik alter Meister heraus (niederländische, französische, spanische, englische).

Penderecki, Krzysztof, * Debica 23. Nov. 1933, Pole, studierte in Krakau, führender Avantgardist, seit 1959 bei den Musikfesten des «Warschauer Herbstes», seit 1960 auch an den kompositorischen Experimentierplätzen in Westdeutschland vertreten, 1966–1969 Lehrer für Komposition und Instrumentation in Essen (Folkwanghochschule), lebt in Berlin; schrieb u. a. *Emanationen* (1958) für 2 Streicherchöre (2. Chor einen Halbton höher gestimmt), *Strophen* für Sopran, Sprechstimme und 10 Instrumente (1959), *Anaklasis* für Streicher und Schlagzeuggruppen (1960), *Dimensionen der Zeit und der Stille* für Chor und Kammerorchester (1960), *Threnos* für 52 Streicher (1960, UNESCO-Preis 1961), *Polymorphia* für 48 Streicher (1961), *Canon* für 52 Streicher und 2 Lautsprecher (1962, Krakauer Kompositionspreis), *Fluorescences* für großes Orchester (1962), *Aus den Psalmen Davids* für gemischten Chor und Schlaginstrumente (1963), *Stabat mater* für 3 gemischte Chöre (1963), *Sonate* für Violoncello und Orchester (1964), *Mensura sortis* (1964), *Lukaspassion* (1966, Auftragswerk des WDR Köln, Uraufführung März 1966 im Dom zu Münster, Juni 1966 mit dem Großen Kunstpreis [Musik] von Nordrhein-Westfalen ausgezeichnet), *De natura sonoris* für Orchester (1966, Polnischer Friedenspreis), Auschwitz-Oratorium *Dies irae* (1967), *Die Teufel von Loudon* (Oper nach A. Huxley und J. Whiting, 1969), *Grablegung* für 5 Solostimmen, Doppelchor und Orchester (1970), Cellokonzert (1972), *Canticum Canticorum Salomonis* (1972), 1. Symphonie (1973), *Paradise Lost* (Oper nach John Milton, Libretto Christopher Fry, 1978).

Pepöck, August, * Gmunden 10. Mai 1889, Österreicher, Sängerknabe in St. Florian, Heuberger-Schüler in Wien, Theaterkapellmeister, schrieb Operetten (*Hofball in Schönbrunn, Frühling in Wien,* auch als Tonfilme) und bearbeitete Josef Strauß' «Frühlingsluft», komponierte auch Volksmusiksuiten *(Salzkammergut)* und für St. Florian eine Chor-Orchester-Messe.

Pepping, Ernst, * Duisburg 12. Sept. 1901, † Berlin 1. Febr. 1981, wirkte als Lehrer an der Evangelischen Kirchenmusikschule, 1953–1968 auch an der Musikhochschule in Berlin, führender Vertreter zeitgenössischer Kirchenmusik; schreibt einen polyphonen, Reibung nicht scheuenden Stil, auch Werke für den Konzertgebrauch, u. a. für Orchester 3 Sinfonien (die 3. *Tageszeiten* genannt, 1948), Serenaden, Suiten, Variationen (nach Senfls «Lust hab ich gehabt zur Musica»), *Zwei Stücke über ein Chanson des Binchois* (1958), Kammerkonzerte, Klavierkonzert, ferner Kammermusik, Klavierwerke wie Sonaten (die 1. von 1937 «für mein Klavichord»), Romanzen, Fugen über b-a-c-h (1943), A-cappella-Werke (Spandauer Chorbuch, 20 Hefte, 1934 bis 1941), Messen (*Deutsche Choralmesse,* 1930; *Missa dona nobis pacem,* 1948), *Passionsbericht des Matthäus* (1951), Tedeum (1956) mit 2 Solostimmen, Chor, Orchester. *Die Weihnachtsgeschichte des Lukas* (1959), Psalm 139 für Alt, gemischten Chor, Orchester (1964). Theoretische Schriften, u. a. *Stilwende der Musik* (1934), *Der polyphone Satz* (2 Bde., 1943 und 1957).

Pepusch, Johann Christoph, * Berlin 1667, † London 20. Juli 1752, wurde mit 14 Jahren am preußischen Hof angestellt, mußte mit 32 Jahren seine Vaterstadt Berlin verlassen und ging über die Niederlande nach England, war Theatergeiger, Dirigent, Organist, Komponist von Vokal- und Instrumentalwerken und von Maskenspielen. Noch heute bekannt durch *The beggar's opera* (1728, gegen Händel, die italienische Oper und die englische Gesellschaft gerichtet, Text J. Gay), mehrfach bearbeitet, zuletzt von Britten (1948) und Fortner (1966), umgeformt durch Brecht zur «Dreigroschenoper» (1928); als Fortsetzung schrieb Pepusch *Polly* (1729). (Neuausgaben.)

Peragallo, Mario, * Rom 25. März 1910, Italiener, Leiter der Accademia Filarmonica Romana (1950), beeinflußt von Casella und später von Schönberg; schrieb u. a. Bühnenwerke, in denen die Zwölftontechnik mit ausgesprochenem Verismo verbunden erscheint, so *La collina* (szenisches Madrigal, 1947, deutsch 1952), *Der Landausflug (La gita in campagna,* 1955), *La perrucca dell'imperatore* (1959), ferner Violinkonzert, 2 Klavierkonzerte, Kammermusik wie *Vibrazione* für 3 Flöten, Klavier, Schlagzeug.

Pergolesi, Giovanni Battista, *Jesi (Provinz Ancona) 4. Jan. 1710, †Pozzuoli 17. März 1736, Italiener, bedeutender Vertreter der neapolitanischen Schule (Ausbau der Arie, Einschränkung des Rezitativs). Seine Oper *Die Magd als Herrin (La serva padrona,* 1733) für einen Buffobaß, einen Sopran, eine stumme Rolle und Streichorchester ist ein «Intermezzo», ein heiteres «Zwischenstück», Einlage zwischen zwei Akten einer Opera seria. Von diesem Werk aus nimmt die komische Oper als Gattung ihren Weg. Sein letztes Werk: ein melodisch eindringliches *Stabat mater* (Sopran, Alt, Streichorchester und Orgel). Das meist dem «Londoner Bach» zugeschriebene «singende Allegro» im Sonatenkopfsatz findet sich schon bei Pergolesi. Zahlreiche kirchliche Kompositionen zum Teil mit Doppelchor und Doppelorchester, Sinfonien, Triosonaten u. a. Strawinski verarbeitete Pergolesi-Stücke für sein «Pulcinella»-Ballett (1919), mit dem der Neoklassizismus in der modernen Musik eingeleitet wurde.

Peri, Iacopo, *vermutlich in Rom 20. Aug. 1561, †Florenz 12. Aug. 1633, Italiener, wirkte in Florenz, der Camerata von Iacopo Corsi und dem Grafen Bardi zugehörig, komponierte auf einen Text von Rinuccini die erste Oper *Dafne* (1594; Musik nicht erhalten), sechs Jahre später *Euridice* (Text von Rinuccini, im gleichen Jahre von Caccini vertont), 1608 wurde Rinuccinis «Arianna» aufgeführt, deren dramatische Rezitative vermutlich von Peri und deren Arien von Monteverdi stammen. Weitere Opernkompositionen und mehrstimmige Gesänge mit Instrumentalbegleitung.

Perosi, Lorenzo, *Tortona 21. Dez. 1872, †Rom 12. Okt. 1956, Italiener, Kirchenmusiker, in Rom und Regensburg ausgebildet, seit 1898–1922 Leiter der Sixtina in Rom, schrieb 40 Messen, ein Dutzend Oratorien, einige hundert Motetten und Psalmen in einem leicht dekorativen, neopalestrinensischen Stil. Auch Orchester- und Kammermusik.

Perotinus, Magnus (fr. Pérotin), lebte Ende des 12. Jahrhunderts als Kapellmeister in Paris, zusammen mit dem etwas älteren Leoninus Führer der französischen Ars antiqua (auch Notre-Dame-Schule genannt); erweiterte und bearbeitete Leoninus' «Magnus liber organi» (3- und 4stimmige Moteti und Conducti).

Persicchetti, Vincent, *Philadelphia 6. Juni 1915, Amerikaner, seit 1947 im Lehrkörper der Juilliard School of Music in New York, schrieb Sinfonien (V. für Streicher, VI. für Bläser), Orchesterserenaden, Kammermusik, Chorwerke (Magnificat, 1940, für Chor und Orgel), Klaviermusiken (Sonate für zwei Klaviere). Verfaßte (mit R. Schreiber) eine Monographie über W. Schuman (1954).

Petersen, Wilhelm, *Athen 15. März 1890, †Darmstadt 18. Dez. 1957, in München bei Mottl, Klose, Louis ausgebildet, Theorielehrer in Darmstadt, Mannheim, Heidelberg, schrieb Kammer- und Konzertmusik, Bühnenmusiken nach Aristophanes, Sophokles und eine Oper nach E. T. A. Hoffmanns *Der goldene Topf* (1941).

Peterson-Berger, Olof Wilhelm, *Ullånger 27. Febr. 1867, †Frösön (Jämtland) 3. Dez. 1942, Schwede, Studium in Stockholm und Dresden, schrieb wagnerisierende Musikdramen (*Arnljot,* 1910), übersetzte Wagner («Tristan», Schriften), verfaßte in deutscher Sprache die Streitschrift *Wagner als Kulturerscheinung* (1917).

Petrassi, Goffredo, *Zagarolo 16. Juli 1904, Italiener, in Rom ausgebildet und seit 1936 als Dirigent und Erzieher tätig (Konservatorium Santa Cecilia); sein Neuklassizismus stößt bis zur Zwölftonmusik vor, ohne sich ihr zu verschreiben. Hauptwerke: Orchesterkonzerte (1934, bis 1957), Orchesterpassacaglia (1931), Orchesterpartita (1932), Klavierkonzert, kammermusikalische Werke in verschiedener Besetzung (*Sonata da camera* für Cembalo und zehn Instrumente, 1948; *Serenata,* 1959, für Cembalo, Flöte, Bratsche, Kontrabaß, Schlagzeug), Klavierwerke, Lieder *(Liriche di Saffo)*, Chorwerke (Magnificat, *Chor der Toten*), Opern *Il Cordovano* (1949), *La morte dell'arina* (1950).

Petridis, Petro Jean, * Niğde (Türkei) 23. Juli 1892, Grieche, studierte in Paris bei Roussel, war bis 1939 Lektor für Neugriechisch an der Sorbonne, auch Auslands-(Kultur-)Korrespondent, schrieb Opern *(Zephyra)*, Ballette, ein Paulusoratorium, ein Byzantinisches Requiem (1952), Lieder, Kammermusik, auch Sinfonisches.

Petyrek, Felix, * Brünn 14. Mai 1892, † Wien 1. Dez. 1951, Österreicher, Schreker-Schüler, wirkte als Lehrer u. a. in Athen, Salzburg, Berlin, Stuttgart, Wien, schrieb Opern auf Texte des Schweizer Theosophen Hans Reinhart *(Die arme Mutter und der Tod*, 1926; *Die Garten des Paradieses*, 1942), Bühnenmusiken und Pantomimen, Chorwerke, geistliche Lieder (*Gethsemane* für Mezzosopran und Streichtrio, 1951, nach A. v. Droste-Hülshoff), Konzert für 2 Klaviere mit Orchester, Kammermusik (auch mit Singstimmen), seinerzeit vielbeachtete Klavierwerke.

Petzold, Rudolf, * Liverpool 17. Juli 1908, Deutscher, studierte bei Jarnach in Köln, ging 1942 als Theorielehrer nach Frankfurt am Main, 1947 zurück nach Köln (1955 Professor für Komposition, 1960–1970 stellvertretender Direktor der Hochschule für Musik), namhafter Kompositionslehrer, erfolgreich mit Chor- und Konzertwerken (*Komm, Heiliger Geist, Du, schöpferisch*, Kantate nach F. Werfel; *Die Lerche*, lyrische Kantate für Sopran, Chor und Orchester), auch Kammermusik und Kirchenkompositionen (*Te Deum* für Doppelchor und Orgel); *Incarnatus homo*, Musikszenar für großes Orchester (1969).

Peuerl, Paul, * um 1575, † um 1625, Österreicher, Organist und als Tanzkomponist Schöpfer der (mehrstimmigen) Variationensuite (Neuausgaben).

Pezel (Petzold, Pezelius), Johann Christoph, * Glatz 5. Dez. 1639, † Bautzen 13. Okt. 1694, Geiger, Stadtpfeifer (Clarinbläser) in Leipzig und Bautzen, bekannt geblieben mit *Turmmusiken* für Bläser oder Streicherchöre. Neudrucke im Zuge der neobarocken Spielmusiken der zwanziger Jahre.

Pfitzner, Hans, * Moskau 5. Mai 1869, † Salzburg 22. Mai 1949, Sohn einer Pianistin und eines Geigers, studierte in Frankfurt am Main, Lehrtätigkeit in Koblenz, Kapellmeister in Mainz, seit 1897 Kapellmeister und Lehrer in Berlin, 1907 Dirigent in München, 1908 bis 1918 Opernleiter und Konservatoriumsdirektor in Straßburg, 1920–1929 Leiter einer Meisterklasse für Komposition in Berlin, lebte dann in und bei München, in Wien und Salzburg. Der Stadt Wien vermachte Pfitzner die Partitur seines *Palestrina;* Wien kam dem letzten Willen des Komponisten nach und bestattete ihn auf dem Zentralfriedhof, nahe den Grabstätten von Beethoven, Schubert, Brahms, Wolf u. a. Pfitzners Doppelnatur besteht in der Verwurzelung im deutschromantischen Musik- und Dichtungsgut des 19. Jahrhunderts und in der aggressiven Intellektualität des 20. Jahrhunderts. Mit ätzender Schärfe hat er die Moderne seit Busoni bekämpft (*Futuristengefahr* u. a. Schriften) und doch in seinen späten Werken eine Sprache entwickelt, die in ihrer herben Abseitigkeit als kaum weniger «modern» bezeichnet werden kann. Gehört zur sogenannten Wagner-Nachfolge (Leitmotivik, Orchesterbehandlung, Aufbau, Erlösungsgedanke), greift aber über Wagner zurück bis zu Beethoven und zur Frühromantik, gleichzeitig in die Zukunft. Zu Lebzeiten heftig bekämpft und sektiererisch verehrt, vom großen Publikum reserviert betrachtet.

BÜHNENWERKE

Der arme Heinrich (1895, Text von J. Grun), Musikdrama aus Wagners «Parsifal» erwachsen, statisch, mehr erzählend als handelnd. Nach der gleichnamigen Dichtung von Hartmann von Aue.

Die Rose vom Liebesgarten (1901, Text J. Grun), romantische Oper in zwei Akten mit Vorspiel und Nachspiel; Erlösungs- oder Opferoper, musikalisch wohl das klangschönste Werk Pfitzners.

Palestrina (1917, Text Hans Pfitzner), musikalische Legende, 3 Akte. Historisch nicht genaue, sinnbildhafte Darstellung des italienischen Kirchenmusikers Palestrina zwischen den Künsteleien seiner Zunftgenossen und den ungebärdig nach Neuem strebenden Jungen. Nach anfänglicher Ablehnung eine Messe zu schaffen, die dem auf dem Tridentiner Konzil als Nebenfrage behandelten Streit um die Erneuerung der Kirchenmusik ein Ende machen soll (2. Akt), schreibt er sie schließlich doch – aus innerem Zwang, nicht als ehrenvollen Auftrag; Konzilsakt sinfonisch-dramatisch, 1. und 3. Akt wesentlich bestimmt durch Gregorianik und A-cappella-Klänge.
Das Christelflein (1906 als «Weihnachtsspiel», 1917 als «Spieloper», Text nach I. von Stach vom Komponisten), 2 Akte.
Das Herz (1931, Text H. Mahner-Mons), Drama für Musik, 3 Akte. Dämonen- und Moralstück mit Zügen der großen Oper unter Verwendung von Sirene und Lautsprecher; Kette geschlossener Szenen.
CHORWERKE
Von deutscher Seele, romantische Kantate für Soloquartett, gemischten Chor, Orchester, Orgel (1921, Neufassung 1937). Pfitzner: «Die Textworte ... von Eichendorff ... erklären das Beiwort ‹romantisch› ... Den Titel ‹Von deutscher Seele› hab ich gewählt, weil ich keinen besseren und zusammenfassenderen Ausdruck fand für das, was aus diesen Gedichten an Nachdenklichem, Übermütigem, Tiefernstem, Zartem, Kräftigem und Heldischem der deutschen Seele spricht.» Aus den Orchesterstücken auch eine Suite: *Abend und Nacht – Der Tod als Postillon – Ergebung.*
Das dunkle Reich, Chorfantasie mit Orchester, Orgel, Sopran- und Baritonsolo nach Michelangelo, Goethe, C. F. Meyer, R. Dehmel, op. 38 (1930); ein Chor der Lebenden einem Chor der Toten gegenübergestellt.
LIEDER (Auswahl)
Fünf Lieder, op. 9 (1894/95, Texte von Eichendorff): *Der Gärtner, Die Einsame, Im Herbst (Der Wald ward falb), Der Kühne, Abschied (Abendlich schon rauscht der Wald).*
Fünf Lieder, op. 11 (1901), darunter *Ich und Du* (Hebbel), *Studentenfahrt* (Eichendorff).
Vier Lieder, op. 15 (1904), darunter zwei auch mit Orchester; die bekanntesten *Zorn, Sonst* (beide Eichendorff).
An den Mond (Füllest wieder Busch und Tal, Goethe), op. 18 (1906).
Zwei Lieder, op. 19 (1905, Texte C. Busse): *Stimme der Sehnsucht, Michaelskirchplatz.*
Vier Lieder, op. 22 (1907): *In Danzig* (Eichendorff), *Tragische Geschichte* (Chamisso), *Schön Suschen, Gegenliebe* (beide Bürger).
Vier Lieder, op. 24 (1909), darunter *Gewalt der Minne* (Walther von der Vogelweide), *Abendrot* (Lienhard).
Fünf Lieder, op. 26 (1916), darunter Hebbels *Gebet (Die du, über die Sterne weg),* Eichendorffs *Nachts* und *Neue Liebe,* Goethes *Mailied.*
Vier Lieder, op. 29 (1922), darunter Hölderlins *Abbitte (Heilig Wesen),* Goethes *Willkommen und Abschied.*
Vier Lieder, op. 30 (1922), die auch von anderen vertonten Mörike-Lieder *Das verlassene Mägdelein, Denk es, o Seele,* Dehmels *Der Arbeitsmann* (auch von R. Strauss vertont), Lenaus *Sehnsucht nach Vergessen.*
Vier Lieder, op. 32 (1923), nach C. F. Meyer: *Hussens Kerker, Säerspruch (Bemeßt den Schritt), Eingelegte Ruder, Laß scharren deiner Rosse Huf.*
Alte Weisen, op. 33 (1923), nach Gottfried Keller. «Die acht Lieder gehören, als ein Ganzes, durchaus zusammen und sind nur zusammen, in dieser Reihenfolge, vorzutragen» (Pfitzner).
Sechs Liebeslieder, op. 35 (1924), nach Ricarda Huch, für Frauenstimme, ebenfalls nur als Ganzes und in dieser Reihenfolge vorzutragen; darunter *Wo hast du all die Schönheit hergenommen, Denn unsere Liebe hat zu heiß geflammt.*
Sechs Lieder, op. 40 (1931), darunter das teilweise polytonale und polyrhythmische Lied *Sehnsucht (Um bei dir zu sein),* nach Ricarda Huch.
Drei Sonette für Männerstimme, op. 41 (1931), Bürgers *Auf die Morgenröte,* Eichendorffs *Der verspätete Wanderer* und *Das Alter.* Fast schon jenseits des Klavierliedes.

ORCHESTERWERKE
Scherzo c-Moll (1888), seinerzeit als avantgardistisch bezeichnet.
Ouvertüre zu Kleists «Käthchen von Heilbronn», op. 17 (1905, dazu weitere Musik zu dem Schauspiel), mit scharfem Themenschnitt, kühner Harmonik, glanzvoller Instrumentation.
Sinfonie cis-Moll, op. 36 a (1933), hervorgegangen aus dem Streichquartett, op. 36, orchestral, teilweise opernhaft ausgestaltet. Sätze: Ziemlich ruhig – Sehr schnell – Langsam und ausdrucksvoll – Ziemlich schnell. Fünftoniges Grundmotiv in allen Sätzen.
Kleine Sinfonie G-Dur, op. 44 (1939), kleines Orchester, vier pausenlos ineinander übergehende Sätzchen: Moderato – Capriccio – Adagio – Rondo-Allegretto.
Sinfonie C-Dur für großes Orchester, op. 46 (1940), drei abermals pausenlos ineinander übergehende Sätze: Allegro moderato – Sehr langsam – Presto. Gilt als Pfitzners bedeutendstes Orchesterwerk.
Elegie und Reigen, op. 45 (1940), pastellhaftes Zwölfminutenwerk.
Fantasie für Orchester, op. 56 (1947), Pfitzners letzte Orchesterschöpfung.
Klavierkonzert Es-Dur, op. 31 (1923), konzertierendes Wechselspiel: Pomphaft, mit Kraft und Schwung – Schnell, in einheitlich atemlosem Zeitmaß – Äußerst ruhig, versonnen, schwärmerisch – Rasch, ungeschlacht, launig (Kadenz fugiert).
Violinkonzert h-Moll, op. 34 (1924), drei Sätze in einem Satz, vier verschiedenartige Hauptthemen; Variationen über ein Halbtonmotiv.
Cellokonzert G-Dur, op. 42 (1935), einsätzig, wechselnde Tempi.
Cellokonzert a-Moll, op. 52 (1944), virtuoser als das G-Dur-Konzert.
KAMMERMUSIK
Sextett, op. 55 (1945), für Klavier, Klarinette, Violine, Bratsche, Cello, Kontrabaß; fünfteilig.
Quintett, op. 23 (1909), für Klavier und Streichquartett; viersätzig.
Streichquartett D-Dur, op. 13 (1903), langsamer Satz an dritter Stelle und, wie oft bei Pfitzner, pausenlos zum Schluß übergehend.
Streichquartett cis-Moll, op. 36 (1925), umgearbeitet zur Sinfonie (s. o.).
Streichquartett c-Moll, op. 50 (1942): Andante c-Moll – Andantino F-Dur – Langsam f-Moll – Allegro C-Dur mit Fugato.
Klaviertrio F-Dur, op. 8 (1896), thematische Verklammerungen, vier Sätze.
Cello-Klavier-Sonate fis-Moll, op. 1 (1890), viersätzig.
Duo für Geige und Cello a-Moll, op. 43 (1936), «mit Begleitung eines kleinen Orchesters oder des Klaviers», drei Sätze.
KLAVIERMUSIK
Fünf Klavierstücke, op. 47 (1941), bezeichnend mit den in die Romantik (Schumann) zurückblickenden Titeln: Letztes Aufbäumen – Ausgelassenheit – Hieroglyphe – Zerrissenheit – Melodie.
SCHRIFTEN
Futuristengefahr (1917, gegen Busoni), *Die neue Ästhetik der musikalischen Impotenz* (1920, gegen P. Bekker), beide in *Gesammelte Schriften,* 3 Bde., 1926 bis 1929 (Bd. 3 über *Werk und Wiedergabe*), *Über musikalische Inspiration* (1940, gegen J. Bahle), *Eindrücke und Bilder meines Lebens* (1947, auch enthalten in *Hans Pfitzner, Reden, Schriften, Briefe,* 1955. Hg. von W. Abendroth). Werkverzeichnis hg. von H. Grohe (1960).
LITERATUR: W. Abendroth: H. Pf. (1935; grundlegend); Studien von E. Kroll (1924), E. Valentin (1939), H. Lindlar (1940, Das Liederwerk), J. Bahle (1949, Schaffenspsychologische Polemik), H. Rutz (1949, Zwischen den Zeiten), L. Schrott (1959, Persönlichkeitsstudie).

Philidor, André, eigentlich A. Danican, * Versailles um 1647, † Dreux 11. Aug. 1730, Franzose, schrieb für die Hofkapelle Ludwigs XIV. Maskeraden und Suiten, veranstaltete eine Generalsammlung der älteren höfischen und kirchlichen Musik von Versailles (37 Bde.), Paris (35 Bde.) und Tenbury (über 400 Bde.).

Philidor, François André, eigentlich F. A. Danican, * Dreux 7. Sept. 1726, † London 31. Aug. 1795, Franzose, Sohn von André Philidor, als bester Schachspieler seiner Zeit (schrieb auch

Lehrbücher) fast ebenso berühmt wie als Komponist von 26 Opern im Stil der frühen französischen komischen Oper, u. a. *Der Hufschmied (Le maréchal ferrant,* 1761), *Der Holzhacker (Le bûcheron,* 1763), *Tom Jones* (nach Fielding, 1765, mit einem sensationell wirkenden A-cappella-Quartett), *Ernelinde, Prinzessin von Norwegen* (1767, große Oper, 1769 umgearbeitet als *Sandomir, Prinz von Dänemark).*

Philips, Peter, * 1561, † Brüssel 1628, Engländer, verließ als Katholik England, bereiste Frankreich, Italien, Spanien, wurde 1597 Organist in Brüssel (war 1593 angeklagt wegen eines geplanten Attentats auf Elisabeth I.), ließ mehrere Bände bedeutsamer Madrigale, Motetten, Litaneien erscheinen, die den Tudorstil an die kontinentale Weiterentwicklung vermittelten. (Auch mit 19 Stücken vertreten im «Fitzwilliam Virginal Book»; 1625.)

Piccinni (Piccini), Nicola (Niccolò), * Bari 16. Jan. 1728, † Passy bei Paris 7. Mai 1800, Italiener, studierte in Neapel, errang 1760 mit der Buffooper *La cecina ossia La buona figliuola* in Rom einen Erfolg, der sich in ganz Europa wiederholte (schrieb später eine Fortsetzung des Werkes). Ging 1776 nach Paris, Einladung des französischen Hofes, wurde – offenbar gegen seinen Willen – von den «Piccinnisten» gegen die «Gluckisten» ausgespielt, unterlag trotz vorübergehender Erfolge gegen die Gluckschen Reformopern. Gluck und Piccinni schätzten einander. 1778 Leiter der italienischen Abteilung an der Großen Oper. 1784 Professor der École royal de chant et de déclamation. Die Revolution vertrieb ihn nach Italien, 1798 kehrte er nach Paris zurück, ohne seine Erfolge wiederholen zu können. Die Zahl seiner Opern wird auf etwa 130 geschätzt: dramatisch gehaltene Zwiegesänge, großangelegte Finalszenen (im Sinne und Stil Mozarts); Wandlung von der possenhaften neapolitanischen Opera buffa zur bürgerlich-empfindsamen Musikkomödie.

Piechler, Arthur, * Magdeburg 31. März 1896, † Landau a. d. Isar 10. März 1974, Organist und Konservatoriumsleiter in Augsburg (1945–1956), Volksoper *Pedro Crespo* (1947, nach Calderón), Chorwerke *Tagewerk, Vom Baum des Lebens;* katholische Kirchenmusik, Orgelwerke, Kammermusik. – *Das praktische Orgelbuch* (2 Bde., 1959).

Pierné, Gabriel, * Metz 16. Aug. 1863, † Bretagne 17. Juli 1937, Franzose, Klassizist aus der Schule von César Franck, Organist, Dirigent der Colonne-Konzerte, berühmt geworden durch sein Chorwerk *Der Kinderkreuzzug* (1905). Schrieb ferner Opern (u. a. *Ramuntcho* nach P. Loti, 1908), Operetten, Bühnenmusiken, Ballette (so *Giration,* 1934), Chorwerke, Chorsinfonien, Orchesterstücke, Kammermusik. – Dirigierte 1910 die Pariser Uraufführung von Strawinskys «Feuervogel».

Pierson, Heinrich Hugo (Pearson, Henry Hugh), * Oxford 12. April 1815 (oder 1816), † Leipzig 28. Jan. 1873, Engländer, Wahldeutscher (Pseudonym Edgar Mansfeldt), Freund Mendelssohns, schrieb Opern, Oratorien (*Jerusalem,* 1854), eine «Macbeth»-Sinfonie; Komponist des 1914 populären *O Deutschland hoch in Ehren* (Text von L. Bauer).

Pijper, Willem, * Zeist 8. Sept. 1894, † Leidschendam 19. März 1947, Holländer, Schüler von Wagenaar, Pianist, Kritiker, Lehrer, seit 1930 Direktor des Rotterdamer Konservatoriums, führender niederländischer Komponist der ersten Jahrhunderthälfte, beeinflußt durch Debussy, d'Indy und Hindemith, in den späteren Werken durchaus eigenständig, oft drei- bis viertonige Kurzmotive, polytonale und polyrhythmische Schichtungen, schrieb Sinfonien (1917, 1921, 1926), *Sechs sinfonische Epigramme* (Variationen, 1928), Konzerte für Klavier (1927), Cello (1936), Violine (1939), vier Streichquartette (ein fünftes nicht beendet) und andere Kammermusik, Klavierwerke (u. a. Sonate für 2 Klaviere), Gesänge mit Orchester, Bühnenmusiken, die Oper *Halewijn* (1933). LITERATUR: Biographie von K. van Bazen (1957).

Pisendel, Johann Georg, * Kadolzburg 26. Dez. 1687, † Dresden 25. Nov. 1755, Schüler von Torelli und Vivaldi, 1728 Konzertmeister in Dresden, komponierte spieltechnisch fortgeschrittene Violinsonaten (Solosonaten), Violinkonzerte, Concerti grossi; J. S. Bach schrieb seine 6 Violinsonaten und -suiten im Gedenken an Pisendels Violinkünste (Neuausgaben).

Pistocchi, Francesco Antonio, * Palermo 1659, † Bologna 13. Mai 1726, Italiener, Gründer der Bologneser Gesangsschule, aus der u. a. der Kastrat Bernacchi hervorging, wirkte einige Jahre auch in Deutschland (Ansbach); schrieb Oratorien, Opern nach venezianischer Manier (u. a. *Narziß,* 1697), Duette und Terzette (Neuausgaben der Arien).

Piston, Walter, * Rockland (Maine) 20. Jan. 1894, † ebenda 8. Nov. 1976, Amerikaner, studierte an der Harvard University und bei Nadia Boulanger in Paris, seit 1938 Professor an der Harvard University; schreibt einen tonalen Stil, den er mit modernen Mitteln anreichert; Konzerte für Klavier (1937), Violine (1940), Bratsche (1958), ein witziges Zirkusballett *Der unglaubliche Flötist* (1938, auch Konzertsuite), Streichquartette, Duos; veröffentlichte auch Lehrwerke.

Pitoni, Giuseppe, * Rieti 18. März 1657, † Rom 1. Febr. 1743, Italiener, 1719 Kapellmeister am Petersdom in Rom, wo Durante und Feo seine Schüler wurden, seine vielstimmigen Messen (bis zu 48 Stimmen, in 4mal 4 Chöre aufgeteilt) zur Aufführung kamen und durch ihn eine Sichtung des Kompositionsbestandes aller vatikanischen Kapellmeistervorgänger veranstaltet wurde.

Pizzetti, Ildebrando, * Parma 20. Sept. 1880, † Rom 13. Febr. 1968, Italiener, leitete u. a. das Verdi-Konservatorium in Florenz und (1948–1951) das Konservatorium in Rom.
Einer der angesehensten Komponisten Italiens, Klassizist, Lyriker und Dramatiker zugleich, in seinen Bühnenwerken um sittliche Werte bemüht (schreibt seine Texte meist selbst). Opern: *Phädra* (1915, Text d'Annunzio), *Debora e Jaele* (1922), *Fra Gherardo* (1928), *Lo straniero* (1930), *Orseolo* (1935), *L'oro* (1947), *Vanna supa* (1950), *Iphigenie* (1951), *Cagliostro* (1952), *La figlia di Iorio* (1954), *Mord in der Kathedrale* (1958, nach Eliot), *Der silberne Schuh* (1961), *Klytämnestra* (1964), ferner Bühnen- und Filmmusiken, bedeutende Orchesterwerke, Konzerte, Kammermusik.

Platti, Giovanni, * Padua 9. Juli 1697, † Würzburg 11. Jan. 1763, Italiener, Sänger und Instrumentist in Diensten des Fürstbischofs (Graf Schönborn zu Wiesentheid) in Bamberg und Würzburg, Mittler und Wegbereiter der Klaviersonate zwischen Barock und Klassik; Konzerte und Sonaten für Cembalo, Violoncello, Flöte, Oboe, Violine (Neuausgaben), auch Kirchenmusik.

Pleyel, Ignaz, * Ruppertsthal (Niederösterreich) 18. Juni 1757, † bei Paris 14. Nov. 1831, Österreicher, Wahlfranzose, Haydn-Schüler, Kapellmeister in Straßburg und London, Gründer der Pariser Klavierfabrik (1807, heute Pleyel S. A.); schrieb Klavier-, Kammer- und Orchestermusik (teilweise unter Haydns Namen erschienen), weitverbreitete Violinduette, eine vielbenutzte Klavierschule (1797 u. ö.).

Poißl, Johann Nepomuk Freiherr von, * Haukenzell (Landkreis Bogen) 15. Febr. 1783, † München 17. Aug. 1865, Danzi-Schüler, Freund von Weber, Hofopernintendant in München (1825 bis 1848), schrieb Opern zwischen Singspieltypik (*Die Opernprobe,* 1806) und Weberscher Romantik (*Zayde,* 1843).

Ponchielli, Amilcare, * Paderno-Ponchielli (Prov. Cremona) 31. Aug. 1834, † Mailand 16. Jan. 1886, Italiener, Domkapellmeister in Cremona und Bergamo, schrieb die *Garibaldi-Hymne* (1822), zwei Ballette und zehn Opern, darunter *I promessi sposi* (nach Manzoni, für die Primadonna Teresina Brambilla, seine spätere Frau, † 1921), *La Gioconda* (1876, Text nach V. Hugo von A. Boito, daraus der noch immer zu hörende Stundentanz) und *Der verlorene Sohn* (1880).

Poot, Marcel, *Vilvoorde bei Brüssel 7. Mai 1901, Belgier, Schüler von Dukas, seit 1949 Konservatoriumsdirektor in Brüssel. Neoklassizist, gründete die Gruppe der «Synthetisten», schreibt einen wirkungsvollen, humordurchtränkten Stil; u. a. die burleske Oper *Moretus oder Der widerspenstige Verdammte* (1943, Text von J. Weterings), Ballette (*Pygmalion,* 1951), Suite nach Chaplin-Filmen, sinfonische *Jazzmusik* (1933), Sinfonien, *Heitere Ouvertüre* und *Sinfonisches Allegro* (beide 1938), Orchesterrhapsodie (1948), Klavierkonzert (1959), Chorwerke (u. a. Oratorium *Ikarus,* 1947; *Le dit de routier,* 1943), Kammermusik.

Porpora, Nicola, *Neapel 17. Aug. 1686, †ebenda 3. März 1766, Italiener, wirkte in verschiedenen italienischen Städten, auch in Wien (Lehrer von Haydn), Dresden, London als Kapellmeister und Gesangslehrer. Schrieb 53 arien-virtuose Opern (*Ariadne und Theseus,* 1714; *Iphigenie in Aulis,* 1735; *Il trionfo di Camilla,* 1740), Oratorien, Messen, Solokantaten, Violinsonaten, Kammersinfonien.

Porrino, Ennio, *Cagliari (Sizilien) 20. Jan. 1910, †Rom 25. Sept. 1959, Italiener, Respighi-Schüler in Rom, Konservatoriumslehrer in Neapel, 1957 Konservatoriums- und Konzertleiter in Cagliari, schrieb folkloristisch-neoklassizistische Opern, Ballette (*Diamanti,* 1954, für Catherine Dunham), das Oratorium *Il processo di Christo* (1952), Orchester-, Kammer- und Klaviermusik (*Sardegna).*

Porta, Costanzo, *Cremona um 1530, †Padua 19. Mai 1601, Italiener, Franziskaner, Willaert-Schüler in Venedig, Kathedralkapellmeister in Padua (San Antonio), Meister kontrapunktischer Satzkünste, Lehrer von Viadana u. a., vielgesungene Messen, Motetten, auch Madrigale (Neuausgaben).

Porter, Cole, *Peru (Indiana) 9. Juni 1891, †Santa Monica 15. Okt. 1964, Amerikaner, studierte in New York und Paris (Schola Cantorum); erfolgreich mit Schlagern (*Begin the beguin, Night and day)* und Musicals *(Kiss me, Kate,* 1948, nach Shakespeares «The taming of the shrew», darin *So in love am I), Can-Can* (1953), *Silk stockings* (1954).

Porter, Quincy, *New Haven 7. Febr. 1897, †Bethany (Conn.) 12. Dez. 1966, Amerikaner, Parker-Schüler der Yale University, in Paris bei d'Indy und Bloch, unterrichtete seit 1946 an der Yale University, hervorgetreten mit Bühnenmusiken zu Shakespeare-Tragödien und Stücken von T.S. Eliot.

Portugal [La Fonseca], Marcos António, *Lissabon 24. März 1762, †Rio de Janeiro 7. Febr. 1830, Portugiese, gilt als bedeutendster portugiesischer Komponist seiner Zeit, wirkte außer in seiner Heimat in Neapel, Paris und Rio de Janeiro am Exilhof des vor Napoleon I. geflohenen portugiesischen Königs. Neben zahlreichen kirchlichen Werken 40 portugiesische Singspiele und italienische Opern, darunter *Figaros Hochzeit* (1799 in Venedig uraufgeführt).

Poser, Hans, *Tannenbergsthal (Vogtland) 8. Okt. 1917, †Hamburg 1. Okt. 1970, Lehrer für Tonsatz (1962 Prof.) an der Hamburger Hochschule für Musik (Mitglied der Freien Akademie der Künste), schrieb außer Jugendmusik und Unterrichtsliteratur (Blockflöte, Klavier) insbesondere Chorwerke, wie *Die Fabeln des Aesop* für 2 Männerchöre, Klavier und Schlagzeug, *Till Eulenspiegel* für Soli, Chor, Orchester, *Deutsche Sinngedichte* (Logau) für Frauenchor und Klavier, *Vom Fischer und seiner Frau* für Soli, Sprecher, Chor, Orchester, eine Fernsehoper *Die Baßgeige* (nach Tschechow, 1964), ferner Orchester- und Kammermusik.

Poulenc, Francis, *Paris 7. Jan. 1899, †ebenda 30. Jan. 1963, Franzose, Koechlin-Schüler, gehört zur «Gruppe der Sechs», als deren Spaßmacher er erscheinen könnte, hätte er nicht auch religiös konzipierte Werke geschrieben. Bekannt die Klavierwerke *Mouvements perpétuels* (1918), *Sechs Impromptus* (1922), *Promenaden* (1924), *Novelletten* (1927), *Suite française* (1935), nicht minder die *Negerrhapsodie* für zwei Holzbläser, Streichquartett, Klavier und Singstimmen (1917), ein Trio für Klavier, Oboe, Fagott (1928), die *Aubade* (Ständchen, 1929), für Klavier und 18 Instrumente, ferner u. a. Cembalokonzert (1929), *Concert champêtre* (1928), Klavierkonzert (1949), Konzert für 2 Klaviere, Orgelkonzert; Messe, Motetten (darunter die zwölfstimmige für Doppelchor *Figure humaine*, 1943, Text P. Éluard), Stabat mater (1951); Liedkompositionen u. a. *Airs chantés, Le bestiaire;* Ballette u. a. *Les biches (Die Hindinnen,* 1925), *Les animaux modèles* (1942, nach Lafontaine); 3 Opern: *Les mamelles de Tirésias* (1947, nach Apollinaire; erotischer Spaß), *Die Gespräche der Karmeliterinnen* (1957, nach Bernanos' «Begnadeter Angst»), *La voix humaine* (1959, nach Cocteau; Einpersonenstück am Telefon). – Autobiographie *L'écran des musiciens* (1930); *Journal de mes mélodies* (1964).

Pousseur, Henri, * Malmedy 23. Juni 1929, Belgier, studierte in Lüttich und Brüssel, experimentierte früh mit Reihentechnik und elektronischen Klängen, arbeitete zeitweise in Köln mit Stockhausen, leitet seit 1957 das Studio für Elektronische Musik in Brüssel; schrieb u. a. Kompositionen für drei Klaviere (Sechsteltöne, 1954), Quintett (1955), *Sinfonien* über eine Webernsche Zwölftonreihe (1955), *Mobile* für 2 Klaviere (1958), Komposition für elektronische Instrumente und Orchester (1958); elektronische Beiträge zu Béjarts Brüsseler Bühnen- und Ballettinszenierungen («Hoffmanns Erzählungen» nach Offenbach u. a.), auch eine Oper *Vôtre Faust* (1960, Text von M. Butor); *Couleurs croisées* für Orchester (1967); theoretische Schriften (in den «Darmstädter Beiträgen zur Neuen Musik», 1958 ff.).

Power, Lionel, † Canterbury 5. Juni 1445, Engländer, nicht identisch mit Dunstable, dessen Messesätze und Motetten denen von Power sehr stilverwandt sind, war Singmeister der Kapellknaben an der Kathedrale von Canterbury (Traktat zur Diskantpraxis), schrieb isorhythmische und imitatorische Motetten, auch eine *Missa Alma Redemptoris* (Neuausgaben 1933–1938).

Praetorius (Prätorius), Michael, eigentlich Schultheiß, * Creuzburg bei Eisenach 15. Febr. 1571, † Wolfenbüttel 15. Febr. 1621, studierte in Frankfurt an der Oder, war Hofkapellmeister in Magdeburg und Wolfenbüttel, Organist und Musikschriftsteller (*Syntagma musicum,* 4 Bde., 1615–1620, 2 Bde.: Instrumentenlehre), Komponist protestantischer Kirchenmusik (*Musae Sioniae,* 1244, 2- bis 12stimmige Gesänge, 1605–1610; Orgelfantasien über Luther-Choräle). – Gesamtausgabe, 21 Bde., 1928–1960. Hg. von F. Blume.

Pratella, Francesco Balilla, * Lugo 1. Febr. 1880, † Ravenna 17. Mai 1955, Italiener, Mascagni-Schüler, 1927–1945 Direktor des Liceo musicale in Florenz, Vorkämpfer des musikalischen Futurismus (Manifest: *Inno alla vita,* 1913), wandte sich unter Mussolini nationalen Musiktendenzen zu; schrieb Opern und Filmpartituren; nach dem Kriege eine dreibändige Geschichte der Chormusik (1951).

Prohaska, Carl, * Mödling bei Wien 25. April 1869, † Wien 28. März 1927, Studium bei d'Albert und Mandyczewsky, wirkte in Straßburg, an der Warschauer Philharmonie und seit 1908 an der Wiener Akademie, schrieb ein Oratorium *Frühlingsfeier* (Klopstock), *Aus dem Buche Hiob,* Motette für 8stimmigen Chor und Orgel, eine Oper, Orchestergesänge, Orgel- und Klaviermusik u. a. m. – Sein Sohn Felix Prohaska (* Wien 16. Mai 1912), Dirigent, 1961–1969 Hochschuldirektor in Hannover.

Prokofjew, Sergei Sergejewitsch, * Sonzowka (Gouvernement Jekaterinoslaw) 23. April 1891, † bei Moskau 5. März 1953, Russe, studierte an den Konservatorien in Moskau und Petersburg (u. a. bei Rimski-Korsakow, Ljadow), wirkte – besonders auch als Pianist – in aller Welt, lebte als Komponist lange in Frankreich, kehrte 1934 nach Rußland zurück, hoch geehrt, mehrfach ex officio kritisiert und rehabilitiert. Prokofjew hat einmal geäußert, sein im ganzen «neoklassizistisches» Werk sei bestimmt durch motorische, gefühlsmäßige, lyrische und heiter-groteske Züge. Im Kern seines Wesens war er, soweit man sein Schaffen übersehen kann, auch dort «Romantiker», wo er die falsche Romantik ironisiert. Von Strawinsky, seinem Landsmann, unterscheidet er sich trotz mancher gleichlaufender Wendungen der Frühzeit (insbesondere im Grotesken) dadurch, daß er ein nicht reflektierender Musiker geblieben ist. Impressionistisches und fast Atonales steht neben Stilkopien der Wiener Klassik, Ironie neben Lyrismen, widerborstiger Rhythmus neben glasklaren Flächen, Witz neben Tiefe, orchestrale Reizmischung neben kühler Zeichnung. Will man von einer «Entwicklung» bei Prokofjew sprechen, könnte man die zunehmende Vereinfachung seiner Sprache anführen, seinen Neoklassizismus. Einwirkungen von außen bedeuteten die Zusammenarbeit mit dem Ballettmentor Diaghilew und dem russisch-amerikanischen Dirigenten Kussewitzki sowie die sowjetrussische Kulturkritik nach seiner Rückkehr in die Heimat. Wie weit diese in Prokofjews spätem Schaffen hörbar wird, ist aus den nachgelassenen, z. T. neugefaßten Chor- und Bühnenwerken inzwischen auch außerhalb Rußlands bekannter geworden.

OPERN

Der Spieler (1916–1927, nach Dostojewski, Text von Prokofjew).

Die Liebe zu den drei Orangen (1919 bis 1921, nach Gozzi, Text von Prokofjew) 4 Akte und ein Vorspruch.

Der feurige Engel (1922–1925, z. T. in Deutschland geschrieben), eine Art Hexenoper mit Erlösungseinschlag, spielt im mittelalterlichen Köln; 5 Akte, Text nach Brjussow.

Semjon Kotko (1939), 5 Akte nach Katajew.

Die Verlobung im Kloster (1940/41, komische Oper, 4 Akte, nach Sheridans «Duenna»).

Krieg und Frieden (1941–1952, nach Tolstois gleichnamigem Roman, Text von Mira Prokofjew-Mendelssohn), 13 Bilder von Napoleons Rußlandfeldzug mit Bezügen auf den Zweiten Weltkrieg, dazu eine Liebeshandlung. In Rußland vielfach als bisherige Krönung der russischen Oper betrachtet.

Die Geschichte eines wahren Menschen (1947/48, Text von Prokofjew, nach einem Kriegsfliegerroman von Polowoi).

BALLETTE

Chout (1915–1920), Groteske um eine Peitsche, mit der man Frauen zur Vernunft bringen könne.

Pas d'acier (1925), Stahlballett zum Lobe der russischen Industrie.

Der verlorene Sohn (1928, nach Orchestersuite).

Auf dem Dnjepr (Sur le Borysthène, 1930).

Romeo und Julia (1935/36), daraus auch Orchestersuiten.

Aschenbrödel (1940–1944, nach Orchester- und Klaviersuiten).

Die steinerne Blume (1948–1950, Tanzlibretto von Baschow, daraus auch 4 Orchestersuiten).

ORCHESTERWERKE

7 Sinfonien, die bei meisterlicher Arbeit das Musikantische sprechen lassen; am bekanntesten die sogenannte *Klassische Sinfonie,* op. 25, geschrieben «wie Haydn, wenn er im 20. Jahrhundert lebte, sie geschrieben haben könnte»: Nr. 1, op. 25 (1917), Nr. 2, op. 40 (1924), Nr. 3, op. 44 (1928), Nr. 4, op. 47 (1930), Nr. 5, op. 100 (1944), Nr. 6, op. 111 (1947), Nr. 7, op. 131 (1952).

Suiten, außer nach Opern und Balletten zusammengestellten Suiten, *Die skythische Suite* (1914, ursprünglich als Ballett vorgesehen), Suite *Leutnant Kische* (1934), vaterländische *Orchestersuite 1941* (1943).

Peter und der Wolf (1936), für kleines Orchester und Sprecher. Musikalische «Instrumentenlehre» für kleine und große Kinder.

5 Klavierkonzerte aus den Jahren 1911, 1913, 1917–1921, 1931, 1935; das vierte nur für die linke Hand, besonders geschätzt das dritte; ein 6. (für 2 Klaviere) unvollendet.

2 Violinkonzerte (1917 und 1935).

2 Cellokonzerte (das erste 1933–1938; das zweite *Concertino,* 5 Sätze, 1952/53).

KAMMERMUSIK

Violinsonaten, Cello-Klavier-Ballade, Streichquartette, Quintett für Oboe, Klarinette, Geige, Bratsche, Kontrabaß.

KLAVIERMUSIK
11 Sonaten, die frühen spätromantisch, die späteren (op. 28, 29, 38) klassizistisch (auch die *Sonatinen* von 1931).
Tokkata, op. 11 (1912), virtuos, «russisch».
Sarkasmen, op. 17 (1912), polytonal.
Flüchtige Visionen, op. 22 (1915–1917), leicht impressionistisch.
Gedanken, op. 62 (1933), polyphon gearbeitet.
Kindermusik (1935).
VOKALWERKE
Neben zahlreichen, im wesentlichen auf Rußland beschränkt gebliebenen Gebrauchskantaten u. a. folgende größere Werke:
Das häßliche Entlein (1914), für Mezzosopran und Klavier (nach Andersen).
Sieben, es sind sieben! (1917), chaldäische Beschwörung, für Tenor, gemischten Chor, Orchester.
Lieder unserer Tage, Kantate zum 20. Jahrestag der russischen Oktoberrevolution (1937), auf 9 Texte von Marx, Lenin, Stalin, für Doppelchor, Orchester und Militärorchester.
Alexander Newski (1939), für Mezzosopran, Chor, Orchester.
Sdrawiza (1939), *Trinkspruch* zu Stalins 60. Geburtstag, auf Liedertexte der verschiedenen Sprachgruppen Rußlands.
Winterferientage (1949), für Sprecher, Knabenchor, Orchester.
Wächter des Friedens (1950), Oratorium für Sprecher, Mezzosopran, Chor, Knabenchor, Orchester.
Filmmusiken (*Pique Dame,* 1936) und Schauspielmusiken *(Eugen Onegin).* Autobiographie *Aus meinem Leben* (dt. 1962. Hg. von W. Reich).
LITERATUR: G. Abraham: Acht Sowjetkomponisten (1943); H. Lindlar (Hg.): S. P. (1953); P. Nestjew: S. P. ([2]1957); F. Streller: S. P. (1960); S. I. Slipstlin (Hg.): S. P. Materialien, Dokumente, Erinnerungen (dt. 1965).

Provenzale, Francesco, * Neapel um 1627, † ebenda 6. Sept. 1704, Italiener, Überwinder der venezianischen, Begründer der (dramatischen) neapolitanischen Barockoper (*Ciro,* 1653; *Teseo o l'inconstanza trionfante,* 1658, u. a. m.); schrieb auch Oratorien, Kantaten (z. T. mit obligater Violine), Motetten.

Puccini, Giacomo, * Lucca 22. Dez. 1858, † Brüssel 29. Nov. 1924 (nach einer Kehlkopfoperation), Italiener, Sproß einer alten Musikerfamilie (schon der Urgroßvater war Kirchenkapellmeister in Lucca), studierte in Mailand unter Ponchielli, unternahm viele Reisen, doch blieb er seinem Heimatland treu. – Vorbilder Verdi und Wagner, bei ersterem die melodisch-dramatische Schlagkraft, beim anderen eine gewisse Leitmotivik und Instrumentation; mit dem Verismo seiner Zeitgenossen Mascagni und Leoncavallo nur stoffliche, kaum aber musikalische Gemeinsamkeiten. Einflüsse des französischen Impressionismus (Quintenparallelen, Ganztonleitern); für seine «fernöstlichen» Opern hat er Schallplattenaufnahmen studiert (Gamelanorchester). Seine aus vielerlei Quellen gespeiste Sprache unverkennbar eigenständig in der lyrischen Melodik, in den auf engsten Raum zusammengedrängten Formen, in den samtenen (zuweilen mit scheinbar primitivsten Mitteln zustande gebrachten) Orchesterklängen. Weitreichende Wirkung auf Hörer aller Nationen und Kontinente hatte seine Haltung eines Weltbürgers im Sinne seiner Zeit. Insofern besteht Verwandtschaft zu Richard Strauss; doch ist er gewissermaßen dessen lyrischer Gegenpol. In vielen seiner Werke herrscht «Fin-de-siècle-Stimmung». Doch ist das Ende ihrer Lebenskraft auch unter Einwirkungen der Neuen Musik kaum abzusehen. Das mag auch daran liegen, daß Puccini einen unfehlbaren Sinn für die Urkräfte des Theaters hat; diese macht er hörbar durch bisher nicht überbotene Stimmungsmalerei und Augenblicksschilderung vermittels Zwischenfarben, Mischklängen und Melodiebiegungen. Doch gibt es nicht nur den Puccini der *Bohème* und der *Butterfly,* vielmehr auch den des *Gianni Schicchi,* den auf zeichnerische Klarheit und Parlando-Anmut gestellten Nachfahren der Opera buffa, der etwa dem größeren Werk «Falstaff» von Verdi zur Seite zu stellen ist.
Manon Lescaut (1893, Text nach dem

Roman von Abbé Prévost von L. Illica, D. Oliva und M. Praga), stofflich der Massenet-Oper entsprechend.
La Bohème (1896, Szenen aus H. Murgers Roman «La vie de Bohème», Text von G. Giacosa und L. Illica); die aufflackernde und wieder verlöschende, tragisch endende Liebe des Dichters Rudolf zu der todkranken Näherin Mimi, eingebettet in das Leben von vier Bohemiens, kontrastiert durch das derbere Paar Marcel-Musette. Musikalisch mehr Zustands- und Stimmungsschilderung als Charakterzeichnung.
Tosca (1900, Text nach V. Sardous Bühnenstück von L. Illica und G. Giacosa), Musikdrama in drei Akten. Veristischer Text, musikalisch gemildert, weil mehr Impression als Realismus. – Der Maler Mario Cavaradossi, des Hochverrats bezichtigt, soll nur zum Schein erschossen werden, wenn seine Geliebte Tosca sich dem Polizeichef Scarpia hingibt; scheinbar geht sie darauf ein, ersticht ihn aber, springt dann von der Engelsburg in die Tiefe, als die zugesagte Scheinhinrichtung Cavaradossis doch zur Erschießung führt.
Madame Butterfly (1904, «Tragödie einer Japanerin» in drei Aufzügen, Text nach D. Belcasco von L. Illica und G. Giacosa). Die Geisha Cho-Cho-San nimmt die Ehe auf Zeit mit dem amerikanischen Marineleutnant Linkerton so ernst, daß sie sich ersticht, als sie ihn nach Jahren mit seiner Frau wiedersieht. Musikalisch durch original japanische Klänge angereichert.
Das Mädchen aus dem goldenen Westen (1910, Text nach einem Drama D. Belcascos von G. Civinini und C. Zangarini), Oper in drei Aufzügen. Ein kräftiger «Western» der Opernbühne aus der Zeit des kalifornischen Goldrauschs: Die Barwirtin Minnie wird umworben vom Sheriff und einem Räuberhauptmann, dem sie hilft und mit dem sie ein neues Leben beginnt. In der Partitur heftige Rhythmen und Ausbrüche.
La rondine (*Die Schwalbe*, 1917, Operette, Text G. Adami).
Drei Einakter (Triptychon):
Der Mantel (1918, Text G. Adami). Der alternde Seineschiffer Marcel erwürgt den Liebhaber seiner jungen Frau und wickelt die Leiche in den Mantel, mit dem er einst seine Frau liebevoll umhüllt hatte.
Schwester Angelica (1918, Text G. Forzano). Die wegen einer Liebessünde ins Kloster gegangene Angelica vergiftet sich, als sie vom Tode ihres Kindes hört; die Gottesmutter verzeiht die Sünde des Freitodes. Weich, verschwebend die Musik, dramatisch nur die Szene, in der Angelica vom Tode des Kindes hört.
Gianni Schicchi (1918, Text G. Forzano). Der Schelm Gianni legt sich in das Bett eines Gestorbenen und macht an dessen Stelle ein neues Testament, in dem nicht die Kirche, sondern die Verwandten als Erben eingesetzt werden – vor allem er selbst. Musikalisch formenstreng, zeichnerisch klar, witzig plaudernd.
Turandot (1926, Text nach C. Gozzi von G. Adami und R. Simoni), lyrisches Drama in drei Akten, nicht ganz vollendet, ergänzt von F. Alfano. – Die chinesische Kaisertochter will auch den Prinzen Kalaf vernichten, obwohl er die gestellten Rätsel gelöst hat, nimmt ihn aber doch zum Gemahl. Eigentliche Hauptfigur ist die den Prinzen liebende und sich für ihn opfernde Sklavin Liu. Musikalische Klangfülle aus italienischen Melodien und chinesischen Klängen mit ergreifenden Liebesgesängen (Liu) und skurrilen Buffoszenen (die Hofbeamten Ping, Pang, Pong).
LITERATUR: Biographien von A. Weissmann (1922), R. Specht (1931), K. G. Fellerer (1937), G. Adami (dt. 1943), F. Thiess (1947), C. Sartori (ital. 1958).

Pugnani, Gaetano, * Turin 27. Nov. 1731, † ebenda 15. Juli 1798, Italiener, Violinist (Somis-Schule), Konzertreisen durch Europa, seit 1776 Opernintendant in Turin und Leiter einer Musik-(Violinisten-)Schule (Viotti u. a.), schrieb vielbenutzte instruktive Literatur für sein Instrument (Violinkonzerte, -quartette, -trios, -duette, -sonaten).

Purcell, Henry, * London (?) 1659, † ebenda 21. Nov. 1695, Sohn eines Sängers der Chapel Royal, Unterricht bei dem Lully-Schüler Pelham Humphrey, Chorknabe an der Chapel Royal, mit zweiundzwanzig Jahren Organist

der Westminster Abbey, 1682 in gleicher Eigenschaft an der Chapel Royal, ein Jahr darauf königlicher Instrumentenverwalter. – Ein Jahrhundert vor Mozart und wie dieser jung gestorben, hat Purcell, als «Orpheus Britannicus» gepriesen, eine Blütezeit der englischen Musik heraufgeführt. Mit erstaunlicher Zielsicherheit suchte er die vorbereitenden Arbeiten für eine nationalbritische Tonkunst durchzuführen (seine eigenen Worte), sah sich verschiedenen Stilrichtungen gegenüber; die hochentwickelte, sorgfältig gepflegte englische Polyphonie (insbesondere die phantasievollen Charaktervariationen über einen Grundbaß), der ausladend feierliche Operngesang der Italiener und die Chortechnik der Franzosen (zu Purcells Zeiten gab es in London italienische und französische Operntheater), dies alles hat besonders auf die Werke aus seiner frühen und mittleren Schaffenszeit eingewirkt, dann fand er jene Ausdrucksgewalt großliniger, durch rhythmische Kurzmotive vorwärts getriebener Gesänge, denen selbst Händel vieles abgelauscht hat.
BÜHNENWERKE
Für die Bühne schrieb Purcell 54 Werke, allerdings von unterschiedlichem Umfang (teilweise nur Einlagen), Schauspielmusik, insbesondere für die damals beliebten phantastischen Maskenspiele, Shakespeare-Bearbeitungen («The fairy queen» nach dem «Sommernachtstraum», «Timon von Athen» und «Der Sturm»). Den Höhepunkt bildete die Oper *Dido und Äneas* (1689), bedeutend auch Drydens *König Arthur* (1691).
VOKALWERKE
Besonders stark beeinflußt wurde Händel durch Purcells auf Bibelworte vertonte, lapidar wirkende Anthems (insgesamt 68, teils mit Orchester, teils mit Orgel), Gesänge und Hymnen, Oden und weltliche Kantaten (Welcome songs).
INSTRUMENTALMUSIK
12 Triosonaten von 1683, 10 erst nach seinem Tode veröffentlichte Quatuorsonaten, darunter die *Goldene Sonate,* Orgel- und Klavierwerke, 15 drei- bis siebenstimmige Fantasien für Gambenorchester 1680; Corellis Klarheit, Buxtehudes Phantastik und überlieferte englische Kunstpolyphonie (schwierige Kanons) scheinen zu einem Neuen eingeschmolzen.
Gesamtausgabe: 1878–1928 und 1957.
LITERATUR: Biographien von J. A. Westrup (†1960), R. Seitz (1955).

Pylkkänen, Tauno, * Helsinki 22. März 1918, Finne, studierte bei Madetoja und Palmgren an der Sibelius-Akademie seiner Vaterstadt, des weiteren in Paris, Rom, Wien; nach musikkritischen Anfängen leitet er seit 1960 die Nationaloper Helsinki; schrieb außer sinfonischen Dichtungen, Instrumentalkonzerten und Chorwerken insbesondere Opern (*Bathseba auf Ösel,* 1940; Funkoper *Die Wolfsbraut,* 1950; Kammeroper *Der Schatten,* 1952).

Quack, Erhard, * Trippstadt (Landkreis Kaiserslautern) 5. Jan. 1904, Kirchenmusiker, seit 1941 Diözesanmusikdirektor in Speyer, trug mit Chorsätzen und deutschen Singmessen zur Reform der katholischen Kirchenmusik bei.

Quantz, Johann Joachim, * Oberscheden (Landkreis Münden) 30. Jan. 1697, † Potsdam 12. Juli 1773, Sohn eines Schmieds, machte seine Lehrlings- und Gesellenausbildung in der Merseburger Stadtpfeiferei durch, gelangte durch den Dresdener Hof nach Italien, in die Schweiz, nach Frankreich und England. Seit 1741 Hofkomponist Friedrichs des Großen, der sein Flötenschüler war. Schrieb rund 500 Flötenwerke aller Art. Wichtig seine Schrift *Versuch einer Anweisung die Flöte traversiere zu spielen* (1752, ein Jahr bevor C. Ph. E. Bachs «Versuch» über das Klavierspiel zu erscheinen begann). Quantz und C. Ph. E. Bach haben über ein Vierteljahrhundert gemeinsam am Hofe Friedrichs gewirkt (Neuausgaben der Flötenschule von H.-P. Schmitz, Konzerte und Sonaten).

Quilter, Roger, * Brighton 1 Nov. 1877, † London 21. Sept. 1953, Engländer, Eton-Schüler, Komposition bei Iwan Knorr, bekannt durch Shakespeare-Lieder, Klavierstücke, auch Bühnenmusiken (*As you like it,* 1922), Oper *Julia* (1936).

Quinet, Fernand, * Charleroi 29. Jan. 1898, † Lüttich 24. Okt. 1971, Belgier, seit

1938 Direktor des Lütticher Konservatoriums, schrieb sinfonische Skizzen, ein frühes *Jeu radiophonique* (1927), hebräische Lieder.

Quinet, Marcel, * Binche 6. Juli 1915, Belgier, studierte in Mons und Brüssel (Absil, L. Jongen), seit 1943 Klavierlehrer am Konservatorium in Brüssel, erhielt für seine Kantate *Le vague et le sillon* 1945 den Rom-Preis; Orchester- und Kammermusik.

Rabaud, Henri, * Paris 10. Nov. 1873, † ebenda 11. Sept. 1949, Franzose, Massenet-Schüler, leitete 1920–1940 das Pariser Konservatorium, schrieb Opern (*Der Ruf des Meeres,* 1924), Sinfonien, sinfonische Dichtungen, Konzerte, Kammermusik, Lieder, Chorwerke, frühe Filmmusiken (seit 1924).

Rabsch, Edgar, * Berlin 1. Nov. 1892, † Kiel 4. Sept. 1964, Schulmusikerzieher, veranstaltete mit Hindemith 1932 den «Plöner Musiktag», lehrte 1946 bis 1958 an der pädagogischen Hochschule in Kiel, schrieb Schulopern (*Die Brücke,* 1933), Kantaten, Sing- und Spielmusik. Gab mit H. Burckhardt ein Musikunterrichtswerk heraus.

Rachmaninow, Sergei Wassiljewitsch, * Oneg bei Nowgorod 1. April 1873, † Beverley Hills (bei Los Angeles) 28. März 1943, Russe, weltberühmter Pianist; war Opernkapellmeister in Moskau, seit 1917 als Pianist und Dirigent in Europa und Amerika. Als Komponist steht er wie sein Vorbild Tschaikowski westlichen Strömungen nahe, verwendet russische Züge mehr zur Einfärbung. Schrieb vier wirkungsvolle Klavierkonzerte in fis-Moll, c-Moll, d-Moll, g-Moll, *Rhapsodie über ein Thema von Paganini* für Klavier und Orchester, drei Sinfonien, sinfonische Tänze und sinfonische Dichtungen (*Die Toteninsel,* op. 29, nach dem Bild von Böcklin), Chorwerke, Kammer- und Klaviermusik (allbekanntes cis-Moll-Präludium, op. 3, Nr. 2; Préludes; Études-Tableaux), Opern (*Der geizige Ritter,* 1906; *Francesca da Rimini,* 1906).
LITERATUR: Biographie von V. Seroff (1951).

Radecke, Robert, * Dittmannsdorf (Schlesien) 31. Okt. 1830, † Wernigerode 21. Juni 1911, stieg vom Gewandhausgeiger zum Hofkapellmeister und Kirchenmusikdirektor in Berlin auf; blieb bekannt mit seinem Lied *Aus der Jugendzeit.*

Radulescu, Horatio, * Bukarest 7. Jan. 1942, Rumäne, Schüler von St. Niculescu, lehrt seit 1973 an der Ottawa University (Ontario), schrieb selbstgedichtete Liederzyklen (*Music for Taaroa: Prayer, Revelation, Rituals,* für 59 Solisten, 1972).

Raff, Joseph Joachim, * Lachen bei Zürich 27. Mai 1822, † Frankfurt am Main 24. Juni 1882, wirkte – von Liszt gefördert – in Weimar, Wiesbaden, Frankfurt am Main (Direktor des Hochschen Konservatoriums); glänzender Orchesterinstrumentator, heute fast vergessen mit elf Sinfonien (die 6. heißt: *Gelebt–gestrebt / gelitten–gestritten / gestorben–umworben*; Konzerte, Kammer- und Klaviermusik, Lieder, Chöre, Opern (*Dame Kobold,* 1870). Eine *Kavatine* lebt in der Unterhaltungsbranche fort. Joseph Joachim Raff schrieb als glühender Parteigänger über *Die Wagnerfrage* (1854).

Rameau, Jean-Philippe, getauft Dijon 25. Sept. 1683, † Paris 12. Sept. 1764, Franzose, Sohn eines Organisten, studierte vorübergehend in Italien, hatte anschließend bescheidene Stellungen in verschiedenen Städten Frankreichs inne, seit 1723 dauernd in Paris, mehrere Jahre als Musikmeister im Hause des musikfreudigen Generalpächters der Steuern de La Pouplinière, der ihn an die Große Oper brachte. 1733 erregte Rameaus *Hippolyte et Aricie* heftiges Für und Wider. 1745 wurde er von Ludwig XV. zum Hofkomponisten ernannt. Er schrieb insgesamt 29 Opern (*Castor und Pollux,* 1737) und Ballettopern (*Les Indes galantes,* 1735, *Pigmalion,* 1748), in denen er den von Lully geschaffenen Stil der großen französischen Oper weiterführte; ferner Kantaten, Messen und vor allem Klavierstücke. Rameau war auch ein beachtlicher Pädagoge des Klavierspiels (schrieb darüber eine Abhandlung) und Theoretiker der Harmonik (*Traité de l'harmonie*, 1722), in der er Zarlinos Dualität weiterführte; Hugo Riemann hat Rameaus Gedanken von der tonalen Funktion der Harmonie in ein umfassendes System gebracht. Gesamtausgabe, 18 Bde. (unvollständig). Hg. durch Saint-Saëns u. a. (1845 bis 1914); Gesamtausgabe der Clavecinstücke. Hg. durch R. Jacobi (1958). LITERATUR: P. Berthier: J.-Ph. R. (1957, mit Werkverzeichnis und Bibliographie). Biographien von G. Migot (1930) und P. Berthier (1957); H. Pischner: Die Harmonielehre J.-Ph. R.s (Dissertation Humboldt-Universität Berlin, 1961).

Rangström, Ture, * Stockholm 30. Nov. 1884, † ebenda 11. Mai 1947, Schwede, Schüler von Pfitzner; Schriftsteller, Dirigent, Komponist; betonter Nationalromantiker; schrieb u. a. Opern (*Die Kronbraut*, 1919, nach Strindberg; *Mittelalter*, 1921, nach H. Drachmann; *Gilgamesch*, 1952, unvollendet nachgelassen, von J. Fernstrom 1952 ergänzt), 4 Sinfonien, Klavierkonzert (*Nachtstück in E. T. A. Hoffmanns Manier*, 1909), Violinkonzert, über 250 Lieder.

Raphael, Günter, * Berlin 30. April 1903, † Herford 19. Okt. 1960, studierte bei M. Trapp in Berlin und bei A. Mendelssohn in Darmstadt, Lehrer (z. B. von Hessenberg) in Leipzig, Duisburg und Köln. Religiös gebundener Komponist mit verhaltenem Humor; 5 Sinfonien, eine *Sinfonia breve*, Suiten (*Smetana; Jabonah*, nach mongolischen Weisen), mehrere Orchestervariationen (darunter *Die vier Jahreszeiten*), Cellokammerkonzert, Concertinos (Altsaxophon, Flöte), Violin-, Orgelkonzerte, *Zoologica* (1958, Charakterstudien für großes Orchester), *Sinfonische Fantasie* für Violine und 11 Soloinstrumente, Quintette, Quartette, Sonaten und Sonatinen für verschiedene Instrumente (teils als Trios), Vokalmusik geistlicher und weltlicher Art, so ein *Requiem*, das *Glaubensbekenntnis* (beide mit Doppelchören), ein Tedeum, Choralmotette, A-cappella-Chöre, *Palmström-Sonate* für hohe Männerstimme, Violine, Klarinette, Trommel, Schlagbaß, Klavier. – Mitarbeiter der Gesamtausgabe von Bach, Händel, Reger.

Rathaus, Karol, * Tarnopol 16. Sept. 1895, † New York 21. Nov. 1954, Pole, Schreker-Schüler, wirkte in Berlin, England, Frankreich, wanderte 1938 nach den USA aus. Neuromantiker mit kontrapunktischem Satz, u. a. 4 Sinfonien (davon eine «konzertante»), Orchesterserenade, *Musik für Streicher*, Violinkonzert (Suite), Klavierkonzert, 5 Streichquartette, Trios, Duos, Klavierwerke, Vokalkompositionen, Oper *Fremde Erde* (1931), Ballett *Der letzte Pierrot* (1927), Oratorium *Diapason* (1952). Neufassung von Mussorgskis *Boris Godunow*.

Rathgeber, Johann Valentin, * Oberelsbach (Landkreis Bad Neustadt an der Saale) 3. April 1682, † Kloster Banz (Main) 2. Juni 1750, seit 1711 Benediktiner, schrieb außer Messen und Vespern eine vielverbreitete Sammlung mehrstimmiger Gesellschaftslieder: *Ohren-vergnügendes und Gemüth-ergötzendes Tafel-Confect*, in 3 Teilen (1733–1737; 4. Teil, 1746, von J. C. Seyfert); *Musikalischer Zeitvertreib auf dem Clavier* (1750).

Raupach, Hermann Friedrich, *Stralsund 21. Dez. 1728, † Petersburg Dez. 1778, Sohn und Schüler des Stralsunder Organisten und Mattheson-Freundes Christoph Raupach (1686–1744), frühzeitig Kapellmeister der italienischen Hofoper in Petersburg schrieb Opern- und Ballettmusik, auch Klaviersonaten, aus denen Mozart (mit dem er 1766 in Paris zusammentraf und an 2 Klavieren improvisierte) mehrere Sätze in seinen frühen Klavierkonzerten verarbeitete.

Ravel, Maurice, *Ciboure (Basses-Pyrénées) 7. März 1875, † Paris 28. Dez. 1937 (nach einer Gehirntumoroperation), Franzose, Sohn eines Genfer Uhrmachers und einer Baskin, in Paris aufgewachsen, am Konservatorium ausgebildet (Gédalge, Fauré, Bériot), beim Rom-Preis-Wettbewerb viermal zurückgesetzt, als Pianist und Dirigent seiner Werke zunehmend außerhalb Frankreichs (England, Amerika) anerkannt, nächst Debussy der bedeutendste Komponist seines Landes in unserem Jahrhundert. Der Franzose Ravel, als «spanischster aller spanischen Musiker» bezeichnet, liebte Mozarts Klarheit, wurde angeregt durch Debussys Impressionismus, den er formal verfestigte, blieb den alten französischen Clavecinisten verpflichtet und nicht unberührt von Strawinskys Klangschrift. Tänzerisches (nicht nur in den Balletten) und Farbiges (selbst der häufig ostinate Rhythmus wird bei ihm oft zum Farbwert) bestimmen fast immer die Erscheinungsform von Ravels Werken; das Farbige ist so wesentlich für ihn, daß er viele seiner Klavierwerke später für Orchester umgesetzt hat (berühmt auch seine Instrumentation von Mussorgskis Werk «Bilder einer Ausstellung»).

OPERN

Die spanische Stunde (*L'heure espagnole*, 1911, Text von F. Nohain). Die Uhrmachersfrau Concepción verbirgt zwei zaghafte Liebhaber in Standuhren, verbringt eine Stunde mit einem Eseltreiber und weiß dem heimkehrenden Gatten alles einleuchtend zu erklären. Wiedererweckte Opera buffa.

Das Zauberwort (Das Kind und der Zauberspuk, 1925, Text Colette). Ein ungezogenes Kind träumt, daß es von Tieren, Gegenständen und Pflanzen bestraft wird für alles, was es an ihnen begangen hat. Mischform.

ORCHESTERWERKE

Rhapsodie espagnole (1907), farbensprühendes Spiel mit Kurzmotiven, deren eines aus einem nicht veröffentlichten frühen Klavierwerk stammt: Prélude à la nuit, Malagueña, Habanera, Feria.

La valse (1920), «choreographische Dichtung für Orchester», eine psychologisch-sinfonische Dichtung, «die Vorstellung von einem phantastischen Wirbel, dem sich niemand entziehen kann» (Ravel).

Bolero (1928), eigentlich eine Ballettszene, als solche wirkungsvoller noch in der Steigerung zweier 18mal unverändert wiederholter «Motive» (16taktige Melodielinie über 2taktigem Bolerorhythmus) durch wechselnde, akkumulierende Instrumentierung, bis zur Klimax in einer unerwarteten Schlußwendung von a-Moll nach E-Dur und dem tosenden Zusammenprall und -fall aller Stimmen («C-Dur»).

Daphnis et Chloé (1912), eigentlich eine «tänzerische Sinfonie für (Summ-) Chor und Orchester»; daraus zwei Orchestersuiten: *1. Nachtstück – Zwischenspiel – Kriegerischer Tanz; 2. Tagesanbruch – Pantomime – Bacchanal.*

Le tombeau de Couperin (1919, ursprünglich Klavierwerke (teils vierhändig instrumentiert: Prélude, Forlane, Rigaudon, Menuet).

2 Klavierkonzerte, eines in D-Dur für die linke Hand, das andere in G-Dur (1931).

Tzigane (1924) für Geige und Orchester (ursprünglich Geige und Klavier). Ursprünglich Klavierwerke (teils vierhändig) und erst nachträglich für Orchester umgeschrieben sind u. a.:

Pavane für eine verstorbene Prinzessin (1899).

Ständchen (Alborada del Gracioso) und *Eine Barke auf dem Ozean* (aus den Klavierstücken *Miroirs* von 1905).

Ma mère l'oye (1912, ursprünglich fünf Märchenbilder für Klavier vierhändig, dann auch Ballett).

Valses nobles et sentimentales (1911, ursprünglich für Klavier; als Ballett: *Adélaïde*).

KAMMERMUSIK

Streichquartett F-Dur (1903), viersätzig, das Finale mit einem ostinaten Motiv im 5/8-Takt.

Introduktion und Allegro (1906), für Harfe, Streichquartett, Flöte, Klarinette.

Klaviertrio a-Moll (1914), Passacaglia im 3. Satz.

Violin-Cello-Sonate (1922), Debussy gewidmet.

Violin-Klavier-Sonate (1927), mit Jazzanklängen im Mittelteil.

KLAVIERWERKE

Pavane für eine verstorbene Prinzessin (1899), spätere Orchestrierung.

Jeux d'eaux (1901, Wasserspiele), neuartige Farbwirkungen, gemischt aus Liszt, Debussy, Gamelanklängen.

Miroirs (1905, *Spiegelungen*), Naturstimmungen wie *Traurige Vögel, Eine Barke auf dem Meer;* einiges später orchestriert.

Sonatine (1905), dreisätzig mit alten

Formumrissen, aber schwebenden Klängen.
Gaspard de la nuit (1908), drei Tonstücke nach Dichtungen von A. Bertrand, an Liszts Programmstücke erinnernd.
Valses nobles et sentimentales (1911), vielleicht durch Schuberts gleichnamige Werke angeregt, in den Impressionismus verpflanzt.
Le tombeau de Couperin (1917), Huldigung an den altfranzösischen Klaviermeister Couperin le Grand, Sechssätzige Suite: Prélude – Fugue – Forlane – Rigaudon – Menuet – Toccata. 4 Sätze auch für Orchester instrumentiert.
Ma mère l'oye (1908, Klavier vierhändig, auch als Ballett orchestriert. Fünf Märchenbilder: *Dornröschen – Däumling – Herrscherin der Pagoden – Die Schöne und das wilde Tier – Feengarten.*
LIEDER
Scheherazade (1903, Text von T. Klingsor), für Gesang und Orchester; *Asien – Die verzauberte Flöte – Der Gleichgültige.*
Geschichten aus der Natur (1906, Texte von J. Renard), fünf charakterisierende Tierbilder (Pfau, Grille usw.).
Don Quichotte à Dulcinée (1932, Texte P. Morand): *Romantisches Lied – Episches Lied – Trinklied.*
LITERATUR: Biographien von Roland-Manuel (dt. 1951), W. Tappolet (1950), V. Jankélévitch (dt. 1958; Selbstzeugnisse, Bilder), J. van Ackere (1957), H. H. Stuckenschmidt (1966), A. Orenstein (1978).

Rawsthorne, Alan, * Haslingden 2. Mai 1905, † Cambridge 24. Juli 1971, Engländer, studierte in Manchester und in Berlin, schrieb u. a. eine Sinfonie (1950), 2 Violinkonzerte (1947, 1956), 2 Klavierkonzerte, Klarinettenkonzert, Oboenkonzert (1947), *Sinfonische Studien* (1939), Divertimento für Kammerorchester, Kammermusik, Filmmusik, Klavierwerke, Lieder. – Verheiratet mit der Geigerin Jessie Hinchliffe.

Raymond, Fred, eigentlich Friedrich Vesely, * Wien 20. April 1900, † Überlingen 10. Jan. 1954, Österreicher, bis 1924 Bankkaufmann, 1927 Erstlingserfolg mit seiner Operette *Ich hab mein Herz in Heidelberg verloren,* schuf außer vielgesungenen Tanzliedern *(In einer kleinen Konditorei)* u. a. die Operetten *Maske in Blau* (1937), *Saison in Salzburg* (1938) und nach dem Zweiten Weltkrieg noch *Flieder aus Wien* (1949), auch Filmmusik.

Rebel, Jean Ferry, * Paris 18. April 1661, † ebenda 2. Jan. 1747, Franzose, Violinist, Kammer- und Opernkomponist, auch Ballett-Suiten, unter diesen *Les Eléments* (1737) mit programmatischer Zwölftonakkordik für das kosmische Grundmaterial.

Rebikow, Wladimir Iwanowitsch, * Krasnojarsk 31. Mai 1866, † Jalta 4. Aug. 1920, Russe, studierte in Moskau und Berlin, komponierte zunächst in der Nachfolge Tschaikowskis, wandte sich zunehmend Formexperimenten zu und pflegte u. a. kleine, stumme, lyrische Szenen *(Melomimik),* auch Rhythmodeklamationen (mit und ohne Singstimme), musikalische Psychogramme, außerdem liturgische Musik (nach Texten des hl. Chrysostomus).
LITERATUR: N. Nabokov: Old friends and new music (1951).

Reda, Siegfried, * Bochum 27. Juli 1916, † Mülheim (Ruhr) 13. Dez. 1968, Schüler von Distler und Pepping in Berlin, Organist und Kirchenmusikkomponist, Leiter des Instituts für evangelische Kirchenmusik an der Folkwanghochschule in Essen-Werden, schrieb wesentliche Beiträge der zeitgenössischen Kirchenmusik, außer liturgisch gebundenen (Chor-) Werken u. a. Orgelsonaten, Orgelchoralkonzerte, *Marienbilder* für Orgel, *Requiem vel vivorum consolatio* für Soli, Chor, Kammerorchester (1964), Psalm VIII (1965) für Sopran, gemischten Chor, Orchester.

Regamey, Constantin, * Kiew 28. Jan. 1907, Schweizer (Mutter Russin), Sinologe an der Universität Warschau, seit 1944 freischaffend in der Schweiz (Universität Lausanne), schrieb (unorthodox reihentechnisch) Kammermusik, *Etüden* für Frauenstimme und Klavier (1955).

Reger, Max, * Brand bei Marktredwitz 19. März 1873, † Leipzig 11. Mai 1916

(Herzschlag), Sohn eines Lehrers, erster Unterricht beim Vater, dann bei A. Lindner in Weiden (Oberpfalz), später vor allem bei H. Riemann; Lehrtätigkeit in Wiesbaden und München, seit 1907 Universitätsmusikdirektor (nur bis 1908) und Konservatoriumsprofessor in Leipzig; leitete 1911–1914 die Meininger Hofkapelle (an der H. von Bülow und R. Strauss gewirkt hatten), behielt daneben die Unterrichtstätigkeit in Leipzig bei, dann gab er wegen Erschöpfung fast alle äußeren Verpflichtungen (Lehr- und Konzerttätigkeit) auf und lebte seinem Schaffen in Jena – Reger, der nach seinen Worten «unentwegt nach links ritt», der «als bewußter Fortschrittler den Strom wieder in das Bett Bach, Beethoven, Brahms geleitet hat», der «musikalisch gar nicht anders als polyphon denken» konnte, ist ausgegangen von der Romantik, und zwar von deren Sonderzweig Brahms. Erst später kam er zu Beethoven und Bach und versuchte, den musikalischen Kern dieser drei Großen in neuzeitlichem Sinne fruchtbar zu machen. So entstand ein Baum, der sich harmonisch, klanglich, kontrapunktisch immer weiter verästelte, bis auch in dem nachromantischen Polyphoniker und Klangschwärmer Reger die Krise der romantischen Musik aufbrach. So steht Reger in der Musikgeschichte als Mitvollender einer Epoche, zugleich als Vorbereiter einer neuen, wobei weniger die Komponisten der sogenannten Reger-Schule gemeint sind als vielmehr die breite Hinwendung zur musikalischen Altklassik («Neobarock»).

Regers Werk, in vielem umstritten, wird auf zwei Gebieten allgemein anerkannt: dem der Orgel- und dem der Kammermusik, obwohl sich inzwischen auch hier neue Stilauffassungen entwickelt haben.

ORCHESTERWERKE

Sinfonietta, op. 90 (1905), trotz der Bezeichnung mindestens der Zeitdauer nach eine Sinfonie. Um das massige, kontrapunktisch überdichte Werk zu retten, schlägt Fritz Stein kammermusikalische Besetzung vor. Allegro moderato quasi allegretto – Allegro vivace – Larghetto – Allegro con spirito.

Serenade G-Dur, op. 95 (1906), in echtem Serenadengeist, eine Streichergruppe mit, die andere ohne Dämpfer: Allegro moderato – Vivace a burlesca – Andante semplice – Allegro con spirito.

Variationen und Fuge über ein Thema von Hiller, op. 100 (1907), 11 Veränderungen und eine Schlußfuge.

Sinfonischer Prolog zu einer Tragödie, op. 108 (1908).

Eine Lustspielouvertüre, op. 120 (1911).

Konzert im alten Stil, op. 123 (1912), nach Art des Concerto grosso. Allegro con spirito – Largo – Allegro.

Eine romantische Suite, op. 125 (1912), eines der wenigen impressionistisch gefärbten Reger-Werke. Notturno – Scherzo – Finale.

Vier Tondichtungen nach A. Böcklin, op. 128 (1913), lyrische Suite, auf Farbe gestellt, da nach vier Gemälden komponiert: Der geigende Eremit (Molto sostenuto) – Im Spiel der Wellen (Vivace) – Die Toteninsel (Molto sostenuto) – Bacchanal (Vivace).

Eine Ballettsuite, op. 130 (1913), nach Reger «etwas Urfeines im Klang, zierlich in der Musik, spinnwebfein instrumentiert». Sätze: Entrée – Colombine – Harlekin – Pierrot und Pierrette – Valse d'amour – Finale.

Variationen und Fuge über ein Thema von Mozart, op. 132 (1913), Thema aus der A-Dur-Sonate, KV 331, acht Bewegungs-, Harmonie- und Charaktervariationen mit Doppelfuge, gilt neben den Hiller-Variationen als Regers bedeutendstes Orchesterwerk.

Eine vaterländische Ouvertüre, op. 140 (1914), über das Deutschlandlied, den Luther-Choral «Ein feste Burg» und «Ich hab mich ergeben».

Violinkonzert A-Dur, op. 101 (1908), wegen seiner Länge und kontrapunktischen Fracht selten gespielt; stärkster Satz das Largo.

Klavierkonzert f-Moll, op. 114 (1910), wie das Violinkonzert eigentlich eine Sinfonie mit Klavier; abermals im Mittelsatz (Largo) am stärksten.

KAMMERMUSIK

Für Violine solo:

Vier Sonaten, op. 42 (1900). Sieben Sonaten, op. 91 (1905). Sieben Präludien und Fugen und eine Chaconne, op. 117 (1912). Sechs Präludien und Fugen, op. 131 a (1914).

Für Bratsche solo:
3 Suiten, op. 131 d (1915).
Für Cello solo:
3 Suiten, op. 131 c (1915).
Duos:
Für 2 Violinen:
3 Kanons und Fugen im alten Stil, op. 131 b (1914).
Violin-Klavier-Sonaten:
d-Moll, op. 1 (1890), D-Dur, op. 3 (1891), A-Dur, op. 41 (1899).
C-Dur, op. 72 (1903), Auseinandersetzung des dreißigjährigen Komponisten mit seinen Widersachern (vgl. R. Strauss' «Heldenleben»). Viel angefeindet. Musikalisches Schimpfen mit Motiven wie S-c-h-a-f und A-f-f-e; doch auch demütig das Bekenntnis zu B-a-c-h.
fis-Moll, op. 84 (1905), Schlußsatz Variationen und Fuge.
e-Moll, op. 122 (1911), der fis-Moll-Sonate verwandt.
c-Moll, op. 139 (1915), Krönung und Rückblick auf Geschaffenes.
Ferner: Suite im alten Stil, op. 93, Kleine Sonaten, Kleine Stücke, Zwölf kleine Stücke nach eigenen Liedern (für Hausmusik).
Cello-Klavier-Sonaten:
f-Moll, op. 5 (1892), Frühwerk; g-Moll, op. 28 (1898), überwiegend melodisch bestimmt; F-Dur, op. 78 (1904), Sturm-und-Drang-Werk (vgl. die Violin-Klavier-Sonate C-Dur); a-Moll, op. 116 (1910), wird als eine der gelösten Kammermusikschöpfungen Regers sehr geschätzt.
Klarinette-Klavier-Sonaten:
As-Dur, op. 49, Nr. 1 (1900), für B-Klarinette; fis-Moll, op. 49, Nr. 2 (1900), für A-Klarinette; B-Dur, op. 170 (1909), von Reger besonders geschätzt (für Bratsche oder Violine freigegeben).
Trios:
Zwei Streichtrios: op. 77 b a-Moll (1904) und op. 141 b d-Moll (1915).
Klaviertrio e-Moll, op. 102 (1908), fast in der Art einer Sinfonie.
Zwei Serenaden für Violine, Flöte, Bratsche: D-Dur, op. 77 a (1904) und G-Dur, op. 141 a (1915).
Quartette:
Streichquartett g-Moll, op. 54, 1 (1901), mit Doppelfuge im Finale.
Streichquartett A-Dur, op. 54, 2 (1901).
Streichquartett d-Moll, op. 74 (1904).
Streichquartett Es-Dur, op. 109 (1909), vielfach als Regers schönstes Streichquartett bezeichnet; zierlich einsetzende Fuge (später Doppelfuge) im Finale.
Streichquartett fis-Moll, op. 121 (1911), zukunftweisend.
Klavierquartett d-Moll, op. 113 (1910).
Klavierquartett a-Moll, op. 133 (1914).
Quintette:
Klavierquintett c-Moll, ohne Opuszahl (1898 geschrieben, 25 Jahre später aufgeführt), selbständige Brahms-Kopie.
Klavierquintett c-Moll, op. 64 (1902), Bekenntnismusik, seinerzeit umstritten, vor allem wegen Länge und musikalischer Überladenheit.
Klarinettenquintett A-Dur, op. 146 (1916), für Klarinette und Streichquartett.
Streichsextett F-Dur, op. 118 (1911), für je zwei Violinen, Bratschen, Celli (fast mit einem Zwölftonthema anhebend).
KLAVIERWERKE
Frühwerke (bis etwa 1900):
Sieben Walzer, op. 11; *Lose Blätter*, op. 13 (beide 1894); *Improvisationen*, op. 18 (1896); *Fünf Humoresken*, op. 20 (1898, der Reger-Stil festigt sich); *Sechs Stücke*, op. 24 (1898); *Aquarelle*, op. 25 (erst 1902 gedruckt); *Sieben Fantasiestücke*, op. 26 (1898); *Sieben Charakterstücke*, op. 32 (1899, dynamisch, heftig); *Bunte Blätter*, op. 36 (1899, zärtlich, leicht virtuos); *Zehn kleine Vortragsstücke*, op. 44 (1900, mit altklassischen Formen); *Sechs Intermezzi*, op. 45 (1900, spätromantisch); *Sieben Silhouetten*, op. 53 (1900, Komponisten-Bildnisse); Kanons durch alle Dur- und Moll-Tonarten (1895, ohne Opuszahl, 63 zwei- und 48 dreistimmige Kanons).
Werke der Reife:
Variationen und Fuge über ein Thema von Johann Sebastian Bach, op. 81 (1904), Thema aus der Bach-Kantate «Auf Christi Himmelfahrt allein»; eines der bedeutendsten Werke der Klavierliteratur.
Aus meinem Tagebuche, op. 82 (4 Hefte, 1904, 1906, 1911, 1912), 35 Stücke.
Vier Sonatinen, op. 89 (zwei von 1905, zwei von 1908). Sechs Präludien und Fugen, op. 99 (1907). *Episoden, Klavierstücke für große und kleine Leute*, op. 115 (1910).

Variationen und Fuge über ein Thema von G. Ph. Telemann, op. 134 (1914), gegenüber den romantischen Bach-Variationen neuklassizistisch.
Träume am Kamin, op. 143 (1915), zwölf kleine Klavierstücke.
Vierhändig:
Zwölf Walzer-Capricen, op. 9 (1892); *Zwanzig Deutsche Tänze,* op. 10 (1893); *Sechs Walzer,* op. 22 (1898); *Cinq pièces pittoresques,* op. 34 (1899); *Sechs Burlesken,* op. 58 (1901); *Sechs Stücke,* op. 94 (1906, zählt zu den Gipfelwerken der Gattung).
Für zwei Klaviere:
Variationen und Fuge über ein Thema von Mozart (Übertragung des gleichnamigen Orchesterwerkes, s. o.).
Variationen und Fuge über ein Thema von Beethoven, op. 86 (1904), nach der 11. Bagatelle aus Beethovens (op. 119), sinfonisch-mächtiges Werk (1915 gekürzt und instrumentiert).
Introduktion, Passacaglia und Fuge in h-Moll, op. 96 (1906), spieltechnische und kompositorische Kompliziertheiten (die ersten 13 Töne des chromatischen Passacaglienthemas bringen nur eine einzige Tonwiederholung); Gipfelwerk der Gattung.

ORGELWERKE

Durch seine Orgelwerke ist Reger eigentlich erst bekannt geworden. Ausgangspunkt sind die bei Hugo Riemann studierten Choralvorspiele von Bach, weiterhin gefördert durch Karl Straube. Die spätromantische Maschinenorgel ermöglichte einen neuen Orgelstil; bei Reger vor allem heftige Klanggegensätze und Ausnutzung aller Farbenmixturen bei dennoch klarer Zeichnung. Die neueste Orgelbewegung geht dagegen auf die lichteren Wirkungen früherer Orgeln zurück (etwa Silbermann). Obwohl noch immer gespielt, sind die zahlreichen Orgelwerke Regers nur «Kennern und Liebhabern» wirklich vertraut, wenn auch seit Bach kaum etwas ähnlich «Orgelgerechtes» geschrieben wurde. Insgesamt 35 Werke aus allen Schaffenszeiten, das «Einzelwerk» bis zu 30 Stücke umfassend.
Neben zahlreichen «Stücken», «Vorspielen», «Trios» usw. zu nennen:
Choralfantasien: *Ein feste Burg,* op. 27; *Freu' dich sehr, o meine Seele,* op. 30; *Wie schön leucht' uns der Morgenstern* und *Straf mich nicht,* op. 40; *Wachet auf, ruft uns die Stimme, Alle Menschen müssen sterben, Halleluja! Gott zu loben,* op. 52.
Fantasien und Fugen: op. 29; über b-a-c-h, op. 46; *Sinfonische Fantasie,* op. 57; Variationen und Fuge über ein Originalthema fis-Moll, op. 73; Introduktion, Passacaglia und Fuge e-Moll, op. 127.
Sonaten: fis-Moll, op. 33; d-Moll, op. 60.

CHORWERKE

Neben mehr als 100 Bearbeitungen (teils in Madrigalform) für gemischten, Frauen- und Kinder- sowie Männerchor liegen von Regers A-cappella-Werken vor:
43 Kompositionen für gemischten Chor, darunter die fünfstimmigen Motetten *O Tod, wie bitter bist du, Mein Odem ist schwach, Ach Herr, strafe mich nicht;* 10 drei- und vierstimmige Frauen- und Kinderchöre; 18 Männerchöre; 15 gemischte Chöre mit Klavier bzw. Orgel (darunter 3 Choralkantaten mit Solostimmen und Soloinstrumenten).
Für Chor und Orchester:
Gesang der Verklärten, op. 71 (1903, Text von C. Busse).
Der 100. Psalm, op. 106 (1909).
Die Nonnen, op. 112 (1909, Text M. Boelitz).
Der Einsiedler, op. 114 a (1916, Text von J. v. Eichendorff), mit Baritonsolo.
Requiem, op. 144 b (1916, Text F. Hebbel), mit Altsolo.
Choralkantate *O wie selig seid ihr doch* (1906).
Die Weihe der Nacht, op. 119 (1911 nach F. Hebbel), für Männerchor mit Altsolo.
Römischer Triumphgesang, op. 126 (1912, Text H. Lingg), für großen Männerchor.

LIEDER

Reger hat außer den 60 «schlichten Weisen» 229 Klavierlieder geschrieben, dazu 20 mit Orgel oder Harmonium, 2 Orchestergesänge, 8 Duette mit Klavier, 9 Duette mit Orgel. Die einst geschätzten Lieder sind trotz mehrerer Wiederbelebungsversuche zum großen Teil verges-

sen. Die folgende Auswahl mag zum Studium und zu Vergleichen mit Vertonungen der gleichen Texte von anderen Komponisten anregen:
6 Gedichte von A. Ritter, op. 31 (1898), darunter *Allein, Ich glaub, lieber Schatz, Schlimme Geschichte.*
6 Lieder, op. 35 (1899), darunter O. J. Bierbaums *Traum durch die Dämmerung.*
15 Lieder, op. 55 (1901), darunter Morgensterns *Hymnus des Hasses,* G. Falkes *Tapferer Schneider, Gute Nacht* und *Viola d'amour,* J. Sturms *Zwei Gänse.*
12 Lieder, op. 66 (1902), darunter O. J. Bierbaums *Freundliche Vision* und Mackays *Morgen.*
18 Gesänge, op. 75 (1904), darunter H. Linggs *Äolsharfe.*
6 Hefte *Schlichte Weisen,* op. 76 (seit 1904), darunter das bekannteste Reger-Lied *Du meines Herzens Krönelein.*
4 Lieder, op. 97 (1906), darunter M. Boelitz' *Das Dorf.*
12 geistliche Lieder, op. 137 (1914), kurze, schlicht ausgesetzte Gesänge, nach dem von W. Vesper herausgegebenen «Deutschen Psalter».
Gesamtausgabe der Werke von M. R. seit 1954 im Erscheinen.
LITERATUR: Werkverzeichnis. Hg. von F. Stein (1953); Briefe während der Arbeit – Hg. vom M.-R.-Institut Bonn (1956); A. Lindner: M. R., Jugend und Werden (1922); Elsa Reger: Mein Leben mit und für M. R. (1930); F. Stein: M. R. (1939); Th. A. Henseler: M. R. (1957); O. Eberhard: M. R. Sinnbild einer Epoche (1957); O. Schreiber: M. R. (1966, Gedenkschrift zum 50. Todesjahr).

Regnart (Regnard), Jakob, * Douai um 1540, † Prag 16. Okt. 1599, Frankoflame, kaiserlicher Kapellist in Wien, Innsbruck, Prag; bedeutend als Liederkomponist (dt. Texte), auch Messen und Motetten.

Reicha, Anton (Antonín, Antoine), * Prag 26. Febr. 1770, † Paris 28. Mai 1836, Franzose tschechischer Herkunft, Flötist der Hofkapelle zu Beethovens Bonner Jugendzeit (mit diesem auch in dessen Wiener Zeit befreundet geblieben), seit 1818 hochangesehener Kompositionslehrer am Pariser Konservatorium (Lehrer u. a. von Berlioz, Liszt, Gounod, C. Franck); schrieb außer einer Oper insbesondere Bläserquintette und Hörnertrios, die (neben seinen Lehrwerken und Etüden für Klavier) in Frankreich bis heute viel gespielt werden (Neudrucke).

Reichardt, Johann Friedrich, * Königsberg (Pr.) 25. Nov. 1752, † Giebichenstein bei Halle 27. Juni 1814, preußischer Hofkapellmeister, verdienstvoll als Organisator (gründete 1783 die «Concerts spirituels»), als Anhänger der Revolution beurlaubt, auch im Ausland tätig, seit 1794 (mit Unterbrechungen) auf seinem Gut Giebichenstein bei Halle (Salineninspektor) Mittelpunkt frühromantischer Dichter-Musiker-Treffen (Arnim, Tieck, Brentano, Eichendorff). Goethe schätzte seine Lieder höher als die Schuberts. Er gilt als Schöpfer des deutschen Liederspiels, darunter zu Texten von Goethes *Erwin und Elmire* (1790), *Jery und Bätely* (1801). Schrieb etwa 700 Lieder, Orchester- und andere Instrumentalwerke. Scharfsichtigster deutscher Musikkritiker und Reiseschriftsteller seiner Zeit: *Vertraute Briefe* (Paris, Wien), «Berlinische Musikzeitung».

Reimann, Aribert, * Berlin 4. März 1936, Organistensohn, Pepping- und Blacher-Schüler, Opernkorrepetitor, Liedbegleiter, 1963 Stipendiat der Deutschen Akademie in Rom; vornehmlich als Vokalkomponist hervorgetreten, z. T. für und mit D. Fischer-Dieskau (nach P. Celan, 1960; nach Shakespeare, 1964; Totentanzsuite für Bariton und Orchester), Quasimodo-Kantate für Sopran, Harfe, Cembalo, Klavier; Hölderlin-Fragmente für Sopran und Orchester (1964); *Verra la morte,* Kantate nach C. Pavese (in memoriam P. Ronnefeld) für Sopran, Tenor, Bariton, Orchester (1967); außerdem eine Strindberg-Oper *(Traumspiel), Melusine* (Oper nach Y. Goll, 1971), *Lear* (Oper nach Shakespeare, 1978) und ein Grass-Ballett *(Die Vogelscheuchen),* ferner ein Klavier- und ein Violoncellokonzert, Kammer- und Klaviermusik.

Rein, Walter, * Stotternheim (Landkreis Erfurt) 10. Dez. 1893, † Berlin 18. Juni

1955, Lehrer in der musikalischen Jugendmusikbewegung und an pädagogischen Hochschulen (1924–1945, zuletzt Berlin); vielgesungene mehrstimmige Lieder und Liedsätze, Kanonsammlungen (*Der Ring bindt alle Ding*), Schulmusikwerk (*Das klingende Jahr*); Spiel- und Bläsermusiken; Klavierstücke.

Reinecke, Carl, *Altona 23. Juni 1824, †Leipzig 10. März 1910, seit 1860 Gewandhauskapellmeister (bis 1897; Nachfolger: Nikisch) und Klavierprofessor in Leipzig; pflegte kompositorisch die «Genrekunst» der Nachfolge Mendelssohns, trat für das Klavierwerk Mozarts ein (auch als Herausgeber), schrieb zarte Klavier-(Kinder-)Lieder, geistvolle *Gedenkblätter an berühmte Musiker* ([2]1910) u. a.

Rein[c]ken, Johann (Jan) Adam, *Wildeshausen (Oldenburg) 26. April 1623, †Hamburg 24. Nov. 1722, Enkel-Schüler Sweelincks, seit 1658 Katharinenorganist in Hamburg als Nachfolger von H. Scheidemann. Bach kam mehrfach nach Hamburg, um ihn als Orgelspieler zu hören. Hauptwerke: *Hortus musicus* für Streicher (von Bach teilweise für Klavier bearbeitet), Orgel- und Klavierwerke wie Variationen, Fugen, Tokkaten (vielfach spielfreudig virtuos). (Neudrucke.)

Reiter, Josef, *Braunau am Inn 19. Jan. 1862, †Salzburg 2. Juni 1939, Österreicher, Schullehrer, Chorleiter, Leiter des Mozarteums in Salzburg (1908 bis 1911), Dirigent des Hofburgtheaters in Wien, seit 1921 auf Burg Riedegg (Oberösterreich) seinem Schaffen lebend, schrieb Männerchöre, Lieder, nachromantisch volkstümliche Bühnenwerke (*Bundschuh, Tell, Bauer als Millionär*), Goethe-Sinfonie, Requiem.

Renner, Joseph, *Regensburg 17. Febr. 1868, †ebenda 17. Juli 1934, Rheinberger-Schüler, seit 1893 Domorganist in Regensburg, auch Orgellehrer an der Kirchenmusikschule, Gegner des historisierenden «Caecilianismus» in Wort und Komposition (Messen, Totenämter, Orgelwerke).

Respighi, Ottorino, *Bologna 9. Juli 1879, †Rom 18. April 1936, Italiener, studierte bei Martucci in Bologna, später – als Mitglied des Petersburger Opernorchesters – bei Rimski-Korsakow, in Berlin auch bei Max Bruch. Wurde Konservatoriumslehrer und -leiter in Rom, lebte seit 1926 seinem Schaffen. Seine Kompositionsschülerin und spätere Frau, die Sängerin Elsa Olivieri Sangiacomo-Respighi, gab eine Respighi-Biographie heraus (1933). Als Melodiker ist Respighi unverkennbar Italiener, Vorwürfe für sein Schaffen findet er in der mittelmeerischen Gegenwart und Antike, sein Empfinden wirkt spätromantisch, seine Orchestersprache trägt Züge von Liszt bis zum französischen Impressionismus. Im Gegensatz zu R. Strauss stellt er in seinen sinfonischen Dichtungen nicht Vorgänge, sondern Bildhaftes dar, wobei er musikalisches Zeitkolorit einfließen läßt (gregorianische Wendungen, alte Instrumente usw.). Bekannt vor allem durch Opern, Orchesterwerke, Kammermusik.

BÜHNENWERKE

Insgesamt 10 Opern, darunter: *König Enzo* (1905); *Semirama* (1910); *Belfagor* (1923); *Die versunkene Glocke* (1927, nach G. Hauptmann); *Die Flamme* (1934); *Die ägyptische Maria* (1932, Text C. Guastalla, szenisches Mysterienspiel); *Lukrezia* (1937, vervollständigt von Respighis Witwe).

Bearbeitungen von Monteverdis «Orpheus», «Ariadnes Klage».

Ballette: *Der Zauberladen* nach Musik von Rossini (1919); *Scherzo veneziano* (1920); *Belkis, Königin von Saba* (1932).

ORCHESTERWERKE

Römische Brunnen (1916), vier Szenen: *Morgenstimmung um einen Brunnen im Tal Giulia – Zug der Tritonen am Tritonsbrunnen – Mittagsglut am Trevi-Brunnen – Nächtliche Wasserspiele in der Villa Medici.*

Römische Pinien (1924), abermals vier Szenen: *In der heiteren Villa Borghese – Bei den düsteren Katakomben – Auf dem nächtlichen Gianicolo – Auf der altrömischen Heerstraße Via Appia.*

Römische Feste (1929); wieder vier Szenen: *Altrömische Zirkusfeste – Wallfahrerfeste in Rom – Oktoberausflug in*

die Umgebung – Dreikönigsfest. (Riesenorchester mit zusätzlichen Instrumenten.)
Dramatische Sinfonie (1915); *Kirchenfenster* (1927), vier sinfonische Impressionen; *Antiche danze ed arie per liuto* (1917, 1924, 1932), Orchestersuiten über altitalienische Lautentänze und -weisen; *Metamorphosen* (1931), Orchestervariationen; *Brasilianische Impressionen* (1932).
Konzerte: zwei Klavierkonzerte, eine Fantasie und Tokkata für Klavier und Orchester; zwei Violinkonzerte (darunter *Concerto gregoriano,* 1921), ein Cellokonzert (Adagio und Variationen).
Mit Gesang: *Aretusa* (1911), Orchester mit Sopransolo; *Frühling* (1923) mit Solostimmen und Chor.
KAMMERMUSIK
Drei Streichquartette, das dritte (1924) als «dorisches Quartett»; Klavierquintett; Violin-Klavier-Sonate (1917).

Reusner (Reußner), Esaias, * Löwenberg in Schlesien 29. April 1636, † Berlin 1. Mai 1679, Lautenist beim Großen Kurfürsten in der Berliner Hofkapelle, schrieb barocke Lauten-(und Orchester-) Suiten, mit präludierenden Einleitungssätzen, auch Transkriptionen geistlicher Lieder für die Laute (Neudrucke).

Reuss, August, * Liliendorf bei Znaim 6. März 1871, † München 18. Juni 1935, Thuille-Schüler in München, Musiklehrer in Charlottenburg und München (Trapp); schrieb im Stil der nachromantischen Münchner Schule Bühnenmusiken, Pantomimen (*Glasbläser und Dogaressa,* 1927), Vokal- und Kammermusik.

Reuter, Fritz, * Dresden 9. Sept. 1896, † ebenda 4. April 1963, Studium in Leipzig, Kompositionslehrer und Musikpädagoge in Leipzig, Halle und Berlin (1955 Humboldt-Universität), schrieb u. a. die komische Oper *Ein Funken Liebe* (1948), Oratorien und Kantaten, Orchestersuiten, Konzerte, Kammermusik, Orgelwerke, Lieder, Chöre *(Deutsche Libertät).*

Reutter, Georg, * Wien 6. April 1708, † ebenda 11. März 1772, Sohn des gleichnamigen Organisten und dessen Nachfolger am Stephansdom in Wien, seit 1751 auch 1. Kapellmeister am Hof Maria Theresias; erfolgreicher Vielschreiber von Opern, Oratorien und Messen im spätbarocken Prunkstil, lebendig geblieben mit Orgel- und Klavierstücken (Neudrucke).

Reutter, Hermann, * Stuttgart 17. Juni 1900, studierte in München bei W. Courvoisier; lehrte in Frankfurt am Main und Stuttgart, hier seit 1956 Direktor der Musikhochschule. In Europa und Amerika bekannt als Liedbegleiter angesehener Sänger und Sängerinnen; auch geschätzter Kammermusikspieler. Reutter ist lyrisch hellhörig, dramatisch sicher, dem Experiment aufgeschlossen, nie sich in Formlosigkeit verlierend, ebensowenig geneigt, sich einer «Richtung» anzuschließen. Als Vokalkomponist eigentlicher Mittler des deutschen Klavierliedes der Romantik in die Moderne.
OPERN
Saul (1928, Neufassung 1947, Text A. Lernet-Holenia), einaktige Kammeroper.
Der verlorene Sohn (1929, Neufassung 1951, Text R. M. Rilke nach A. Gide), fünf Dialogszenen mit berichtenden Eingangs- und Schlußchören.
Doktor Johannes Faust (1936, Neufassung 1955, Text L. Andersen), drei Akte zusammengestellt aus verschiedenen Faust-Dichtungen und Spielen. Nummernoper, Orchester tritt zurück, Personen durch ihre Gesangsart scharf charakterisiert.
Die Prinzessin und der Schweinehirt (1938), Märchenspiel nach H. Ch. Andersen.
Odysseus (1942, Text R. Bach): Troja, Insel Circes, Totenreich, Kalypso, Phäaken und Nausikaa, Kampf mit den Freiern, Vereinigung mit Penelope. Orchester nimmt stärker Anteil, Chor erklärt, Einzelfiguren scharf charakterisiert.
Lübecker Totentanz (1948), ein Mysterienspiel, Verse nach alten Tafeln der Lübecker Marienkirche.
Der Weg nach Freudenstadt (1948), eine «Ballade der Landstraße» in 5 Bildern, Text S. Korty.
Don Juan und Faust (1950, Text nach

D. Grabbe von L. Andersen). Kampf von Geist (Faust) und Kraft (Don Juan) um Schönheit und Süße (Donna Anna). Sieben Bilder; Orchester mit viel Schlagzeug, doch nur in Zwischenspielen hervortretend. Die Worte oft gesprochen, auch stummes Spiel und Tanz; fast ein «Schauspiel für Musik».

Die Brücke von San Luis Rey (1954); «Szenen nach der Novelle von Th. Wilder», für Funk und Bühne eingerichtet von Gerhard Reutter.

Die Witwe von Ephesus (1954, Neufassung 1966, Text L. Andersen, nach Petronius).

Der Tod des Empedokles, Concerto scenico in 2 Akten, nach dem Fragment der Tragödie von F. Hölderlin (1966).

Hamlet, «Schauspiel für Musik», nach Shakespeare (1980).

BALLETTE

Die Kirmes von Delft (1937), Tanzlegende aus der Breughelzeit (auch Orchestersuite).

Notturno Montmartre (1952), Tanzlibretto R. Mayer (Orchestersuite).

Topsy (1950), Spiel für Tänzer und Sprecher (Idee S. Korty, Dialog F. Schmitz).

CHORWERKE (Auswahl)

Der große Kalender (1933, Neufassung 1970, Text L. Andersen), Oratorium für Sopran, Bariton, Gemischten Chor, Kinderchor, Orchester, Orgel; vier Jahreszeiten, beginnend mit dem Winter, gegliedert durch «Bauernregeln und Kalendersprüche», musikalisch etwa Thema und Variationen.

Der glückliche Bauer (1932), Kantate nach M. Claudius, sechs Chöre für ein- und zweistimmigen gemischten oder Männerchor mit Begleitung von Instrumenten.

Gesang der Deutschen (1938), Hölderlin-Kantate für Sopran, Bariton, gemischten Chor, Orchester.

Chorfantasie (1939, nach Goethe), für Sopran- und Baritonsolo, gemischten Chor, Orchester: *Gesang der Geister über den Wassern – Fragment Nausikaa – Parzenlied.*

Pandora (1949, nach Goethe), als Mittelstück ein Duett (Sopran, Bariton), gerahmt von Soli, Ecksätze gemischte Chöre; mit Orchester.

Ferner Chöre zum *Großen Welttheater* (Calderón), Madrigale, andere Chorwerke (*Hymne an Deutschland,* nach R. A. Schröder, 1950; Schiller-Triptychon; 3 Evangelien-Gleichnisse; *Tres Laudes,* nach J. Eberle, 1964).

LIEDER

Reutter gelang es, das Klavierlied über die Liedkrisen seit der Nachromantik in die Gegenwart zu führen: gruppenweises Zusammenfassen; sorgfältige Auswahl der Texte; Gesangsstimme als Trägerin der Worte; Klavierpart als zusätzliche Aussage hinter dem Wort; dem jeweiligen Gedichtkreis entsprechende musikalische Techniken. Schrieb über 100 Lieder, darunter:

Russische Lieder (drei Hefte, op. 21, op. 23, op. 68).

Weise von Liebe und Tod des Cornets Christoph Rilke (op. 31), fünf vertonte Prosastücke aus R. M. Rilkes Werk.

4 Lieder nach F. Rückert (op. 54), abgewandelte Strophenform.

3 Gesänge nach F. Hölderlin (op. 56), *An die Parzen, Hälfte des Lebens, Abendphantasie.*

5 Lieder nach Th. Storm (op. 58), Konzertlieder, darunter *Verirrt.*

9 Lieder und Gesänge nach G. Keller (op. 59), Ausgleich zwischen Homophonie und Polyphonie; darunter *Jugendgedanken, Kleine Passion, Tod und Dichter.*

3 Lieder nach M. Claudius (op. 60): *Wiegenlied, Frühling, Tod.*

3 Lieder nach C. Brentano (op. 61): *Als mir dein Lied erklang, Der Feind, Hochzeitsgesang.*

Gesänge und Lieder nach H. H. Ehrlers «Gesicht und Antlitz» (op. 64/65); Lieder nach F. Hölderlin (op. 67): *Sonnenuntergang, Die Nacht, Lebenslauf.*

6 Gedichte aus J. W. v. Goethes «Westöstlichem Divan» (Sopran und Bariton); *4 Lieder der Liebe* (R. Huch; Sopran); *6 Späte Gedichte* (R. Huch; Mezzo); *Weihnachtskantilene* (M. Claudius; Bariton); *Meine dunklen Hände,* 5 Negergedichte von L. Hughen und A. Bontemps (Bariton); *3 Altägyptische Gedichte* (Baß); *Ein Füllen ward geboren* (Saint-John Perse; Chanson variée für mittlere Stimme); *Epitaph für einen Dichter* (W. Faulkner; hohe Stimme);

3 Zigeunerromanzen und *Kleine Ballade von den drei Flüssen* (F. García Lorca); *Die Jahreszeiten* (F. Hölderlin; mittlere Stimme) *5 Fragmente von F. Hölderlin* (1965; Tenor).
KAMMERLIEDER
3 Gesänge nach F. Hölderlin für mittlere Singstimme und Streichquartett *(Am Abend, Hyperions Schicksalslied, Die Entschlafenen).*
Missa brevis für Alt, Violine und Violoncello.
Solokantate nach M. Claudius für Alt, Bratsche, Klavier (Orgel).
5 Antike Oden (Sappho) für Alt, Bratsche, Klavier.
Kleines geistliches Konzert für Alt und Bratsche, nach Texten des württembergischen Bauerndichters Ch. Wagner.
Ein kleines Requiem, nach F. García Lorca, für Baßstimme, Violoncello und Klavier.
ORCHESTERGESÄNGE
Lyrisches Konzert, nach venezianischen Sextinen von E. Peterich, für Sopran, Flöte, Klavier, Streichorchester und 3 Pauken.
Monolog der Iphigenie, nach J. W. v. Goethe, für Frauenstimme und Orchester.
Der himmlische Vagant, lyrisches Porträt des François Villon (Übertragung von Klabund), für Alt, Bariton, Orchester.
Spanischer Totentanz, 5 Gedichte von F. García Lorca (Übertragung E. Beck), für 2 mittlere Singstimmen und Orchester.
Aus dem Hohelied Salomonis, Concerto grosso für Alt, Bratsche, Klavier, Orchester.
Weltlicht, 7 isländische Gedichte von H. Laxness, für tiefe Männerstimme mit Instrumenten.
Zwei García-Lorca-Zyklen: *Andalusiana* (Sopran, Orchester), *Kleine Ballade von den Flüssen* (Sopran, Kammerorchester).
ORCHESTERWERKE UND KONZERTE
Sinfonie für Streichorchester; Ballettsuiten *(Kirmes von Delft, Notturno, Montmartre); Tanzvariationen* (Finale: Variationen über ein Negro Spiritual).
8 Klavierkonzerte (op. 19, 1926; op. 36, 1929; op. 50, *Sinfonische Fantasie,* 1928; op. 62, Einsätzer, 1948; op. 63, Einsätzer, für 2 Klaviere, 1951; op. 69, Concertino, 1947; *Konzertvariationen,* 1952; *Capriccio, Aria, Finale* (1963). – Violinkonzert (1933). – *Prozession,* Dialog für Violoncello und Orchester, 1957 (Karwochenreminiszenzen aus Spanien; geschrieben für Gaspar Cassadó).
KAMMER- UND KLAVIERMUSIK
Duosonate für Violine und Klavier, op. 20; *Pfingstmusik* für 2 Violinen, op. 41, II; Rhapsodie für Violine und Klavier, op. 51; *Musik* für Bratsche und Klavier (4 Sätze im alten Stil).
Fantasia apocalyptica, Erscheinungen zweier Choräle für Klavier («Ein feste Burg», «O Haupt voll Blut und Wunden»), op. 7; Klaviervariationen über den Bach-Choral «Komm, süßer Tod», op. 15; Kleine Klavierstücke und Tanzsuite für Klavier, op. 28 und 29; *Die Passion in 9 Inventionen,* op. 25.
LITERATUR: H. Lindlar (Hg.): H. R., Werk und Wirken (1965).

Revueltas, Silvestre, *Santiago (México) 31. Dez. 1899, †Mexiko 5. Okt. 1940, Mexikaner, studierte am mexikanischen Nationalkonservatorium, in Chicago und New York (Violine bei Ševčík, war Kapellmeister-Assistent bei Chávez und Violinprofessor in Mexiko; schrieb kraftvolle folkloristisch inspirierte Orchester-, Ballett- und Chorwerke (auch Filmmusiken), u. a. *Homenaje a. F. García Lorca* (1936).

Rezniček, Emil Nikolaus Freiherr von, *Wien 4. Mai 1860, †Berlin 2. Aug. 1945, Österreicher, wirkte in verschiedenen deutschen Städten (seit 1902 Berlin) als Dirigent und Komponist. Seine Sprache erinnert an die von R. Strauss, ist aber geschmeidiger und weniger eigenständig. Bekannter als seine 5 Sinfonien und Programmwerke *(Tragische Geschichte, Peter Schlemihl, Traumspielsuite),* Konzerte, Kammermusik-, Klavier- und Vokalwerke waren einige seiner 12 Opern: *Donna Diana* (1894; neu 1933) mit der allbekannten Ouvertüre, *Till Eulenspiegel* (1902; neu 1927), *Spiel oder Ernst* (1930).
LITERATUR: F. v. Rezniček und L.

Nowak: Gegen den Strom, Leben und Werk von E. v. R. (1960); Biographie von F. v. R. (1960).

Rhau (Rau, Rhaw, Raw), Georg, * Eisfeld 1488, † Wittenberg 6. Aug. 1548, Drucker, Kantor, Komponist; wegbereitend für den lutherischen Kirchengesang mit *Neuen deutschen geistlichen Gesängen* (1544), zu denen er die meisten Stimmsätze schrieb (Neudrucke).

Rheinberger, Joseph Gabriel, * Vaduz 17. März 1839, † München 25. Nov. 1901, theoretischer Führer der Münchner Schule, Lehrmeister des Kontrapunkts, schrieb kirchliche Chorwerke und Orgelstücke; auch Opern, Orchesterwerke, Konzerte, Kammer- und Kirchenmusik.

Richartz, Willy, * Köln 25. Sept. 1900, ursprünglich Jurist, Kapellmeister, schrieb vielaufgeführte Unterhaltungsmusik, insbesondere Operetten (*Eau de Cologne* u. a.).

Richter, Franz Xaver, * Holleschau (Mähren) 1. Dez. 1709, † Straßburg 12. Sept. 1789; 1747–1769 Geiger und Sänger in der kurfürstlichen Kapelle zu Mannheim, dann bis zu seinem Tode Kapellmeister am Straßburger Münster. Neben Johann Stamitz entscheidender Mitschöpfer des Mannheimer Orchesterstils («singendes Allegro»). Schrieb Sinfonien, Klavierkonzerte, Kammermusik; noch umfangreicher, aber für die Musikentwicklung weniger bedeutsam sein kirchenmusikalisches Schaffen (Psalmen, Motetten, Kantaten, Passionen).

Riede, Erich, * London 3. Mai 1903, studierte in Frankfurt am Main und Berlin, Kapellmeisterposten in New York und (nach dem Kriege) u. a. in Nürnberg und Würzburg, machte sich als Komponist einen Namen mit Liedern und Opern (u. a. *Riccio,* 1947; *König Lustik,* 1952; *Yü-Nu,* 1958), Fête baroque (Ballett, 1970).

Riegger, Wallingford, * Albany (Georgia) 29. April 1885, † New York 1961, studierte in New York und Berlin, vielseitige Tätigkeit in den USA, wandte sich als Komponist der Zwölftonmusik zu, liebte polytonale Lagerungen, die er (wie manche rhythmischen Mischungen) als Farbwerte einsetzte, schrieb u. a. *Klangstudie* für zehn Streicher (1928), *Orchesterrhapsodie* (1931), 4 Sinfonien, 2 Klavierkonzerte, *Musik für Orchester* (1955), Kammermusik, Ballette.

Riehm, Rolf, * Saarbrücken 15. Juni 1937, Fortner-Schüler in Freiburg im Breisgau, seit 1974 Kompositions-Professor in Frankfurt am Main; schrieb Bühnenstücke und Hörspiele (*Zu einer Landschaft,* 1968; *Der Seefahrer,* 1969), Lieder nach G. Benn, Chöre, Kammer- und Klaviermusik.

Riethmüller, Helmut, * Köln 16. Mai 1912, † St. Moritz 28. Febr. 1966, studierte in Köln Musik (Komposition bei H. Unger), war 1939–1945 und wiederum seit 1959 in der Rundfunkarbeit tätig, trat außer mit programmatischer und filmischer Musik auch mit einer Oper *Die Mitschuldigen* (1957, nach Goethe) hervor.

Rieti, Vittorio, * Alexandria 28. Jan. 1898, Amerikaner italienischer Herkunft, Schüler von Casella und Respighi, Neoklassizist mit Sinn für Dramatik; Opern: *Orpheus* (1927), *Elektra* (1937), *Don Perlimplin* (1952, nach F. García Lorca); Ballette: *Der triumphierende David* (1936), *Die Nachtwandlerin* (1941, nach Bellini), *Das Einhorn* (1950); 5 Sinfonien (darunter die «altitalienische» Tripartita), Cembalo- und Klavierkonzerte (eines für 2 Klaviere), Violinkonzert, Cellokonzert, Kammermusik, Klavier- und Cembalosonaten, Vokalwerke.

Rihm, Wolfgang, * Karlsruhe 13. März 1952, Vertreter einer «Neuen Einfachheit», schrieb 2 Sinfonien (1969, 1975), Kammeropern (*Faust und Yorick,* 1977; *Jacob Lenz,* 1979), Kammer- und Klaviermusik.

Riisager, Knudåge, * Kunda (Estland) 6. März 1897, Däne, studierte außer Wirtschaftswissenschaften (war Beamter im dänischen Finanzministerium) Komposition bei Roussel, Ravel, Grabner, seit 1956 Leiter des Kopenhagener Konservatoriums; setzte sich von der Spätromantik ab, schrieb u. a. den Operneinakter *Susanne* (1950), Ballette (darunter *Cocktail-Party*, *Zwölf mit der Post*), Sinfonien, sinfonische Dichtungen *(Poème mécanique)*, Konzerte, Streichquartette, Concertino für Klavier und fünf Violinen, Klavierwerke, Lieder.

Rimski-Korsakow, Nikolai Andrejewitsch, *Tichwin 18. März 1844, †Ljubensk (Gouvernement Petersburg) 21. Juni 1908, Russe, Sproß einer Adelsfamilie, trotz früh erkennbarer musikalischer Begabung mußte er Seeoffizier werden, nahm an einer mehrjährigen Weltreise teil, schrieb dabei als Leutnant 1865 die erste russische Sinfonie. Seit 1871 Komponist und Lehrer am Petersburger Konservatorium (Schüler u. a. Strawinsky, Prokofjew, Respighi). Bis 1884 auch Musikinspekteur der russischen Marine. Einflußreiches Mitglied der «Gruppe der Fünf» (Mussorgski, Balakirew u. a.), setzte sich selbstlos für seine Freunde ein, ergänzte, bearbeitete, instrumentierte deren Werke (Dargomyschskis «Steinerner Gast», Borodins «Fürst Igor», Mussorgskis «Chowanschtschina», «Boris Godunow», «Die Nacht auf dem Kahlen Berge»). Wenn auch Rimski-Korsakow die erste russische Sinfonie geschrieben, der nationalbetonten jungrussischen Schule angehört hat, wenn auch seine Melodik und Rhythmik dem Boden russischer Lieder und Tänze entwachsen, sein harmonisches Verfahren das leittonfremde Gesicht russischer Harmonik aufweist, wirkt sein Schaffen nicht so unmittelbar russisch wie das seines Kampfgenossen Mussorgski. Er schreibt im Sinne der musikalischen Technik «vollendeter», während Mussorgski auf eine abgeschlossene Ausbildung bewußt keinen Wert legte. Man kann das äußerlich ablesen aus der an Berlioz und Liszt anknüpfenden Kunst des Instrumentierens, der ins Russisch-Spätromantische übersetzten Orchesterfarben der Neudeutschen, entscheidender aber scheint seine vergeistigte, weltoffene Art. Rimski-Korsakows Sinn für theatralische Wirkung hat es mit sich gebracht, daß vorwiegend seine Bühnenwerke und sinfonischen Dichtungen weltbekannt wurden.

OPERN

Das Mädchen von Pskow (1873, umgearbeitet 1895, Text nach einer Vorlage vom Komponisten), vier Akte unter dem Namen *Iwan der Schreckliche.*

Mainacht (1880, Text nach Gogol vom Komponisten).

Schneeflöckchen (1882, nach Ostrowski vom Komponisten), vier Akte und ein Vorspiel, vom Komponisten als *Frühlingsmärchen* bezeichnet.

Mlada (1892, Text nach Guedonow vom Komponisten), Ballettoper, ursprünglich als Gemeinschaftsarbeit mit Borodin, Kjui, Mussorgski gedacht; Endfassung von Rimski-Korsakow; leitmotivisch gearbeitet.

Die Weihnacht (1895, Text nach Gogol vom Komponisten).

Sadko (1898, Text vom Komponisten), lyrische Legende in sieben Bildern; ursprünglich eine mehrfach umgearbeitete sinfonische Dichtung (s. u.).

Mozart und Salieri (1898, Text nach Puschkin), Einakter, musikalisch auf besonderen Rezitativen ruhend, kleines Orchester.

Wera Scheloga, die Bojarin (1898), erweiterte Überarbeitung des Vorspiels zum *Mädchen von Pskow.*

Die Zarenbraut (1899, Text nach C. Mei), vier Aufzüge, geschlossene Nummern neben dramatischen Rezitativen.

Das Märchen vom Zaren Saltan (1900, Text W. J. Bjelski); musikalische Gruppierung: das Menschliche meist der Stimme anvertraut, das Märchenhafte überwiegend dem Orchester; bekannt daraus der *Hummelflug.*

Servilia (1902, nach C. Mei vom Komponisten).

Der unsterbliche Kaschtschei (1902, Text vom Komponisten; auch *Unhold Ohneseele*), chromatisch bestimmt, nach musikdramatischer Art durchkomponiert (thematisch von Einfluß auf Strawinskys Höllengeist in seinem «Feuervogel» von 1909).

Der Wojewode (1904, Text J. F. Tumenew).

Die Legende von der unsichtbaren Stadt Kitesch (1907, Text W. J. Bjelski), schon nach der umstrittenen Uraufführung von einigen Kritikern als «Opernmysterium» bezeichnet.

Der goldene Hahn (1909, Text von W. J. Bjelski nach Puschkin), drei Akte, satirische Märchenoper mystischen Hintergrunds (darin die *Hymne an die Sonne*).
ORCHESTERWERKE
Drei Sinfonien, darunter die in es-Moll (1865; 1884 nach e-Moll transponiert), die «erste wirkliche russische Sinfonie».
Suiten nach eigenen Opern.
Sadko, op. 5 (Endfassung 1891), sinfonische Dichtung über den Stoff der gleichnamigen Oper: Der Schiffskaufmann Sadko opfert sich dem Meeresgott, damit sein Schiff in den Hafen gelange; spielt im Palast des Gottes zur Leier.
Antar, op. 9 (1897, ursprünglich 2. Sinfonie), sinfonische Suite: Antar rettet eine Fee und darf dafür drei Wünsche äußern (1. Satz); erfüllt werden *Die Rache* (2. Satz), *Die Macht* (3. Satz), *Die höchste Liebe*, an der er stirbt (4. Satz).
Scheherazade, op. 35 (1888), sinfonische Suite aus *Tausendundeiner Nacht: Sindbad der Seefahrer – Der komische Prinz Kalender – Kindlicher Prinz und kindliche Prinzessin – Fest in Bagdad. Das Schiff treibt gegen den Magnetberg und zerschellt. Nachwort.* – Wesentlich die Themen und ihre Entwicklung: das düster Drohende des Sultans und das schlängelnd Umgarnende von Scheherazade. Glänzende, farbenreiche, «orientalische» Instrumentierung.
Russische Ostern, op. 36 (1888), ausgehend von altslawischen Kirchenweisen, sich steigernd in einen von Glocken durchtönten Jubel.
Ouvertüre über russische Themen, op. 28 (1866, umgearbeitet 1880).
Märchensuite, op. 29 (1888).
Klavierkonzert cis-Moll, op. 30 (1883).
Spanisches Capriccio, op. 34 (1887), fünf Sätze.
KAMMERMUSIK
Klavierquintett b-Moll (nachgelassen); Streichquartett F-Dur, op. 12 (1875); Serenade für Cello und Klavier, op. 37 (1903) u. a.
VOKALWERKE
Etwa 65 Klavierlieder und vier Duette.
140 bearbeitete russische Volkslieder.
Über 30 A-cappella-Chöre (Frauen- und Männerstimmen), darunter auch Variationen und Fughetta a cappella. Kantaten, u. a. Chorwerke mit Orchester.
Zu erwähnen aus den Schriften von Rimski-Korsakow die *Grundlagen der Instrumentation* (1913), *Chronik meines musikalischen Lebens* (dt. 1928).
LITERATUR: Biographie (5 Bde., 1933 bis 1946) von seinem Sohn Andrei N. R.-K., ferner von W. W. Jastrebzow ([3]1917, mit Werkverzeichnis), J. Markewitsch (1935), B. W. J. Assafjew (1944), G. A. Poljanowsky (1948), R.-M. Hofmann (1958).

Rist, Johann, *Ottensen bei Hamburg 8. März 1607, †Wedel bei Hamburg 31. Aug. 1667, Dichter-Komponist und Kirchenrat, Mitbegründer einer Hamburger Liederschule, bekannt geblieben mit *Werde munter, mein Gemüte, O Ewigkeit, du Donnerwort* (Bach-Kantate), *O Traurigkeit, o Herzeleid.*

Ritter, Alexander, *Narwa (Estland) 27. Juni 1833, †München 12. April 1896, in Dresden aufgewachsen, Studienfreundschaft mit H. v. Bülow, Heirat mit einer Wagner-Nichte, vertrat als Kapellmeister-Komponist die «Neudeutsche Schule» (Programmusik) der Linie Liszt–R. Strauss. Schrieb zu R. Strauss' «Tod und Verklärung» nachträglich ein «erläuterndes» Poem.

Rivier, Jean, *Villenoble bei Paris 21. Juli 1896, Franzose, Sohn einer Pianistin und eines Flötisten, studierte am Pariser Konservatorium, gründete mit H. Barraud die Gruppe «Triton», Neoklassizist; Sinfonien (z. T. nur Streicher), *Divertissement im Operettenstil* (1947, mit Tango und Walzer); schrieb außerdem zahlreiche Konzerte für Klavier, Violine, Bratsche und Flöte; weiterhin Schauspielmusik, heitere Oper *Die Venezianerin* (1937).

Rixner, Josef, *München 1. Mai 1902, †Garmisch-Partenkirchen 25. Juni 1973, in Berlin ausgebildet und als Unterhaltungskomponist tätig, seit 1945 in Garmisch-Partenkirchen, viel aufgeführt mit Einzeltiteln.

Rode, Pierre, *Bordeaux 16. Febr. 1774, †Château de Bourbon bei Damazon

(Lot-et-Garonne) 25. Nov. 1830, Franzose, Violinist, Viotti-Schüler, wirkte in ganz Europa und begründete eine Violinschule von internationaler Anziehungskraft am Pariser Konservatorium, blieb außer mit einigen Violinkonzerten mit seinen *24 Caprices* für Violine solo im Unterrichtsplan auch außerhalb Frankreichs lebendig (Neuausgaben).

Rodgers, Richard, * New York 28. Juni 1902, Amerikaner, studierte in seiner Vaterstadt, war mit Musicals wie *Oklahoma, South Pacific* erfolgreich.

Roeseling, Kaspar, * Köln 5. Mai 1894, † ebenda 1. Jan. 1960, Straesser-Schüler, Volksschullehrer, zuletzt Dozent für Musikerziehung an der Musikhochschule seiner Vaterstadt, dem Kreis der Kölner Kirchenmusikschule (Lemacher, Schroeder) nahestehend; vorwiegend kirchliche und schulische Vokal- und Instrumentalmusik (Kinderoper *Struwwelpeter*).

Roessler, Franz Anton, genannt Rosetti, * Niemes (Böhmen) 26. Okt. 1746, † Ludwigslust (Mecklenburg) 30. Juni 1792, Orchestermusiker, Chorleiter, fruchtbarer Sinfoniker, Opern- und Oratorienkomponist *(Requiem).*

Rohwer, Jens, * Neumünster 6. Juli 1914, studierte Schulmusik und Musikwissenschaft in Kiel (F. Blume), wurde nach Kriegsende Theorielehrer in Lübeck und leitet seit 1955 ebenda die Schleswig-Holsteinische Musikakademie, trat als Komponist mit Psalmmotetten, Chorwerken (Oratorium *Wenn der Tod trifft,* 1952; *Die Verlesung des Paulusbriefes,* 1973), Orchestermusik (Konzert für Flöte, Streicher, Cembalo, 1955), Bühnenmusik (*Chelion,* Ouvertüre zu einer Pantomime, 1966) sowie mit Kammermusik verschiedener Besetzung hervor, auch als Verfasser eines «kritischen Berichts» über *Neueste Musik* (1964).

Roland-Manuel, eigentlich Roland Alexis Manuel Lévy, * Paris 22. März 1891, † ebenda 1. Nov. 1966, Franzose, Klassizist, Schüler von Ravel, Kritiker und Komponist, schrieb u. a. sinfonische Dichtungen, Konzerte, Kammer- und Klaviermusik, Lieder, ein Oratorium *Jeanne d'Arc* (1937), Ballette, komische Opern (*Isabelle et Pantalon,* 1922; *Der verliebte Teufel,* 1930). Lesenswert *Freude an der Musik* (dt. 1962).

Roman, Johan Helmich, * Stockholm 26. Okt. 1694, † Haraldsmåla bei Kalmar 19. Okt. 1758, Schwede, spielte mit 7 Jahren als Violinist im Orchester, studierte u. a. in London (Pepusch), seit 1729 Hofkapellmeister in Stockholm. Oft als «Vater der schwedischen Musik» bezeichnet. Schrieb u. a. 13 Kantaten, über 80 Psalmen, Tedeum, Messe, rund 100 Sonaten für Flöte, Violine, Klavier, 5 Violinkonzerte, Concerti grossi, zahlreiche Sinfonien, Suiten, Ouvertüren.

Romberg, Andreas, * Vechta 27. April 1767, † Gotha 10. Nov. 1821, kurfürstlicher Violinist in Bonn, mit Beethoven befreundet, 1815 Nachfolger Spohrs in Gotha, blieb außer mit Kammermusik mit seinem Chorwerk *Das Lied von der Glocke* (1808) auch über Max Bruchs Oratorium hinaus lebendig. (Bernhard Romberg, 1767–1841, sein Vetter, Violoncellist.)

Ronnefeld, Peter, * Dresden 26. Jan. 1935, † Kiel 6. Aug. 1965, Blacher-Schüler in Berlin und bei Messiaen in Paris, 1957–1959 Korrepetitor unter Karajan in Wien, kam über Bonn als Generalmusikdirektor nach Kiel, setzte sich für die Moderne ein und trat selber mit zeitkritischen Bühnenbeiträgen hervor (*Die Ameise,* 1961).

Rore, Cyprian de * Mecheln 1516, † Parma 1565, Frankoflame, Sänger an San Marco in Venedig (Willaert), einflußreich bis zu Monteverdi mit textausdrückenden, chromatisch gesteigerten Madrigalen, Motetten, Messen (Neuausgaben).

Roselius, Ludwig, * Kassel 2. Aug. 1902, Schumann-Schüler, Nachromantiker eigener Prägung, erstrebt in seinen Opern (nach eigenen Texten) ein Melos, das ganz dem Wort dient; *Doge und Dogaressa* (1928), *Godiva* (1933), *Lilofee* (1937), *Gudrun* (1939); Chor- und Orchesterwerke, Kammermusik, Schauspiel-, Hörspiel- und Filmmusiken.

Rosenberg, Hilding Constantin, *Bosjökloster (Schonen) 21. Juni 1892, Schwede, Dirigent, Organist, Komponist gemäßigt fortschrittlicher Richtung, schrieb Bühnenwerke (so das szenische Oratorium *Joseph und seine Brüder,* 1948, die Oper *Das Porträt,* 1955), Oratorien, 6 Sinfonien, Konzerte, Suiten, 12 Streichquartette, Klavierwerke, Lieder u. v. a.

Rosenmüller, Johann, *Oelsnitz (Bez. Chemnitz) um 1619, †Wolfenbüttel 10. Sept. 1684, 1651 Organist in Leipzig, kam wegen Sittlichkeitsvergehens ins Gefängnis, floh nach Hamburg, dann nach Italien, schrieb dort zahlreiche Werke im italienischen Stil, doch in deutschem Geist, berühmt als Lehrer. 1674 bis 1684 Hofkapellmeister in Wolfenbüttel. Einer der ersten Vertreter deutscher Kammermusik mit 3- bis 8stimmigen Suiten, Triosonaten, fünfstimmigen Kammersonaten; schrieb ferner vielstimmige Gesänge *(Kernsprüche).* (Neudrucke.)

Rosetti, Francesco Antonio, siehe Roessler, Franz Anton.

Rossellini, Renzo, *Rom 2. Febr. 1908, Italiener, Kompositionslehrer in Rom. Filmmusiken (sein Bruder Roberto ist der bekannte Filmregisseur) und Opern, Chor- und Orchesterwerke, in denen er auf ältere Formen zurückgreift. Opern: *Aucassin und Nicolette* (1935), *Der Krieg* (1956), *Der Wirbel* (1958), *La leggenda del ritorno* (Textbuch Diego Fabbri, nach Dostojewskis «Die Brüder Karamasow», Mailand 1966), Ballette, *Divertimento über neapolitanische Lieder,* sinfonische Dichtungen (*Das christliche Rom,* 1940), Oratorien (u. a. *Kleines Evangelium*), Cellokonzert, Filmmusiken (u. a. *Deutschland im Jahre Null, Stromboli*).

Rossi, Luigi (Aloysius Rubeis), *Torremaggiore (Provinz Foggia) 1598, †Rom 19. Febr. 1653, Italiener, war als Komponist, Sänger und Kapellmeister so berühmt, daß Mazarin ihn und seine Sängergruppe im Jahre 1646 für einige Zeit nach Paris holte. Schrieb einige Opern, ein Oratorium und über hundert Kantaten, deren Stil Carissimi zum Vorbild diente.

Rossi, Salomone, genannt Ebreo, *Mantua um 1570, †ebenda um 1630, Italiener, Hofkomponist der Gonzagas, schrieb außer Bühnenmusiken hebräische Psalmen, Madrigaletti, 3- bis 5stimmige Sonaten.

Rossini, Gioacchino Antonio, *Pesaro 29. Febr. 1792, †Paris-Passy 13. Nov. 1868, Italiener, Sohn eines Hornisten und einer Theatersängerin, hatte 1813 mit *Tancred* und der *Italienerin in Algier* entscheidenden Erfolg und wurde daraufhin ein in vielen italienischen Städten, London und Paris beschäftigter Opernkomponist. Höhepunkt seiner Laufbahn war *Der Barbier von Sevilla* (1816, Text nach Beaumarchais), geschrieben in zwei Wochen unter teilweiser Verwendung früherer Kompositionen, später überarbeitet. Diese beste Buffooper Italiens fiel bei der ersten Aufführung durch, wurde jedoch bei der Wiederholung stürmisch gefeiert; der heitere Schwung, die musikalische Charakterisierungskunst (Situations- und Wortkomik) und die Fülle sangbarer Melodien haben die damals noch allbekannte gleichnamige Oper Paisiellos vergessen lassen. Rossini schrieb in schneller Folge über 40 Opern, beachtlich *Othello* (1816, ohne Seccorezitative), *Cenerentola* (1817), *Die diebische Elster* (1817, die Ouvertüre noch heute allbekannt), *Le Comte Ory* (1828) und *Wilhelm Tell* (1829, Text nach Schiller) als «große Oper» für Paris. Seine Kompositionen, Konzerte und gesuchten Unterrichtsstunden – besonders in London – hatten ihn zum reichen Mann gemacht, so daß er, stets kränkelnd, sich nach dem *Tell* zurückzog und – abgesehen von dem berühmten *Stabat mater* (1842) und einer *Petite messe solenelle* (1863; a cappella) – nur mehr «Péchés de vieillesse» (Alterssünden) komponierte. (Streichersonaten, Klavierwerke in Neuausgaben.)

LITERATUR: M.-H. de Stendhal: Vie de R. (1824, dt. ^{3}1929); K. Pfister: Das Leben R.s (1948).

Rouget de Lisle, Claude Joseph, Pseudonym Auguste Hix, * Lons-le-Saunier 10. Mai 1760, † Choisy-le-Roi bei Paris 27. Juni 1836, Militäringenieur, Komponist der *Marseillaise* (1792; komponiert als Schlachtgesang für die Rheinarmee); Operntexter, Romanzenschreiber.

Rousseau, Jean-Jacques, * Genf 28. Juni 1712, † Ermenonville bei Senlis 2. Juli 1778, französisch-schweizerischer Kulturphilosoph, nahm durch seine Schriften Einfluß auf Melodram und komische Oper, schrieb und vertonte den *Dorfwahrsager* (1752); sein entwicklungsgeschichtlich bedeutsames Melodram *Pygmalion* (1770) wurde u. a. von Horace Coignet (1735–1821) komponiert. *Dictionnaire de musique* (1767 u. ö.).

Roussel, Albert, * Tourcoing bei Lille 5. April 1869, † Royan (Charente-Maritime) 28. Aug. 1937, Franzose, war anfangs Marineoffizier, studierte dann an der Pariser Schola Cantorum bei d'Indy, wurde Lehrer, lebte später nur seinem Schaffen. Auf der Linie d'Indy–Debussy–Strawinsky, vier Sinfonien, eine Sinfonietta, Suiten, Konzerte (Klavier, Cello), Kammermusik, Chorwerke, Lieder und Gesänge, Ballette (*Bacchus und Ariadne,* 1931), Ballettoper *Padmâvatî* (1923), die Opern *Die Geburt der Lyra* (1925) und *Tante Carolines Testament* (1936). LITERATUR: Biographie von M. Pincherle (1957).

Różycki, Ludomir, *Warschau 6. Nov. 1884, † Kattowitz 1. Jan. 1953, Pole, studierte in Warschau und Berlin (E. Humperdinck), war ab 1919 in Warschau, ab 1945 in Kattowitz als Komponist und Kapellmeister tätig. Mitbegründer der Gesellschaft junger polnischer Komponisten. Schrieb Opern (Eros und Psyche, 1917; Casanova, 1923), Ballette (Apollo, 1938), Bühnenmusiken und Orchesterwerke (u. a. *Warszawianka,* 1910; *Warszawa wyzwolana,* 1950); auch Kammer- und Klaviermusik sowie Liederzyklen.

Rubbra, Edmund, * Northampton 23. Mai 1901, Engländer, studierte u. a. bei Cyrill Scott, Vaughan Williams und G. Holst; schreibt Sinfonien, Orchesterfugen, Klavierkonzert, Violinrhapsodie, Cellokonzert *Selbstgespräch,* Bratschenkonzert, Vokalwerke (Motetten, Tedeum, Messe, Kantate nach Keats), Kammermusik, Lieder, ein Ballett, den Operneinakter *Bee-Bee-Bei* (1933).

Rubin, Marcel, * Wien 7. Juli 1905, Österreicher, studierte an der Wiener Musikakademie Komposition bei F. Schmidt, später Jurisprudenz an der Universität ebenda (1936 Dr. jur.), bis zu seiner Emigration Sekretär der Konzertreihe «Musik der Gegenwart», während des Krieges als Dirigent und Pädagoge in Mexico City tätig, seit 1947 wiederum in Wien, Musikkritiker der «Volksstimme» und freischaffender Komponist, schrieb Orchester- und Kammermusik, ein Violinkonzert, Liederzyklen (*Dorfbilder,* 1957, nach A. Grün) u. a. m.; erhielt 1969 den Musikpreis der Stadt Wien.

Rubinstein, Anton, * Wychwatinez 28. Nov. 1829, † Petrodworez 20. Nov. 1894, Russe, Klaviervirtuose; Mitbegründer des Petersburger Konservatoriums (1862). Schrieb vor allem Klavierkonzerte (das in d-Moll zuweilen zu hören), Klaviermusik, auch Opern.

Rüdinger, Gottfried, * Lindau (Bodensee) 28. Aug. 1886, † München 17. Jan. 1946, Reger-Schüler, 1920 Kompositionslehrer an der Münchner Akademie, schrieb Spiel- und Kinderopern *(Tegernseer im Himmel),* Kirchenmusik.

Rudzinski, Witold, * Siebicz (Litauen) 14. März 1913, Pole, studierte in Paris (N. Boulanger, Ch. Koechlin), lehrt seit 1953 in Warschau, schrieb Opern, Oratorien, Requiem (*Den Opfern des Krieges,* 1971); Kammermusik.

Rungenhagen, Karl Friedrich, * Berlin 27. Sept. 1778, † ebenda 21. Dez. 1851, Dirigent der Singakademie (Nachfolger Zelters), schrieb Oratorien und etwa 1000 Lieder, auch Sinfonien und Kirchenmusik im Stil eines akademischen Biedermeiers.

Russolo, Luigi, * Portogruaro (Provinz Venedig) 1. Mai 1855, † Cerro 14. Febr. 1947, Italiener, Maler-Komponist, Futurist *(intonarumori)*, Geräuschkomponist (*L'arte dei rumori*, 1916).

Ruzicka, Peter, * Düsseldorf 3. Juli 1948, studierte in Hamburg, Rom (H. W. Henze) und Bremen (H. Otte), schrieb *Esta noche* (Kantate auf die Opfer des Vietnamkrieges, 1969); *Todesfuge* (Szene nach Texten von P. Celan für Alt und Kammerensemble, 1969); *Experience* (Musikalisches Theater, 1972); Orchestermusik, Streichquartette. R. ist seit 1974 Intendant des RIAS-Orchesters in Berlin.

Sacchini, Antonio, * Florenz 14. Juni 1730, † Paris 7. Okt. 1786, Italiener, Durante-Schüler, wirkte in Italien, Deutschland, England, Frankreich, schrieb neben Violinsonaten Trios, Streichquartette, Psalmen, Messen, Oratorien; sein Ruhm gründete sich jedoch auf über 60 Opern, die er in den verschiedenen Ländern komponierte; gilt als Vertreter der neapolitanischen Oper, ging aber unter dem Eindruck von Glucks Opernreformen ins Lager der französischen Klassizisten über (*Oedipe à Colone*, Versailles 1787).

Sachs, Hans, * Nürnberg 5. Nov. 1494, † ebenda 19. Jan. 1576, Meistersinger, schrieb Tausende von Spruch- und Meisterschulgedichten, auch einige hundert Spielstücke; Melodien in A. Puschmanns «Singebuch» (Neudruck 1906). (Zentralgestalt in R. Wagners «Meistersingern von Nürnberg».)

Saint-Saëns, Camille, * Paris 9. Okt. 1835, † Algier 16. Dez. 1921, Franzose, Schüler von Gounod und Halévy, Organist, Dirigent, Pianist, seinerzeit einer der berühmtesten französischen Komponisten. Lyriker, Klassizist, auch von Liszt und Wagner beeinflußt, unermüdlich schaffend. Von seinen Kammer-, Kirchen-, Klaviermusikwerken, Sinfonien, sinfonischen Dichtungen, Orchestersuiten, Orgelstücken, Opern, Konzerten (3 Violin-, 2 Cello-, 5 Klavierkonzerte) hat sich einiges bis in die Gegenwart gehalten: die Oper *Samson und Dalila* (1877, Text F. Lemaire), die sinfonischen Dichtungen *Das Spinnrad der Omphale* (1861), *Totentanz* (1875), das 2. und 5. Klavierkonzert (g-Moll bzw. F-Dur), die 3. Sinfonie c-Moll (1886), das 3. Violinkonzert h-Moll (1880), *Rondo capriccioso* und *Havanaise* für Violine (Sarasate), Violincellokonzert, *Der Karneval der Tiere* (1886, für Streichquintett, 2 Klaviere, Flöte, Klarinette, Ziehharmonika, Xylophon; daraus das Ballettsolo *Der sterbende Schwan*). – Auch als Theoretiker und (antideutsch eingestellter) Musikschriftsteller hervorgetreten (*Au courant de la vie*, 1914; *Germanophilie*, 1916).

Salieri, Antonio, * Legnano bei Verona 18. Aug. 1750, † Wien 7. Mai 1825, Italiener, durch Gaßmann und Gluck gefördert in Wien und Paris, 1788 Hofkapellmeister in Wien, Lehrer von Beethoven, Schubert, Liszt. Schrieb rund 40 italienische und französische Opern, viel Kirchenmusik, Gesänge, Chöre, Orchestermusik, Klavierstücke. Intrigierte gegen Mozart («Giftmord» an Mozart ist Legende).

Salmhofer, Franz, * Wien 22. Jan. 1900, Österreicher, Schreker-Schüler, Schauspiel- und Opernkapellmeister, schrieb vor allem dramatisch illustrierende Musik; Opern (darunter *Dame im Traum*, 1936; *Iwan Tarassenko*, 1938, neu 1948), Ballette, Filmmusiken, mehr als 300 Schauspielmusiken; Orchester- und Kammermusik, Lieder.

Salzedo, Carlos, * Arcachon (Gironde) 6. April 1885, † Waterville (Maine) 17. Aug. 1961, Amerikaner spanisch-französischer Herkunft, Harfenist, der auch eine moderne Harfe konstruierte und fast ausschließlich Werke mit und für Harfe komponierte; für Harfe und Orchester: die *Zauberinsel* (1919), *Sinfonische Suite* (1955).

Saminsky, Lazare, * bei Odessa 8. Nov. 1882, † bei New York 30. Juni 1959, studierte Philosophie, Mathematik, Musik in Petersburg, trat für hebräische Volksmusik ein, wurde 1920 Kantor einer Synagoge in New York, war auch musikorganisatorisch tätig (League of composers), schrieb außer Synagogalgesängen Sinfonisches sowie Bühnen- und Ballettmusiken.

Sammartini, Giovanni Battista, * Mailand 1700 oder 1701, † ebenda 15. Jan. 1775, Italiener, lebte und wirkte als Organist und Kapellmeister in Mailand, zum Unterschied von seinem Bruder Giuseppe (um 1693–1770, dem «Londoner Sammartini») der «Mailänder Sammartini» genannt; steht mit seinen Sinfonien, Concerti grossi, siebenstimmigen Violinkonzerten, Triosonaten usw. im Übergang vom Barock zum Rokoko, hat auch auf den Mannheimer Orchesterstil (Crescendo) anregend gewirkt; schrieb außerdem Opern und kirchliche Werke. Gluck war 1737–1741 sein Schüler.

Sarasate, Pablo de, * Pamplona 10. März 1844, † Biarritz 20. Sept. 1908, Spanier, Violinvirtuose, am Pariser Konservatorium ausgebildet, von zahlreichen Komponisten mit Solokonzerten bedacht (Lalò, Bruch, Saint-Saëns), schrieb effektvolle Virtuosenstücke *(Zigeunerweisen, Spanische Tänze).*

Sarti, Giuseppe, * Faenza 1. Dez. 1729, † Berlin 28. Juli 1802, Italiener, Schüler von Padre Martini in Bologna, mit 24 Jahren Kapellmeister der Mingottischen Truppe, 1755–1775 Hofkapellmeister in Kopenhagen, bis 1779 Leiter eines Konservatoriums in Venedig, wo auch Cherubini sein Schüler war, nach seiner Tätigkeit als Domkapellmeister in Mailand 1884 von Katharina II. als Hofkapellmeister nach Petersburg berufen; schrieb zahlreiche Opern, einige dänische Singspiele, große Chorwerke (davon einige mit Orchester, Glocken, Kanonen und Feuerwerk). Mozart zitiert ein Opernthema von Sarti zur Tischmusik im Schlußakt seines «Don Giovanni» (auch zu Klaviervariationen verarbeitet).

Satie, Erik, eigentlich Alfred Erik Leslie-Satie, * Honfleur 17. Mai 1866, † Paris 1. Juli 1925, Franzose, bretonisch-irischer Abstammung, seinem Wesen nach Mystiker und Ironiker zugleich, gehörte zum Kreise Peladans nicht minder als zu dem Cocteaus, kam später zur «Gruppe der Sechs» (Milhaud, Honegger, Auric, Poulenc, Durey, Tailleferre). Als Komponist anregend und auflockernd, war bereits Expressionist, als der Impressionist Debussy auf der Höhe seines Ruhmes stand. Klaviermusik: *Trois gymnopédies, Trois gnossiennes, Sports, Drei Stücke in Birnenform* (1903), *Skizzen und Stichel* (1913). Zu nennen sind ferner *Armenmesse* (Chor und Orgel), das «sinfonische Drama» für vier hohe Stimmen und kleines Orchester *Sokrates* (1918), vor allem das seinerzeit berühmte Ballett für Diaghilew *Parade* (1917), an dem Cocteau als Librettist, Picasso als Bühnenbildner und Massine als Choreograph mitwirkten.
LITERATUR: Biographien von J. Cocteau (1957), R. H. Myers (1959) und G. Wehmeyer (1974).

Sauer, Emil, Ritter von Aichried, * Hamburg 8. Okt. 1862, † Wien 29. April 1942, Klaviervirtuose, Rubinstein- und Liszt-Schüler, schrieb in deren Stil Konzerte, Sonaten, 33 Konzertetüden.

Sauguet, Henri, * Bordeaux 18. Mai 1901, Franzose, von Satie beeinflußter Komponist *(Schule von Arcueil),* schrieb u. a. Sinfonien, Klavierkonzert (1933), Violinkonzert (1953), Rilke-Kantate, Ballette (u. a. *La chatte,* 1927; *La rencontre,* 1948; *Kameliendame,* 1957), Opern (*Die Kartause von Parma,* nach Stendhal, 1939; *Mariannes Launen,* 1954), Kammermusik, Lieder (u. a. nach Heine, Rilke, Schiller); auch Musique concrète.

Scandello, Antonio, * Bergamo 17. Jan. (?) 1517, † Dresden 18. Jan. 1580, Trompeter in Trient und Dresden, nach *Neapolitanischen Kanzonen* gab er vielgesungene *Newe und lustige weltliche Deutsche Liedlein* heraus (1570). (Neudrucke.)

Scarlatti, Alessandro, * Palermo 2. Mai 1660, † Neapel 24. Okt. 1725, Italiener, wahrscheinlich Schüler von Giacomo Carissimi; Vater von Domenico Scarlatti; wurde in Neapel auch von Händel aufgesucht, wirkte vor allem in Neapel und Rom. Großmeister der älteren neapolitanischen Oper und des Oratoriums, verwendete als einer der ersten die Dakapoarie, gilt als Mitschöpfer der «italienischen Ouvertüre» (schnell–langsam–schnell). Die Zahl seiner Werke ist unübersehbar; außer den genannten u. a. fast siebenhundert Solokantaten, zahlreiche vielstimmige Messen, ferner Psalmen, Madrigale, Motetten, Serenaden, Orgeltokkaten.

Scarlatti, Domenico, * Neapel 26. Okt. 1685, † Madrid 23. Juli 1757, Italiener, Sohn von Alessandro Scarlatti, Altersgenosse von Bach und Händel (mit diesem bestritt er ein Wettspiel auf Orgel und Klavier), wirkte in Neapel, London, Lissabon, Rom, Madrid. Schrieb neben einigen Opern vor allem Klaviermusik und Orgelkompositionen. Die genaue Zahl seiner meist einsätzigen Klaviersonaten (auch «Essercizi» oder «Toccata» genannt) und Fugen *(Katzenfuge)* ist nicht bekannt; es dürften mehr als fünfhundert sein. Als Klaviervirtuose übertrug er manche Geigeneffekte auf das Tasteninstrument und beeinflußte auch damit die Weiterentwicklung der Klavierkomposition. Neuausgaben, u. a. durch R. Kirkpatrick (2 Bde. 1953), der auch eine Biographie vorlegte.

Schaeffer, Pierre, * Nancy 14. Aug. 1910, Franzose, gründete 1948 in Paris die «Groupe des recherches de musique concrète», die für ihre elektronisch manipulierten Kompositionen von konkreten Geräuschen usw. als Grundmaterial ausgeht. Schrieb (mit Pierre Henry) für Béjart Klangfolien zu Balletten, auch eine synthetische Kammeroper *Orphee* (1953). Manifest *La musique concrète* (1967).

Schäffer, Boguslaw, * Lemberg 6. Juni 1929, Pole, Avantgardist, vertritt Zwölftontechnik in Kammermusik und experimentellen Kompositionen, wirkt auch als Theoretiker und Pädagoge in Krakau. *Permutationen* für 10 Spieler (1956).

Schaporin, Juri Alexandrowitsch, * Gluchow 18. Nov. 1887, † Moskau 9. Dez. 1966, Russe, schrieb sozialrealistische Gebrauchsmusiken, Glier- und Mjaskowski-Schüler (Oper *Die Dekabristen,* Oratorium *Die Schlacht um die russische Erde.*).

Scharwenka, Xaver, * Samter bei Posen 6. Jan. 1850, † Berlin 8. Dez. 1924, Bruder von Philippe Scharwenka (1847 bis 1917), Vater von Walter Scharwenka (1881–1960), Pianist, Pädagoge, Komponist, Haupt einer Musikerfamilie, die sich um das Musikschulwesen in Berlin verdient machte, worüber auch seine Autobiographie (*Klänge aus meinem Leben,* 1922) Aufschluß gibt. Schrieb vornehmlich Klavierkompositionen.

Schat, Peter, * Utrecht 5. Juni 1935, Holländer, studierte in Den Haag, auch in Basel (Boulez), findet Förderung an den Aufführungsplätzen der (Rundfunk-)Avantgarde, schreibt vornehmlich Kammermusik (*Entelechie I und II,* 1960/61, für 11 Musiker), *Dansen uit het Labyrint* für Orchester (1963), 1. Sinfonie (1978).

Schebalin, Wissarion Jakowlewitsch, * Omsk 11. Juni 1902, † Moskau 28. Mai 1963, Russe, Mjaskowski-Schüler, dann Lehrer am Moskauer Konservatorium, schrieb Streichquartette, Sinfonien, eine umfangreiche *Lenin-Sinfonie* mit Chören und Sprechern (1933), eine *Russische Ouvertüre* (1941), Konzerte, die Oper *Der Widerspenstigen Zähmung* (1957), das Ballett *Die Lerche,* Kantaten *Moskau* (1946), *Der blaue Mai.*

Scheibe, Johann Adolf, * Leipzig 5. Mai 1708, † Kopenhagen 22. April 1776, Gottsched-Schüler in Leipzig, Herausgeber der Zeitschrift «Der critische Musicus» (ab 1737), unqualifizierte Angriffe auf Bach, schrieb dürre Gebrauchsmusiken.

Scheidemann, Heinrich, * Wöhrden (Süderdithmarschen) um 1596, † Hamburg 1663, Sweelinck-Schüler in Amsterdam, Katharinenorganist in Hamburg, wo Reinken sein Schüler und Nachfolger wurde; Stilmittler zu Bach hin; Neudruck seiner gewichtigen Orgelwerke.

Scheidt, Samuel, getauft Halle/Saale 3. Nov. 1587, †ebenda 24. März 1654, Schüler von Sweelinck, dem er in seinem Klavier- und Orgelwerk nacheifert, Meister der Liedvariation für Tasteninstrumente. Hauptwerke: *Tabulatura nova* (1624), achtstimmige geistliche Gesänge, mehrere Bände geistlicher Konzerte, 70 *Symphonien auff Concerten manir* mit 3 Stimmen und Continuo (1644). (Neudrucke.)

Scheiffelhut, Jakob, *Augsburg 19. Mai 1647, †ebenda 2. Juli 1709, Stadtpfeifer, Chorleiter, Kantaten- und Suitenkomponist (*Musikalische Gemüths-Ergötzungen,* 1684).

Schein, Johann Hermann, *Grünhain bei Schwarzenberg (Erzgebirge) 20. Jan. 1586, †Leipzig 19. Nov. 1630, Kapellmeister in Weimar, seit 1616 Thomaskantor in Leipzig. Viele mehrstimmige Gesänge weltlicher und geistlicher Art, so das 5stimmige *Venus-Kräntzlein* (1609), die 5- bis 12stimmigen *Geistlichen Gesänge* (1615), das vierzehnstimmige *Tedeum* (1618), 5stimmige Madrigale (1623), das 4- bis 6stimmige *Gesangbuch Augspurgischer Confession* (1627), zahlreiche *Waldliedlein,* 20 fünfsätzige Variationensuiten (Neudrucke).

Schelle, Johann, *Geising 6. Sept. 1648, †Leipzig 10. März 1701, Kapellsänger unter Schütz in Dresden, studierte in Leipzig, 1676 Thomaskantor (Vorgänger Kuhnaus), schrieb vorwiegend geistliche Vokalmusik (Neudrucke der Kantaten).

Schemelli, Georg Christian, *Herzberg um 1680, †Zeitz 5. März 1762, Kantor, Verfasser von Generalbaßliedern (Schemellisches Gesangbuch, zu dem auch J. S. Bach beitrug).

Schenk (Schenck), Johann, *Wiener Neustadt 30. Nov. 1753, †Wien 29. Dez. 1836, Österreicher, kurze Zeit Theorielehrer von Beethoven, komponierte Kirchenmusik, Sinfonik, hatte mit seinem Singspiel *Der Dorfbarbier* (1796) weitreichenden Erfolg (Neuausgaben).

Schibler, Armin, *Kreuzlingen (Kanton Thurgau) 20. Nov. 1920, Schweizer, Unterricht bei W. Burkhard, gemäßigter Zwölftöner und fesselnder Rhythmiker; Sinfonien (1947, 1954, 1957), Orchesterpassacaglia (1950), sinfonische Variationen (1950), *Rhythmische Metamorphosen* (1956), Violinkonzert (Schneiderhan, 1960), Konzert für Schlagzeug (1961), Kammermusik, Klavierwerke (u. a. *Aphorismen und Ornamente; Rhythmische Studien,* 1951/52), *Konzertante Fantasie* für Harfe (1964), Ballettoper *Das Jubiläumsbett* (1958), Ballette (u. a. *Der Raub des Feuers,* 1955), die Opern *Der spanische Rosenstock* (1950), *Der Teufel im Winterpalais* (1953), *Blackwood und Co.* (1962), *Metamorphosen* (Ballett, 1964), *Antoine und Carmela* (Stück für Musik, 1967). – Verfasser von Schriften zur modernen Musik und Oper.

Schick, Philippine, *Bonn 9. Febr. 1893, †München 13. Jan. 1970, studierte in New York und München (u. a. bei v. Waltershausen, mit dem sie 1927–1933 verheiratet war), seit 1946 Lektorin für Musiktheorie und Englisch an der Universität München, schrieb Liederzyklen, Oratorien, Bühnenmusik, Pantomimen, Kammermusik. Mitherausgeberin eines deutsch-englischen Fachwörterbuches für Musik (1965).

Schilling, Hans Ludwig, *Mayen (Eifel) 3. Dez. 1927, studierte Komposition bei A. Genzmer in Freiburg, P. Hindemith in Zürich und Nadia Boulanger in Paris, schrieb Kantaten, Motetten, Messen, Orgelwerke, vor allem Orgelmusik mit Instrumenten, Solokonzerte, Kammermusik, Hörspielmusiken.

Schillings, Max von, *Düren 19. April 1868, †Berlin 23. Juli 1933, studierte in München, als Vierundzwanzigjähriger Assistent in Bayreuth, 1908–1918 Leiter der Stuttgarter Oper, 1919–1925 Intendant der Berliner Staatsoper. Lyriker mit dramatischer Zielsetzung, aus der Wagner-Nachfolge, jedoch gleichzeitig durch die Farbigkeit des französischen Impressionismus wie des italienischen Verismo beeinflußt. Opern: *Ingwelde* (1894, neu 1938), *Der Pfeifertag* (1899, neu 1931, daraus das im Konzertsaal bekannt gewordene sinfonische Zwischenspiel *Von Spielmanns Leid und Lust*), *Moloch* (1906, neuer Schluß 1934, nach Hebbel), die Erfolgsoper *Mona Lisa* (1915, Text Beatrice Dovsky), Melodram *Hexenlied* (Wildenbruch) mit Orchester. Ferner Violinkonzert, sinfonische Dichtungen, Kammermusik, Bühnenmusik, Chorwerke.

Schiske, Karl, * Raab (Raab-Ödenburg) 12. Febr. 1916, † Wien 16. Juni 1969, Österreicher, 1952 Professor für Komposition in Wien, kam der Zwölftontechnik näher, schrieb u. a. 5 Sinfonien, zwei Konzerte für Streichorchester (das 2. die Bearbeitung seines 2. Streichquartetts 1945), ein Klavier- und ein Violinkonzert, Kammermusik und Klavierstücke, Oratorium *Vom Tode* (1948, nach verschiedenen Dichtern), die Messe *Cunctipotens genitor Deus* (1954), 99. Psalm a cappella, Lieder (Rilkes *Ich liebe mein Leben*), Orgelvariationen.

Schjelderup, Gerhard, * Christiansand 17. Nov. 1859, † Benediktbeuren 29. Juli 1933, Norweger, studierte vor allem bei Massenet, wirkte meist in Deutschland (Dresden, Benediktbeuren). Musikdramen, Schauspielmusiken, Orchester- und Kammermusikwerke, Chöre, Lieder.

Schlemm, Gustav Adolf, * Gießen 17. Juni 1902, studierte in Frankfurt am Main, war Kapellmeister, lebt seit 1945 in Bayern seinem Schaffen, schreibt erfolgreiche Orchester- und Kammermusik.

Schlensog, Martin, * Löwen (Niederschlesien) 6. Juni 1897, Vertreter der Jugendmusikbewegung (Jödes «Musikantengilde»), schrieb Lied- und Spielmusik für Jugend, Schule und Volk.

Schlick, Arnolt, * Pfalz (vermutlich Heidelberg) vor 1460, † wahrscheinlich Heidelberg nach 1521, blinder Hoforganist in Heidelberg, spielte bei der Aachener Krönung Karls V. 10stimmige *Canones sine pausis,* schrieb das erste deutschsprachige Werk über Orgelbau und -spiel (*Spiegel der Orgelmacher und Organisten,* 1511, Neuausgaben 1951, 1959), veröffentlichte 1512 die ersten deutschen Orgeltabulaturen (Neuausgabe 1924).

Schmalstich, Clemens, * Posen 8. Okt. 1880, † Berlin 15. Juli 1960, Humperdinck-Schüler und seit 1931 Hochschullehrer (Opernklasse) in Berlin, 1945 Leiter des Siemensorchesters ebenda, als Komponist erfolgreich mit Unterhaltungsmusik und Bühnenmusiken (*Peterchens Mondfahrt,* 1911).

Schmelzer von Ehrenruff, Johann Heinrich, * um 1623, † Wien Febr. oder März 1680, Österreicher, Violinist, Lehrer Bibers, Hofkapellmeister in Wien, schrieb u. a. Violinsonaten und Ballettmusiken (Neudrucke).

Schmid, Heinrich Kaspar, * Landau an der Isar 11. Sept. 1874, † Olching bei München 8. Jan. 1953, Thuille-Schüler, war Kompositionslehrer in Athen, Karlsruhe, Augsburg, München, schrieb im Stile der nachromantischen Münchner Schule vorwiegend Vokalmusik und Werke instrumentaler Miniaturform.

Schmidseder, Ludwig, * Passau 24. Aug. 1904, † München 21. Juni 1974, erfolgreicher Operetten- und Filmkomponist, schrieb etwa 500 Schlager.

Schmidt, Franz, * Preßburg 22. Dez. 1874, † Perchtoldsdorf bei Wien 11. Febr. 1939, Österreicher, Schüler von Hellmesberger, Cellist des Hofopernorchesters, Klavier- und Kompositionslehrer, seit 1925 Direktor der Wiener Staatsakademie, Komponist aus der Nachfolge Bruckners, schrieb die Opern *Notre Dame* (1914) und *Fredegundis* (1922), vier Sinfonien, ein Klavierkonzert, zwei Klavierquintette (das in B-Dur mit Klarinette), zwei Streichquartette, Klavierwerke, Orgel- und Chorschöpfungen (Oratorium *Das Buch mit sieben Siegeln,* 1937).
LITERATUR: Biographie von Andreas Liess (1951).

Schmitt, Florent, * Blamont 28. Sept. 1870, † Neuilly-sur-Seine 17. Aug. 1958, Franzose, Massenet-Schüler, einer der führenden neufranzösischen Komponisten, impressionistisch-klassizistisch, schrieb Ballette, Bühnenmusiken, sinfonische Dichtungen, Violinkonzert, Klavierwerke, Chöre, Lieder, Kammermusik. Im Ausland berühmt sein Klavierquintett op. 51 (1900) und das rauschhafte Ballett *Salomones Tragödie* (1907). LITERATUR: Biographie von Y. Hucher (1951).

Schnabel, Artur, * Leipnik (Mähren) 17. April 1882, † bei Luzern 15. Aug. 1951, Leschetizki-Schüler in Wien, ging 1939 nach Amerika, hervorragender Beethoven-Interpret, komponierte im Stil des engagierten Expressionismus Kammermusiken.

Schnebel, Dieter, * Lahr 14. März 1930, studierte 1949–1952 in Freiburg im Breisgau Musik (Musiktheorie bei E. Doflein; Klavierlehrerexamen 1952), 1952–1955 Theologie, Philosophie und Musikwissenschaft in Tübingen, weitere Musikstudien in Stuttgart (Klavier bei H. von Besele). 1955 Promotion und theologisches Examen. 1956–1963 Vikar, Pfarrer und Religionslehrer in Kaiserslautern, 1963–1970 in Frankfurt, seit 1970 in München, seit 1977 in Berlin (Musikhochschule). Kompositorische und musiktheoretische Tätigkeit seit 1952. Schrieb Analysen zu Adorno, Beethoven, Cage, Debussy, Kagel, Mahler, Schönberg, Stockhausen, Webern. Bücher: *MO-NO, Musik zum Lesen* (1969); *Mauricio Kagel – Musik, Theater, Film* (1970). Komponierte u. a. Versuche I bis III (1965, für Kammerensembles und Orchester), *missa est* (1968, für Vokalgruppen), *Glossolalie* (1961, für Sprecher und Instrumentalisten), *Ri-no* (1967, Nachtmusik für Projektoren und Hörer), Choralvorspiele (1967–1969, für Orgel und Tonband), *Mundstücke* (1968 bis 1970), für mehrere Stimmorgane und Reproduktionsgeräte, «Produktionsprozesse» (1968–1977, darin *Maul-, Hand-, Blaswerke*), *Körper-Sprache* (musiklose «Organkomposition», 1981). – Gesammelte Aufsätze *Denkbare Musik* (1972).

Schneider, [Johann Christian] Friedrich, * Altwaltersdorf bei Zittau 3. Jan. 1786, † Dessau 23. Nov. 1853, Thomas-Organist in Leipzig, Hofkapellmeister in Dessau, schrieb Oratorien (*Das Weltgericht,* 1819), Kantaten, Psalmen, auch Sinfonien und Opern.

Schnittke, Alfred, * Engels (Wolgadeutsche Republik) 24. Nov. 1934, Russe, studierte am Moskauer Konservatorium (J. Golubew, N. Rakow), an dem er seither selber Komposition und Instrumentation unterrichtet, bezieht Collagetechniken und Elektronik in seine Arbeiten mit ein, schrieb 2 Violinkonzerte, Klavierkonzert, Streichquartett, Kammersonaten; 2 Oratorien *Nagasaki* (1958) und *Lieder von Krieg und Frieden* (1959), beide für Soli, Chor und Orchester.

Schobert, Johann, * (wahrscheinlich in Schlesien) um 1720, † Paris 28. Aug. 1767, kam nach einer Reise durch Süddeutschland nach Paris, wo er seit 1760 Kammercembalist des Prinzen de Conti war und die Pariser Adelskreise durch sein Klavierspiel begeisterte. In seinen Kompositionen steht das Klavier im Mittelpunkt, ist nicht mehr «stützendes», den bezifferten Baß improvisierend ausfüllendes Cembalo. Seine voll ausgeschriebenen Klavierpartien mit ihrer durchbrochenen motivischen Arbeit erinnerten die Zeitgenossen so stark an die Mannheimer Orchesterkunst, daß sie sagten, Schobert habe die Sinfonie auf das Klavier übertragen. Er schrieb für Klavier allein, vor allem aber Werke, die für die spätere (auch frühromantische) Kammermusik mit vollständigem Klavierpart maßgebend wurden: Klavier-Violin-Sonaten, Klaviertrios, Klavierquartette, ferner Klavierkonzerte. Mozart hat Schobert frühzeitig studiert (Neudrucke).

Schoeck, Othmar, * Brunnen (Kanton Schwyz) 1. Sept. 1886, † Zürich 8. März 1957, Schweizer, wollte Maler werden, studierte Musik in Zürich (Hegar) und Leipzig (Reger); leitete 1917–1944 die Sinfoniekonzerte in St. Gallen, lebte seitdem seinem Schaffen. Schoeck wird als Liedkomponist oft mit Pfitzner verglichen. Zwar ist den beiden Meistern gemeinsam die durchaus romantische Grundhaltung, das Zurückgreifen auf Dichter der deutschen Romantik, das

Weiterentwickeln der Tonalität (ohne die Grenze zum Atonalen zu überschreiten), die zuweilen lineare, polytonal eingefärbte Schreibweise; doch geht Pfitzner eher auf Schumann, Schoeck mehr auf Hugo Wolf und Schubert zurück. Auch bleibt Schoeck – allen dramatischen Versuchen zum Trotz – immer der stille Lyriker, ein Liederkomponist, wie das 20. Jahrhundert bisher nur wenige (Hermann Reutter) hervorgebracht hat.

OPERN

Erwin und Elmire (1916, Singspiel nach Goethe).

Don Ranudo (1919, Text von L. Holberg).

Venus (1922, Text A. Rüeger nach P. Mérimée, umgearbeitet 1933).

Penthesilea (1927, zwei neue Fassungen 1928 und 1942, Einakter nach H. von Kleist vom Komponisten), ein an Orff gemahnender Versuch, dem antiken Dramenstil nahe zu kommen.

Vom Fischer un syner Fru (1930, Text nach Grimms Märchen von Ph. O. Runge). Musikalische Variationsreihen, vielfach kontrapunktisch. «Dramatische Kantate», nur szenisch voll auszuschöpfen.

Massimilla Doni (1937, Text nach H. de Balzac von A. Rüeger); sechs Bilder um einen geigenden Herzog, eine Sängerin, eine Opernprobe innerhalb der Oper, Gespräche über Musik als Kunst.

Das Schloß Dürande (1943, Text von H. Burte nach Eichendorff).

LIEDER

Mehr als 200 Lieder und Gesänge; Texte von Michelangelo, Goethe, Lenau, Heine, Uhland, Eichendorff, M. Claudius, Hebbel, Mörike, W. Busch, Spitteler, H. Hesse, Verlaine. Hervorzuheben sind:

Wenn i zum Brünnle geh (Die Verlassene).

Vor der Ernte (C. F. Meyer) und *Mandolinen* (Verlaine).

Ravenna (*Ich bin auch in Ravenna gewesen*, H. Hesse).

In späteren Liedern ständig wachsendes Streben nach wortgezeugtem Deklamieren, sparsamerer Instrumentalbegleitung, verdichteter Ausdrucksharmonik. Dahin gehören u. a.:

Zehn Hesse-Lieder, op. 44 (1929).

Wanderung im Gebirge, op. 45 (1930) nach Lenau.

Wandsbecker Liederbuch, op. 52 (1936) nach M Claudius. *Der Sänger* (1951) nach H. Leuthold, darunter *Nacht, Muse und Tod, Sonnenuntergang*.

Ferner zahlreiche Gesänge und Liederfolgen mit anderer Begleitung, auch mit Orchester, so die *Gaselen* nach G. Keller für Bariton mit Flöte, Baßklarinette, Trompete, Schlagzeug, Klavier (1923), die 14 Keller-Gedichte «Lebendig begraben» mit Orchester und Orgel (auch kleinem Frauenchor, 1926), die *Wandersprüche* nach Eichendorff mit Klarinette, Horn, Schlagzeug, Klavier (1928), der *Nachhall* nach M. Claudius und Lenau mit Orchester (1955).

ORCHESTERWERKE

Serenade für kleines Orchester, op. 1 (1907).

Orchesterpräludium, op. 48 (1932).

Suite für Streichorchester, op. 59 (1946).

Festlicher Hymnus, op. 64 (1951).

Violinkonzert (quasi una fantasia) B-Dur, op. 21 (1912).

KAMMERMUSIK

2 Streichquartette in D-Dur und C-Dur (1913, 1923).

3 Violin-Klavier-Sonaten (1908, 1909, 1931).

Sonate für Baßklarinette und Klavier (1928).

Notturno. Fünf Sätze für Streichquartett und Baritonstimme (1933).

CHORWERKE

Außer einigen Männerchören und gemischten Chören a cappella folgende Chorwerke mit instrumentaler Begleitung:

Der Postillon nach Lenau (1909), für kleinen Männerchor, Tenor und Orchester oder Klavier.

Dithyrambe nach Goethe (1911), für gemischten Doppelchor und großes Orchester.

Wegelied nach G. Keller (1913), für Männerchor und Orchester.

Trommelschläge nach W. Whitman (1915), für gemischten Chor und großes Orchester.

Eichendorff-Kantate (1933), für Baritonsolo, kleinen Männerchor, 3 Posaunen, Tuba, Klavier und Schlagzeug (auch ohne Bläser aufführbar).

LITERATUR: Thematisches Werkverzeichnis (W. Vogel, 1956). Biographie von W. Schuh (1934).

Schollum, Robert, * Wien 22. Aug. 1913, Österreicher, studierte an der Wiener Staatsakademie bei J. Marx Komposition, wirkt als Organist, Pianist, Chorleiter, Erzieher in Wien, schrieb Chorwerke, Funk-, Filmmusik, auch Konzertwerke und Sinfonisches, erhielt 1960 den österreichischen Volksbildungspreis.

Schönbach, Dieter, * Stolp 18. Febr. 1931, studierte an der Detmolder Akademie bei Günter Bialas und Kurt Thomas Komposition und Chorleitung, ferner bei Wolfgang Fortner in Freiburg im Breisgau, wirkt seit 1959 als Theaterkapellmeister und Bühnenkomponist in Bochum; Avantgardist, schrieb u. a. *Farbe und Klänge für Orchester in memoriam W. Kandinsky* (1960), Streichquartett (1962), *Hoquetus für Bläseroktett* (1964), *Lyrische Gesänge für Sopran und zwei präparierte Klaviere* (1964), *Canticum psalmi ad laudes* für Sopran und Instrumente (1965), *Canzon da sonar* für Streichorchester (1966), *Sieben Stationen vom Stern* (Oper, 1968), *Hymnus 2* (Multimedia-Show anläßlich der Olympischen Spiele in München, 1972).

Schönberg, Arnold, * Wien 13. Sept. 1874, † Los Angeles 13. Juli 1951, Österreicher, Sohn eines Kaufmanns, lernte nach des Vaters Tod (1882) Violinspiel, später auch Cello, schrieb als Jüngling für den Hausgebrauch Trios und Quartette, bildete sich autodidaktisch weiter, nahm vorübergehend Unterricht bei seinem späteren Schwager Alexander von Zemlinsky. Aus Not mußte er – während der Arbeit an ernsten Werken – Tausende von Seiten Operettenmusik instrumentieren. 1901 in Berlin als Musiker an Wolzogens «Überbrettl», als Operetteninstrumentator und (auf Empfehlung von R. Strauss) Lehrer am Sternschen Konservatorium. 1903 wieder in Wien; dort Lehrer von begabten Schülern, die er durch G. Mahler und den Musikwissenschaftler Guido Adler erhielt. Während des Ersten Weltkrieges abermals als Lehrer in Berlin, dann wieder in Wien. 1925–1933 Professor der Hochschule für Musik in Berlin. Wanderte 1933 über Frankreich (wo er in Paris demonstrativ Synagogenmitglied wurde) und Spanien nach Nordamerika aus, war bis 1944 Lehrer an der University of South California, hatte bis zuletzt einen privaten Schüler- und Jüngerkreis. Schönberg wurde bereits vor der Jahrhundertwende bei der Aufführung einiger Lieder ausgepfiffen. «Von da an hat der Skandal nicht mehr aufgehört», erklärte er später. Ungezählte Komponisten haben sich mit Schönbergs Zwölftonsystem ernsthaft auseinandergesetzt, es teilweise modifiziert, teilweise übernommen, teilweise wieder preisgegeben. Ob Schönberg oder J. M. Hauer «Begründer» der Zwölftonmusik ist, bleibt umstritten; wesentlicher erscheint, daß die jüngeren Vertreter der seriellen Zwölftonmusik mehr bei Webern anknüpfen. Festzuhalten ist: Zwölftonthemen finden sich auch bei früheren Komponisten, bei Schönberg sind es sorgsam erdachte Reihen, die mit ihren Umkehrungen, Krebsen, Krebsumkehrungen, Spiegelungen nach besonderen Variationsgrundsätzen behandelt werden. Die dazu erforderliche, zuweilen mathematisch-konstruierende Arbeit wird von den Gegnern als unlebendig hingestellt, so daß Schönberg als kalter Rechner erscheint. Gegen diesen Vorwurf hat er sich leidenschaftlich gewehrt, nicht minder gegen den, ein «Revolutionär» zu sein: «Ich warne vor den Gefahren, die sich in der hartköpfigen Reaktion gegen Romantik verbergen. Die alte Romantik ist tot – lange lebe die neue! Dem Komponisten von heute, dem nicht die geringste Romantik eignet, muß es an etwas grundlegend Menschlichem mangeln. – Ich für meine Person hasse es, ein Revolutionär genannt zu werden; denn ich bin keiner ... Von meinen ersten Anfängen an besaß ich ein gründliches, ausgebildetes Formgefühl und eine starke Abneigung gegen Übertreibung. In der folgenden Zeit (nach 1914) hatte ich bei meiner Arbeit immer das Ziel vor Augen, den Aufbau meiner Werke bewußt auf einen Einheit verbürgenden Gedanken zu basieren, der nicht nur alle übrigen Gedanken hervorbringen, sondern der

auch ihre Begleitung, die Akkorde, die ‹Harmonien›, bestimmen sollte.»
Bei aller Folgerichtigkeit seines Denkens wollte Schönberg nicht als Fanatiker oder Orthodoxer angesehen werden; nach der 1. Kammersinfonie von 1906 glaubte er, endgültig seinen Stil gefunden zu haben. «Aber mein nächstes Werk zeigte eine große Abweichung von diesem Stil; es war der erste Schritt zu meinem jetzigen. Mein Schicksal hat mich in diese Richtung gezwungen... Aber immer war in mir der Wunsch lebendig, zu dem früheren Stil zurückzukehren... So kommt es, daß ich manchmal tonale Musik schreibe. Für mich haben stilistische Unterschiede dieser Art keine besondere Bedeutung. Ich weiß nicht, welche meiner Kompositionen besser sind; mir gefallen sie alle, denn sie gefielen mir, als ich sie schrieb.»
Der – allerdings gewundene – Entwicklungsweg führte von der Wagner-, z. T. auch Brahms-Nachfolge (Streichsextett *Verklärte Nacht,* 1899, sinfonische Dichtung *Pelleas und Melisande,* 1903) über impressionistische Einflüsse mit ersten atonalen Experimenten (1. Kammersinfonie, 1906) zu expressionistischen Versuchen (*Erwartung,* 1909; *Pierrot lunaire,* 1912) und der «Komposition mit zwölf nur aufeinander bezogenen Tönen» (seit den Klavierstücken, op. 23, und der Serenade, op. 24, 1923), bis zur konsequenten Anwendung des Reihenprinzips (seit 1924), des athematischen Verfahrens. Damit ist die mindestens seit Wagners «Tristan» zu beobachtende Auflösung der romantischen Tonalitätsharmonik zu Ende geführt. Schönberg ist also durchaus auch Endglied einer Entwicklung; ob es sich zugleich als Beginn von etwas Neuem erweisen kann, wird teils bestritten, teils bejaht.

OPERN

Erwartung (1909 geschrieben, Uraufführung 1924, Text M. Pappenheim), Monodram: beklemmendes Spiel von der Angst einer Frau im nächtlichen Wald.
Die glückliche Hand (1924, Text Schönberg), anklagend-mitleidiges Symbolspiel um das Unerfüllbare; expressionistisch-surrealistisch, abermals Schrecken und Angst, Verwendung von Farben auf der Bühne und im Orchester.
Von heute auf morgen (1930, Text M. Blonda), satirisch gedachte Spielerei um Eheirrung und Wiederfinden.
Moses und Aron (Teilaufführung 1951, als Oratorium 1954, szenisch 1957, Text von Schönberg), nicht ganz beendetes Werk über den Gegensatz von Geist (Moses) und Macht (Aron), Freiheit und Zwang.

VOKALWERKE

Pierrot lunaire, op. 21 (1912), für rhythmisch festgelegtes Tonhöhensprechen, Klavier, Flöte (bzw. Pikkoloflöte), Klarinette (bzw. Baßklarinette), Streichtrio. Nach Gedichten von A. Giraud. Neben Klangandeutungen auch strenge Formen (Kanon, Passacaglia).
Gurrelieder (1912, Text J. P. Jacobsen), Riesenaufgebot an Mitteln: Sopran, Alt, Tenor, Buffo, Baß, Sprecher, achtstimmiger gemischter Chor, drei vierstimmige Männerchöre, je 25 Holz- und Blechbläser, 44 aufgeteilte Streicher, vier Harfen, Celesta, umfangreiches Schlagzeug.
Die Jakobsleiter, Oratorium, nicht beendet (Uraufführung 1961).
Ode an Napoleon, op. 41 (1944, nach Byron), für Klavierquintett und Sprecher; Haßgesang gegen Diktatoren.
Ein Überlebender aus Warschau, op. 46 (1947), Kantate für Sprecher, Männerchor, Orchester; realistischer Bericht aus Gettokämpfen in Warschau während des Zweiten Weltkrieges, ausklingend in den jüdischen Hochgesang *Schema Israel.*
Drei religiöse Chöre als Ausklang von Schönbergs Schaffen; *Dreimal tausend Jahre, O du mein Gott, De profundis.*

ORCHESTERWERKE

Pelleas und Melisande, op. 5 (1903, nach Maeterlinck), sinfonische Dichtung.
1. Kammersinfonie, op. 9 (1906 für 15 Soloinstrumente, später auch für stärkere Besetzung). Schönberg: «Das Werk zeigt... deutlich ähnliche Gliederungen wie eine mehrsätzige Sinfonie. Nur sind die einzelnen Teile so ineinander verschränkt... daß das Ganze wie ein ausgedehnter erster Sinfoniesatz wirkt.» Hier das berühmte (thematisch aber nicht entscheidende) Quartenthema im Horn (fünf Quartenschritte, beginnend mit D):
2. Kammersinfonie, op. 38 (1939) in f-Moll, Verbindung von Tonalität und

Zwölftonsystem, wobei die Zwölftonstimmigkeit überwiegt.
Fünf Orchesterstücke, op. 16 (1909, Uraufführung 1912): *Vorgefühl – Vergangenes – Der wechselnde Akkord – Peripetie – Das obligate Rezitativ*, eine Art klingender Traum. Später bearbeitet.
Variationen für großes Orchester, op. 31 (1928), Zwölftonwerk über eine dynamisch sorgfältig bezeichnete expressive Reihe, kompositorisches Gipfelwerk:
Suite für Streichorchester in G, op. 29 (1934), mit den altklassischen Sätzen: Ouvertüre – Adagio – Menuett – Gavotte – Gigue; nicht zwölftoniges Werk.
Variationen für Blas- oder großes Orchester, op. 43 a, b (1944), nach Schönbergs Worten sollen sie zeigen, was einer «innerhalb der Tonart leisten kann, der sein Handwerk versteht».
Violinkonzert, op. 36 (1936), Zwölftonwerk, dreisätzig: Poco allegro – Andante grazioso – Marsch. Artistisch als Komposition, Artistik für den Solisten, dichteste Motivbezogenheit, schwierigste Griff- und Bogentechnik, dabei musikantisch-spielfroh.
Klavierkonzert, op. 42 (1942), viersätzig: Allegro – Scherzo – Adagio – Largo – Rondo-Finale. Verschränkt und insofern der 1. Kammersinfonie vergleichbar, stärkste Verdichtung im Nacheinander- und Gleichzeitigvariieren.
KAMMERMUSIK
Streichsextett *Verklärte Nacht*, op. 4 (1899), auch für Streichorchester gedacht, nach einem Gedicht von R. Dehmel; Nachhall von Wagners «Tristan».
1. Streichquartett d-Moll, op. 7 (1905), vier ineinander übergehende Sätze, Scherzo an zweiter, Adagio an dritter Stelle, Thematik des Kopfsatzes für alle Teile bestimmend.
2. Streichquartett fis-Moll, op. 10 (1908), ständig sich lockernde Thematik, im 3. und 4. Satz mit Sopranstimme: «ich fühlte luft von anderen planeten» (George), im Scherzo ein wehmütig-ironischer Anklang an den «lieben Augustin».
3. Streichquartett, op. 30 (1927), verdichtete Zwölftontechnik, doch in der Thematik freier und gelöster.
4. Streichquartett, op. 37 (1936), alte Viersätzigkeit rahmenhaft verwendet; aus der Zwölftonreihe gewonnene Urgestalten werden in «entwickelnden Variationen» kunstvoll verarbeitet.
Streichtrio, op. 45 (1946), unter dem Druck einer schweren Erkrankung geschriebenes, sehr subjektiv anmutendes Werk.
Fantasie für Violine und Klavier, op. 47 (1949), Spiel mit Aphorismen.
Bläserquintett, op. 26 (1924), Zwölftonwerk.
Serenade, op. 24 (1923), für Klarinette, Baßklarinette, Mandoline, Gitarre, Streichtrio und (im Schlußsatz) Bariton.
Violinfantasie, op. 47.
KLAVIERMUSIK
Drei Klavierstücke, op. 11 (1909), als atonal bezeichnet, trotz vieler Ungewöhnlichkeiten (Sprünge) manche Eigentümlichkeit in der Art des «Tristan».
Sechs kleine Klavierstücke, op. 19 (1911, erschienen 1913, durch minuziöse Vortragsangaben als expressive Musik gekennzeichnet.
Fünf Klavierstücke, op. 23 (1923), fast reines Zwölftonwerk.
Suite, op. 25 (1924), mit den altklassischen Sätzen Präludium – Gavotte – Musette – Intermezzo – Menuett – Gigue.
LITERATUR: Gesamtausgabe der Werke A. Sch.s (20 Bde., seit 1966 im Erscheinen, Hg. J. Rufer); A. Sch.: Style and idea (1950); E. Stein: A. Sch., Briefe (1958); J. Rufer: Das Werk A. Sch.s (1959); E. Freitag, Sch. (1973); H. H. Stuckenschmidt: Sch. (1974); K. H. Wörner: Gotteswort und Magie (Moses und Aron; 1959); H. Ehrenforth: Ausdruck und Form (Georgelieder, 1963); Th. W. Adorno: Philosophie der Neuen Musik ([2]1958).

Schostakowitsch, Dmitri Dmitrijewitsch * Petersburg 25. Sept. 1906, † Moskau 9. Aug. 1975, Russe, Sohn eines Ingenieurs. Das klavierspielende Wunderkind wurde auf Veranlassung von Glasunow in das Konservatorium aufgenommen. Kompositionsunterricht bei Rimski-Korsakows Schwiegersohn Steinberg. Als Zwanzigjähriger mit seiner Erstlingssinfonie im Ausland bekannt. Lebte, von gelegentlichen Reisen abgesehen, als Professor für Komposition und als Komponist in Leningrad, seit 1949 in Moskau. Trotz mancher weltanschaulichpolitischen Kritik an seinem zuweilen «westlichen Formalismus», trotz mancher fachlichen Bemängelung durch westliche Kritiker gilt Schostakowitsch als führender Sinfoniker der Sowjetunion. In Frühwerken offenbart sich der Einfluß Tschaikowskis, Rimski-Korsakows, Mahlers, Strawinskys und Hindemiths. Aus den wiederholten Angriffen der offiziellen russischen Musikpolitik (sie führten zu Selbstbekenntnissen, denen dann wieder hohe Staatsauszeichnungen folgten) sei eine Stelle der «Prawda» von 1948 angeführt; «Diese Musik ist mit Vorbedacht auf den Kopf gestellt... um nur ja nichts Gemeinsames zu haben mit sinfonischem Klang, mit einfacher, allgemeinverständlicher Sprache.» Dem Verlangen nach Einfachheit, Melodik, Monumentalität und Allgemeinverständlichkeit hat sich Schostakowitsch in der Folge gebeugt, hat seine gedankliche Thematik auf den sozialistischen Realismus gebaut, aber auch wieder allzu bürokratische Wegweiser zur Kunst abgelehnt. Während des Zweiten Weltkrieges haben sich die angelsächsischen Länder einiger Sinfonien des russischen Meisters (*Leningrader Belagerungssinfonie*, 1942) zu Propagandazwecken bedient. Erhielt 1969 einen Staatspreis für Musik.

ORCHESTERWERKE

1. Sinfonie (1926), mit Klavier, viersätzig, auf einem Grundthema aufgebaut.

2. Sinfonie (1927), *Widmung an den Oktober*, zum Zehnjahrestag der Revolution; einsätzig, in einem Chor ausklingend.

3. Sinfonie (1930), *Erster Mai*, abermals politisches Thema, abermals mit Chor und einsätzig.

4. Sinfonie (1936), noch vor der Uraufführung vom Komponisten unter dem Eindruck der allgemeinen Kritik an seiner Musik zurückgezogen.

5. Sinfonie (1937), vielfach als Schostakowitschs beste Sinfonie angesehen. Sie soll gewissermaßen «das Werden einer Persönlichkeit in einer werdenden Gesellschaft» darstellen: Moderato – Scherzo – Largo – Finale (Bläsermarsch, gekoppelt mit Hymnen).

6. Sinfonie .(1939), dreisätzig: Largo – Scherzo – Presto; nicht politisch-weltanschaulich.

7. Sinfonie (1942), *Leningrader Sinfonie*, geschrieben während der Belagerung von Schostakowitschs Vaterstadt, diesmal unter Verwendung russischer Themen; Gegensätzlichkeit von Tod und Leben, Krieg und Frieden, Zwang und Freiheit; viersätzig.

8. Sinfonie (1943), fünfsätzig, eine sprödere Fortsetzung der *Leningrader Sinfonie*.

9. Sinfonie (1946), suitenartig in Aufbau und schlichter, musikantischer Haltung; als «neoklassizistisch» abgelehnt.

10. Sinfonie (1953), viersätzig, eine «Sinfonie für den Weltfrieden», vom Verband der russischen Komponisten abgelehnt.

11. Sinfonie (1957), mit den Sätzen *Platz vor dem Palast – 9. Januar – Ewiges Gedenken – Sturmgeläute*, Revolutionslieder aus dem Revolutionsjahr 1905.

12. Sinfonie (1961), Lenin gewidmet.

13. Sinfonie (1962), Chorsinfonie, Text von J. Jewtuschenko.

14. Sinfonie *Oktober* (1967), zur 50. Wiederkehr der Oktoberrevolution von 1917.

Suite für Jazzorchester (1934), anscheinend zurückgezogen.

2 Klavierkonzerte (1934, 1957), das erste mit Trompete.

Violinkonzert (1955): Notturno – Scherzo – Passacaglia – Burleske; zwischen Virtuosität, Groteske und Volksmusik.

Cellokonzert (1959).

KAMMER- UND KLAVIERMUSIK

3 Fantasietänze für Violine und Klavier (op. 1) und andere Duos (auch Cello).

2 Klaviertrios (1923; 1944), letzteres viersätzig, mit einem düsteren Largo als Hauptteil.

15 Streichquartette, darunter das fast klassische Opus 49 und das mit russischer Volksmusik durchsetzte Opus 68.

Klavierquintett, op. 57 (1944), Präludium mit Fuge – Scherzo – Intermezzo – Finale.

Oktett für Streicher, op. 11 (1928), zweisätzig.

Klaviersonate, op. 61 (1944), mit Variationenfinale.

Präludien und Fugen für Klavier, op. 87 (1950, anläßlich des 200. Todesjahres von J. S. Bach).

OPERN

Die Nase (1930, Text nach Gogol), gro-

tesker Dreiakter, neuerdings auch im Westen erfolgreich.
Lady Macbeth von Mzensk (1934, Text nach Leskow), 4 Akte. Als *Katerina Ismailowa* in Zweitfassung 1962 auch im Westen aufgeführt.
Der Spieler (nach Gogol, nicht beendet).
Der stille Don (nach Scholochow, 2. Teil; 1966 ff).
BALLETTE
Das goldene Zeitalter (1930).
Der Bolzen (1931).
Der klare Bach (1935).
Ferner zahlreiche Filmmusiken wie *Der große Freund* (1938/39), *Begegnung an der Elbe* (1948), *Der Fall von Berlin* (1950), *Karl Marx* (1966), Schauspielmusiken zu Shakespeare («Hamlet», 1931/32), Balzac, Majakowski u. a.
VOKALWERKE
Das Lied der Wälder (1949, Stalin-Preis), Propagandaoratorium für zwei Soli, Knabenchor, gemischten Chor, Orchester; besingt das Aufforsten eines umfangreichen Gebietes, damit das Klima gewandelt und dadurch der Ackerbau gefördert werde.
Zehn Whitman-Gedichte (1951), für gemischten und Kinderchor mit Orchester.
Stenka Rasin, Kantate für Bariton, gemischten Chor, Orchester, Text von J. Jewtuschenko (1965).
LITERATUR: J. Martynow: D. Sch. (dt. 1947); H. Brockhaus: D. Sch. (1962); F. K. Prieberg: Musik in der Sowjetunion (1965); S. Volkow: Zeugenaussage. Die Memoiren des D. Sch. (1979), K. Meyer: D. Sch. (1980).

Schrammel, Johann, * Wien 22. Mai 1850, † ebenda 17. Juni 1893, Österreicher, begründete mit seinem Bruder Josef (1852–1893) das «Schrammelquartett» (2 Violinen, Klarinette, Gitarre; Klarinette 1891 durch Harmonika ersetzt); schrieb Märsche, Tänze und Lieder im «Schrammelstil», der für die Musik der Wiener Weinlokale typisch wurde.

Schreker, Franz, * Monaco 23. März 1878, † Berlin 21. März 1934, Österreicher, 1920–1932 Leiter der Berliner Hochschule für Musik (Lehrer u. a. von Křenek), hatte Sensationserfolge mit impressionistisch-farbig instrumentierten Opern, deren oft stark erotische psychoanalytische Texte er selbst schrieb; u. a. *Das Spielwerk und die Prinzessin* (1913, neu 1920), *Der ferne Klang* (1912), *Die Gezeichneten* (1918), *Der Schatzgräber* (1920), *Irrelohe* (1924), *Der singende Teufel* (1928), *Christophorus* (1932, *Vision einer Oper*, Text E. Stein), *Der Schmied von Gent* (1932). Ferner Orchesterstücke, Chorwerke, Lieder. 1959 erschien eine Biographie von Gösta Neuwirth.

Schröder, Friedrich, * Näfels (Kanton Glarus) 6. Aug. 1910, † Berlin 25. Sept. 1972, Schweizer, Schüler von P. Höffer in Berlin, wollte Kirchenmusiker werden, hatte so viel Erfolg mit Schlagern (*Man müßte Klavier spielen können*), daß er zur leichten Muse überging; Operetten: *Hochzeitsnacht im Paradies* (1942), *Nächte in Schanghai* (1947), *Isabella* (1949); auch Filmmusiken.

Schroeder, Hermann, * Bernkastel-Kues 26. März 1904, Schüler von H. Lemacher in Köln, wurde Kompositionsprofessor in Köln; Chorwerke weltlicher und geistlicher Art (sechsstimmiges Tedeum, Dorische Messe, Missa Coloniensis), Orchesterwerke (eine Sinfonie, sinfonische Hymnen, Konzert für Streicher, Violin-, Orgel-, Oboenkonzert), Klavier- und Kammermusik. – Mit Lemacher Lehrbücher (Kontrapunkt, Formenkunde).

Schröter, Corona, * Guben 14. Jan. 1751, † Ilmenau 23. Aug. 1802, Sängerin in Leipzig und Weimar, vertonte als erste Komponistin Goethe-Texte (u. a. das Singspiel *Die Fischerin*).

Schteschedrin, Rodion, * Moskau 16. Dez. 1932, Russe, studierte in Moskau (J. Schaporin), wo er als freischaffender Komponist lebt, schrieb Sinfonien, Kammer- und Klaviermusik, eine Oper *Nicht nur Liebe* (1961) und Ballette wie *Carmen-Suite* (1967) und *Anna Karenina* (1972); S. ist mit der Primaballerina Maja Plissezkaja verheiratet.

Schubart, Christian Friedrich Daniel, * Obersontheim 13. April 1739, † Stuttgart 10. Okt. 1791, Organist, Erzieher, Publizist («Deutsche Chronik», 1774), verbüßte eine 10jährige Festungshaft («Freidenkerei») auf dem Hohenasperg und wurde anschließend als Hofmusikdirektor nach Stuttgart berufen, komponierte volksliednahe Weisen («Schwäbische Liederschule»), schrieb *Ideen zu einer Ästhetik der Tonkunst.*

Schubert, Franz, * Lichtental bei Wien 31. Jan. 1797, † Wien 19. Nov. 1828 (Typhus), Österreicher, Sohn eines kinderreichen Vorstadtlehrers, von dem er das Geigen- und Klavierspiel lernte. Weiterer Unterricht als Konviktschüler bei Salieri und Ruzicka. 1813–1817 Gehilfe seines Vaters in der Lichtentaler Schule. Seither unter meist dürftigen Verhältnissen als freier Künstler (eine Organistenstelle an der Hofkapelle wollte er nicht annehmen; Bemühungen, Vizehofkapellmeister und Kapellmeister am Kärntnertor-Theater zu werden, scheiterten). «Gesichert» war sein Leben nur während der Sommermonate in den Jahren 1818 und 1824, in denen er beim Grafen Esterházy auf dessen ungarischem Gut Musikunterricht erteilte. Sonst mußten Freunde (häufig genug unzureichend) aushelfen; als er bereits berühmt war und seine Verleger an seinen Werken gut verdienten, ging es dem wirtschaftlich ungewandten Meister immer schlechter. Wie es scheint (und einige Aufzeichnungen des Tondichters deuten darauf hin), war er in seinem innersten Wesen einsam, obwohl er sich in dem großen Kreis von Freunden und Bewunderern umgänglich und meist heiter zeigte. Zu diesem Kreis, in dem die «Schubertiaden» (so wurden die geselligen Abende genannt) viele Werke aus der Taufe hoben, zählten Franz von Schober, die Sänger Michael Vogl und Karl von Schönstein, der Dichter Johann Mayrhofer, Leopold Sonnleithner, der Bühnenschriftsteller Eduard von Bauernfeld, Anselm Hüttenbrenner, der Maler Moritz von Schwind, Franz Grillparzer, Franz Lachner.

An die Stelle von thematischer Arbeit tritt bei Schubert die harmonische Beleuchtung und klangliche Färbung. Die harmonischen Räume werden weiter, bald durch unbestimmtes Schweben zwischen Dur und Moll, bald durch Ausweichen in Terzverwandtschaften (statt der überlieferten Quintverhältnisse), bald durch enharmonisches Umdeuten, bald durch ausgreifende Modulationen. Umfangreicher, vielfältiger und vieldeutiger wird auch die Klangfarbe: voller Satz und dünner Satz mit allen Zwischenstufen dienen zur Einfärbung der Melodie, verselbständigen sich zu Eigenwerten; die Dissonanz, bisher überwiegend Spannungszustand zwischen Konsonanzen, rein musikalischen Polen, drückt mehr und mehr seelische Gestimmtheiten aus, alles das unterstützt und gefärbt durch farbigen, oft schwelgerischen Instrumentalsatz. So erhält die Musik – nicht bei Schubert allein, und nicht überall bei ihm – die für die Romantik so bezeichnenden seelischen Inhalte und Stimmungswerte.

QUELLEN

Der 1951 von O. E. Deutsch und D. R. Wakeling zusammengestellte thematische Katalog der Kompositionen Schuberts umfaßt 998 Nummern, davon allein 634 klavierbegleitete Lieder. – Eine erste Gesamtausgabe der Werke Sch.s erschien 1888–1897 in 40 Bänden (Hg. E. Mandyczewski u. a.), eine zweite, quellenkritisch gesicherte (Ur-)Textausgabe ist seit 1965 im Erscheinen. – Dokumente zu Sch.s Leben und Schaffen (4 Bde., Hg. O. E. Deutsch); Einzelbände 1952, (Hg. H. Rutz) und 1958 (M. Schneider).

INSTRUMENTALWERKE

Klavierkompositionen: Hier tritt bei einem Vergleich mit Beethovens konstruktiv aufeinander bezogenen Themen das Liedhaft-Empfindende besonders deutlich zutage. Harmonie und Melodie sind verschmolzen, verlangen nicht mehr nach Entwicklung, werden nur immer neu angestrahlt (bei im übrigen vortrefflicher Satztechnik, was vielfach übersehen wird).

Tänze: Meist in Schuberts letzten Lebensjahren niedergeschrieben, winzige Kostbarkeiten, gruppenweise zusammengekettete, wirkliche Tänze, also nicht stilisiert, oft nur zweimal acht Takte umfassend. Walzer der Opuszahlen 9, 18, 50, 77, 91, 127, Deutsche Tänze, Ekossaisen, Galopps, Ländler der Opuszahlen 33, 49, 67.

Impromptus und Moments musicaux. –

Ausgebaute Liedszenen für Klavier, zugleich als lose gereihte Bildfolge aufzufassen («Phantasiesonaten»), von der Fülligkeit der B-Ton-Arten her bestimmt. Je 4 Impromptus der Opuszahlen 90 und 142 (darunter auch die vielgespielten B-Dur-Variationen über ein Thema aus seiner *Rosamunde;* das Andante, op. 90, Nr. 4, wurde in Ges-Dur komponiert, «der leichteren Spielbarkeit wegen» aber vom Verleger nach G-Dur transponiert). 6 Moments musicaux, op. 94; hier das einzige C-Dur, also nicht in B-Tonart, während das in cis-Moll durch den Des-Dur-Mittelteil seine Herkunft aus der B-Welt bekennt. – Die zahllosen *Lieder ohne Worte* und dergleichen aus späterer Zeit gehen auf Schuberts Impromptus und Moments musicaux zurück.

Sonaten: Schuberts Klaviersonaten sind (wie die der meisten Romantiker) nicht so bekannt wie die kleineren Charakterbilder, Fantasien und dergleichen. Offenbar ging die Zahl der großen Sonaten – mindestens für eine Weile – zu Ende, nachdem Beethoven diese Werkgattung bis zu seinen schwergewichtigen Klaviersonaten der Jahre 1816–1822 geführt hatte. An die Stelle geistigen Planens und Auseinandersetzens trat das frohgemute oder auch leidvolle Schwelgen, oft auch ein biedermeierliches Ausweichen vor den Problemen des Daseins. – Insgesamt 22 Sonaten, davon einige unbedeutende Jugendwerke.

Es-Dur, op. 122 (1817), wie in Liedbegleitung dahinströmend.

H-Dur, op. 147 (1817), vorwiegend klanglich, zuweilen orchestral empfunden.

a-Moll, op. 164 (1817), balladenhafter Kopfsatz.

A-Dur, op. 120 (1819), Kopfmelodie völlig gelöst vom klassischen Themabegriff:

a-Moll, op. 143 (1823), balladenhaft, vermag neben Beethoven-Sonaten trotz völlig anderer Artung zu bestehen.

a-Moll, op. 42 (1825), Reihung von «landschaftlichen» Erinnerungsbildern, ausgedehntes Bewegungsfinale.

D-Dur, op. 53 (1825), klaviermäßige Vorwegnahme Brucknerscher Sinfonieklänge.

G-Dur, op. 78 (1826), nach der Bezeichnung des Kopfsatzes oft «Fantasie» genannt.

Drei nachgelassene Sonaten (op. postum; ohne Opuszahlen):

c-Moll (1828), Kopfthema dem aus Beethovens c-Moll-Variationen ähnlich.

A-Dur (1828), gegensätzlich in der Wucht der Hauptgedanken und der gereihten lyrischen Kleingebilde.

B-Dur (1828).

Wandererphantasie C-Dur, op. 15 (1822), der Anlage nach den Sonaten zuzurechnen (Allegro-Adagio-Presto-Scherzo-Allegro), wenngleich die Sätze pausenlos ineinander übergehen; Thema aus Schuberts Lied *Der Wanderer,* im Adagio mit Variationen versehen, aber alle Sätze beherrschend durch das bei Schubert oft wiederkehrende Kopfmotiv «1 Viertel – 2 Achtel». Lyrische Klaviersinfonie, virtuos den Möglichkeiten des Instruments abgelauscht. Ein Gipfelwerk der Klavierliteratur.

Klavier vierhändig: «Gelegenheitskompositionen» von überwältigender Fülle des Inhalts, meisterhaftem Satz, melodienfroh, harmonisch reich, klangfarbig vom Pastell bis zum Großgemälde reichend, oft ins Sinfonische vorstoßend. Hauptwerk: Märsche: op. 27, 40, 51, 55, 63, 66, 101 (der bekannte Militärmarsch in D-Dur, op. 51, ist keineswegs das stärkste Stück dieser besonders harmonisch erstaunlichen Reihe).

Variationen: op. 10, 35, 82, 84, Nr. 1.

Divertissements: op. 54 und 63; das erste bezeichnet als «Divertissement à la hongroise».

Sonaten: op. 30 B-Dur und op. 140 C-Dur, diese, «Grand Duo» genannt, hat J. Joachim für Orchester instrumentiert.

Allegro a-Moll, op. 144, die sogenannten «Lebensstürme» (Bezeichnung nicht von Schubert), ein *Sinfoniesatz,* noch klavieristisch in jedem Takt.

Ferner: Polonäsen (op. 61 und 75), Rondos (op. 107 und 138), Fantasie f-Moll (op. 103), Fuge e-Moll (op. 152), Andantino und Rondo (op. 84).

Klavierlieder: Über sechshundert Lieder, zuweilen mehr als hundert in einem Jahr geschrieben, nicht alle gleichwertig, aber Meisterwerke aus jedem Lebensalter (*Gretchen am Spinnrade* schrieb er als Siebzehnjähriger, das *Heidenröslein* und den *Erlkönig* als Achtzehnjähriger). Die Texte wählte Schubert nicht immer nach ihrer literarischen Qualität, sondern meist nach ihrem für die Komposition geeigneten Stimmungsgehalt. Manche Texte vertonte er mehrmals. Am häufigsten vertonte er: Johann Wolfgang v. Goethe mit 51 Gedichten, Johann Mayrhofer mit 46 Gedichten, Wilhelm Müller mit 45 Gedichten, Friedrich Schiller mit 31 Gedichten, Friedrich v. Matthisson mit 25 Gedichten, Ludwig Hölty mit 23 Gedichten, Ludwig Kosegarten mit 21 Gedichten, Friedrich v. Schlegel mit 16 Gedichten, Georg v. Salis mit 16 Gedichten, Friedrich Klopstock mit 13 Gedichten, Matthias Claudius mit 12 Gedichten, Franz v. Schober mit 12 Gedichten, Ludwig Rellstab mit 9 Gedichten, Heinrich Heine mit 6 Gedichten.

Auch italienische Gesänge nach Metastasio (11) und Goldini (1). Wie das echte Schubert-Lied sich im Leben des Meisters nicht eigentlich «entwickelt» hat, so läßt es sich auch nicht in eine Gesamtentwicklung des Liedes eingliedern. Denkt man an Vorläufer oder gleichzeitig entstandene Werke (Beethovens «Adelaide», Mozarts «Veilchen», Zumsteegs «Ossian»-Lieder, Reichardts Balladen usw.), so sind dies nur Anregungen, nicht geeignet, das Aufblühen dieses einzigartigen Liederfrühlings zu erklären. Eher muß man an die Sangesseligkeit des damaligen Österreich denken: Schuberts Lieder sind häufig volksliednah und zu einem Teil «Volkslieder» geworden. Das Liedhafte verschwindet bei Schubert auch dann nicht, wenn er kleine dramatische Szenen komponiert oder rezitativische Partieen schreibt.

Hauptformen des Schubert-Liedes: einfaches Strophenlied, verändertes Strophenlied, durchkomponiertes Lied bis zur dramatischen Kurzszene. Das Klavier wechselt zwischen reinem Begleiten, bewegungsmäßigem Antreiben, harmonischem Ausweiten, rhythmischem Akzentuieren und selbständigem Weiterspinnen der Grundstimmung.

Beispiele: Strenge Strophenlieder (jede Gedichtstrophe auf die gleiche Melodie bei gleichbleibender Begleitung): *Heidenröslein* (Goethe), *Auf dem Wasser zu singen* (Graf Stolberg), *Frühlingsglaube* (Uhland), *Ave Maria* (Scott), *Gretchen am Spinnrad* (Goethe).

Veränderte Strophenlieder (fallweise Änderung von Melodie, Harmonie, Begleitung): *Der Musensohn* (Goethe), *Greisengesang* (Rückert), *Du bist die Ruh* (Rückert), *Die Forelle* (Schubart), *Die Sterne* (Leitner).

Zweiteilige Großform mit Anklängen an das Strophenlied (teilweise Überschneidung der Strophen): *Wanderers Nachtlied, Auf dem See, Wer nie sein Brot mit Tränen aß* (alle von Goethe), *Im Abendrot* (Lappe).

Mehrteilige Großform (entweder mehrere Hauptabschnitte oder die Hauptteile mit Untergliederungen versehen): *Rastlose Liebe, Suleikas erster Gesang, Suleikas zweiter Gesang* (alle von Goethe), *Sie mir gegrüßt* (Rückert).

Szenisch-dramatisch mit teilweisem Deklamieren oder Rezitieren oder balladenhaft: *An Schwager Kronos, Grenzen der Menschheit, Prometheus, Erlkönig* (alle von Goethe), *Der Wanderer* (Schmidt von Lübeck), *Der Tod und das Mädchen* (M. Claudius).

Liederkreise. – Lieder, die durch eine Grundstimmung oder eine verwobene «Handlung» gruppenweise verbunden sind; ein von Schubert-Nachfahren auch tonartlich ausgebautes Bezugssystem.

Die schöne Müllerin (1823), Vertonung von 20 Gedichten des Dessauer Bibliothekars W. Müller, zusammenhängende Gedichterzählung von einem durch die Welt wandernden Müllergesellen, Naturbilder, Liebe, Eifersucht, Strophenlieder überwiegen. 1. *Das Wandern* – 2. *Wohin?* – 3. *Halt!* – 4. *Danksagung an den Bach* – 5. *Feierabend* – 6. *Der Neugierige* – 7. *Ungeduld* – 8. *Morgengruß* – 9. *Des Müllers Blumen* – 10. *Tränenregen* – 11. *Mein!* – 12. *Pause* – 13. *Mit dem grünen Lautenbande* – 14. *Der Jäger* – 15. *Eifersucht und Stolz* – 16. *Die liebe Farbe* – 17. *Die böse Farbe* – 18. *Trockene Blumen* – 19. *Der Müller und der Bach* – 20. *Des Baches Wiegenlied.*

Die Winterreise (1827), Vertonung von 24 Gedichten von W. Müller, zusammenhängend nicht durch erzähltes Geschehen, sondern durch eine Grundstimmung, die des «winterlichen» Entsagens. Der Gefahr der Einförmigkeit begegnet Schubert durch Formenreichtum; die meisten Lieder sind durchkomponiert. 1. *Gute Nacht* – 2. *Die Wetterfahne* – 3. *Gefrorne Tränen* – 4. *Erstarrung* – 5. *Der Lindenbaum* – 6. *Wasserflut* – 7. *Auf dem Flusse* – 8. *Rückblick* – 9. *Irrlicht* – 10. *Rast* – 11. *Frühlingstraum* – 12. *Einsamkeit* – 13. *Die Post* – 14. *Der greise Kopf* – 15. *Die Krähe* – 16. *Letzte Hoffnung* – 17. *Im Dorfe* – 18. *Der stürmische Morgen* – 19. *Täuschung* – 20. *Der Wegweiser* – 21. *Das Wirtshaus* – 22. *Mut* – 23. *Die Nebensonnen* – 24. *Der Leiermann.*

Schwanengesang. 14 Spätlieder Schuberts, nach seinem Tode zu einem zusammenhanglosen «Liederkreis» vereinigt. Darunter einige der bedeutendsten und bekanntesten Schubert-Lieder; verschiedene Formen. Sieben nach Ludwig Rellstab (u. a. *Kriegers Ahnung, Ständchen, Aufenthalt*), sechs nach Heine (darunter dramatische Szenen oder Monologe wie *Der Atlas, Die Stadt,* impressionistisch und realistisch, *Der Doppelgänger,* sinfonisch-dramatische Vision), eins nach Seidl (*Die Taubenpost*).

KAMMERMUSIK

Erwachsen aus kammermusikalischer Betätigung seit der Kindheit, niedergeschrieben für Freunde und Gefährten zum Musizieren, singend aus der Fülle, lyrisch auch im Leidenschaftlichen, farbig, dem Klang hingegeben, harmonisch reich.

Duos für Geige und Klavier: Drei Sonaten (Sonatinen), op. 137, in D-Dur, a-Moll und g-Moll, die erste drei-, die anderen viersätzig, Grundhaltung lyrisch-liedhaft. – In den Variationen über *Ihr Blümlein alle* (aus den Müller-Liedern), op. 160, wird das Liedhafte noch stärker betont (ursprünglich für Flöte und Klavier). – Duo A-Dur, op. 162, drei spielerische und ein singender Satz. – Fantasie C-Dur, op. 159, großer Bogen um einen Liedgedanken. – Ferner ein Rondo brillant in h-Moll, op. 70.

Trios: Ein B-Dur-Streichtrio; ein Klaviertrio B-Dur, op. 99, mit «Horntriolen» der Geige im Kopfthema; ein Klaviertrio Es-Dur, op. 100, mit einer Art szenischer Ballade im Andante; ein «Notturno» genanntes Klaviertrio, op. 148.

Quartette: 14 Streichquartette, davon die tastenden Frühwerke kaum noch bekannt; mit den beiden der Opuszahl 125 (Es-Dur und E-Dur; 1817) hat Schubert eine Art Schlußstrich unter die bis dahin geschriebenen Streichquartette setzen wollen; auch ein drei Jahre später begonnenes Werk (nur ein Satz in c-Moll) blieb liegen. Erst 1824 beginnt die kurze Reihe von Meisterquartetten.

a-Moll, op. 29 (1824), sanft und lyrisch gestimmt mit einem zwischen Moll und Dur gleitenden Kopfthema, einem für Schubert bezeichnenden Melodie-Rhythmus im Andante «1 Viertel und 2 Achtel», einem tänzerischen Menuett und einem ungarisch eingefärbten Finale.

d-Moll (op. postum) im 2. Satz mit Andantevariationen über Harmoniereihungen aus dem Schubert-Lied *Der Tod und das Mädchen,* Kopfsatz in der thematischen Gebärde an Beethoven erinnernd, auch satztechnisch ungewöhnlich verdichtet, ähnlich in den Schlußsätzen.

G-Dur, op. 161, stark orchestral im Klang, erregend der Beginn, wo aus einem Pianoakkord in Dur in mächtiger dynamischer Steigerung das g-Moll-Thema herausgeschleudert wird, die ersten beiden Sätze leidenschaftlich, die Schlußsätze aus rhythmischen Bewegungsantrieben geboren.

Quintette: Bei aller stimmlichen Verdichtung wiederum mehr farbig-klanglich als zeichnerisch-motivisch erfunden.

Streichquintett C-Dur, op. 163 (mit zwei Celli), erst zwanzig Jahre nach Schuberts Tod wiederaufgefunden, ein Gipfelwerk der Gattung, dynamische Steigerung zu Beginn wie im G-Dur-Quartett, ähnlich der Anfang des Largo, Mittelteil des Scherzos ein Andante, geschäftig-spielerischer Ausklang.

Klavierquintett A-Dur, op. 114 für Geige, Bratsche, Cello, Kontrabaß und Klavier, fünfsätzig, der vierte Satz mit seinen Variationen über ein Schubert-Lied (nach einem Text von Schubart) hat dem Werk den Namen *Forellenquintett* gegeben.

Oktett F-Dur, op. 166, dem *Forellenquintett* verwandt. Klanggruppierung; Streichquintett mit drei «weichen» Bläsern, nämlich Klarinette, Horn und Fagott. Mit sechs Sätzen äußerlich der

Suite (außer einem Scherzo noch ein Menuett), durch Klang und Gewicht (besonders der Ecksätze) sinfonischem Musizieren angenähert.
Ferner: ein Quartett für Gitarre, Flöte, Bratsche und Cello (bekannt erst seit 1914) – sowie zwei Sätze für Bläseroktett.
ORCHESTERWERKE
Auffallend: nicht ein einziges Solistenkonzert mit Orchester; nur zwei italienische Ouvertüren und acht Sinfonien, von denen die meisten Jugendarbeiten sind. Die Sinfonien lassen sich kennzeichnen durch zwei Hauptmerkmale: Gleiten durch die früher so scharf gegeneinander abgesetzten Tonarten, dementsprechend fluktuierende Instrumentierung (romantischer Orchesterklang).
4. Sinfonie c-Moll (1816), die *Tragische,* wohl mehr der Beethovenschen Tonart als des Gehalts wegen so bezeichnet.
5. Sinfonie B-Dur (1816), ohne Trompeten und Pauken, auch von Liebhaberorchestern zu bewältigendes Werk.
8. Sinfonie h-Moll (1822), die *Unvollendete,* nur zwei Sätze, außerdem ein Scherzo-Entwurf, wurde erst 1865 von Anselm Hüttenbrenner der Öffentlichkeit übergeben; berühmte Einleitungsmelodie der Celli und Bässe, noch bekannter das G-Dur-Seitenthema der Celli, beide Sätze melodisch-harmonisch bestimmt.
9. Sinfonie C-Dur (1828; nach alter Zählung die 7.), die «große», erst zehn Jahre nach Schuberts Tod von Robert Schumann wiederentdeckt und 1839 von Mendelssohn aufgeführt. Ungewöhnlich ausgedehnt (Schumann spricht von «himmlischen Längen»), weniger sinfonisch gebaut als gereiht, ein unendlicher Kreis romantisch-liedhafter Einfälle, selbst kurze Ausbrüche sogleich ins Lyrische zurückgeführt, jede der zahllosen Melodien instrumental entsprechend gefaßt, ständig wiederholt und ausgekostet (Holzbläser, Hörner).
VOKALWERKE
Gegenüber den Liedern mit Klavier treten die Werke mit Orchester und die Chöre an Bedeutung zurück, erscheinen trotz vieler Schönheiten oft nur als «vergrößerte Lieder», sprechen durch ihre weiche Stimmung viele Hörer heute nicht mehr an.
CHORWERKE
Zu nennen sind: *Mirjams Siegesgesang* (Sopransolo, Chor, Klavier), *Gebet vor der Schlacht* (Soli, Chor, Klavier), *Nachthelle* (für Tenorsolo, Männerchor und Klavier), *Nachtgesang im Walde* (vierstimmiger Männerchor, 4 Hörner), *Hymne an den Heiligen Geist* (Männerchor, je 2 Solotenöre und Solobässe, Blasorchester, keine Streicher; kurz vor Schuberts Tod geschrieben), *Gesang der Geister über den Wassern* (achtstimmiger Männerchor, Kontrabässe, Celli, Bratschen; Schuberts bedeutendster Männerchor; 1821), *Schlachtgesang* (achtstimmiger Männerchor), *Glaube, Hoffnung und Liebe* (gemischter Chor mit Bläsern); 6 lateinische Messen, zu nennen die in As-Dur von 1822 und die in Es-Dur von 1828, beide in Einzelheiten liedhaft, jedoch mit hymnischen Steigerungen, *Deutsche Messe,* 5 Salve Regina (gemischter Chor, Orgel, Orchester; eins für Männerchor), 4 Tantum ergo (gemischter Chor, Orgel, Orchester), 2 Stabat mater, *92. Psalm* (gemischter Chor, Baritonsolo), Oratorium *Lazarus* (Fragment).
Viele Einzelchöre, hervorzuheben das *Ständchen* für Frauenchor, Altsolo, Klavier, *Das Dörfchen* und *Der Gondelfahrer* für Männerchor und Klavier (auch mit Gitarre). Manches Einzellied wurde später, nicht immer sinnvoll, für Chor umgesetzt.
BÜHNENWERKE
Bis auf gelegentliche Ausgrabungen und Potpourris aus dem Bewußtsein der musikliebenden Öffentlichkeit geschwunden: Opern, Singspiele, Schauspielmusik, teils nur in Skizzen vorhanden, vieles erst nach Schuberts Tod aufgeführt. U. a.: *Claudine von Villa Bella, Die Freunde von Salamanca* (Singspiel), *Die Zauberharfe* (Schauspielmusik), *Alfonso und Estrella* (große Oper), *Rosamunde* (Schauspielmusik, Ouvertüre ursprünglich zur *Zauberharfe*), *Fierrabras* (Oper), *Der häusliche Krieg (Die Verschworenen,* Singspiel).
LITERATUR: W. Kahl: Sch.-Schrifttum 1828–1928 (1938); Biographien von M. Friedländer (1928), W. Vetter (1934; 2

Bde. 1953), B. Paumgartner (²1947), A. Einstein (dt. 1953), O. E. Deutsch (1954), P. Mies (1954), F. Hug (1958), Th. Georgiades (1967), H. J. Fröhlich (1978).

Schulhoff, Erwin, *Prag 8. Juni 1894, †Wülzburg (Konzentrationslager) 18. Aug. 1942, Österreicher, Reger-Schüler, Pianist, Avantgardist des freitonalen Expressionismus, schrieb Kammer-, Klavier- und Orchestermusik, auch Opern und Ballette.

Schuller, Gunther, *New York 22. Nov. 1925, Amerikaner, studierte in New York, war Hornist der New Yorker Philharmoniker, wirkt seit 1964 als Kompositions- und Instrumentationsprofessor an der Yale University in New Haven; experimentiert mit der Klang- und Sitzordnung des Orchesters (*Spectra,* 1958), schrieb ferner eine Oboenthrenodie auf den Tod von Mitropoulos (1963), *Seven studies on themes of Paul Klee* (1962) sowie Kammermusiken (u. a. mit oder für Horn und Klarinette); *The Visitation* (Oper nach einem Motiv von Kafka), 1966.

Schultz, Wolfgang Andreas, *Hamburg 1948, studierte bei E. G. Klussmann und G. Ligeti in Hamburg Komposition, schrieb *Rappresentatione Sacra* und *Mythische Landschaft* für Orchester (1976), Kammer- und Klaviermusik, Lieder.

Schultze, Norbert, *Braunschweig 26. Jan. 1911, Studium in München und Köln, war Chor-, Kapell- und Aufnahmeleiter, lebt seit 1937 als Komponist und Verleger in Berlin; schrieb (z. T. unter den Pseudonymen Peter Kornfeld, Frank Norbert, Henri Iversen) Schlager (*Lili Marleen*), Musicals (*Käpt'n Bay-Bay,* 1957), die Opern *Der Teufel ist los* (1933), *Schwarzer Peter* (1936), *Das kalte Herz* (1943); die Pantomimen *Der Struwwelpeter* (1937), *Max und Moritz* (1938).

Schulz (Schultz), Johann Abraham Peter, *Lüneburg 31. März 1747, †Schwedt an der Oder 10. Juni 1800, Reisepianist, schrieb als Vertreter der (2.) «Berliner Liederschule» nach Texten des Göttinger Hainbundes *Lieder im Volkston* (3 Sammlungen 1782, 1785, 1790), darunter *Der Mond ist aufgegangen* (nach M. Claudius).
LITERATUR: E. Schmitz: Unverwelkter Volksliedstil (1956).

Schuman, William Howard, *New York 4. Aug. 1910, Amerikaner, studierte an der Columbia University bei R. Harris und am Salzburger Mozarteum, 1945 Leiter der Juilliard School, 1961–1968 des Lincoln Center in New York; Neoklassizist, schrieb unter anderem 8 Sinfonien, Ouvertüren, ein Klavier- und ein Violinkonzert, Ballette, Eine Oper *Der mächtige Casey* (1953, um den amerikanischen Nationalsport Baseball).

Schumann, Clara, *Leipzig 13. Sept. 1819, †Frankfurt am Main 20. Mai 1896, Pianistin und Komponistin, ausgebildet durch ihren Vater Friedrich Wieck, seit 1840 mit Robert Schumann verheiratet, dessen Werke sie (mit Brahms) herausgab (u. a. ein gemeinsam von Robert und Clara vertontes Liederheft); leitete bis 1892 eine Meisterklasse für Klavier am Hochschen Konservatorium in Frankfurt am Main; schrieb vornehmlich Kammer-, Klavier- und Liedmusik, auch ein Klavierkonzert.
LITERATUR: Biographie von Karla Höcker (1938).

Schumann, Robert, *Zwickau 8. Juni 1810, †Endenich bei Bonn (heute zu Bonn) 29. Juli 1856, Sohn eines musikliebenden Buchhändlers, sollte Schüler Webers werden, studierte nach des Vaters Tod (1826) in Leipzig und Heidelberg Rechtswissenschaften, ging jedoch zur Musik über. Unterricht bei Friedrich Wieck (seinem späteren Schwiegervater) und Heinrich Dorn, mußte infolge Übertreibens seiner klaviertechnischen Studien die geplante Laufbahn als Pianist aufgeben. Begründete 1834 mit Wieck, Ludwig Schunke und Julius Knorr die «Neue Zeitschrift für Musik», in der er gegen Kunstverflachung und für die musikalische Jugend kämpfte (berühmte Aufsätze über Chopin und später über Brahms). 1838/39 in Wien,

1840 Ehrendoktor der Universität Jena, im gleichen Jahre Verehelichung mit Clara Wieck, der bedeutenden Pianistin. 1843 Lehrer an Mendelssohns neugegründetem Leipziger Konservatorium. 1844 Kunstreise mit Clara Schumann nach Rußland. 1844–1850 in Dresden, dort u. a. Leiter der Liedertafel und Begründer der «Schumannschen Singakademie». 1850 Städtischer Musikdirektor in Düsseldorf, mußte 1853 wegen eines Nervenleidens abdanken, stürzte sich Anfang 1854 in den Rhein, wurde in eine Nervenklinik bei Bonn gebracht, starb dort nach 2 Jahren. Beigesetzt (mit Clara Schumann) auf dem alten Friedhof zu Bonn.

Gesamtausgabe der Kompositionen Robert Schumanns. Hg. von Clara Schumann, 31 Bde., Serie 14 von J. Brahms (1879–1893); Gesammelte Schriften, 2 Bde. Hg. von M. Kreysig ([5]1914).

KLAVIERWERKE

Schumanns Kompositionsweise wird vom Klavier bestimmt, seinem Klang und seinen Spielbedingungen. Er hat die Klaviersprache auf seine Weise nicht minder bereichert, als es etwa Chopin in seiner Art tat. Aus seiner Grundidee vom Dichterischen ergibt sich sein Klavierstil: der Gedanken- oder Empfindungskern wird vielfach in rhythmisch punktierten Akkordschlägen herausgemeißelt, sogleich wieder in gebrochenes Laufwerk gehüllt, unvermutet weben sich Gegenstimmen hinein, verwehen wieder in Farbenspiel, Kleinformen dehnen sich und schrumpfen wieder zusammen, energische Rhythmen wandeln sich plötzlich in unruhvolles Schweben, scheinbare Einzelmelodien erweisen sich unversehens als Bestandteile eines durchsichtigen polyphonen Geflechts.

Von einer «Entwicklung» in Schumanns Klavierschaffen kann man nur sehr bedingt sprechen. Wie in seinen Liedern hat er stoßweise geschaffen, nicht immer Gleichwertiges, wohl Gleichartiges. Davon geben die aufeinanderfolgenden Opuszahlen der zwischen 1829 und 1840 geschriebenen Klavierstücke eine Vorstellung:

op. 1 Thema und Variationen über ABEGG, den Namen einer Studentenliebe Schumanns (1830).

op. 2 Papillons (nicht mit «Schmetterlinge», sondern mit «Kleinigkeiten» zu übersetzen; motivisch verknüpfte Bilder eines Maskenfestes, 1828–1832).

op. 3 Studien nach Capricen von Paganini (1832).

op. 4 Sechs Intermezzi (motivisch und polyphon, Synkopierungen, 1832).

op. 5 Impromptus über ein Thema von Clara Wieck (1833).

op. 6 Achtzehn Davisbündlertänze (ein Reigen von «Florestan» und «Eusebius» um Clara Wieck, 1837).

op. 7 Tokkata (1832).

op. 8 Allegro (1831).

op. 9 Carnaval (Maskentreiben, jetzt über ASCH, die vier Notenbuchstaben in Schumanns Namen, gleichzeitig Geburtsort von Schumanns erster Verlobter; 1834/35).

op. 10 Sechs Paganini-Etüden für Klavier (1833; bedeutender als op. 3).

op. 11 Sonate fis-Moll (1835, stürmisches Werben um Clara Wieck. «Die Verfasser Florestan und Eusebius bedienen sich des Pedals fast in jedem Takt»).

op. 12 Acht Fantasiestücke (1832–1837; in dreiteiliger Liedform, betitelt: *Des Abends / Aufschwung / Warum? / Grillen / In der Nacht / Fabel / Traumes Wirren / Ende vom Lied*).

op. 13 Zwölf sinfonische Etüden in Variationenform (1834; Charaktervariationen von orchestralem Glanz).

op. 14 Sonate f-Moll (1835; *Konzert ohne Orchester*).

op. 15 Kinderszenen (1838; von Schumann als «Rückspiegelung eines Älteren und für Ältere» bezeichnet).

op. 16 Kreisleriana (1838; acht Fantasien über Eindrücke nach E. T. A. Hoffmann, keine Titel).

op. 17 Fantasie in C-Dur (1836; Franz Liszt gewidmet, Sonatengedanke, aber aus verschiedenen Formbestandteilen bestehend, die «Sätze» ineinander übergehend, zählt zu den bedeutendsten Werken der Gattung).

op. 18 Arabeske (1839).

op. 19 Blumenstück (1839).

op. 20 Humoreske (1839; Schumann an Clara: «Die ganze Woche saß ich am Klavier und komponierte und schrieb und lachte und weinte durcheinander; dies findest Du nun alles schön abgemalt»).

op. 21 Novelletten (1838; glanzvoller Klaviersatz, Liedform und Rondo. Der Name eine Wortspielerei; geschrieben in Gedanken an die ihm vom Vater verweigerte Clara Wieck; offen widmen durfte er die Stücke nicht, so verschleierte er die Widmung durch den Namen Novelletten, weil die Leipziger Sängerin Novello ebenfalls den Vornamen Clara trug).
op. 22 Sonate g-Moll («uneinheitlich» wegen der zeitlich verschiedenen Entstehung: 1. und 3. Satz sowie der ursprüngliche 4. wurden 1835 geschrieben, der 2. bereits 1830 und der endgültige 4. erst 1838).
op. 23 Vier Nachtstücke (1839, die Einzelteile ursprünglich gedacht als: Leichenfantasie / Kuriose Gesellschaft / Nächtliches Gelage / Rundgesang mit Solostimmen).
op. 26 Faschingsschwank aus Wien (1839; 5 Fantasiebilder über einem Grundmotiv von zwei Vierteln und vier Achteln, gewürzt mit politischen und gesellschaftskritischen Anspielungen im Zeichen der «Maskenfreiheit»).
op. 28 Drei Romanzen (1839).
op. 32 Vier Klavierstücke (1838/39).
Die später entstandenen Klavierwerke zeigen deutliche Spuren nachlassender Schaffenskraft, enthalten dennoch einige bekannte und beachtliche Stücke:
op. 56 Kanonische Studien für den Pedalflügel (1845).
op. 58 Sechs Skizzen für den Pedalflügel (1845).
op. 60 Sechs Fugen über den Namen BACH (1845; auch Orgel).
op. 68 Klavierstücke für die Jugend (1848).
op. 72 Vier Klavierfugen (1845).
op. 76 Vier Märsche (1849; «eher republikanisch» nennt sie der Komponist).
op. 82 Neun Waldszenen (flächige Programmusik, 1848/49).
op. 99 Vierzehn Bunte Blätter (1836 bis 1849).
op. 111 Drei Fantasiestücke (1851).
op. 118 Drei Klaviersonaten für die Jugend (1853).
op. 124 Albumblätter.
op. 126 Sieben Klavierstücke in Fughettenform (1853).
op. 123 Gesänge der Frühe (1853).

Vierhändig:
op. 66 Bilder aus dem Osten (1848; Märchenbilder).
op. 85 Zwölf vierhändige Klavierstücke für kleine und große Kinder (1849, dem Jugendalbum und den Kinderszenen verwandt).
op. 109 Ballszenen (1851. «Zuerst tanzen die Kinder allein. Nach und nach aber mischen sich die Großen hinein, und die Sache wird ernsthaft»).
op. 130 Kinderball (1853; einfacher als die Ballszenen).

Für zwei Klaviere:
op. 46 Andante und Variationen (1843; nur dieses Werk original für zwei Klaviere vom Komponisten, obwohl ursprünglich für zwei Klaviere, zwei Celli und Horn geplant).

Lieder mit Klavier: Schumann hatte den Großteil seiner Klavierwerke geschrieben, als er sein eigentliches Liedschaffen begann. Daher die ungewöhnliche Vielseitigkeit der Aussage im Klavierpart seiner Lieder: das Klavier schafft gewissermaßen den Vorgang im Textdichter noch einmal mit musikalischen Mitteln nach, während die Singstimme im allgemeinen Wörter und Sätze sinngemäß melodisch-metrisch einwebt oder kontrapunktiert. Daher auch die zuweilen umfangreichen Vor- und Nachspiele. Formen: Strophenlied, Liedszenen, Ballade. Nach Beethovens und Schuberts Vorbild auch zahlreiche Liederkreise, und zwar mit charakteristischen Tonartenzyklen. Allein 1840, im Jahr seiner Vermählung, entstanden 126 Lieder.

Liederkreis, op. 24 (nach H. Heine). Neun Lieder. «Ohne eine solche Braut kann man keine solche Musik schreiben» (Robert Schumann).

Myrthen, op. 25 (nach Goethe, Heine, Rückert, Burns, Byron u. a.), 26 Lieder, darunter *Talismane, Lotosblume, Wenn durch die Piazetta der Abendwind weht* (Geschenk für seine Braut).

Lieder und Gesänge, op. 27 (nach Hebbel, Burns, Chamisso, Rückert, Zimmermann).

Drei Geibel-Lieder, op. 30, darunter *Hidalgo.*

Drei Gesänge nach A. von Chamisso, op. 31, darunter die Ballade *Die Löwen-*

braut und das bildhafte Baßlied *Rote Hanne.*

Liederreihe nach J. Kerner, op. 35, zwölf Lieder, so *Wohlauf, noch getrunken den funkelnden Wein, Du herrlich Glas.*

Sechs Gesänge nach R. Reinick, op. 36, darunter Wander- und Volksliedhaftes.

Liebesfrühling, zwölf Lieder nach F. Rückert, op. 37 (davon drei Vertonungen von Clara Schumann: Nr. 2, 4 und 11).

Liederkreis nach J. v. Eichendorff, op. 39, zwölf Lieder, eines kostbarer als das andere, so *Dein Bildnis wunderselig, Mondnacht, Frühlingsnacht (Überm Garten durch die Lüfte).*

Fünf Lieder aus dem Dänischen und Neugriechischen, op. 40.

Frauenliebe und -leben nach A. v. Chamisso, op. 42, acht einst hochgeschätzte und allbekannte Lieder *(Er, der Herrlichste von allen, Du Ring an meinem Finger),* stofflich verblaßt.

Dichterliebe nach H. Heine, op. 48, sechzehn Vertonungen mit einem Nachspiel des Klaviers, trotz hoher Einzelschönheiten verblassend (u. a. *Im Rhein, im heiligen Strome, Ich grolle nicht, Das ist ein Flöten und Geigen*).

Romanzen und Balladen, op. 45, 49, 53, 64 (die ersten drei Hefte von 1840, das letzte von 1841 und 1847), dazu die Einzelballade *Belsazar,* op. 57; Vertonungen nach H. Heine, E. Mörike, J. v. Eichendorff u. a., darunter *Frühlingsfahrt (Es zogen zwei rüst'ge Gesellen), Die beiden Grenadiere, Es flüstern und rauschen die Wogen, Soldatenbraut.*

Lieder und Gesänge, op. 51 (nach E. Geibel, F. Rückert, K. Immermann, C. Christern, J. W. v. Goethe).

Spanisches Liederspiel nach E. Geibel, op. 74 (1849), mehrstimmige und Einzelgesänge (unter diesen das prunkvolle Baritonlied *Ich bin der Kontrabandiste*).

Lieder und Gesänge, op. 77 (1841 bis 1850), darunter der *Stille Vorwurf* mit Tonhöhensprechen über sparsamen Akkorden. (Texte von verschiedenen Dichtern.)

Liederalbum für die Jugend, op. 79 (1849), 29 Lieder.

In den späten Liedern finden sich nicht mehr allzu viele Kompositionen, die mit denen aus der früheren Zeit Schritt halten können.

Drei Gesänge, op. 83 (1850).

Sechs Gesänge, op. 89 (1850), Texte von W. von der Neun.

Sechs Gedichte von N. Lenau und Requiem, op. 90 (1850), hervorzuheben *Lied eines Schmiedes.*

Drei hebräische Gesänge nach Lord Byron, op. 95 (1849).

Lieder und Gesänge, op. 96 (1850), darunter *Wanderers Nachtlied* (zu vergleichen mit Schuberts Vertonung).

Lieder und Gesänge aus Goethes Wilhelm Meister, op. 98 a, ein geschlossener Liederkreis.

Vier Husarenlieder für Bariton, op. 117 (1851), nach N. Lenau.

Drei Waldlieder, op. 119 (1851), nach S. Pfarrius.

Fünf heitere Gesänge, op. 125 (1851), verschiedene Dichter.

Fünf Lieder und Gesänge, op. 127 (1850/51), verschiedene Dichter.

Fünf Gedichte der Königin Maria Stuart, op. 135 (1852).

Spanische Liebeslieder, op. 138 (1849) für eine oder mehrere Stimmen; bekannt L. Uhlands «Provenzalisches Lied» und E. Geibels «Flutenreicher Ebro».

Vier Gesänge, op. 142 (1852), nach Heine, Kerner und einem unbekannten Dichter; Schumanns letzte Liedkompositionen.

KAMMERMUSIK

So sehr Schumann die Kammermusik Beethovens studiert und sich mit ihrem Stil vertraut gemacht hat, so sehr mußte er auf diesem Gebiet einen Eigenstil entwickeln. Um seine Grundidee vom Dichterischen verwirklichen zu können, suchte er nach Farbe und Klang, sprengte überall lyrische Partien ein. Bezeichnungen wie «Mit Energie und Leidenschaft» und «Mit inniger Empfindung» stecken den Erlebens- und Ausdrucksraum seiner Kammermusik ab. Geschrieben wurde die Kammermusik erst, als das Klavierwerk im wesentlichen bereits erschienen war, also in den vierziger Jahren.

Duos: Auffallend die meist wahlfreie Besetzung. 2 Violinsonaten, op. 105 und 121. 3 Romanzen für Klavier und Oboe (oder Klarinette oder Violine), op. 94. Fantasiestücke für Klavier und Klarinette (oder Violine oder Cello), op. 73. Märchenbilder für Klavier und Bratsche (oder Violine), op. 113. Adagio und Allegro für Klavier und Horn (oder Cello oder Violine), op. 70.

Trios: 3 Klaviertrios, op. 63, 80, 110, außerdem Fantasiestücke für Bratsche, Violine und Klavier, op. 88. Märchenerzählungen für Klavier, Bratsche und Klarinette (oder Violine), op. 132.

Quartette: 3 Streichquartette, op. 41, a-Moll, F-Dur und A-Dur. Ein Klavierquartett Es-Dur, op. 47 (1842).

Quintett: Ein Klavierquintett Es-Dur, op. 44 (1842), mit konzertanten Zügen, insbesondere des Klavierparts, eines der klangfrohesten Werke der romantischen Kammermusik, gewaltige kontrapunktisch durchsetzte Schlußsteigerung.

ORCHESTERWERKE

1. Sinfonie B-Dur, op. 38 (1841), vom Komponisten als *Frühlingssinfonie* bezeichnet: entstanden im Vermählungsjahr. Äußere Anregung eine Gedichtzeile von Böttger: «Im Tale blüht der Frühling auf». Diese Worte lassen sich unschwer dem von Trompeten und Hörnern gebrachten Kopfmotiv unterlegen!

2. Sinfonie C-Dur, op. 61 (1845, eigentlich die dritte, da nach der d-Moll-Sinfonie entstanden). Das Adagio mit seinem Thema von J. S. Bach einer der stärksten sinfonischen Sätze Schumanns.

3. Sinfonie Es-Dur, op. 97 (1851), die sogenannte *Rheinische*, vielfach bildhaft (Volkstrubel im 1. Satz, *Szene im Dom* im 3. Satz).

4. Sinfonie d-Moll, op. 120 (erste Fassung 1841, zweite Fassung 1853), vier ineinander übergehende Sätze mit motivischer Verklammerung, Romanze des 3. Teils.

KONZERTE

Klavierkonzert a-Moll, op. 54 (1845), ein Großwerk der Gattung, dichterisch in jedem Takt (selbst aus der Kadenz wird ein Monolog), gebändigte Klavierfantasie, Absage an das leerlaufende Virtuosentum in zeitgenössischen Klavierkonzerten. Ein friedvolles Intermezzo wird umschlossen vom poetisierenden Kopfsatz und vom frischen Finale.

Introduktion und Allegro appassionato für Klavier und Orchester G-Dur, op. 92.

Konzertallegro mit Introduktion für Klavier und Orchester d-moll, op. 139.

Violinkonzert d-Moll (1853) für J. Joachim bestimmt, aber erst 1937 durch G. Kulenkampff in Bonn uraufgeführt, ungleich in der Gestaltqualität.

Fantasie für Violine und Orchester a-Moll, op. 131.

Cellokonzert a-Moll, op. 129.

Konzertstück für vier Hörner und Orchester, op. 86.

OUVERTÜREN

Braut von Messina, op. 100; *Fest-Ouvertüre,* op. 123; *Julius Cäsar,* op. 128; *Hermann und Dorothea,* op. 136. *Ouvertüre, Scherzo und Finale,* op. 52.

BÜHNENMUSIK

Genoveva, op. 81, Oper (1850); *Manfred,* op. 115, Schauspielmusik zu Lord Byrons Dichtung (Ouvertüre öfter im Konzert gespielt).

CHOR MIT ORCHESTER

Das Paradies und die Peri, op. 50 (1843), Text nach Th. Moores Novelle «Lalla Rookh», für vierstimmigen Chor, Soli und Sopran, Mezzosopran, Alt, Tenor, Bariton und Baß, Orchester. (Die Pforte des Paradieses wird der Peri, einem gefallenen Luftgeist, erst wieder aufgetan, als sie eine «heil'ge Träne inn'ger Reue» bringt.)

Der Rose Pilgerfahrt, op. 112, Geschichte einer Elfe unter Menschen («Undinen»-Stoff, Text von M. Horn), Lieder für fünf Soli und gemischten Chor, ursprünglich mit Klavier, später mit Orchester (1852).

Szenen aus Goethes «Faust» für Chor, sechs Soli und Orchester (erste Gesamtaufführung 1862), drei Teile, in großem Abstand geschrieben in der Reihenfolge 3, 2, 1.

BALLADEN MIT ORCHESTER

Nach L. Uhland *Der Königssohn,* op. 115 (1851); *Des Sängers Fluch,* op. 139 (1852); *Das Glück von Edenhall,* op. 143 (Männerchor, Tenor- und Baß-Soli, 1853); ein fast szenischer Balladenzyklus *Vom Pagen und der Königstochter,* op. 140 (E. Geibel), sechsstimmiger Chor, Soloquartett, Orchester.

Ferner Neujahrslied, Requiem, Missa

sacra, Requiem für Mignon, Nachtlied, Zigeunerleben (mit Klavier, Triangel, Tamburin).
A cappella: Lieder, Gesänge, Romanzen, Balladen, Ritornelle für Frauchenchor, Männerchor, gemischten Chor, auch Doppelchöre.
LITERATUR: Biographien von W. Boetticher (1941), K. H. Wörner (1949), P. W. Rehberg (1954), M. Brion (dt. 1955), N. Linke und G. Kneip: R. Sch. Zur Aktualität romantischer Musik (1978).

Schürmann, Georg Kaspar, * Idensen (Hann.) um 1672, † Wolfenbüttel 25. Febr. 1751, Kirchen- und Opernsänger in Hamburg, seit 1707 Hofkapellmeister in Wolfenbüttel, «entmythologisierte» die Barockoper durch Rückgriffe auf deutsche historische Stoffe («Heinrich der Vogler» u. a. m.).

Schütz, Heinrich, * Köstritz bei Gera 14. Okt. 1585, † Dresden 6. Nov. 1672, aufgewachsen in Weißenfels, Landgraf Moritz von Hessen, dem die Musikalität des Knaben auffiel, gewährte ihm einen Platz im Collegium Mauritianum zu Kassel; studierte Rechtswissenschaft, ging zu Musikstudien für zwei Jahre nach Italien (Stipendium des Landgrafen), dort Schüler von Giovanni Gabrieli in Venedig. Nach Rückkehr seit 1613 Hoforganist in Kassel, «für einige Jahre ausgeliehen» an den kurfürstlichen Hof in Dresden, wo er aber fünfundfünfzig Jahre angestellt blieb. In dieser Zeit (Dreißigjähriger Krieg) eine zweite Studienreise nach Italien (1628/29), dann mehrere Jahre in Kopenhagen zum Aufbau der Hofkapelle, auch längere Zeit in Braunschweig und Hannover. Schützens Leben und Wirken fällt in eine Zeit gewaltiger Umschichtungen politischer, religiöser, philosophischer und künstlerischer Art; auch sein persönliches Schicksal stand unter dem Schatten des frühen Verlustes seiner Frau und seiner Kinder. Sein Werk ist, abgesehen vom Jugendschaffen, so verdichtet in der Aussagekraft, daß er als der überragende deutsche Komponist des 17. Jahrhunderts gilt, als künstlerischer Erfüller seiner Zeit und ihrer Strömungen, also ungleich mehr als «einer der Vorläufer Bachs», wie man ihn früher zuweilen bezeichnete. Seine Größe bestand in seinem Persönlichkeitsstil, in den er verschmolz, was ihm an Überkommenem wie an eifrig studiertem Neuen wertvoll erschien: Italienische Doppelchörigkeit als Raumsymbolik, italienisches Rezitativ als Kennzeichen des Persönlichkeitsstrebens, niederländisch-deutsche Polyphonie als Einheit in der Vielfalt, ausklingende Gregorianik und Kirchentonarten, aufkeimende Kenntnis um Bindung an Dur und Moll, Fesselung frei schwingender Rhythmen zu festen Gefügen, Stimmführung nach Wortsinn und dramatischer Bedeutung, all dies wird bei Schütz in seinen fast ausnahmslos vokalen «geistlichen Musiken» zu vergeistigter Musik. – 1922 Gründung einer Schütz-Gesellschaft (1929 Neue Schütz-Gesellschaft), seither Heinrich-Schütz-Feste an internationalen Plätzen. Erste Gesamtausgabe der Werke von H. Schütz 1885–1894 (16 Bde. Hg. Ph. Spitta; 2 Supplementbände 1909–1929; neue Gesamtausgabe seit 1955. Werkverzeichnis (1960; Hg. W. Bittinger).
WERKE
Italienische Madrigale (1611), fünfstimmig, stürmisches Jugendwerk, harmonisch neuartig, zuweilen fast «sichtbare» Musik.
Psalmen Davids sampt etlichen Moteten und Conzerten mit acht und mehr Stimmen nebenst anderen zweyen Capellen (1619) (später vierstimmige, choralartige Vertonung der Psalmen in der Fassung von C. Becker).
Cantiones sacrae (1625, mit Orgelbaß, Texte nach Augustin und Bernhard).
Daphne (1627), erste deutsche Oper, Text von O. Rinuccini, Übersetzung von M. Opitz, Musik nicht erhalten.
Symphoniae sacrae, erster Teil 1629 (ein- bis dreistimmig, mit Instrumentalstütze, lateinisch), zweiter Teil 1647 (drei- bis fünfstimmig, mit zwei Instrumenten, deutsch), dritter Teil 1650 (fünf- bis achtstimmig). Hier steht das berühmte *Saul, Saul, was verfolgst du mich;* drei Chöre (einer sechsstimmig, zwei vierstimmig) über fünfzehn Worte Christi.
Musicalia ad Chorum Sacrum, das ist: «Geistliche Chor-Music mit 5–7 Stimmen, beides instrumentaliter und voca-

liter» (1648, Motetten für die Thomaner in Leipzig).
Historia der freudenreichen Geburt Gottes und Marien Sohnes Jesu Christi (1664), vielfach *Weihnachtsoratorium* genannt, zehn Bilder mit wechselnder Instrumentalbegleitung, Eingangs- und Ausklangsstücke für neunstimmigen Doppelchor, die Zwischensätze verhaltener.
Die sieben Worte Jesu am Kreuze (1645?), dramatisch unter dem Einfluß des italienischen Rezitativs und der italienischen Motette, instrumental bereichert.
Passionen, ursprünglich a cappella. Die nach Lukas mehr auf den einzelnen und auf Einzelheiten gestellt, Zweiteilung der Chöre (um Christus und um die Hohenpriester). Die Passion nach Johannes (1665), musikdramatisch gesteigert, besonders an den handlungsmäßig erregten Stellen. Die ebenfalls 1665 geschriebene Matthäuspassion, für den evangelischen Gottesdienst bestimmt, verwendet nur Choral- und Bibelworte; beachtenswert die sprechende (rezitativische) Schlagkraft; neben *Saul* das männlichste Werk von Schütz.
LITERATUR: Biographien von A. Einstein (1928), H. J. Moser ([3]1954), G. Weizsäcker ([2]1956); H. H. Eggebrecht: H. Sch., Musicus poeticus (1959); Ders.: Ordnung und Ausdruck im Werk H. Sch.' (1961).

Schwarz-Schilling, Reinhard, * Hannover 9. Mai 1904, studierte u. a. bei Kaminski, seit 1938 Kompositionslehrer (1955 Professor) in Berlin, *Sinfonia diatonica* (1957), Partita, Violinkonzert (1953), *Missa in terra pax* (1955), *Lob der Mutter* (1950; Sopran, Alt, dreistimmiger gemischter Chor, Streicher ohne Kontrabaß), Symphonie (1963), Klaviersonate (1968).

Schweinitz, Wolfgang von, * Hamburg 1953, studierte an der Musikhochschule Hamburg Theorie und Komposition bei E. G. Klussmann und G. Ligeti, schrieb 2 Sinfonien, Kammermusik, Gesänge auf Kafka-Texte, Orchestervariationen über ein Thema von Mozart (1977).

Schweitzer, Anton, * Coburg 6. Juni 1735, † Gotha 23. Nov. 1787, 1774 Theaterkapellmeister (Nachfolger von G. Benda) in Gotha, Singspielkomponist; *Die Dorfgala* (1772), *Alceste* (1773, mit M. Wieland), *Pygmalion* (Melodram zu Rousseaus Text, 1772).

Scott, Cyril Meir, * Oxton (Nottingham) 27. Sept. 1879, † Eastbourne (Sussex) 31. Dez. 1970, Engländer, studierte u. a. bei Knorr in Frankfurt am Main, einst als Avantgardist angesehen, wohl wegen seiner zuweilen gewagten Harmonik, seines Verzichts auf Taktstriche und dergleichen. Impressionistische Anklänge, Anregungen aus Philosophie, Okkultismus und Medizin. Schrieb Klavierwerke und Lieder, Sinfonien, ein Klavier-, Oboen- und Violinkonzert, Kammermusik (Duos, Trios, Quartette, Klarinettenquintett), Opern (*Der Alchimist,* 1925, eigener Text). Traktat: *The influence of music on history and morals: a vindication of Plato* (1928).

Searle, Humphrey, * Oxford 26. Aug. 1915. Engländer, studierte u. a. bei Webern, seit 1951 beim Royal Ballet in London tätig (Musical adviser); Zwölftonkomponist, schrieb Sinfonien (1953, 1959), Klavierkonzerte (1946, 1956), *Poème für 22 Instrumente* (1952), Kammermusikwerke, *Der Schatten Kains* für Sprecher und Orchester (1952), *Legt beiseite die Flöten* für Tenor, Streichquartett, zwei Holzbläser (1948), *Der Flußlauf* für Sprecher und Orchester (1951, nach J. Joyce), *Tagebuch eines Irren* (1958, Kurzoper mit Elektronik, nach Gogol), *Das Foto des Colonel* (1964, nach J. Joyce), *Hamlet* (1967, nach Shakespeare), die Ballette *Dualties* (1963), *Noctambules* und *The great peacock.* – Bücher: *Ballet music* (1957), *20th century counterpoint* (1954).

Seckendorff, Karl Siegmund von, * Erlangen 26. Nov. 1744, † Ansbach 26. April 1785, Diplomat, vertonte als einer der ersten Goethe-Gedichte und Singspiele (*Jörg und Bätely,* 1780).

Sehlbach, Erich, * Barmen 18. Nov. 1898, leitete 1928–1963 die Opernklasse der Essener Folkwangschulen, schrieb Sinfonien, Partita für Klavier und Orchester (1947), Klavierkonzert (1954,

Zwölftonthema), Kammermusik, Chorwerke, Opern, zu denen er selbst die Texte schrieb: *Die Stadt* (1935), *Galilei* (1937), *Signor Caraffa* (1938, nach J. Kuhnaus «Der musikalische Quacksalber»), *Baal* (1960).

Seiber, Mátyás, * Budapest 4. Mai 1905, † im Krüger-Nationalpark bei Johannesburg (Südafrika) 25. Sept. 1960 (Verkehrsunfall), Engländer ungarischer Herkunft, Unterricht bei Kodály, lebte seit 1935 in England als – nicht orthodoxer – Führer englischer Zwölftonmusiker; auch elektronische Versuche. Sein bekanntestes Werk ist die Kantate *Ulysses* (1949, nach J. Joyce) für Tenor, Chor und Orchester; ferner u. a. Musik für Film und Funk, *A portrait of an artist* (1957) für textlosen Chor, Sprecher, Kammerorchester (daraus auch eine Orchestersuite *Three fragments*), *Elegie* für Viola und kleines Orchester (1953), Orchestersuiten nach alter Lautenmusik, Violinkonzert (1944), Concertino für Klarinette, Notturno für Horn und Streichorchester, *Tre pezzi* für Violoncelli und Orchester, *Jazzolettes* für 4 Bläser, Klavier, Schlagzeug; Streichquartette. – Errichtete unter Sekles in Frankfurt am Main die erste Jazzklasse (1927).

Sekles, Bernhard, * Frankfurt am Main 20. März 1872, † ebenda 8. Dez. 1934, Theaterkapellmeister, 1923–1933 Direktor des Hochschen Konservatoriums in Frankfurt am Main; feingeistiger Komponist, leicht impressionistisch, schrieb u. a. Sinfonien, sinfonische Dichtungen, Kammermusik, Opern: *Scheherazade* (1917), *Die Hochzeit des Faun* (1921).

Selle, Thomas, * Zörbig bei Bitterfeld 23. März 1599, † Hamburg 2. Juli 1663, Musikdirektor der 5 Hamburger Hauptkirchen; bedeutender (Generalbaß-)Liedmeister; Johannespassion (1642, mit Choreinlagen).

Senfl (Sen[n]fli, Sennt[f]l), Ludwig, * Basel um 1486, † München 1542 oder 1543, der von Luther hochgeschätzte katholische Komponist wirkte in Augsburg, später in München als Leiter der Hofkapelle; wegen der Vielseitigkeit seines Ausdrucks (vom «Gassenhauer» bis zur Messe) oft mit Orlando di Lasso verglichen. Meister des kunstvollen mehrstimmigen Liedsatzes, vielfach noch den Niederländern verpflichtet. Über 300 Liedsätze, dazu Messen, Motetten, Hymnen, Magnificat; seine Choralmotetten über protestantische Gesänge haben möglicherweise zum Zwist mit dem Wittelsbacher Hof geführt (*Hofweisen* von 1540). Führte auch den *Choralis Constantinus* seines Lehrers Isaac zu Ende, bearbeitete die Horaz-Oden von Hofhaimer (Neudrucke).

Serocki, Kazimierz, * Thorn 3. März 1922, † Warschau 20. Jan. 1981, Pole, studierte bei Kazimierz Sikorski und Stanislaw Szpinalski in Warschau und Nadia Boulanger in Paris, Pianist und Komponist der jungpolnischen Avantgarde, trat auch im Westen mit Uraufführungen hervor, schrieb u. a. *Episoden* für Streicher und 3 Schlagzeuggruppen (1959), *Segmenti* für 12 Blasinstrumente (1961), *Sinfonische Fresken* (1964); *Niobe* für 2 Sprechstimmen, Chor, Orchester, nach Texten von K. J. Dalczynski (1966); *Piano e Forte* für 2 Klaviere und Orchester (1968); *Continuum* für 6 Schlagzeuger (1968); ferner Klavier- und Posaunenkonzert, Liederzyklen; *Pianophonie* für Klavier, Orchester und Live-Elektronik (1978).

Serow, Alexandr Nikolajewitsch, * Petersburg, 23. Jan. 1820, † ebenda 1. Febr. 1871, Russe, Jurist und Verwaltungsbeamter, als Musiker Autodidakt. Gegner der jungrussischen Schule, Wagnerianer, seine Opern (Texte vom Komponisten) bildeten das Ende der italienischen Oper in Rußland; *Judith* (1863), *Rogneda* (1865), *Die feindliche Macht* (1871, Schluß von Serows Witwe und N. Solowjow).

Sessions, Roger Huntingdon, * Brooklyn 28. Dez. 1896, Amerikaner, Parker-Schüler, Studien in Italien und Deutschland, angesehener Lehrer an verschiedenen amerikanischen Universitäten, setzt sich vital mit der europäischen Musik auseinander. Gegner des Impressionismus, neben Härten stehen Lyrismen: Sinfonien, Violinkonzert h-Moll (1935), Klavierkonzert (1956), Klavier- und

Kammermusik, Oper *Das Verhör des Lukullus* (1947, nach B. Brecht), *Montezuma* (1964), Lieder nach J. Joyce.

Seyfried, Ignaz Xaver, Ritter von, *Wien 15. Aug. 1776, †ebenda 27. Aug. 1841, Österreicher, Kompositionsschreiber bei Mozart, Albrechtsberger u. a., Kapellmeister und Hauskomponist des Schikanederschen «Theaters auf der Wieden»; schrieb Bühnen- und Kammermusik, veröffentlichte Lehrgespräche seines Freundes Beethoven mit dessen Schüler Erzherzog Rudolf (*Studien*, 1832).

Sgambati, Giovanni, *Rom 28. Mai 1841, †ebenda 14. Dez. 1914, Italiener (Mutter Engländerin), von Liszt geförderter Pianist und Instrumental- (nicht Opern-)Komponist, schrieb Kammermusik mit Klavier, auch ein vielbeachtetes *Requiem*.

Sheinkman, Mordechai, *Tel Aviv 30. Mai 1926, Israeli, studierte in Tel Aviv, New York, Berlin (Blacher), Detmold (Fortner), war an den Experimentierplätzen in Deutschland mit gemäßigt avantgardistischer Kammermusik, auch mit einem Klavierkonzert zu hören.

Shinohara, Makoto, *Osaka 10. Dez. 1931, Japaner, studierte in Tokio, Paris (O. Messiaen) und Köln (B. A. Zimmermann), arbeitete in den elektronischen Studios in Utrecht, New York und Tokio; erstrebt eine Synthese euro-amerikanischer Avantgarde und altjapanischer Musik (*Kyudo* für Schakuhatschi und Harfe, 1973).

Sibelius, Jean, eigentlich Juhani Julius S., *Hämeenlinna 8. Dez. 1865, †Järvenpää bei Helsinki 20. Sept. 1957, Finne, Sohn eines Arztes, wollte Jurist werden, studierte aber Musik in Helsinki, Berlin und Wien (A. Becker, Goldmark, Robert Fuchs). Bereits im Alter von 32 Jahren gewährte ihm der finnische Staat einen Ehrensold auf Lebenszeit, so daß er als freischaffender Künstler in aller Ruhe komponieren konnte. Nach anfänglichen Kompositionen in der Nachfolge von Brahms schrieb Sibelius später bewußt nur noch finnisch-volkhaft. Sein Stil läßt sich kennzeichnen als schwermütige Einförmigkeit in Melodik und Harmonik, unvermutet aufbrechende Schichtung in Rhythmik und Dynamik, herber Klangsinn (Instrumentation). Der rhapsodische Ablauf und die (von Liszt beeinflußten) programmmusikalischen Vorwürfe haben den sinfonischen Dichtungen von Sibelius weltweiten Anklang verschafft.

Eine deutsche Sibelius-Gesellschaft (1957 neu gegründet) wirbt durch repräsentative Festaufführungen auch für den (späteren) Sinfoniker Sibelius. Karajan setzt sich nachdrücklich für den bedeutendsten Nachfahren der naturpoetischen nordländischen Sinfonik ein. Eine Gesamtausgabe seiner Werke liegt noch nicht vor. Ein Werkverzeichnis erschien 1962.

ORCHESTERWERKE

1. Sinfonie e-Moll, op. 39 (1899), vier Sätze.

2. Sinfonie D-Dur, op. 43 (1902), vier Sätze.

3. Sinfonie C-Dur, op. 52 (1907), drei Sätze.

4. Sinfonie a-Moll, op. 63 (1911), vier Sätze.

5. Sinfonie Es-Dur, op. 82 (1915), drei Sätze.

6. Sinfonie d-Moll, op. 104 (1923), vier Sätze.

7. Sinfonie C-Dur, op. 105 (1925), ein Satz.

Karelia-Suite, op. 11 (1893), drei Sätze: Intermezzo – Menuett – Marsch.

Der Schwan von Tuonela, Nr. III aus *Vier Legenden,* op. 22 (1893 bis 1895), wehmütiges Märchen vom Sterben.

Finlandia, op. 26 (1900), sinfonisches Gedicht über die Heimat.

Tapiola, op. 112 (1925), sinfonisches Gedicht. Sibelius: «Weit dehnen sich die düsteren Wälder des Nordlands. In ihnen wohnt der große Gott des Waldes, und Geister weben im Dunkel.»

Frühere, weniger bekannte sinfonische Dichtungen sind u. a. *Eine Sage*, *Pelléas et Mélisande*, sehr bekannt die *Valse triste* aus der Schauspielmusik zu *Kuolema* (Järnefelt).

Violinkonzert d-Moll, op. 47 (1903).

2 Violinserenaden, op. 69, D-Dur und g-Moll (1912/13).

KAMMER- UND KLAVIERMUSIK

Violin-Klavier-Duos der Opuszahlen 77, 78 und 79.
Streichquartett d-Moll, op. 56 (1909), *Voces intimae*, 5 Sätze.
Klaviersonate, Walzer, Bagatellen, Rondinos, kleine Stücke, op. 46, 67, 68 usw., darunter die Des-Dur-Romanze.
VOKALWERKE
Chorkantaten, darunter eine akademische Festkantate, *Gesang der Athener, Das Lied der Erde.*
A-cappella-Chöre (besonders für Männerstimmen).
Zahlreiche Lieder, op. 57, 60, 61.
Orchesterlieder, darunter eine berühmte Baritonballade *Des Fährmanns Bräute*, op. 33 (1897).
BÜHNENWERKE
Die Jungfrau im Turme (1896), Oper.
Scaramouche (1913), melodramatische Pantomime.
Schauspielmusik zu verschiedenen Werken, u. a. zu Maeterlincks «Pelléas et Mélisande» (1905).
LITERATUR: N.-E. Ringbom: J. Sibelius (dt. 1950); E. Tanzberger: J. Sibelius (1962).

Siegel, Ralph Maria, *München 8. Juni 1911, †ebenda 2. Aug. 1972, ursprünglich Operettentenor in Berlin und München, schrieb Operetten und Musicals (*Alles für Eva*, 1933; *Charley's Tante*, 1967).

Siegel, Rudolf, *Berlin 12. Apr. 1878, †München 4. Dez. 1948, Humperdinck- und Thuille-Schüler (Berlin, München), Theaterkapellmeister, Generalmusikdirektor in Krefeld, auch Opernkomponist (*Herr Dandolo*, Lustspieloper, 1914). – Sein Sohn Ralph Maria Siegel (*8. Juni 1911), Film-, Operetten- und Schlagerkomponist in München.

Siegl, Otto, *Graz 6. Okt. 1896, †Wien 9. Nov. 1978, Österreicher, Kornauth-Schüler, wirkte zeitweise auch in Deutschland (Köln), seit 1948 Kompositionslehrer in Wien; wurde bekannt durch Chorwerke (so das Oratorium *Eines Menschen Lied*). Werkverzeichnis bei Walter Trienes: O. S. (1956).

Sikorski, Kazimierz, *Zürich 28. Juni 1895, Pole, Studienjahre in Warschau, Berlin, Paris; Dirigententätigkeit in Posen und Warschau, seit Kriegsende in Lodz, auch als Kompositionslehrer nicht ohne Einfluß auf die polnische Moderne, schrieb vorwiegend Instrumentalmusik.

Silcher, Friedrich, *Schnait (Landkreis Waiblingen) 27. Juni 1789, †Tübingen 26. Aug. 1860, wirkte seit 1817 als Universitätsmusikdirektor in Tübingen, auch als Leiter der Akademischen Liedertafel, sammelte deutsche Volkslieder, steuerte auch eigene Weisen bei (*Ännchen von Tharau, Ich weiß nicht, was soll es bedeuten, Alle Jahre wieder, Zu Straßburg auf der Schanz*) und gab sie ein- und zweistimmig mit Klavier sowie für vierstimmigen Männerchor heraus (*Ich hatt' einen Kameraden* als Bearbeitung einer älteren Schweizer Weise). Ferner beachtliche, kaum bekannte Klavierwerke und Kirchenmusik (Choralbuch). Eine *Harmonie- und Kompositionslehre* (1851). Neudrucke der Lieder (Hg. H. J. Dahmen, 1960).

Simon, Hermann, *Berlin 26. Jan. 1896, †Tiengen 14. Nov. 1948, Tiessen-Schüler in Berlin, schrieb geistliche Chorwerke (*Luthermesse* für gemischten Chor a cappella und Solostimmen, 1934), Kammerliederzyklen (Ruth Schaumann u. a.), ein Opernspiel *Reinhold Lenz*.

Sinding, Christian August, *Kongsberg 11. Jan. 1856, †Oslo 3. Dez. 1941, Norweger, studierte wie sein Landsmann Grieg am Leipziger Konservatorium, lebte teils in Berlin, teils in Oslo, 1921/22 in Rochester (USA). Seine Anreger waren Grieg, Wagner, Brahms und die Neudeutschen. Er bevorzugte einen farbig-mächtigen Stil, kennzeichnend *Frühlingsrauschen* (für Klavier 1896, op. 32/3, dann in zahllosen Instrumentierungen). Viele Klavierwerke, 4 Sinfonien, 3 Violinkonzerte, ferner Kammermusik (meist mit Klavier als Klangträger), zahlreiche Lieder (darunter ein Liederkreis *Heimfahrt*, op. 80), Chöre, die Oper *Der heilige Berg* (1914).

Sinigaglia, Leone, *Turin 14. Aug. 1868, †ebenda 16. Mai 1944. Italiener, studierte in Wien und Prag (Dvořák), volksläufige Instrumentalmusik (Violinkonzert), sammelte piemontesische Liedweisen (4 Bde.)

Sinopoli, Giuseppe, * Venedig 1. Dez. 1946, Italiener, studierte in Venedig, wo er seit 1972 am Marcello-Conservatorio in Neuer Musik unterrichtet, schrieb Kammeropern und Kammermusik (z. T. mit Tonband), *Tombeau d'amour* I und II für Orchester (1974, 1977), die Oper «Lou Salomé» (1981).

Sixt, Johann Abraham (August), * Gräfenhausen (Kreis Calw) 3. Jan. 1757, † Donaueschingen 30. Jan. 1797, Organist u. a. in Straßburg, Klavierlehrer in Lyon, seit 1784 Musiklehrer und Singspielleiter am Hof in Donaueschingen; schrieb Kammermusik und Klavierlieder in mozartnahem Stil. (Neuausgaben. Werkbiographisches durch F. Baser, Freiburg 1963.)

Skalkottas, Nikos, * Chalkis auf Euböa 8. März 1904, † Athen 19. Sept. 1943, Grieche, studierte u. a. bei Jarnach und Schönberg. Nach anfänglichen Erfolgen (besonders in Berlin) komponierte er, in vereinfachter Zwölftonweise, nur noch für sich. Umfangreicher Nachlaß. In jüngster Zeit wieder mit Erfolg in Europa und Amerika aufgeführt: griechische Orchestertänze, Suiten, Bläsersinfonie, Konzerte für Klavier (3), Violine, Doppelkonzert für Violine/Viola, Violoncellokonzert, Streichquartette, Lieder.

Skrjabin, Alexandr Nikolajewitsch, * Moskau 6. Jan. 1872, † ebenda 27. Apr. 1915, Russe, Arenski- und Tanejew-Schüler in Moskau, frühzeitig bekannt als Pianist, viele Auslandsreisen; als Komponist dem Westen zugeneigt (Chopin, Wagner, Debussy), aus philosophisch-theosophisch-kultischen Erwägungen Mystiker, aber zu schwach, seine Ideen zu verwirklichen. In der Spätzeit zerspaltene Harmonik (atonal), Motivfetzen ohne motivischen (bewegenden) Sinn, schiebende Klangmassen, Riesenbesetzung von Orchester und Chor (bis 2000 Mitwirkende). Zum Instrumentalen sollte – um der Vollkommenheit willen – das Wort, die Farbe (Farbenklavier), der wahrnehmbare Duft treten. Mensch und Natur und Kunst und Mystik sollten gemeinsam zum großen Erlösungswerk führen. Baugesetzlich im Mittelpunkt der Spätzeit steht ein aus der Obertonreihe gewonnener «mystischer Akkord» C-Fis-B-e-a-d, also z. T. verminderte, z. T. übermäßige Quarten. Der Übergang zu einer solchen Schaffens- und Anschauungsweise liegt zwischen den Opuszahlen 26 und 30. Schrieb Klavierwerke und Sinfonien. Bekannt *Prometheus, le poème du feu,* op. 60 (1911, für Orchester und Farbklavier), *Le poème de l'extase,* op. 54 (1908).
LITERATUR: C.-Ch. v. Gleich: Die sinfonischen Werke von A. S. (1963); A. Dikenmann: Die Entwicklung der Harmonik bei A. S. (1935).

Škroup, František, * Osice (Böhmen) 3. Juni 1801, † Rotterdam 7. Febr. 1862, Tscheche, Kapellmeister in Prag und Rotterdam, schrieb als erster Opern auf tschechischen Text (u. a. *Der Drahtzieher,* 1826), ferner 3 deutsche Opern; von ihm auch die Nationalhymne *Kde domov můj* (aus dem Musikspiel *Fidlovačka*).

Slavenski, Josip, * Csakathurn (Kroatien) 11. Mai 1896, † Belgrad 30. Nov. 1955, Jugoslawe, studierte in Budapest (Kodály), Prag und Paris, lehrte später in Belgrad. Ausgangspunkte seines z. T. utopistischen Schaffens war die Folklore seiner Heimat (1. Streichquartett; Suite *Balkanophonia,* 1927), die nächste Stufe bildete seine *Sinfonia oriente* (1934, mit Soli und Chor), in der über jede Weltreligion in der jeweiligen Sprache gesungen wird; Endpunkt sollte eine *Heliophonie* (Sonnenklang) werden mit Soli, Chor, Orchester, elektronischen Instrumenten, Farbeffekten und Bühnendarstellung (nicht beendet).

Slonimski, Nicolas, * bei Petersburg 27. April 1894, Russe, Wahlamerikaner (1931), emigrierte 1923 nach Boston, experimentierte mit Vierteltonmusik, trat als Lexikograph hervor (*The international cyclopedia of music and musicians,* 1946, mit O. Thompson).

Smetana, Friedrich (Bedřich), * Leitomischl 2. März 1824, † Prag 12. Mai

1884, Tscheche, Schüler der «Prokschen Musikanstalt» in Prag, studierte auch bei Liszt. 1856–1860 Dirigent der Philharmonischen Gesellschaft in Göteborg (Schweden); 1866 Kapellmeister des Prager Nationaltheaters; völliger Verlust des Gehörs zwang ihn, die Stellung 1874 aufzugeben. Lebte als freier Komponist, starb – seit 1882 geistig umnachtet – in der Landesirrenanstalt in Prag. Begründer der tschechischen Kunstmusik, die er zu internationaler Bedeutung geführt hat. Geschult an den deutschen Klassikern, später an den Neudeutschen um Liszt, wobei er so weit ging, zu erklären: «Die absolute Musik ist für mich in jedem Genre bereits unmöglich.»

OPERN

Nicht alle Opern Smetanas haben sich in aller Welt so durchsetzen können wie *Die verkaufte Braut;* das mag daran liegen, daß sie textlich einen verhältnismäßig engen geographischen Raum umschließen. Dennoch lebt in allen eine kräftige Mischung volkhaft-derber Heiterkeit, gesunden Wirklichkeitssinns und überwältigender Melodienfülle.

Die verkaufte Braut (1866, Text von K. Sabina), heute als «die» tschechische Volksoper betrachtet, doch anfangs kaum gewürdigt, allbekannt geworden erst nach der Wiener Aufführung von 1893 (Bearbeitung M. Kalbeck). Im Mittelpunkt steht die deftige Figur des Heiratsvermittlers Kezal, dem der arme Hans (niemand weiß, daß er Sohn des Bauern Micha ist) die geliebte Marie ver kauft unter der Bedingung, daß niemand sie heiraten dürfe als ein Sohn Michas; der ahnungslose Kezal versteht darunter den Dümmling Wenzel und wird geprellt, als die wahren Zusammenhänge bekannt werden.

Dalibor (1868, Text von J. Wenzig). Die durchkomponierten Szenen wurden Smetana als Wagnerei angekreidet (Neufassung im Jahre 1958, deutsch von Kurt Honolka).

Die zwei Witwen (1874, die ursprünglich gesprochenen Dialoge wurden 1877 durchkomponiert, Text nach dem gleichnamigen französischen Lustspiel von F. Mallefille von E. Züngel), komische Oper.

Der Kuß (1876, Text von E. Krásnohorská), leitmotivisch verklammert, durchkomponiert.

Das Geheimnis (1878, Text von E. Krásnohorská), das Leitmotivische tritt zurück, Volksmelodik und Volksrhythmen bilden den Untergrund.

Libussa (1881, aber schon neun Jahre zuvor geschrieben, Text von J. Wenzig, vgl. auch F. Grillparzers gleichnamiges Werk), Festoper, von Wagners «Meistersingern» beeinflußt. Verherrlichung der Geschichte des Landes in «lebenden Bildern».

Die Teufelswand (1882, Text von E. Krásnohorská).

SINFONISCHE DICHTUNGEN

Nach dem Beispiel der Neudeutschen Programmüberschriften und ausführlichen Inhaltsangaben (die frühe *Triumphsinfonie,* die sinfonischen Dichtungen *Wallensteins Lager, Richard III., Hakon Jarl* so gut wie vergessen):

Mein Vaterland (1875–1880), sechs sinfonische Dichtungen, künstlerisches Bekenntnis zur Heimat. Im Gewande des sagenhaften Sängers Lumir berichtet er von Helden, Geschehnissen und Landschaften:

Vyšehrad. – Bau, Herrlichkeit und Verfall der Burg der Herzöge und Könige. Vier Harfenakkorde geben das musikalische Grundmotiv, das für alle sechs Werke bestimmend bleibt.

Die Moldau. – Tonmalerische Darstellung des langsam wachsenden Stroms und der von ihm durchflossenen Landschaften mit ihren Bewohnern bis hin zu den Mauern des Vyšehrad.

Šárka. – Kampf böhmischer Amazonen gegen böhmische Ritter. Die Heldenjungfrau Šárka erschlägt schließlich mit ihren Gefährtinnen die trunkenen Ritter.

Aus Böhmens Hain und Flur. – Landschaftsbilder, ländliche Feste, in die das feierliche Vyšehrad-Motiv erinnernd hineinklingt.

Tábor. – Berg der Verklärung Christi, nach dem der Hussitenführer Žižka sein Kriegslager bezeichnete. Darstellung des Hussitenaufstands. (Hussitenchoral *Die ihr seid die Kämpfer Gottes.*)

Blaník. – Wohl weiden Hirten ihre Ziegen auf dem Berg Blaník, der die Hussitenkämpfe gesehen; doch wollen die

Seelen der gefallenen Helden weiterkämpfen für ihren Glauben und ihre Heimat. (Choralthema aus «Tábor» kehrt daher wieder.)
KAMMERMUSIK
Streichquartett e-Moll *Aus meinem Leben* (1876). Den ersten drei Sätzen (aufzuckendes Kopfmotiv der Bratsche) ist der vierte gegenübergestellt: *Ungestilltes Sehnen der Jugendzeit* bildet den Inhalt des ersten Allegro vivo; das tänzerische Scherzo enthält eine Polka; der langsame Satz quillt melodiös über von der *Seligkeit der ersten Liebe.* Dann der dreigeteilte Schlußsatz: 1. *Die Erkenntnis der nationalen Musik,* 2. *Das verhängnisvolle Erklingen im Ohr vor der Ertaubung* (Flageoletton der 1. Violine als sirrende Vorahnung von Wahnverfolgung, Ertaubung und Tod), 3. *Ergebung in ein unabwendbares Schicksal;* gegen Ende tauchen Gedanken der früheren Sätze wieder auf.
Klaviertrio g-Moll (1885). Drei Sätze (Scherzo mit zwei Trios).
KLAVIERMUSIK
Zunächst die musikantischen *Polkas* (1855–1861), dann die *Tschechischen Tänze* (1879), in der Art der Tanzszenen der Oper *Die verkaufte Braut;* nicht so bezeichnend *Träume,* sechs Charakterstücke (1875).
Männer- und gemischte Chöre, Shakespeare-Festmarsch u. a. m.
LITERATUR: Z. Nedjedlý: B. S. (7 Bde., 1950–1954); F. Bartos: S.s Briefe und Erinnerungen (1954); H. Boese: S. und Dvořák (1955); V. Helfert: Die schöpferische Entwicklung F. S.s (1956).

Smyth, Ethel, * London 23. Apr. 1858, † Woking 8. Mai 1944, Engländerin, studierte in Leipzig (v. Herzogenberg), Brahms-Epigonin, mit frühen Opern in Deutschland (Elberfeld) bekannt geworden, in England von Beecham gestützt; komponierte den Suffragettenmarsch (*March of the women*). Autobiographie *What happened next* (1940).

Soler, Padre Antonio, * Olot (Katalonien) 3. Dez. 1729, † im Kloster El Escorial bei Madrid 20. Dez. 1783, Spanier, besuchte die Singschule des Klosters Montserrat, war seit 1753 Organist und Chorleiter am Escorial, erhielt dort auch Cembalo- und Kompositionsunterricht durch D. Scarlatti, schrieb außer Kirchenmusik vor allem Klaviersonaten.

Sor, Fernando, getauft Barcelona 14. Febr. 1778, † Paris 10. Juli 1839, Spanier, Gitarrenvirtuose; schrieb Gitarrenwerke und das Schulwerk *Méthode pour la guitare* (1839).

Soulage, Marcelle, * Lima (Peru) 12. Dez. 1894, Französin, studierte am Pariser Konservatorium, wo sie 1949–65 lehrte; schrieb Liederzyklen (*Proses d'amour et de mort* für Singstimme und Orchester, 1945), Kammermusik, Klavier- und Harfenstücke.

Sousa, John Philip, * Washington (D. C.) 6. Nov. 1854, † Reading (Pa.) 6. März 1932, Amerikaner portugies.-dt. Herkunft, schrieb Operetten und an 100 Märsche (*The Stars and Stripes for Ever*); regte den Bau des Sousaphons an.

Sowerby, Leo, * Grand Rapids (Mass.) 1. Mai 1895, Amerikaner, studierte in Chicago (Rom-Preisträger), wurde Militärkapellmeister, Chorleiter, Organist in Chicago, schrieb das Oratorium *Christ reborn* (1953), außerdem Orgel-, Konzert- und Kammermusik.

Speer, Daniel, * Breslau 2. Juli 1636, † Göppingen 5. Okt. 1707, vielgereister Stadtpfeifer und Kantor, schrieb Quodlibets (*Neugebackener Tafelschnitz,* 1685), auch kulturgeschichtlich aufschlußreiche Musikromane.

Sperontes, eigentlich Johann Sigismund Scholze, * Lobendau 20. März 1705, † Leipzig 28. Sept. 1750, Stadtschreiber, gab eine Liedersammlung «Singende Muse an der Pleisse» heraus (1736 bis 1746, 4 Teile; Neudrucke), Texte seines Freundes J. Ch. Günther u. a., denen er allbekannte Klavierstücke (z. T. französische Modetänze) unterlegte, ein viel nachgeahmtes Verfahren, das auch zur «Leipziger Liederschule» führte.

Spitzmüller, Alexander Sp., Freiherr von Harmersbach, * Wien 22. Febr. 1894, † Paris 12. Nov. 1962, Österreicher, Berg-Schüler, seit 1928 Kompositionsprofessor in Paris (Schola Cantorum), schrieb Bühnen- und Ballettmusik, auch Sinfonisches und Kammermusik.

Spohr, Louis, eigentlich Ludwig Sp., * Braunschweig 5. Apr. 1784, † Kassel 22. Okt. 1859, mit fünfzehn Jahren herzoglicher Kammermusiker in Braunschweig, als Geiger und Komponist (vielfach mit seiner Harfe spielenden Frau) auf Auslandsreisen, 1805 in Gotha, 1812 bis 1815 Kapellmeister in Wien, ab 1817 in Frankfurt am Main, von 1822 bis zu seiner Zwangspensionierung (1857) Hofkapellmeister in Kassel. Gesuchter Violinlehrer (Violinschule 1831). – 9 Sinfonien (eine für zwei Orchester), 15 Violinkonzerte (a-Moll, op. 47, 1816, *In Form einer Gesangsszene*), Konzert für Streichquartett und Orchester, 4 Klarinettenkonzerte, mehr als drei Dutzend Streichquartette (davon 4 Doppelquartette und 6 mit solistisch geführter erster Geige), zahlreiche weitere Kammermusikwerke (Quartett bis Nonett) und Chorkompositionen, 10 Opern (u. a. *Faust,* 1816; *Jessonda,* 1823). Eigentümlichkeiten von Spohrs Schreibweise: Chromatik und Kleintriller.
LITERATUR: Gesamtausgabe seit 1949. Autobiographie (1860/61, Neudruck 1955).

Spolianski, Mischa, * Białystok 28. Dez. 1898, studierte Komposition in Berlin (Klatte, Lendvai), ging 1933 nach England, später in die USA; schrieb Revuen *(Es liegt in der Luft),* die Jazzoper *Rufen Sie Herrn Plim!,* das Musical *Katharina Knie* (nach C. Zuckmayer, München 1957), Filmmusiken *(Nie wieder Liebe).*

Spontini, Gasparo Luigi Pacifico, * Maiolati (Prov. Ancona) 14. Nov. 1774, † ebenda 24. Jan. 1851, Italiener, seit 1805 in Paris als Hofkomponist der Kaiserin Joséphine, dann Ludwigs XVIII., 1820–1841 preußischer Generalmusikdirektor in Berlin. Wendig von der Buffooper bis zu Gluck, von der Empireoper bis zur großen Oper; bedacht auf eindrucksvolle Mittel (berühmte Dekorationen); schrieb mehr als ein Dutzend Opern, darunter *Die Vestalin* (1807), *Fernando Cortez* (1809), *Olympia* (1819; übers. von E. T. A. Hoffmann; im Wettstreit mit Webers «Freischütz» unterlegen), *Lalla Rookh* (1821; umgearbeitet als *Nurmahal oder Das Rosenfest von Kaschmir*), *Alcidor* (1825).

Staden, Sigmund Theophil, * Kulmbach 1607, † Nürnberg 30. Juli 1655, Sohn des Nürnberger Sebaldusorganisten Johann Staden (1581–1634), sein allegorisches Singspiel *Seelewig* (1644) stellt einen ersten deutschsprachigen Beitrag zur Oper dar, schrieb Lieder, die er in Sammelwerken (z. T. als Anhang zu Haßler-Ausgaben) herausgab.

Stadler, Maximilian, * Melk 7. Aug. 1748, † Wien 8. Nov. 1833, Österreicher, Geistlicher (1786 Abt), den Wiener Klassikern befreundet, schrieb Oratorien (*Die Befreiung Jerusalems,* 1813), Klavierlieder und -sonaten.

Stadlmayr, Johann, * Freising um 1570, † Innsbruck 12. Juli 1648, Hofkapellmeister, schrieb zahlreiche Messen, Motetten, Hymnen, Psalmen (4–8stimmig, sämtliche mit Generalbaß).

Staempfli, Edward, * Bern 1. Febr. 1908, Schweizer, studierte in Köln und Paris, lebte und wirkte nach dem Kriege u. a. in Berlin, schrieb (seit 1949 dodekaphonisch) Konzertwerke (Klavier u. a.), *Epitaph* für Paul Eluard (1954), *Spannungen* (Ballett, 1962), Kammermusik.

Stamitz, Carl, * Mannheim 7. Mai 1745, † Jena 9. Nov. 1801, Schüler seines Vaters Johann Stamitz (1717–1757) und Cannabichs, Bruder des Geigers Anton Stamitz (1754–1809), Bratscher, Dirigent, Reisevirtuose, griff in seinen Orchester- und Kammermusikwerken den von seinem Vater vorgeprägten «Mannheimer Stil» auf (Crescendo, Hörner und Klarinetten; 2. Thema; Menuett). Neuausgaben.

Stamitz, Johann, auch John Steinmetz, * Deutsch-Brod (Böhmen) 17. oder 19. Juni 1717, † Mannheim 27. März 1757, hervorragender Geiger, wirkte seit 1741 in Mannheim, Begründer der «Mannheimer Schule», machte die kurfürstliche

Kapelle zum besten Orchester der Zeit, schrieb stilistisch umwälzende Orchesterkompositionen (thematische Arbeit, schneller Ausdruckswechsel, fließende Stärkegrade, neue Klangmöglichkeiten mit Einführung des Horns). Haydn hat auf Stamitz' Stil zurückgegriffen, so daß dieser für die Folgezeit (Mozart, Beethoven) maßgebend wurde. 74 Sinfonien, zehn Orchestertrios, viele Violinkonzerte und Kammermusikwerke.
LITERATUR: P. Gradenwitz: J. St. (1936).

Standfuß, Johann Georg, † Hamburg um 1759, Theatergeiger in Leipzig, trug mit der Posse *Der Teufel im Dorf* (Text Ch. F. Weiße, 1752) zur Entwicklung des deutschen Singspiels bei.

Stanford, Sir Charles Villiers, * Dublin 30. Sept. 1852, † London 29. März 1924, Ire, studierte in Cambridge und Leipzig, setzte sich für die Bach-Pflege ein, schrieb vor allem Chorwerke, einflußreicher Kompositionslehrer u. a. von R. Vaughan Williams, G. Holst, J. Ireland, F. Bridge, A. Bliss, A. Benjamin.

Starzer, Joseph, * 1726, † Wien 22. April 1787, Österreicher, Ballettkomponist in Petersburg und Wien, wo er für den Choreographen J. G. Noverre Beiträge zur Erneuerung des Handlungsballetts komponierte.

Steffani, Agostino, * Castelfranco Veneto 25. Juli 1654, † Frankfurt am Main 12. Febr. 1728, Italiener, studierte in Padua und München (Kerll), dann in Rom und Paris. Nicht nur bedeutender Komponist, auch Diplomat, wurde Bischof, war mit Leibniz befreundet. Wirkte in München, Hannover, Düsseldorf. Hauptwerke: Kammerduette, Stabat mater (sechsstimmig mit Streichern und Orgel), Motetten, Kantaten, Opern im spätvenezianischen Stil, die auch Händel beeinflußt haben; unter diesen *Solon* (1685), *Niobe* (1688), *Heinrich der Löwe* (1689, zur Einweihung der Oper in Hannover), *Arminius* (1707).

Steffens, Walter, * Aachen 31. Okt. 1934, studierte in Hamburg (Maler, Jarnach, Klussmann), ist seit 1969 Professor für Komposition in Detmold; schrieb die Opern *Eli* (nach Nelly Sachs, 1967) und *Unter dem Milchwald* (nach Dylon Thomas, 1972), *Hommage à Béla Bartók* für Klarinette und Klavier (1964), *Pluie de feu* für Klavier (auf eine Buchgraphik von B. Aubertus, 1970), Chöre und Lieder nach Rimbaud, Bobrowski.

Stenhammar, Wilhelm, * Stockholm 7. Febr. 1871, † ebenda 20. Nov. 1927, Schwede, ausgebildet in Stockholm und Berlin, Konzert- und Operndirigent in Göteborg und Stockholm, Vertreter einer schwedisch akzentuierten Nachromantik.

Stephan, Rudi, * Worms 29. Juli 1887, † bei Tarnopol 29. Sept. 1915 (gefallen), Schüler von Sekles, Vorläufer der Neuen Musik; *Musik für sieben Saiteninstrumente* (1912), *Musik für Geige und Orchester* (1912), *Musik für Orchester* (1913), *Liebeszauber*, für Bariton und Orchester (1913), Oper *Die ersten Menschen* (nachgelassen 1920, Text O. Borngräber).
LITERATUR: Biographie von K. Holl (^{2}1922).

Sterkel, Johann Franz Xaver, * Würzburg 3. Dez. 1750, † ebenda 12. Okt. 1817, Geistlicher, Hofkaplan und -kapellmeister in Mainz, schrieb Orgel- und Kammermusik, beeinflußte auch den jungen Beethoven.

Still, William Grant, * bei Woodville (Miss.) 11. Mai 1895, Amerikaner (Farbiger), Komponist, Varèse-Schüler, schrieb Ballett- und Opernmusik (*Blue steel*, 1935), Oratorien (*And they lynched him on a tree*, 1940), Sinfonisches (*Africa*, 1930).

Stockhausen, Karlheinz, * Mödrath bei Köln 22. Aug. 1928, studierte Schulmusik und Komposition (u. a. bei F. Martin in Köln und O. Messiaen in Paris), arbeitet seit 1953 am Studio für Elektronische Musik des Westdeutschen Rundfunks Köln (Leitung seit 1963), tritt seit 1957 als Theoretiker bei den «Internationalen Ferienkursen für Neue Musik» in Darmstadt auf, leitete 1964–1968 die

Kölner Kurse für Neue Musik und führte auf der Weltausstellung in Osaka 1970 in dem von Architekt F. Bornemann entwickelten Kugelauditorium «elektronische Raumkompositionen» vor. Stockhausen ist (von seiner rein musikalischen Begabung abgesehen) Phonetiker, Physiker, Mathematiker. Sein Streben ist darauf gerichtet, schlechthin alles, was mit der modernen Musik zusammenhängt, in materialgerechte Beziehung zu setzen, von der Ton-, Klang- und Geräuscherzeugung angefangen, weiterführend über die Komposition (wörtlich zu nehmen als «Zusammensetzung») und über die Aufführung bis hin zum Hörer selbst. Das von ihm bisher Geschaffene scheint ihm weniger bedeutend als Werk an sich denn als schrittweises, sehr selbstkritisches Vordringen in neuzuordnende, umfangreiche, zusammenhängende, logisch aufeinander bezogene Gesamt-Ton-Klang-Geräusch-Welten. Er arbeitet z. B. mit Tabellen, in denen Reihe / Umkehrung des Reihe / Krebs / Umkehrung des Krebses in elf Transpositionsmöglichkeiten dargelegt sind, benutzt nicht Themen, sondern «Strukturen», also Tonintervalle als Bausteine, müht sich um Raum- und Zeitdimensionen in durchaus neuer Art, gleich, ob mit elektronischen oder «herkömmlichen» Instrumenten. Einige Bemerkungen zu charakteristischen Werken mögen das verdeutlichen:

HAUPTWERKE

Klavierstück XI (1958). Größe des Notenblattes: 0,5 qm. 19 verschiedene, verschieden lange «Gruppen». Der Spieler beginnt mit einer beliebigen Gruppe in beliebiger Geschwindigkeit, Lautstärke, Anschlagsart. Er findet am Ende der Gruppe eine Anweisung für Geschwindigkeit, Lautstärke, Anschlagsart und nimmt diese als Spielanweisung für eine beliebige andere Gruppe. Die Wahl der Gruppen, ihre Reihenfolge, auch das Weglassen einer oder mehrerer Gruppen steht im Belieben des (auf diese Weise zum aktiven Mitgestalten aufgerufenen) Spielers.

Zeitmaße (1956) für Oboe, Flöte, Englischhorn, Klarinette, Fagott. Ein Satz, aber fünf grundsätzlich verschiedene Tempi: 1. durch Metronom festgelegt, 2. «so schnell wie möglich» (abhängig vom jeweils bestimmenden Instrument), 3. «so langsam wie möglich» (abhängig vom Umfang der Tongruppe, die in einem Atemzug geblasen werden kann), 4. «schnell – verlangsamen» (jede Tongruppe wird sehr schnell begonnen und dann bis auf ein Viertel der Anfangsgeschwindigkeit verlangsamt), 5. «langsam – beschleunigen» (umgekehrt wie bei 4.).

Gruppen für 3 Orchester (1958). Dabei ergibt sich (zitiert nach Stockhausen) «die Notwendigkeit, mehr oder weniger lange Gruppen von Klängen, Geräuschen und Klanggeräuschen in verschiedenen Tempi gleichzeitig darzustellen. Um das richtig spielen und hören zu können, wurde ein großes Orchester von 109 Spielern in drei kleinere Orchester aufgeteilt; jedes Teilorchester muß von seinem eigenen Dirigenten geleitet und mit genügendem Abstand von den beiden anderen im Raum aufgestellt werden.» Sie sind etwa gleich stark besetzt (Holz-, Blech-, Zupf- und Streichinstrumente, jede Gruppe unterteilt in eine Klanggruppe mit genau bestimmten Tonhöhen und eine Geräuschgruppe mit annähernd bestimmten Tonhöhen; dazu «Verbindungsinstrumente» zwischen Klang und Geräusch). «Die Ähnlichkeit der drei Orchesterbesetzungen ergab sich aus der Forderung, Tongruppen im Raum von einem Klangkörper zum anderen wandern zu lassen, gleichzeitig voneinander ähnliche Klangstrukturen aufzuteilen; jedes Orchester sollte den anderen zurufen, Antwort oder Echo geben können.»

Gesang der Jünglinge im Feuerofen (1956). Elektronisch mit teils betexteter und teils textloser Gesangsstimme. Rings um die Hörer sind 5 Lautsprechergruppen im Raum verteilt, aus denen die Klänge und Geräusche bald gemeinsam, bald nacheinander, bald mit Links- und bald mit Rechtsdrehung ertönen. Auf Grund der Aufführungserfahrung schlägt Stockhausen für diese Raummusik kugelförmige Hörräume mit Plattform für (wandelnde) Hörer vor.

Studie I und II (1954), frühe elektronische Versuche.

Carré für vier Orchester und Chöre (1960); Orchester und Chöre an den vier

Saalwänden, die Zuhörer in der Mitte, vier Dirigenten, elektronische Klangstrukturen.
Michaels Reise um die Erde für Trompete und Orchester (1978).
Licht (szenischer Zyklus, seit 1978).
WEITERE WERKE
Originale – Musikalische Theater (1961); *Klavierstück IX* (1962); *Momente* für Sopran, 4 Chorgruppen und 13 Instrumente (1962); *Klavierstück X* (1962); *Punkte 1952/62* für Orchester (1962); *Plus/Minus* für Klavier, 2 Harmoniums, 2 Radios (1964); *Mikrophonie I und II* für Chor, Hammondorgel und Ringmodulatoren (1965); *Mixtur* für 5 Orchestergruppen, Ringmodulatoren und Lautsprecher (1965); *Momente II* (1965, Neufassung der *Momente* von 1962); *Telemusik* (1966); *Hymnen*, elektronische und konkrete Musik mit Solisten (1967); *Aus den 7 Tagen* (1968); *Stimmung* für 6 Vokalisten (1968); *Kurzwellen* (1968); *Musik für ein Haus* (1968); *Spirale* (1969), *Adieu* (1971, auf den Tod Strawinskys); *Sternklang-Trans* (1971); *Musik im Bauch* (1975), *Licht* (1981).
Parallel zu Stockhausens kompositorischen Arbeiten laufen seine schriftstellerischen Veröffentlichungen und pädagogischen Unterweisungen (Weltreisen, wiederholt durch Amerika, 1966 ein Trimester in Japan). Mit H. Eimert gab er 1955–1968 «die reihe. Informationen über serielle Musik» heraus.
LITERATUR: 1961 und 1963 veröffentlichte Stockhausen 2 Dokumentarbände «Texte zur elektronischen und instrumentalen Musik» (Werkeinführungen, Grundsatzreferate, Essays) zu Form und Problemstellung seiner Kompositionen. Eine erste, grundlegende Stockhausen-Monographie schrieb K. H. Wörner (1963, Bd. 6 der Schriftenreihe «Kontrapunkte», Hg. H. Lindlar; hier auch Werkverzeichnis nebst Stockhausens Werkkommentaren 1952–1962).

Stoltzer (Stolczer, Scholczer u. a.), Thomas, *Schweidnitz um 1480, †Ofen 29. Aug. 1526, Hofkapellmeister Ludwigs II. von Ungarn, Meister des mehrstimmigen deutschen Liedes, mit Motetten bis heute lebendig geblieben (Neudrucke).

Stolz, Robert, * Graz 25. Aug. 1880, †Berlin 27. Juni 1975, Österreicher, Kapellmeister, ging 1938 nach Paris, lebte 1940–1946 in New York, Operetten- und Filmkomponist, schrieb mehr als 60 Bühnenwerke: *Das Glücksmädel* (1910), *Die Tanzgräfin* (1921), *Wenn die kleinen Veilchen blüh'n* (1932), *Zwei Herzen im Dreivierteltakt* (1933); Tonfilmmusiken, Wiener Lieder, Schlager wie *Im Prater blüh'n wieder die Bäume, Adieu, mein kleiner Gardeoffizier.*

Stölzel (Stöltzel, Stölze), Gottfried Heinrich, * Grünstädtel bei Schwarzenberg 13. Jan. 1690, †Gotha 27. Nov. 1749, vielgereister Barockkomponist, bekannt geblieben (gerne mit Trompetenchören besetzten) «Concerti grossi».

Stradella, Alessandro, * vermutlich Rom 1. Okt. (getauft 4. Okt.) 1644, †Genua 25. Febr. 1682 (Eifersuchtsmord), Italiener, seinerzeit berühmter Sänger und Geiger; eines seiner Liebesabenteuer wurde u. a. von Flotow für eine Opernhandlung benutzt. Schrieb beachtliche Kantaten, Oratorien, Kammermusik, Madrigale, Duette, Arien, Concerti grossi, Opern.

Straesser (Sträßer), Ewald, * Burscheid bei Solingen 27. Juni 1867, †Stuttgart 4. April 1933, Wüllner-Schüler in Köln, 1891–1921 Kompositionslehrer ebenda, schrieb Sinfonien, Solokonzerte, Kammer- und Klaviermusik, Lieder der Brahms-Bruch-Nachfolge, jedoch eigenpersönlich in niederrheinischer Schwere. Sein Sohn Hanns Straesser (* Köln 1904) trat mit expressionistischer Kammer- und Klaviermusik hervor.

Straus, Oscar, * Wien 6. März 1870, †Bad Ischl 11. Jan. 1954, Österreicher, Schüler von Max Bruch, ging 1938 über Paris nach New York und Hollywood, kehrte 1948 nach Wien zurück; schrieb anfangs «ernste» Musik (Chorwerk, Opern, Ballette u. a.), war Kapellmeister, wurde berühmt als Komponist der jüngeren Wiener Operettenschule und als Schlagerkomponist. *Ein Walzertraum* (1907, Neufassung 1951. Gefühlvolles Spiel um einen wider Willen verheirateten Leutnant Niki, der lieber zu Franzi und ihrer Damenkapelle schleicht. *Leise,* *ganz leise klingt's durch den Raum).* Ferner u. a. *Der tapfere Soldat* (1908), *Der letzte Walzer* (1920), *Ihr erster Walzer* (1950). Musik zu dem Schnitzler-Film «Reigen».

Strauß, Eduard, * Wien 15. März 1835, † ebenda 28. Dez. 1916, Österreicher, Sohn von Johann Strauß (Vater), 1870 Hofballdirektor in Wien, schrieb 318 Tänze. Sein Sohn Johann Strauß (1866 bis 1939) wirkte als Nachfolgeleiter der Hofbälle zunächst ebenfalls in Wien, später als Kapellmeister in Berlin.

Strauß, Johann (Vater), * Wien 14. März 1804, † ebenda 25. Sept. 1849, Österreicher, bildete mit J. Lanner eine Tanzkapelle, machte sich 1825 selbständig und Lanner Konkurrenz (wie es ihm später selbst von seinem Sohn Johann widerfuhr); wurde 1835 Hofballdirektor, auch seine Söhne Johann, Josef und Eduard (s.d.) wurden Musiker; schrieb über 150 Walzer, ferner Quadrillen, Polkas, Galopps, Märsche, *(Radetzkymarsch);* hatte überall große Erfolge, es gelangt ihm, zusammen mit Lanner den Walzer in allen Bevölkerungskreisen durchzusetzen. Gesamtausgabe der Werke (Klavierauszüge, 7 Bde., 1889) durch seinen Sohn Johann.

Strauß, Johann (Sohn), * Wien 25. Okt. 1825, † ebenda 3. Juni 1899. Sein Vater gleichen Namens (daher die Unterscheidung in Johann Strauß «Vater» und «Sohn») war aus der Kapelle von Joseph Lanner hervorgegangen. Er wollte seine Söhne Johann, Josef und Eduard keinesfalls in seinen Beruf hineinwachsen lassen. Johann und Josef nahmen Unterricht, und 1844 führte Johann Strauß (Sohn) erstmalig beim «Dommayer» in Hietzing seine eigene Kapelle vor. Auseinandersetzungen mit dem Vater folgten, der Sohn setzte sich durch, wurde von Rußland bis Amerika in aller Welt bekannt und stellte den Ruhm seines Vaters, dessen Kapelle er nach seinem Tod mit übernahm, als Kapellmeister wie als Komponist in den Schatten. Dem «Walzerkönig» Johann Strauß huldigten die unterhaltungsbedürftigen Amerikaner und Russen, die tanzseligen Wiener und Berliner, aber auch «ernste» Komponisten wie Brahms und Wagner; selbst die jüngste Entwicklung der Tanzmusik hat den Ruhm des «Strauß-Walzers» nicht schmälern können. Weltberühmte Dirigenten unserer Zeit (Furtwängler, Kleiber, Böhm, Karajan und zahlreiche andere) führten immer wieder Walzer von Strauß auf oder spielten sie mit hervorragenden Orchestern für Schallplatte und Tonband ein.
Diesen Erfolg verdankt der Komponist seinem Reichtum an melodischen, oft rhythmisch spritzigen Einfällen, seiner ständigen Schulung an Meisterwerken der ernsten Kunst (er spielte am liebsten Kammermusik) und der unablässigen Beobachtung des Publikums. Reihungen mit Einleitung und Koda sind nicht nur die meisten seiner Walzer, sondern auch die *Fledermaus-Ouvertüre.* Die Operetten (die erste schrieb er erst mit 46 Jahren) sind angeregt durch Männer wie Suppé und Offenbach, ohne daß irgendwo von Abhängigkeit die Rede sein könnte. Da Strauß mit den Textbüchern seiner Operetten nicht immer Glück hatte, sind einige Bühnenwerke heute so gut wie vergessen; nicht vergessen aber sind die in diesen enthaltenen Tanzmelodien, die meist in Arrangements weiterleben. Zu beachten ist, daß Strauß in seine Meisteroperetten die Tänze vielfach dramaturgisch einbaut; am deutlichsten in der Gefängnisszene der *Fledermaus.*

OPERETTEN

Indigo (1871, Text L. Stein und C. Lindau, 1906 Neufassung von E. Reiterer als *Tausendundeine Nacht*), Traumerzählung von einem orientalischen Fürsten, der gegen den Widerstand der reaktionären Kreise die Einehe durchsetzt.

Karneval in Rom (1873).

Die Fledermaus (1874, Text C. Haffner und R. Genée). Der Rentier Eisenstein hatte früher einmal seinen Freund Dr. Falke betrunken im Kostüm einer Fledermaus dem Spott ausgesetzt, nun rächt sich Falke mit einem Gegenstreich. Er entfesselt auf dem Fest des Prinzen Orlofsky (Hosenrolle) eine Verwechslungs- und Verwirrungskomödie, die sich erst am nächsten Morgen im Gefängnis aufklärt. Hauptnummern: *Glücklich ist, wer vergißt, 's ist mal bei mir so Sitte, O je, o je, wie rührt mich das, Mein Herr Marquis, Brüderlein und Schwesterlein.*

Cagliostro in Wien (1875, Text F. Zell und R. Genée, Neufassung 1941 von G. Quedenfeldt, musikalisch von K. Tutein). Cagliostro als Hypnotiseur in politischen Angelegenheiten, Goldmacher, Wundermann. – Brahms: «Dieser Strauß trieft ja von Musik.»

Prinz Methusalem (1877, Neufassung, 1931), selten aufgeführt trotz einer Rolle für einen Charakterkomiker.

Blindekuh (1878).

Das Spitzentuch der Königin (1880).

Der lustige Krieg (1881, Text F. Zell und R. Genée), daraus der Walzer *Nur für Natur.* Trotz Neubearbeitungen nicht erfolgreich.

Eine Nacht in Venedig (1883, Text F. Zell und R. Genée, später von Křenek bearbeitet). Der Herzog will Barbara, die junge Gattin eines alten Senators, gewinnen, bekommt aber zwei falsche Barbaras vorgesetzt. Berühmt: *Komm in die Gondel, Treu sein, das liegt mir nicht.*

Der Zigeunerbaron (1885, Text nach M. Jókai von I. Schnitzer). Der Schweinezüchter Szupan möchte dem jungen Barinkay seine Güter abluchsen, z.B. durch Vermählung mit seiner Tochter Arsena; diese (sie liebt einen anderen) will nur einen Baron. Darauf wird Barinkay von den Zigeunern zum Zigeunerbaron ausgerufen, tut sich mit dem Zigeunermädchen Saffi zusammen, opfert für den Krieg einen gefundenen Schatz, verläßt Saffi, als er hört, sie sei eine Paschatochter, zieht (wie Szupan) in den Krieg, wird ein Held, geadelt und nun ebenbürtiger Gemahl der Paschatochter. *Hochzeitskuchen, bitte zu versuchen, Wer uns getraut, Ja, das Schreiben und das Lesen, Schatzwalzer.*

Simplicius (1887); *Ritter Pazman* (1892, als Oper gedacht); *Fürstin Ninetta* (1893); *Jabuka* (1894); *Waldmeister* (1895); *Die Göttin der Vernunft* (1897).

Wiener Blut (1899, Text V. Leon und L. Stein; die Musik mit Einverständnis von Strauß aus vielen Einzelwerken zusammengestellt).

Aschenbrödel (1899), Ballett.

TÄNZE

Morgenblätter, An der schönen blauen Donau (die inoffizielle Hymne Wiens), eigentlich für Männerchor; *Künstlerleben, Wein, Weib und Gesang, Kaiserwalzer, G'schichten aus dem Wiener Wald, Rosen aus dem Süden, Frühlingsstimmenwalzer* (mit Koloratursopran); *Accelerationen, Wiener Blut, Pizzikatopolka, Annenpolka, Tritsch-Tratsch-Polka.* Ferner eine kaum zu übersehende Zahl von Walzern, Polkas, Galopps, Märschen, Quadrillen u.a. (z.T. aus Bühnenwerken). – Gesamtausgabe der Werke seit 1967 im Erscheinen.

LITERATUR: Biographien von E. Decsey (^{2}1948), E. Schenk (1940); H. E. Jacob: Johann Strauß Vater und Sohn (1953).

Strauß, Josef, *Wien 22. Aug. 1827, †ebenda 21. Juli 1870, Österreicher, Sohn von Johann Strauß (Vater), zunächst Ingenieur, dann Walzerkomponist (*Dorfschwalben aus Österreich, Dynamidenwalzer,* von R. Strauss im *Rosenkavalier* benutzt).

Strauss, Richard, *München 11. Juni 1864, †Garmisch (heute Garmisch-Partenkirchen) 8. Sept. 1949, Sohn des Hornisten Franz Strauss (1822–1905), durch die Mutter verwandt mit der Familie Pschorr. Unterricht (besonders Violine und Klavier) in seiner Vaterstadt. Bülow zog ihn frühzeitig nach Meiningen, wo er 1885 die Kapellmeisterstelle übernahm. 1886–1889 an der Münchner Oper, 1889–1894 an der Hofoper in Weimar, 1894–1898 abermals in München, anschließend in Berlin (dort Generalmusikdirektor). 1919–1924 Leiter der Wiener Staatsoper. Danach vorwiegend freischaffender Komponist, Gastdirigent in aller Welt, energischer Kämpfer für die Rechte der Tonkünstler. 1933–1935 Präsident der Reichsmusikkammer, damals mit respektvoller Kritik beobachtet, später deswegen angefeindet. Er erwarb die österreichische Staatsbürgerschaft, lebte nach dem Krieg vorübergehend in der Schweiz. (Er ist nicht verwandt mit den Wiener Walzerkomponisten.) Als Strauss im Alter von 85 Jahren starb, hatte er – von neueren Zeitströmungen unberührt – sechs Jahrzehnte lang als repräsentativster Komponist geherrscht. Sein Wirken als unvergleichlicher Dirigent großer Bühnen- und Konzertwerke von Mozart über Beethoven, Brahms, Wagner, bis hin zu seinen eigenen Kompositionen verblaßte daneben ebenso wie sein erfolgreiches Eintreten für seine musikalischen Standesgenossen.

Daß Strauss einmal zum Führer der Allermodernsten ausgerufen werden würde, war nicht vorauszusehen, wurde er doch im Vaterhaus streng konservativ erzogen. Die Frühwerke des jungen Strauss lassen das noch erkennen. Mozart, Beethoven, Brahms und Wagner wurden seine Leitbilder, die Neudeutschen um Liszt seine äußeren Anreger. Der Reichtum seiner Einfälle, seine kompositionstechnische Begabung, sein viel bewunderter Klangsinn für Stimmen und Instrumente wie für deren Mischung, seine Sicherheit im Formalen, sein kühnes Vorantreiben scheinbar nicht mehr ausbaufähiger Harmonieentwicklungen, dann wieder ein weises Zurücknehmen und Maßhalten, das alles lag zwar in den verschiedenen Epochen der von ihm erlebten Zeit mehr oder weniger offen zutage, doch hat er kraftvoll-aktiv daran mitgewirkt. So wurde er zum Repräsentanten verschiedener von ihm mitgeschaffener Zeitstile. Ein Teil seines Schaffens ist dem großbürgerlichen «Salon» um die Jahrhundertwende verhaftet, ein anderer dem Wien der Habsburger vor dem Ersten Weltkrieg, wieder ein anderer der griechischen Antike (ihrer Heiterkeit wie ihrem düsteren Schicksalszwang), Don Juan spornt ihn zu Orchesterrausch an, Couperin leitet ihn zu ziselierten Kammergebilden. Mit wachem Intellekt ging er auf vielen Straßen, mitunter auf Irrwegen; ein deutscher Weltbürger bayrischer Herkunft.

BÜHNENWERKE

Bei allen Werken von Strauss – nicht nur bei den Bühnenschöpfungen – ist die Wahl der zugrunde gelegten Dichtungen wesentlich. Besonders fruchtbar war die Zusammenarbeit mit Hugo von Hofmannsthal (1874–1929).

Guntram (1894, Bearbeitung 1940, Text vom Komponisten). Völlig unter Wagners Einfluß stehendes Erstlingswerk (3 Akte).

Feuersnot (1901, Text von E. von Wolzogen). Mit Zeitglossen und persönlichen Anspielungen auf das Spießertum durchsetzter Sagentext. Trotz eigener Stilansätze noch im Banne Wagners (Sinngedicht in einem Aufzug).

Salome (1905, nach O. Wilde, Übersetzung H. Lachmann). Vergeblich umwirbt Salome den Propheten Jochanaan, dessen Mund sie zu küssen begehrt. Herodes, der sich und seine Stieftochter von den peinigenden Gedanken an den Propheten ablenken will, bittet Salome, für ihn zu tanzen, und schwört, ihr dafür jeden Wunsch zu erfüllen. Nach dem Tanz fordert Salome das Haupt des Propheten und zwingt den Widerstrebenden zur Einlösung seines Versprechens. Das Haupt Jochanaans wird ihr auf einer silbernen Schüssel gebracht. Als sie seinen Mund küßt, befiehlt Herodes, Salome zu töten. Sinfonieoper (1 Aufzug).

Elektra (1909, Text H. von Hofmannsthal). Elektra ist nach der Ermordung ihres Vaters durch ihre Mutter von Rachedurst erfüllt, den sie gemeinsam mit ihrem Bruder Orest löschen will. Als Orest heimkehrt, treibt sie ihn zum Mord an der Mutter und deren Geliebten. Der Siegesrausch über die vollzogene Rache versetzt sie in Ekstase, auf deren Höhe sie tot zusammenbricht. Sinfonieoper, frühexpressionistisch (1 Aufzug).

Der Rosenkavalier (1911, Text von H. von Hofmannsthal). Oktavian, Liebhaber der Feldmarschallin, wird von ihr zum Brautwerber für ihren vertrottelten Vetter Ochs von Lerchenau bestimmt. Dabei verliebt er sich in die junge Braut Sophie, die sich über Ochs' Gebaren entsetzt. Oktavian stellt Ochs eine Falle, in die er hineinfällt und sich als Bräutigam unmöglich macht. Die Marschallin erkennt die Liebe zwischen Oktavian und Sophie und verzichtet. Melodienreich, berühmte Walzerszenen (3 Aufzüge).

Ariadne auf Naxos (1912, Neufassung 1916, Text von H. von Hofmannsthal). Ein reicher Wiener will seinen Gästen in einer Aufführung gleichzeitig eine ernste

Oper und eine Komödie bieten. Der Versuch gelingt: Die von Theseus verlassene Ariadne verzehrt sich in Trauer und Todessehnsucht, von der die heiteren Spiele der Komödianten sie nicht abzubringen vermögen. Den ankommenden Bacchus hält Ariadne für den Todesboten und sinkt in seine Arme. Plötzlich erwachende Liebe erfüllt Ariadne mit neuem Lebensmut und verwandelt Bacchus, den Halbgott, zum Menschen (Vorspiel und 1 Aufzug).

Josephs-Legende (1914, Libretto H. von Hofmannsthal und H. Graf Keßler), Ballett über den alttestamentlichen Stoff Joseph – Potiphars Weib.

Die Frau ohne Schatten (1919, Text H. von Hofmannsthal). Die Kaiserin ist ein Jahr nach ihrer Vermählung noch ohne Schatten (Symbol für Unfruchtbarkeit) und soll darum in das Geisterreich, aus dem sie stammt, zurückkehren. In ihrer Not überredet sie eine arme Färbersfrau zum Verkauf ihres Schattens. Als sie aber das Unglück erkennt, das sie damit über den Färber und seine Frau gebracht hat, verzichtet sie. Märchenhafte Auflösung (3 Akte).

Schlagobers (1924, Libretto R. Strauss), Ballett.

Intermezzo (1924, Text R. Strauss; Anspielungen auf das Privatleben des Komponisten (2 Aufzüge).

Die ägyptische Helena (1928, Text H. von Hofmannsthal, Neufassung 1933). Die antike Sage von den zwei Helenen (dem nach Troja versetzten Scheinbild und der wirklichen in Ägypten) mit moderner Seelenproblematik und Märchenzauber neu gestaltet (2 Akte).

Arabella (1933, Text H. von Hofmannsthal). Der verschuldete Graf Waldner möchte, um seine Lage zu retten, seine schöne Tochter Arabella reich verheiraten. Arabella erkennt in dem von ihrem Vater ohne ihr Wissen ausgesuchten Bräutigam «den Richtigen». Nach mißverständlichen Verwicklungen durch die Schwester Zdenka kommt alles zum glücklichen Ende. Sinfonische Zwischenspiele (3 Akte).

Die schweigsame Frau (1935, Text nach B. Jonson von St. Zweig). Der geräuschempfindliche Morosus beschließt, seinen Neffen, der ihm als Sänger und Ehemann einer Sängerin zuviel Lärm produziert, zu enterben und selber eine junge, stille Frau zu heiraten. Listig stiftet der Neffe eine Scheinehe mit der «schweigsamen» Aminta, seiner eigenen Frau, die sich nach der Eheschließung als Furie entpuppt, so daß Morosus froh ist, als der Neffe ihm die lärmende Frau wieder abnimmt. Er setzt ihn wieder zum Erben ein. Heitere Parlandooper (3 Akte).

Friedenstag (1938, Text J. Gregor). Episode aus den letzten Tagen des Dreißigjährigen Krieges in einer Festung, die in die Luft gesprengt werden soll (1 Akt).

Daphne (1938, Text J. Gregor). Apoll, der Daphne liebt, tötet seinen menschlichen Nebenbuhler. Daphne wird in einen Lorbeerbaum verwandelt (1 Akt).

Capriccio (1942, Text C. Krauss), «Konversationsstück für Musik». Die Konversation wird geführt (nach einer Vorlage aus dem 18. Jahrhundert) über die Frage, ob die Musik oder der Text wichtiger sei. Parlandooper mit geschlossenen Szenen und alten Formen wie Gigue, Gavotte, Fuge usw. (1 Akt).

Die Liebe der Danae (1952, Text J. Gregor, nach einem Entwurf H. von Hofmannsthals). König Midas, einst armer Eseltreiber, macht alles, was er berührt, zu Gold, muß dafür aber jederzeit Jupiter seine Gestalt leihen. Daraus ergeben sich Verwirrungen, als er Danae, die Tochter des verschuldeten Königs Pollux, ehelichen will. Liebe siegt über Gold (3 Akte).

ORCHESTERWERKE

Unter den Orchesterwerken knüpfen die sinfonischen Dichtungen bei der orchestralen Programmusik von Berlioz und Liszt an, sind im Aufbau jedoch stärker den Formen der absoluten Musik verhaftet.

1. Sinfonie d-Moll (geschrieben 1881, erste Aufführung 1951).

2. Sinfonie f-Moll (1884), auf der Linie Mendelssohn–Brahms, die Themen werden – im Gegensatz zu denen der sinfonischen Dichtungen – noch entwickelt.

Aus Italien, sinfonische Fantasie G-Dur (1887), viersätzige Bilderfolge von einer italienischen Reise: *In der Campagna* (Andante) – *In Roms Ruinen* (Allegro molto con brio) – *Am Strande von Sorrent* (Andantino) – *Neapolitanisches Volksleben* (Allegro molto); Schlußsatz mit dem *Funiculi-Funicula.*

Don Juan, Tondichtung nach N. Lenau (1889). Verherrlichung männlicher Selbstbejahung, klare Thematik, kontrapunktisch verarbeitet, glanzvolle Instrumentation, merklich in der Form eines Sonatensatzes gebaut.

Macbeth, Tondichtung nach W. Shakespeare (1890). Sonatenform.

Tod und Verklärung (1890), als Programm ein – nachträglich entstandenes – Gedicht von A. Ritter. Der französischen Ouvertüre angenähert.

Till Eulenspiegels lustige Streiche. Nach alter Schelmenweise in Rondoform (1895). In freier Rondoform wird das Hornthema des Schalks variiert, umgekehrt, verkürzt; Meisterwerk der Kompositionstechnik, realistisch-dramatisch im Darstellen.

Also sprach Zarathustra. Tondichtung frei nach Friedrich Nietzsche (1896). Abschnitte: *Von den Hinterweltlern – Von der großen Sehnsucht – Von Freuden und Leidenschaften – Grablied – Von den Wissenschaften – Der Genesende – Tanzlied – Nachtwandlerlied.*

Don Quixote. Phantastische Variationen über ein Thema ritterlichen Charakters (1898). 10 Variationen mit Vor- und Nachspiel. Eine Programmerklärung des Komponisten ermöglicht bildhaftes Mitgehen.

Ein Heldenleben (1899), eine Art klingende Autobiographie des Künstlers und seiner Welt. Abschnitte. *Der Held – Des Helden Widersacher – Des Helden Gefährtin – Des Helden Walstatt – Des Helden Friedenswerke* (hier zahlreiche Zitate aus früheren Werken) – *Des Helden Weltflucht und Vollendung.*

Sinfonia domestica (1904), für Orchester von mindestens 100 Mitgliedern. Alltag in einem großbürgerlichen Hause, Familienleben in vierundzwanzig Stunden. Umrißhaft eine Sinfonie.

Festliches Präludium (1913), für großes Orchester und Orgel (etwa 140 Musiker), aus ähnlichem Anlaß geschrieben wie Beethovens «Weihe des Hauses», für die Eröffnung des Wiener Konzerthauses.

Eine Alpensinfonie (1915), Riesenorchester. «Jetzt habe ich endlich instrumentieren gelernt», sagte Strauss bei der Generalprobe. Abschnitte: *Nacht – Sonnenaufgang – Anstieg – Eintritt in den Wald – Wanderung neben dem Bach – Wasserfall – Erscheinung – Auf blumigen Wiesen – Auf der Alm – Durch Dickicht und Gestrüpp auf Irrwegen – Auf dem Gletscher – Gefahrvolle Augenblicke – Auf dem Gipfel – Vision – Nebel steigen auf – Die Sonne verfinstert sich allmählich – Elegie – Stille vor dem Sturm – Gewitter und Sturm. Abstieg – Sonnenuntergang – Ausklang – Nacht.*

Der Bürger als Edelmann (Orchestersuite aus der ursprünglichen Fassung der *Ariadne auf Naxos,* 1918), außer Schlagzeug nur 31 Spieler: *Ouvertüre – Menuett – Der Fechtmeister – Auftritt und Tanz der Schneider – Das Menuett des Lully – Courante – Auftritt des Cleonte – Intermezzo* (Vorspiel zum zweiten Aufzug) – *Das Diner.*

Tanzsuite nach Couperin (1923), zartes Orchesterspiel mit Tanzstücken des altfranzösischen Klaviermeisters: *Einzug und feierlicher Reigen – Courante – Carillon – Sarabande – Gavotte – Wirbeltanz – Allemande – Marsch.*

Metamorphosen. Studien für 23 Solostreicher (1946), freie Phantasie, die einen Grundgedanken in kunstvoller Vielsträhnigkeit abwandelt.

KONZERTE

Violinkonzert d-Moll (1883), mit Tarantellafinale.

2 Hornkonzerte (1885 und 1943), für bzw. im Gedenken an seinen Vater.

Burleske für Klavier und Orchester d-Moll (1890), mit vier charakteristischen Paukenschlägen zu Beginn.

Oboenkonzert (1946).

Concertino für Klarinette und Fagott mit Streichorchester und Harfe (1947).

KAMMERMUSIK

Die Kammermusikwerke von Strauss, überwiegend Jugendwerke, werden verhältnismäßig selten gespielt. Zu nennen:

Streichquartett A-Dur (1880).

Bläserserenade Es-Dur (1881), je zwei Flöten, Oboen, Klarinetten, Fagotte, Kontrafagott, vier Hörner.

Cello-Klavier-Sonate F-Dur (1882).

Bläser-Suite B-Dur (1884).

Klavierquartett c-Moll (1885).

Streichsextett (Einleitung zu *Capriccio*, s. o.). Kammermusik sind eigentlich auch die *Metamorphosen für 23 Solostreicher.*

CHORWERKE

Verhältnismäßig wenig Chorwerke, in der Haltung an die sinfonischen Gedichte erinnernd:

Wanderers Sturmlied (1886, drei Jahre zuvor geschrieben), nach J. W. v. Goethe, für sechsstimmigen Chor und großes Orchester; d-Moll-Sturm, Kampf zwischen Herdenmensch, Höhenmensch, Gottheit.

Taillefer (1903), nach L. Uhlands Ballade, musikalisches Gemälde der Schlacht bei Hastings (1066), Sopran, Tenor, Baß, Chor, großes Orchester. (Dank für die Verleihung des Heidelberger Ehrendoktorats.)

Bardengesang (1906), nach F. G. Klopstocks «Hermannsschlacht», für drei Männerchöre und großes Orchester.

Die Tageszeiten (1928), vier Eichendorff-Gedichte: *Der Morgen, Mittagsruhe, Der Abend, die Nacht;* dazu als Vorspruch *Wann der Hahn kräht,* bezeichnet als *Liederzyklus für Männerchor und Orchester.*

LIEDER

Mehr als 150 Lieder, davon nur einige «Zugnummern» wirklich bekannt, keineswegs charakteristisch für das ganze Liedwerk. Textverfasser überwiegend Zeitgenossen, also nicht die sonst so gern vertonten Romantiker. Konzertreißer neben Salonliedern, sozialrevolutionäre Dinge neben geistvollen Spötteleien, versponnene Innigkeiten neben humorvollem Zupacken, Verdämmern neben technischen Überfeinerungen. Vieles «jugendstilig».

8 Lieder, op. 10 (1883, Texte H. Gilm), darunter *Zuneigung.*

Liederhefte, op. 15, 17, 19 (Texte meist von A. F. Graf v. Schack), darunter das *Ständchen (Mach auf, mach auf, doch leise, mein Kind).*

Schlichte Weisen, op. 21 (Texte F. Dahn), darunter *All mein Gedanken, Du meines Herzens Krönelein* (auch von Reger vertont).

Mädchenblumen, op. 22 (Texte F. Dahn).

2 Lenau-Lieder, op. 26, darunter *O wärst du mein.*

4 Lieder, op. 27 (1894), vier Welterfolge: *Ruhe, meine Seele* (Text K. Henkkell), *Cäcilie* (*Wenn du es wüßtest, was Leben heißt;* H. Hart), *Heimliche Aufforderung* (*Auf, hebe die funkelnde Schale empor;* J. H. Mackay), *Morgen* (*Und morgen wird die Sonne wieder scheinen;* J. H. Mackay).

3 Lieder, op. 29 (Texte O. J. Bierbaum): *Traum durch die Dämmerung (Weiße Wiesen im Dämmergrau), Schlagende Herzen, Nachtgesang (Wir gingen durch die dunkle, milde Nacht).*

4 Lieder, op. 31, darunter *Ein blauer Sommer* (C. Busse), *Weißer Jasmin.*

5 Lieder, op. 32, darunter *Ich trage meine Minne* (K. Henckell), *Sehnsucht* (D. v. Liliencron).

4 Gesänge, op. 33, mit Orchester.

4 Lieder, op. 36, so *Im Frühlingsschatten fand ich sie* (F. Klopstock), *Für fünfzehn Pfennige (Des Knaben Wunderhorn), Anbetung* (F. Rückert).

6 Lieder, op. 37, darunter *Meinem Kinde* (*Du schläfst;* G. Falke).

5 Lieder, op. 39 (Texte R. Dehmel und O. J. Bierbaum), darunter die gesellschaftskritischen Lieder *Arbeitsmann (Wir haben ein Bett)* und *Lied an meinen Sohn (Der Sturm behorcht mein Vaterhaus).*

5 Lieder, op. 41, darunter D. v. Liliencrons *Bruder Liederlich (Die Feder am Sturmhut).*

3 Gesänge älterer deutscher Dichter, op. 43, so G. Bürgers *Muttertändelei.*

5 Lieder nach F. Rückert, op. 46.

5 Lieder nach L. Uhland, op. 47 (1900).

5 Lieder, op. 48, darunter die *Freundliche Vision* (*Nicht im Schlafe hab ich das geträumt,* Text O. J. Bierbaum).

8 Lieder, op. 49, u.a. K. Henckells *Lied des Steinklopfers (Ich bin kein König).*

6 Lieder, op. 56 (1903), J. W. v. Goethes *Gefunden (Ich ging im Walde so für mich hin),* C. F. Meyers *Im Spätboot,* H. Heines *Frühlingsfeier,* vor allem *Die Heiligen Drei Könige aus Morgenland.*

Krämerspiegel, op. 66 (1918), Spottverse auf Musikverleger (Text A. Kerr).

6 Lieder, op. 67 (1919), drei Ophelia-Lieder (W. Shakespeare) und *Drei Lieder des Unmuts,* J. W. v. Goethe («Westöstlicher Divan»).

6 Lieder nach C. Brentano, op. 68.
5 kleine Lieder nach A. v. Arnim und H. Heine, op. 69.
5 Gesänge des Orients, op. 77 (1929).
4 letzte Lieder nach H. Hesse u. J. v. Eichendorff (1948).

LITERATUR: E. H. Müller von Asow: R. St. Thematisches Verzeichnis. 3 Bde. 1955–1968. E. Bd. Hg. von Ott/Trenner; R. St.: Betrachtungen und Erinnerungen. Hg. von W. Schuh (²1957); R. St.: Briefwechsel mit H. v. Hofmannsthal (⁴1969), mit St. Zweig (1957), mit C. Krauss (1963), mit R. Rolland (1951), mit J. Gregor (1955); R. St.: Briefe an die Eltern 1882–1906. Hg. von W. Schuh (1954). Biographien von R. Specht (1921, 2 Bde.), M. Steinitzer (1927), F. Gysi (1934), J. Gregor (1939), R. Tenschert (1944), K. Pfister (1949), G. Krause (²1963), O. Erhardt (1953); W. Thomas: St. und seine Zeitgenossen (1964); W. Schuh: Über Opern von R. St. (1957); F. Trenner: Dokumente (1955); R. Petzoldt: Bildbiographie (1960); K. Böhm: Begegnung mit R. St. (1954); Th. W. Adorno: R. St. (in «Neue Rundschau», 1964).

Strawinsky, Igor Fjodorowitsch, * Oranienbaum bei Petersburg (heute Leningrad) 17. Juni 1882, † New York 6. Apr. 1971, Sohn eines Petersburger Opernsängers († 1902), studierte Rechtswissenschaften, wurde 1903 Kompositionsschüler von Rimski-Korsakow. Seit 1914 lebte er in der französischen Schweiz und ab 1920 in Paris (1934 französischer Staatsbürger), bereiste mehrmals die USA, übersiedelte 1939 nach Amerika (seit 1945 amerikanischer Staatsbürger, wohnhaft in Beverley Hills, Kalifornien), besuchte 1962 die UdSSR, wurde nach seinem Tod auf San Michele bei Venedig beigesetzt. Strawinsky gilt als überragender, universaler Komponist der ersten Jahrhunderthälfte. In der Tat hat er alle wesentlichen Entwicklungs- und Spielarten der Musik dieser Zeit wesentlich mitbestimmt. Die dazu erforderliche Wandlungsfähigkeit wurde ihm zuweilen als Opportunismus vorgeworfen. Inzwischen ist klargeworden und wird kaum mehr ernstlich bestritten, daß die verschiedenen Stil- und Spielarten in Strawinskys Schaffen sich zwar äußerlich voneinander abheben, im Grunde jedoch immer wieder den gleichen, unverwechselbaren Künstler widerspiegeln, die kraftvolle, ebenso phantasiereiche wie streng logisch denkende schöpferische Persönlichkeit. Als Ganzes gesehen reicht sein Werk von russisch eingefärbtem Realismus bis zu entstofflichter Vergeistigung, von Witz und Spott bis zu konzessionsloser Religiosität, von parodierender Jahrmarktsmusik bis zu statisch starren Kirchenklängen, von angeborenem Russentum bis zu denkerisch vorangetriebener westlicher Ästhetik – mit allen nur vorstellbaren Zwischenstufen.

Es fällt nicht schwer, in den frühesten Werken Strawinskys Einflüsse Tschaikowskis und Rimski-Korsakows aufzudecken und im Verlauf seines Wirkens Parallelen zu zeitgenössischen Komponisten festzustellen. Das spricht nicht gegen ihn, offenbart vielmehr, daß Strawinsky ein jederzeit aufgeschlossener Sucher gewesen ist, der jeden ihm aus der Zeit dargebotenen Anlaß wach aufgenommen und in Töne, Klänge, Rhythmen umgesetzt hat. Kennzeichnend, daß er noch als Achtzigjähriger rüstige Teilnahme bezeugt, etwa für die elektronischen und nichtelektronischen Versuche von Stockhausen und Boulez, für Henze nicht minder als ein halbes Jahrhundert zuvor für Honegger und Milhaud. Unter frühen Anregern ragt Diaghilew hervor mit Aufträgen für die Pariser Gastspiele der «Ballets Russes». Strawinskys Schaffen in besondere Perioden einzuteilen ist zwar ein Notbehelf, erleichtert aber den Überblick (daher geben die Entstehungs- oder Uraufführungsjahre brauchbare Hinweise). Die Frühzeit reicht bis etwa 1910. Sie verläuft wesentlich unter dem Einfluß und Vorbild von Rimski-Korsakow: hohes technisches (besonders instrumentales) Können, «russisch», stark rhythmisch.

Die nächste Epoche steht im Zeichen der durch Diaghilew angeregten Ballette; russischer Expressionismus beflügelt durch die bereits gefestigte Überlieferung des neueren russischen Balletts, impressionistischer Klangzauber, gewürzt mit rhythmischen und harmonischen Schärfen von bis dahin nicht gekannter Art (*Le Sacre du Printemps*, 1913 als Höhepunkt).

Es folgt eine Zeit, in der Strawinsky den Aufwand vermindert (teilweise freilich unter äußerem Zwang wie in der *Geschichte vom Soldaten,* 1918).
Seit etwa 1925 findet sich eine Haltung, die Strawinsky die (von ihm selbst abgelehnte) Bezeichnung eines Neuklassizisten eintrug. Vorläufer *Pulcinella* (1920), ausgeprägt in *Oedipus Rex* (1927), weitergeführt in *Apollon musagète* (1928), *Persephone* (1934), *Orpheus* (1947), *The Rake's progress* (1951).
In diesem Abschnitt tritt deutlich die Neigung zum «Konzertieren» hervor (viele als «Konzerte» bezeichnete Werke), und zwar auf gravitationstonaler Grundlage.
Hatte er zuvor mit der *Psalmensinfonie* (1930) und dem *Oedipus* durch Anwendung der lateinischen Sprache versucht, das Hören zu entstofflichen und zu vergeistigen, so setzte er in späteren Werken wie der *Messe* (1948) diesen Weg bis zu religiösen, seiner russisch-orthodoxen Gläubigkeit entsprungenen oder verpflichteten Werken fort, und es wundert nicht, daß ein so kühl abwägender Künstler wie Strawinsky in seiner dritten Hauptstilphase, etwa seit den *Threni* (1958) und in weiteren geistlichen Werken, das Lösen von allem Stofflichen und das Hinwenden zum Religiösen auch mit den Mitteln der reihentechnischen Komposition genial und beispielhaft bekundet hat.

BALLETTE UND BÜHNENWERKE

Die Musik zu den – vielfach von Diaghilew angeregten – Balletten hat Strawinsky nachträglich meist zu Orchestersuiten zusammengestellt; in dieser Form sind sie besonders bekannt geworden.
Der Feuervogel (1910), Geschichte von einem Feuervogel, mit dessen Wunderfeder ein Prinz den Zauberer Kalschtschei überwindet. Farbige Orchestersprache, Einflüsse von Debussy, Rimski-Korsakow, Skrjabin, im «Höllentanz» erstmals die russische, rhythmische Urkraft, die für den Komponisten der nächsten Jahre kennzeichnend wird.
Petruschka (1911), Puppenspiel auf dem Jahrmarkt, Puppen als grimassierende Gleichnisse von Menschen; Leierkasten, Akkordpackungen, vor allem rhythmische Kraft.
Le sacre du printemps (Frühlingsweihe, 1913), bei der Uraufführung kam es zu einem Theaterskandal (das *sacre* wurde als *massacre* verspottet). Motivwiederholungen, rhythmischer und klanglicher «Expressionismus», voll zu begreifen bei szenischer Aufführung.
Le rossignol (1914), in mehrfacher Form, 1917 als *Poème symphonique* (nach H. Ch. Andersens Märchen «Die chinesische Nachtigall»).
Renard (*Reineke,* 1922), Kammeroper mit Pantomime nach einem russischen Märchen, Burleske.
Les noces (*Bauernhochzeit,* 1917, Orchestrierung und Uraufführung 1923), «russische Tanzszenen mit Gesang und Musik», nur Schlaginstrumente wie Pauken, Glokken, Xylophon, 4 Klaviere, Becken, Trommeln.
Die Geschichte vom Soldaten (1918, ursprünglicher Text von Ch. F. Ramuz), «gelesen, gespielt und getanzt in 2 Teilen». Entstanden unter dem Zwang, in kleinen schweizerischen Orten als Wandertheater zu gastieren. Daher nur Geige, Kontrabaß, Klarinette, Fagott, Trompete, Posaune, Schlagzeug. Moritat vom listigen Kampf von Soldat und Teufel; kontrapunktisch auch im Rhythmischen, früheste Jazzeinflüsse bei Strawinsky.
Pulcinella (1920), die Suite daraus auch *Pergolesi-Suite* bezeichnet wegen der verwendeten Melodien des italienischen Meisters, nur 33 Musiker (vgl. Strauss' «Ariadne» von 1916), gelichtete Harmonik, kontrapunktisches Spiel mit alten Weisen.
Mavra (1922), Einakter nach A. Puschkin von B. Kochno; Sopran, Mezzosopran, Alt, Tenor. Ohne Rezitative. – Ein Husar wird «Köchin», um seiner Liebsten nahe sein zu können, wird beim Rasieren überrascht, entflieht.
Oedipus Rex (1927, szenisch 1928, Text nach Sophokles von J. Cocteau, ins Lateinische übertragen von J. Daniélou), szenisches Oratorium; Betrachtungen über Ödipus, der ahnungslos seinen Vater tötet, seine Mutter heiratet, sich dann selbst blendet.
Apollon musagète (*Musenführer Apoll,* 1928), als «klassizistisch» bezeichnet, weil scheinbar ganz im Stil des späten

Barock (Lully).
Der Kuß der Fee (1928), nach H. Ch. Andersens Märchen «Die Gletscherjungfrau», Huldigung an Tschaikowski, von dem auch Themen verwendet sind.
Persephone (1934), für Sprecher, Tenor, Tänzerinnen und Tänzer, Chor, Orchester, nach André Gide; szenisches Melodram, auch als Suite.
Jeu de cartes (*Kartenspiel*, 1937), hohe Schule des Spiels mit zierlichen Nichtigkeiten, Zitate von Rossini, Johann Strauß dem Jüngeren u. a., drei Teile (Mittelsatz mit Variationen), auch als Suite.
Orpheus (1948), düsteres Gegenstück zum *Apollon*.
The Rake's Progress (1951, Text nach Stichen W. Hogarths von W. H. Auden und Chester Kallman). Drei Akte in überlieferten Formen und Gruppierungen; moritatenhaft. Tom Rakewell wird von Nick Shadow (Teufel) ins Verderben geführt, wird wahnsinnig, stirbt in den Armen seiner verlassenen Braut.
Agon (1957), für vier Tänzer und acht Tänzerinnen, Tanzwettstreit, drei Hauptteile, Unterabschnitte teilweise mit barocken Tanzbezeichnungen, in steigendem Maße seriell.
The flood (1962), Mirakelspiel nach mittelalterlichen englischen Bibeltexten, für Soli, Sprecher, Orchester.

CHORWERKE

Sternenantlitz (1911), Kantate für sechsstimmigen Männerchor und Orchester, russischer Text, eine apokalyptische Vision Christi nach K. Balmont.
Pater Noster (1926), *Credo* (1932) und *Ave Maria* (1934) für 4stimmigen gemischten Chor a cappella.
Psalmensinfonie (1930), für Chor und Orchester (ohne Violinen und Bratschen, vorwiegend Bläser), Texte nach der Vulgata, drei Großabschnitte.
Babel (1944), Kurzkantate nach Moses I, Kapitel 11, Vers 1–9, für Männerchor, Orchester und Erzähler (zweistimmiger Männerchor als Stimme Gottes).
Messe (1948), für Chor, möglichst mit Knabenstimmen, und 10 Bläser, satzweise Note gegen Note, bis zur Sechsstimmigkeit (Credo), archaisch, durchaus für den Gottesdienst gedacht.
Cantata (1952), für Frauenchor, Sopran, Tenor und 2 Flöten, 2 Oboen, Violoncello, nach altenglischen, anonymen geistlichen Texten.
Canticum sacrum (1956), für Tenor, Bariton, Männer- und Knabenchor (mit Vorsängern) und Bläserchöre (mit tiefen Streichern), Harfe, Orgel, Text nach der Vulgata. Auftragswerk der Stadt Venedig für die Markuskirche, deren Architektur entsprechend fünfteilig.
Vom Himmel hoch (1956), Bearbeitung von Bachs kanonischen Veränderungen, für gemischten Chor und Orchester.
Threni (1958), «id est lamentationes Jeremiae Prophetae» für Sopran, Alt, je zwei Tenor- und Baßsoli, gemischten Chor, großes Orchester, Text nach der Vulgata (Klagelieder des Propheten Jeremias). Eine Zwölftonreihe (beim ersten Erscheinen gleichzeitig in Urgestalt und Umkehrung) bestimmt mit ihren Abwandlungen das ganze Werk.
Monumentum pro Gesualdo da Venosa (1960), mit einer von Strawinsky ergänzten Stimme, für gemischten Chor a cappella und/oder für Streicher (ohne Kontrabaß), je zwei Oboen, Fagotte, Trompeten, vier Hörner und drei Posaunen.
A sermon, a narrative, a prayer (1962), Zwölftonkantate für Sprecher, Alt, Tenor, Chor und Orchester, nach biblischen und englischen geistlichen Texten.
Anthem, nach T. S. Eliot, für 4stimmigen gemischten Chor (1962).
Introitus in memoriam T. S. Eliot, für Männerchor und Kammerensemble (1965).
Requiem Canticles, für Soli, Chor, Orchester (1966).

ORCHESTERWERKE

Sinfonie Es-Dur (1907).
Feuerwerk (1908), Orchesterfantasie.
Fantastisches Scherzo (1908), *Der Bienenflug*.
Le chant du Rossignol (1917), sinfonische Dichtung.
Gesang der Wolgaschiffer (1917), für Blasorchester und Schlagwerk.
Bläsersinfonie (1920), auf den Tod Debussys.
2 Suiten für kleines Orchester (nach früher geschriebenen Klavierwerken, 1921 und 1925). 1. Suite: Marsch – Walzer – Polka – Galopp; 2. Suite: Andante –

Napolitana (mit *Funiculi*) – Espagnole – Balalaika.
4 Etüden für Orchester (1929).
Dumbarton Oaks (1938), Kammerkonzert für 15 Instrumente, so genannt nach dem Namen eines Wohnsitzes von Freunden Strawinskys.
Sinfonie in C (1940), Moderato alla breve – Larghetto concertante – Allegretto – Finale.
Konzertante Tänze (1942) für Kammerorchester.
Circus-Polka (1942) für Blasorchester, «komponiert für einen jungen Elefanten».
Ode (1943), ein Triptychon, *Chant élégiaque* für Orchester, geschrieben auf den Tod der Gemahlin Kussewitzkis.
Ballettszenen in 11 Teilen (1944).
Scherzo à la russe (1944).
Vier norwegische Impressionen (1944).
Sinfonie in drei Sätzen (1945), aufgebaut auf einem zweitonigen, fallenden Grundmotiv.
Ebony-Concert (1946), geschrieben für die Big Band des Jazzklarinettisten Woody Herman.
Konzert in D-Dur für Streichorchester (1946, *Basler Concerto*): Vivace – Arioso – Rondo.
Greetings Prelude (1956); zum 80. Geburtstag von P. Monteux).
Orchestervariationen in memoriam Aldous Huxley (1964).
Orchesterkanon (1965).
SOLOKONZERTE
Konzert für Klavier und Blasorchester (1924), Largo, Allegro, Largo – Larghissimo – Allegro.
Capriccio für Klavier und Orchester (1929), im Gedenken an C. M. von Weber gearbeitet, «dessen Genie sich für diese Gattung wunderbar eignete»; sprudelnd, durchsichtig.
Violinkonzert D-Dur (1931), Tokkata – Aria I – Aria II – Capriccio.
Movements für Klavier und Orchester (1959).
KAMMERMUSIK
Drei Stücke für Streichquartett (1914, bekannter in der Umarbeitung als Orchesteretüden von 1929).
Ragtime (1918) für 11 Instrumente, darunter Cymbal.
Drei Stücke für Klarinette solo (1919).
Concertino für Streichquartett (1920, 1952 für 12 Instrumente gesetzt).
Oktett für Bläser (1923): Sinfonia – Air mit 5 Variationen – Finale.
Pastorale (1924), für Violine, Oboe, Englischhorn, Klarinette, Fagott. (Nach der *Pastoral*-Vokalise für Sopran und 4 Bläser von 1908.)
Duo concertant für Violine und Klavier (1932).
Italienische Suite für Violine und Klavier (1933), Übertragung von *Pulcinella*-Teilen.
Tango für Violine und Klavier (1940), auch für Orchester und für Klavier solo.
Elegie für Geige oder Bratsche solo (1944).
Septett für 3 Streicher, 3 Bläser und Klavier (1953), Mittelsatz eine Passacaglia.
Epitaphium für Flöte, Klarinette, Harfe (1959).
Double canon für Streichquartett (1959).
Fanfare for a new theatre für 2 Trompeten (1964).
KLAVIERWERKE
4 Etüden (1908), *Trois pièces faciles* und *Cinq pièces faciles* für Klavier zu 4 Händen (1915 und 1917), 1921 und 1925 instrumentiert zu 2 Suiten (s. Orchesterwerke).
Piano-Rag-Music (1919).
Les cinq doigts (1921).
Klaviersonate (1924).
Sérénade in A (1925).
Concerto für 2 Klaviere (1935).
Sonata für 2 Klaviere (1944).
LIEDER UND SOLOKANTATEN
Faun und Schäferin (1906), für Sopran und Kammerorchester.
3 Lieder (1908), für Sopran und Klavier, nach S. Gorodetzky.
Pastorale (1908), Sopran-Vokalisen (mit 4 Holzbläsern).
2 Lieder (1910), für Bariton und Klavier, nach P. Verlaine (1953 für Bariton und 8 Instrumente).
2 Lieder (1911), für Sopran und Klavier, nach K. Balmont (1954 für Sopran und 8 Instrumente).
3 Japanische Lieder (1913), für Sopran und Klavier (1954 für Sopran und 8 Instrumente).
3 Kinderlieder (1913), für Sopran und

Klarinette (1947 instrumentiert).
Pribautki (1914), für Mezzo und 8 Instrumente (Scherzlieder).
Katzenwiegenlieder (1916), für Altstimme und 3 Klarinetten.
Unterschale (1917), russische Bauernlieder, zwei- bis vierstimmig (1954 mit 4 Hörnern).
3 Kindergeschichten (1917), für Sopran und Klavier (1954 instrumentiert).
4 russische Lieder (1919), für Sopran und Klavier (Nr. 1 und 4 1954 für Sopran, Flöte, Harfe, Gitarre).
3 Lieder von W. Shakespeare (1953), für Mezzo, Flöte, Klarinette, Bratsche.
In memoriam Dylan Thomas (1954), Trauerkanons für Tenor, Streichquartett und 4 Posaunen.
Abraham und Isaak (1963), für Bariton und Kammerorchester (Hebräisch, nach Genesis XXII, 1–19).
Elegy for J. F. K., für Mezzosopran (Bariton), 2 Klarinetten, Altklarinette (1964).
SCHRIFTEN
I. St.: Leben und Werk (Autobiographie; Musikalische Poetik u. a.), 1957; I. St.: Gespräche (mit Robert Craft), 1961; I. St.: Sacre-Skizzen (1969).
LITERATUR: E. White: St. – The composer and his works (London 1966; ²1979, grundlegende Werkbiographie); R. Craft: I. St. (1962); R. Siohan: St. (1960); R. Vlad: St. (1958); H. Kirchmeyer: St., Zeitgeschichte (1958); H. Lindlar: I. St.s sakraler Gesang (1957); H. Strobel: Wege zu I. St. (1956); 3 St.-Sonderhefte in «Musik der Zeit» (1952, 1955, 1958; Hg. H. Lindlar); St.-Symposion (Hg. M. Armitage; mit Bibliographie bis 1936); H. Lindlar: St.-Lexikon (1982).

Striggio, Alessandro, * Mantua um 1535, † ebenda 1595, Italiener, wirkte an französischen und englischen Höfen, zuletzt als Hofkapellmeister in seiner Geburtsstadt; wichtig in der Vor- und Frühgeschichte der Oper mit realistischen Intermezzi (*Waschweibergewäsch,* 1567). Sein gleichnamiger Sohn schrieb das «Orfeo»-Libretto für Monteverdi.

Strungk, Nicolaus Adam, * Braunschweig 15. Nov. 1640, † Dresden 23. Sept. 1700, Violinist, wirkte in Braunschweig, Hannover, Celle, Hamburg, Dresden, Leipzig, früher Komponist deutscher Opern, u. a. *Floretto* (1683), *Alceste* (1693).

Stürmer, Bruno, * Freiburg im Breisgau 9. Sept. 1892, † Bad Homburg v. d. H. 19. Mai 1958, studierte in Karlsruhe, Heidelberg und München (Univ.), war Kaffeehausmusiker und Kapellmeister, wandte sich über die Singbewegung der Chorkomposition zu: *Der Zug des Todes* (achtstimmige Ballade mit Schlagzeug), *Messe des Maschinenmenschen* (1932, Solo, Männerchor, Orchester), *Musikantenleben* (Eichendorff; Suite für Männerchor und kleines Orchester), *Requiem,* Goethe-Kantate *Aus Liebe,* Kantate *Der steile Weg* (Soli, Männer- und Kinderchor, Orchester), *In seinen Händen* (M. Claudius; Altsolo, Männerchor, Orchester); Kammermusik (u. a. Bratschensonate, Oboensonate, Streichquartettvariationen, Klaviertriovariationen), Orchesterwerke.

Sturzenegger, Richard, * Zürich 18. Dez. 1905, Schweizer, studierte in Zürich und Paris, Violoncello bei Casals, Komposition bei Nadia Boulanger und Toch, seit 1963 Leiter des Berner Konservatoriums, schrieb Violoncellowerke, Konzert- und Vokalmusik.

Styne, Jule, * London 31. Dez. 1905, Amerikaner, studierte Klavier und Komposition, schrieb Broadway-Musicals: *Gentlemen prefer blondes* (1953 mit Marilyn Monroe verfilmt); *Funny girl* (1964, mit Barbra Streisand, auch verfilmt).

Suchoň, Eugen, * Bösing bei Preßburg 25. Sept. 1908, Slowake, Schüler von Novák, seit 1933 Kompositionslehrer in Preßburg, auf Volksgut aufbauend, der Neuen Musik zugeneigt, zuweilen veristisch; u. a. Oper *Katrena* (1949); *Psalm des Karpatenlandes* (1938, für Tenor, Solo, Chor, Orchester), *Balladische Suite,* die Orchestersuite *Metamorphosen* (1942), *Fantasie und Burleske* für Violine und Orchester (1930), Sonatine für Violine und Klavier, Klavierquartett, *Lieder aus den Bergen.*

Suk, Josef, * Křečovice (Böhmen) 4. Jan. 1874, † Beneschau bei Prag 29.

Mai 1935, Tscheche, Dvořák-Schüler, Geiger im «Böhmischen Streichquartett», 1922 Kompositionslehrer, 1930 Leiter der Prager Musikakademie, schrieb Sinfonien (*Asrael-Symphonie* auf den Tod seiner Frau, einer Tochter von Dvořák), sinfonische Dichtungen, Serenade für Streichorchester, Kammermusik, Klavierstücke, Chöre, Lieder.

Sullivan, Sir Arthur Seymour, * London 13. Mai 1842, † ebenda 22. Nov. 1900, Engländer, studierte in London und Leipzig, Lehrer an berühmten Musikinstituten seiner Heimat, wurde 1883 geadelt. Während seine Werke für Orchester, seine Kammermusik, Schauspielmusiken und Oratorien vergessen sind, haben sich seine 21 Operetten länger gehalten, insbesondere *Der Mikado* (1885), eins der ersten «gelben» Bühnenwerke – vielleicht eine Satire auf englische Gesellschaftsmoral. Ferner die Oper *Ivanhoe* (1891, nach W. Scotts gleichnamigem Roman).

Suppé, Franz von, * Spalato (heute Split) 18. Apr. 1819, † Wien 21. Mai 1895, Österreicher, Sproß einer belgischen Familie. Sein eigentlicher Name ist Francesco Ezechiele Ermenegildo Cavaliere Suppe-Demelli. Wurde nach seinem Musikstudium in Wien (u. a. bei Sechter) Kapellmeister in Preßburg und an Wiener Theatern. Drei Faktoren bestimmen die besondere Art von Suppés der «leichten» Muse gewidmeten Werken: die belgische Abstammung verlieh dem Komponisten einen gewissen französischen, fast an Offenbach erinnernden Esprit, das Hören italienischer Spielopern (Donizetti gab Suppé fördernde Ratschläge) verhinderte ein Abgleiten in den Stil von Klischeeoperetten, das jahrzehntelange Wirken als Kapellmeister an Wiener Theatern brachte ihn mit dem Altwiener Lokalsingspiel in Berührung.
Zwar schrieb Suppé u. a. auch eine Sinfonie, eine Messe, ein Requiem, doch lebt er fort als Komponist von über 200 Bühnenwerken (davon 31 Operetten); davon besonders bekannt die Ouvertüren *Ein Morgen, ein Mittag, ein Abend in Wien, Pique Dame, Leichte Kavallerie, Banditenstreiche, Dichter und Bauer* (diese ursprünglich zu Elmars gleichnamigem Bühnenstück; wurde 1936 zur Operette umgearbeitet).
Von Operetten sind zu nennen: *Das Pensionat* (1860), *Zehn Mädchen und kein Mann* (1862), *Flotte Bursche* (1863), *Pique Dame* (1864), *Die schöne Galathee* (1865), *Leichte Kavallerie* (1866), *Banditenstreiche* (1867), *Fatinitza* (1876), *Boccaccio* (1879), *Herzblättchen* (1882); nachgelassen und von anderen beendet: *Das Modell* (1895), *Die Pariserin* (1898).

Süßmayr (Süssmay[e]r), Franz Xaver, * Schwanenstadt (Oberösterreich) 1766, † Wien 17. Sept. 1803, Mozart-Schüler, seit dessen Tod Theaterkapellmeister in Wien, vollendete das *Requiem* Mozarts; schrieb Erfolgsstücke wie die Türkenoper *Soliman II.* (1799).

Suter, Hermann, * Kaiserstuhl (Kanton Aargau) 28. Apr. 1870, † Basel 22. Juni 1926, Schweizer, Dirigent in Basel (1918 bis 1921 auch Konservatoriumsdirektor), schrieb in der Nachfolge von Brahms zahlreiche Chorwerke a cappella und mit Instrumenten (u. a. *Le laudi di San Francesco d'Assisi*), Lieder, eine Sinfonie d-Moll, Violinkonzert A-Dur, Streichquartette, Streichsextett, Klavierwerke (auch für 2 Klaviere und vierhändig).

Suter, Robert, * St. Gallen 30. Jan. 1919, Schweizer, Schüler von W. Vogel, seit 1955 Konservatoriumslehrer in Basel, schrieb Orchester- und Kammermusik (*Serenata* für Bläser und Streicher, 1964; Sonata per Orchestra, 1968), Chor- und Bühnenmusik.

Sutermeister, Heinrich, * Feuerthalen bei Schaffhausen, 12. Aug. 1910, Schweizer, Sohn eines Pfarrers, Unterricht in München (Courvoisier, Geierhaas, Orff, Röhr), gewann viele Eindrücke von der neueren Musik in Paris (Milhaud, Strawinsky, Honegger). Lebt in der Schweiz vorwiegend seinem Schaffen, übernahm 1963 eine Kompositionsprofessur in Hannover. Der vor allem als Opernkomponist bekannt gewordene Sutermeister bezieht seine Grundantriebe aus dem gespannten Melos Verdis, aus der impressionistischen Klangwelt Debussys und aus der rhythmischen Kraft der Moderne. Charakteristisch für seinen Stil ist auch das Einbeziehen neuer Wirkungsmöglichkeiten, wie sie in Film und Funk entwickelt wurden.

BÜHNENWERKE

Die schwarze Spinne (1936 als Funkoper, 1949 als Kammeroper, Text nach J. Gotthelf von A. Roesler); besonders stark die Volksszenen.

Romeo und Julia (1940, Text nach W. Shakespeare vom Komponisten, zwei Akte, sechs Bilder, textlich ergänzt durch Shakespeare-Sonette und deutsche Barockdichtungen). Aus dem bekannten Stoff wird im wesentlichen nur die Liebestragödie komponiert, daher eine «Melodie- und Belcanto-Oper» (Zwischenspiele, Madrigale der «vier verliebten Paare», Ballett u. a.).

Die Zauberinsel (1942, Text nach W. Shakespeares «Sturm» vom Komponisten, Vorspiel und zwei Akte). Handlungsarm, reich an Stimmungen zwischen Liebe und Hanswursterei («Hinter diesem Leben liegt die Zauberinsel Phantasie»). Arien, Ensembles, Couplets, Volksweisen, Chöre, Orchesterstücke. Abermals mit Barockdichtungen, sogar aus Opern von Keiser, Mattheson, Telemann.

Raskolnikoff (1948, Text nach Dostojewskis Roman «Schuld und Sühne» von Peter Sutermeister, dem Bruder des Komponisten, zwei Akte, sechs Bilder). Handfestes Theater vom Mord Raskolnikoffs an der alten Wucherin, seiner Verwirrtheit und endlichen Sühnebereitschaft. Titelrolle in «zwei Raskolnikoffs» aufgespalten.

Der rote Stiefel (1951, Text nach W. Hauffs Märchen «Das kalte Herz» vom Komponisten). Um reich zu werden, läßt sich der Köhler Peter vom Holländer-Michel eine Uhr an die Stelle des Herzens setzen, doch die Liebe seiner Braut rettet ihn (in einer grandiosen Tanzszene) vor dem Teufel, der sich dann am Holländer-Michel schadlos hält und von ihm nur einen roten Stiefel übrigläßt. Kleines Orchester mit Schlagzeug und Klavieren, auf der Bühne Bauernkapelle und unsichtbares Vokalquartett. Hauptfigur der erdhafte Bauer Ezechiel.

Titus Feuerfuchs (1958, Text nach J. N. Nestroys «Talisman» vom Komponisten, zwei Akte). Eine Parodienkette, reichend von der frühitalienischen Oper bis zum Existenzialismus.

Seraphine oder Die stumme Apothekerin (1960, zuvor Fernsehoper).

Das Gespenst von Canterville, Fernsehoper 1964 (nach O. Wilde).

Das Dorf unter dem Gletscher (1937), Tanzpantomime.

Niobe (1946, Monodram, Text von Peter Sutermeister, dem Bruder des Komponisten), für Sopran, zwei Chöre, Orchester, Ballett in zwei Akten.

Madame Bovary (1967, nach Flaubert, Textbuch vom Komponisten).

ORCHESTER- UND CHORWERKE

Divertimento für Streichorchester (1936). Sinfonische Suite aus der Oper *Romeo und Julia* (1940). Cellokonzert (1956), Virtuosenkonzert. *Konzertstück für Violine und Klavier* 1937, 3 Klavierkonzerte (1942, 1953, 1960), A-cappella-Kantate *Andreas Gryphius; Missa da Requiem* (1951); Schiller-Kantate (1964); *Omnia ad unum* (1967, Kantate für Bariton, Gegen-Chöre, Orchester, Texte von Leibniz und Haller; *Sonnenhymne des Eschaton* (1967), Kantate für Männerchor, 8 Blechbläser, Klavier, Schlagzeug); Scène dramatique *Consolatio philosophiae* für hohe Stimme und Orchester (1977).

Svendsen, Johan Severin, * Oslo 30. Sept. 1840, † Kopenhagen 14. Juni 1911, Norweger, studierte in Leipzig, hier auch Konzertmeister, Dirigent in Oslo (1873–1877), Konzertreisen durch Europa und Amerika, seit 1883 Hofkapellmeister in Kopenhagen. Werke: Sinfonien, Rhapsodien, Violinromanze (op. 26), Violin- und Cellokonzerte, Ouvertüren, Kammermusik, Vokalwerke.

Sweelinck, Jan Pieterszoon, * Deventer 1562, † Amsterdam 16. Okt. 1621, Niederländer, genannt «der deutsche Organistenmacher», weil er viele Deutsche ausbildete (u. a. Praetorius, Scheidt); studierte in Venedig, war Organist der Oude Kerk in Amsterdam. Verband italienischen Orgelstil (Ricercar) mit englischer Virginalmusik, wurde zum Vorläufer der Orgelfugenentwicklung. Hauptwerke für Orgel (Fantasien, Tokkaten, Fugen), Klavier (Liedvariationen), 4- bis 8stimmige Psalmen, Cantiones sacrae fünfstimmig (1619), 2- bis 4stimmige französische und italienische *Rimes*.

Swiridow, Georgi, * Fatesch (Kursk) 16. Dez. 1915, war Schostakowitsch-Schüler in Leningrad, lebt seit 1955 in Moskau, schrieb Musikkomödien (*Der wahre Bräutigam*, 1939), *Petersburger Lieder* (1963, nach Texten von A. Blok), *Kursker Lieder* (1969, für Chor und Orchester), 2 Klavierkonzerte (1936; 1942) und Kammermusik mit Klavier.

Szokolay, Sándor, * bei Békéstarhos 30. März 1931, ungarischer Bühnen- und Filmkomponist, studierte bis 1957 an der Franz-Liszt-Akademie in Budapest (Ferenc Farkas), trat seit 1955 bei internationalen Wettbewerben mit Bühnen- und Ballettkompositionen hervor. Ein auf den Tod von Poulenc geschriebenes *Requiem* machte ihn auch im Westen bekannt. Seine mit dem Liszt-Preis ausgezeichnete Lorca-Oper *Die Bluthochzeit* (1964) war ebenso wie seine Shakespeare-Oper *Hamlet* (1968) in Ost und West erfolgreich. Weitere Hauptwerke: *Feuer des März* (Oratorium, 1959); Bühnenmusiken zu Gozzis «Turandot» und zur «Orestie», Filmmusik zu László Némeths «Iszony» (*Das Grauen*, 1963).

Szymanowski, Karol, * Tymoszówska 6. Okt. 1882, † Lausanne 28. März 1937, Pole, studierte in Warschau, hier später Konservatoriumsdirektor. Beeinflußt von Chopin, Skrjabin, Debussy, Strawinsky, Schönberg; spätimpressionistische Klavierwerke, Kammermusik, 3 Sinfonien, Lieder, Stabat mater (1928), Violin- und Klavierkonzerte, Opern (*Hagith*, 1922; *König Roger*, 1926); Ballette (*Mandragora*, 1920; *Harnasie*, 1935), Chorwerk *Litania* (1933).

Tailleferre, Germaine, * Parc-de-Saint-Maur bei Paris 19. Apr. 1892, Französin, gehörte zur «Gruppe der Sechs», Klassizistin. Schrieb Konzerte für Klavier 1924, für zwei Klaviere 1934, für Harfe 1928, für Klavier, Bariton und Orchester, für Sopran und Orchester; auch Ballette, Opern, Lieder.

Tal, Josef, * Posen 18. Sept. 1910, Israeli, Trapp- und Tiessen-Schüler in Berlin, seit 1934 in Palästina, als Musikerzieher in Tel Aviv tätig (auch Leiter eines Studios für Elektronische Komposition), schrieb Bühnen- und Vokalmusiken, u. a. ein Opernoratorium *Saul* (1956), Kammerlieder nach H. Heine (1971), *Die Versuchung* (Oper, 1976).

Tallis (Tallys), Thomas, * um 1505, † Greenwich bei London 23. Nov. 1585, Engländer, Organist der Royal Chapel, bedeutend als Motetten-, Messen- und Anthems-Komponist (mehrchörig, vielstimmig).

Tanejew, Sergei Iwanowitsch, * Wladimir 25. Nov. 1856, † Moskau 19. Juni 1915, Russe, Schüler von Tschaikowski, auch dessen Nachfolger am Moskauer Konservatorium; 4 Sinfonien, Suite für Violine und Orchester, *Russische Ouvertüre*, Streichquartette und -quintette, Operntrilogie nach Äschylus' «Oresteia» (*Agamemnon*, *Die Choephoren*, *Die Eumeniden*), Kantaten, Lieder. – *Lehrbuch des Kontrapunkts* (1909).

Tansman, Alexander (Alexandre), * Lodz 12. Juni 1897, Pole, lebt seit 1919 in Paris (1941–1946 in Amerika); Sinfonien, teilweise mit Chor, *Transatlantische Sonatine* für Orchester (1930), *Polnische Rhapsodie* (1941), Orchesterkonzert (1955), Orchesterpartita, Orchestersricercare (1949), Opern (u. a. *Der Schwur*, 1955), Klavierkonzerte, Ballett- und Filmmusik, Streichquartette. – Strawinsky-Biographie (1948, französisch).

Tarp, Svend Erik, * Jütland 6. Aug. 1908, Däne, ausgebildet in Kopenhagen, München, Innsbruck, seit 1937 als Kompositionslehrer in Kopenhagen tätig, neoklassizistische Bühnen- und Ballettmusik; Instrumentales, Chorisches.

Tartini, Giuseppe, Piran (Istrien) 8. Apr. 1692, † Padua 26. Febr. 1770, Italiener, zum Geistlichen bestimmt, studierte als junger Abbate in Padua Literatur, mußte sich wegen einer Liebesheirat als Orchestergeiger in die Provinz begeben, 1721 Kapellmeister in Padua, 1723–1725 Kammermusiker in Prag, dann wieder in Padua. Viele berühmte Geiger stammen aus seiner Schule, maßgebend für die Entwicklung des Geigenspiels (Doppelgriff- und Trillerspiel; Flageolett; Kombinationstöne). Schrieb etwa 160 Violinsonaten, mit verschiedener Begleitung; am bekanntesten die *Teufelstrillersonate,* rund 200 vier- und fünfstimmige Konzerte, in denen stets die erste Geige tonangebend bleibt.

Taubert, Wilhelm, * Berlin 23. März 1811, † ebenda 7. Jan. 1891, 1831 bis 1896 Hofkapellmeister; bekannt durch seine Kinderlieder.

Taylor, Deems, * New York 22. Dez. 1885, † New York 3. Juli 1966, Amerikaner, publikumswirksame Werke wie die Opern *Peter Ibbetson* (1931), *Ramuntcho* (1942), schrieb ferner Zirkussuite u. a. m., gab seine musikalischen Rundfunk-Features in mehreren Sammlungen heraus (u. a. *The well temperated listener,* 1948).

Telemann, Georg Philipp, * Magdeburg 14. März 1681, † Hamburg 25. Juni 1767, studierte Jura und Philosophie in Leipzig, gründete dort ein Collegium musicum und wurde 1704 Organist; ging im gleichen Jahr als Kapellmeister nach Sorau, 1708–1712 Hofkapellmeister in Eisenach, anschließend Musikdirektor in Frankfurt am Main. Von 1721 bis zu seinem Tode städtischer Musikdirektor in Hamburg. Eine Berufung als Thomaskantor lehnte er ab (der mit ihm befreundete J. S. Bach bekam dann die Stelle). Dem ständigen Ortswechsel Telemanns entspricht seine Aufgeschlossenheit für die musikalische Entwicklung seiner Zeit; französische, polnische, italienische und verschiedene innerdeutsche Anregungen verschmelzen in seinem Werk, das umfangreicher ist als das seiner Zeitgenossen Händel und Bach zusammen. Rund 40 Opern, etwa 1000 Orchestersuiten, ganze Reihen Kammermusik in verschiedener Besetzung, Klaviermusik, zwölf Jahrgänge kirchlicher Kantaten und Motetten, 46 Passionen, verschiedene Oratorien, Hunderte von Kompositionen für besondere Anlässe. Zugang zu seinem vom Hochbarock bis zum Rokoko reichenden Werk erlangt man am leichtesten durch die Klavierwerke, Kammermusik und Orchestersuiten. – Zahlreiche Neudrucke; Gesamtausgabe seit 1953; Veröffentlichungen der Hamburger Telemann-Gesellschaft (K. Grebe) seit 1960: 3 Autobiographien (Neudrucke).

Terzakis, Dimitris, * Athen 12. März 1938, Grieche, studierte u. a. bei B. A. Zimmermann in Köln, schrieb Lieder und Chöre (griechische Texte), Orchester- und Kammermusik (z. T. mit elektron. Klängen).

Thalberg, Sigismund, * Genf 8. Jan. 1812, † Neapel 27. April 1871, Sechter- und Hummel-Schüler in Wien, pianistische und kompositorische Konkurrenz zu (dem universaleren) Liszt; Virtuosenstücke.

Thärichen, Werner, * Neuhardenberg 18. Aug. 1921, studierte in Berlin, wo er als 1. Paukenist der Philharmoniker tätig ist, schrieb eine Reihe von Solokonzerten (u. a. für Pauke, für 1 Singstimme, für Flöte, Violine, Violoncello, Klavier), auch Sinfonisches, Kammermusik und Opernbeiträge.

Theile, Johann, * Naumburg (Saale) 29. Juli 1646, † ebenda (beigesetzt 25. Juni) 1724, Schütz-Schüler in Weißenfels, wirkte in Stettin, Hamburg, Wolfenbüttel, Naumburg. «Vater der Kontrapunktisten»; u. a. 23 vier- bis elfstimmige Messen, Lieder, eine Passion, ein Oratorium, Singspiele (*Adam und Eva,* 1678, zur Einweihung der Oper in Hamburg). (Neuausgaben.)

Theodorakis, Mikis, * Insel Chios 29. Juli 1925, Grieche, studierte in Athen und Paris (O. Messiaen), wo er 1967–74 erneut (im Exil) lebte; schrieb Bühnen-, Ballett- und Filmmusik sowie politisch engagierte Lieder und Chöre.

Thieme, Karl, * Niederschlema 23. Juni 1909, studierte (und promovierte) in Leipzig, wirkt seit 1950 als Konservatoriumslehrer in Nürnberg, schrieb vorwiegend Chorwerke, Kantaten (*Hoffnung,* 1970).

Thilmann, Johannes Paul, eigentlich Johannes Müller, *Dresden 11. Jan. 1906, †Dresden 29. Jan. 1973. Schüler von Grabner, Hindemith, Scherchen, lebte als Kompositionsprofessor in Dresden; schrieb u. a. Sinfonien, die teilweise Programmcharakter tragen, «Mouvements» für Streichorchester (in der Zwölftontechnik), Kammermusik, Klavierkonzert, Violinkonzert, Kantaten.

Thomas, Ambroise, *Metz 5. Aug. 1811, †Paris 12. Febr. 1896, Franzose, Sohn eines Musiklehrers, gewann den Rom-Preis (drei Jahre Studium in Italien), vorübergehend in Wien. Seit 1836 freier Komponist, 1871 Direktor des Pariser Konservatoriums als Nachfolger von Auber. Schrieb Orchester-, Kammer- und Klaviermusik, Lieder, vor allem 19 komische und «große» Opern. Weltbekannt *Hamlet* (1868, große Oper nach W. Shakespeare) und *Mignon* (1866, nach J. W. v. Goethes «Wilhelm Meister»; Ouvertüre mit Philinens Polonäsenarie).

Thomas, Kurt, *Tönning 25. Mai 1904, †Bad Oeynhausen 31. März 1973, studierte und wirkte in Leipzig, 1934 bis 1939 in Berlin, 1939–1945 Frankfurt am Main als Leiter des Musischen Gymnasiums, 1945–1956 Kantor der Frankfurter Dreikönigskirche, 1947–1955 Professor an der Nordwestdt. Akademie in Detmold, 1957–1960 Thomaskantor und Leiter des Gewandhausorchesters in Leipzig, seither wieder in Westdeutschland (Chorleiter). Bemerkenswert durch seine Chorwerke (imitierender Motettenstil): Markuspassion, achtstimmige A-cappella-Messe, die Kantaten *Weite Welt und breites Leben* (1928, nach Goethe), *Das Schloß in Österreich, Jerusalem, du hochgebaute Stadt* (1929, nach J. M. Meyfart, bis zur Achtstimmigkeit), 90. Psalm (1930, Bariton, gemischter sechsstimmiger Chor, Orchester), *Auferstehungsoratorium* (1935), *Die sieben Kerzen,* ein Klavierkonzert (1937), andere Orchesterwerke, Kammermusik, die an Bachs Inventionen erinnert (Duos, Trios, Quartette), Klavierwerke wie Sonaten, zwei- und dreistimmige Inventionen. – *Lehrbuch der Chorleitung* (3 Bde., 1935 bis 1948).

Thompson, Randall, *New York 21. April 1899, Amerikaner, Bloch-Schüler, Rom-Preisträger (1922–1925), führend in der amerikanischen Musikerziehung (Curtis, Princeton, Harvard); schrieb Sinfonisches, Konzertwerke (Jazzpoem für Klavier und Orchester), Chor- und Kammermusik.

Thomson, Virgil, *Kansas City (Miss.) 25. Nov. 1896, Amerikaner, Harvardstudent, dann in Paris (Nadia Boulanger); 1940–1954 als Kritiker («New York Herald Tribune») und Komponist in New York; Sinfonien, Konzerte, Opern, so *Four saints in three acts* (1934, nach G. Stein) und *Unser aller Mutter* (1947, über die Suffragette S. B. Anthony, Text ebenfalls G. Stein), Filmmusik. – Musikbücher.

Thuille, Ludwig, *Bozen 30. Nov. 1861, †München 5. Febr. 1907, studierte und wirkte in München als einer der Führer der «Münchener Tonschule»; geschätzt als Lehrer und Theoretiker; als Komponist nachromantischer Richtung einst erfolgreich mit Kammermusik, Klavierwerken, Vokalwerken und Opern (*Lobetanz,* 1898; *Gugeline,* 1901, Texte von O. J. Bierbaum). – *Harmonielehre* (1907).

Tiessen, Heinz, *Königsberg (Pr.) 10. Apr. 1887, †Berlin 29. Nov. 1971, studierte in Berlin, war Chorleiter, seit 1925 Kompositionslehrer, 1946–1949 auch Direktor des Städtischen Konservatoriums in Berlin, seit 1955 Leiter der Abt. Musik bei der Berliner Akademie der Künste; schrieb zahlreiche Chorwerke für Laienchöre, Schauspielmusik zu *Hamlet* (1920, für M. Reinhardt), daraus auch eine Suite, ferner das Ballett *Salambo* (1929), Sinfonien (darunter *Stirb und Werde*), Revolutionsouvertüre, Suite für Violine und Klavier mit Orchester, Kammermusik, Lieder, Orgel- und Klavierwerke.

Tinel, Edgar, *Sinay 27. März 1854, †Brüssel 28. Okt. 1912, Belgier, 1909 Direktor des Brüsseler Konservatoriums, Neobachianer (Oratorium *Franziscus,*

1888), Kirchen- und Orgelmusik; auch als Theoretiker bahnbrechend für eine Renaissance der Gregorianik in Belgien und Frankreich.

Tippett, Michael, * London 2. Jan. 1905, Engländer, Schüler von Ch. Wood, 1940 bis 1951 Direktor des Morley College in London, neben Britten der meistgenannte britische Komponist dieser Zeit; harmonisch-rhythmischer Neuerer, schrieb Opern *The midsummer marriage* (1955, Text vom Komponisten, daraus eine Suite *Kultische Tänze*), *King Priam* (1962), das Oratorium *Ein Kind unserer Zeit* (1941, angeregt durch Grynspans Pariser Attentat auf den deutschen Botschaftsrat vom Rath), Sinfonien, Konzert für doppeltes Streichorchester (1946), konzertante Fantasie über ein Corelli-Thema, Händel-Fantasie für Klavier und Orchester, Klavierkonzert (1956), *Concerto 1963* (zu Brittens 50. Geburtstag), Suiten nach altklassischer Art, Streichquartette, A-cappella-Motetten, Lieder.

Tittel, Ernst, * Sternberg 26. Apr. 1910, Österreicher, studierte und wirkt (als Organist) in Wien, schreibt Kirchenmusik- und Konzertwerke; verfaßte eine Geschichte der Kirchenmusik (unter besonderer Berücksichtigung der Gegenwart), auch eine Orgelschule (1959).

Toch, Ernst, * Wien 7. Dez. 1887, † Los Angeles 1. Okt. 1964, Amerikaner österreichischer Herkunft, studierte Medizin, Philosophie und Musik (Klavier, bei Rehberg in Frankfurt am Main), wirkte in Mannheim und Berlin, seit 1933 in New York, seit 1940 an der südkalifornischen Universität in Los Angeles. Ging von Brahms aus, kam bis zur (vielfach spielerisch und ironisch gehandhabten) Atonalität. Schrieb 6 Sinfonien (die 2. als *Albert-Schweitzer-Sinfonie*), *Big-Ben-Variationen*, *Komödie* für Orchester, Suiten, 2 Klavierkonzerte, Kammersinfonie *Die chinesische Flöte* (mit Sopranstimme), Cellokonzert, 4 Streichquartette, Opern (*Die Prinzessin auf der Erbse*, 1927; *Egon und Emilie*, 1928, nach Ch. Morgenstern; *Der Fächer*, 1930), Ouvertüren, viele Klavierstücke (berühmt *Der Jongleur*), Chöre. – Für seine 3. Sinfonie erhielt er 1956 den Pulitzerpreis.

Togni, Camillo, * Gussago bei Brescia 18. Okt. 1922, Italiener, Casella-Schüler, wandte sich der Zwölftonkomposition zu; zwei Werke nach J.-P. Sartre: *Drei Studien über ‹Tote ohne Begräbnis›* (1951, für Sopran und Klavier), *Ricercare* nach dem Roman «Der Ekel» (1957, für Bariton und 5 Instrumente); ferner Lieder nach G. Trakl, Chöre nach T. S. Eliot, Kammer- und Klaviermusik.

Tomášek, Václav Jan (Wenzel Johann Tomaschek), * Skutsch bei Pardubitz 17. April 1774, † Prag 3. Apr. 1850, Tscheche, Autodidakt, Gründer einer namhaften Prager Musikschule (1820), wichtig für das lyrische Klavierstück der Nachfolge Schuberts (Neudrucke).

Tomasi, Henri, * Marseille 17. Aug. 1901, † Paris 13. Jan. 1971, Franzose, Schüler von Dukas, später Konzert- und Operndirigent; Opern *Sampiero Corso* (1956), *Don Juan de Mañara* (1956), Ballettoper *Die Herrin von Atlantis* (1957), Ballette, Flötenkonzert, Konzert für Bratsche und Trompete, Klarinettenkonzert.

Tomkins, Thomas, * St. David's 1572, † bei Worcester 1656, Engländer, Byrd-Schüler, 1621 Organist der Chapel Royal, Vollender des englischen Madrigalstils, auch Virginalist und Orgelkomponist (wie sein Bruder John Tomkins, 1586–1638).

Torelli, Giuseppe, * Verona 22. April 1658, † Bologna 8. Febr. 1709, Violinist und Bratschist in Bologna, vorübergehend Kapellmeister in Ansbach, gilt als Schöpfer des Violin-Solokonzertes, trug viele Concerti grossi bei (u. a. eines mit *Pastorale* zu Christi Geburt, 1709).

Tosatti, Vieri, * Rom 2. Nov. 1920, Italiener, Pizzetti-Schüler, schrieb u. a. *Wahnsinnskonzert* (1946) mit verschiedenen Stilelementen (endet mit einer Explosion), vier Opern, darunter *Das Weltgericht* (1955), *Die Schatzinsel* (1958, nach R. L. Stevenson), *Dionysos;* Instrumentalwerke.

Toselli, Enrico, * Florenz 13. März 1883, † ebenda 15. Jan. 1926, Sgambati-Schüler, bekannt durch eine *Serenade* (op. 6, 1; viel bearbeitet) und seine Liebesheirat mit einer sächsischen Kronprinzessin.

Traetta, Tommaso, * Bitonto (Provinz Bari) 30. März 1727, † Venedig 6. April 1779, Italiener, wirkte außer in Venedig und Parma auch in Petersburg, seinerzeit sehr geschätzter Komponist von mehr als 40 Opern, u. a. *Iphigenie auf Tauris* (1758), *Armida* (1761), *Antigone* (1772 Petersburg, 1964 Mannheim).

Trantow, Herbert, * Dresden 19. Sept. 1903, Schüler von Petyrek und Butting in Berlin, erstrebt in seinen Bühnenwerken Verbindung von gesungenem und gesprochenem Wort, Orchesterklang und Tanz (Paluccaschule); *Odysseus bei Circe* (1938), *Antje* (1942), *Taschenbuch für Liebende* (Sopran und Klavier).

Trapp, Max, * Berlin 1. Nov. 1887, † ebenda 31. Mai 1971, studierte bei Paul Juon und E. v. Dohnányi, lehrte in Berlin (u. a. an der Akademie der Künste); schrieb Sinfonien, mehrere *Konzerte für Orchester*, je ein Violin-, Cello-, Klavierkonzert, Orchesterdivertimento, Kammermusik (Quartette, mehrfach mit Klavier, h-Moll-Sonate für Violine und Klavier), Klavierwerke (Sonatine, *Unzeitgemäße Klavierstücke*).

Trexler, Georg, * Pirna 9. Febr. 1903, studierte und wirkt (als Kantor, Organist und Kirchenmusiklehrer) in Leipzig, trat mit Kantaten und Orgelkompositionen hervor.

Trojahn, Manfred, * Cremlingen 22. Okt. 1949, studierte in Hamburg (Flöte bei Zöller, Komposition bei D. de la Motte), schrieb Flötenmusik, 2 Sinfonien, *Conductus I* für Orgel mit 2 Spielern (1977) und *Conductus II* für Streichorchester und Schlagzeug (1979).

Trunk, Richard, * Tauberbischofsheim 10. Febr. 1879, † Herrsching am Ammersee 2. Juni 1968, studierte bei J. Knorr in Frankfurt am Main und bei J. Rheinberger in München, 1934–1945 Direktor der Münchener Akademie der Tonkunst, zuvor Chordirigent in Köln, New York, München; Orchester- und Kammermusik, vor allem Männerchöre.

Tschaikowski, Peter (Pjotr Iljitsch), * Wotkinsk (Gouvernement Wjatka) 7. Mai 1840, † Petersburg (heute Leningrad) 6. Nov. 1893, Sohn eines Hüttendirektors, zunächst im russischen Justizministerium tätig (bis 1863), studierte dann in Petersburg Musik (u. a. bei Rubinstein), 1866/77 Theorielehrer am Moskauer Konservatorium. Seine 1877 geschlossene Ehe wurde nach wenigen Wochen wieder geschieden; ging nach Italien und in die Schweiz, war dazu in der Lage, weil eine Gönnerin, Frau v. Meck («mein bester Freund»), mit der er nie gesprochen, wohl aber einen aufschlußreichen Briefwechsel geführt hat, ihm ein Jahresgeld von 6000 Rubel aussetzte; Dirigententätigkeit in allen größeren europäischen Ländern; seit 1888 Jahresgeld des Zaren in Höhe von 3000 Rubel. Über die innere Entwicklung des überaus scheuen Menschen Tschaikowski ist wenig bekannt, sein Tod ist von Rätseln umgeben (starb an der Cholera, weil er unvorsichtigerweise oder absichtlich verseuchtes Newa-Wasser getrunken hatte).
Mit seinen Zeitgenossen Borodin, Mussorgski usw. (aus der nationalrussisch betonten «Gruppe der Fünf») hat Tschaikowski wenig gemein. Er kommt eher von Mozart und Chopin, vor allem von der deutschen Romantik her, überhaupt von der westlichen Kunstmusik und ihren Formprinzipien (Einfluß der französischen Mutter). Schwermut und Entfesselung, lyrisches Empfinden und spielerische Eleganz stehen zuweilen unvermischt nebeneinander, insbesondere in seinen instrumentalen Spitzenwerken. Von den Opern, infolge ihrer lyrischen Reihung nicht eben dramatisch, haben sich nur wenige durchgesetzt, wie denn überhaupt nur ein geringer Teil seines Schaffens außerhalb seiner Heimat wirklich bekannt geworden ist. – Eine russische kritische Gesamtausgabe der Werke Tschaikowskis ist seit 1940 im Erscheinen.

ORCHESTERWERKE

1. Sinfonie g-Moll (1868, 1874 überar-

beitet), *Winterträume,* vier Sätze.
2. Sinfonie c-Moll (1873 bzw. 1881), die *Kleinrussische,* vier Sätze.
3. Sinfonie D-Dur (1875), fünfsätzig: Marsch – Alla tedesca – Elegisches Andante – Scherzo – Finale (mit Fuge).
4. Sinfonie f-Moll (1878), vier Sätze: Andante sostenuto. Moderato con anima – Andantino in modo di canzone – Scherzo. Pizzicato ostinato (nur gezupfte Streichinstrumente) – Finale. Allegro con fuoco. Vom Komponisten mit einem (nicht zur Veröffentlichung bestimmten) Programm versehen. Er spricht darin vom Fatum, der eifersüchtigen Schicksalsgewalt.
5. Sinfonie e-Moll (1888), vier Sätze: Andante. Allegro con anima – Andante cantabile, con alcuna licenza – Valse, allegro moderato – Andante maestoso. Allegro vivace. *Völlige Ergebung in das Schicksal* überschreibt der Komponist das Werk.
6. Sinfonie h-Moll (1893), die *Pathetische,* vier Sätze: Adagio. Allegro non troppo – Allegro con grazia – Allegro molto vivace (3/4- und 12/8-Takt) – Adagio lamentoso. Mit einem Grundgedanken als Programm, der «allen ein Rätsel bleiben wird» (Tschaikowski).
7. Sinfonie (1962, mit Ergänzungen von Bogatyrow, uraufgeführt).
Manfred-Sinfonie (1886), Programmmusik, etwa in der Art von Berlioz und Liszt.
4 Orchestersuiten (1879, 1883, 1884, 1887); im allgemeinen werden nur Einzelstücke daraus gespielt; die 4. Suite mit der Bezeichnung *Mozartiana* nach drei Klavierstücken und dem «Ave verum» Mozarts.
3 Ballettsuiten: *Dornröschen-, Schwanensee-,* und *Nußknackersuite.* Nur die letzte Suite hat Tschaikowski selbst bearbeitet. Sätze: Kleine Ouvertüre – Sechs Tänze (Marsch, Feentanz, Russischer Tanz, Arabischer Tanz, Chinesischer Tanz, Tanz der Rohrflöten) – Blumenwalzer.
Serenade für Streicher C-Dur (1881), Einfluß der deutschen Romantik, der französischen Ouvertüre, doch auch russische Elemente. Sätze: Andante. Allegro. Andante – Walzer – Elegie – Finale.
Ouvertüre Romeo und Julia (1870), Fantasieouvertüre: Vorahnung – Kampf der Adelsgeschlechter – Julias Liebeslied – Klage über Tod des liebenden Paares.
Ouvertüre 1812 (1878), eine der seit dem 18. Jahrhundert üblichen Schlachtenouvertüren; Gegeneinander der alten russischen Zarenhymne (von Lwow) und der «Marseillaise».
Verschiedene Programmwerke wie *Capriccio italien* (1880), *Francesca da Rimini* (1874), *Sturm* (1873), *Hamlet-Ouvertüre* (1884), Schauspielmusik (*Schneewittchen, Der falsche Demetrius* u. a.).

SOLOKONZERTE

1. Klavierkonzert b-Moll (1875), thematisch eingängig, Herkunft von Liszt. Sätze: Andante non troppo e molto maestoso. Allegro con spirito – Andante semplice – Allegro con fuoco.
2. Klavierkonzert G-Dur (1880), teilweise «Tripelkonzert» infolge Hinzutretens von Solovioline und Solocello.
3. Klavierkonzert Es-Dur (nachgelassenes Werk), einsätzig, kaum gespielt.
Zwei Fantasien für Klavier und Orchester sowie ein Andante und Finale (letzteres vielleicht als Sinfonie geplant).
Violinkonzert D-Dur (1879), glänzender Orchestersatz, anfangs für unspielbar erklärt. Sätze: Allegro moderato – Canzonetta. Andante – Allegro vivacissimo.
Melancholische Serenade für Violine und Orchester (1875).
Valse-Scherzo für Violine und Orchester (1877).
Pezzo capriccioso für Cello und Orchester (1867).
Variationen über ein Rokokothema für Cello und Orchester (1877).

KAMMERMUSIK

Klaviertrio a-Moll (1882), dem Andenken N. Rubinsteins gewidmet.
3 Streichquartette: D-Dur (1872), F-Dur (1874), es-Moll (1876).
Streichsextett d-Moll *Erinnerungen an Florenz* (1892).

KLAVIERMUSIK

2 Sonaten: cis-Moll (1865), G-Dur (1878).
Die Jahreszeiten (1876), für jeden Monat ein Stück, berühmt die Juni-Barkarole, die November-Troikafahrt.
Scherzi, Impromptus, *Kinderalbum,* Romanze, Valse.

BALLETTE
Schwanensee (1877), vier Akte. Daraus eine Orchestersuite.
Dornröschen (1890), drei Akte und ein Prolog. Daraus eine Orchestersuite.
Der Nußknacker (1892), zwei Akte nach E. T. A. Hoffmanns Märchen «Nußknacker und Mausekönig». Daraus eine Orchestersuite.
Tschaikowskis Ballette sind wichtige Marksteine in der Geschichte des neueren russischen Balletts, haben auch auf Prokofjew und Strawinsky eingewirkt.
Der Wojewode (1868, Text von Ostrowski).
Undine (1869, Text von Sollogub).
OPERN
Der Opritschnik (1872).
Wakula der Schmied (1874, Text nach Gogol; 1885 umgearbeitet als *Pantöffelchen*).
Eugen Onegin (1877, Text nach Puschkin).
Die Jungfrau von Orleans (1879, Text nach Schiller von Tschaikowski); Uraufführung 1881 (mit Strawinskys Vater als Dunois).
Mazeppa (1883, Text nach Puschkin vom Komponisten und W. Burenin).
Die Zauberin (1887, Text von I. Spaschinski).
Pique Dame (1890, Text nach A. Puschkin von Tschaikowskis Bruder Modest), drei Akte.
Yolanthe (1892, Einakter, Text nach H. Hertz von Modest Tschaikowski).
VOKALWERKE
A-capella-Chöre und andere Chorwerke weltlicher und geistlicher Art (Gelegenheitskantaten, Hymnen. Für die Vertonung von Schillers «An die Freude» 1866 erhielt Tschaikowski einen Preis).
112 Lieder und Duette, darunter op. 54 mit 16 Kinderliedern.
LITERATUR: Biographien u.a. von M. I. Tschaikowski (dt. von P. Juon, 2 Bde., 1901–1904), B. W. Assafjew (russ. 1922), H. Weinstock (dt. 1948), Kurt v. Wolfurt (1952), K. Pahlen (1959), E. Helm (1976).

Tscherepnin, Alexandr Nikolajewitsch, * Petersburg (heute Leningrad) 20. Jan. 1899, † Paris 29. Sept. 1977, Russe, Schüler seines Vaters Nikolai Tscherepnin (1863–1945), mit dem er 1921 in die Emigration nach Paris ging; Komponist auf Neuntonskalen, aufschlußreich für seine rhythmischen Ausbrüche zwei Tokkaten (op. 1 und 10), für seine Klangextreme die *Canzona*, op. 28, schrieb ferner *Zehn Klavierstücke* (1955), 4 Klavierkonzerte (darunter die *Georgische Suite*), Konzerte für Cello, Mundharmonika (entstanden 1955), 4 Sinfonien (die letzte 1959), *Russische Tänze*, *Sinfonischer Marsch*, Kammermusik *(Das wohltemperierte Violoncell)*, Opern (*Ol-Ol*, 1928; *Die Hochzeit der Sobeide* nach H. v. Hofmannsthal, 1933; *Der Farmer und die Fee*, 1952), eine Reihe von Balletten, Bühnenmusiken, Lieder, Cembalosuite (1966).

Tunder, Franz, * Bannesdorf (Fehmarn) 1614, † Lübeck 5. Nov. 1667, studierte in Rom, berühmter Organist der Lübekker Marienkirche (vor seinem Schwiegersohn Dietrich Buxtehude). Schrieb zahlreiche Orgelwerke, Solo- und Choralkantaten.

Turchi, Guido, * Rom 10. Nov. 1916, Italiener, studierte und wirkt (bei RAI) in seiner Vaterstadt, trat mit Chor- und Kammermusik hervor sowie 1962 mit einer Veroperung der böhmischen Soldatenburleske *Der brave Soldat Schwejk* (J. Hašek).

Turina, Joaquín, * Sevilla 9. Dez. 1882, † Madrid 14. Jan. 1949, Spanier, vom französischen Impressionismus (d'Indy) beeinflußt, aber nationalspanisch in fast romantischer Haltung; schrieb u.a. *Sevillaner Sinfonie* (1920), Orchesterfantasie *Guadalquivir* (1936), Klavier- und Kammermusik mit spanischen Titeln, Opern, Gitarrenstücke, Lieder.
LITERATUR: Biographie von F. Sopeña (1943).

Türk, Daniel Gottlob, * Clausnitz (Erzgebirge) 10. Aug. 1750, † Halle (Saale) 26. Aug. 1813, Kruzianer, studierte bei Hiller in Leipzig, 1774 Kantor in Halle (Universitätsmusikdirektor), Lehrer von K. Loewe, blieb mit Klavierstücken und einer Klavierschule (1789) von Bedeutung (Generalbaßschule, 1791).

Twardowski, Romuald, * Wilna 17. Juni 1930, Pole, studierte 1952–63 in Wilna, Warschau und Paris (N. Boulanger); schrieb Opern, Ballette, Chorwerke (*Carmina de mortuis,* 1962), Orchesterwerke, Kammermusik.

Uhl, Alfred, * Wien 5. Juni 1909, Österreicher, studierte bei F. Schmidt, wirkt nach längeren Auslandsaufenthalten als Akademieprofessor in Wien, schrieb u. a. *Konzertante Sinfonie für Klarinette und Orchester* (1944), *Sinfonischer Marsch* (1942), 4 Orchestercapricen (1945, *Von Musikanten, fahrenden Sängern, Gauklern und Komödianten*), *Sonata graziosa* für Orchester (1948), *Introduktion und Variationen über ein Lied aus dem 16. Jahrhundert* (1947), *Vergnügliche Musik für 8 Bläser* (1947), Concertino für Bratsche, Klarinette und Klavier (1937), Streichquartette (1946 u. 1961), Klaviersonatine (1947), Serenade für 12 Bläser und Baß (1956), Oratorium *Gilgamesch* (1958), Kantate nach W. Busch, Ch. Morgenstern und J. Ringelnatz (1961), Ballett *Rondeau* nach Molière (1948), Bühnen- und Filmmusik; Etüden für Fagott (1972) und für Viola (1974).

Umlauff, Ignaz, * Wien 1746, † Mödling 8. Juni 1796, Österreicher, einst volkstümlicher Singspielkomponist; *Die Bergknappen* eröffneten 1778 das Wiener Nationalsingspiel. Sein Sohn Michael Umlauff (1781–1842) dirigierte die Uraufführung von Beethovens «Neunter Sinfonie» (Wien 1824) und schrieb Opern sowie Kirchen- und Kammermusik.

Unger, Gustav Hermann, * Kamenz 26. Okt. 1886, † Köln 31. Dez. 1958, studierte bei Reger und Haas, lehrte an der Kölner Hochschule für Musik, bekannt auch als Musikschriftsteller (*Musikgeschichte in Selbstzeugnissen,* 1928 u. ö). Neben Kammermusik und Werken für kleines Orchester (*Holländisches Capriccio, Niederrheinische Tänze*) drei Opern: *Der Zauberhandschuh* (1926), *Richmondis von Aducht* (1928), *Drei Geschichten vom Weihnachtsbaum* (1943).

Urbanner, Erich, * Innsbruck 26. März 1936, studierte in Wien, Komposition bei Schiske und Jelinek, schrieb Orchesterwerke, Kammer- und Klaviermusik, Missa *Benedicite gentes* für gemischten Chor und Orgel (1958).

Valen, Fartein, * Stavanger 25. Aug. 1887, † Valevåg 14. Dez. 1952, Norweger, studierte u. a. bei Reger in Leipzig; nichtorthodoxer Zwölftonkomponist, auf den Veranstaltungen der Internationalen Gesellschaft für Neue Musik bekannt geworden; 5 Sinfonien, Werke für Kammerorchester (*Michelangelo-Sonett,* 1947), Violinkonzert (1948). – (Valen-Gesellschaft seit 1949).

Valerius, Adriaan, * Middelburg 1575, † Veere 27. Jan. 1625, Liederkomponist, Schöpfer der Melodien zu *Wir treten zum Beten, Wilhelmus von Nassauen, Bergen op Zoom* (in «Nederlandsche Gedenckklanck», 1626).

Van Delden, Lex, * Amsterdam 10. Sept. 1919, Niederländer, studierte Medizin und (autodidaktisch) Musik, schrieb 8 Sinfonien, Solokonzerte, (Rundfunk-)Oratorien.

Vanhal (Wanhall), Johann Baptist (Jan Křtitel (Vaňthal), * Nechanitz bei Königgrätz 12. Mai 1739, † Wien 20. Aug. 1813, Tscheche, Dittersdorf-Schüler in Wien, als Sinfoniker Vorläufer der Klassik, lange bekannt mit Klaviervariationen (Neudrucke).

Varèse, Edgar, * Paris 22. Dez. 1885, † New York 6. Nov. 1965, Amerikaner italienischer Herkunft, studierte u. a. bei Roussel und d'Indy, wirkte als Dirigent in Frankreich und Deutschland, seit 1915 in den Vereinigten Staaten. Sein dem Futurismus zuzuordnendes Schaffen wird als Geräusch- und Klangmontage zum Vorläufer späterer Entwicklungen. Hervorzuheben: *Arcana* für Riesenorchester, vor allem Schlagzeug und Blech (1927), *Ionization* außer Klavier ausschließlich für Geräuschinstrumente (1931), soll die «Musik der Ione» innerhalb des Atoms wiedergeben, *Dichte 21.5* (1936, Flöte solo), *Déserts* (1954, zwei Tonbandübertragungen und eine Klanggruppe von Bläsern, Schlagzeug, Klavier), *In der Nacht* (1957, für Chor,

Blechbläser, Ondes Martenot, Orgel, Schlagzeug), ferner 1958 für die Brüsseler Weltausstellung (mit Xenakis) eine elektronische Montage zu Le Corbusiers «Elektronischem Gedicht». Letztes Werk: Chorwerk mit Instrumenten *Dans la nuit* (Text H. Miachux).

Vaughan Williams, Ralph, *Down Ampney 12. Okt. 1872, †London 26. Aug. 1958, Engländer, Organist und einflußreicher Kompositionslehrer in London; knüpft etwa bei Ravels impressionistischer Art an, teilweise auch bei Strawinsky, vor allem aber der heimatlichen Musik (Volkslied) verpflichtet. Schrieb u.a. 9 Sinfonien (die letzte 1958), darunter eine *Pastorale* und eine *Londoner Sinfonie* (mit Big-Ben-Klängen), genannt *Fantasie über ein Thema von Tallis* und *Partita* (beide für doppeltes Streichorchester), *Aristophanes-Suite, Charterhouse-Suite, Norfolk-Rhapsodie,* ein Violin- und ein Oboenkonzert, Oratorium *Sancta Civitas,* Orgelwerke, Ballette, Kammermusik, Vokalwerke, Opern, u.a. *Sir John in love (Falstaff,* 1929), *The pilgrim's progress* (1951).

Vecchi, Orazio, *Modena (getauft) 6. Dez. 1550, †ebenda 19. Febr. 1605, Italiener, Geistlicher, Domkapellmeister; tonmalerische Canzonen, Madrigalkomödie *L'Amfiparnasso* (1594; Neuausgaben).

Ventadorn, Bernart de, siehe Bernart de Ventadour.

Veracini, Francesco Maria, *Florenz 1. Febr. 1690, †ebenda 31. Okt. 1768, Italiener, wirkte als berühmter Violinist in Italien, Dresden, Prag, London; schrieb u.a. 24 (meist auf seine eigene Spielart zugeschnittene) Violinsonaten (zahlreiche Neudrucke), auch drei Opern.

Verdelot, Philippe, †Florenz vor 1552, französischer Herkunft, hervorragender Madrigalkomponist, von Willaert vielfach für die Laute bearbeitet, schrieb auch Motetten und Messen (Neudrucke).

Verdi, Giuseppe, *Roncole (heute Busseto-Roncole) 10. Okt. 1813, †Mailand 27. Jan. 1901, Italiener, bedeutendster Opernkomponist seiner Zeit. Von der Stadt Busseto und einem reichen Bürger Barezzi (dessen Schwiegersohn er 1859 wurde) erhielt der musikalische Jüngling ein Stipendium, damit er in Mailand studieren konnte. Der Konservatoriumsdirektor Basili nahm ihn als nicht genügend begabt nicht ins Konservatorium auf, so daß Verdi zu Lavigna ging, dem Maestro al cembalo der Scala, und von ihm einen vorzüglichen, ganz von der Theaterpraxis her bestimmten Unterricht erhielt. Verhältnismäßig früh hatte er mit seinen Opern so großen Erfolg, daß er ganz der Komposition leben konnte, zumeist in der ländlichen Stille seines Mustergutes Sant' Agata. 1853–1855 lebte er in Paris. Vorübergehend war er auch Mitglied des italienischen Einheitsparlaments. Obwohl er sich von der Politik bald wieder fernhielt, wurde sein Name eine Zeitlang zu einem politischen Schlachtruf: man rief (nach dem Erfolg des *Maskenballs,* 1859) «Viva Verdi», als wolle man damit den Komponisten ehren, meinte in Wirklichket «Viva **V**ittorio **E**manuele **R**e **d'I**talia», also ein Bekenntnis zur Einheit Italiens, das in vielen Einzelstaaten des Landes streng verboten war. Verdis letzte Wohltat galt der Stiftung eines Altersheims für Musiker in Mailand; in der Kapelle dieser «Casa di Riposo» wurde er beigesetzt. Verdi begann zunächst im Stil Bellinis, wandte sich von der reinen Singoper zur Musizieroper und ihrer sorgfältiger durchgeführten Orchestersprache, schrieb schließlich immer weniger, durchdachte und feilte seinen Stil, setzte sich mit seinem gleichaltrigen Zeitgenossen Wagner auseinander und fand den Weg zu einem eigenen musikdramatischen, Wagner nur in Einzelheiten verwandten Stil durchaus italienischer Prägung, so italienisch, daß man ihn als «Stimmdramatiker» bezeichnet hat. Das heißt: trotz aller Verfeinerung und Vertiefung des instrumentalen Ausdrucks gibt die Führung der Gesangsstimme den Ausschlag. Es war der Weg vom Schön-Gesang zum Ausdrucks-Gesang, wobei zugleich das Orchester mehr und mehr ergänzend zur dramatischen Gesamtanlage herangezogen wird. Aus den ursprünglich leichtfaßlichen und ebenso leicht nachzuträllernden Arienmelodien zu einfachen Rhythmen erwächst eine Stimmführung, die den «schönen Ariengesang» (Belkanto) und das notdürftig geführte Rezitativ zu ariosen Ausdruckslinien verschmilzt, die nun ihrerseits die zuvor isolierten Einzelnummern (Arien, Duette, Terzette usw.) immer mehr zu dramatischer Einheit verbinden.

OPERN

Von den frühen Opern Verdis haben nur wenige für die Gegenwartsbühne Bedeutung; einige liegen in Neufassungen vor (durch Verdi selbst oder spätere Bearbeiter). Ins Deutsche übersetzt wurden nur die wichtigsten.

Oberto, conte di San Bonifacio (1839, Text von A. Piazza).

Un giorno di regno (1840, *König für einen Tag,* auch *Der falsche Stanislaus,* Text von F. Romani), neben dem *Falstaff* Verdis einzige komische Oper.

Nabucco (*Nebukadnezar,* 1842, Text von T. Solera).

Die Lombarden im ersten Kreuzzug (1843, Text von T. Solera, 1847 als *Jerusalem* neu gefaßt).

Ernani (1844, Text von F. M. Piave, Bearbeitung von J. Kapp).

Die beiden Foscari (1844, Text von F. M. Piave).

Die Jungfrau von Orleans (1845, Text von T. Solera).

Alzira (1845, Text von S. Cammarano).

Macbeth (1847, Text nach W. Shakespeare von F. M. Piave, 1865 prunkhafte Neufassung mit Ballett für Paris). Tragödie des ehrgeizigen Feldherrn Macbeth, der den König im Einverständnis mit seiner Frau ermordet, aber von den treugebliebenen Anhängern des Königs selbst umgebracht wird, nachdem seine Frau wahnsinnig geworden war. Besetzung der Hauptrollen mit dunklen Stimmen, teilweise dramatische Orchesterführung, sogar eine Fuge.

Die Räuber (1847, Text nach F. Schiller von A. Maffei).

Der Korsar (1848, Text von F. M. Piave).

Die Schlacht von Legnano (1849, Text von S. Cammarano).

Luisa Miller (1849, Text nach F. Schillers «Kabale und Liebe» von S. Cammarano). Die Handlung ist in ein Tiroler Dorf verlegt. Musikalisch bedeutsam die Vertiefung der rezitativischen Partien.

Stiffelio (1850, Text von F. M. Piave, 1857 in Neufassung als *Aroldo*).

Rigoletto (1851, Text nach V. Hugo von F. M. Piave), die erste Oper Verdis, in der die «politischen Themen» zurücktreten und der tragische Mensch mit Leidenschaften, Schuld und Schicksal im Vordergrund steht. – Der Hofnarr Rigoletto treibt seinen Herzog zu immer neuen Abenteuern an. Schließlich wird seine verborgen gehaltene Tochter ohne sein Wissen die Geliebte des Herzogs. Er tötet seine Tochter, weil er sie in ihrer opferbereit gewählten Verkleidung für ihren Verführer hält. Musikalisch-dramatisch das Absetzen der leichtsinnigen Welt am Hofe (*Freundlich blick ich auf diese und jene, Ach, wie so trügerisch,* italienische Trällerarien des Herzogs) gegen das Seelendunkel in dem verkrüppelten Narren *(Der alte Mann verfluchte mich),* besonders die düstere Szene zwischen Rigoletto und dem käuflichen Mörder.

Der Troubadour (1853, Text von S. Cammarano), eine dramaturgisch kaum verständliche Handlung über Leidenschaft und schicksalhafte Verstrickung, fast nur Nachtszenen. – Graf Luna läßt den Troubadour Manrico aus Eifersucht hinrichten; zu spät erfährt er, daß der Getötete sein in früher Jugend von Zigeunern geraubter Bruder war; die von beiden geliebte Leonore gibt sich den Tod.

La Traviata (1853, Text nach Alexandre Dumas' des Jüngeren «Cameliendame» von F. M. Piave), wiederum Schuld, Schicksal und Liebe, wiederum tragischer Ausgang. – Violetta, lungenkrank, erlebt nur kurze Zeit einen Traum von wirklicher Liebe mit Alfred Germont, trennt sich von ihm (durch Alfreds Vater dazu gedrängt) und stirbt; zu spät erkennt Alfred, daß sie sich um seinetwillen opferte. – Beseelter Belkanto, verfeinertes Orchester (vier Geigenstimmen zu Beginn der Ouvertüre erinnern an «Lohengrin»), hintergründige Verwendung von Tanzrhythmen.

Die sizilianische Vesper (1855, Text von E. Scribe und C. Duveyrier), für Paris als große Oper geschrieben. Spielt 1282, im Jahr des blutigen Aufstandes der Sizilianer gegen die französische Besatzungsmacht.

Simone Boccanegra (1857, Text von F. M. Piave, zweite Fassung 1881, überarbeitet von A. Boito), Geschehen aus dem Genua des 14. Jahrhunderts: Kampf des Dogen Boccanegra gegen drei Führer der ihm nach dem Leben trachtenden Gegenpartei; er fällt, aber nicht aus politischen, sondern aus verwickelten persönlichen Gründen. Musikalisch bedeutsam die Verwendung bestimmter Motive zum Aufbau ganzer Szenen und «leitmotivisch» wirkender, an entsprechenden Stellen wiederkehrender Ausdrucksthemen; die Arien werden vielfach aus «Nummern» zu deklamatorisch weiterführenden Gesängen.

Amelia oder Ein Maskenball (1859, Text nach E. Scribes «Gustav III. von Schweden» von F. M. Piave). Wegen des in der ursprünglichen Fassung vorkommenden Königsmordes von der Zensur in Neapel umgedichtet; endgültige Fassung in Rom mit großem Beifall uraufgeführt. – Graf Richard liebt Amelia, die Frau seines Sekretärs René, will die Ehe nicht zerstören und das Paar aus seiner Nähe versetzen; doch der eifersüchtige René hat sich Verschwörern angeschlossen und tötet den Grafen, der ihm höchste Treue beweisen wollte, auf einem Maskenball. Viele Szenen, in denen italienischer Gesang mehr und mehr musikdramatisch eingefärbt wird.

Die Macht des Schicksals (1862, Text von F. M. Piave, zweite Fassung 1869 von A. Ghislanzoni; textlich bearbeitet von F. Werfel 1926, später durch Georg Göhler und Max Soldan). Alvaro tötet unabsichtlich den Vater seiner Geliebten, wird von dem Sterbenden verflucht, von dessen Sohn Don Carlos gesucht, geht zur Armee, dann in ein Kloster; dort findet ihn Carlos, reizt ihn zum Zweikampf, tötet noch im Sterben auch seine Schwester. Verfeinerte *Troubadour*-Musik, Einzelgesänge und Ensembles (Racheduett) verdichten und verbinden sich zu durchgehender arioser Linie. Finale deutet auf *Aida*-Schluß.

Don Carlos (1867, Text nach F. Schiller von J. Méry und C. du Locle, zweite Fassung – Weglassen des ersten Aktes – 1884). Inhalt in großen Zügen wie bei Schiller. Vertonung eine Verbindung von Elementen der italienischen Gesangsoper, der französischen großen Oper und des Verdischen musikdramatischen Stils.

Aida (1871, geschrieben für das zu den Eröffnungsfeierlichkeiten des Suezkanals erbaute italienische Theater in Kairo, Text von A. Ghislanzoni). Prunkstil der französischen großen Oper, italienische Gesangsoper und Verdische Ausdrucksdichte verschmolzen, angereichert durch einige verschiedene Leit- oder eher Erinnerungsmotive. – Der ägyptische Feldherr Radames soll als Lohn für seinen Sieg die Königstochter Amneris zur Frau erhalten, liebt jedoch Aida, die als Sklavin gehaltene Tochter des feindlichen Königs, läßt sich ein militärisches Geheimnis entlocken und wird verurteilt, lebendig begraben zu werden. In der unterirdischen Grabkammer hat sich Aida verborgen und geht so mit dem Geliebten in den Tod.

Othello (1887, Text von Arrigo Boito). Inhalt im wesentlichen wie in Shakespeares gleichnamigem Drama der boshaft geschürten Eifersucht. Musikalisch das vollendete Musikdrama italienischer Prägung. So eigenständig die Orchestersprache auch wirkt als Mitträger des äußeren und inneren Geschehens, entscheidend bleibt doch die menschliche Stimme, und zwar so, daß ihr der Übergang von der einstigen Arie und vom einstigen Rezitativ ins Ariose endgültig vollzogen wird.

Falstaff (1893, Text von A. Boito nach Shakespeares «Lustigen Weibern»), Höhepunkt der künstlerischen Feinarbeit bei Verdi, ein Höhepunkt der italienischen Operndramatik überhaupt. Der dicke Sir John, die Menschen und Geschehnisse, derber Spaß und naturhafter Zauber sind eingefangen in ein einziges kunstvolles Gewebe von Motiven und Motivbeziehungen, von Formenverspottung (z. B. «Amen»-Kanon der Diener) und Formenvergeistigung (z. B. Schlußfuge), von tonmalerischer und entstofflichter Orchestersprache, ariosen Großlinien und geschwindem Buffosprachstil. Nach einem früheren, mißlungenen Versuch, eine komische Oper zu schreiben, dauerte es 53 Jahre, bis Verdi diese kunstvollste aller heiteren Opern aufführen ließ. Kammermusik, durchkomponierte italienische Gesangsoper und Musikdrama in einem, aufgezeichnet in einer unverwechselbaren, unvergleichbaren Handschrift.

Obwohl Verdis Schaffenskraft immer wieder der Oper galt, hat er auch andere Werke geschrieben, so einige Romanzen, ein dreistimmiges Notturno mit Flöte, vier bedeutende «Pezzi sacri» *(Stabat mater, Tedeum, Ave Maria, Laudi alla Vergine Maria)* und vor allem ein *Requiem* (1874). Ursprünglich wünschte Verdi, daß zum Tode Rossinis (1868) ein Requiem mit Beiträgen verschiedener Komponisten aufgeführt werde. Als eine Aufführung nicht zustande kam, zog er die von ihm komponierte Fuge *Libera me* zurück und verwendete sie in einem eigenen Requiem, das 1874 zu Ehren des verstorbenen italienischen Dichters Alessandro Manzoni erklang. Gewichtiger Gattungsbeitrag, klar gebautes, melodienreiches Werk, zuweilen «theatralisch» anmutend, doch gerade darin wesenhaft italienisch.

Streichquartett e-Moll (1873). Verdi soll das Streichquartett als Gattung nicht geschätzt haben, weil es italienischem Wesen nicht entspreche. Jedenfalls wollte er dieses sein einziges Quartett anfangs dem Konzertsaal vorenthalten, dann als Orchesterstück bearbeiten. Dabei ist kein italienisches Streichquartett des 19. Jahrhunderts so bekannt geworden wie dieses: Melodisch-farbig, leichte Anklänge an das *Aida*-Thema im Kopfthema (dolce, auf der tiefsten Violinsaite), «vokal» gefärbt auch in der Fuge des Schlußsatzes.

SCHRIFTEN

G. V.: Briefe (Auswahl zu seinem Schaffen; 1963); Selbstzeugnisse (Hg. H. Kühne, 1961).

LITERATUR: Biographien von K. Holl ([2]1943), H. Gerigk (1932), A.-E. Cherbuliez (1949), F. Abbiati (4 Bde., ital., 1959), F. Wallner-Basté (1979).

Veress, Sándor,* Klausenburg 1. Febr. 1907, Ungar, Schüler von Kodály und Bartók, wirkt seit 1950 als Lehrer und Komponist in Bern; schrieb u. a. Sinfonie (1936), *Sinfonia Minneapolitana* (1954, für das Minneapolis-Sinfonieorchester), *Threnos* (1945, zum Gedächtnis Bartóks, Trauergesang für Orchester), *Transsylvanische Tänze* (1949), Violinkonzert (1939), Klavierkonzert (1952, mit Streichern und Schlagzeug), *Huldigung an Paul Klee* (1951, für 2 Klaviere und Streichorchester, nach Bildern des Malers), Ballette (u. a. *Die Wunderschalmei,* 1937, auch als Orchestersuite), *Augustinus-Psalm* (1948) für Baß, gemischten Chor, Orchester, *Elegie* für Baß, Streicher, Harfe (1965), Streichquartette, Violin-Klavier-Sonaten, Klavierstücke (auch für Kinder), Lieder.

Veretti, Antonio, * Verona 20. Febr. 1900, Italiener, Schüler von F. Alfano, beeinflußt durch Casella, in leitenden Lehrstellungen; Neoklassizist, teilweise zwölftönig; Sinfonien *(Italiana, Epica, Sacra),* Klavierkonzert (1949), Kammer- und Klaviermusik, die Oper *Der Günstling des Königs* (1932; 1955 ballettmäßig neu gefaßt), das ballettähnliche Werk *Die sieben Sünden* (1954; zwölftönig, alte Formbestandteile), Oratorium *Der verlorene Sohn* (1943).

Viadana, Lodovico, eigentlich Lodovico Grossi, * Viadana bei Mantua um 1560, † Gualtieri (Provinz Reggio Emilia) 2. Mai 1645, Italiener, einer der frühesten Komponisten, die den Generalbaß anwendeten; Hauptwerk *Hundert Kirchenkonzerte zu 1, 2, 3 und 4 Stimmen mit Basso continuo auf der Orgel zu spielen* (1602 ff). Wirkte in Venedig und Mantua (Franziskaner).

Vicentino, Don Nicola, * Vicenza 1511, † Rom 1576, Italiener, Willaert-Schüler in Venedig, Hofkapellmeister in Ferrara, Madrigalkomponist (Enharmonik, Chromatik); Theoretiker, Instrumentenbauer (Archicembalo mit 6 Tastenreihen).

Victoria, Thomás Luis de (italianisiert Ludovico da Vittoria), * Avila um 1549, † Madrid 27. Aug. 1611, Spanier,

Geistlicher, in Rom (Collegium Germanicum) ausgebildet und Nachfolger Palestrinas, seit 1585 Hofkapellmeister in Madrid; bedeutendster spanischer Kirchenkomponist, schrieb Messen, Motetten, Hymnen von mystischer Ausdruckskraft. – Neuausgabe (8 Bde., 1902/03, durch F. Pedrell).
LITERATUR: Biographie von F. Pedrell (1918).

Vierdanck, Johann, * bei Dresden um 1605, † Stralsund 1. April 1646, Schütz-Schüler, Organist in Stralsund, schrieb u. a. Tanzsuiten für Streicher (Neudrucke).

Vieuxtemps, Henri, * Verviers 17. Febr. 1820, † Mustapha (Algier) 6. Juni 1881, Belgier, Schüler von Bériot; von Rußland bis Amerika bewunderter Violinist, seit 1871 Konservatoriumsprofessor in Brüssel (erkrankte an Lähmung). Schrieb u. a. sechs virtuose Violinkonzerte, Fantasia appassionata mit Orchester, zwei Cellokonzerte, Kammermusik; wertvolle Etüdenliteratur für Violine.

Villa-Lobos, Heitor, * Rio de Janeiro 5. März 1887, † ebenda 17. Nov. 1959, Brasilianer, lebte in den zwanziger Jahren in Paris, gründete 1942 das brasilianische Nationalkonservatorium; fruchtbarer Komponist, der seine Stoffe und wesentliche Bestandteile seiner Musik der heimatlichen Folklore entnahm, schrieb 12 Sinfonien, sinfonische Dichtungen (*Der Ursprung des Amazonas,* 1950), *Bachianas Brasileiras,* Ballette, große Vokalwerke, ganze Reihen von «Choros» in verschiedener Besetzung (ausgesprochen folkloristische Werke), Cellokonzert, Klavierkonzert, Bühnenwerke, Lieder, 10 Streichquartette, Etüden für Gitarre.

Vinci, Leonardo, * Strongoli um 1695, † Neapel 27. Mai 1730, Italiener, bedeutsam vor allem durch seine mindestens 40 Opern, in denen er das begleitete Rezitativ dramatisch ausbaute und damit der sog. 2. neapolitanischen Schule (Haupt: Hasse) den Weg bereitete. U. a. *Iphigenie auf Tauris* (1725).

Viotti, Giovanni Battista, * Fontanetto (Provinz Vercelli) 12. Mai 1755, † London 3. März 1824, Italiener, Sohn eines musikalischen Schmieds, wurde Schüler Gaetano Pugnanis (1731–1798), machte mit diesem Konzertreisen durch Europa, trat nach seinem dreißigsten Lebensjahr kaum noch auf. Akkompagnist von Marie Antoinette, später Theaterdirektor, Mitinhaber einer Weinhandlung, 1819 bis 1822 Leiter der Großen Oper in Paris. Sein sich immer mehr verfeinerndes Spiel machte so Schule, daß man ihn als Vater des modernen Geigenspiels bezeichnet. Schrieb u. a. 18 Violinsonaten (mit Generalbaß), 51 Violinduos, 36 Streichtrios, 21 Streichquartette, 29 Violinkonzerte.

Vitali, Giovanni Battista, * Bologna 18. Febr. 1632, † Modena 12. Okt. 1692, Italiener, wirkte in Bologna und Modena; Triosonaten (schon vor Corelli). Von seinem ebenfalls als Violinist und Komponist wirkenden Sohn Tommaso Vitali (um 1665–1747) stammt eine vielgespielte Violinciacona (Neudrucke).

Vitry, Philippe de, * Vitry (Champagne) 31. Okt. 1291, † Meaux 9. Juni 1361, Franzose, neben Machault Mitbegründer der französischen «Ars nova», starb als Bischof. Von seinem umfangreichen Werk sind 3- bis 4stimmige «isorhythmische» Motetten erhalten (Neuausgabe durch Leo Schrade, 1956).

Vivaldi, Antonio, * Venedig 4. März 1678, † Wien (beerdigt) 28. Juli 1741, Italiener, Sohn eines Geigers an der Markuskirche in Venedig, begann seine Geigerlaufbahn am gleichen Ort, wurde 1703 zum Priester geweiht (seiner roten Haare wegen «il prete rosso» genannt), war 1703–1740 (unterbrochen von vielen Reisen) Dirigent, Violinlehrer und Hauskomponist am Mädchenkonservatorium Ospedale della Pietà; hervorragender Geiger und Komponist, der viele Zeitgenossen und Nachfahren beeinflußt hat (so hat J. S. Bach verschiedene Violinkonzerte von Vivaldi für Klavier bearbeitet, seine Werke überhaupt sorgfältig studiert); schrieb u. a. Opern, Oratorien (*Juditha,* 1716), Violinsonaten mit Baß, Streichtrios, über 400 Konzerte für 1–4 Soloviolinen, für Cello, Flöten, Oboen,

Trompeten und andere Soloinstrumente (darunter *Die Jahreszeiten* für Violine, Streicher und Orgel). Seine meist in homophonem Stil geschriebenen Kompositionen gerieten bald nach seinem Tod in Vergessenheit und wurden erst seit etwa 1925 wiederentdeckt. – Gesamtausgabe seit 1947 (G. F. Malipiero).
LITERATUR: Biographien von M. Pincherle (1955), G. F. Malipiero (1958), W. Kolneder (1965, 1973).

Vlad, Roman, *Tschernowzy 29. Dez. 1919, Italiener rumänischer Herkunft, studierte Mathematik und Musik, lebt und wirkt seit 1938 in Italien (Florenz, Rom), Mitherausgeber der *Enciclopedia della Spettacolo,* schrieb über Dallapiccola (1957), Strawinsky (1958), Geschichte der Zwölftonmusik (1958), trat mit Opern (auch für Rundfunk und Fernsehen), Balletten (u. a. *Die Wiederkehr,* 1961 für Aurel v. Milloss), Chor- und Orchesterwerken sowie Kammermusik hervor (Ricercare elettronico, 1961).
SCHRIFTEN
L. Dallapiccola (1957), Strawinsky (²1967), Storia della dodekafonia (1958).

Vogel, Wladimir, *Moskau 29. Febr. 1896, Sohn eines deutschen Vaters und einer russischen Mutter, studierte bei Tiessen und Busoni, lebt seit 1933 in der Schweiz. Angeregt durch Skrjabins Farbenklänge, Busonis «neue Klassizität», Schönbergs Zwölftonwerk, Alban Bergs Expressivstil, verarbeitet er alles durchaus selbständig. Für Orchester: vier Etüden (1930–1932), *Tripartita* (1934), *Spiegelungen* (1952), ein Violin- und ein Cellokonzert; Oratorien mit Sprechchören): *Wagadus Untergang* (1930), *Jona ging doch nach Ninive* (1958, nach Martin Buber), *Thyl Claes* (1938–1945), *Die Flucht* (1964, nach R. Walser), Kompositionen für – rhythmisch veränderte – Sprechchöre (u. a. *Lied von der Glocke,* 1959; *Meditatione sulla maschera,* 1964). Kammer- und Klaviermusik (u. a. *Inspiré par Jean Arp,* 1965).
LITERATUR: H. Oesch: W. V. (1967).

Vogelweide, Walther von der, siehe Walther von der Vogelweide.

Vogler, Georg Joseph, «Abbé (Abt) Vogler» genannt, *Pleichach bei Würzburg 15. Juni 1749, †Darmstadt 6. Mai 1814, war Priester, päpstlicher Diplomat, Theoretiker und Lehrer, Kapellmeister u. a. in Mannheim, München, Stockholm, Darmstadt, reiste mit einer «simplifizierten» Orgel durch ganz Europa. Seine Werke (Opern, Kirchenmusik- und Instrumentalwerke) sind – nicht immer zu Recht – vergessen; als anregende Persönlichkeit und aufgeschlossener Lehrer (er unterhielt in Mannheim, Stockholm und Darmstadt eine Tonschule) hat er bekannte Komponisten beeinflußt (C. M. v. Weber, Meyerbeer u. a.).

Vogt, Hans, *Danzig 14. Mai 1911, studierte in Berlin u. a. bei Georg Schumann, anfangs Theaterkapellmeister, seit 1951 Lehrer in Mannheim; die oratorienhafte Oper *Die Stadt hinter dem Strom* (im Funk 1953, szenisch 1955, nach H. Kasacks gleichnamigem Roman); nach dem gleichen Dichter: *Masken,* lyrische Suite für Sopran, Streicher, Schlagzeug (1957); Kammeroratorium *Historie der Verkündigung* (1956), Konzert für mehrchöriges Orchester (Endfassung 1953), Klavierkonzert, Kammermusik, Chorwerke, Sonate für 17 Instrumente (1960), Kammeroper, *Athenerkomödie* (1962, Text nach Menander von Ch. Middleton).
SCHRIFTEN
Neue Musik seit 1945 (²1975), J. S. Bachs Kammermusik (1981).

Voigtländer, Gabriel, *Reideburg bei Halle um 1596, †Nykøbing auf Falster 23. (?) Jan. 1643, Feldtrompeter, gab 1642 eine intereuropäische Liedersammlung heraus, kultur- und musikgeschichtlich von Wert.

Volkmann, Robert, *Lommatzsch (Landkreis Meißen) 6. April 1815, †Budapest 29. Okt. 1883, Schüler seines Vaters (Kantor), studierte in Leipzig, mit Robert Schumann befreundet; wirkte in Prag, Wien, seit 1858 in Budapest als Akademieprofessor; schrieb Sinfonien und Streicherserenaden, Ouvertüren *(Richard III.),* Solistenkonzerte, Streichquartette, Trios, Duos, zahlreiche Klavierwerke, Klavierlieder, geistliche und weltliche Chorwerke.

Vollerthun, Georg, * Fürstenau (Kreis Elbing) 29. Sept. 1876, † Strausberg bei Berlin 15. Sept. 1945, Liedbegleiter, Theaterkapellmeister, schrieb Lieder, Opern wie *Island-Saga* (1925), *Der Freikorporal* (1932), *Das königliche Opfer* (1942).

Voss, Friedrich, * Halberstadt 12. Dez. 1930, studierte und lebt in Berlin; *Nachtigall und Rose,* Ballett nach O. Wilde (1961), Violinkonzert (1962), *Pan exzentrisch* (Flöte und Orchester, 1962), Chorzyklen, Sinfonien (Nr. 3 *Sinfonia humana,* 1969).

Volkonskij, André, * Genf 14. Febr. 1933, Russe, studierte Klavier bei Lipatti in Genf, Komposition 1949–54 am Moskauer Konservatorium, übersiedelte 1973 nach Frankreich, schrieb Kantaten (*Rußland,* nach Gogols *Die toten Seelen,* 1952), Klavier- und Kammermusik (Réplique, 1969).

Vulpius, Melchior, * Wasungen (Landkreis Meiningen) um 1570, † Weimar 7. Aug. 1615, Kantor in Weimar; geistliche Musik, vielgesungene Weisen *(Die helle Sonn' leucht' itzt herfür).* (Neudrucke.)

Wagenaar, Johan, * Utrecht 1. Nov. 1862, † Den Haag 17. Juni 1941, Niederländer, Lehrer u. a. von Pijper; schrieb Opern, sinfonische Dichtungen, Kantaten im Stile von Mahler/Strauss.

Wagenseil, Georg Christoph, * Wien 29. Jan. 1715, † ebenda 1. März 1777, Österreicher, Schüler von Fux, Klavierlehrer der Kaiserin Maria Theresia und ihrer Töchter, Hofkomponist (auch Organist), Vertreter der Wiener Frühklassik, vor allem mit Sinfonien, Kammer- und Klavier-(Cembalo-)Musik (Neudrucke).

Wagner, Richard, * Leipzig 22. Mai 1813, † Venedig 13. Febr. 1883, Sohn eines Polizeiaktuars; nach dessen Tode heiratete die Mutter den Schauspieler Friedrich Geyer. Musikalischer Unterricht erst während der Universitätsjahre durch den Thomaskantor Theodor Weinlig. 1833 Korrepetitor in Würzburg, 1834 Kapellmeister in Magdeburg, 1836 in Königsberg (Pr.), 1837 in Riga. 1839–1842 Notarbeiten in Paris. 1842 nach der Aufführung des *Rienzi* Hofkapellmeister in Dresden. Beteiligte sich an der Revolution 1848/49, mußte in die Schweiz fliehen. Liszt hielt großherzig zu dem Freund. In der Schweiz Arbeit an den nachmals berühmten Kunstschriften und musikdramatischen Dichtungen. Die Begegnung mit Mathilde Wesendonk (Gattin eines Kaufmanns, in dessen Hause Wagner Zuflucht gefunden hatte) führte zum endgültigen Bruch der 1836 mit der Schauspielerin Minna Planer geschlossenen Ehe Wagners, künstlerisch aber zum *Tristan,* den er in Luzern und Venedig beendete. Erfolglose Dirigententätigkeit in Paris, wo die *Tannhäuser*-Aufführung (1861) in einem Theaterskandal unterging, den ein Jockeyclub während der Premiere angezettelt hatte (wegen fehlender «Balletteinlagen»). Nach seiner Amnestierung 1861 in Karlsruhe, Weimar, Wien. 1864 berief ihn der schwärmerische Ludwig II. unter glänzenden Bedingungen nach München (Uraufführung von *Tristan* und den *Meistersingern* unter Bülow). Scharfe, vielfach politisch begründete Gegnerschaft beendete bald den Münchener Aufenthalt. 1866–1872 lebte Wagner hauptsächlich in Triebschen bei Luzern, zumeist mit Cosima, der Tochter seines Freundes Liszt und Frau seines Freundes Bülow. 1869 wurde beiden der Sohn Siegfried geboren, 1870 schlossen sie die Ehe (Minna Planer war 1966 gestorben). 1872 Übersiedlung nach Bayreuth und Grundsteinlegung des von ihm angeregten Festspielhauses (gedacht für alle großen deutschen Kunstwerke, nicht nur die Wagners), 1876 die ersten Festspiele mit der Gesamtaufführung des *Rings.* Er starb unerwartet am Herzschlag am 13. Februar 1883 in Venedig und wurde im Garten des Hauses «Wahnfried» in Bayreuth bestattet.

Im 19. Jahrhundert wurden um Wagners Werk erbitterte Kämpfe ausgetragen. Einer der entschiedensten, wenn auch nicht alles ablehnenden Gegner war der Brahms-Freund, Wiener Musikschriftsteller und Kritiker Eduard Hanslick (1825–1904), dem Wagner in der

Figur des Beckmesser in den *Meistersingern* ein Denkmal setzte; ihm stand (gleichfalls in Wien) Hugo Wolf als wütender Streiter für Wagner gegenüber, während Friedrich Nietzsche anfangs begeistert zu Wagner hielt, dann aber auf Grund philosophischer (nicht künstlerischer) Erwägungen den Abgott von einst zu vernichten trachtete. Wagners Werk wirkte und wirkt so umfassend, daß man es nicht mehr nur vom musikalischen, dichterischen, dramatischen, kunsttheoretischen Standpunkt aus angehen kann, es ist zu einer umfassenden Kulturerscheinung geworden, der mit Einzelargumenten nicht beizukommen ist. Rein künstlerisch lassen sich in großen Umrissen zwei Lager unterscheiden. Das eine sieht «die höchste Erfüllung einer zweitausendjährigen Entwicklung des Theaters» (R. Strauss über den *Tristan*). Die andere lehnt gerade diese «höchste Erfüllung» als zu überladen, zu kompliziert, zu subjektiv, zu psychologisch ab (die meisten jüngeren Komponisten in aller Welt). Gemeint ist in beiden Fällen das Grundsätzliche, nicht das unvermeidbar Zeitbedingte an Wagners Schaffen. Dieses der Entstehungszeit verhaftete Beiwerk durch «Umgestaltung» den nachwachsenden Generationen erträglich zu machen und zugleich das vielleicht Unvergängliche in den Mittelpunkt zu stellen, ist seit vielen Jahrzehnten eine immer aufs neue gestellte Aufgabe der künstlerischen Interpreten letzthin vor allem in den szenischen «Entrümpelungen» des Wagner-Enkels Wieland (* Bayreuth 5. Jan. 1917, † München 17. Okt. 1966, studierte Malerei bei E. Preetorius in München), seit 1966 auch mit Avantgardisten wie P. Boulez am Dirigentenpult.

Bedeutung und Einmaligkeit Wagners äußern sich in mehrfacher Hinsicht. Nur wenige seiner komponierenden Zeitgenossen blieben von ihm unbeeinflußt (so Brahms), die meisten Komponisten des 20. Jahrhunderts wehrten sich gegen seinen Einfluß, nur wenige waren stark genug, den auf ihn zurückgehenden Stil selbständig weiterzubilden (etwa R. Strauss, Pfitzner).

Wagners Stil hat sich erst von Werk zu Werk herausgebildet, so daß man eigentlich von verschiedenen Wagner-Stilen sprechen müßte (vgl. unten die Werkcharakterisierungen). Das angestrebte «Gesamtkunstwerk», ein romantischer Begriff, offenbart sich in den Reifewerken durch eine enge, in jeder Einzelheit aufeinander bezogene Verbindung von Wort, Gesang, Orchestersprache, Handlung, Gebärde, Spiel und Bühnenbild. Die für die Lösung einer so umfassenden Aufgabe erforderliche dramaturgische Kraft ist vielleicht die stärkste Seite von Wagners künstlerischer Begabung.

Das angewendete Verfahren ist – besonders in den Meisterwerken – bei Handlung, Wort und Vertonung primär musikalisch insofern, als aus einem Urkeim oder Urmotiv nach und nach das ganze Werk erwächst. Besonders klar erkennbar in der Vertonung. Ein Motiv wird zum Thema entwickelt oder ein Thema in seine Motive zerlegt, Motive und Themen werden verknüpft und bis in die letzten Möglichkeiten ausgeschöpft, bis sie oder ihr Grundbestand endlich in einer Rückwendung alles Vorangegangene neu anstrahlen und neu deuten. Zu diesem sinfonischen Verfahren gesellt sich oder vereint sich das Variationsprinzip. Die bekannten (bereits von Weber und anderen verwendeten) Leitmotive, durch die Personen und Situationen gekennzeichnet, Vergangenes heraufbeschworen und Kommendes angekündigt wird, verändern sich – «variieren» – je nach den dramaturgischen Erfordernissen bald melodisch und bald harmonisch, bald rhythmisch und bald instrumentalfarbig, erscheinen bald als Ganzes, bald nur teilweise. Beide Verfahren führen auch bei Wagner zu Formgebilden, die durchaus im Rahmen des Überlieferten liegen. Wagners «unendliche Melodie» ist nicht formlos. Sie besteht im wesentlichen im gegenseitigen Annähern des früheren Rezitativs und der Arie, wird gefestigt durch das erwähnte sinfonische und variierende Verfahren und läßt selbst in den Gipfelwerken immer wieder mehr oder weniger deutlich alte Formen durchschimmern. Nicht anders ist es bei der Harmonik, die sich ebenfalls als «unendlich» bezeichnen ließe, weil sie in den Hauptwerken oft die überkommene Stufung verläßt und durch Chromatik,

Enharmonik und Alteration derart ins Fließen gerät, daß Ernst Kurth ein Buch schreiben konnte mit dem Titel «Romantische Harmonik und ihre Krise in Wagners Tristan» und daß Schönbergs Schritt zur «Komposition mit zwölf aufeinander bezogenen Tönen» nicht mehr allzu groß erscheint. Und doch: die Tonalität bleibt bei Wagner noch erhalten, selbst im *Tristan*, dessen Grundtonart, allerdings verschleiert, E-Dur ist. Daß die Harmonik auch formbildende Kräfte entbindet, zeigt sich besonders klar in den *Meistersingern*.

BÜHNENWERKE

Die Hochzeit (1832), nicht beendet.

Die Feen (1833), 1888 uraufgeführt, vergessen. Nach G. Gozzis Märchen. Musikalisch an Beethoven, Weber, Marschner orientiert.

Das Liebesverbot (1836), nach Shakespeares «Maß für Maß». Nachahmung Bellinis, Aubers und anderer.

Rienzi, der letzte der Tribunen (1842), große tragische Oper in 5 Aufzügen, nach dem gleichnamigen Roman von E. G. Bulwer. Dramaturgisch mehrfach umgearbeitet.

Der fliegende Holländer (1843), romantische Oper in drei Aufzügen, nach H. Heine und W. Hauff, verarbeitet mit den Ereignissen einer eigenen Seereise. – Der wegen eines Fluches zu ewiger Unrast auf den Meeren verdammte Holländer findet in Senta, der Tochter eines norwegischen Kapitäns, «das Weib, das bis in den Tod Treue ihm hält». Nummernoper, doch bereits mit großen Innenszenen (Zwiegesang Senta-Holländer, Eriks Traumerzählung) und das Ganze beherrschenden Leitmotiven. Den Kern bildet das Motiv von Sentas Ballade.

Tannhäuser und der Sängerkrieg auf Wartburg (1845), romantische Oper in 3 Aufzügen, nach deutschen Sagen, L. Tieck und E. T. A. Hoffmann. Mehrfach umgearbeitet (Paris 1861, Wien 1875). – Tannhäuser, der Sinnenliebe im Venusberg überdrüssig, kehrt auf die Erde zurück, verrät sein «Vorleben» bei einem Sängerwettstreit, macht eine vergebliche Bußfahrt nach Rom, will zurück zu Venus, wird durch ein Wunder und den Schmerzenstod der Landgrafentochter Elisabeth erlöst. Vielfach Abkehr von der Nummern- und Hinwendung zur Szenenoper; klare Leitthematik, auf die Instrumente verteilt. Vorwegnahme des späteren musikdramatischen Stils in der «Romerzählung».

Lohengrin (1850), romantische Oper in 3 Aufzügen, nach Wolfram von Eschenbachs «Parzival» und der Sage «Lohengrin, der Schwanenritter» umgebildet zu einem Seelendrama. – Lohengrin, Sohn des Gralskönigs Parsifal, erweist im Gotteskampf die Unschuld Elsas von Brabant, die angeblich ihren Bruder aus dem Wege geräumt hat, vermählt sich ihr, muß sie aber verlassen, weil sie ihn wider sein Gebot «nach Nam' und Art» fragt. Die Form der Nummernoper löst sich fast ganz auf, es erscheint die «psychologische Gesprächsführung» (Szene im Brautgemach), wesentlich genährt von sparsamer, entscheidender Leitmotivik. Tonartenwahl nach Personen und deren Herkunft: C-Dur = König, A-Dur = Gralswelt, B-Tonarten = Elsa, fis-Moll = Ortrud.

Tristan und Isolde (1865; 1859 vollendet), Handlung in drei Aufzügen. Stofflich zurückgreifend auf Gottfried von Straßburgs nicht beendete Dichtung, unter dem Eindruck von Schopenhauers Philosophie und der Liebe zu Mathilde Wesendonk ins Metaphysische (Metapsychische) gewandelt. – Tristan bringt Isolde, deren Angelobten er im Kampf erschlagen hat, seinem Oheim Marke als Frau; doch werden Tristan und Isolde von einer Liebe zueinander ergriffen, an der sie zugrunde gehen. Musikalisch wie eine Sinfonie, deren vorhaltgeladene, oft engstufige, drängende Themen nun nicht nur als «Leitgedanken» verstanden, sondern begriffen werden müssen als Glieder eines Gesamtorganismus. Wagner selbst war über die Wirkung der ersten Aufführungen innerlich so aufgewühlt, daß er das Werk zurückziehen wollte.

Die Meistersinger von Nürnberg (1868), Oper in drei Aufzügen. Verherrlichung deutschen Bürgersinns: Junker Walther von Stolzing und Ratsschreiber Beckmesser, die um Eva, die Tochter eines angesehenen Nürnberger Bürgers, werben, sind beide Außenseiter (daher die skurrile Verwandtschaft ihrer Themen) und werden erst durch den ebenso weisen wie gerissenen «Schuster und Poeten» Hans Sachs auf den rechten Platz in der Gemeinschaft gerückt (der erste im positiven, der zweite – eine Karikatur des Wagner-Gegners Hanslick – im negativen Sinne). Zum sinfonischen tritt das polyphone Element: «Meistersingerpolyphonie».

Der Ring des Nibelungen (erste Gesamtaufführung 1876 in Bayreuth), ein Vorspiel und drei Festspielabende. Grundlagen: das alte griechische Drama, germanischer Mythos, Märchen. Verwendung der Stabreims in der Dichtung, zugleich teilbestimmend für die Musik. «Psychologische Leitmotivik». Bestimmte Motivkreise für Natur, Alberich, Walhall, Siegfried usw. Die Motive werden frühzeitig aufgestellt, sinfonisch und variierend der Handlung und der Charakterentwicklung entsprechend umgeformt, auch instrumental-klanglich. Das große Orchester durch (von Wagner erfundene) Nibelungentuben, Ambosse, Kontrabaßposaunen usw. je nach Erfordernis verstärkt.

Das Rheingold (1869 gegen Wagners Wunsch uraufgeführt), «Vorabend zu dem Bühnenfestspiel», ein Aufzug in vier Szenen. Vorspiel eine 140 Takte lange Invention über den Es-Dur-Dreiklang. Der finstere Alberich flucht der Liebe, raubt das Gold vom Grunde des Rheins, mit dessen Hilfe er die Weltherrschaft zu gewinnen hofft. Den daraus geschmiedeten Ring listen ihm Wotan und Loge ab, müssen aber den Fluch Alberichs hinnehmen: wer den Ring trägt, soll untergehen. Als erster fällt der Riese Fasolt dem Fluch zum Opfer: er wird von seinem Bruder Fafner des Ringes beraubt und erschlagen.

Die Walküre (1870 gegen Wagners Wunsch uraufgeführt), «Erster Tag des Bühnenfestspiels». Um den Ring wiederzugewinnen, was ihm selbst verwehrt ist, hat Wotan ein Zwillingspaar gezeugt: Siegmund und Sieglinde. Für den Sohn stößt er ein Schwert in die Esche im Hause von Sieglindes Gemahl Hunding. Siegmund vermag das Schwert herauszureißen, flieht in brünstiger Liebe mit der Schwester, wird durch den ihn verfolgenden Hunding erschlagen, obwohl die Walküre Siegmund gegen Wotans Gebot beistehen wollte. Sieglinde entkommt, Brünnhilde wird zur Strafe auf einem feuerumloderten Berg in Schlaf versetzt.

Siegfried (1876), «Zweiter Tag des Bühnenfestspiels». Sieglinde ist bei der Geburt ihres Sohnes Siegfried gestorben. Das Kind hat der listige Zwerg und Schmied Mime aufgezogen. Aus den zerbrochenen Stücken von des Vaters Schwert schmiedet Siegfried ein neues, tötet den ihm nach dem Leben trachtenden Mime, erschlägt den als Lindwurm seinen Schatz hütenden Fafner, entnimmt dem Schatz Tarnkappe und Ring, wird von einem Waldvogel, dessen Sprache er nach dem Genuß des Drachenblutes versteht, zum Brünnhilden-Felsen gewiesen, zerschlägt den Speer des ihm entgegentretenden Wotan, durchschreitet die Flammen, erweckt Brünnhilde und vereint sich mit ihr.

Götterdämmerung (1876), «Dritter Tag des Bühnenfestspiels». Siegfried läßt Brünnhilde den Ring, zieht mit Tarnkappe und Schwert an Gunthers Hof nach Worms, wirbt unter der Wirkung eines Zaubertrankes um dessen Schwester Gutrune, zieht in Gunthers Gestalt (Tarnkappe) zu Brünnhilde, entreißt ihr den Ring und bringt sie gewaltsam zu Gunther. An dem Ring erkennt Brünnhilde, wer sie bezwungen, stiftet Gunthers Gefolgsmann Hagen zum Mord an dem angeblichen Verräter an. Hagen tötet Siegfried, will dem Toten den Ring nehmen, da hebt sich drohend die Hand des Erschlagenen. Nur Brünnhilde kann den Ring von Siegfrieds Finger ziehen. Sie läßt den Toten auf einen Scheiterhaufen legen und sich mit ihm verbrennen. Der Rhein tritt über die Ufer, holt sich das zum Ring geschmiedete Gold zurück. Auch Wotan, der vorübergehend den Ring besaß, geht mit seiner Götterwelt zugrunde.

Parsifal (1882), «Ein Bühnenweihfestspiel in drei Aufzügen», ursprünglich nur für Bayreuth bestimmt. An ihm entzündete sich Nietzsches Spätfeindschaft gegen Wagner. Trotz Abendmahlskelch (Gral) und Kreuzeslanze kein eigentlich «christliches Mysterium», vielmehr der Kampf zwischen der betörenden, erniedrigenden Sinnlichkeit und der überwindenden, erlösenden Kraft des Geistes. – Amfortas, König der Gralsritterschaft, hat den Kreuzesspeer in unerlaubtem Kampf gebraucht und verloren. Seither siecht die Ritterschaft dahin. Nur ein «reiner Tor, aus Mitleid wissend» vermag den Speer aus dem Besitz des Zauberers Klingsor zurückzugewinnen. Parsifal, der in den Liebesgarten Klingsors gerät, versteht unter dem Kuß der verführerischen Kundry das Leiden Amfortas', besiegt durch Entsagung den Zauberer, bringt die Lanze und auch die zwischen Sinnengier und Erlösungssehnsucht vergehende Kundry nach langer Irrfahrt an einem Karfreitag zur Gralsburg zurück. – Elemente aller früheren Werke (vor allem *Tannhäuser, Tristan, Siegfried*) sind verschmolzen; mit *Parsifal* hat sich Wagner 1845–1882 beschäftigt. Durch das Vorherrschen der Streicher und Holzbläser ergibt sich der goldfarbene Orchesterklang (unterstützt durch die Erfahrungen mit dem verdeckten Orchester in Bayreuth). Verhältnismäßig wenige, aber harmonisch und instrumental sorgfältig behandelte Leitmotive.

SONSTIGE WERKE

C-Dur-Sinfonie (1832 geschrieben, 1882 uraufgeführt).

Faust-Ouvertüre (1840 geschrieben, Uraufführung 1844, überarbeitet 1855).

Venusberg-Bacchanale (1861 für die Pariser *Tannhäuser*-Aufführung geschrieben), in der Art des *Tristan* instrumentiert.

Siegfried-Idyll (1870, Geburtstagsüberraschung für Cosima), zumeist aus Motiven des *Rings* für kleines Orchester.

Das Liebesmahl der Apostel (1843), «biblische Szene». Drei Chöre der Jünger, zwölf Baßstimmen der Apostel, ein Chor der *Stimmen aus der Höhe* (erster Teil ohne Begleitung).

Fünf Lieder für und nach Mathilde Wesendonk (Studien zum *Tristan*): *In der Kindheit frühen Tagen, Sausendes, brausendes Rad der Zeit, Hochgewölbte Blätterkronen (Im Treibhaus), Sonne, weinest jeden Abend (Schmerzen), Sag, welch wunderbare Träume (Träume).*

Fünf Konzertouvertüren, mehrere Fest- und Huldigungsmärsche, Lieder und Klavierstücke der Frühzeit.

WICHTIGE SCHRIFTEN

Die Kunst und die Revolution (1849); *Das Kunstwerk der Zukunft* (1850); *Oper und Drama* (1851); *Eine Mitteilung an meine Freunde* (1852); *Über das Dirigieren* (1869); *Mein Leben* (1870). – Gesamtausgabe der Schriften (1871–1883), Briefwechsel (1936–1939; Sammlung Burell, 1963); ungekürzte Urfassung der Autobiographie «Mein Leben» (1963). – Gesamtausgabe der musikalischen Werke (unvollständig), 10 Bde. (Hg. M. Balling, 1912–1929), neue kritische Gesamtausg., seit 1970 im Erscheinen (Hg. C. Dahlhaus u. a.).

LITERATUR: R.-W.-Bibliographie 1945–1955 (Hg. H. Barth). – Biographien von C. Fr. Glasenapp (6 Bde., [5]1923), H. St. Chamberlain ([11]1942), J. Kapp ([32]1929), E. Bücken (1933), W. Reich (1948), C. v. Westernhagen (1956), L. Marcuse (1963), M. Gregor-Dellin (1980). – Studien: E. Kurth: Tristan (1920), A. Lorenz: Ring (1923), Th. W. Adorno: Versuch (1952), H. v. Stein: Dichtung (1962), Th. Mann: W.-Aufsätze (1963), C. Dahlhaus: R. W.s Musikdramen (1971), D. Mack (Hg.): R. W. Ausgewählte Schriften (1974).

Wagner, Siegfried, * Tribschen bei Luzern 6. Juni 1869, † Bayreuth 4. Aug. 1930, Sohn aus der 1870 geschlossenen Ehe zwischen Richard Wagner und Cosima von Bülow, einer Tochter von Liszt. Dirigent und Spielleiter in Bayreuth; Komponist und Textverfasser von 12 Opern bewußt volkstümlicher, vielfach heiterer Art, mehr auf der Linie Lortzing-Humperdinck als aus der Welt seines Vaters, dessen Werk das des Sohnes überschattet. Opern: *Der Bärenhäuter* (1899), *Herzog Wildfang* (1901), *Der Kobold* (1904), *Bruder Lustig* (1905), *Sternengebot* (1908), *Banadietrich* (1910), *An allem ist Hütchen schuld* (1917), *Schwarzschwanenreich* (1918), *Sonnenflammen* (1918), *Der Schmied von Marienburg* (1923), *Der Friedensengel* (1926), *Der Heidenkönig* (1933, geschrieben 1915). Ferner Orchestermusik, Violinkonzert, Männerchöre. Schrieb *Erinnerungen* (1922). – Vater von Wieland Wagner (1917–1966) und Wolfgang Wagner (* Bayreuth 30. Aug. 1919), den Leitern des neuen (dritten) Bayreuth (seit 1951).

Wagner-Régeny, Rudolf, * Szászrégen (Siebenbürgen) 28. Aug. 1903, † Berlin 18. Sept. 1969, Schreker-Schüler in Berlin, arbeitete mit dem Tänzer Rudolf v. Laban zusammen, wirkte in Rostock und Berlin (seit 1950 als Kompositionsprofessor in Ost-Berlin). Wurde besonders bekannt durch seine Opern, in denen weniger die Einzelmenschen als soziale Schichten gegeneinandergestellt werden; parallel die Vertonung, die sich durch Verwendung alter und neuerer Formen der Nummernoper wie dem Oratorium nähert, knappen Lapidarstil in Stimmen und Instrumenten anstrebt. Näherte sich seit 1960 der Zwölftontechnik. Opern u. a. *Sganarelle* (1923), *Der Günstling* (1935), *Die Bürger von Calais* (1939), *Johanna Balk* (1941), *Persische Episode oder der Darmwäscher* (1952), *Prometheus* (1959), *Das Bergwerk von Falun* (1960), *Persische Späße* (Musical, 1963); szenische Kantate *Esau und Jakob* (1930); Oratorium *Genesis* (1956); Ballette *Der zerbrochene Krug* (1937), *Tristan* (1958); Schauspielmusik zum *Sommernachtstraum* (1934); *Mythologische Figurinen* (3 Orchesterstücke, 1951), Streichquartett, 2 Klaviersonaten; Psalmen, Lieder.

Waldteufel, Emil, * Straßburg 9. Dez. 1837, † Paris 12. Febr. 1915, Franzose deutscher Herkunft, 1865 Hofballkomponist Napoleons III., Walzerkomponist (*Schlittschuhläufer, Sirenenzauber*).

Walter, Fried, eigentlich Walter Schmidt, * Ottendorf-Okrilla bei Dresden 19. Dez. 1907, studierte in Dresden, ging nach anfänglichen Erfolgen mit Opern und Instrumentalwerken zur Filmmusik über, seit 1949 Leiter der Abteilung Unterhaltungsmusik am RIAS, Berlin; schrieb u. a. Orchestersuite, Bratschen-, Hornkonzert, Klavierstücke, Lieder, Tänze, Opern: *Königin Elisabeth* (1939), *Andreas Wolfius* (1940, Stoff wie Hindemiths «Cardillac»), *Dorfmusik* (1943).

Walter, Johann[es], eigentlich J. Blankkenmüller, * bei Jena 1490, † Torgau 1570, Kantor in Torgau und Hofkapellmeister in Dresden, Luther-Freund, schrieb vielgesungene Lieder (*Wach auf, wach auf, du deutsches Land*), gab 1524 das älteste protestantische Gesangbuch heraus.

Waltershausen, Hermann Wolfgang Sartorius, Freiherr von, * Göttingen 12. Dez. 1882, † München 13. Aug. 1954, Thuille-Schüler in München, Lehrer, Musikschriftsteller und Dirigent; Orchesterlieder, Orchesterwerke (*Hero und Leander, Apokalyptische Sinfonie,* Krippenspiel für Cembalo und Orchester), Opern auf eigene Texte (*Erste Klapperzehen,* 1909; *Oberst Chabert,* 1912; *Richardis,* 1915; *Die Rauensteiner Hochzeit,* 1919; *Die Gräfin von Tolosa,* 1934).

Walther, Johann Gottfried, * Erfurt 18. Sept. 1684, † Weimar 23. März 1748, Organist in Weimar, schrieb Orgelchoräle und ein bedeutendes *Musicalisches Lexicon* (1732). (Neuausgaben.)

Walther, Johann Jakob, * bei Erfurt um 1650, † Mainz 2. Nov. 1717, Violinist an den Höfen in Dresden und Mainz, hervorragende Kompositionen für sein Instrument (*Scherzi,* 1676; Neuausgaben).

Walther von der Vogelweide, * wahrscheinlich Österreich um 1170, † um 1230 (nach einer späten, jedoch wahrscheinlichen Nachricht befindet sich sein Grab im Kreuzgang der Neumünsterkirche in Würzburg), Sänger aus der Hochblüte des deutschen Minnegesanges, auch politischer Dichter; einige seiner Weisen sind 1910 in Münster gefunden worden (im Deckel eines alten Buches).

Walton, Sir William, * Oldham (Lancashire) 29. März 1902, Engländer, Einflüsse von Busoni, Schönberg, Bartók, Strawinsky, ohne daß sich Walton einem dieser Komponisten verschreibt. So bleibt auch in Werken über Zwölftonreihen die Tonalität bestimmend; zuweilen Verwendung von Jazz. Schrieb u. a. Sinfonie (1935), Orchesterpartita (1957), Ouvertüre *Portsmouth Point* (1926),

Klavierkonzert *Sinfonia concertante* (1927), Violinkonzert für Heifetz (1939), Bratschenkonzert (1929), Cellokonzert (1956), Ballette (u.a. *Fassade*, 1926), Kantate *Belsazars Fest* (1931), Kammermusik, Oper *Troilus and Cressida* (1954), Britten-Variationen (1970).

Ward, Robert, * Cleve 13. Sept. 1917, Amerikaner, Copland-Schüler, Sinfoniker, schrieb (nach A. Miller) eine Oper *Hexenjagd* (1963), Chorwerke.

Weber, Bernhard Anselm, * Mannheim 18. April 1764, † Berlin 23. März 1821, Schüler von Abbé Vogler und J. Holzbauer, Vetter von C. M. v. Weber, Opernkapellmeister und -komponist in Berlin; bekannt geblieben mit der Liedweise zu Schillers *Mit dem Pfeil dem Bogen* (aus «Wilhelm Tell»).

Weber, Bernhard Christian, * Wolferschwenda 1. Dez. 1712, † Tennstedt 5. Febr. 1758, schrieb in Nachahmung von J. S. Bach 1743 ein *Wohltemperiertes Clavier* (Präludien und Fugen durch alle Tonarten).

Weber, Carl Maria von, * Eutin 18. oder 19. Nov. 1786, † London 5. Juni 1826, Sohn des Musikers und reisenden Theaterdirektors Franz Anton von Weber (Onkel von Mozarts Frau), erhielt früh musikalischen Unterricht, u.a. 1797 in Salzburg bei Michael Haydn, später bei Abbé Vogler in Wien. Mit achtzehn Jahren Kapellmeister in Breslau, weiter in Stuttgart, Mannheim, Darmstadt (hier abermals Studien bei Abbé Vogler, u.a. mit Meyerbeer), München, Leipzig, Berlin, Weimar, Gotha. 1813 bis 1816 Theaterkapellmeister in Prag, seither Musikdirektor der Deutschen Oper in Dresden. Der größte Teil der Instrumentalmusik Webers ist dem Geist des 18. Jahrhunderts verhaftet. Wo sich die Werke dem Bildhaften und Dramatischen – um nicht zu sagen Programmusikalischen – nähern, erweisen sie eine erstaunliche Lebenskraft (Konzertstück für Klavier und Orchester von 1822, die Tanzszene für Klavier *Aufforderung zum Tanz*, 1819, diese oft für Orchester bearbeitet). Der gefeierte Pianist Weber hat auch in der Kammermusik das Klavier in den Vordergrund gerückt. Seine Lieder werden überschattet durch die Liedkompositionen bedeutenderer Meister; unter seinen Chören stehen allerdings einige unvergessene (*Lützows wilde, verwegene Jagd*). Um so größer ist seine Bedeutung als Schöpfer außerordentlicher Bühnenwerke. Über frühe Versuche wie *Silvana* (1810) und *Abu Hassan* (1811) führt der Weg zum *Freischütz* (1821). Diese «deutscheste Oper» war eine klare Zielsetzung, gerichtet auf das Werden einer Nationaloper in einer Zeit, in der trotz «Zauberflöte» und «Fidelio» Italiener und Franzosen die Spielpläne der deutschen Operntheater beherrschten. Spohr («Faust», «Jessonda») und Marschner («Hans Heiling») sind den Weg weitergegangen, Wagner führte ihn auf den Höhepunkt.

Der Freischütz (1821, romantische Oper, Text von F. Kind), Inbegriff der «deutschen» Oper. Der Jägerbursche Max läßt sich durch seinen Mitjäger Kaspar verleiten, Freikugeln zu gießen, um auf diese Weise sicher beim «Probeschuß» zu bestehen und die Förstertochter Agathe zu gewinnen; als die entscheidende Freikugel vom «schwarzen Jäger» auf Kaspar gelenkt und das Kugelgießen auf diese Weise aufgedeckt wird, gewährt man dem harmlosen Max ein weiteres Probejahr als Buße. – Mit Sprechrollen, die meisten Chöre und Arien, ganze Szenen in Liedform vertont, durchtränkt von Gemüthaftigkeit. Dramatischer Gegensatz dazu und musikalisch-dramaturgischer Angelpunkt die Wolfsschluchtszene mit ihrer unheilkündenden Orchestersprache. Diese wiederum strahlt zurück auf Einzelpartien wie Kaspars Trinklied oder die Charakterisierung des «wilden Jägers», steht auch im Mittelpunkt der Ouvertüre. Weitere Verklammerungen stellen Erinnerungsmotive (später Leitmotive Wagners) und Leitklänge des Orchesters dar (tiefe Streicher-, Hörner-, Klarinettenlage, gestopfte Hörner, Pikkoloflöte bei der Kennzeichnung der «finstren Mächte»).

Euryanthe (1823, romantische Oper, Text von H. von Chézy), textlich schwach. Durchkomponiert, mit Leitmotiven, Leitthemen und orchestralen Klangschattierungen. Zwei Jahrzehnte nach der Uraufführung wurde durch Wagner endgültig verwirklicht, was Weber vor allem des Textes wegen nicht erreichen konnte; der erste Auftritt des «Holländers», die Preisgesänge des zweiten «Tannhäuser»-Aktes, die dämonische Nachtszene Telramund–Ortrud und manches andere im «Lohengrin» sind unzweifelhaft Nachgestaltungen des von Weber in der *Euryanthe* Geschaffenen.

Oberon (1826, romantische Oper, Text von J. R. Planché). Oberon und Titania, König und Königin der Elfen, wollen einen Streit erst beenden, wenn ein Menschenpaar erwiesen hat, ob der Mann oder die Frau treuer ist. Als Paar wählten sie den Ritter Hüon aus der Runde Karls des Großen und die Kalifentochter Rezia. Mit Zauberhorn und Zauberbecher ausgestattet, bestehen Hüon und sein Diener Scherasmin allerlei Abenteuer mit dem erwünschten glückhaften Ausklang: Mann und Frau sind gleich treu. Textlich eine der beliebten «Türkenopern»; in der Komposition formal ein «Rückschritt» (die für London bestellte Oper durfte nicht durchkomponiert sein), künstlerisch der Eintritt in das Elfen- und Feenreich der Romantik. Der geheimnisvolle Ruf des Zauberhorns (gebildet aus den drei Anfangstönen eines auch weiterhin verarbeiteten originalen türkischen Marsches), der Elfenzauber (bereits in der Holzbläserepisode der Ouvertüre), Rezias Ozeanarie, das Quartett *Über die blauen Wogen* im 2. Akt, die ritterlichen Rhythmen Hüons, die heiteren und verwunderlichen «türkischen» Klänge, die Instrumentation gehört zum Besten, was die frühe Romantik für die Bühne geschaffen hat.

Außer den genannten Bühnenwerken sind zu erwähnen: eine nicht beendete Oper *Rübezahl*, die von G. Mahler stilvoll ergänzten *Drei Pintos* und die Schauspielmusik zu *Preziosa*.

Ferner sind zu nennen: 2 Sinfonien, eine *Missa solemnis* (Es-Dur), mehrere Ouvertüren (darunter die bekannte *Jubelouvertüre*), 2 Klarinettenkonzerte und ein Klarinettenconcertino, ein Fagottkonzert, ein Hornconcertino, 2 Klavierkonzerte (außer dem Konzertstück f-Moll), 4 Klaviersonaten, viele Klaviervariationen, Tanzstücke, 2 Polonäsen, das beliebte *Rondeau brillant* in Es-Dur für Klavier. – Gesamtausgabe (3 Bde., seit 1926); Sämtliche Schriften (1908).

LITERATUR: Biographien von C. M. v. Weber (3 Bde., 1864–1866; grundlegend), F. W. Jähns (1871, mit Werkverzeichnis), J. Kapp (⁵1931), E. Kroll (1934), H. J. Moser (²1955), G. Hausswald (1951), W. Zentner (1952), F. Grüninger (1954); Kompositionsverzeichnis (Hg. H. Dünnebeil, 1947), L. K. Laux (1966).

Webern, Anton von, *Wien 3. Dez. 1883, †Mittersill 15. Sept. 1945, Österreicher, studierte Musikwissenschaft (Dr. phil.). 1904–1908 Unterricht bei Arnold Schönberg. War Kapellmeister in verschiedenen Städten, leitete 1922–1934 die Wiener Arbeitersinfoniekonzerte, einen Arbeitergesangverein, war Lektor, arbeitete am Rundfunk, hielt vor einfachen Zuhörern Vorträge über Musik. Da seine Werke unbekannt oder erfolglos blieben, lebte er stets in materieller Not. Erst nach dem Kriege setzte eine – vielfach gesteuerte – Webern-Pflege und Webern-Nachfolge ein.

Weberns kompositorisches Ziel «verstehen» nur die musikalischen Fachleute. Die einen halten es für eine Auflösung dessen, was man bisher unter Musik zu begreifen gewohnt war; andere bezeichnen es als die Überleitung der spätromantisch-expressionistischen Musik zur Elektronenmusik; viele jüngere Komponisten nehmen ihn zum Ausgangspunkt für eigenes Schaffen und stellen ihn über Schönberg. Dieser selbst sagt von Weberns Klangfarbenmelodie: «Welche feine Sinne, die hier unterscheiden, welcher hochentwickelte Geist, der an so subtilen Dingen Vergnügen finden mag!» Und zu den Bagatellen für Streichquartett schreibt er u. a.: «Welche Entsagung gehört dazu, sich so kurz zu fassen. Jeder Blick läßt sich zu einem Gedicht, jeder Seufzer zu einem Roman ausdehnen. Aber: einen Roman durch eine einzige Geste, ein Glück durch ein einziges Aufatmen auszudrücken, solche Konzentration findet sich nur, wo Wehleidigkeit im entsprechenden Maße fehlt.» Und Strawinsky meint, Webern blieb «unerschütterlich dabei, seine Diamanten zu schleifen, seine blitzenden Diamanten, von deren Minen er eine so vollkommene Kenntnis hatte». Dieses Wort von den blitzenden Diamanten trifft auch etwas Äußeres: Diamanten sind klein, und Weberns Werke sind ebenfalls äußerlich klein. Die Aufführung der 31 mit Opuszahlen versehenen Werke dauert insgesamt nur 3 Stunden, das kürzeste etwa 19 Sekunden, das längste etwa 10,5 Minuten. Zu unterscheiden sind folgende Stilperioden: Bis etwa 1909 wird die Tonalität abgestreift, bis 1914 ist die Zeit letzter Verdichtung in geradezu aphoristischer Art (so ist eines der *Fünf Stücke für Orchester* nur 7 Takte lang), bis 1926 schrieb Webern Vokalwerke, um sich von den Gefahren des Nur-Aphoristischen frei zu machen. Die dann folgenden Werke vereinen auf der Grundlage des Zwölftonsystems Formen wie Rondo, Sonate, Variation, Kanon und beziehen in die Reihentechnik immer mehr auch Tondauer, Tonstärke, Klangfarbe ein (zuweilen spielt jedes Instrument nur einen einzigen Ton, dem ein anderes von anderer Klangfarbe mit einem weiteren Ton folgt, so daß eine Melodie aus Farbpunkten entsteht).

ORCHESTERWERKE

Passacaglia, op. 1 (1908), fast brahmsisch, sorgfältige, sparsame Arbeit.

Sechs Stücke für großes Orchester, op. 6 (1910), Schönberg-Einflüsse.

Fünf Stücke für Orchester, op. 10 (1913), Streicher nur solistisch besetzt: 12 / 14 / 12 / 7 / 32 Takte (erstes Stück als Beispiel der erwähnten Klangfarbenmelodie).

Sinfonie für kleines Orchester, op. 21 (1928), bis in die winzigste Einzelheit durch Zwölftonreihe (und ihre Abwandlungen) bestimmt.

Konzert für 9 Instrumente, op. 24 (1934), Geburtstagsgabe für Schönberg.

Variationen für Orchester, op. 30 (1940). «Alles... was in dem Stück vorkommt, beruht auf den beiden Gedanken, die mit dem ersten und zweiten Takt in Kontrabaß und Oboe gegeben sind» (Webern).

KAMMERMUSIK

Fünf Sätze für Streichquartett, op. 5 (1909), aphoristisch. Später auch für Streichorchester bearbeitet.

Sechs Bagatellen für Streichquartett, op. 9 (1913).

Quartett für Violine, Klarinette, Tenorsaxophon und Klavier, op. 22 (1930).

Streichquartett, op. 28 (1938).

Streichtrio, op. 20 (1927).

Vier Stücke für Violine und Klavier, op. 7 (1910).

Drei kleine Stücke für Cello und Klavier, op. 11 (1914).

Variationen für Klavier, op. 27 (1936), zwölftoniges Variationenwerk in Reihentechnik.

VOKALWERKE

Entflieht auf leichten Kähnen, op. 2 (1908, nach St. George), Doppelkanon für gemischten A-cappella-Chor.

Fünf Lieder, op. 3 (1909, nach St. George).

Fünf Lieder, op. 4 (1909, nach St. George), atonal.

Zwei Lieder, op. 8 (1910, nach R. M. Rilke), mit 8 Instrumenten.

Vier Lieder mit Klavier, op. 12 (1917).

Vier Lieder mit Instrumenten, op. 13 (1918).

Sechs Lieder mit vier Instrumenten, op. 14 (1921, nach G. Trakl).

Fünf geistliche Lieder mit fünf Instrumenten, op. 15 (1922).

Fünf Kanons mit Klarinette und Baßklarinette, op. 16 (1924, lateinisch).

Drei Volkstexte mit Klarinette, Baßklarinette, Violine, op. 17 (1924).

Drei Lieder mit Es-Klarinette und Gitarre, op. 18 (1925).

Zwei Lieder nach Goethe, op. 19 (1926) für gemischten Chor, Celesta, Gitarre, Violine, Klarinette, Baßklarinette.

Drei Gesänge aus *Viae inviae,* op. 23 (1934, nach H. Jone).

Drei Lieder, op. 25 (1935).

Das Augenlicht, op. 26 (1935, nach H. Jone), für gemischten Chor und Orchester.

Zwei Kantaten, op. 29 und 31 (1940, 1943, nach H. Jone), für Soli, gemischten Chor und Orchester.

LITERATUR: W. Kolneder, A. W. (Monographie, 1961), W. Reich (Selbstzeugnisse, 1961); Dissertationen: E. Karkoschka (2 Bde., Tübingen 1959), F. Döhl (2 Bde., Göttingen 1966), H. u. R. Moldenhauer, A. v. W. (1980).

Weckmann, Matthias, * Niederdorla (Thüringen) vor 1621, † Hamburg 24. Febr. 1674, Schütz-Schüler in Dresden, Organist ebenda, in Kopenhagen und Hamburg; Kantaten und Orgel- bzw. Klavierkompositionen (Neuausgaben).

Weelkes, Thomas, * um 1575, † London 30. Nov. 1623, Engländer, Organist, neben Dowland einer der bedeutendsten Madrigalkomponisten der Tudorzeit; gab eine Sammlung *Cries of London* heraus.

Weigl, Joseph, * Eisenstadt (Burgenland) 28. März 1766, † Wien 3. Febr. 1846, Österreicher, Schüler bei Albrechtsberger und Salieri, 1791 dessen Nachfolger als Hofoperndirigent, schrieb Ballette und Opern (*Die Schweizerfamilie,* 1809), auch Kirchenmusik.

Weill, Kurt, * Dessau 2. März 1900, † New York 3. Apr. 1950, studierte bei Humperdinck, war ein Jahr Theaterkapellmeister in Lüdenscheid, vervollständigte anschließend seine Studien bei Busoni in Berlin; 1933 emigrierte er nach Paris, 1935 ließ er sich in den Vereinigten Staaten nieder. Während Weills Instrumentalwerke (u. a. ein an Schönberg orientiertes Violinkonzert 1926, zwei Sinfonien, Kammermusik) kaum beachtet wurden, hatte er mit seinen Bühnenwerken beispiellosen Erfolg. Dieser Erfolg beruhte auf der Verbindung verschiedener musikalischer und textlicher Elemente: kabarettistische Verulkung der Oper als Gattung, moritatenhafte Wortfassung, knappe Songs, Verarbeitung des Jazz, raffiniertes Spiel mit dem Grotesken und betont Unwahrscheinlichen, Allverständlichkeit bis zu gewollter Banalität, Vereinfachung des technischen Apparats, geringe Anforderungen an das Singvermögen, so daß vieles von Laiengruppen aufgeführt werden kann. Weill hat dieses Verfahren in einigen Werken unübertrefflich gemeistert. Es scheint allerdings, als habe er diese Fähigkeit früh eingebüßt; jedenfalls sind die in Amerika geschriebenen Werke stark in die zuvor gemiedene Sentimentalität und Operettensüßlichkeit abgeglitten.

HAUPTWERKE

Der Protagonist (1926, Text von G. Kaiser), Einakter.

Royal Palace (1927, Text I. Goll), Groteske mit Jazz und Film.

Mahagonny (1927, Songspiel, Text B. Brecht), verursachte in der Neufassung als Oper *Aufstieg und Fall der Stadt Mahagonny* (1930) einen Theaterskandal. Verspottung der kapitalistischen Gesellschaft: Mahagonny, Stadt der Glückseligkeit, in der man alles tun darf, ist eine Verbrechergründung.

Der Zar läßt sich photographieren (1928, Text G. Kaiser). Ein geplantes Attentat wird unter närrischen Umständen vereitelt.

Die Dreigroschenoper (1928, Text B. Brecht, nach der historischen [1728] «Bettleroper» von J. Gay und J. Ch. Pepusch): Bettlerkönig Peachum will die Heirat seiner Tochter Polly mit dem Banditen Mackie Messer verhindern, zeigt ihn an, wird aber von dem zum Polizeichef aufgestiegenen «Tiger-Brown» abgewiesen, veranstaltet einen Protestmarsch der Bettler am Krönungstag der Königin. Nun muß die Polizei doch eingreifen, aber Macki wird durch einen Boten des Königs vom Strang gerettet und geadelt. Die Ganoven leben weiter als Bankherren. Jazz und Choral bilden den Rahmen für viele bekannt gewordene Songs *(Kanonensong, Und der Haifisch, der hat Zähne, Ballade der Seeräuberjenny).* Kleines Orchester, keine Streicher.

Der Jasager (1930, Text B. Brecht), Lehrstück.

Die Bürgschaft (1932, Text C. Neher), ebenfalls sozialkritisch: Geld = Macht = Recht. Wem gehört das Gold in der gekauften Ladung Spreu? Des Geldes wegen wird Verrat geübt, Krieg geführt und getötet. – Wesentlichen Anteil haben die Chöre.

Der Silbersee (1933, Text G. Kaiser).

Die sieben Todsünden (1933, Text B. Brecht), Ballett mit Gesang.

Werke der amerikanischen Zeit: u. a. *Knickerbocker holiday* (1938, Text M. Anderson), *Lady in the dark* (1941, deutscher Titel *Das verlorene Lied,* 1951, Text M. Hart und I. Gershwin), *Street scene* (1947, Text E. Rice), *Lost in the*

stars (1949, Text M. Anderson), *Down in the valley* (1948; Schuloper um das gleichnamige amerikanische Volkslied). *Lindbergh-Flug* (1929, Text B. Brecht), Kantate. Folge von Songs, Jazzstücken, alten Formen usw. für Soli, Chöre, Orchester.
LITERATUR: Biographien von H. Kotschenreuther (1962) und D. Drew (1975, mit Werkverzeichnis), H. Marx, K. W. u. Lotte Lenya (1976), R. Sanders, K. W. (1980).

Weinberger, Jaromír, * bei Prag 8. Jan. 1896, † St. Petersburg (Flor.) 8. Aug. 1967, Tscheche, studierte u. a. bei Reger, ging 1937 in die USA, wirkte als Klavier- und Theorielehrer. Mischung zwischen kunstvollem Satz und heimischem Volkstanz und Volkslied vor allem in Bühnenwerken (Texte M. Kares) wie *Schwanda, der Dudelsackpfeifer* (1927, in der Hauptsache leitmotivisch über einem Volkslied aufgebaut). Schrieb ferner eine *Wallenstein*-Oper (1937, nach Schiller von M. Brod) und eine *Lincoln-Sinfonie* (1941).

Weiner, Leo, * Budapest, 16. Apr. 1885, † ebenda 13. Sept. 1960, Koessler-Schüler und Kompositionslehrer in seiner Vaterstadt, schrieb Kammer- und Konzertmusik; Bearbeitungen.

Weingartner, Felix v., * Zara (Dalmatien) 2. Juni 1863, † Winterthur 7. Mai 1942, studierte in Graz und Wien, wurde berühmt als Konzert- und Operndirigent (in Wien Nachfolger von G. Mahler). Als Komponist zur Wagner-Nachfolge zu rechnen. Schrieb Sinfonien, sinfonische Dichtungen, Chorwerke, Lieder, Kammermusik, bekannt vor allem durch Opern auf eigene Texte wie *Sakuntala* (1884; von Liszt gefördert), *Malawika* (1886); *Genesius* (1892), *Orest-Trilogie* (1902; *Agamemnon, Das Totenopfer, Die Erinnyen*), *Kain und Abel* (1914), *Dame Kobold* (1916), *Meister Andrea* (1920), *Die Dorfschule* (1920). Beachtenswerte Schriften: u. a. *Über das Dirigieren* (1905), *Ratschläge für Aufführungen klassischer Symphonien* (1906) (3 Bde., 1906–1918).

Weismann, Julius, * Freiburg im Breisgau 26. Dez. 1879, † Singen (Hohentwiel) 22. Dez. 1950, studierte bei Rheinberger, Herzogenberg, Thuille, lebte meist als Freischaffender; der nachromantischen Münchener Schule zugehörig, harmonisch vorwärts gewandt, doch abseits jeder «Richtung». Erfolgreich mit feinsinnig gearbeiteten Opern über Stoffe bekannter Dichter, die er dramaturgisch meist selbst umgestaltete, so *Schwanenweiß* (1923), *Ein Traumspiel* (1925), *Die Gespenstersonate* (1930; sämtlich nach A. Strindberg), *Leonce und Lena* (1925, nach G. Büchner), *Die pfiffige Magd* (1939, nach L. Holberg), *Regina del Lago* (1928, Text von E. Stuber). Für Orchester u. a. Sinfonie B-Dur, *Tanzfantasie, Sinfonisches Spiel,* Konzerte für Violine, für Klavier, für mehrere Instrumente, Ballette und Bühnenmusiken, Kammermusik, u. a. Solo- und Duosonaten, Trios, Streichquartette; verinnerlichte Klaviermusik wie Variationen, Passacaglia, *Fugenbaum,* Sonaten, Inventionen, Variationen für 2 Klaviere. Vokalwerke u. a. *Der 90. Psalm,* viele Klavierlieder. (1954, Julius-Weismann-Archiv in Duisburg)

Wellesz, Egon, * Wien 21. Okt. 1885, † Oxford 9. Nov. 1974, Österreicher, studierte u. a. bei Schönberg und G. Adler (Musikwissenschaft), wurde Konservatoriumslehrer und Universitätsprofessor in Wien, seit 1938 Professor in Oxford, 1956 in Edinburgh; Spezialforschungen zur byzantinischen Musik. Schreibt einen gegenwartsnahen Stil, der je nach Aufgabe harmonisch-dissonant, zwölftönig, aber auch tonal gegründet ist; Orchesterwerke: Sinfonien (die 5. mit Reihentechnik, 1958), Violin- und Klavierkonzert, Streichquartette, Oktett für drei Bläser und Streichquintett (1949); Vokalwerke: Messe, Kantaten, Opern, u. a. *Prinzessin Girnara* (1921, bearbeitet 1929; Text J. Wassermann), *Alkestis* (1924, Text nach H. v. Hofmannsthal), *Die Opferung des Gefangenen* (1926, «kultisches Drama»), *Scherz, List und Rache* (1928, nach J. W. v. Goethe), *Die Bakchantinnen* (1931, Text nach Euripides vom Komponisten), *Incognita* (1951, Text E. Mackenzie). Ballette: u. a. *Das*

Wunder der Diana, Die Nächtlichen (beide 1924).
LITERATUR: Biographie von W. Schollum (1964).

Wenzel, Eberhard, * Pollnow (Pommern) 22. Apr. 1896, in Berlin ausgebildet als Kirchenmusiker, seit 1951 Leiter der Kirchenmusikschule Halle (Saale), lebt seit 1967 in Stuttgart; schrieb Beiträge zu einer liturgisch bezogenen evangelischen Kirchenmusik gemäßigt modernen Stils (*Requiem,* 1969).

Werckmeister, Andreas, * Benneckenstein (Harz) 30. Nov. 1645, † Halberstadt 26. Okt. 1706, Orgelkomponist und Theoretiker, als Verfechter der gleichschwebenden Orgelstimmung wichtig auf dem Wege zu Bachs «Wohltemperiertem Klavier».

Werdin, Eberhard, * Spenge (Westfalen) 19. Okt. 1911, in Köln ausgebildet als Schulmusiker, führend in der Sing- und Spielmusikbewegung tätig, organisatorisch-pädagogisch wie kompositorisch (Jugendopern; Kantaten u. a. m.).

Werner, Fritz, * Berlin 15. Dez. 1898, Schüler von G. Schumann in Berlin, Organist und Kirchenmusikdirektor in Potsdam, seit Kriegsende in Heilbronn, schrieb Kantaten, ein Pfingstoratorium (1964) u. a. m., *Psalmentriptychon* (1972).

Werner, Heinrich, * Kirchohmfeld (Sachsen) 2. Okt. 1800, † Braunschweig 3. Mai 1833, Chorleiter, schrieb eine vielverbreitete Liedweise auf Goethes «Heideröslein» (1828), die zuzeiten bekannter war als die Schubertsche Vertonung.

Westerman, Gerhart von, * Riga 19. Sept. 1894, † Berlin 14. Febr. 1963, studierte bei Courvoisier und Juon, war bis 1939 beim Rundfunk, seither Intendant der Berliner Philharmoniker; schrieb Kammermusik (Duos, Streichquartette), Lieder, eine Oper; Opern- und Konzertführer.

Wetz, Richard, * Gleiwitz 26. Febr. 1875, † Erfurt 16. Jan. 1935, Thuille-Schüler; Sinfonien, Ouvertüren, Violinkonzert, Streichquartette, Chorwerke, Lieder, Opern. – Schrieb eine Bruckner-Biographie (1922).

Wetzel, Justus Hermann, * Kyritz (Bezirk Potsdam) 11. Juli 1879, † Überlingen 6. Dez. 1973, in Berlin ausgebildet und bis 1948 als Musikerzieher tätig, schrieb Liederzyklen nach romantischen Dichtern, auch eine «Elementartheorie» der Musik (1911).

Wetzler, Hermann Hans, * Frankfurt am Main 8. Sept. 1870, † New York 29. Mai 1943, studierte in Frankfurt u. a. bei Clara Schumann, war Theaterkapellmeister in New York (1892–1904), Köln und seit 1930 in Basel, schrieb, in der Nachfolge von R. Strauss, sinfonische Dichtungen, Klavierwerke, Lieder, die Oper *Die baskische Venus* (1928).

Widmann, Erasmus, getauft Schwäbisch-Hall 15. Sept. 1572, † Rothenburg ob der Tauber 31. Okt. 1634, Organist und Komponist, schrieb studentische Chorlieder, Tanzsuiten, geistliche Lieder (Neuausgaben).

Widor, Charles-Marie, * Lyon 21. Febr. 1844, † Paris 12. März 1937, Franzose, Organist und Nachfolger von C. Franck am Konservatorium in Paris, 1920 bis 1934 Leiter des Ausländerkonservatoriums in Fontainebleau; schrieb Orgelsinfonien, Chorwerke, Opern, Orchestermusik, gab seinem Schüler A. Schweitzer Anregungen zur Orgelreform und Bach-Biographie (1907).

Wieniawski, Henryk (Henri), * Lublin 10. Juli 1835, † Moskau 31. März 1880, Pole, Geigenvirtuose, konzertierte mit seinem Bruder Joseph Wieniawski (1837–1912), auch mit Anton Rubinstein. Schrieb u. a. Violinkonzerte, Tänze, Fantasien, instruktive Violinwerke.

Wihtol, Joseph, * Wolmar (Livland) 26. Juli 1863, † Lübeck 24. April 1948, Lette, Schüler und (1908–1918) Nachfolger Rimski-Korsakows in Petersburg (Lehrer von S. Prokofjew), Gründer des Rigaer Konservatoriums (1919), übersiedelte 1944 nach Deutschland; schrieb Sinfonische Dichtungen, Chorwerke, Kammermusik.

Wilbye, John, * Diss (Norfolk) getauft 7. Juli 1574, † Colchester bei London Sept. 1638, Engländer, bedeutender Madrigalist (Neudrucke).

Wildberger, Jacques, * Basel 3. Jan. 1922, Schweizer, studierte u. a. bei Wladimir Vogel, seit 1959 Kompositionslehrer in Karlsruhe, seit 1966 in Basel. Schrieb u. a. Kantaten (*Vom Kommen und Gehen des Menschen,* 1954; *Ihr meint, das Leben sei kurz,* 1957), *Drei Mutationen für Kammerorchester* (1953), *Intensio-Centrum-Remissio* für kleines Orchester (1958), Ballett, Bläsertrio, Klavierwerke; *Épitaphe pour Évariste Galois,* 1964 (mit Sprechchor), *Mouvements,* 1965 (für Orchester).

Wildgans, Friedrich, * Wien 5. Juni 1913, † Mödling 7. Nov. 1965, Österreicher, Schönberg-Schüler, Klarinettenvirtuose; als Komponist verwendet er Stilmittel von der Tonalität über die Polytonalität bis zum Zwölftonsystem; schrieb Kammermusik (besonders Duos mit oder nur für Bläser), Chorwerke bis zur Zwölfstimmigkeit, eine Kantate *Der mystische Trompeter* für Gesang, Trompete (Text W. Whitman), Schauspielmusiken, Lieder, Orchesterwerke.

Wilhelm, Carl, * Schmalkalden 5. Sept. 1815, † ebenda 26. Aug. 1873, Chorleiter in Krefeld, vertonte Max Schneckenburgers *Die Wacht am Rhein* (1854).

Willaert, Adriaen, * Brügge oder Roulers zwischen 1480 und 1490, † Venedig 7. Dez. 1562, Niederländer, wirkte vor allem in Venedig (seit 1527 an San Marco), wo er eine Schule begründete. Lehrer von A. Gabrieli, Vorläufer von C. da Rore. Er verband das Madrigal mit polyphoner (niederländischer) Schreibweise, gilt als Begründer jenes venezianischen Stils, der durch Doppelchöre – angeregt durch die zwei Orgelchöre der Markuskirche – eine besonders glanzvolle Wirkung erzielte. Schrieb u. a. Messen, Motetten, Hymnen, Madrigale, Chansons, Ricercari. – Gesamtausgabe seit 1950 (Hg. H. Zenck, W. Gerstenberg).

Wimberger, Gerhard, * Wien 30. Aug. 1923, Österreicher, Schüler von J. N. David, wirkt am Salzburger Mozarteum; Streicherdivertimento, *Figuren und Fantasien* (1957, für großes, aber aussparendes Orchester, Webern verpflichtet), Klavierkonzert (1955), das grotesk-scherzhafte Ballett *Der Handschuh* (1955), die Opern *Schaubudengeschichte* (1954) und *Der rote Federbusch* (1960), *Die Heiratspost-Kantate* für gemischten Chor, Cembalo, Kontrabaß (1957, nach Heiratsanzeigen *Die Frau – Junges blondes Mädchen – Junger Mann – Tiroler Bergbauer – Der Partner – Du hübsche Blondine – Feinfühlender Literat – Witwe*), *Partita giocosa* für kleines Orchester (1962), *Hero und Leander* (Ballett, 1963), *Dame Kobold* (Oper nach Calderón, 1964), Oratorium *Memento vivere* (Gesänge für Chor und Orchester, 1975).

Windsperger, Lothar, * Ampfing (Landkreis Mühldorf am Inn) 22. Okt. 1885, † Mainz 30. Mai 1935, Thuille-Schüler, Musikschulleiter und Verlagslektor in Mainz; Neuromantiker, schrieb u. a. A-Dur-Sinfonie, Violinkonzert, Klavierkonzert, Kammermusik, Lieder nach Hölderlin, Lenau, Nietzsche.

Winkler, Gerhard, * Berlin 12. Sept. 1906, † Kempten 25. Sept. 1977, Unterhaltungskomponist *(Caprifischer, O mia bella Napoli),* auch Filmmusik und Operetten.

Winter, Peter von, * Mannheim, getauft 28. Aug. 1754, † München 17. Okt. 1825, Schüler von Abbé Vogler, tätig in Mannheim und München, viel im Ausland; schrieb Sinfonien, Kammermusik, geistliche und weltliche Chorwerke, Lieder, als «Fortsetzung» von Mozarts «Zauberflöte» die Oper *Das Labyrinth* (1798), ferner *Babylons Pyramiden* (1797), *Das unterbrochene Opferfest* (1796; noch von Weber neben Mozarts «Zauberflöte» gestellt), nach Goethe *Scherz, List und Rache* sowie *Jery und Bätely* (beide 1790), Opern auf italienische Texte, auch Ballette.

Wittinger, Robert, * Knittelfeld (Steiermark) 10. April 1945, Ungar, studierte in

Budapest, schrieb 3 Sinfonien (1963; 1970; 1979), Streichquartette, Bläser-, Kammermusik, *Sillogismo* für Violine und Schlagzeug (1974).

Wohlfahrt, Frank, *Bremen 15. Apr. 1894, studierte in Hamburg, Berlin, Bern (E. Kurth), wirkte bis 1943 als Kritiker in Deutschland und Italien, lehrte 1946 bis 1964 an der Hamburger Hochschule, schrieb u.a. Oratorien (*Passion des Prometheus,* 1955), Kantaten, Cembalokonzert (1966).

Wolf, Hugo, *Windischgraz 13. März 1860, †Wien 22. Febr. 1903, Sohn eines musikinteressierten Lederhändlers, mußte das Wiener Konservatorium wegen «Ordnungsvergehens» verlassen; 1881 zweiter Kapellmeister in Salzburg, dann untergeordnete Tätigkeiten, ohne feste Wohnung, oft hungernd, in empfindlichem Stolz jede Unterstützung ablehnend, aber ständig komponierend und oft das Geschaffene wieder vernichtend. 1884 Musikkritiker in Wien; überschwenglich begeistert für Wagner und Bruckner, ebenso hämisch und boshaft gegen Brahms, wodurch er sich die Gegnerschaft der mächtigen Brahms-Anhänger zuzog. Lebte lange einsam im Landhaus eines Freundes in Perchtoldsdorf bei Wien, später im Salzkammergut. Seine maßlose, stoßweise Schaffenswut trug dazu bei, ein Gehirnleiden zu verschlimmern. Er kam in eine Heilanstalt, wurde nach einigen Monaten als geheilt entlassen, wurde gemütskrank und verbrachte die letzten fünf Lebensjahre in der Landesirrenanstalt zu Wien. – Hugo Wolf, Meister des Liedes, nahm nicht den Liedersänger Schubert, nur bedingt den in Gesang und Klavier poetisierenden Schumann und schon gar nicht den «Strophendrechsler» Brahms zum Vorbild, sondern den leidenschaftlich bewunderten Musikdramatiker Wagner. Wagners Versuch, dem Gesang Wort und Sinn anzuvertrauen, dagegen im Orchester die Hintergründe von Wort, Geschehen und Haltung zum Klingen zu bringen, übertrug Wolf – durchaus selbständig – auf das Klavierlied. Jedoch nicht nur auf das Einzellied, sondern auch auf ganze Liedgruppen, denen sich die Einzelteile unterordnen.

Das gesteckte Ziel war mit melodischen Mitteln nicht zu erreichen, selbst wenn diese begleitet und geleitet sind von thematisch-motivischen Linien und rhythmischer Gebärde. Das alles findet sich zwar bei Hugo Wolf, wesentliches Kennzeichen jedoch ist die Aufspaltung von Klang und Harmonik. Feinnervig bis zum Nervösen, empfindsam bis zur Empfindlichkeit, reizhaft bis zur Überreiztheit, zerlegt er Klang und Harmonie, ähnlich wie die Klassiker ihre Themen in Motive und die Motive in Motivsplitter auflösten und sie in neuer Ordnung wieder zusammenfügten. Klang und Harmonie werden immer verästelter, verzweigter, leuchten hinter Wort und Satz, hinter Gedicht und Dichter, werden dann wieder gebündelt zu strahlenden Großakkorden und Großklängen. «In der innigen Verschmelzung von Poesie und Musik», sagt Wolf einmal, «hat die Musik entschieden etwas Vampirartiges an sich. Sie krallt sich unerbittlich an ihr Opfer und saugt ihm den letzten Blutstropfen aus.» Nur wenn man von Wolfs besonderen Klang- und Harmonievorstellungen ausgeht, wird man inne, daß seine Lieder keineswegs «unmelodisch» sind; ihr Melos entspricht genau seinen «psychologisierenden» Klängen und Harmonien.

MÖRIKE-LIEDER

53 Lieder, in weniger als vier Monaten des Jahres 1888 wie in einem Rausch vertont. Wolfs doppelbödiger Humor findet sich in den Liedern *Der Tambour, Begegnung, Storchenbotschaft, Abschied, Nimmersatte Liebe;* Balladenstimmung, oft auf ganz verschiedenen Klangebenen in den Liedern *Feuerreiter* (auch als Chorwerk), *Die Geister am Mummelsee, Nixe Binsefuß;* nachdenkliche Naturstimmungen in den Liedern *Um Mitternacht, Im Frühling, Auf eine Christblume, Im Winterboden schläft ein Blumenkeim;* tiefe Religiosität in den Liedern *Schlafendes Jesuskind, Karwoche, Zum neuen Jahr, Gebet (Herr, schicke was du willst), Neue Liebe, Auf ein altes Bild, In der Frühe;* innere und äußere Anschaulichkeit in den Liedern *Verborgenheit (Laß, o Welt, o laß mich sein), Elfenlied.* Zum stilistischen, nicht wer-

tenden Vergleich mit anderen Vertonern derselben Gedichte seien genannt: *Er ist's, Das verlassene Mägdlein, Der Gärtner* (diese auch bei Schumann), *An eine Aeolsharfe* (Brahms). Genannt sei schließlich *Weylas Gesang (Du bist Orplid),* eine durch Einfachheit großartige Hymne.

EICHENDORFF-LIEDER

20 Lieder, davon 13 im September 1888 geschrieben, die übrigen 1880, 1886 und 1887. Vielfach im Gegensatz zu Schumanns Liederkreis, op. 39, nur selten poetisch schwärmend, mehr das Männliche des Dichters hervorkehrend. Dramatisch scharf abgesetzt die musikalischen Mittel in dem Lied *Der Freund (Werk auf den Wogen schliefe),* den beiden *Der Soldat* überschriebenen Stücken *(Ist auch schmuck nicht mein Rößlein, Wagen mußt du),* in den Liedern *Der Schreckenberger, Der Glücksritter.* Diesen als Charakterbilder nahestehend der ironisierende *Scholar, Seemanns Abschied.* Wolfsche Romantik in *Nachtzauber,* dem Lied *Das Ständchen* (drei-motivische und drei-rhythmische Polyphonie). Klangreize bildhafter Art in der *Verschwiegenen Liebe (Über Wipfel und Saaten),* in *Liebesglück* und *Heimweh (Wer in die Fremde will wandern),* dieses mit dem unerwartet hymnischen Schluß *Grüß dich, Deutschland, aus Herzensgrund.* Heiter und witzig neben dem *Scholaren* auch *Der verzweifelte Liebhaber* und *Unfall.*

GOETHE-LIEDER

51 Vertonungen, bis auf eine (*Die Spröde,* Oktober 1889) vertont vom 27. Okt. 1888 bis zum 12. Febr. 1889, einige doppelt, verschiedene später für Gesang und Orchester umgeschrieben; zumeist als Gruppen gedacht (Wilhelm-Meister-Lieder im Wilhelm-Meister-Roman, West-östlicher-Divan-Lieder aus dem gleichnamigen Gedichtzyklus).

In der Großgruppe der Wilhelm-Meister-Lieder gibt es verschiedene Untergruppen. Die niederdrückenden Gesänge des umnachteten Harfners, der unwissentlich mit der Schwester ein Kind zeugte (Mignon), die Schwester-Gattin verlor und nun umherirrt. *Wer sich der Einsamkeit ergibt, An die Türen will ich schleichen, Wer nie sein Brot mit Tränen aß* (alle chromatisch, schleppende Synkopen). Aufgelichtetes Satzbild in den Mignon-Liedern, dennoch sinngemäß Chromatik und Synkopierung: *Heiß mich nicht reden, Nur wer die Sehnsucht kennt, So laß mich scheinen, bis ich werde, Kennst du das Land?,* Spottlied *Ich armer Teufel* mit punktiertem Kurzmotiv und Philinens *Singet nicht in Trauertönen* mit kokettem Klavierpart. Auch *Prometheus, Ganymed* und *Grenzen der Menschheit* bilden eine Gruppe. *Prometheus* besteht aus zwei mächtigen, an Wagners musikdramatischem Stil geschulten Ecksätzen, die einen mehr berichtenden Erzählteil umschließen. Ähnlich bilden der *Prometheus* und *Grenzen der Menschheit* gewissermaßen die groß wirkenden Außenteile des zarten, verhaltenen *Ganymed.*

Wolfs Balladenkunst entfaltet sich vor allem in dem leitmotivisch bestimmten *Sänger (Was hör ich draußen vor der Tür?)* und dem *Rattenfänger,* in denen durch eine gebundene Vielzahl eingesetzter dynamischer, rhythmischer und deklamatorischer Mittel Humor und Dämonie zugleich herrscht.

Derbe, jedoch künstlerisch geformte Haltung in den Trinkliedern aus dem «West-östlichen Divan», etwa *Erschaffen und Beginnen* (aus dem *Buch des Sängers*), *Trunken müssen wir alle sein* und *Was in der Schenke waren heute...*

(beide aus dem *Schenkenbuch*). Dagegen strömen die zehn Lieder aus dem *Buch Suleika* eine bei Wolf nicht häufig zu verspürende Liebesleidenschaft aus (*Hochbeglückt in deiner Liebe, Nimmer will ich dich verlieren* usw.). Angaben, wer jeweils singt, machen es wahrscheinlich, daß Wolf an Wechsellieder zwischen Sopran- und Tenorstimmen gedacht hat.

Im dritten Goethe-Heft das ruhig deklamierende, fast objektiv begleitete *Anakreons Grab,* das innig-heitere *Epiphanias (Die Heiligen Drei Könige),* geschrieben für drei Kinder einer wohlhabenden Gönnerin.

SPANISCHES LIEDERBUCH

44 Lieder und Gesänge, geschrieben 1889/90 in etwa drei Monaten; Texte aus dem Spanischen umgestaltet von Paul Heyse und Emanuel Geibel (zum

Teil auch vertont von Schumann, Cornelius, Brahms, Jensen), die zehn Lieder des ersten Heftes meist als «geistlich», die übrigen als «weltlich» bezeichnet. Das bekannteste der geistlichen Lieder ist der (ähnlich wie bei Schuberts «Tod und Mädchen») von einer Stimme zu gestaltende Wechselgesang *Wunden trägst du, mein Geliebter*. Liebeslust und Liebesklage behandeln die Texte der weltlichen Lieder. Besonders vertraut das «spanisch» begleitete *Klinge, klinge, mein Pandero* («Pandero» ist ein Tamburin), das polyphon tänzelnde, tändelnde *Auf dem grünen Balkon,* die auch in Wolfs Oper *Der Corregidor* eingefügten Lieder *In dem Schatten meiner Locken* und *Herz, verzage nicht geschwind.* Die einzelnen Lieder sind jeweils sinngemäß durch Frauen- oder Männerstimmen vorzutragen.

ITALIENISCHES LIEDERBUCH

46 knappe Vertonungen mittelitalienischer Volkslieder, Übertragung von Paul Heyse (komponiert 1891 und 1896), zuweilen italienisierend, Einzelstücke oft szenisch im Zusammenwirken von Stimme und Klavier, bald einer Männer- und bald einer Frauenstimme anvertraut, immer auf «Darstellung» gebaut, u. a. *Auch kleine Dinge können uns entzükken, Gesegnet sei, Wer rief dich denn?, Hoffärtig seid Ihr, schönes Kind, Geselle, wolln wir uns in Kutten hüllen* (Buffoszene), *Und willst du deinen Liebsten sterben sehen? Ein Ständchen Euch zu bringen, O wär dein Haus durchsichtig, Ich hab in Penna einen Liebsten wohnen.*

MICHELANGELO-GESÄNGE

Drei Gesänge nach Michelangelo (Übersetzung W. Tornow), geschrieben 1897, Sonette, ausdrücklich für Baßstimme bezeichnet, sollten noch orchestriert werden, daher die Schreibweise des Klavierparts (nicht immer zu verwirklichen). Die Gesänge seien, wie Wolf sagt, «wahrhaft antik, soweit man es bei moderner Musik sein kann». Textanfänge: «Wohl denk ich oft an mein vergangnes Leben», «Alles endet», «Fühlt meine Seele das ersehnte Licht».

LIEDER NACH VERSCHIEDENEN DICHTERN

Hervorzuheben das *Mausfallen-Sprüchlein* (Eduard Mörike; 1882), Tonhöhensprechen auf lautmalerischem Klavierpart; *Das Köhlerweib ist trunken* (Gottfried Keller; 1890), derb, spöttisch durch die «Beschränktheit» der angewandten Mittel; *Gesellenlied* (Robert Reinick; 1888), augenzwinkernde Schelmerei, das harmonisch und melodisch herbe Kreuzritterlied *Biterolf* (Kampfmüd und sonnverbrannt, Text von Robert Reinick); die *Sonne der Schlummerlosen* (Lord Byron; 1896) mit dem hochliegenden Klavierpart (nur Violinschlüssel) und dem ostinaten synkopierten Begleitmotiv.

CHORWERKE

Sechs A-cappella-Chöre (1881, Texte von Joseph Freiherr von Eichendorff): *Aufblick, Einklang, Ergebung, Erhebung, Letzte Bitte, Resignation.* Für gemischten Chor, musikdramatisch dicht.

Chöre mit Orchester: Christnacht (1891, August Graf von Platen), Chor der Hirten, Chor der Engel, Sopran- und Tenorsoli.

Elfenlied (1888–1891, aus Shakespeares «Sommernachtstraum»), feingeistig-romantisch, Frauenchor, Sopransolo, Orchester.

Der Feuerreiter (1888–1892 nach dem früher geschriebenen Sololied, nach Eduard Mörike) für gemischten Chor und Orchester.

Dem Vaterland (1890–1898) für Männerchor und Orchester.

Frühlingschor aus der unvollendeten Oper *Manuel Venegas.*

BÜHNENWERKE

Der Corregidor (Uraufführung 1896, Text von Rosa Mayreder nach der Novelle «Der Dreispitz» von Pedro A. de Alarcón), eine Kette lyrischer Liedstimmungen, durchsetzt von dramatisch gestalteten Einzelszenen, gegliedert durch orchestrale Vor- und Zwischenspiele, durchwoben von Charakter- und Situationsmotiven, auch die Rezitative ins Liedhafte gewendet (einzelnes aus den Klavierliedern übernommen). – Der alternde Corregidor erhofft ein Schäferstündchen bei der in ihren Mann Lukas verliebten Müllerin Frasquita, wird abgewiesen, läßt Lukas unter einem Vorwand abführen, schleicht zu Frasquita, fällt in einen Wassergraben, legt sich weinerlich in das verlassene Bett des Müllers, während Frasquita ihren Mann suchen geht. Dieser kehrt allein zurück, findet den Corregidor im Schlafgemach, will sich bei der Corregidora entsprechend «rächen» – doch es geschieht nichts Unpassendes, nur der Corregidor wird im Zweifel gelassen, ob er gehörnt wurde oder nicht.

Manuel Venegas (nicht vollendet, Text von Moritz Hoernes nach einer Novelle von Pedro A. de Alarcón).

Schauspielmusik zu Henrik Ibsens «Fest auf Solhaug» (1890/91), Gesänge, Chöre, Orchesterstücke.

INSTRUMENTALWERKE

Penthesilea, sinfonische Dichtung nach Heinrich von Kleists gleichnamigem Werk (komponiert 1883), von Hellmesberger instrumental überarbeitet. Dreiteilig: *Achill schenkt der besiegten Amazonenkönigin Penthesilea das Leben / Er naht ihr liebend, doch läßt sie ihn von Hunden zerfleischen / Sehend geworden, stirbt Penthesilea über der Leiche.*

Italienische Serenade für kleines Orchester, überarbeitet von Reger, nur ein Satz vollendet (1894), sollte dreisätzig werden. Streicher, Holzbläser, Hörner. Inhaltlich der Werbegesang eines Liebhabers (Englischhorn, bei Regers Bearbeitung Bratsche), unterstützt vom «Chor» seiner Gefährten. Auch als Streichquartett bearbeitet.

Streichquartett d-Moll (1879/80), Werk des Neunzehnjährigen, sehr subjektiv (überschrieben: *Entbehren sollst Du, sollst entbehren*). Nach langsamer Grave-Einleitung ein rhythmisch bestimmter Kopfsatz (leidenschaftlich bewegt), das Rhythmische setzt sich im zweiten (langsamen) Satz bald wieder durch, bestimmt auch das Scherzo, zerflattert im Finale.

LITERATUR: F. Walker: H. W. (mit Werkverzeichnis und Bibliographie; dt. 1953); E. Decsey: H. W. (²1921); E. Schmitz: H. W. (1906); A. Orel: H. W. (1947); H. Wolf: Briefe an Melanie Köchert (1965), E. Werba: H. W. oder der zornige Romantiker (1978).

Wolf-Ferrari, Ermanno, * Venedig 12. Jan. 1876, † ebenda 21. Jan. 1948, Deutschitaliener, studierte in München, wo er später jahrelang lebte, 1902–1907 Konservatoriumsdirektor in Venedig, bis 1943 bei München angesiedelt (Gastdozent am Salzburger Mozarteum). Beherrschte den geschmeidigen, melodischen Stil der Italiener nicht minder als die deutsche Polyphonie, teilweise auch von Wagner beeinflußt. Gern gehörte Orchesterwerke *(Venezianische Suite, Arabesken, Triptychon),* Kammermusik (Duos, Trios, Quartette, Quintette, vielfach mit Klavier), beachtliche Chorschöpfungen (*Die Tochter des Jairus,* 1910; Oratorium *La vita nuova,* 1902, nach Dante) treten an Bedeutung zurück hinter den 13 Opern, in denen – abgesehen von gelegentlichem Abgleiten in einen Spätverismo – die italienische Buffooper zu neuem Leben erweckt wird: *Aschenbrödel* (1900), *Die neugierigen Frauen* (1903), *Die vier Grobiane* (1906), *Susannes Geheimnis* (1909), *Der Schmuck der Madonna* (1911), *Der Liebhaber als Arzt* (1913), *Das Liebesband der Marchesa* (1925), *Das Himmelskleid* (1927), *Sly* (1927; stärkstes Werk), *Die schalkhafte Witwe* (1931), *Der Campiello* (1936), *La dama Boba* (1939), *Der Kukkuck von Theben* (1943); sieben davon in Deutschland uraufgeführt.

Wolfurt, Kurt von, * Lettin (Livland) 7. Sept. 1880, † München 25. Febr. 1957, studierte bei Reger, war Kompositionslehrer in Berlin, schrieb auf nachromantischer Grundlage, Orchesterwerke (Tripelfuge, Mozart-Variationen, Tartini-Variationen, Streicherdivertimento mit Pauke), Kammermusik (Streichquartette), *Leichte Klavierstücke;* Vokalwerke, u. a. *Weihnachtsoratorium, Hymne an die Freiheit;* auch Opern wie *Dame Kobold* (1940), *Porzia* (1955), *Vannina Vannini* (1956). – Verfaßte Biographien über Mussorgski (1927) und Tschaikowski (1952).

Wolkenstein, Oswald von, * Schloß Schöneck (Pustertal) um 1377, † Burg Hauenstein 2. Aug. 1445, Österreicher, Dichter-Komponist, hinterließ 120 1- bis 3stimmig gesetzte Gedichte (Nachdrucke).

Wolpe, Stefan, * Berlin 25. Aug. 1902, † New York 4. Apr. 1972, Schreker-Schüler in Berlin, auch bei Webern in Wien, ging 1934 über Palästina nach Amerika, wo er seit 1938 lehrte, schrieb zwölftontechnische Kantaten *(Israel)*, Konzert- und Kammermusik, Klavierwerke (*Enactments* für 3 Klaviere), auch Bühnen- und Ballettkompositionen (z. T. mit folkloristischen und hebräischen Einschlägen).

Wolpert, Franz Alfons, * Wiesentheid 11. Okt. 1917, † ebd. 12. Aug. 1978; studierte in Regensburg und Salzburg, unterrichtete an den Internatsschulen Schloß Salem bei Überlingen, schrieb Ballette (*Der goldene Schuh*, 1956), Opern (*Der eingebildete Kranke*, nach Molière, 1975), *Urworte* (Kantate nach Goethe, 1959), 15 *Shakespeare-Sonette* für Bariton und Klavier (1968), Kammermusik, auch eine Harmonielehre (*Neue Harmonik*, 1972).

Woyrsch, Felix, * Troppau 8. Okt. 1860, † Hamburg-Altona 20. März 1944, wirkte als Dirigent, Chorleiter und Organist in Altona. Nachromantiker, Komponist großer Chorwerke (u. a. das Mysterium *Totentanz*, 1906, mit den Szenen: *Zug des Todes – Der König – Der Landsknecht – Das Kind – Der Spielmann – Der Greis – Die Verklärung*), 6 Sinfonien, Konzerte, Kammermusik, Lieder, auch Opern.

Wranitzky, Paul, * Neureisch 30. Dez. 1756, † Wien 28. Sept. 1808, Österreicher, spielte wahrscheinlich unter Haydn in der Esterházyschen Kapelle, war 1785–1808 Kapellmeister an der Wiener Hofoper, schrieb Sinfonien, Konzerte, Kammermusik (45 Streichquartette, 12 Streichquintette), Klavierwerke, Ballette, Schauspielmusik, Opern und Singspiele, darunter *Oberon* (1789). – Auch sein Bruder Anton Wranitzky (1761 bis 1820), Violinist in Wien, komponierte Instrumentalmusik, die z. T. Paul Wranitzky zugeschrieben wurde.

Wyschnegradsky, Iwan, * Petersburg 16. Mai 1893, Russe, studierte in seiner Geburtsstadt, übersiedelte 1919 nach Paris, entwickelte ein System der Mikro-Intervalle, schrieb für eigens konstruierte dreimanualige Klaviere (Pleyel) Vierteltonmusik, auch Kammer- und Orchestermusik. – *Werkbiographie:* I. W. von L. Gayden (1973).

Xenakis, Yannis, * Braila (Rumänien) 1. Mai 1922, Grieche, ursprünglich Architekt (bei Le Corbusier), Musikstudium bei Honegger, Messiaen, Milhaud in Paris, wo er auch wirkt. *Metastasis* (1955) für Orchester, zwölftönig, führt «einen neuen Begriff von melodischer Linie ein, eine Art Klangfülle von Tangentialglissandi. Durch die völlige Aufteilung der Glissandi auf die einzelnen Streichinstrumente schafft das Stück neue Tonräume und -felder von variabler Dichte». In der *Pithoprakta* (1957) glaubt Xenakis durch «Einführung des gleitenden Tones der Musik eine ihrer inneren Struktur gemäße neue ‹Klangplastik› geben zu können... Anwendung der Wahrscheinlichkeitsrechnung» (Zitate nach Hermann Scherchen). Pithoprakta bedeutet «Aktion durch Wahrscheinlichkeit». Glissandoklangräume auch in *Achorripsis* (1957) für 21 solistisch verwendete Instrumente. Aus dem gleichen Jahre die *Anastenaria. Strategie* (1964, *Improvisationen* für 2 Rücken an Rükken placierte Orchester). *Terretektork* für großes Orchester (88 im Publikum verstreut sitzende Musiker; 1966), *Synaphai* für Klavier und Orchester (1971); *Gmeeoorh* für Orgel (1974); *Lichtkompositionen* (1979). Schrift: *Musiques formelles* (1963).

Yun, Isang, * Tong Young (Südkorea) 17. Sept. 1917, studierte in Korea, Japan, Frankreich, Deutschland (Blacher, Schwarz-Schilling), lebte 1963–1967 in Berlin, ist seit 1970 als Kompositionslehrer an der Musikhochschule in Berlin tätig, sucht serielle Kompositionstechniken mit ostasiatischen Klangstrukturen zu verbinden, schrieb u. a. *Colloïdis sonores* für Streicher (1961), *Garak* für Flöte/Klavier (1963), *Fluktuationen* für Orchester (1964), Kammeroper (*Der Traum des Liu-Tung*, 1965), *Réak* für großes Orchester (1966), *Tuyaux sonores* für Orgel (1967), *Riul* für Klarinette und Klavier (1968), *Die Witwe des Schmetterlings* (Kurzoper, 1968), *Sim Tjong* (szenische Legende, 1972), *Namo* (buddhistische Gebete, für 3 Soprane und Orchester, 1971), Cellokonzert (1976), Doppelkonzert für Oboe, Harfe und kleines Orchester

(1977), Kammermusik. – *Werkbiographie* in Dialogform mit Luise Rinser, *Der verwundete Drache* (1977).

Zach, Jan (Johann), * Čelakowitz bei Prag 13. Nov. 1699, † Bruchsal (?) 1773, Tscheche, Organist, Violinist, Hofkapellmeister in Mainz, schrieb Messen, Orgelmusik, Sinfonisches, Konzertantes.

Zachow (Zachau), Friedrich Wilhelm, * Leipzig 14. Nov. 1663, † Halle (Saale) 7. Aug. 1712, Organist in Halle, Lehrer Händels, schrieb Kantaten, Choralbegleitungen, Orgelwerke (Neuausgaben).

Zandonai, Riccardo, * Sacco (heute Rovereto-Sacco) 30. Mai 1883, † Pesaro 5. Juni 1944, Italiener, Schüler von Mascagni und Respighi; Respighis Schaffen setzte er in sinfonischen Dichtungen fort, schrieb auch ein Violinkonzert; 11 Opern, darunter *Francesca da Rimini* (nach G. d'Annunzio, 1914), *Romeo und Julia* (1922), *Der Liebesschwank* (1933), *Der Kuß* (1954, nachgelassen).

Zbinden, Julien-François, * Rolle (Wallis) 11. Nov. 1917, Schweizer, Neoklassizist mit jazzoidem Einschlag; Sinfonien, Rhapsodie für Violine und Orchester (1959), Klavierkonzert (1943), Flötenkonzert (1956), Violinkonzert (1964), Kammermusik, Musik zu Sophokles' «Antigone», Chöre.

Zelenka, Jan Dismas, * Launowitz (Böhmen) 16. Okt. 1679, † Dresden 23. Dez. 1745, Tscheche, Schüler von J. J. Fux in Wien und A. Lotti in Venedig, seit 1721 an der Hofkirche in Dresden, schrieb vielaufgeführte Messen, darunter die *VI Missae ultimae* (1742–45).

Zeller, Karl (Carl), * St. Peter in der Au Markt bei Steyr 19. Juni 1842, † Baden bei Wien 17. Aug. 1898, Österreicher, Hofrat im Unterrichtsministerium, schrieb Chorwerke, eine komische Oper *Joconde* (1876), 5 Operetten, von denen zwei noch heute berühmt sind: *Der Vogelhändler* (1891, Text M. West und L. Held) ist eine doppelte Verwechslungskomödie *(Grüß euch Gott, alle miteinander, Schenkt man sich Rosen in Tirol, Wie mein Ahndl zwanzig Jahr), Der Obersteiger* (1894, Text M. West und L. Held), wieder eine Verwechslungs- und Verkleidungskomödie *(Wo sie war, die Müllerin).*

Zelter, Carl Friedrich, * Berlin 11. Dez. 1758, † ebenda 15. Mai 1832, anfangs Maurermeister, dann Geiger, Dirigent, Komponist, Orchestererzieher; Lehrer von F. Mendelssohn-Bartholdy, C. Loewe, O. Nicolai, G. Meyerbeer; Gründer der «Liedertafel» (1809), die zum Vorbild aller Männerchöre wurde; Freund Goethes, der Zelters strophenweise Vertonungen seiner Lieder weit über die Schuberts stellte. Schrieb vor allem Männerquartette und Lieder *(Es war ein König in Thule).*

Zemlinsky, Alexander von, * Wien 14. Okt. 1872, † Larchmont (New York) 15. März 1942, Österreicher, Lehrer und Schwager von Schönberg, Opernkapellmeister in Wien, Mannheim, Prag, Berlin; seit 1934 in den Vereinigten Staaten. Von R. Strauss beeinflußt; 3 Sinfonien, Kammermusik, Klavierwerke, Lieder, Opern, darunter *Kleider machen Leute* (1910, nach Gottfried Keller), *Florentinische Tragödie* (1917), *Der Zwerg,* (1921, nach Oscar Wilde), *Der Kreidekreis* (1933, nach Klabund). Biographien von H. Ammann (1977) und H. Weber (1977).

Zender, Hans, * Wiesbaden 22. Nov. 1936, studierte in Frankfurt am Main und Freiburg im Breisgau (Fortner), bis 1963 Studienleiter bei den Freiburger Bühnen, 1964–1968 Opernleiter in Bonn, seit 1969 GMD der Stadt Kiel, seit 1972 Leiter des Symphonieorchesters des Saarländischen Rundfunks in Saarbrücken; schrieb u.a. 3 Konzerte (Klavier, Flöte, Saxophon), Oktett für Jazzband, *Exerzitien* für Chor und Gitarre (1960), *Canto I* für Sopran, Sprecher und Kammerorchester (1965), ferner Kammermusik und Liederzyklen (Morgenstern, Eichendorff), auch geistliche Musik, *Canto II* für Sopran, Chor und Orchester (1967), *Schachspiel* für 2 Klaviere (1967), *Canto I–V* (1965–1973), darin *Canto IV* = *4 Aspekte* für 16 Stimmen und 16 Instrumente.

Zichy [zu Zich und Vásonykeö], Géza Graf, * Sztára 22. Juli 1849, † Budapest 14. Jan. 1924, Ungar, Liszt-Schüler, schrieb Operntrilogie über den Nationalheros *Rákóczi* (1909–1912), Chöre, Lieder, Klaviermusik; war Präsident des Nationalkonservatoriums in Budapest. (*Aus meinem Leben*, 3 Bde., 1911–1920.)

Ziehrer, Carl Michael, * Wien 2. Mai 1843, † ebenda 14. Nov. 1922, Österreicher, studierte bei Sechter, wurde Kapellmeister des Hoch- und Deutschmeisterregiments, reiste mit eigenem Orchester, seit 1908 letzter «k. k. Hofballmusikdirektor». Schrieb etwa 600 Märsche und Tänze *(Weaner Madln)* und 22 Operetten. Am bekanntesten die melodiöse, textlich amüsante Possen-Singspiel-Operetten-Mischung *Die Landstreicher* (1899, Text Krenn und Lindau): Zwei Landstreicher finden einen 1000-Mark-Schein und ein fürstliches Halsband, werden als Diebe eingesperrt, entkommen in der Amtstracht der Untersuchenden, dann als Fürst und Fürstin, weiter als Juweliere, darauf als Offiziere, schließlich als Zauberer, helfen dem Fürsten aus einer Klemme und werden dessen wendige Angestellte.

Zieritz, Grete von, * Wien 10. März 1899, Österreicherin, ausgebildet in Graz und Berlin (Schreker), hier seit 1919 als Konservatoriumslehrerin tätig (1958 Professor); schrieb vornehmlich Kammermusik und Lieder, *Kosmische Wanderung* für gemischten Chor, Pauken und Schlagzeug (1968), *Aztekische, portugiesische und spanische Gesänge* für 8stimmigen gemischten Chor (1966).

Zilcher, Hermann, * Frankfurt am Main 18. Aug. 1881, † Würzburg 1. Jan. 1948, Liedbegleiter, Lehrer am Hochschen Konservatorium in Frankfurt am Main, an der Münchener Akademie, 1920–1944 Direktor des Würzburger Konservatoriums. Als Komponist setzt er etwa bei Brahms ein, schrieb jedoch farbiger, gelockerter, heiterer; u. a. 4 Sinfonien, eine sinfonische Suite *Der Widerspenstigen Zähmung,* Konzerte, Kammermusik (Duos, Trios, Streichersuite, Klarinettenquintett), Chorwerke wie *Die Liebesmesse* (1913; fünf Solostimmen, 2 Chöre, Orchester, Orgel), Lieder (vier Hefte nach R. Dehmel), Oper *Doktor Eisenbart* (1922), Bühnenmusiken.

Zillig, Winfried, * Würzburg 1. Apr. 1905, † Hamburg 18. Dez. 1963, Schüler von Zilcher und Schönberg, Dirigent, Fürsprecher aller modernen Musik, seit 1959 Leiter der Abteilung Musik beim NDR in Hamburg, als Komponist der Zwölftonmusik unorthodox verbunden. Schrieb u. a. *Tanz-Sinfonie, Konzert für Orchester, Cellokonzert* (1953), Violinkonzert (1955), 4 Serenaden in verschiedenen Besetzungen, viele Chorschöpfungen und Lieder; Opern: *Rosse* (1933, Text R. Billinger), *Das Opfer* (1937, Text R. Goering; über Scotts Polarexpedition, eine Art szenisches Oratorium), *Die Windsbraut* (1941, Text R. Billinger, Mischung zwischen Undinen- und Erlösungsoper, mehrtonal entsprechend den verschiedenen Welten), *Troilus und Cressida* (1951, Text nach W. Shakespeare vom Komponisten; sieben Chorszenen umrahmen sechs Einzel- bzw. Spielszenen, jede über einen Zentralton, erste und letzte Szene über C; also gewissermaßen Zwölftondramaturgie), *Die Verlobung in St. Domingo* (1957, Text nach H. v. Kleist vom Komponisten; Funkoper mit Sprecher und Sängern, zwölftönig, doch auch klang-naturalistisch, Kammerorchester). Ferner Musik für Film (*Die Andere, König für eine Nacht, Jonas)* und Funk. Schrieb *Variationen über neue Musik* (1959 u. ö.).

Zimmermann, Bernd Alois, * Bliesheim (Landkreis Euskirchen) 20. März 1918, † Großkönigsdorf bei Köln 10. Aug. 1970, Schüler von Ph. Jarnach und H. Lemacher, seit 1957 Kompositionslehrer (Film, Funk) an der Kölner Musikhochschule; modern, aber nicht orthodox; Spuren von Webern, Bartók, Strawinsky. Sehr selbstkritisch arbeitend, im Ausdruck vielfältig, vom Virtuosen und Musikantischen bis zum Lyrischen und Verhaltenen. Er schrieb u. a. Sinfonie in einem Satz (Endfassung 1953), Konzert für Streichorchester (1948), Violinkonzert (1950), *Canto di Speranza* (1958, eine *Kantate für Cello und Orchester* nach Ezra Pound), Cellokonzert (1953), Oboenkonzert (1952, Sätze: Huldigung an Strawinsky – Rhapsodie – Finale), Trompetenkonzert *Darkey's darkness* (1954), Sonate für Violine solo (1951), Violin-Klavier-Sonate (1950), Sonate für Bratsche solo (1955), die Opern *Volpone* (1957) und *Die Soldaten* («Pluralistisches Musiktheater», nach R. M. Lenz, 1965 in Köln uraufgeführt), die «imaginären» Ballette *Kontraste* (1953), *Perspektiven* (1955, nur mit 2 Klavieren), *Présence, ballet blanc* (1961), das Ballett *Alagoana* (1955, *Caprichos Brasileiros*), die Burleskkantate *Lob der Torheit* (1949, nach Goethe), *Omnia tempus habent* (1958), Klavierstücke (*Montage* für 2 Klaviere, 1964); *Roi Ubu, Ballet noir* (1966), *Requiem für einen jungen Dichter* (1967–69); *Photoptosis* für Orchester (1968); *Tratto II,* Elektronische Klänge (für die Weltausstellung 1970 in Osaka); *Stille und Umkehr,* Orchesterskizzen (1970); *Ekklesiastische Aktion* für 2 Sprecher, Baß und Orchester (1970); Fragment blieb: *Medea,* Oper nach H. H. Jahnn.

Zimmermann, Heinz Werner, * Freiburg im Breisgau 11. Aug. 1930, studierte in Freiburg im Breisgau (Weismann, Fortner) sowie in Heidelberg, wo er 1954 Nachfolger Fortners wurde (Theorie, Komposition), seit 1963 Leiter der Evangelischen Kirchenmusikschule Berlin-Spandau (Johannesstift); schrieb Kirchenmusik, vielfach unter dem Einfluß des Jazz; u. a. *Psalmkonzert* für Bariton, 5stimmigen Chor, Knabenchor, 3 Trompeten, Vibraphon und Kontrabaß (1957), *Geistliches Konzert* für Bariton und Jazzband (1960), Orgelpsalmen, Motetten für Chor und Kontrabaß, Chorvariationen über ein Thema von Distler (1965), auch Klavier- und Kammermusik; *Missa profana* (1968, für Soli, Chor, Orchester und Jazz-Combo), *Drei Fragen* (Texte von G. Benn, H. M. Enzensberger, I. Bachmann) für Tenor, Chor und Kammerorchester (1978).

Zimmermann, Udo, * Dresden 6. Okt. 1943, Kruzianer in Dresden; studierte in Berlin (Ost) bei G. Kochan, seit 1970 Dramaturg und Komponist an der Staatsoper Dresden; schrieb die Opern *Die weiße Rose* (1967), *Die zweite Entscheidung* (1970), *Levins Mühle* (1973), *Der Schuhu und die fliegende Prinzessin,* nach Peter Hacks (1977); Orchesterwerke, Kantaten, Kammermusik.

Zipp, Friedrich, * Frankfurt am Main 20. Juni 1914, Studium in Frankfurt am Main und Berlin, Dozent in seiner Vaterstadt; schrieb Kantaten, Kammermusik; Bearbeitungen.

Zöllner, Carl Friedrich, * Mittelhausen bei Erfurt 17. Mai 1800, † Leipzig 25. Sept. 1860, gründete 1833 einen Männergesangverein, den ersten «Zöllner-Verein», regte ähnliche Gründungen an (Zusammenschluß im «Zöllner-Bund»); Chorwerke, Lieder *(Das Wandern ist des Müllers Lust).*

Zöllner, Heinrich, * Leipzig 4. Juli 1854, † Freiburg im Breisgau 4. Mai 1941, Sohn von Carl Friedrich Zöllner; Instrumentalmusik, Lieder, Chorwerke (*Hunnenschlacht,* 1880; *Columbus,* 1886; *König Sigurds Brautfahrt,* 1895), Opern (*Faust,* 1887, nach Goethe; *Die versunkene Glocke,* 1899).

Zumsteeg, Johann Rudolf, * Sachsenflur (Landkreis Tauberbischofsheim) 10. Jan. 1760, † Stuttgart 27. Jan. 1802, auf der Karlsschule mit Schiller befreundet, Haupt der schwäbischen Liederschule, früher Vertreter der Ballade *(Leonore, Ritter Toggenburg)* und des deutschen Singspiels (*Lottchen am Hofe,* 1779; *Armida,* 1785); Schauspielmusik (zu Schillers «Räubern», Shakespeares «Hamlet», «Macbeth»); Kirchenkantaten; *Die Frühlingsfeier* (für Rezitation u. Orchester).

Lexikon der Interpreten

Wiedergabe oder Deutung?

Die Wissenschaft hat das *Wesen* der Interpretation musikalischer Kunstwerke umfassend noch nicht zu erklären vermocht. Ob es mit streng wissenschaftlichen Methoden erfaßt werden kann, ist fraglich. Frühere Zeiten haben die Frage vorwiegend der Aufführungspraxis und ihrer (auch soziologisch mitbedingten) Entwicklung überlassen. So schrieben die älteren italienischen Opernkomponisten nicht ausgearbeitete Partituren, sondern nur Skizzen, und überließen es den Operndirigenten, nach Maßgabe der jeweils verfügbaren Mittel (Instrumente, Sänger) zu verfahren. So wurde auch im Generalbaßzeitalter ein Werk erst in der Aufführung «wirklich», wenn der Cembalist (meist zugleich der Komponist) die bezifferte Baßstimme «ausführte», wobei sich die Ausführung von Aufführung zu Aufführung sicherlich wandelte.

Von Interpretation im eigentlichen Sinne kann erst von dem Zeitpunkt an gesprochen werden, an dem 1. die musikalischen Werke völlig ausgearbeitet im Notentext vorliegen, 2. das Konzertieren aus der höfischen Kammer oder der Kirche in öffentliche Konzertsäle verlegt wird, und – damit im Zusammenhang – 3. der Komponist nur noch zum Teil oder gar nicht mehr in den Aufführungen mitwirkt und sein Werk ihm oft völlig unbekannten «Interpreten» überlassen muß.

Die «nachschaffenden Nur-Interpreten» haben ohne Zweifel die Qualität der Aufführungen erheblich verbessert, weil sie sich eben nur oder vorwiegend mit der Wiedergabe und nicht mit Komponieren beschäftigen (immer von Ausnahmen abgesehen, etwa Liszt als Komponist, Dirigent und Pianist, Loewe als Komponist, Sänger und Selbstbegleiter, Mahler als Schaffender und Dirigent, Hindemith, Strawinsky u. a.). Auf der anderen Seite führte das Nur-Interpretieren zu Absurditäten (Wilhelm Taubert dirigierte im 19. Jahrhundert «seinen» Beethoven mit dem Rücken zum Orchester ins Publikum hinein) oder zu Subjektivitäten, hinter denen man das eigentliche Werk nur noch mit Mühe zu erkennen vermochte.

Erst im 20. Jahrhundert wird der Frage nach dem «richtigen Interpretieren» auch von der weiteren Öffentlichkeit (auch durch unmittelbare Vergleichsmöglichkeiten am Schallplattenmarkt) steigende Beachtung geschenkt. Beantwortet ist sie bisher noch nicht, und sie wird auch wohl kaum endgültig zu beantworten sein. Wissenschaftliche Werkanalyse vermag nur Teillösungen anzubieten, die Interpreten selbst können bei aller Bemühung nicht über ihren eigenen Einfühlungsgrad hinaus, die verantwortungsbewußte Musikkritik vermag durch prüfendes Vergleichen anzuregen. Nur der mit Interpretationsbefähigung zureichend ausgerüstete lebende Komponist ist in der Lage, sein eigenes Werk so erklingen zu lassen, wie es ihm innerlich vorschwebt. Was aber, wenn er über diese Befähigung nicht verfügt? Und wie steht es mit der Wiedergabe von Werken verstorbener Meister? Kann man sie überhaupt einfach «wiedergeben», oder muß man sie erklärend deuten, also «nachschaffend» interpretieren?

Nur in einem Falle kann die Frage der Interpretation beiseite gelassen werden: in der rein elektronischen Kompositionsweise. Hier legt der Komponist seine Absichten graphisch fest, läßt die gewünschten Klang- und Geräuschelemente durch die Elektronenröhre im Lautsprecher hörbar werden, manipuliert und fixiert das Endergebnis auf Tonband. Und dieses Tonband gibt beim Abspielen ein für allemal und ohne «Deutungsmöglichkeit» durch Interpreten das Komponierte so wieder, wie es sich der Komponist vorgestellt hat.

Anders bei der Fixierung in der Notenschrift. 1863 schreibt Adolf Bernhard Marx: «Die Notenschrift gibt ... den Geist und Willen des Komponisten nur unvollkommen kund. Was wollen die paar Stärkebezeichnungen von pp bis ff gegen die ganz unberechenbaren Abstufungen bedeuten, die nicht nur möglich sind, sondern in jedem beseelten Vortrag in reicher Zahl wirklich zum Vorschein kommen! Wie unbestimmt sind die wörtlichen Angaben des Zeitmaßes, wie fesselnd und knechtend und für die besonderen Verhältnisse und Stimmungen des Augenblicks unzutreffend die metrono-

mischen Bestimmungen! ... Wie wenig kann der Komponist ... mit allen möglichen Zeichen und Worten tun, um den Lebensgehalt seines Werkes offenzulegen! Nach allem, was er möglicherweise hingeschrieben hat, muß er auf das ergänzende Einverständnis des Ausführenden rechnen ... *Es kommt also zuletzt auf Verständnis dessen an, was nicht hat niedergeschrieben werden können.*»
Strawinsky (1939): «Es versteht sich von selbst, daß ich dem Ausführenden einen Notentext gebe, in dem der Wille des Autors fehlerfrei niedergelegt ist. Aber wie peinlich genau auch eine Musik geschrieben sein mag und wie sehr sie auch durch Anweisungen der Tempi, Schattierungen, Bindungen, Betonungen etc. gegen jede Zweideutigkeit geschützt sein mag, sie enthält immer geheime Elemente, die sich der eindeutigen Fixierung widersetzen. Diese Elemente sind von der Erfahrung abhängig, von dem Einfühlungsvermögen – mit einem Wort: von dem Talent desjenigen, der beauftragt ist, die Musik zu vermitteln.»

Notentreue und Werktreue

Die beiden Äußerungen stimmen darin überein, daß Notentreue (so selbstverständlich sie auch sein mag) zur echten Interpretation nicht genügt; dabei stammt die eine aus der Romantik, die andere aus der Neuen Sachlichkeit. Geht man in die Einzelheiten, so muß festgestellt werden: Eine absolute, für immer und für alle Gelegenheiten geltende Werktreue ist aus inneren wie äußeren Gründen nicht erreichbar. Sieht man einmal ab von den alleräußerlichsten Bedingtheiten (etwa Intonationsschwierigkeiten, hervorgerufen durch Wärme, Kälte, Feuchtigkeit), so stellen sich der unveränderlichen «idealen» Interpretation u. a. folgende Tatsachen entgegen:
Die verwendeten Instrumente: Eine Soloviolinsonate von Bach klingt auf einer Amati-Geige anders als auf der besten Industriegeige. Beethovens Vorstellung vom Klang des Hammerklaviers oder des Erard-Flügels; an die Möglichkeiten des Konzertflügels von heute kann er niemals gedacht haben. Wie denn überhaupt früher gebräuchliche Instrumente oft völlig verschwunden oder mindestens umgestaltet worden sind.
Instrumentenbedingte Spiel- und Kompositionstechnik: Der verhältnismäßig zarte, schnell verhallende Ton von Klavichord und Cembalo hat zu bestimmten Spieltechniken und Kompositionspraktiken geführt (Verzierungen), die auf dem modernen Klavier oder Flügel entweder unmöglich sind oder das Klangbild ändern müßten. Rigorose Forderung nach Klangtreue würde dann Bachs Klavierwerk aus dem Konzertsaal verbannen, weil die alten Instrumente nur begrenztere Räume akustisch befriedigend ausfüllen. Ähnliches gilt für Kompositionen für andere Instrumente. Soweit es möglich ist, sollen freilich die ursprünglich vorgestellten Klänge wiedererweckt werden (Nachbau von Barockorgeln, Gamben, Cembali, Clarinos usw.).
Timbre der Gesangsstimme: Ein und dasselbe Lied klingt, von einer Frauenstimme gesungen, anders als von einer Männerstimme, anders bei Sopran-, Mezzosopran- oder Altstimme, anders bei einem lyrischen als bei einem dramatischen Sopran, anders sogar bei zwei gleichartigen Stimmen, weil das Timbre fast immer verschieden ist; anders aber dann, wenn der gleiche Sänger oder Sängerin das Lied transponiert (etwa wegen der Augenblicksdisposition).
Besetzungsprobleme: In Händel-Opern sangen Kastraten Männerrollen in Sopran- und Altlage. Selbst wenn man heute den Versuch unternimmt, Frauenstimmen entsprechend einzusetzen, kommt ein vom Original völlig abweichender Klang zustande. Oder: Beethovens *Fidelio,* Florestan und Pizarro werden notgedrungen meist durch eine Hochdramatische, einen Heldentenor und einen Heldenbariton besetzt, obwohl diese Fächer zu Beethovens Zeit unbekannt waren und erst durch Wagners Forderungen entstanden sind.
Verschiedenheit der Orchester: Dasselbe Werk wird in verschieden starker Besetzung (40–120 Spieler) aufgeführt Dazu die besondere Eigenart der jeweiligen Orchester (etwa die Streicher der Wiener Philharmoniker, die Bläser des Pariser Konservatoriumsorchesters); fer-

ner das verschiedene Stärkeverhältnis der einzelnen Orchestergruppen zueinander. Daher auch die verschiedenartige Wirkung eines Werkes unter dem gleichen Dirigenten, aber mit verschiedenen Orchestern.

Verschiedenheit des Chorklanges: Ein und dasselbe Werk klingt anders, wenn es von einem gemischten Chor oder von einem Jugendchor in gleich starker Besetzung gesungen wird.

Räumliche Bedingtheiten: Der Sänger, der Instrumentalsolist, die Instrumentalvereinigung (z. B. Streichquartett), der Dirigent müssen sich abstimmen auf die verschieden gearteten, verschieden großen und akustisch voneinander abweichenden Räume (Kirche, Konzertsaal).

Einstimmung: Den einigermaßen genau festgelegten Kammerton a' (seit 1939 = 440 Hz, bei 20° C) gibt es erst seit einem Jahrhundert (Paris 1858; Wien 1885), während hinsichtlich der Stimmung z. B. im 18. Jahrhundert große Unsicherheit bestand. So beginnt Bachs *Matthäuspassion* mit einem e-Moll-Chor; aber niemand kann mit Bestimmtheit sagen, ob er bei der Aufführung unter Bach – gemessen an der heutigen Kammertonstimmung – nicht in es-Moll oder sogar in d-Moll erklang. Selbst in der absoluten Tonhöhe ist bei älteren Werken keine völlige Notentreue erreichbar.

Wort und Ton: Jede Textübersetzung eines Liedes oder einer Oper «verstößt» gegen das ursprüngliche Noten- und Klangbild. Konsonantenballungen, sprachlich nicht immer zu umgehende Verwendung verschiedener Vokale für dieselbe Note, Geschmeidigkeit der einen und Wucht der anderen Sprache können den Fluß einer Gesangslinie hemmen oder den kraftvollen Ausdruck verweichlichen. Bizets *Carmen* klingt in französischer Sprache anders als in deutscher. Das gilt für Mussorgskis *Boris Godunow,* Mozarts *Don Giovanni,* Brittens *Peter Grimes* wie für alle fremdsprachigen Opern.

Deutung und Auffassung

Notentreue bleibt somit unzureichend und fragwürdig. Trotzdem hat kein Interpret, Herausgeber oder Bearbeiter das Recht, von dem gegebenen Notenbild abzugehen. Um dem Starren, Unbelebten, das der «nackten Übermittlung des Notentextes» (Strawinsky) anhaftet, aus dem Wege zu gehen, versuchen die Ausführenden zuweilen, das gespielte, gesungene oder dirigierte Werk zu «deuten». Falls der Komponist eine solche Deutung selbst angegeben hat (Liszts *Mazeppa,* Tschaikowskis *Ouvertüre 1812* usw.), mag das hingehen. In allen anderen Fällen kann das «Deuten» zu subjektiver Willkür verleiten. Diese Art der Interpretation wird seit Jahrzehnten von Wissenschaft und Kritik scharf bekämpft und scheint allmählich auszusterben. Ausgenommen den vielschichtigen Komplex der Opernregie (Wieland Wagner, Maurice Béjart u. a. exponierte Fälle).

Etwas anderes ist es, wenn der musikliebende, jedoch musikalisch nicht vorgebildete Hörer das Gehörte für sich umdeutet, mit Assoziationen – oft genug außermusikalischer Art – versieht und das Werk auf solche Weise sich zu eigen macht; ein vom Wesentlichen der Form ablenkender, meist auch vom werkeigenen Gehalt abziehender Vorgang.

Schwieriger zu fassen als das «Deuten» eines musikalischen Werkes ist die «Auffassung», auf die sich bekannte Dirigenten ebenso berufen wie Klavierspieler in der Hausmusik. Hier geht es um Fragen des persönlichen Geschmacks, der nicht einfach zu widerlegen, sondern nur durch Erziehung zu bilden und zu läutern ist. Bei großen Interpreten ist das der Fall, und der Hörer kann mit Anteilnahme, ja Spannung beobachten, welche Besonderheiten des interpretierten Werkes bei dieser oder jener Auffassung herausgestellt werden.

Die ideale Interpretation

Die Frage, was in der Mitte des 20. Jahrhunderts unter einer idealen Interpretation zu verstehen sei, vermag mit Autorität zu beantworten, wer selbst musikalische Kunstwerke geschaffen hat und zugleich als Interpret eigener und fremder Werke hervorragende Leistun-

gen vollbringt. Zitiert seien: Furtwängler: «Einzelheiten ... isoliert gesehen, lassen der sogenannten individuellen Auffassung des Interpreten allen Spielraum. Ob ich diese Stelle so oder so darstelle ... ist tatsächlich Geschmackssache, und es gibt keine Instanz, die darüber zu entscheiden hätte. Etwas anderes ist es aber, wenn man das Vorher und das Nachher der einzelnen Stelle zugleich mit ihr betrachtet, wenn man die Welt, in die die einzelnen Themen und Motive von ihrem Schöpfer hinausgestellt wurden, ins Auge faßt. Wenn man den Blick lenkt auf das Werden, das Sichentfalten des einen aus dem anderen, ihre zwangvoll logische Folge, und wenn damit vor dem inneren Auge des Betrachters schließlich mehr und mehr die ‹Vision› jenes Ganzen, die den Schöpfer ursprünglich geleitet hat, wieder ans Licht zu treten beginnt – dann, aber auch nur dann, erhalten auf einmal alle Einzelheiten den ihnen einzig zukommenden Charakter, ihren notwendigen Platz, die richtige Funktion innerhalb des Ganzen, ihre Farbe ihr Tempo ... Und nun allerdings zeigt sich tatsächlich, daß es für ein Meisterwerk ... nur *eine* Auffassung, nur *eine* Art der Interpretation gibt.» *(Aufsätze und Vorträge)*
Hindemith: «Unser Notationssystem kann ihnen (den Ausführenden) nicht viel mehr geben als ungefähre Andeutungen über die Ausführung des Erhaltenen, aber man erwartet von ihnen ein weitgehendes Verständnis für die Eigenheiten des wiederzugebenden Kunstwerkes, und ihre eigenen Zutaten sollen nicht das Minimum überschreiten, das für die klangliche Verwirklichung einer Komposition nötig ist. Der ideale Aufführende wird niemals versuchen, seine eigenen Gefühle auszudrücken. Folgt er schon dem falschen Glauben, daß Gefühle ausgedrückt werden müssen, so dürften es für ihn immer nur des Komponisten Gefühle sein, die er ausdrücken darf – oder das, was er für des Komponisten Gefühle hält.» *(Eines Komponisten Welt)*
Strawinsky: «Theoretisch kann man von dem Ausführenden nur die nackte Übermittlung eines Notentextes verlangen ... während man rechterdings vom Interpreten über diese nackte Vermittlung hinaus eine verliebte Hingabe erwartet.» *(Musikalische Poetik)*
H. v. Waltershausen: «Wer aber Dirigiererfahrung hat, weiß, daß gerade das Beste der Übermittlung von ästhetischen Willensimpulsen sich jenseits des Bewußtseins vollzieht. Wir müssen das Vorhandensein einer völlig rätselhaften, schöpferischen, unbewußt erfühlbaren motorischen Strahlung annehmen und stehen auch hier vor dem ‹Ignoramus et ignorabimus›, mit dem jede Kunstbetrachtung endet. Ist aber diese Strahlung vorhanden, so ist ihrer der Dirigent allein nicht Herr. Es besteht eine Partnerschaft auf Gegenseitigkeit zwischen dem Dirigenten und jedem Orchesterspieler, zwischen den Orchesterspielern untereinander, zwischen jedem Musizierenden und jedem einzelnen Zuhörer, zwischen allen Zuhörern untereinander. Die Interpretation ist also eine Gemeinschaftsleistung unter Führung eines Vortänzers. Dieser selbst steht außerdem noch, wie alle Beteiligten, unter Strahlungen des ‹quasi lebendigen Kunstwerks›, der ‹res facta› ... Demnach ist echtes Dirigieren immer ein Eros, niemals eine Tyrannis.» *(Die Kunst des Dirigierens)*

Strahlungen des lebendigen Kunstwerkes

Das einmal geschaffene große Kunstwerk wächst über das vom Schöpfer zeit-, umwelt- und persönlichkeitsbedingt «Gewollte» hinaus, löst sich vom Urheber und führt ein ganz aus sich selbst gespeistes Leben, entsendet die «Strahlungen der res facta», von denen Waltershausen spricht. Diese Strahlungen werden von den verschiedenen Nationen in den verschiedenen Zeiten verschieden aufgenommen. Der Italiener hört (und interpretiert) Bach anders als der Deutsche, die Romantik schuf sich Bach nach ihrem Bilde um, die Gegenwart hat sich eine Vorstellung von Beethoven erarbeitet, die nicht unwesentlich von der um 1900 üblichen abweicht.
Aber Größe und Geheimnis des Kunstwerks liegen eben darin, daß selbst Teil-

strahlungen aus dem Kern kommen und sein Wesen zureichend erkennen lassen. Und wenn es umgekehrt auch keine absoluten, unveränderlichen, zeitlosen Maßstäbe für die «richtige» Interpretation geben kann, so ist das wahre musikalische Kunstwerk doch so stark, daß es sich dem Spieler, Sänger, Dirigenten und Hörer wesenhaft auch dann erschließt, wenn es nur von einer Seite aus angestrahlt, von einer Stilrichtung aus dargestellt wird – immer freilich unter der von Strawinsky geforderten Voraussetzung der «verliebten Hingabe».

LITERATUR: Vergleichende Interpretationskunde (Kongreßreferate des Darmstädter «Instituts für Neue Musik und Musikerziehung», Berlin 1963); H. Bennwitz: Interpretenlexikon der Instrumentalmusik, Bern und München 1964; R.-D. Herrmann: Künstler und Interpret, Bern 1967; Th. W. Adorno: Der getreue Korrepetitor, Frankfurt am Main 1963 (Neuauflage 1976).

Dirigieren

Wenn eine Vielzahl von Menschen gemeinsam spielt oder singt, bedarf es eines Leiters, des Dirigenten – wenn nicht in der Aufführung (Liszt: «Aufgabe des Dirigenten ist es, sich während der Aufführung überflüssig zu machen»), so doch mindestens in den Proben (ein um 1920 vorübergehend bestehendes Moskauer «Orchester ohne Dirigenten»). Die ursprüngliche Methode zu dirigieren war von der heutigen wesentlich verschieden. Vor allem: Der Dirigierende war bis etwa 1800 fast immer gleichzeitig ein Mitspieler oder Mitsingender.

Vorsänger unterstützten ihr gesangliches Führen oft durch Handzeichen, mit denen sie auch die Höhe der zu singenden Töne andeuteten.

Nach dem Aufkommen des Taktstriches gab man die Zählzeiten z. B. an durch Aufstampfen mit dem Fuß, Aufstoßen eines Stabes auf den Boden (so noch Lully), Händeklatschen, Winken mit dem Schnupftuch oder einer Notenrolle.

Solche Methoden waren wohl notwendig, weil verhältnismäßig wenig geprobt und durch das Markieren der Taktschläge eine gewisse Einheitlichkeit wenigstens im Metrischen erreicht wurde. Noch die von J. S. Bach geleiteten Aufführungen seiner Werke müssen unter solchen Unzuträglichkeiten gelitten haben.

Im 17. Jahrhundert leitete der Kantor bald von der Orgel aus, bald mit der Notenrolle, sang auch die seiner Stimme entsprechenden Partien stützend mit. Opern und Orchesterkonzerte wurden vom «maestro al cembalo» mitmusizierend geleitet, indem dieser die mehr oder weniger bezifferte Generalbaßstimme ausführte und entsprechende Anweisungen an die übrigen Spieler bzw. Sänger gab. Bei anderen Gelegenheiten wurde der erste Violinspieler, der «Konzertmeister», als Taktschläger eingesetzt.

Im 18. Jahrhundert wurde vielfach eine Doppeldirektion durchgeführt: Der Komponist saß als Generalbaßspieler am Cembalo, der erste Konzertmeister fungierte als Taktschläger. Haydn und Mozart dirigierten im Sinfoniekonzert vielfach mit dem Violinbogen, in der Oper vom Cembalo aus.

Am Anfang des 19. Jahrhunderts setzte sich das Dirigentenwesen im heutigen Sinne durch. Mit dem Verschwinden des Cembalos hängt es zusammen, daß der Komponist nun ohne eigenes Instrument vor das Orchester trat und nur noch dirigierte. Gleichzeitig bürgerte sich der Taktstock allgemein ein – zunächst noch in vielerlei Formen: in der Mitte umfaßt, an den Enden verdickt, mit Roßhaar gefüllte Lederrollen bis hin zum schmalen Buchenholz- oder Ebenholzstab, gewissermaßen als Verlängerung des Fingers.

Mit der Steigerung des instrumentalen Apparats und der kompositorischen Mittel wurden an den Dirigenten immer schwierigere Aufgaben gestellt. Das trug dazu bei, daß neben den Komponisten-Dirigenten der rein nachschaffende Dirigent ohne größeren kompositorischen Ehrgeiz trat. Dieser Typus hat die Orchester- und Chorleistungen zu erstaunlicher Höhe geführt, aber auch die Gefahr mit sich gebracht, daß man schließlich oft nicht in erster Linie den Komponisten, sondern den Dirigenten nannte. Man sprach von Furtwänglers *Neun-*

ter, von Toscaninis *Tristan,* von Knappertsbuschs *Meistersingern* und so fort. Um die Mitte des 20. Jahrhunderts ist eine gewisse Rückentwicklung zu erkennen: Die neueren Komponisten von Strawinsky über Hindemith zu Fortner, Boulez oder Henze und den zahlreichen jüngeren dirigieren oft ihre Werke selbst, statt sie Pultvirtuosen zu überlassen (eine Einstellung, von der auch Pfitzner beseelt war).

Taktschlagen

Das Taktschlagen ist ein vordergründiges, für den schauenden Hörer jedoch das erkennbarste Mittel des Dirigierens. Daß der Dirigent außer dem Takt noch den Rhythmus, die Dynamik, die Phrasierung usw. dem Orchester oder dem Chor zu übermitteln hat, wurde bereits im Abschnitt «Interpretation» gestreift. Aber selbst das reine Schlagen des Taktes ist nicht bei allen Dirigenten gleich (bei manchen sogar schwer zu erkennen). Einige der wichtigsten Schlagarten sind:

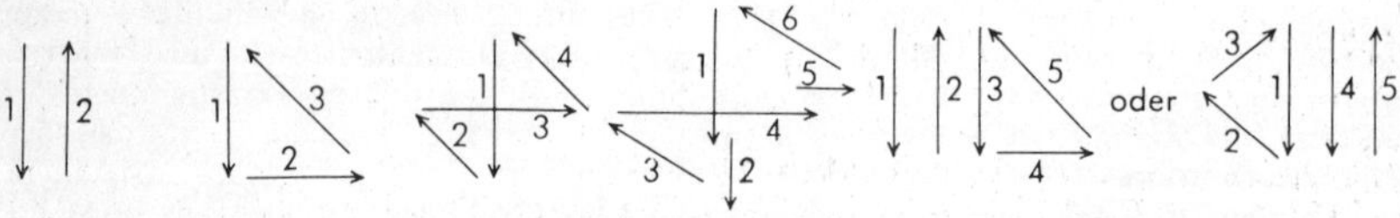

zweizähliger dreizähliger vierzähliger sechszähliger fünfzähliger Takt

Zu beachten: Ein 4/4-Takt wird im allgemeinen vierzählig geschlagen bei langsamen Zeitmaß, bei schnellerem nur zweizählig oder: ein 6/8-Takt ist in langsamem Zeitmaß sechszählig, in schnellem nur zweizählig usw. Wesentlich schwieriger wird selbst das bloße Taktschlagen bei häufigem oder gar ständigem Taktwechsel (etwa bei Strawinky, bei Blachers «variablen Metren»). Während die rechte Hand (mit oder ohne Taktstock) im allgemeinen Takt und Zeitmaß angibt, kann die linke Hand für Zwischeneinsätze, klangliche, dynamische, phrasierende Anweisungen hinzutreten.

Je nach seiner Eigenart wird der Dirigent noch Arm- und Körperbewegungen, Blick und Gesichtsausdruck zu Hilfe nehmen, um seine musikalischen Absichten auf Orchester, Chor und Solisten zu übertragen.

LITERATUR: R. Wagner: Über das Dirigieren (1869). F. v. Weingartner: Über das Dirigieren (1913). C. Krebs: Meister des Taktstocks (1912). G. Schünemann: Geschichte des Dirigierens (1913). F. Volbach: Der Chormeister (1931). K. Thomas: Lehrbuch der Chorleitung (1935). W. Ehmann: Die Chorführung (1950). F. Herzfeld: W. Furtwängler ([2]1950). H. v. Waltershausen: Die Kunst des Dirigierens ([2]1953). S. Chotzinoff: A. Toscanini (1956). H. Scherchen: Lehrbuch des Dirigierens ([2]1956). B. Grosbayne: Techniques of modern orchestral conducting (1956). H, P. Schmitz: Verteidigung des Dirigenten (1957). K. Blaukopf: Große Dirigenten ([2]1957). J. Russell: E. Kleiber (1958). H. Diestel: Ein Orchestermusiker über das Dirigieren ([2]1960). F. Busch: Der Dirigent (1961). S. Antek: So war Toscanini (1963). F. Herzfeld: Magie des Taktstocks. Die Welt der großen Dirigenten, Konzerte und Orchester ([3]1964). A. Boult: Zur Kunst des Dirigierens (dt. 1965).

Stilbildende Dirigenten

Lully, Jean-Baptiste (1632–1687, Franzose ital. Herkunft), Komponist, Geiger, Tänzer, Schauspieler; als Dirigent vom Violinmelos und vom tänzerischen Rhythmus bestimmt; sorgfältige Probenarbeit. Paris.

Hasse, Johann Adolf (1699–1783), Komponist, Cembalist; leitete gemeinsam mit dem Konzertmeisterviolinisten J. Georg Pisendel (1687–1755) sorgfältig abgesprochene Opernaufführungen. Vor allem Dresden.

Gluck, Christoph Willibald (1714–1787), Komponist und «maestro al cembalo»;

Einzel- und Gesamtproben mit Sängern und Instrumentalisten; arbeitete das Dramatisch-Wesentliche heraus. Wien und Paris.

Hiller, Johann Adam (1728–1804), Komponist, Chor- und Orchesterleiter, Musikschriftsteller; leitete vom Cembalo aus, unterstützt durch den 1. Violinisten; viele Proben. Leipzig und Berlin.

Spontini, Gasparo Luigi Pacifico (1774 bis 1851, Italiener), Komponist und Theaterkapellmeister; verlangte gleiche Bogenführung der Streichinstrumente, erwartete militärischen Gehorsam; faßte den (Elfenbein-)Taktstock in der Mitte. Vor allem Berlin.

Habeneck, François Antoine (1781 bis 1849, Franzose dt. Herkunft), Geiger, entwickelte an Beethovens Werken einen für lange Zeit vorbildlichen Streicherstil. Pariser Konservatoriumskonzerte.

Spohr, Ludwig (1784–1859), Komponist, Geiger und Dirigent; probte jede Einzelheit, arbeitete die Gliederung des Ganzen heraus, führte Leitbuchstaben in der Partitur ein. Vor allem Kassel.

Weber, Carl Maria von (1786–1826), Komponist und Dirigent, Theaterkapellmeister, «dirigierte» nicht nur Sänger und Orchester, sondern den gesamten Bühnenapparat; unablässige Probenarbeit, dramatisches Rubato mit fließenden Übergängen; dirigierte zunächst mit Notenrolle (in der Mitte angefaßt), später mit Buchenholzstäbchen. Vor allem Dresden.

Liszt, Franz (1811–1886, Ungar), Komponist und Pianist; ließ das Orchester «deklamieren», zeichnete bei der (sorgfältig vorbereiteten) Aufführung die Deklamationslinien in die Luft, gewissermaßen rhapsodisch. Vor allem Weimar.

Wagner, Richard (1813–1883), übernahm von Liszt das Deklamatorische, kaum aber das Pathos, dirigierte bei ruhig gehaltenem Körper mit Hand und Stab, vor allem durch Geste und Mimik.

Hallé, Charles (1819–1895, Engländer dt. Herkunft) wurde in England beispielhaft; gründete das Charles-Hallé-Orchester in Manchester.

Bülow, Hans von (1830–1894), obwohl auch Pianist (und Komponist) der erste Vertreter des Orchester (und Publikum) erziehenden Dirigenten, intellektuell, dabei willensstark, bedacht auf das Herausarbeiten der wichtigsten Linien, ohne Einzelheiten zu vernachlässigen. Vor allem Hannover, Hamburg, Meiningen (die nur 40 Mann starke Meininger Hofkapelle wurde durch ihn in Europa vorbildhaft).

Lamoureux, Charles (1834–1899, Franzose), als Orchestererzieher noch heute berühmt in Frankreich; die Concerts Lamoureux waren und sind ein Begriff.

Colonne, Édouard (1838–1910, Franzose), ebenfalls als bedeutender Orchestererzieher unvergessen; begründete das Concert National in Paris.

Schuch, Ernst von (1846–1914, Österreicher), instinkthaft und technisch hoch begabt; Opernaufführungen, Gesang und Orchester gleichwertig nebeneinander. Vor allem Dresden.

Nikisch, Arthur (1855–1922, Ungar), Grandseigneur des Dirigierens, sparsam in Gesten, aber von magischer Wirkung auf jedes Orchester. Leipzig (seit 1895 Gewandhauskapellmeister), Boston, Berlin (Philharmoniker). Bruckner-Zyklen.

Mottl, Felix (1856–1911, Österreicher), dirigierte mit Natürlichkeit bei absoluter Werktreue v. a. die Musik Wagners (gestorben wärend seiner 100. *Tristan*-Aufführung). Karlsruhe, Bayreuth, München.

Muck, Karl (1859–1940), kühl selbst in seiner Unerbittlichkeit, das Vollendetste an Klang zu erzeugen, drei Jahrzehnte Sachwalter von Wagners *Parsifal* in Bayreuth. Sonst vor allem Berlin, Boston, Hamburg.

Mahler, Gustav (1860–1911, Österreicher), der unerbittlichste, fanatischste Dirigent seiner Zeit. Einzel- und Gruppenproben, im Orchester und auf der Bühne. Vor allem Wien und New York.

Weingartner, Felix (1863–1942, Österreicher), weltmännische Eleganz (vor dem Spiegel einstudiert). Geschmeidig, seiner Wirkung bewußt, arbeitet er scheinbar mühelos «optisch» verständlich für jeden Konzertbesucher. (Instrumentatorische «Bearbeitungen» zu Sinfonien Beethovens.) Berlin, München, Wien, Basel.

Toscanini, Arturo (1867–1957, Italiener) besessener Diener am Werk, das er dank eines unfehlbaren Gedächtnisses (geschärft durch allmähliches Erblinden) bis ins letzte beherrschte. Spieler und Sänger seinem unbeirrbaren künstlerischen Willen untertan. Orchesterklang selbst im zartesten Pianissimo leicht geschärft durch die rhythmische Präzision. Vor allem Mailand, New York, Bayreuth. (Samuel Antek: So war T., dt. 1964.)

Furtwängler, Wilhelm (1886–1954), seltene Vereinigung von metrischer Straffheit (Stabführung) und rhythmischer Geschmeidigkeit (ständig bewegter Körper); ichbetont und wirkungsbewußt (unterstützung des hörenden Publikums durch klärende Gesten, die er vor dem Spiegel überprüfte), dabei stets den Kern des dirigierten Werkes aufspürend und von dort aus das Architektonische ordnend. Große Linie, ins Ekstatisch-Improvisatorische schwingend, gleichwohl rhythmisch gebändigt. Zürich, München, Mannheim, vor allem Leipzig, Berlin, Wien, Bayreuth. Viele Auslandsreisen mit den Berliner Philharmonikern. (F. Herzfeld: W. F., [2]1950. W. f. Dokumente, Berichte und Bilder, Aufzeichnungen. Hg. von K. Döcker, 1968.)

Karajan, Herbert von (* 1908, Österreicher), Schalk-Schüler in Wien, ursprünglich Pianist, kam als Opernkapellmeister über Ulm und Aachen 1938 nach Berlin (Staatsoper, Staatskapelle, Philharmonie), wirkte 1945–1955 in Wien (Symphoniker), wurde 1955, in Nachfolge Furtwänglers, Chefdirigent der Berliner Philharmoniker (auf Lebenszeit) und war gleichzeitig 1956–1964 als Nachfolger von Böhm künstlerischer Leiter der Wiener Staatsoper, außerdem 1956–1960 künstlerischer Leiter der Salzburger Festspiele, deren Direktorium er seit 1964 angehört. Seit 1967 ist er außerdem Dirigent und Regisseur bei den von ihm gegründeten Salzburger Osterfestspielen, wo v. a. das Werk R. Wagners eine neue Deutung erfährt. Daneben ist er weiterhin Gastdirigent (Regisseur) an der Mailänder Scala und an der New Yorker Metropolitan Opera. Die interpretatorischen Qualitäten Karajans als des unumstritten bedeutendsten Dirigenten seiner Generation haben für das klassisch-romantische (zunehmend auch das zeitgenössische) Repertoire an Orchester- und Opernwerken einen rhythmisch so flexiblen wie harmonisch-melodisch differenzierten Klangstil gezeitigt. Er exemplifiziert sich nachdrücklich auch in zahlreichen, produktionstechnis höchstrangigen Schallplatteneinspielungen (Beethoven-Sinfonien mit den Berliner Philharmonikern, Mozart- und Verdi-Requiem, Strauss-, Mozart-, Wagner-, Verdi-Opern u. a. m.). Dirigenten- und Interpretations- und seit 1981 auch Operngesangskurse (Berlin, Salzburg) sowie Musikproduktionen für Film (Opern) und Fernsehen (Opern, Konzerte) runden das Bild ab. (E. Haeussermann: H. v. K., 1968; F. Herzfeld: K., [3]1968; P. Robinson: K., 1975, mit Diskographie).

Die Kunst des Dirigierens ist im 20. Jahrhundert durchgebildet wie kaum zuvor. In allen Ländern wirkten und wirken Dutzende von Orchester-, Chor- oder Opernleitern, die – berücksichtigt man ihre besondere Eigenart und die von ihnen bevorzugten Werke (auch Alte oder Neue Musik als Spezialaufgabe) – als bedeutsam, in manchen Fällen auch ebenbürtig neben die zuvor erwähnten Meister gestellt werden dürfen. U. a. sind zu nennen (einschließlich einer Reihe der hervorragendsten Chorleiter):

Abbado, Claudio (* 1933, Italiener)
Abendroth, Hermann (1883–1956)
Ackermann, Otto (1909–1960, Schweizer rumän. Herkunft)
Aeschbacher, Niklaus (* 1917, Schweizer)
Agop, Rolf (* 1908)
Ahronovitch, Yuri (* 1932, Russe, Emigrant)
Albert, Herbert (1903–1973)
Alberth, Rudolf (* 1918)
Albrecht, G. Alexander (* 1935)
Almeida, Francisco (* 1928, Franzose)
Amy, Gilbert (* 1936, Franzose)
Ančerl, Karel (1908–1973, Tscheche)
Andreae, Volkmar (1879–1962, Schweizer)
Ansermet, Ernest (1883–1969, Schweizer)
Argento, Pietro (* 1909, Italiener)
Arndt, Günther (1907–1976)
Atzmon, Moshe (* 1931, Israeli, gebürtiger Ungar)
Barbirolli, Sir John (1899–1970, Engländer

italien.-französ. Abstammung)
Baud-Bovy, Samuel (* 1906, Schweizer)
Baudo, Serge (* 1927, Franzose)
Beecham, Sir Thomas (1879–1961, Engländer)
Beinum, Eduard van (1900–1959, Niederländer)
Benda, Hans von (1888–1972)
Bendix, Kurt (* 1904, Schwede)
Benzi, Roberto (* 1937, Franzose)
Berglund, Paavo (* 1929, Finne)
Bernstein, Leonard (* 1918, Amerikaner)
Bertini, Gary (* 1927, Israeli)
Bilse, Benjamin (1816–1902)
Blech, Leo (1871–1958)
Blomstedt, Herbert (* 1927, Schwede)
Bloomfield, Theodor (* 1923, Amerikaner)
Bodanzky, Artur (1877–1939, Österreicher)
Böhm, Karl (1894–1982, Österreicher)
Bongartz, Heinz (1894–1978)
Boulez, Pierre (* 1925, Franzose)
Boult, Sir Adrian C. (* 1889, Engländer)
Bour, Ernest (* 1913, Franzose)
Busch, Fritz (1890–1951)
Cantelli, Guido (1920–1956, Italiener)
Cape, Safford (1906–1973, Amerikaner)
Caridis, Miltiades (* 1923, Grieche)
Carvalho, Eleazar de (* 1915, Brasilianer)
Ceccato, Aldo (* 1924, Italiener)
Celibidache, Sergiu (* 1922, Rumäne)
Cerha, Friedrich (* 1926, Österreicher)
Cluytens, André (1905–1967, Belgier)
Colassis, Byron (* 1921, Grieche)
Conz, Bernhard (* 1906)
Courraud, Marcel (* 1912, Franzose)
Craft, Robert (* 1923, Amerikaner)
Damrosch, Walter (1862–1950, Amerikaner dt. Herkunft)
Davis, Colin (* 1927, Engländer)
Decker, Franz-Paul (* 1923)
Del Mar, Norman (* 1919, Engländer)
Delogu, Gaetano (* 1934, Italiener)
Dervaux, Pierre (* 1917, Franzose)
Desormière, Roger (1898–1963, Franzose)
Dixon, Dean (1915–1976, Amerikaner)
Dobrowen, Issai (1891–1953, Russe)
Dohnányi, Christoph von (* 1929)
Dorati, Antal (* 1906, Amerikaner ungar. Herkunft)
Dressel, Heinz (* 1902)
Drewanz, Hans (* 1929)
Ehrling, Sixten (* 1918, Schwede)
Eichhorn, Kurt (* 1908)
Elmendorff, Karl (1891–1962)
Erede, Alberto (* 1909, Italiener)
Ericson, Eric (* 1918, Schwede)
Fasano, Roberto (* 1902, Italiener)
Ferencsik, János (* 1907, Ungar)
Fiedler, Arthur (* 1894, Amerikaner)
Fistoulari, Anatole (* 1907, Engländer russ. Herkunft)
Forster, Karl (1904–1963)
Fournet, Jean (* 1913, Franzose)
Frandsen, John (* 1918, Däne)
Freccia, Massimo (* 1906, Italiener)
Freitas, Frederico de (* 1902, Portugiese)
Frešo, Tibor (* 1918, Slowake)
Freudenthal, Heinz (* 1905, Israeli dt. Herkunft)
Fricsay, Ferenc (1914–1963, Ungar)
Froitzheim, Herbert (* 1912)
Froment, Louis (* 1921, Franzose)
Frühbeck de Burgos, Rafael (* 1933, Spanier)
Frykberg, Sten (* 1910, Schwede)
Gardelli, Lamberto (* 1915, Schwede italien. Herkunft)
Gardiner, John Eliot (* 1943, Engländer)
Georgescu, George (1887–1964, Rumäne)
Gibson, Alexander (* 1926, Engländer)
Gielen, Michael Andreas (* 1927, Österreicher dt. Herkunft)
Gierster, Hans (* 1925)
Gillesberger, Hans (* 1909, Österreicher)
Giovaninetti, Reynald (* 1932, Franzose)
Giulini, Carlo Maria (* 1914, Italiener)
Goehr, Walter (1903–1960, Engländer dt. Herkunft)
Goosens, Eugene (1893–1962, Engländer)
Gorzynski, Zdzislaw (* 1895, Pole)
Goslich, Siegfried (* 1911)
Gracis, Ettore (* 1915, Italiener)
Grischkat, Hans (1903–1977)
Gui, Vittorio (1885–1975, Italiener)
Hager, Leopold (* 1935, Österreicher)
Haitink, Bernard (* 1929, Niederländer)
Hamerik, Ebbe (1898–1951, Däne)
Harnoncourt, Nikolaus (* 1929, Österreicher)
Hausegger, Siegmund von (1872–1948, Österreicher)
Heger, Robert (1886–1978)
Hindemith, Paul (1895–1963)
Hoesslin, Franz von (1885–1946)
Hollreiser, Heinrich (* 1913)
Hoogstraten, Willem van (1884–1965, Niederländer)
Horenstein, Jascha (1898–1973, Amerikaner russ. Herkunft)

Hubertus, Romanus (1906–1969, Schweizer)
Inbal, Eliahu (* 1938, Israeli)
Inghelbrecht, Désiré-Émile (1880–1965, Franzose)
Janowski, Marek (* 1939, Deutscher poln. Herkunft)
Janssen, Werner (* 1899, Amerikaner)
Järnefeldt, Armas (1869–1958, Finne)
Jaroff, Serge (* 1896, Russe)
Jochum, Eugen (* 1902)
Jochum, Georg Ludwig (1909–1970)
Kabasta, Oswald (1896–1946, Österreicher)
Keilberth, Joseph (1908–1968)
Kempe, Rudolf (1910–1976)
Kempen, Paul van (1893–1955, Niederländer)
Kertész, István (1929–1973, Ungar)
Kitajenko, Dmitri (* 1940, Russe)
Kittel, Bruno (1870–1948)
Klee, Bernhard (* 1936)
Kleiber, Carlos (* 1930, Argentinier)
Kleiber, Erich (1890–1956, Österreicher)
Klemperer, Otto (1885–1973)
Kletzki, Paul (1900–1973, Schweizer poln. Herkunft)
Knappertsbusch, Hans (1888–1965)
Koetsier, Jan (* 1911, Niederländer)
Köhler, Siegfried (* 1923)
Kondraschin, Kyrill (1914–1981, Russe)
König, Gustav (* 1910)
Konwitschny, Franz (1901–1962)
Kostelanetz, André (1901–1980, Amerikaner russ. Herkunft)
Krauss, Clemens (1893–1954, Österreicher)
Krenz, Jan (* 1926, Pole)
Krips, Josef (1902–1974, Österreicher)
Krombholc, Jaroslav (* 1918, Tscheche)
Kubelík, Rafael (* 1914, Tscheche)
Kussewizky, Sergei (1874–1951, Amerikaner russ. Herkunft)
Lamy, Rudolf (1905–1962)
Lehel, György (* 1926, Ungar)
Lehmann, Berthold (* 1908)
Lehmann, Fritz (1904–1956)
Leinsdorf, Erich (* 1912, Amerikaner österr. Herkunft)
Leitner, Ferdinand (* 1912)
Lessing, Gotthold Ephraim (1903–1975)
Levi, Hermann (1839–1900)
Levine, James (* 1943, Amerikaner)
López Cobus, Jesus (* 1940, Spanier)
Löwlein, Hans (* 1909)
Ludwig, Leopold (1908–1979)
Maag, Peter (* 1919, Schweizer)
Maazel, Lorin (* 1930, Amerikaner niederländ.-ungar.-russ. Abstammung)
Macal, Zdenék (* 1936, Tscheche)
Mackerras, Charles (* 1925, Australier)
Marinuzzi, Gino (1882–1945, Italiener)
Markewitsch, Igor (* 1912, Russe)
Markowski, Andrzy (* 1924, Pole)
Marriner, Neville (* 1924, Engländer)
Martinon, Jean (1910–1968, Franzose)
Märzendorfer, Ernst (* 1921, Österreicher)
Masur, Kurt (* 1927)
Mata, Eduardo (* 1942, Mexikaner)
Matačić, Lovro von (* 1899, Österreicher serbokroat. Herkunft)
Matzerath, Otto (1914–1963)
Mauersberger, Rudolf (1889–1971)
Mehta, Zubin (* 1936, Inder)
Mengelberg, Willem (1871–1951, Niederländer)
Mitropoulos, Dimitri (1896–1960, Amerikaner griech. Herkunft)
Molinari-Pradelli, Francesco (* 1911, Italiener)
Monteux, Pierre (1875–1964, Franzose)
Moralt, Rudolf (1902–1958)
Mrawinski, Jewgeni (* 1903, Russe)
Müller-Kray, Hans (1898–1969)
Münch, Charles (1891–1968, Amerikaner dt.-franz. Herkunft)
Münchinger, Karl (* 1915)
Muti, Riccardo (* 1941, Italiener)
Neel, Boyd (* 1905, Engländer)
Neumann, Vaclav (* 1920, Tscheche)
Ochs, Siegfried (1858–1929)
Ormandy, Eugene (* 1899, Amerikaner ungar. Herkunft)
Otterloo, Willem van (1907–1978, Niederländer)
Ozawa, Seiji (* 1935, Japaner)
Papst, Eugen (1886–1956)
Patané, Giuseppe (* 1932, Italiener)
Paulmüller, Alexander (* 1912, Österreicher)
Paumgartner, Bernhard (1887–1971, Österreicher)
Pelleg, Frank (1910–1970, Israeli tschech. Herkunft)
Pelletier, Wilfried (* 1896, Kanadier)
Perisson, Jean (* 1924, Franzose)
Peters, Reinhard (* 1926)
Pflüger, Gerhard (* 1907)
Pradella, Massimo (* 1925, Italiener)
Prêtre, Georges (* 1924, Franzose)
Previn, André (* 1930, Amerikaner)
Previtali, Fernando (* 1907, Italiener)

Pritchard, John (* 1921, Engländer)
Prohaska, Felix (* 1912, Österreicher)
Raabe, Felix (* 1900)
Raabe, Peter (1872–1945)
Randolf, Karl (* 1916, Österreicher)
Rankl, Karl (1898–1968, Engländer österr. Herkunft)
Ratjen, Hans-Georg (* 1909)
Redel, Kurt (* 1918)
Rehmann, Theodor (1895–1963)
Reichwein, Leopold (1878–1945)
Reinartz, Hanns (* 1911)
Reiner, Fritz (1888–1963, Amerikaner ungar. Herkunft)
Rennert, Wolfgang (* 1922)
Richter, Hans (1843–1916, Ungar)
Rieger, Fritz (1910–1978)
Ristenpart, Karl (1900–1967)
Rodzinski, Artur (1894–1958, Amerikaner jugoslaw. Herkunft)
Romansky, Ljubomir (* 1912, Deutscher bulgar. Herkunft)
Ronnefeld, Peter (1935–1965)
Rosbaud, Hans (1895–1962)
Roschdestwenski, Gennadi (* 1934, Russe)
Rossi, Mario (* 1902, Italiener)
Rother, Artur (1885–1972)
Rowicki, Witold (* 1914, Pole)
Rucht, Karl (* 1918)
Rudolf, Max (* 1902, Amerikaner dt. Herkunft)
Rüdel, Hugo (1868–1934)
Sabata, Victor de (1892–1967, Italiener)
Sacher, Paul (* 1906, Schweizer)
Sandberg, Herbert Ludwig (1902–1966, Schwede dt. Herkunft)
Sanderling, Kurt (* 1912)
Santi, Nello (* 1931, Italiener)
Sanzogno, Nino (* 1911, Italiener)
Sargent, Sir Malcolm (1895–1967, Engländer)
Sawallisch, Wolfgang (* 1923)
Schalk, Franz (1863–1931, Österreicher)
Scherchen, Hermann (1891–1966)
Schippers, Thomas (* 1930, Amerikaner)
Schmalstich, Clemens (1880–1960)
Schmid, Erich (* 1907, Schweizer)
Schmidt-Isserstedt, Hans (1900–1973)
Schneidt, Hans-Martin (* 1930)
Schostakowitsch, Maxim (* 1938, Amerikaner russ. Herkunft)
Schrems, Theobald (1893–1963)
Schüler, Johannes (1894–1966)
Schulz-Dornburg, Rudolf (1891–1949)
Schumann, Georg (1866–1952)
Schuricht, Carl (1880–1967)
Serafin, Tullio (1878–1969, Italiener)
Silvestri, Constantin (1913–1969, Rumäne)
Smetáček, Václav (* 1906, Tscheche)
Solti, Sir George (* 1912, Engländer ungar. Herkunft) †1997
Stein, Horst (* 1928)
Steinberg, William (1899–1978, Amerikaner dt. Herkunft)
Stephani, Martin (* 1915)
Stokowski, Leopold (1882–1977, Amerikaner poln.-irischer Abstammung)
Suitner, Otto (* 1922, Österreicher)
Susskind, Walter (* 1913, Engländer tschech. Herkunft)
Swarowski, Hans (1899–1975, Ungar)
Swetlanow, Jewgeni (* 1928, Russe)
Szell, George (1897–1970, Amerikaner ungar. Herkunft)
Szenkar, Eugen (1891–1971, Ungar)
Talich, Václav (1883–1961, Tscheche)
Taube, Michael (1890–1972, Israeli österr.-poln. Herkunft)
Thomas, Kurt (1904–1973)
Travis, Francis Irving (* 1921, Amerikaner)
Varviso, Silvio (* 1924, Schweizer)
Vondenhoff, Bruno (* 1902)
Von der Nahmer, Wolfgang (* 1914)
Waart, Edo de (* 1941, Niederländer)
Wagner, Robert (* 1914, Österreicher)
Wakasugi, Hiroshi (* 1935, Japaner)
Wallat, Hans (* 1929)
Wallberg, Heinz (* 1923)
Wallenstein, Alfred (* 1898, Amerikaner)
Walter, Bruno (1876–1962, Amerikaner dt. Herkunft)
Wand, Günter (* 1912)
Wangenheim, Volker (* 1928)
Weisbach, Hans (1885–1961)
Whiteman, Paul (1890–1967, Amerikaner)
Wich, Günther (* 1928)
Wood, Sir Henry (1869–1944, Engländer)
Zallinger, Meinhard von (* 1897, Österreicher)
Zanotelli, Hans (* 1927)
Zecchi, Carlo (* 1903, Italiener)
Zender, Hans (* 1936)

Pianisten

LITERATUR
H. C. Schonberg: Die großen Pianisten (dt. 1965); J. Kaiser: Große Piansten in unserer Zeit (1965); H.-P. Range: Die Konzertpianisten der Gegenwart (² 1966); W. Niemann:

Meister des Klaviers (1919); O. Bie: Das Klavier und seine Meister (1899); W. von Lenz: Die Großen Pianofortevirtuosen unserer Zeit (1872); K. Blaukopf: Große Virtuosen (Wien 1957); J. Demus: Abenteuer der Interpretation (Wiesbaden 1967); A. Brendel: Nachdenken über Musik (München 1977); W. Niemann: Meister des Klaviers (1919).

Aeschbacher, Adrian (* 1912, Schweizer)
Albert, Eugen d' (1864–1932)
Anda, Géza (1921–1976, Schweizer ungar. Herkunft)
Ansorge, Conrad (1862–1930)
Argerich, Martha (* 1941, Argentinierin)
Arrau, Claudio (* 1903, Chilene)
Ashkenazy, Vladimir (* 1937, Schweizer russ. Herkunft)
Askenase, Stefan (* 1896, Belgier poln.-österr. Herkunft)
Bachauer, Gina (* 1913, Griechin)
Backhaus, Wilhelm (1884–1969)
Badura-Skoda, Paul (* 1927, Österreicher)
Balsam, Artur (* 1906, Amerikaner poln. Herkunft)
Barenboim, Daniel (* 1942, Israeli argentin. Herkunft)
Bartók, Béla (1881–1945, Ungar)
Bauer, Harold (1873–1951, Engländer)
Baumgartner, Paul (1903–1976, Schweizer)
Benedetti-Michelangeli, Arturo (* 1920, Italiener)
Bergmann, Maria (* 1918)
Bernstein, Leonard (* 1918, Amerikaner)
Béroff, Michel (* 1950, Franzose)
Bohnenstingl, Hans (* 1911, Österreicher)
Bohnke, Robert Alexander (* 1924)
Borowski, Alexander (1889–1968, Amerikaner russ. Herkunft)
Bortkiewicz, Sergei (1877–1952, Russe)
Bowman, Lionel Charles (* 1919, Südafrikaner)
Brailowski, Alexander (1896–1976, Amerikaner russ. Herkunft)
Brendel, Alfred (* 1931)
Bruchollerie, Monique de la (1915 – 1972, Französin)
Buchbinder, Rudolf (* 1946, Österreicher)
Bülow, Hans von (1830–1894)
Busoni, Ferruccio (1866–1924)
Carreno, Teresa (1853–1917, Venezolanerin)
Casadesus, Jean (1927–1972, Franzose)
Casadesus, Robert (1899–1972, Franzose)
Casella, Alfredo (1883–1947, Italiener)
Cherkasski, Shura (* 1911, Amerikaner russ. Herkunft)
Chopin, Frédéric (1810–1849, Pole poln.-franz. Abstammung)
Ciccolini, Aldo (* 1925, Italiener)
Clementi, Muzio (1752–1832, Italiener)
Cliburn, Van (* 1934, Amerikaner)
Cohen, Dame Harriet (1895–1967, Engländerin)
Cortot, Alfred (1877–1962, Franzose)
Cramer, Johann Baptist (1771–1858)
Curzon, Clifford (* 1907, Engländer)
Cutner, Solomon (* 1902, Engländer)
Czerny-Stefanska, Halina (* 1922, Polin)
Cziffra, György (* 1921, Ungar)
Damase, Jean-Michel (* 1928, Franzose)
Dawidowitsch, Bella (* 1928, Russin)
Debussy, Claude (1862–1918, Franzose)
Demus, Jörg (* 1928, Österreicher)
Dohnányi, Ernst von (1877–1960, Ungar)
Ekier, Jan Stanislaw (* 1913, Pole)
Engel, Karl (* 1923, Schweizer)
Erdmann, Eduard (1896–1958)
Eschenbach, Christoph (* 1940)
Farnadi, Edith (* 1921, Ungarin)
Favaretto, Giorgio (* 1902, Italiener)
Firkušný, Rudolf (* 1912, Amerikaner tschech. Herkunft)
Fischer, Annie (* 1914, Ungarin)
Fischer, Edwin (1886–1960, Schweizer)
Fleisher, Leon (* 1928, Amerikaner)
Flier, Jakow (* 1912, Russe)
Foldes, Andor (* 1913, Amerikaner ungar. Herkunft)
Frager, Malcolm (* 1935, Amerikaner)
François, Samson (* 1924, Franzose)
Frankl, Peter (* 1935, Ungar)
Frantz, Justus (* 1944)
Freire, Nelson (* 1944, Brasilianer)
Frey, Walter (* 1898, Schweizer)
Friedberg, Carl (1872–1955)
Friedman, Ignaz (1882–1948, Pole)
Gabilowitsch, Ossip (1878–1936, Amerikaner russ. Herkunft)
Gelber, Bruno Leonardo (* 1943, Brasilianer)
Gieseking, Walter (1895–1956)
Giesen, Hubert (1898–1980)
Gilels, Emil (* 1916, Russe)
Gimpel, Jakob (* 1906, Österreicher)
Godowsky, Leopold (1870–1938, Amerikaner litauischer Herkunft)
Goebels, Franzpeter (* 1920)
Gould, Glenn (* 1932, Kanadier)
Graffman, Gary (* 1928, Amerikaner)

Grainger, Percy (1882–1961, Amerikaner austral. Herkunft)
Granados y Campina, Enrique (1867–1916, Spanier)
Groot, Cor de (* 1914, Niederländer)
Gulda, Friedrich (1930, Österreicher)
Haas, Monique (* 1909, Französin)
Haebler, Ingrid (* 1929, Österreicherin)
Hansen, Conrad (* 1906)
Harasiewicz, Adam (* 1932, Pole)
Haskil, Clara (1895–1960, Rumänin)
Henkemans, Hans (* 1913, Niederländer)
Hess, Dame Myra (1890–1965, Engländerin)
Hoehn, Alfred (1887–1945)
Hoffmann, Ludwig (* 1925)
Hofmann, Joseph (1876–1957, Amerikaner poln. Herkunft)
Hokansen, Leonard (* 1931, Amerikaner)
Horowitz, Wladimir (* 1904, Amerikaner russ. Herkunft)
Horszowski, Mieczysław (* 1892, Pole)
Hutcheson, Ernest (1871–1951, Amerikaner austral. Herkunft)
Istomin, Eugene (* 1925, Amerikaner)
Iturbi, José (* 1895, Spanier)
Jacobson, Maurice (* 1896, Engländer)
Janis, Byron (* 1928, Amerikaner)
Karolyi, Julian von (* 1914, Ungar)
Katchen, Julius (1926–1969, Amerikaner)
Kempff, Wilhelm (* 1895)
Kentner, Louis (* 1905, Engländer österr.-ungar. Herkunft)
Klien, Walter (* 1928, Österreicher)
Koczalski, Raoul von (1885–1948, Pole)
Kolessa, Lubka (* 1904, Amerikanerin poln.-ukrain. Herkunft)
Kontarsky, Alfons (* 1932)
Kontarsky, Aloys (* 1931)
Kraus, Detlef (* 1919)
Kraus, Else C. (1899–1980, Niederländerin dt. Herkunft)
Kreutzer, Leonid (1884–1953, Russe dt. Abstammung)
Kwast-Hodapp, Frieda (1880–1949)
Lamond, Frederic (1868–1948, Schotte)
Lanza, Alcides (* 1929, Argentinier)
Laugs, Richard (* 1907)
Lefébure, Yvonne (* 1904, Französin)
Leimer, Karl (1858–1944)
Leschetizky, Theodor (1830–1915, Österreicher)
Leygraf, Hans (* 1920, Schwede)
Lhévinne, Joseph (1874–1944, Amerikaner russ. Herkunft)
Lipatti, Dinu (1917–1950, Rumäne)
Liszt, Franz (1811–1886)
Long, Marguérite (1874–1966, Französin)
Lopatnikow, Nikolai (* 1903, Este)
Lorenzi, Sergio (1914–1974, Italiener)
Loriod, Yvonne (* 1924, Französin)
Loussier, Jacques (* 1934, Franzose)
Lupu, Radu (* 1945, Rumäne)
MacDowell, Edward Alexander (1861–1908, Amerikaner)
Magaloff, Nikita (* 1912, Amerikaner russ. Herkunft)
Malcuzýnski, Witold (* 1914, Pole)
Martienssen, Carl Adolf (1881–1955)
Mathews, Denis (* 1919, Engländer)
Medtner, Nikolai (1879–1951, Russe dt. Herkunft)
Menuhin, Hephziba (1920–1981, Amerikanerin)
Mildner, Poldi (* 1915, Österreicherin)
Moiseiwitsch, Benno (1890–1963, Engländer russ. Herkunft)
Monnot, Marguerite (1903–1961, Französin)
Moore, Gerald (* 1899, Engländer)
Moscheles, Ignaz (1794–1870, Österreicher)
Moszkowski, Moritz (1854–1925, Pole)
Musulin, Branka (1918–1975, Deutsche jugoslaw. Herkunft)
Neuhaus, Heinrich (1888–1964, Deutsch-Russe)
Ney, Elly (1882–1968)
Niemann, Walter (1876–1953)
Nikolajew, Leonid (1878–1942, Russe)
Niny Castellanos, Joaquin (1883–1949, Kubaner)
N'kaoua, Désiré (* 1933, Algerier)
Novaës, Guiomar (* 1895, Brasilianerin)
Nyiregyházi, Erwin (* 1903, Amerikaner ungar. Herkunft)
Oborin, Lew (1907–1974, Russe)
Ogdon, John (* 1937, Engländer)
Oppitz, Gerhart (* 1953)
Paderewski, Ignaz (1860–1941, Pole)
Páleníček, Josef (* 1914, Tscheche)
Pauer, Max von (1866–1945)
Pembaur, Josef (1875–1950, Österreicher)
Pennario, Leonard (* 1924, Amerikaner)
Perticaroli, Sergio (* 1930, Italiener)
Petri, Egon (1881–1962, Amerikaner niederländ. Herkunft)
Picht-Axenfeld, Edith (* 1914)
Pinter, Margot (* 1918 [?], Amerikanerin)
Pleyel, Marie (1811–1875, Französin)
Pollini, Maurizio (* 1942, Italiener)

Ponti, Michael (* 1937, Amerikaner)
Priegnitz, Hans (* 1913)
Prokofjew, Sergei (1891–1953, Russe)
Puchelt, Gerhard (* 1913)
Pugno, Raoul (1852–1914, Franzose)
Rachmaninov, Sergei (1873–1943, Russe)
Raucheisen, Michael (1889–1979)
Ravel, Maurice (1875–1937, Franzose schweizer.-span. Herkunft)
Rehberg, Walter (1900–1957, Schweizer)
Reutter, Hermann (* 1900)
Richter, Swjatoslaw (* 1915, Russe)
Richter-Haaser, Hans (* 1912)
Riebensahm, Hans-Erich (* 1906)
Robertson, Rae (1893–1956, Schotte)
Roloff, Helmut (* 1912)
Rosenthal, Moriz (1862–1946, Pole)
Rubinstein, Anton (1829–1894, Russe)
Rubinstein, Art[h]ur (* 1889–1982, Pole)
Sándor, Gyorgy (* 1912, Ungar)
Sauer, Emil Ritter von (1862–1942)
Scarpini, Pietro (* 1911, Italiener)
Scharwenka, Xaver (1850–1924)
Schmid, Rosl (1911–1978)
Schmid-Lindner, August (1870–1959)
Schnabel, Artur (1882–1951, Österreicher)
Schröter, Heinz (1907–1974)
Schuchter, Gilbert (* 1919, Österreicher)
Schumann, Clara (1819–1896)
Schumann, Robert (1810–1856)
Seemann, Carl (* 1910)
Serkin, Peter (* 1947, Amerikaner)
Serkin, Rudolf (* 1903, Amerikaner tschech. Herkunft)
Siloti, Alexander (1863–1945, Amerikaner russ. Herkunft)
Skrjabin, Alexandr (1872–1915, Russe)
Stein, Max Martin (* 1911)
Steuermann, Eduard (1892–1964, Amerikaner poln. Herkunft)
Strawinsky, Igor (1882–1971, Amerikaner russ. Herkunft)
Strawinsky, Soulima (* 1910, Amerikaner russ. Herkunft)
Then-Bergh, Erik (* 1916)
Tosatti, Vieri (* 1920, Italiener)
Tscherepnin, Alexander (1899–1977, Franzose russ. Herkunft)
Tudor, David (* 1926, Amerikaner)
Tureck, Rosalyn (* 1914, Amerikanerin)
Vines, Ricardo (1875–1943, Spanier)
Vronski, Vitya (* 1909, Amerikanerin russ. Herkunft)
Weber, Margrit (* 1924, Schweizerin)
Weissenberg, Alexis (* 1929, Bulgare)
Weissenborn, Günther (* 1911)
Werba, Erik (* 1918, Österreicher)
Wittgenstein, Paul (1887–1961, Amerikaner österr. Herkunft)
Wolf, Winfried (* 1900, Österreicher)
Wührer, Friedrich (1900–1975, Österreicher)
Zacharias, Christian (* 1950)
Zecchi, Carlo (* 1903, Italiener)
Zechlin, Dieter (* 1926)

Cembalisten

(20. Jahrhundert)
LITERATUR: H. Neupert: Das Cembalo (1956)
E. Harich-Schneider: Die Kunst des Cembalospiels (²1957)

Ahlgrimm, Isolde (* 1914, Österreicherin)
Chojnacka, Elisabeth (* 1938, Polin)
Dart, Thurston (* 1921, Engländer)
Goebels, Franzpeter (* 1920)
Harich-Schneider, Eta (* 1897)
Heiler, Ingrid (* 1925)
Heller, Stanislav (* 1924, Tscheche)
Jones, Geraint (* 1917, Engländer)
Kind, Silvia (* 1907, Schweizerin)
Kipnis, Igor (* 1931, Amerikaner)
Kirkpatrick, Ralph (* 1911, Amerikaner)
Krakamp, Fine (* 1918)
Krapp, Edgar (* 1947)
Lechner, Irmgard (* 1907)
Leonhardt, Gustav (* 1928, Niederländer)
Leppard, Raimond (* 1927, Engländer)
Malcolm, George (* 1917, Engländer)
Müller, Eduard (* 1912, Schweizer)
Neumeyer, Fritz (* 1900)
Pelleg, Frank (1910–1969, Israeli tschechischer Herkunft)
Picht-Axenfeld, Edith (* 1914)
Pinnock, Trevor (* 1946, Engländer)
Pischner, Hans (* 1914)
Speckner, Barbara (* 1902)
Stadelmann, Li (* 1900)
Tillney, Colin (* 1950, Engländer)
Valenti, Fernando (* 1926, Amerikaner)
Volkonsky, André (* 1933, Russe)

Orgelvirtuosen

LITERATUR: G. Frotscher: Geschichte des Orgelspiels (²1959); H. J. Moser: Orgelromantik. Ein Gang durch Orgelfragen

von vorgestern und übermorgen (1961); V. Lukas: Orgelmusikführer (1963).
Ahrens, Joseph (* 1904)
Alain, Marie-Claire (* 1926, Französin)
Auler, Wolfgang (* 1904)
Bachem, Hans (1897–1973)
Biggs, Edward Power (1906–1977, Engländer)
Blarr, Oskar Gottlieb (* 1934)
Boell, Heinrich (1890–1947)
Bossi, Marco Enrico (1861–1925, Italiener)
Bunk, Gerard (1888–1958, Niederländer)
Collins, Henry Bird (1870–1941, Engländer)
Creston, Paul (* 1906, Amerikaner)
Distler, Hugo (1908–1942)
Dufourcq, Norbert (* 1904, Franzose)
Dupré, Marcel (1886–1971, Franzose)
Duruflé, Maurice (* 1902, Franzose)
Emery (1909–1974, Engländer)
Engel, David H. (1816–1877)
Ewerhart, Rudolf (* 1928)
Faißt, Immanuel (1823–1894)
Franck, César (1822–1890, Franzose)
Germani, Fernando (* 1906, Italiener)
Grell, Eduard (1800–1886)
Guilmant, Alexandre (1837–1911, Franzose)
Haupt, Karl August (1810–1891)
Heiller, Anton (* 1923, Österreicher)
Heintze, Hans (* 1911)
Heise, Peter Arnold (1830–1879, Däne)
Heitmann, Fritz (1891–1953)
Herzog, J. Georg (1822–1909)
Hesse, Adolf F. (1809–1863)
Heyde-Dohrn, Ellinor von der (* 1905)
Högner, Friedrich (* 1897)
Huré, Jean (1877–1930, Franzose)
Isler, Ernst (1879–1944, Schweizer)
Jackson, William (1815–1866, Engländer)
Jacob, Georges (1877–1950, Franzose)
Jacob, Werner (* 1938)
Jones, Geraint (* 1917, Engländer)
Kaller, Ernst (1898–1961)
Keller, Hermann (1885–1967)
Klengel, August A. (1783–1852)
Klotz, Hans (* 1900)
Kraft, Walter (1905–1980)
Krapp, Edgar (* 1947)
Landini, Francesco (um 1335–1397, Italiener)
Langlais, Jean (* 1907, Franzose)
Lebegue, Nicolas (1631–1702, Franzose)
Lemmens, Nicolas Jacques (1823–1881, Belgier)
Lindberg, Oskar Fredrik (1887–1955, Schwede)
Litaize, Gaston (* 1909, Franzose)
Lukas, Viktor (* 1931)
Marchand, Louis (1669–1732, Franzose)
Matthaei, Karl (1897–1960, Schweizer)
Messiaen, Olivier (* 1908, Franzose)
Messner, Joseph (1893–1969, Österreicher)
Micheelsen, Hans Friedrich (1902–1973)
Müller, Eduard (* 1912, Schweizer)
Müller-Lancé, Karl Heinz (* 1926)
Nowakowski, Anton (1897–1969)
Peeters, Flor (1903–1974, Belgier)
Pessl, Yella (* 1906, Österreicherin)
Piutti, Karl (1846–1902)
Raasted, Niels Otto (1888–1966, Däne)
Ramin, Günther (1898–1956)
Reda, Siegfried (1916–1968)
Reger, Max (1873–1916)
Reimann, Wolfgang (1887–1971)
Reinberger, Jiři (1914–1977, Tscheche)
Richter, Karl (1926–1981)
Ritter, August Gottfried (1811–1885)
Rokseth, Yvonne (1890–1948, Französin)
Schneider, Michael (* 1909)
Schneidt, Hanns-Martin (* 1930)
Schroeder, Hermann (* 1904)
Schwarz, Gerhard (* 1902)
Schweitzer, Albert (1875–1965, Franzose [Elsässer])
Séjan, Nicolas (1745–1819, Franzose)
Senn, Kurt (1905–1965, Schweizer)
Sittard, Alfred (1878–1942)
Sørensen, Søren (* 1920, Däne)
Stadler, Maximilian (1748–1833, Österreicher)
Straube, Karl (1873–1950)
Szathmáry, Zsigmond (* 1939, Ungar)
Töpfer, Johann Gottlob (1791–1870)
Viderø, Finn (* 1906, Däne)
Vierne, Louis (1870–1937, Franzose)
Vogler, Georg Joseph (1749–1814)
Walcha, Helmuth (* 1907)
Walter, Karl Josef (* 1892, Österreicher)
Wangelin, Elisabeth (* 1941)
Widor, Charles-Marie (1844–1937, Franzose)
Wunderlich, Heinz (* 1919)
Yon, Pietro (1886–1943, Amerikaner ital. Herkunft)
Zacher, Gerd (* 1929)
Zachow, Friedrich Wilhelm (1663–1712)
Ziegler, Klaus Martin (* 1929)

Violinisten

LITERATUR: F. Farga: Geigen und Geiger (1940); A. Moser: Geschichte des Violinspiels (1922); J. W. v. Wasielewski: Die Violine und ihre Meister (1869); David D. Boyden: Die Geschichte des Violinspiels bis 1761 (1971); W. Kolneder: Das Buch der Violine (1972); E. Melkus: Die Violine (1973); Joachim W. Hartnack: Große Geiger unserer Zeit (1967).

Während das Klaviervirtuosentum erst im 19. Jahrhundert aufkam (die früheren Komponisten waren selbst hervorragende Spieler, so D. Scarlatti, J. S. Bach und seine Söhne, Mozart, Beethoven usw.), gab es – entsprechend der früheren Vollendung des Geigenbaus – reisende Violinvirtuosen schon mehr als ein Jahrhundert zuvor. Zu den bekannten Geigern (und Bratschisten) seit dem Ausgang des 17. Jahrhunderts zählen u. a.:

Alard, Jean-Delphin (1815–1888, Franzose)
Amar, Licco (1891–1959, Türke ungar. Herkunft)
Andrade, Jeanine (* 1918, Französin)
Appia, Edmond (1894–1961, Schweizer)
Aranyi, Jelly (1895–1966, Engländerin ungar. Herkunft)
Asmussen, Svend (* 1916, Däne)
Auer, Leopold (1845–1930, Ungar)
Baillot, Pierre Marie François (1771–1842, Franzose)
Barchet, Reinhold (1920–1962)
Barylli, Walter (* 1921, Österreicher)
Baumgartner, Rudolf (* 1917, Schweizer)
Bériot, Charles Auguste de (1802–1870, Belgier)
Biber, Heinrich I. F. (1644–1704)
Borries, Siegfried (1912–1980)
Boskovsky, Willi (* 1909, Österreicher)
Bosse, Gerhard (* 1922)
Brandis, Thomas (* 1936)
Bress, Hyman (* 1931, Kanadier)
Bridgetower, George (1780–1860, Engländer)
Bull, Olle (1810–1880)
Burmester, Willy (1869–1933)
Bus, Ludwig (* 1914)
Busch, Adolf (1891–1952)
Bustabo, Guila (* 1919, Amerikanerin)
Calvet, Joseph (* 1897, Franzose)
Campoli, Alfredo (* 1906, Engländer ital. Herkunft)
Castleman, Charles (* 1941, Amerikaner)
Clement, Franz (1780–1842, Österreicher)
Colassis, Byron (* 1921, Grieche)
Corelli, Arcangelo (1653–1713, Italiener)
Crickboom, Mathieu (1871–1947, Belgier)
D'Albore, Lilia (* 1914, Italienerin)
Dancla, Charles (1817–1907, Franzose)
David, Ferdinand (1810–1873)
David, Lukas (* 1934)
Davisson, Walther (1885–1973)
Diener, Hermann (1897–1955)
Doktor, Paul (* 1919, Amerikaner österr. Herkunft, Bratschist)
Dont, Jakob (1815–1888, Österreicher)
Drdla, Franz (1868–1944, Tscheche)
Dushkin, Samuel (1897–1976, Amerikaner russ. Herkunft)
Eberhardt, Siegfried (1883–1960)
Edinger, Christiane (* 1945)
Eldering, Bram (1865–1943, Niederländer)
Elman, Mischa (1891–1967, Amerikaner russ. Herkunft)
Enescu, George (1881–1955, Rumäne)
Erlih, Devy (* 1928, Franzose)
Ernst, H. Wilhelm (1814–1865)
Fachiri, Adila (1886–1962, Engländerin ungar. Herkunft)
Ferras, Christian (* 1933, Franzose)
Flesch, Carl (1873–1944, Ungar)
Francescatti, Zino (* 1905, Franzose)
Frenkel, Stefan (* 1902, Pole)
Freund, Karl (1904–1955)
Galamian, Ivan (* 1903, Amerikaner russ. Herkunft)
Garaguly, Carl (* 1900, Schwede)
Gaviniès, Pierre (1728–1800, Franzose)
Geminiani, Francesco (um 1687?–1762, Italiener)
Gertler, André (* 1907, Belgier ungar. Herkunft)
Geyer, Stefi (1888–1956)
Giannini, Vittorio (1903–1966, Amerikaner)
Gigler, Hedi (* 1923)
Gimpel, Bronislav (* 1911, Amerikaner poln.-österr. Herkunft)
Goldberg, Szymon (* 1909, Amerikaner poln. Herkunft)
Goldstein, Michael (* 1917, Israeli)
Grumiaux, Arthur (* 1921, Belgier)
Habeneck, François Antoine (1781–1849, Franzose dt. Herkunft)
Haendel, Ida (* 1925, Kanadierin poln. Herkunft)
Halir, Karl (1859–1909)

Hall, Marie (1884–1956, Engländerin)
Halvorsen, Johan (1864–1935, Norweger)
Hamann, Bernhard (1909–1968)
Hansen, Cecilie (* 1897, Russin)
Havemann, Gustav (1882–1960)
Heifetz, Jascha (* 1901, Amerikaner russ. Herkunft)
Hellmesberger, Johann (1800–1873, Österreicher)
Heß, Willy (1859–1939)
Hindemith, Paul (1895–1963; Bratschist)
Hoelscher, Ulf (* 1942)
Holst, Henry (* 1899, Däne)
Hubay von Szalatna, Jenő (1858–1937, Ungar)
Hubermann, Bronislav (1882–1947, Pole)
Hudecek, Václav (* 1952, Tscheche)
Jelinek, Mikulas (* 1925)
Joachim, Joseph (1831–1907, Ungar)
Kabayao, Gilópez (* 1929, Filipino)
Katims, Milton (* 1909, Amerikaner; Bratschist)
Kehr, Günter (* 1920)
Kirchner, Volker David (* 1942; Bratschist, auch Komponist)
Klingler, Karl (1879–1971)
Koch, Ulrich (* 1921; Bratschist)
Kochański, Paul (1887–1934, Amerikaner poln.-russ. Herkunft)
Koeckert, Rudolf (* 1913)
Kogan, Leonid (* 1924, Russe)
Kolberg, Hugo (* 1898, Pole)
Kolisch, Rudolf (1896–1978, Amerikaner österr. Herkunft)
Krasner, Louis (* 1903, Amerikaner russ. Herkunft)
Krebbers, Herman (* 1923, Niederländer)
Kreisler, Fritz (1875–1962, Österreicher)
Kremer, Gidon (* 1947, Exil-Balte, Bundesrepublik Deutschland)
Kreutzer, Rodolphe (1766–1831, Franzose)
Kubelík, Jan (1880–1940, Tscheche)
Kulenkampff, Georg (1898–1948)
Kyung-Wha Chung (* 1948, Süd-Koreanerin)
Lautenbacher, Susanne (* 1932)
Leclair, Jean-Marie (1697–1764)
Lenzewski, Gustav (* 1896)
Locatelli, Pietro (1695–1764, Italiener)
Loewenguth, Alfred (* 1911, Franzose)
Macnaghten, Anne (* 1908, Engländerin)
Märkl, Josef (* 1928)
Marini, Biagio (1597–1665, Italiener)
Marschner, Wolfgang (* 1926)
Marsick, Martin (1848–1924, Franzose)
Marteau, Henri (1874–1934, Franzose)
Martzy, Johanna (* 1924, Ungarin)
Massart, Lambert-Joseph (1811–1892, Belgier)
Mayseder, Joseph (1789–1863, Österreicher)
Melkus, Eduard (* 1928, Österreicher)
Menuhin, Yehudi (* 1916, Amerikaner)
Milstein, Nathan (* 1904, Amerikaner russ. Herkunft)
Moodie, Alma (1900–1943, Australierin)
Morini, Erica (* 1904, Amerikanerin österr. Herkunft)
Mutter, Anna Sophie (* 1964)
Nachéz, Tivadar (1859–1930, Ungar)
Nardini, Pietro (1722–1793, Italiener)
Nel, Rudolf (* 1908; Bratschist)
Neveu, Ginette (1919–1949, Französin)
Noske, Willem (* 1918, Niederländer)
Odnopossoff, Ricardo (* 1914, Amerikaner argentin. Herkunft)
Oistrach, Dawid (1908–1974, Russe)
Oistrach, Igor (* 1931, Russe)
Olof, Theo (* 1924, Niederländer)
Ondřiček, František (1857–1922, Tscheche)
Ozim, Igor (* 1931, Jugoslawe)
Paganini, Niccolò (1782–1840, Italiener)
Pandula, Dušian (* 1923, Tscheche)
Parrenin, Jacques (* 1919, Franzose)
Partos, Ödön (* 1907, Israeli ungar. Herkunft; Bratschist)
Pascal, Léon (* 1899, Franzose; Bratschist)
Pasquier, Pierre (* 1902, Franzose; Bratschist)
Peinemann, Edith (* 1937)
Perlman, Itzhak (* 1945, Israeli)
Persinger, Louis (* 1887, Amerikaner)
Pichler, Günter (* 1940, Österreicher)
Pisendel, Johann Georg (1687–1755)
Plocek, Alexander (* 1914, Tscheche)
Príhoda, Váša (1900–1960, Tscheche)
Primrose, William (* 1903, Schotte; Bratschist)
Rabin, Michael (* 1936, Amerikaner)
Reményi, Eduard (1830–1898, Ungar)
Reuter, Florizel von (1890–1965, Amerikaner)
Reyes, Angel (* 1919, Kubaner)
Ricci, Ruggiero (* 1920, Amerikaner)
Rode, Pierre (1774–1830, Franzose)
Röhn, Erich (* 1910)
Romberg, Andreas (1767–1821)
Rosé, Arnold (1863–1946, Österreicher)
Rostal, Max (* 1905, Engländer tschech. Herkunft)

Sarasate Pablo de (1844–1908, Spanier)
Sauret, Emile (1852–1920, Franzose)
Schimmer, Roman (* 1912, Deutschböhme)
Schiokawa, Juuko (* 1946, Japanerin)
Schmid, Georg (* 1907; Bratschist)
Schmuller, Alexander (1880–1933, Niederländer russ. Herkunft)
Schneeberger, Hansheinz (* 1926, Schweizer)
Schneider, Alexander (* 1908, Amerikaner litauischer Herkunft)
Schneiderhan, Walter (* 1901, Österreicher)
Schneiderhan, Wolfgang (* 1915, Österreicher)
Schuppanzigh, Ignaz (1776–1830, Österreicher)
Seiler, Emil (* 1906; Bratschist)
Ševčík, Otokar (1852–1934, Tscheche)
Soldat, Marie (1863–1955, Österreicherin)
Spivakovski, Tossy (* 1907, Amerikaner russ. Herkunft)
Spohr, Louis (1784–1859)
Stanske, Heinz (* 1913)
Stern, Isaac (* 1920, Amerikaner russ. Herkunft)
Stroß, Wilhelm (1908–1966)
Strub, Max (1900–1966)
Strungk, Nikolaus Adam (1640–1700)
Suk, Josef (1874–1935, Tscheche)
Suk, Josef (* 1929, Tscheche)
Székely, Zoltan (* 1903, Ungar)
Szeryng, Henryk (* 1918, Mexikaner poln. Herkunft)
Szigeti, Joseph (1892–1973, Amerikaner ungar. Herkunft)
Tartini, Giuseppe (1692–1770, Italiener)
Taschner, Gerhard (1922–1912, Deutschböhme)
Tátrai, Vilmos (* 1912, Ungar)
Telmányi, Emil (* 1892, Däne ungar. Herkunft)
Thibaud, Jacques (1880–1953, Franzose)
Totenberg, Roman (* 1913, Amerikaner poln.-österr. Herkunft)
Tretjakow, Wiktor (* 1946, Russe)
Umińska, Eugenia (* 1910, Polin)
Valasek, Erno (* 1929, Amerikaner rumän. Herkunft)
Varga, Tibor (* 1921, Ungar)
Vecsey, Franz von (1893–1935, Ungar)
Végh, Sándor (* 1912, Ungar)
Veracini, Francesco Maria (1690–1750, Italiener)
Vieuxtemps, Henri (1820–1881, Belgier)
Viotti, Giovanni Battista (1755–1824, Italiener)
Vitali, Tommaso (um 1665–1748, Italiener)
Vito, Gioconda de (* 1907, Italienerin)
Vivaldi, Antonio (1678–1741, Italiener)
Voiku, Ion (* 1925, Rumäne)
Vorholz, Dieter (* 1932)
Wasielewski, Wilhelm Joseph von (1822–1896)
Wendling, Carl (1875–1962)
Wicks, Camilla (* 1928, Amerikanerin)
Wieniawski, Henri (1835–1880, Pole)
Wilhelmj, August (1845–1908)
Wilkomirska, Wanda (Polin)
Wollgandt, Edgar (1880–1949)
Ysaye, Eugène (1858–1931, Belgier)
Zacharias, Helmut (* 1920)
Zernick, Helmut (1913–1978)
Zimbalist, Efrem (* 1889, Amerikaner russ. Herkunft)
Zsigmondy, Dénes (* 1922, Deutscher ungar. Herkunft)
Zukerman, Pinchas (* 1948, Israeli)

Violoncellisten

LITERATUR: J. Bächi: Von Boccherini bis Casals (1961); J. W. v. Wasielewski: Das Violoncello und seine Geschichte (^{3}1925).

Abaco, Evaristo Felice dall' (1675–1742)
Abaco, Joseph dall' (1708/09–1805, Italiener)
Albin, Roger (* 1920, Franzose)
Barchet, Siegfried (* 1918)
Bazelaire, Paul (1886–1958, Franzose)
Becker, Hugo (1863–1941)
Beckerath, Hermann von (1909–1964)
Bengtsson, Erling Bløndal (* 1932, Däne)
Blees, Thomas (* 1938)
Boccherini, Luigi (1743–1805, Italiener)
Borwitzky, Ottomar (* 1930)
Buhl, Reinhold J. (* 1933)
Busch, Hermann (* 1897, Amerikaner dt. Herkunft)
Buxbaum, Friedrich (1869–1948, Österreicher)
Casals, Pablo (1876–1973, Spanier)
Cassadó, Gaspar (1897–1966, Spanier)
Cossmann, Bernhard (1822–1907)
Dawydow, Karl (1838–1889, Russe)
Döbereiner, Christian (1874–1961)
Dorner, Mirko (* 1938, Jugoslawe)
Duport, Louis (1741–1818, Franzose)
Eisenberg, Moritz (* 1902)
Ek, Fritz Gunnar (* 1900, Schwede)

Feuermann, Emanuel (1902–1942, Österreicher)
Földesy, Arnold (1882–1940, Ungar)
Fournier, Pierre (* 1906, Franzose)
Franchomme, Auguste (1808–1884, Franzose)
Frank, Maurits (1892–1959, Niederländer)
Garbuzova, Raja (* 1905, Amerikanerin russ.-armen. Herkunft)
Gendron, Maurice (* 1920, Franzose)
Goltermann, Georg E. (1824–1898)
Grümmer, Paul (1879–1965)
Grützmacher, Friedrich Wilhelm (1832–1903)
Frützmacher, Leopold (1835–1900)
Hekking, Anton (1856–1935, Niederländer)
Hindemith, Rudolf (* 1900)
Hoelscher, Ludwig (* 1907)
Honegger, Henri (* 1904, Schweizer)
Janigro, Antonio (* 1918, Italiener)
Joost, Ina (* 1947)
Klengel, Julius (1859–1933)
Lana, Libero (* 1921, Italiener)
Lee, Sebastian (1805–1887)
Machula, Tibor de (* 1912, Ungar)
Mainardi, Enrico (1897–1976, Italiener)
Maréchal, Maurice (* 1892, Franzose)
May, Angelica (* 1937)
Moormann, Charlotte (* um 1920, Amerikanerin)
Navarra, André (* 1911, Franzose)
Palm, Siegfried (* 1927)
Pergamenschikow, Boris (* 1948, Exil-Russe, Bundesrepublik Deutschland)
Piatigorski, Gregor (1903–1976, Amerikaner russ. Herkunft)
Piatti, Alfredo (1822–1901, Italiener)
Popper, David (1843–1913, Österreicher)
Pré, Jaqueline du (* 1945, Engländerin)
Romberg, Bernhard (1767–1841)
Rostropowitsch, Mstislaw (* 1927, Exil-Russe, USA)
Sádlo, Miloš (* 1912, Tscheche)
Saram, Rohan de (* 1939, Singhalese)
Starker, Janos (* 1924, Amerikaner ungar. Herkunft)
Sturzenegger, Richard (* 1905, Schweizer)
Stutschewski, Jehojachim (* 1891, Israeli russ. Herkunft)
Suggia, Guilhermina (1888–1950, Portugiesin)
Teichmanis, Atis (* 1907, Balte)
Tobel, Rudolf von (* 1903, Schweizer)
Tortelier, Paul (* 1914, Franzose)
Troester, Arthur (* 1906)
Wallenstein, Alfred (* 1901, Amerikaner)
Wihan, Hans (1855–1920, Tscheche)
Wille, Georg (1869–1958)

Gambisten

Abel, Carl Friedrich (1723–1787)
Döbereiner, Christian (1874–1961)
Dolmetsch, Mabel (* 1874, Engländerin)
Dolmetsch, Nathalie Carley (* 1905, Engländerin)
Donington, Robert (* 1907, Engländer)
Grümmer, Paul (1879–1965)
Lechner, Konrad (* 1911; Fidel)
Wenzinger August (* 1905, Schweizer)

Kontrabassisten

Bottesini, Giovanni (1821–1889, Italiener)
Dragonetti, Domenico (1763–1846, Italiener)
Kussewizki, Sergei (1874–1951, Amerikaner russ. Herkunft)
Láska, Gustav (1847–1928, Österreicher)
Montéclair, Michel Pignolet de (1667–1737, Franzose)
Pege, Aladar (* 1951, Ungar)
Scontrino, Antonio (1850–1922, Italiener)
Tuma, Franz (1704–1794, Böhme)

Flötisten

Barrère, Georges (1876–1944, Franzose)
Bentzon, Johan (* 1909, Däne)
Boehm, Theobald (1794–1881)
Bopp, Joseph (* 1908, Schweizer)
Brüggen, Frans (* 1934, Niederländer)
Delius, Nikolaus (* 1926)
Dillo, Kraft Thorwald (* 1928)
Fürstenau, Kaspar (1772–1819)
Fürstenau, Moritz (1824–1889)
Gaubert, Philippe (1879–1941, Franzose)
Gazzelloni, Severino (* 1919, Italiener)
Hotteterre, Jacques Martin (1684–1762, Franzose)
Le Roy, René (* 1898, Franzose)
Moyse, Louis (* 1912, Franzose)
Nicolet, Aurèle (* 1926, Schweizer)
Quantz, Johann Joachim (1697–1773)
Rampal, Jean-Pierre (* 1922, Franzose)
Redel, Kurt (* 1918)
Scheck, Gustav (* 1901)

Schmitz, Hans-Peter (* 1916)
Schwedler, Maximilian (1853–1940)
Sebon, Karl-Bernhard (* 1936)
Taffanel, Claude Paul (1844–1908, Franzose)
Tulou, Jean Louis (1786–1865, Franzose)
Wunderlich, Johann Georg (1755–1819)

Blockflötisten

Brüggen, Frans (* 1934, Niederländer)
Höller, Günther (* 1937)
Linde, Hans-Martin (* 1930)
Scheck, Gustav (* 1901)
Vetter, Michael (* 1943)

Oboisten

Faber, Lothar (* 1922)
Goossens, Léon (* 1897, Engländer)
Holliger, Heinz (* 1939, Schweizer)
Hucke, Helmuth (* 1927)
Mackerras, Charles (* 1925, Australier)
Meyer, Wilhelm (* 1907)
Pierlot, Pierre (* 1921, Franzose)
Winschermann, Helmut (* 1920)

Klarinettisten

Bachmann, Georg Christian (1804–1842)
Bärmann, Heinrich Joseph (1784–1847)
Bärmann, Karl (1810–1885)
Beer, Joseph (1744–1811)
Bender, Valentin (1801–1873)
Gall, Rudolf (* 1907)
Goodman, Benny (* 1909, Amerikaner)
Hermstedt, Johann Simon (1778–1846)
Kell, Reginald (* 1906, Engländer)
Krautgartner, Karel (* 1922)
Kühn, Rolf (* 1929)
Michaels, Jost (* 1922)
Mühlfeld, Richard (1856–1907)
Müller, Iwan (1786–1854, Este)
Stadler, Anton (1753–1812, Österreicher)
Tausch, Franz (1762–1817)
Wildgans, Friedrich (1913–1965, Österreicher)

Trompeter

André, Maurice (* 1933, Franzose)
Armstrong, Louis (1900–1971, Amerikaner, Jazz-Trompeter)
Delmotte, Roger (* 1925, Franzose)
Scherbaum, Adolf (* 1909, Deutschböhme)
Tarr, Edward (* 1936, Amerikaner)

Hornisten

Barrows, John (* 1913, Engländer)
Brain, Denis (1921–1957, Engländer)
Lindner, Adolf (1808–1867)
Mareš, Johann Anton (1719–1794, Tscheche)
Rodolphe (Rudolf), Jean-Joseph (1730–1812, Franzose)
Schuller, Gunther (* 1925, Amerikaner)
Schuncke, Gottfried (1777–1840)
Schuncke, Michael (1780–1821)
Strauss, Franz (1822–1905)
Tuckwell, Barry (* 1931, Australier)

Harfenisten

Gatayes, Guillaume (1774–1846, Franzose)
Krumpholtz, Johann Baptist (1745–1790, Österreicher)
Labarre, Théodore (1805–1870, Franzose)
Marin, Marcel de (1769–um 1846, Franzose)
Parish-Alvars, Elisas (1808–1849, Engländer)
Salzedo, Carlos (1885–1961, Amerikaner französ. Herkunft)
Zingel, Hans Joachim (1902–1978)

Gitarristen und Lautenisten

Aguado y García Dionisio (1784–1849, Spanier)
Almeida, Laurindo (* 1917, Brasilianer)
Bakfark, Bálint (1507–1576, Ungar)
Barrios, Angel (1882–1964, Spanier)
Behrend, Siegfried (* 1933)
Böttner, Karlheinz (* 1933)
Bream, Julian (* 1933, Engländer)
Carulli, Ferdinando (1770–1841, Italiener)
Gatayes, Guillaume (1774–1846, Franzose)
Gerwig, Walter (1899–1967; Lautenist)
Giuliani, Mauro (1780–1828, Italiener)
Lambert, Michel (1610–1696, Franzose)
Leeb, Hermann (* 1906, Schweizer; Lautenist)
Lemoine, Antoine-Marcel (1753–1816, Franzose)

Llobet, Miguel (1875–1938, Spanier)
Newsidler, Hans (1508–1563)
Ragosnigg, Konrad (* 1932, Österreicher)
Scheit, Karl (* 1909, Österreicher)
Segovia, Andres (* 1893, Spanier)
Sor, Fernando (1778–1839, Spanier)
Stadler, Joseph (1791–1859, Österreicher)
Tarrega, Francisco (1852–1909, Spanier)
Williams, John (* 1941, Australier)
Yepes, Narciso (* 1927, Spanier)
Zam de Ferranti (1800–1878, Italiener)

E. Valentin: Handbuch der Instrumentenkunde (⁴1963); A. Baines (Hg.): Musikinstrumente. Die Geschichte ihrer Entstehung (dt. 1962).

Sängerinnen

LITERATUR: A. Natan: Primo Uomo. Große Sänger der Oper (1963); A. Natan: Primadonna. Lob der Stimmen (1962); F. Herzfeld: Magie der Stimme (1961); K. Honolka: Die großen Primadonnen (1960).

Ackté, Aino (1876–1944, Finnin, Sopran)
Agujari, Lucrezia (1743–1783, Italienerin, sang bis c''')
Albanese, Licia (* 1913, Italienerin, lyr. Sopran)
Anday, Rosette (* 1903, Österreicherin, Alt)
Anderson, Marian (* 1902, Amerikanerin, Alt)
Ángeles, Victoria de los (* 1923, Spanierin, Sopran)
Angelo, Gianna d' (* 1928, Amerikanerin, Koloratursopran)
Arroyo, Martina (* 1936, Amerikanerin, Sopran)
Artôt, Désirée (1835–1907, Französin, Mezzo)
Artôt de Padilla, Lola (1886–1933, Spanierin, Koloratursopran)
Augér, Arleen (Amerikanerin, Sopran)
Bahr-Mildenburg, Anna (1872–1947, Österreicherin, dramat. Sopran)
Baker, Janet (* 1933, Engländerin, Altistin)
Barabas, Sari (* 1914, Ungarin, Koloratursopran)
Barbieri, Fedora (* 1920, Italienerin, Mezzosopran)
Bathori, Jane (1877–1970, Französin, Mezzosopran)
Bellincioni, Gemma (1863–1950, Italienerin, Sopran)
Berberian, Cathy (* 1928, Amerikanerin, Sopran)
Berganza, Teresa (* 1935, Spanierin, Mezzosopran)
Berger, Erna (* 1900, Koloratursopran)
Bernard, Annabelle (* 1934, Amerikanerin, lyr. Sopran)
Besanzoni, Gabriella (1890–1962, Italienerin, Alt)
Bindernagel, Gertrud (1894–1932, Sopran)
Bjoner, Ingrid (* 1927, Norwegerin, dramat. Sopran)
Bordoni (Hasse-Bordoni), Faustina (1700–1781, Italienerin, Sopran)
Borkh, Inge (* 1917, Schweizerin, dramat. Sopran)
Braun, Helena (* 1903, Sopran)
Browenstijn, Gré (* 1915, Niederländerin, dramat. Sopran)
Buckel, Ursula (* 1926, Sopran)
Bumbry, Grace (* 1937, Amerikanerin, Mezzo)
Caballé, Montserrat (* 1933, Spanierin, Sopran)
Callas, Maria (1923–1977, Griechin, hochdramat. Sopran)
Carroll, Joan (* 1939, Amerikanerin, Sopran)
Carteri, Rosanna (* 1930, Italienerin, dramat. Sopran)
Casa, Lisa della (* 1921, Schweizerin, jugendl. dramat. Sopran)
Catalani, Angelica (1780–1849, Italienerin, Sopran)
Cavelti, Elsa (* 1914, Schweizerin, Alt)
Cebotari, Maria (1910–1949, Österreicherin russ. Herkunft, Sopran)
Cerquetti, Anita (* 1931, Italienerin, dramat. Koloratursopran)
Cossotto, Fiorenza (* 1935, Italienerin, Mezzo/Alt)
Crespin, Régine (* 1927, Französin, dramat. Sopran)
Cuzzoni, Francesca (1700–1770, Italienerin, Sopran unter Händel)
Dalis, Irene (* 1929, Amerikanerin, Alt)
Dal Monte, Toti (* 1898, Italienerin, Koloratursopran)
Danco, Suzanne (* 1911, Belgierin, Sopran)
Davy, Gloria (* 1931, Amerikanerin, Sopran)

Dernesch, Helga (* 1939, Österreicherin, Sopran)
Deroubaix, Jeanne (* 1927, Belgierin, Mezzo)
Destinn, Emmy (1878–1930, Österreicherin, Sopran)
Dobbs, Mattiwilda (* 1925, Amerikanerin, Koloratursopran)
Dolucahnowa, Sara (* 1918, Russin, Koloraturalt)
Dominguez, Oralia (* 1922, Mexikanerin, Mezzo/Alt)
Donath, Helen (* 1940, Amerikanerin, Sopran)
Dvořáková, Ludmila (* 1923, Tschechin, hochdramat. Sopran)
Ebers, Clara (* 1902, Sopran)
Eggerth, Martha (* 1912, Amerikanerin österr. Herkunft, Sopran)
Eipperle, Trude (* 1910, lyr. Sopran)
Elias, Rosalind (* 1929, Amerikanerin, Mezzo/Alt)
Farrar, Geraldine (1882–1967, Amerikanerin, Sopran)
Farrell, Eileen (* 1921 [?], Amerikanerin, Sopran)
Felbermayer, Annie (* 1924, Soubrette)
Ferrier, Kathleen (1912–1953, Engländerin, Mezzo/Alt)
Flagstad, Kirsten (1895–1962, Norwegerin, dramat. Sopran)
Forrester, Maureen (* 1930, Amerikanerin, Kontraalt)
Freni, Mirella (* 1936, Italienerin, lyr. u. Koloratursopran)
Fuchs, Sibylle Ursula (* 1921, Konzertsopran)
Galli-Curci, Amelia (1882–1963, Italienerin, Koloratursopran)
Garden, Mary (1877–1967, Schottin, dramat. Sopran; erste Mélisande)
Gayer, Catherine (* 1939, Amerikanerin, Koloratursopran)
Gencer, Leyla (* 1927, Türkin, dramat. Sopran)
Gerhardt, Elena (1883–1960, Sopran/Mezzo)
Geszty, Sylvia (* 1934, Ungarin, Koloratursopran)
Giannini, Dusolina (* 1902, Amerikanerin, dramat. Sopran)
Giebel, Agnes (* 1921, Sopran)
Ginster, Ria (* 1898, Konzertsopran)
Goltz, Christel (* 1912, dramat. Sopran)
Gordon, Jeanne (1893–1952, Amerikanerin, Alt)
Gorr, Rita (* 1921, Belgierin, Alt)
Grisi, Giuditta (1805–1840, Italienerin, Mezzo)
Grisi, Giulia (1811–1869, Italienerin, Sopran)
Grob-Prandl, Gertrud (* 1917, Österreicherin, Sopran)
Grümmer, Elisabeth (* 1911, Sopran)
Güden, Hilde (* 1917, Österreicherin, lyr. Sopran)
Guilleaume, Margot (* 1910, Sopran)
Gutheil, Schoder, Marie (1874–1935, Mezzo)
Hallstein, Ingeborg (* 1937, Koloratursopran)
Hamari, Julia (* 1942, Ungarin, Alt)
Hempel, Frieda (1885–1955, dramat. Koloratursopran)
Hillebrecht, Hildegard (* 1927, dramat. Sopran)
Höffgen, Marga (* 1923, Konzertalt)
Hoffmann, Grace (* 1925, Amerikanerin, Alt)
Hollweg, Ilse (* 1922, Koloratursopran)
Höngen, Elisabeth (* 1906, Alt)
Horne, Marilyn (* 1929, Amerikanerin, Mezzosopran)
Hüni-Mihacsek, Felicie (* 1896, Ungarin, Sopran)
Ilosvay, Maria von (* 1913, Ungarin, Mezzo/Alt)
Ivogün, Maria (* 1891, Ungarin, Koloratursopran)
Janowitz, Gundula (* 1937, Sopran)
Jeritza, Maria (* 1887, Österreicherin, dramat. Sopran)
Jones, Gwyneth (* 1936, Engländerin, Sopran)
Jurinac, Sena (* 1921, Jugoslawin, dramat. Sopran)
Juyol, Suzanne (* 1920, Französin, dramat. Sopran)
Kemp, Barbara (1881–1959, dramat. Sopran)
Kern, Adele (* 1907, Koloratursopran)
Kiurina, Berta (1888–1933, Österreicherin, Sopran)
Klose, Margarete (1902–1968, Alt)
Knef, Hildegard (* 1925, Chanson)
Koller, Dagmar (* 1945, Österreicherin, Sopran)
Konetzni, Anny (1902–1968, Österreicherin, Sopran)
Konetzni, Hilde (1905–1980, Österreicherin, Sopran)

Köth, Erika (* 1927, Koloratursopran)
Kuchta, Gladys (* 1923, Amerikanerin, hochdramat. Sopran)
Kupper, Annelies (* 1906, Sopran)
Kurz, Selma (1874–1933, Österreicherin, Koloratursopran)
Laszlo, Magda (* 1920, Ungarin, Sopran)
Lawrence, Majorie (* 1909, Australierin, Sopran)
Leander, Zarah (* 1907, Schwedin, Alt)
Lear, Evelyn (* 1928, Amerikanerin, Sopran)
Lehmann, Charlotte (* 1938, Sopran)
Lehmann, Lilli (1848–1929, Koloratursopran)
Lehmann, Lotte (1888–1976, dramat. Sopran)
Leider, Frida (1888–1975, dramat. Sopran)
Leisner, Emmi (1885–1958, Alt)
Lemnitz, Tiana (* 1897, lyr. Sopran)
Ligendza, Catarina (* 1937, Schwedin, dramat. Sopran)
Lind, Jenny (1820–1887, Schwedin, Sopran, die «schwedische Nachtigall»)
Lindholm, Berit (* 1934, Schwedin, hochdramat. Sopran)
Lipp, Wilma (* 1925, Österreicherin, lyr. u. Koloratursopran)
Loose, Emmy (* 1914, Österreicherin, lyr. Sopran)
Lorand, Colette (* 1923, Schweizerin, Sopran)
Lorengar, Pilar (* 1928, Spanierin, lyr. Sopran)
Lucca, Pauline (1841–1908, Österreicherin, Sopran)
Ludwig, Christa (* 1928, Mezzo)
Madeira, Jean (1918–1972, Amerikanerin, Alt)
Malaniuk, Ira (* 1923, Polin, Alt)
Malibran, Maria Felicitá (1808–1836, Französin, Alt u. Mezzo)
Manchet, Eliane (* 1935, Französin, Koloratursopran)
Mara, Gertrud Elisabeth, eigtl. Schmling (1749–1833, dramat. Sopran)
Marshall, Lois (* 1928 [?], Kanadierin, Sopran)
Massary, Fritzi (1882–1962, Österreicherin, Soubrette)
Materna, Amalie (1844–1918, Österreicherin, dramat. Sopran)
Mathieu, Mireille (* 1946, Französin, Chanson)
Mathis, Edith (* 1938, Schweizerin, lyr. Sopran)
Melba, Nellie (1861–1931, Australierin, Koloratursopran)
Merriman, Nan (* 1916, Amerikanerin, Alt)
Meyer, Kerstin (* 1928, Schwedin, Mezzosopran)
Milanov, Zinka (* 1906, Kroatin, Sopran)
Milder-Hauptmann, Anna (1785–1838, Sopran; erste Fidelio-Darstellerin)
Milinkovic, Georgine von (* 1913, Jugoslawin, Alt/Mezzo)
Minton, Yvonne (* 1930, Australierin, Mezzosopran)
Mistinguette (1875–1956, Französin, Chanson)
Mödl, Martha (* 1912, dramat. Mezzo-Sopran)
Moffo, Anna (* 1930, Amerikanerin italien. Abstammung, lyr. Sopran)
Moore, Grace (1901–1947, Amerikanerin, Sopran)
Moser, Edda (* 1941, Sopran)
Mouskouri, Nana (* 1936, Griechin, Chanson)
Müller, Maria (1898–1958, Sopran)
Muszely, Melitta (* 1927, Ungarin, Sopran)
Mysz-Gmeiner, Lula (1876–1948, Rumänin, Alt)
Nikolai, Elena (* 1905, Bulgarin, Alt)
Nilsson, Birgit (* 1918, Schwedin, hochdramat. Sopran)
Noni, Alda (* 1920, Italienerin, Koloratursopran)
Novotná, Jarmila (* 1907, Tschechin, Sopran)
Obraszowa, Jelena (* 1937, Russin, Mezzosopran)
Olszewska, Maria (* 1892, Alt)
Onegin, Sigrid (1891–1943, Alt)
Otto, Lisa (* 1919, Sopran)
Pasta, Giuditta (1798–1865, Italienerin, dramat. Sopran)
Patti, Adelina (1843–1919, Spanierin, Koloratursopran)
Peters, Roberta (* 1930, Amerikanerin österr. Herkunft, Koloratursopran)
Petrella, Clara (* 1914, Italienerin, Sopran)
Piaf, Edith (1915–1963, Französin, Chanson)
Pilarczyk, Helga (* 1925, Sopran)
Pitzinger, Gertrude (* 1904, Konzertaltistin)
Plümacher, Hetty (* 1922, Alt)
Pons, Lily (* 1904, Französin, Koloratursopran)

Price, Leontyne (* 1927, Amerikanerin, dramat. Sopran)
Pütz, Ruth-Margret (* 1931, Koloratursopran)
Rautawaara, Aulikki (* 1906, Finnin, Sopran)
Reicher-Kindermann, Hedwig (1853–1883, dramat. Sopran)
Reining, Maria (* 1903, Österreicherin, Sopran)
Resnik, Regina (* 1923, Amerikanerin, Sopran/Alt)
Rethberg, Elisabeth (* 1894, dramat. Sopran)
Réthy, Esther (* 1912, Ungarin, Sopran)
Rogner, Eva Maria (* 1928, Schweizerin, Koloratursopran)
Rohs, Martha (1909–1963, Alt)
Rössl-Majdan, Hilde (* 1921, Österreicherin, Alt)
Rothenberger, Anneliese (* 1924, Sopran)
Rysanek, Leonie (* 1926, Österreicherin, dramat. Sopran)
Rysanek, Lotte (* 1928, Österreicherin, Sopran)
Sack, Erna (1897–1972, Koloratursopran)
Sailer, Friederike (* 1926, Sopran)
Schädle, Lotte (* 1926[?], Soubrette)
Schartner, Christiane (* 1927, Chanson)
Schech, Marianne (* 1914, Sopran)
Scheppan, Hilde (1908–1970, lyr. Sopran)
Schlemm, Anny (* 1929, Mezzo)
Schlüter, Erna (1904–1969, hochdramat. Sopran)
Schröder-Devrient, Wilhelmine (1804–1860, dramat. Sopran)
Schröter, Corona (1751–1802, Sopran)
Schumann, Elisabeth (1885–1952, Koloratursopran)
Schumann-Heink, Ernestine (1861–1936, Österreicherin, Alt)
Schwaiger, Rosl (* 1918, Österreicherin, Koloratursopran)
Schwarzkopf, Elisabeth (* 1915, Sopran)
Sciutti, Graziella (* 1932, Italienerin, Koloratursopran)
Scotto, Renata (* 1933, Italienerin, dramat. Sopran)
Seefried, Irmgard (* 1919, Österreicherin, Sopran)
Sembrich, Marcella (1858–1935, Polin, Koloratursopran)
Siems, Margarethe (1879–1952, Koloratursopran)
Silja, Anja (* 1940, Sopran)
Simionato, Giulietta (* 1910, Italienerin, Alt)
Söderstrom, Elisabeth (* 1929, Schwedin, Sopran)
Sontag, Henriette (1806–1854, Koloratursopran)
Spletter, Carla (1911–1954, Sopran)
Spoorenberg, Erna (* 1925, Niederländerin, Sopran)
Stade, Frederica von (* 1956[?], Sopran)
Stader, Maria (* 1918, Schweizerin, Konzertsopran)
Steber, Eleanor (* 1916, Amerikanerin, Sopran)
Steingruber, Ilona (1912–1962, Österreicherin, Sopran)
Stella, Antonietta (* 1929, Italienerin, dramat. Sopran)
Stevens, Risé (* 1913, Amerikanerin, Alt)
Stich-Randall, Therese (* 1927, Amerikanerin, Sopran)
Stignani, Ebe (* 1907, Italienerin, Mezzosopran)
Stratas, Teresa (* 1939, Kanadierin, Sopran)
Streich, Rita (* 1926, Deutschrussin, Koloratursopran)
Sutherland, Joan (* 1926, Australierin, dramat. Koloratursopran)
Tebaldi, Renata (* 1922, Italienerin, dramat. Sopran)
Teschemacher, Margarete (1903–1959, Sopran)
Thebom, Blanche (* 1918, Amerikanerin schwed. Herkunft, Alt)
Todi, Luiza Rosa (1753–1833, Portugiesin, Sopran)
Töpper, Hertha (* 1924, Österreicherin, Alt)
Tourel, Jenni (1910–1973, Kanadierin, Koloratursopran)
Traubel, Helen (1899–1972, Amerikanerin, dramat. Sopran)
Trötschel, Elfriede (1913–1958, Sopran)
Unger, Caroline (1803–1877, Österreicherin, Alt)
Urbanczyk, Edith (* 1937, Sopran)
Ursuleac, Viorica (* 1899, Rumänin, Sopran; Strauss-Premieren *Arabella, Capriccio*)
Valente, Caterina (* 1932, dt. Schlagersängerin it.-span. Herkunft)
Varady, Julia (* 1941, Rumänin, Sopran)
Varnay, Astrid (* 1918, Schwedin, hochdramat. Sopran)
Viardot-García, Pauline (1821–1910, Fran-

zösin, Alt)
Vyvyan, Jennifer (* 1924, Engländerin, Mezzo/Sopran)
Wagner, Johanna (1828–1894, Alt)
Wagner, Sieglinde (* 1923, Österreicherin, Alt)
Walker, Edyth (1867–1950, Amerikanerin, Alt/Sopran)
Watson, Claire (* 1927, Amerikanerin, Sopran)
Wedekind, Erika (1868–1944, Koloratursopran)
Welitsch, Ljuba (* 1913, Bulgarin, dramat. Sopran)
Williams, Camilla (* 1925, Amerikanerin, Sopran)
Wischnewskaja, Galina (* 1926, Russin, Sopran)
Wissmann, Lore (* 1922, Sopran)
Woytowicz, Stefania (* 1925, Polin, Sopran)
Zadek, Hilde (* 1917, Sopran)
Zareska, Eugenia (1910–1980, Polin, Mezzosopran)
Zeani, Virginia (* 1928, Italo-Rumänin, lyr. Koloratursopran)
Zylis-Gara, Teresa (* 1936, Polin, lyr. Sopran)

Sänger

Adam, Theo (* 1926, Baßbariton)
Ahlersmeyer, Mathieu (* 1896, Bariton)
Aldenhoff, Bernd (1908–1959, Heldentenor)
Alva, Luigi (* 1927, Peruaner, lyr. Tenor)
Amato, Pasquale (1878–1942, Italiener, Bariton)
Anders, Peter (1908–1954, lyr. und Heldentenor)
Andrade, Francesco d' (1859–1921, Portugiese, Bariton; Don Giovanni)
Airë, Raphael (* 1920, Bulgare, Baß)
Austin, Frederic (1872–1952, Engländer, Bariton)
Aznavour, Charles (* 1924, Franzose, Chanson)
Baklanow, Georgi (1882–1938, Russe, Bariton)
Bary, Alfred von (1873–1926, Heldentenor)
Bassi, Luigi (1766–1825, Italiener, Bariton; erster Don Giovanni)
Bastianini, Ettore (1923–1967, Italiener, Baßbariton)
Battistini, Mattia (1856–1928, Italiener, lyr. Bariton)
Beirer, Hans (* 1911, Österreicher, Heldentenor)
Bender, Paul (1875–1947, Baßbariton, Charakterbaß)
Bergonzi, Carlo (* 1924, Italiener, Tenor)
Berry, Walter (* 1929, Österreicher, Bariton)
Björling, Jussi (1911–1960, Schwede, jugendl. Heldentenor)
Björling, Sigurd (* 1907, Schwede, Bariton)
Blachut, Beno (* 1913, Tscheche, Tenor)
Bockelmann, Rudolf (1892–1958, Heldenbariton)
Böhme, Kurt (* 1909, Baß)
Bohnen, Michael (1887–1965, Baßbariton)
Borg, Kim (* 1919, Finne, Baß)
Braun, Carl (1885–1960, Baß)
Brodersen, Friedrich (1873–1926, lyr. Bariton)
Campora, Giuseppe di (* 1923, Italiener, lyr. Tenor)
Capecchi, Renato (* 1923, Italiener, Bariton)
Cappucilli, Piero (* 1929, Italiener, Bariton)
Caruso, Enrico (1873–1921, Italiener, Tenor)
Christow, Boris (* 1919, Bulgare, Bariton)
Coates, John (1865–1941, Engländer, Heldentenor)
Cordes, Marcel (* 1920, Bariton)
Corelli, Franco (* 1921, Italiener, Heldentenor)
Crass, Franz (* 1928, Baßbariton)
Cuénod, Hugues (* 1902, Schweizer, Tenor)
Czerwenka, Oskar (* 1925, Österreicher, Baß)
Deller, Alfred (1912–1979, Engländer, Countertenor)
Dermota, Anton (* 1910, Österreicher, lyr. Tenor)
Dickie, Murray (* 1924, Schotte, lyr. Tenor)
Domgraf-Fassbaender, Willi (1897–1978, Bariton)
Domingo, Placido (* 1941, Spanier, Tenor)
Dönch, Karl (* 1915, Baßbariton)
Driscoll, Loren (* 1928, Amerikaner, Tenor)
Dyck, Ernest van (1861–1923, Niederländer, Tenor)
Edelmann, Otto (* 1917, Österreicher, Baß)
Engen, Keith (* 1925, Amerikaner, Baß)
Erb, Karl (1877–1958, lyr. Tenor)

Evans, Gerzint (* 1922, Engländer, Bariton)
Fehenberger, Lorenz (* 1912, Tenor)
Feinhals, Fritz (1869–1940, Bariton)
Feldhoff, Gerd (* 1931, Bariton)
Fischer-Dieskau, Dietrich (* 1925, lyr. und Heldenbariton)
Frantz, Ferdinand (1906–1959, Baßbariton)
Frick, Gottlob (* 1908, Baß und Baßbariton)
Gedda, Nicolai (* 1925, Schwede russ. Herkunft, Tenor)
Gigli, Benjamino (1890–1957, Italiener, lyr. Tenor)
Giraudeau, Jean (* 1916, Franzose, lyr. Tenor)
Gjiaurow, Nicolai (* 1929, Bulgare, Baß)
Glossop, Peter (* 1928, Engländer, Bariton)
Gobbi, Tito (* 1915, Italiener, Bariton)
Greindl, Josef (* 1912, Baß)
Guelfi, Gian Giacomo (* 1924, Italiener, Bariton)
Günter, Horst (* 1913, Bariton)
Haefliger, Ernst (* 1919, Schweizer lyr. Tenor)
Hann, Georg (1897–1950, Baß)
Herrmann, Josef (1903–1955, Bariton)
Hines, Jerome (* 1918, Amerikaner, Baßbariton)
Hofmann, Ludwig (1891–1963, Baßbariton)
Holm, Richard (* 1912, Tenor)
Hopf, Hans (* 1916, Tenor)
Hoppe, Heinz (* 1924, lyr. Tenor)
Hotter, Hans (* 1909, Bariton)
Hüsch, Gerhard (* 1901, Bariton)
Jadlowker, Hermann (1878–1953, Lette, Tenor)
Jerger, Alfred (1889–1976, Österreicher, Bariton)
Jürgens, Udo (* 1934, Österreicher, Chanson)
Kesteren, John van (* 1921, Niederländer, lyr. Tenor)
Kiepura, Jan (1902–1966, Pole, Tenor)
King, James (* 1928, Amerikaner, Heldentenor)
Kipnis, Alexander (* 1891, Amerikaner russ. Herkunft, Baß)
Klein, Peter (* 1907, Tenorbuffo)
Kmentt, Waldemar (* 1929, Österreicher, Tenor)
Knote, Heinrich (1870–1953, Heldentenor)
Kohn, Karl Christian (* 1928, Baßbariton)
Kónya, Sándor (* 1923, Heldentenor)
Kraus, Otakar (* 1910, Tscheche, Bariton)
Krause, Tom (* 1934, Finne, Bariton)
Krebs, Helmut (* 1913, Tenor)
Kreppel, Walter (* 1926, Baß)
Kuen, Paul (* 1910, Tenorbuffo)
Kunz, Erich (* 1909, Österreicher, Baritonbuffo)
Kusche, Benno (* 1916, Charakterbariton)
Labo, Flaviano (* 1926, Italiener, Tenor)
Lanza, Mario (1921–1959, Amerikaner ital. Herkunft, Tenor)
Laubenthal, Horst (* 1939, Tenor)
List, Emanuel (* 1891, Österreicher, Baßbariton)
London, George (* 1920, Kanadier, Baßbariton)
Lorenz, Max (1902–1975, Tenor)
Ludwig, Walther (1902–1981, lyr. Tenor)
MacNeil, Cornell (* 1922, Amerikaner, Bariton)
Mann, Joseph (1879–1921, Österreicher, Tenor)
Manowarda, Joseph von (1890–1942, Österreicher, Baß)
Mayr, Richard (1877–1935, Österreicher, Baß)
McCracken, James (* 1927, Amerikaner, Heldentenor)
McDaniel, Barry (* 1930, Amerikaner, lyr. Bariton)
Melchert, Helmut (* 1910, Tenor)
Melchior, Lauritz (1890–1973, Däne, Heldentenor)
Merrill, Robert (* 1919, Amerikaner, Bariton)
Messchaert, Johannes (1857–1922, Konzertbaßbariton)
Metternich, Josef (* 1915, Bariton)
Mill, Arnold van (* 1921, Niederländer, Baß)
Monaco, Mario del (* 1915, Italiener, Tenor)
Monti, Nicola (* 1920, Italiener, lyr. Tenor)
Neidlinger, Gustav (* 1910, Heldenbariton)
Neri, Giulio (1909–1958, Italiener, Baß)
Niemann, Albert (1831–1917, Heldentenor)
Nienstedt, Gert (* 1932, Baß)
Nissen, Hans Hermann (1896–1969, Bariton)
Ochman, Wiecław (* 1937, Pole, Tenor)
Panerai, Rolando (* 1924, Italiener, Bariton)
Pataky, Koloman von (* 1896, Ungar, Tenor)

Pattiera, Tino (1892–1966, Österreicher, Tenor)
Patzak, Julius (1898–1974, Österreicher, lyr. Tenor)
Pavarotti, Luciano (* 1935, Italiener, Tenor)
Pears, Peter (* 1910, Engländer, Tenor)
Pease, James (* 1916, Amerikaner, Bariton)
Pernerstorfer, Alois (* 1912, Österreicher, Baßbariton)
Pertile, Aureliano (1885–1952, Italiener, Tenor)
Petrow, Iwan (* 1920, Russe dt. Herkunft, Baß)
Piccaver, Alfred (1883–1958, Engländer, Tenor)
Pinza, Ezio (1892–1957, Italiener, Baß)
Poell, Alfred (1900–1968, Österreicher, Baßbariton)
Poggi, Gianni (* 1924, Italiener, Heldentenor)
Prey, Hermann (* 1929, Bariton)
Protti, Aldo (* 1920, Italiener, Bariton)
Ralf, Torsten (1901–1954, Schwede, Tenor)
Rehfuß, Heinz (* 1917, Schweizer, Baßbariton)
Rehkemper, Heinrich (1894–1949, Bariton)
Reuter, Franz-Theo (1899–1970, Bariton)
Ridderbusch, Karl (* 1932, Baß)
Rode, Wilhelm (1887–1959, Heldenbariton)
Rohr, Otto von (* 1916, Baß)
Rosvaenge, Helge (1897–1972, Däne, Heldentenor)
Rothmüller, Marko (* 1908, Amerikaner jugoslaw. Herkunft, Bariton)
Ruffo, Titta (1877–1953, Italiener, Bariton)
Schaljapin, Fjodor (1873–1938, Russe, Baßbariton; Boris Godunow)
Scheidemantel, Karl (1859–1923, Bariton)
Schellenberg, Arno (* 1908, Bariton)
Schipa, Tito (1889–1965, Tenor)
Schlusnus, Heinrich (1888–1952, Bariton)
Schmidt, Joseph (1904–1942, Rumäne, Tenor)
Schmitt-Walter, Karl (* 1900, Charakterbariton)
Schnorr von Carolsfeld, Ludwig (1836–1865, Tenor; *Tristan, Tannhäuser*)
Schock, Rudolf (* 1915, lyr. Operettentenor)
Schöffler, Paul (* 1897, Baßbariton)
Schorr, Friedrich (1888–1953, Ungar)
Schwarz, Joseph (1880–1926, Balte, Bariton)
Scotti, Antonio (1866–1936, Italiener, Bariton)
Siepi, Cesare (* 1923, Italiener, Baßbariton)
Simoneau, Léopold (* 1918, Kanadier, Tenor)
Slezak, Leo (1873–1946, Österreicher, Heldentenor)
Soot, Fritz (1878–1965, Heldentenor)
Souzay, Gérard (* 1918, Franzose, lyr. Bariton)
Spencer, Kenneth (1911–1964, farbiger Amerikaner, Baß)
Stabile, Mariano (1888–1968, Italiener, Bariton)
Stefano, Giuseppe di (* 1921, Italiener, Tenor)
Stewart, Thomas (* 1928, Amerikaner, Baß)
Stockhausen, Julius (1826–1906, Konzertbariton)
Stolze, Gerhard (* 1926, Charaktertenor)
Suthaus, Ludwig (1906–1971, Heldentenor)
Svanholm, Set (1904–1964, Schwede, Heldentenor)
Taddei, Giuseppe (* 1916, Italiener, Bariton)
Tagliavini, Ferruccio (* 1913, Italiener, Tenor)
Tajo, Italo (* 1915, Italiener, Baß)
Tamagno, Francesco (1851–1905, Italiener, Tenor)
Tauber, Richard (1892–1948, Österreicher, Tenor)
Thomas, Jess (* 1927, Amerikaner, Tenor)
Tichatschek, Joseph Alois (1807–1886, Österreicher, Tenor)
Tozzi, Giorgio (* 1923, Amerikaner ital. Herkunft, Baß)
Traxel, Josef (1916–1975, Tenor)
Treptow, Günther (* 1907, Tenor)
Tucker, Richard (* 1913, Amerikaner, Tenor)
Uhde, Hermann (1914–1965, Baßbariton)
Uhl, Fritz (* 1928, Tenor)
Valdengo, Giuseppe (* 1914, Italiener, Bariton)
Valentino, Frank (* 1907, Italiener, Bariton)
Valletti, Cesare (* 1922, Italiener, Tenor)
Van Damme (van Dam), Joseph (* 1940, Belgier, Bariton)
Vickers, Jon (* 1926, Kanadier, Tenor)
Vogl, Heinrich (1845–1900, Heldentenor)
Vogl, J. Michael (1868–1940, Österreicher, Bariton; Schubert-Sänger)
Völker, Franz (1899–1965, Heldentenor)

Waechter, Eberhard (* 1929, Österreicher, lyr. Bariton)
Wallnöfer, Adolf (1854–1946, Österreicher, Bariton/Tenor)
Warfield, William (* 1920, farbiger Amerikaner, Bariton)
Warren, Leonard (1911–1960, Amerikaner, Bariton)
Weber, Ludwig (1899–1974, Österreicher, Baß)
Wiener, Otto (* 1913, Österreicher, Bariton)
Windgassen, Wolfgang (1914–1974, Heldentenor)
Winters, Lawrence (1915–1965, farbiger Amerikaner, Bariton)
Wittrisch, Marcel (1901–1955, Tenor)
Wohlers, Rüdiger (* 1943, lyr. Tenor)
Wunderlich, Fritz (1930–1966, lyr. Tenor)
Zaccaria, Nicola (* 1923, Grieche, Baß)
Zampieri, Giuseppe (* 1929, Italiener, Tenor)
Zanelli, Renato (1892–1935, Chilene, Bariton/Tenor)
Zenatello, Giovanni (1876–1949, Italiener, Heldentenor)
Zidek, Ivo (* 1922, Tscheche, lyr. Tenor)

Kastraten

Kastration wurde im Italien des 17. und 18. Jahrhunderts (für Sänger der Sixtinischen Kapelle vom 16. bis ins 19. Jahrhundert) vielfach vorgenommen, um die Sopran- und Altstimmen von Knaben zu erhalten und zu besonderen Leistungen zu befähigen. Brustumfang und Lunge des erwachsenen Kastraten gaben längeren Atem, größere Beweglichkeit (Koloraturgesang) und stärkere Resonanz. Noch Mozart schrieb die Partie des Idamantes in *Idomeneo* (1781) für einen Kastraten, wie es Gluck auch für die italienische Erstfassung der Titelpartie seines *Orfeo* (1762) gehalten hatte. Berühmte Kastraten waren u. a.:
LITERATUR: F. Haböck: Die Kastraten und ihre Gesangskunst (1927).

Bernacchi, Antonio (1685–1756, in ganz Europa, auch bei Händel)
Caffarelli, eigentl. Gaetano Majorani (1703–1783, besonders Koloratur, in ganz Europa)
Crescentini, Girolamo (1762–1846, ganz Europa, von Napoleon I. engagiert)
Cusanino, Giovanni, eigentl. Carestini (um 1705–1760, ganz Europa, auch bei Händel)
Farinelli, eigentl. Carlo Broschi (1705 bis 1782, ruinierte Händel, weil er bei dessen Gegnern sang, politischer Einfluß in Spanien)
Ferri, Baldassare (1610–1680, gilt als der beste Kastrat überhaupt)
Gizziello, eigentl. Gioacchino Conti (1714–1761, Italien, London, Portugal)
Manzuoli, Giovanni (um 1725–um 1780, Italien, London, Madrid)
Marchesi, Luigi (1755–1829, Italien, München, Wien, London, Petersburg)
Pacchiarotti, Gasparo (1740–1821, Italien, London)
Salimbeni, Felice (um 1712–1751, Italien, Wien, Berlin, Dresden)
Senesino, eigentl. Francesco Bernardi (um 1680–um 1750, Dresden, London bei Händel, Italien)
Tosi, Pier Francesco (um 1645–1732, Italien, Deutschland, London; auch Schriften über Gesangskunst)
Velluti, Giovanni Battista (1780–1861, Italien, London; mit ihm endet zeitlich die Reihe der berühmten Kastraten)

Register

In das Register wurden Personennamen, Werktitel und Sachwörter aufgenommen. Zum Erleichtern des Aufschlagens wurde in einigen Fällen eine Seitenzahl *kursiv* hervorgehoben. Hier findet man die Hauptstelle.

Rockmusik und populäre Kultur

Joachim-Ernst Berendt (Herausgeber)
Die Story des Jazz
Von New Orleans zum Rock Jazz (7121)

Albert Goldmann
John Lennon
Ein Leben
Deutsch von Jürgen Abel, Jürgen Frey, Alfred Haus u.a.
968 Seiten mit Tafelteil. Gebunden (Wunderlich)

Tibor Kneif/Carl-Ludwig Reichert
Rockmusik
Ein Handbuch zum kritischen Verständnis (6279)

Martin Kunzler
Jazz-Lexikon
Band 1: 6316
Band 2: 6317

Bert Noglik
Jazz-Werkstatt international (7791)

Sabine Schutte (Herausgeber)
Ich will aber gerade vom Leben singen . . .
Über populäre Musik vom ausgehenden 19. Jahrhundert bis zum Ende der Weimarer Republik (7793)

Kaarel Siniveer
Folk Lexikon
(6275)

SACHBUCH rororo

C 2176/6